모던 타임스 I

"네가 철장으로 그들을 깨뜨림이여 질그릇같이 부수리라 하시도다 그런즉 군왕들아 너희는 지혜를 얻으며 세상의

재판관들아 너희는 교훈을 받을지어다" (시편 2:9~10)

모던 타임스 I

피와 살육, 희망과 낭만, 과학과 예술이 교차했던 우리들의 20세기
세계사를 결정지은 주요 사건과 인물들의 내밀한 보고서

살림

일러두기

1. 인명과 지명 표기는 기본적으로 외래어 표기법에 따랐다.

2. 중국 인명과 지명은 중국어 표기법을 따랐고 한자를 병기하였다.

3. 일본 인명과 지명은 일본어 표기법을 따랐고 한자를 병기하였다.

4. 러시아 인명과 지명은 러시아어 표기법을 따랐고 영문을 병기하였다.

5. 역자가 추가한 괄호 안의 설명은 원문과 구분하기 위해 '- 옮긴이'로 표기하였다.

6. 단행본과 잡지는 『　』를, 신문 · 논문 · 시 · 단편소설 · TV 프로그램 · 음악작품 · 미술
   작품 · 영화는 「　」를 사용하였다.

7. 연도나 수를 표기할 때 앞의 수가 동일하면 뒤의 두 자리만을 썼다. 예) 1919~21년

이 책이 나오기까지 수고해준 많은 이들 가운데 자료를 열람할 수 있게 허락해준 공공정책 미국기업연구소에 특별한 감사의 말을 전한다.

원고를 읽고 여러 가지 오류를 수정해준 노먼 스톤 박사와 편집을 맡아준 와이덴펠드 출판사의 린다 오스밴드, 원고 정리를 맡아준 샐리 맵스톤, 역시 원고 작업에 도움을 준 큰아들 대니얼 존슨에게도 감사의 말을 전한다.

폴 존슨

2권 차례

제 **1** 장

상대주의 시대

의도하지 않은 결과

현대 세계는 1919년 5월 29일에 시작되었다. 그날 서아프리카의 프린시페(Principe) 섬과 브라질의 소브랄(Sobral)에서 촬영된 일식 사진이 우주에 관한 새로운 이론을 증명해주었다. 2백 년 이상 세계를 지배했던 뉴턴(Isaac Newton)의 우주론은 유클리드(Euclid) 기하학의 직선과 갈릴레오(Galileo Galilei)의 절대 시간 개념에 기초하고 있다. 뉴턴의 이론을 토대로 유럽의 계몽주의와 산업 혁명이 생겨났고, 19세기의 특징이라 할 수 있는 인간의 지식과 자유, 번영이 전 세계에 퍼져나갈 수 있었다. 그러나 사람들은 이미 반세기 전부터 뉴턴의 이론을 상당 부분 수정해야 한다는 걸 알고 있었다. 강력한 망원경이 개발되자 이상한 점이 하나 둘 눈에 띄기 시작했다. 특히 수성의 궤도는 뉴턴의 물리 법칙에 기초한 예측치와 1백 년당 43초만큼의 오차가 생겼다. 왜 이런 오차가 생긴 것일까?

1905년 스물여섯 살의 유대계 독일인 알베르트 아인슈타인(Albert Einstein)은 「운동하는 물체의 전기 역학에 대해서 On the electrodynamics of moving bodies」라는 논문을 발표했다.[1] 아인슈타인은 당시 베른에 위치한 스위스 특허 사무실에서 일하고 있었다. 특수 상대성이론을 설명한 이 논문에서, 아인슈타인은 특수한 상황에서는 거리가 줄어들고 시계가 느려진다는 사실을 밝혀냈다. 아인슈타인의 발견은 시간과 공간이 절대적인 척도가 아니라 상대적인 척도에 불과하다는 의미였다. 이것은 회화에서 사용하는 원근법의 효과와 유사하며, 인류의 세계 인식에 미친 영향 면에서도, 기원전 500~480년경 그리스인들이 원근법을 처음 사용한 사건에 필적할만한 대사건이었다.[2]

아인슈타인의 천재적인 독창성과 예술에 비유할 수 있는 명석한 논증에 전 세계가 이목을 집중했다. 1907년에 아인슈타인은 모든 물질이 에너지라는 사실을 증명했다. $E=mc^2$이라는 등식으로 요약되는 이 이론은 나중에 원자폭탄 개발 경쟁의 시발점이 되었다.[3] 당시 아인슈타인은 중력장을 포함하고 뉴턴의 물리학을 완전히 뒤바꾸어놓을 일반상대성이론을 연구 중이었다. 유럽에서는 전쟁이 일어나고 있었지만, 과학자들은 온통 아인슈타인의 연구에만 관심을 기울였다. 1915년 드디어 연구가 완료되었다는 소식이 런던에 전해졌다. 이듬해 봄 영국이 솜 강 유역에서 대규모 공격 준비를 서두르고 있을 때, 아인슈타인의 논문이 네덜란드를 거쳐 케임브리지에까지 밀반입되었고, 천문학교수이자 왕립 천문학회 간사인 아서 에딩턴(Arthur Eddington)이 논문을 손에 넣었다.

에딩턴은 1918년 「중력과 상대성 원리에 대한 보고서 Gravitation and the Principle of Relativity」라는 논문을 물리학회에 발표함으로써 아인슈타인의 업적을 세상에 알렸다. 하지만 아인슈타인은 자신이 제시한 여러 방정식이 경험을 통해 입증되어야 한다고 주장했다. 그가 지향하는 방법론에서는 반드시 필요한 부분이었다. 아인슈타인은 세 가지 검증 방법을 생각해냈다. 우선, 태양의 표면을 스쳐 지나가는 광선이 1.745초만큼 휘어진다는 핵심적인 사실을 입증해야 했다. 고전적인 뉴턴 이론이 제시하는 중력 편향보다 두 배나 큰 수치였다. 실험을 하려면 일식을 촬영해야 하는데, 다음번 일식은 1919년 5월 29일에 일어날 것으로 예측되었다. 아직 전쟁이 끝나기 전이었지만, 왕립 천문대장 프랭크 다이슨(Frank Dyson)이 정부를 설득했다. 정부는 마지못해 프린시페와 소브랄 원정대에 1천 파운드를 지원하기로 약속했다.

1919년 3월 초 원정대가 떠나기 전, 천문학자들이 그리니치 왕립 천문대에 있는 다이슨의 연구실에 모여 밤늦게까지 얘기를 나누었다. 그리니치 천문대는 1675~76년 크리스토퍼 렌(Christopher Wren)이 설계한 건물이다. 뉴턴이 한창 중력에 관한 일반 이론을 연구하고 있던 것도 1670년대 중반 무렵이다. 에딩턴의 조수로 원정대에 참여하기로 되어 있던 코팅엄(E. T. Cottingham)이 오싹한 질문을 던졌다. "만일 일식 사진으로 확인된 측정값이 뉴턴의 값도 아인슈타인의 값도 아니고, 아인슈타인이 제시한 값의 두 배라면 어떻게 되는 거죠?" 천문대장인 다이슨이 대답했다. "그러면 나는 미쳐버리고, 자네는 혼자 집에 돌아가야겠지." 에딩턴은 노트에 실험의 세부 사항을 기록했다. 5월 29일 아침 프린시페 섬에는 천둥소리와 함께 엄청난 폭풍우가 몰아쳤다. 구름이 걷힌 것은 오후 1시 30분 일식이 시작되기 직전이었다. 촬영을 준비할 수 있는 시간은 겨우 8분 정도였다. "나는 건판을 바꿔 끼우느라 일식을 보지도 못했다. …… 우리는 16장의 사진을 찍었다." 그 뒤 에딩턴은 6일 동안 하루에 두세 장씩 사진을 모두 현상했다. 6월 3일 저녁, 하루 종일 사진을 들여다보던 에딩턴이 코팅엄에게 말했다. "코팅엄, 자네는 혼자 집에 돌아가지 않아도 되겠네." 아인슈타인이 옳았던 것이다.[4]

원정대의 관측 결과는 아인슈타인이 제안한 검증 가운데 두 가지를 만족시켰다. 이 두 가지는 1922년 10월에 있었던 일식 기간에 캠벨(William W.

Campbell)이 다시 한번 확인한 바 있다. 하지만 아인슈타인은 과학적 엄격성을 고집했다. 그는 '적색 편이'의 존재에 관한 세 번째 검증이 이뤄지지 않으면, 이론을 유효한 것으로 볼 수 없다고 주장했다. 아인슈타인은 1919년 12월 15일 에딩턴에게 보내는 편지에 다음과 같이 말했다. "이런 효과가 자연에 존재하지 않는다면, 제 이론은 모두 폐기해야 할 것입니다." 적

▶ 알베르트 아인슈타인(1879~1955)
창조성이 뛰어난 대표적 지식인이었던 그는 20세기초 15년 동안 질량과 에너지의 등가를 단언하고, 공간·시간·중력에 관한 새로운 사고방식을 제안한 이론을 내놓았다. 상대성 원리와 중력에 관한 이론은 뉴턴 물리학을 넘어서는 심오한 진전이었고, 과학적 탐구와 철학적 탐구에 혁명을 일으켰다.

색 편이는 1923년 월슨 산 천문대에서 관측되었다. 그리고 그 후에도 상대성이론을 뒷받침하는 경험 증거가 꾸준히 쌓여갔다. 가장 주목할 만한 사례는 1979~80년에 확인된 준항성체(quasar)의 중력 렌즈 효과였다.[5] 중력 렌즈 효과는 외계의 빛이 지구까지 오는 동안, 거대한 천체의 중력장에 영향을 받아 굴절되는 현상이다.

당시 아인슈타인이라는 과학 영웅은 존경과 감탄의 대상이었다. 빈대학의 젊은 철학자 칼 포퍼(Karl R. Popper)는 "검증 과정은 대단한 경험이었고, 지성의 발달에 지울 수 없는 영향을 미쳤다"고 말한 바 있다. 칼 포퍼는 나중에 이렇게 썼다. "가장 인상적인 것은 아인슈타인이 단호하게 했던 이야기다. 그는 검증 과정을 통과하지 못한다면, 자신의 이론은 옳지 않다고 얘기했다. …… 그런 태도는 마르크스(Karl Marx), 프로이트(Sigmund Freud), 아들러(Alfred Adler), 그리고 더욱 극단적인 형태로 이들의 신봉

자들이 추구했던 독단론과는 전혀 다른 태도다. 아인슈타인은 결정적인 실험을 기대하고 있었다. 하지만 그는 실험의 결과가 예측과 일치한다 하더라도, 그것이 이론을 확증하는 것은 결코 아니며, 불일치하는 경우에는 이론을 폐기해야 한다고 생각했다. 이것이야말로 진정 과학적인 태도가 아니겠는가."[6]

아인슈타인의 이론을 검증하기 위해 에딩턴이 원정 관측을 떠난다는 사실이 보도되자, 1919년 전 세계의 이목이 집중되었다. 신문의 머리기사나 사람들의 얘깃거리도 온통 아인슈타인의 이론에 관한 거였다. 한 이론을 과학적으로 입증하는 과정이 이만큼 큰 화제가 된 적은 이전에도 없었고 앞으로도 없을 것이다. 6월부터 긴장감이 점차 높아졌다. 마침내 10월이 되자 공식 발표를 들으려고 모인 사람들로 런던 왕립학회 회의장이 가득 찼다. 그 자리에 참석했던 알프레드 화이트헤드(Alfred Whitehead)는 마치 그리스 드라마를 보는 것 같았다고 적었다.

우리는 극적인 사건을 통해 드러난 신의 뜻에 관해 이야기를 나누는 일종의 합창단이었다. 무대 자체가 극적인 성격을 띠었다. 전통에 따른 의식이 진행되었고, 뒤편에는 뉴턴의 사진이 걸려 있었다. 2백 년 만에 처음으로 더할 나위 없이 위대한 과학 일반 개념을 수정했다는 사실을 깨닫게 되었다. 사상의 위대한 탐험이 마침내 닻을 내렸다.[7]

바로 그 순간부터 아인슈타인은 세계적인 영웅이 되었다. 세계 유수의 대학들이 앞 다투어 그를 초청했고, 가는 곳마다 사람들이 몰렸다. 수십억 인류가 생각에 잠긴 아인슈타인의 모습에 친숙함을 느꼈고, 아인슈타인을 전형적인 자연 철학자로 인식했다. 아인슈타인의 이론은 사회 모든 영역에 즉각적인 영향을 미쳤고, 그 영향은 점차 쌓여 헤아릴 수조차 없을 정도였다. 그러나 상대성이론은 나중에 칼 포퍼가 '의도하지 않은 결과의 법칙'이라고 명명한 뜻밖의 상황을 낳았다.

아인슈타인의 일반상대성이론이 세상에 나오기 전까지, 사람들은 뉴턴의 개념을 통해 세계를 이해했다. 아인슈타인의 이론이 뉴턴의 개념을 어떻게 바꿔 놓았는지, 일반상대성이론이 대체 무엇인지를 설명하는 책이 쏟아져 나왔다. 아인슈타인은 이렇게 요약했다. "상대성 원리는 가장 넓은 의미에서 이렇게 설명할 수 있다. 물리적 현상의 총체성은 어떤 특성을 띠는데, 이 특성에 따르면 '절대 운동'의 개념을 도입할 만한 근거가 없다. 좀 덜 정확하지만 더 간단하게 말하면, 절대 운동은 없다는 것이다."[8] 몇 년 뒤 미국 건축가 리처드 버크민스터 풀러(Richard Buckminster Fuller)는 일본인 예술가 이사무 노구치(Isamu Noguchi)에게 아인슈타인의 방정식을 정확히 249자로 설명하는 전보를 보냈다. (이 전보는 요약이 무엇인지 보여주는 걸작이라 할 만했다.)

그러나 문제가 있었다. 사람들 대부분이 직선과 직각으로 구성된 뉴턴 물리학은 쉽게 이해할 수 있었지만, 상대성이론을 이해하기는 쉽지 않았다. 상대성이론은 사람들에게 불안과 모호함을 안겨 주었다. 절대 시간과 절대 거리는 권좌에서 물러났다. 사람들은 운동이 곡선으로 이루어져 있다는 것을 깨닫게 되었다. 갑자기 천체 운동에서 확실성이 모두 사라져 버렸다. 슬픈 어조로 읊조리던 햄릿의 말처럼 "세계는 뒤죽박죽이 되었다." 회전하던 지구가 축에서 벗어나 기존의 물리 법칙을 따르지 않는 다른 우주 속으로 내던져진 상황과 같았다. 1920년대 초, 더 이상 절대적인 것은 없다는 믿음이 처음으로 대중에게까지 널리 퍼지기 시작했다. 시간과 공간, 선과 악, 지식과 가치에 대한 절대적인 기준이 사라졌다. 상대성이론을 상대주의와 혼동하기 시작한 것이다. 그것은 분명 잘못된 일이었지만 피할 수 없는 일이기도 했다.

상대성이론을 상대주의로 오해하는 사람들 때문에 아인슈타인은 매우 낙담했다. 그는 무차별적인 보도와 발표, 오류에 당황했다. 마치 아인슈타인의 연구 때문에 그런 상황이 초래된 것처럼 보였다. 1920년 9월 9일 아인슈타인은 동료 막스 보른(Max Born)에게 이런 편지를 썼다. "손에 닿는 모든 것이 황금으로 바뀌는 동화 속 주인공처럼, 내 손으로 발표한 모든 것이 신문 지상에서 야단법석으로 바뀌고 만다네."[9] 아인슈타인은 독실한 유대교 신자는 아니었지만, 신의 존재를 인정했다. 그는 옳고 그름의 절대적인 기준을 굳건하게 믿었다. 연구에 바친 일생은 진리뿐만 아니라 확실성을 추구하는 여정이기도 했다. 아인슈타인은 세계가 객관적인 영역과 주관적인 영역으로 구분되고, 객관적인 부분에 있어서만큼은 정확한 진술이 가능하다고 주장했다. 철학적인 의미가 아니라 과학적인 의미에서, 그는 결정론자였다. 1920년대만 하더라도 그는 양자역학에서 나온 불확정성의 원리를 받아들이지 않았을 뿐만 아니라 아주 싫어했다. 1955년에 죽을 때까지 반평생 물리학을 통일장이론(unified theory of field)에 단단히 묶어놓기 위해 노력했고, 이것을 통해 불확정성의 원리를 반박하려고 했다. 그는 보른에게 이렇게 말했다. "자네가 주사위 놀이를 하는 신을 믿는다면, 나는 객관적으로 존재하는 세계의 완전한 법칙과 질서를 믿는다네. 나는 대강의 추측으로라도 그 세계를 알고자 애쓰고 있네. 그 세계가 존재한다고 확실히 믿고 있네. 하지만 누군가 더 확실한 방법이나, 내가 지금 할 수 있는 추측보다 더 구체적인 근거를 발견하길 바라네."[10] 하지만 아인슈타인은 1920년대에는 물론 그 후에도 통일장이론을 완성하지 못했다. 상대성이론을 정리한 방정식이 파괴적인 핵전쟁을 불러오는 상황을 지켜보았듯이, 병적인 현상으로 보았던 도덕적 상대주의가 세상에 횡행하는 상황을 지켜봐야 했다. 그래서 생의 마지막 순간에, 평범한 시계 수리공으로 살았더라면 좋았을 것이라고 한탄하기도 했다.

1919년 아인슈타인이 세계적인 인물로 등장한 사건은 위대한 과학 혁신자들이 인류에 미친 이중의 영향을 명확하게 보여준다. 과학자들은 물리적 세계에 대한 우리의 인식을 변화시키고, 지배력을 확장시켜 주었다. 또한 그들은 우리의 사상까지 바꾸어 놓았다. 이 두 번째 영향은 대개 첫 번째 영향보다 훨씬 급진적이었다. 과학 천재들은 좋은 것이든 나쁜 것이든 정치나 군사 지휘관보다 인류에게 훨씬 더 큰 충격을 준다. 갈릴레오의 경험주의는 과학 혁명과 산업 혁명의 밑거름이 된 17세기 자연 철학을 탄생시켰다. 뉴턴의 물리학은 18세기 계몽주의의 근간이 되었고, 현대 민족주의와 혁명 정치를 탄생시켰다. 다윈(Charles Darwin)의 적자생존 개념은 계급투쟁이라는 마르크스주의 개념과 히틀러주의를 낳은 인종철학의 핵심 요소가 되었다. 다윈주의 사상이 정치와 사회에 미친 영향은 아직까지도 사라지지 않고 있다. 이런 것들과 비슷하게 상대성이론에 대한 대중의 반응은 20세기 역사 진행 과정에서 중요한 영향력으로 작용했다. 아인슈타인이 무심코 휘두른 상대성이론의 칼날은 유대-기독교 문화의 도덕과 신념이라는 전통적인 뿌리에서 서구 사회를 잘라내 버렸다.

다른 과학 이론보다 상대성이론의 영향은 더 강력했다. 상대성이론의 등장 시기가 프로이트 심리학이 대중에게 보급된 시기와 거의 일치하기 때문이다. 에딩턴이 아인슈타인의 일반상대성이론을 입증하고 있을 무렵, 지그문트 프로이트는 이미 50대 중반이었다. 처음부터 끝까지 독창성이 넘치는 프로이트의 저작은 대부분 19세기에 완성되었다. 『꿈의 해석 *The Interpretation of Dreams*』은 상대성이론보다 20년이 앞선 1900년에 간행되었다. 그는 의학계와 정신 의학계의 유명 인사이자 뛰어난 논객으로 프로이트 학파를 세우는 데 성공했다. 제1차 세계대전이 일어나기 전, 이미 수제자 카를 융(Carl Jung)과 신학 논쟁을 전개하기도 했지만 프로이트의 이론은 제1차 세계대전이 끝날 즈음에야 비로소 대중에게 널리 알려지기 시작했다.

참호전이 오랫동안 이어지면서 생긴 '포탄 쇼크'가 스트레스로 인한 정신장애 사례로 많은 사람의 관심을 끌었고, 그 결과 프로이트의 이론이 주목을 받게 되었다. 훌륭한 군인 가문의 자제로 자원입대한 사람들이 전장에서 용감하게 싸우고 여러 차례 훈장을 받았음에도 불구하고, 어느 날 갑자기 정신적으로 붕괴되기 시작했다. 그들은 겁쟁이도 아니었고, 미친 사람도 아니었다. 프로이트는 약물 투여나 야단치기, 전기 쇼크 같은 '극단적인' 처방보다 더 세련되어 보이는 정신 분석 요법을 오래전부터 시행하고 있었다. 전쟁이 길어지자 극단적인 치료법의 치유 효과는 오래가지 못했다. 그런데도 극단적인 처방은 더욱 과용되었고, 강도 또한 계속 세졌다. 전기 쇼크에 사용하는 전류가 높아지면서, 치료 중에 사람이 죽기도 했다. 마치 종교 재판의 희생자처럼 더 이상의 고문을 견디지 못하고 자살하는 사람까지 생겼다. 전쟁이 끝난 뒤 환자 가족들은 군 병원, 특히 빈 종합 병원 정신과에서 자행된 잔혹 행위에 치를 떨었다. 이 때문에 오스트리아 정부는 1920년에 조사위원회를 구성했고, 위원회는 프로이트에게 조언을 구했다.[11] 뒤따른 논쟁은 결국 결론이 나지 않았지만, 어쨌든 이 일은 프로이트가 원했던 세계적인 명성을 가져다주었다. 직업적인 관점에서 보자면, 프로이트에게 1920년은 획기적인 해였다. 그해 베를린에서 처음 정신 의학 전문 병원이 문을 열었고, 어니스트 존스(Ernest Jones)가 『국제 정신 분석학 회지 International Journal of Psycho-Analysis』를 간행하기 시작했다. 존스는 나중에 프로이트의 전기를 쓰기도 했다.

하지만 가장 중요한 일은 지식인과 예술가들이 프로이트의 저작과 사상에 관심을 갖게 된 것이다. 그들은 마치 프로이트의 이론을 새로 발견한 것처럼 굴었다. 헤이블록 엘리스(Havelock Ellis)의 말처럼, 당시 프로이트는 과학자가 아니라 위대한 예술가였다. (프로이트는 이 말에 분개했다.)[12] 그후 80년간의 경험으로 볼 때, 프로이트가 시술한 치료법은 대체로 값비싼 실패작에 불과했고, 환자를 치료한다기보다는 불행에 빠진 사람들을 다독이는 데 적당했다.[13] 오늘날 우리는 정신 분석학의 핵심이 되는 여러 개념이 생물학적으로 전혀 근거가 없다는 사실을 알고 있다. 정신 분석학의 개념은 실제로 멘델의 법칙이나 유전에 관한 염색체 이론, 선천성 대사 장애, 호르몬의 존재, 신경 자극 장치 등이 발견되기 이전에 만들어졌다. 따라서 프로이트의 이론은 이 모든 생물학의 원리 앞에서 무력화될 수밖에 없었다. 피터 메더워(Peter Medawar)의 말에 따르면, 정신 분석학은 최면술이나 골상학(骨相學)과 다를 바가 없었다. 정신 분석학에 몇 가지 진실이 단편적으로 담겨있을 수는 있지만, 전체 이론은 분명히 잘못된 것이다.[14]

게다가 당시 소장 학자였던 칼 포퍼가 지적한 것처럼, 과학적인 입증에 대한 프로이트의 태도는 아인슈타인의 태도와는 아주 달랐고, 오히려 마르크스의 태도에 가까웠다. 정신 분석학은 경험을 통한 검증과 반론을 허용하는 구체적인 내용으로 이루어진 게 아니었다. 프로이트는 정신 분석학 이론 안에 모든 것을 흡수해버렸다. 따라서 도무지 검증이란 것이 불가능했다. 마르크스의 추종자들이 그랬던 것처럼, 프로이트는 자신의 이론을 반박하는 증거가 발견되면 곧바로 이론을 수정하여 반론을 수용했다. 그리하여 프로이트식 믿음의 총체는 형성기에 있는 종교 체계처럼 계속해서 커지며 다른 모든 것을 포괄해버렸다. 예상했듯이 융 같은 내부 비판자

▶ **지그문트 프로이트(1856~1939)**
당대 최고의 지적 영향력을 가진 사람이었다. 정신분석학은 인간의 정신 및 정신병 치료에 관한 이론인 동시에, 문화와 사회를 해석하는 시각을 제공하는 이론이다. 반복되는 비판과 논박, 수정에도 불구하고, 프로이트의 연구는 그의 사후에도 여전히 유력한 분야로 남아 있다.

는 이단으로 취급받았고, 헤이블록 엘리스 같은 외부 비판자는 이교도로 간주되었다. 사실 프로이트는 20세기 메시아적 지도자의 모습을 최악의 형태로 구현하고 있었다. 자신과 견해가 다른 사람에 대해서는 정신적인 문제가 있으며 치료가 필요하다고 생각하곤 했다. 그래서 자신의 과학자로서의 위신을 훼손시키는 엘리스의 비난을 "고도로 승화된 저항"으로 간주하고 무시할 수 있었다.[15] 프로이트는 융과 갈라서기 전에 이렇게 말한 적이 있다. "동료가 반론을 제기하면, 나는 그를 내 환자와 똑같이 다루는 경향이 있네."[16] 그로부터 20여 년 뒤, 반대자들을 강제수용소에 처넣어야 마땅한 정신 질환자로 간주하는 사고방식이 소비에트 연방에 널리 퍼졌다. 정치 억압의 새로운 형태가 등장하게 된 것이다.

프로이트의 저작은 과학적인 가치는 거의 없었지만, 문학적인 면에서는 매우 뛰어났고 상상력도 풍부했다. 그의 독일어 문체에는 사람을 끌어들이는 힘이 있었다. 프로이트는 프랑크푸르트 시에서 수여하는 괴테상(Goethe-Preis)을 받기도 했다. 프로이트의 글은 번역하기도 쉬워서, 1920년대에는 프로이트의 책을 영어로 번역하는 작업이 산업을 형성하기도 했다. 하지만 이 새로운 문학적 성과물은 너무나 방대했다. 정신 분석학이 인간 행위와 경험의 드넓은 영역을 모두 포괄할 수 있도록 해놓았기 때문이다.

프로이트는 지식의 숨겨진 구조를 믿는 영지주의자(Gnosticism)였다. 자신이 확립한 방법을 통해 숨겨진 지식의 구조를 사물의 표면 아래에서 분간해 낼 수 있다고 생각했다. 꿈은 이러한 여정의 출발점이었다. "꿈은 신경증의 증상과 구조가 같다. 신경증처럼 기묘하고 무의미해 보이지만, 정신 분석학에서 이용하는 자유 연상과는 약간 다른 방법으로 조사하면, 꿈의 명백한 내용뿐 아니라 숨겨진 의미, 즉 잠재적 사고를 알 수 있다."[17] 영지주의는 언제나 지식인의 마음을 사로잡았다. 그중 프로이트가 펼쳐보인 영지주의 사상은 특히 다양하고 풍성했다. 그때는 모든 교양인이 그리스어와 라틴어 지식을 뽐내던 시절이기도 했지만, 프로이트는 고전을 인용하고 비유적인 설명을 덧붙이는 데 탁월했다. 프로이트는 제임스 프레이저(James G. Frazer)처럼 신세대 사회 인류학자들이 관심을 기울인 신화에도 재빨리 손을 댔다. 프레이저의 『황금가지 The Golden Bough』가 처음 출판된 때는 1890년이었다. 프로이트는 꿈의 의미와 신화의 기능을 뒤섞은 혼합물에 성(性)이라는, 곳곳에 만연한 미약을 넣고 휘저었다. 그는 성이 모든 인간 행동의 뿌리가 된다고 생각했다. 전쟁으로 성에 대한 금기가 풀렸고, 전쟁이 끝나자마자 대화에서 오가던 성적인 주제가 활자로 나타나기 시작했다.

드디어 프로이트의 시대가 온 것이다. 그는 문학적 재능뿐 아니라 세인의 관심을 끌어내는 저널리스트의 소질도 다분했다. 신조어를 만드는 데 능해서, 인상적인 문구를 만들어 내곤 했다. 동시대의 소설가 러디어드 키플링(Rudyard Kipling)만큼이나 자주 새로운 단어와 관용구를 내놓았다. '무의식' '유아 성욕' '오이디푸스 콤플렉스' '열등 콤플렉스' '죄책감 콤플렉스' '자아' '이드' '초자아' '승화' '심층 심리학' 등. 꿈에 대한 성적 해석, 또는 '프로이트식 실언' 처럼 그가 만들어 낸 독특한 개념에는 지적 게임의 매력이 있었다.

프로이트는 시의성의 가치도 잘 알고 있었다. '유럽의 자살' 이라 할 수 있는 제1차 세계대전의 여파가 계속되던 1920년, 프로이트는 『쾌락의 원리를 넘어서 *Beyond the Pleasure Principle*』라는 책을 출간했다. 이 책에 소개된 '죽음의 본능' 이라는 개념은 '죽음의 소망' 이란 말로 바뀌어 사람들의 입에 오르내렸다. 1920년대 대부분의 기간에 종교적인 믿음은 급격히 쇠퇴했다. 이런 현상은 교육 받은 사람들 사이에서 특히 심했다. 이에 프로이트는 단순히 인간의 구조물일 뿐이라고 생각하던 종교를 해부하는 데 몰두했다. 『환상의 미래 *The Future of Illusion*』라는 책에서 프로이트는 불행을 피하려는 인간의 무의식적인 시도를 다뤘다. "상당히 많은 사람이 환상을 통해 현실을 재구성함으로써 고통을 피하려 한다. 인류가 믿는 종교는 이런 종류의 집단적 망상으로 분류될 수 있다. 말할 필요도 없는 일이지만, 이런 망상에 사로잡힌 사람은 그것이 망상이라는 사실을 깨닫지 못한다." [18]

프로이트의 분석은 시대의 목소리처럼 들렸다. 50대의 예언자가 오랫동안 황야를 방황하다가 갑자기 상류층 젊은이들의 열렬한 환영을 받는 것이 처음 있는 일은 아니다. 하지만 프로이트주의와 관련하여 가장 놀라운 점은 사상의 변화무쌍함과 그 편재성에 있다. 프로이트의 이론은 모든 것에 대해 새롭고 흥미로운 설명을 제시하는 것처럼 보였다. 게다가 프로이트는 광범위한 학문 영역의 최신 경향을 대번에 파악하는 재능이 뛰어나서, 엘리트층의 뇌리 속에 이미 반쯤 형성되어 있던 사상을 화려한 미사여구와 대가다운 확신으로 자신의 이론 안에 담아낼 수 있었다. "그거야말로 내가 항상 생각하고 있던 게 아닌가!" 앙드레 지드(André Gide)는 이렇게 감탄했다. 1920년대 초 많은 지식인이 비록 깨닫지는 못했지만, 오래전부터 자신이 프로이트주의자였다는 사실을 알게 되었다. 프로이트주의의 호소력은 1921년에 나온 인상적인 소설 『크롬 옐로 *Crome Yellow*』를 발표한 올더스 헉슬리(Aldous Huxley)에서부터 프로이트를 '하나의 신탁'이라고 생각한 음울한 보수주의자 토마스 만(Thomas Mann)에 이르기까지, 특히 소설가들 사이에서 강하게 작용했다.

아인슈타인과 프로이트가 지식인과 예술가에게 미친 영향은 더욱 컸다. 평화가 도래하자 문화의 전 범위에 걸쳐 근본적인 혁명이 일어났으며, 그 혁명은 아직도 진행 중이라는 사실을 깨닫게 되었다. 이들은 상대성이론과 프로이트주의를 혁명의 전주곡이자 메아리라 생각했다. 혁명의 뿌리는 전쟁 전까지 거슬러 올라가, 1905년에 이미 시작되었다. 그해 '발레 뤼스' 발레단의 세르게이 댜길레프(Sergei Diagilev) 감독은 이런 혁명의 목소리를 대중 연설 안에 웅장하게 담아냈다.

우리는 역사의 정점에서 가장 위대한 순간을 지켜보고 있는 산 증인입니다. 그것은 새로운 미지의 문화라는 이름 아래 우리의 손으로 창조되지만, 우리를 휩쓸고 지나갈 것입니다. 이런 이유로 나는 아무런 두려움이나 의혹 없이, 아름다운 성의 파괴된 성벽을 위해, 그리고 새로운 미학의 계율을 위해 잔을 드는 것입니다. 구제불능의 관능주의자로서 내가 바라는 것은 다가올 투쟁이 인생의 즐거움을 훼손하지 않아야 하고, 죽음이 부활만큼 아름다우며 눈부시게 빛나야 한다는 것뿐입니다.[19]

댜길레프가 이런 말을 하고 있을 즈음, 파리에서는 처음으로 야수파(fauvisme)의 전시회가 열렸다. 역시 파리에서 댜길레프는 1913년 이고리 스트라빈스키(Igor Stravinsky)의 「봄의 제전 *Sacre de Printemps*」을 무대

▶ 세르게이 댜길레프(1872~1929)
러시아의 예술 진흥에 크게 공헌하였다. 1906년부터 파
리에서 살았고, 1909년 발레 뤼스를 창단했다. 이후 발
레 뤼스를 이끌고 유럽, 미국을 순회했고, 이고리 스트
라빈스키의 발레 명작 The Firebird(1910),
Petrushka(1911), The Rite of Spring(1913)을 무대에 올
렸다.

에 올렸다. 그 무렵 아널드 쇤베르크(Arnold Schoenberg)는 무조성(無調性)의 「세 개의 피아노곡 Drei Klavierstücke」을 발표했고, 알반 베르크(Alban Berg)는 현악 4중주 작품 3을 선보였다. 그리고 앙리 마티스(Henri Matisse)는 '입체파(Cubism)'라는 용어를 만들어 냈다. 미래파(futurism)가 선언문을 발표하고, 크루트 힐러(Kurt Hiller)가 '새로운 클럽'을 베를린에서 창설한 것은 1909년이다. 베를린은 1911년에 처음 '표현주의'라고 명명된 예술 운동의 보금자리가 되었다.[20] 1920년대를 호령했던 모든 인물은 1914년 전에 이미 책을 내거나 전시회를 갖거나 공연을 선보였다.

그런 의미에서 모더니즘 운동은 제1차 세계대전 전부터 존재했다고 할 수 있다. 하지만 그때까지의 모더니즘에는 방향이 없었다. 모더니즘에 급진적인 정치적 성향과 황폐화된 세계 위에 새로운 세계를 건설해야 한다는 목적의식이 생긴 것은 세계대전이라는 절망적인 혼란과 그로 인한 구체제(앙시엥 레짐)의 붕괴가 있은 뒤였다. 따라서 1905년 구슬프고 불안하기까지 한 댜길레프의 지적은 놀랄 만한 통찰력을 보여준다. 1790~1830년의 혁명과 낭만주의 운동의 혼란기에도 마찬가지였지만, 혁명적인 변화에서 정치적인 부분과 문화적인 부분을 분리하는 것은 불가능한 일이다. 제임스 조이스(James Joyce), 트리스탄 차라(Tristan Tzara), 블라디미르 레닌(Vladimir Lenin)이 1916년 때가 오기를 기다리며 망명자 신분으로 취리히(Zürich)에 머물고 있었다는 사실도 주목할 만하다.[21]

전쟁이 끝남과 동시에 모더니즘이 폭발적인 대중의 갈채를 받으며 텅 빈 무대 위에 모습을 드러냈다. 1918년 11월 9일 저녁, 베를린의 제국의회 건물에서 표현주의 지식인 위원회가 열렸다. 그들은 극장의 국유화와 예술가에 대한 국가 지원, 모든 예술원의 폐지를 요구했다. 초현실주의는 프로이트주의와는 출발점이 달랐지만, 프로이트주의 사상에 시각 이미지를 덧입혔다고 볼 수도 있다. 초현실주의에는 미래파나 다다이즘(dadaism)과 마찬가지로 나름대로 실천 프로그램이 있는 것처럼 보였다. 그러나 사실은 그렇지 않았다. 조금만 들여다보면, 초현실주의를 구성하는 것이 상대성이론이 일으킨 시간과 공간의 혼란과 당시 유행하던 프로이트의 성적 영지주의가 전부라는 사실을 알 수 있다.

마르셀 프루스트(Marcel Proust)는 1919년 6월 23일 『꽃핀 소녀들의 그늘에서 A l' Ombre des jeunes filles』를 발표했다. 이 소설은 분절된 시간과 잠재의식에 새겨진 성 충동에 관한 방대한 실험의 시작으로, 그 시대의 관심을 집약하고 있다. 6개월 뒤 12월 10일 프루스트는 공쿠르상(Le Prix de Goncourt)을 수상했다. 이제 프랑스 문학의 무게 중심은 19세기에 살아남은 위대한 거장들에게서 결정적으로 멀어졌다.[22] 물론 영향력 있는 몇몇 사람들은 여전히 거장들의 작품을 읽고 있었다. 하지만 소수에 불과했다. 프루스트는 『잃어버린 시간을 찾아서 A la Recherche du temps perdu』의 제1권을 자비로 출판해야 했다. 판매 수입은 제작비의 3분의 1에 그쳤다. (1956년이 될 때까지 『잃어버린 시간을 찾아서』 전권은 연간 판매량이 1만 권도 안 됐다.)[23] 파리에서 집필하고 있던 제임스 조이스는 영국에서 출판할 방법을 찾지 못했다. 『율리시즈 Ulysses』는 1922년에 완성되었지만, 개인 인쇄소에서 간행된 뒤 국경을 넘어 영국에 반입되었다. 하지만 『율리시즈』의 중요성은 간과되지 않았다. 프로이트의 개념을 문학의 언어로 바꾸었다는 점에서 이보다 더 뛰어난 소설은 찾아보기 어렵다. 같은 해 새로 등장한 당대의 예언자, 시인 엘리엇(Thomas S. Eliot)은 『율리시즈』가 "19세기의 모든 것을 파괴했다"라고 평했다.[24]

프루스트와 조이스는 둘 다 위대한 선구자로서 시대의 무게 중심을 미래로 옮겨 놓았지만, 우연히 공유하게 된 그들의 세계관 안에 상대방을 위한 자리는 전혀 없었다. 그들은 1922년 5월 18일 파리에서 처음 만났다. 스트라빈스키의 「르나르 Rénard」가 초연되었을 때였다. 댜길레프와 배우들을 위한 파티가 열렸고, 거기에는 스트라빈스키와 무대 미술을 담당한 파블로 피카소(Pablo Picasso)도 참석했다. 스트라빈스키에게 무례를 범하기도 했던 프루스트는 어리석게도 귀가하는 택시에 조이스와 동승했다. 술에 취한 조이스는 프루스트의 책은 단 한 줄도 읽지 않았다고 큰소리쳤고, 화가 난 프루스트는 리츠 호텔로 돌아가면서 자기도 마찬가지라고 응수했다.[25] 프루스트는 6개월 후 죽었다. 프루스트가 죽기 전 유명한 수학자 카미유 베타르(Camille Vettard)는 그를 아인슈타인의 문학적 해석자라고 찬양했다.[26] 한편 조이스는 『피네건의 경야 Finnegans Wake』라는 책에서 '프로스트 비테(Prost bitte, 건배합시다)'라는 말장난으로 프루스트를 비꼬았다.

아인슈타인과 프로이트의 이론처럼 19세기를 '파괴'한다는 프루스트나 조이스 같은 작가들의 관념은 명확하기는 했지만 그렇게 멋지지는 않았다. 19세기에는 개인의 책임에 대한 철학 – 우리 각자가 자신의 행동에 개인적으로 책임을 져야 한다는 생각 – 이 절정을 이룬 시기였다. 그것은 유대-기독교적 사상과 고전 세계의 공동 유산이었다. 라이오넬 트릴링(Lionel Trilling)이 『율리시즈』에 대한 엘리엇의 평가를 분석하며 지적한 것처럼, 대표적인 심미주의자 월터 페이터(Walter Pater)의 『르네상스 *The Renaissance*』를 인용하면, 19세기는 "단단하고 보석 같은 화염으로 불타오르는" 능력을 "인생의 성공" 이라고 생각하는 시대였다. 트릴링에 따르면 "19세기에는 페이터처럼 고귀하고 초연한 사람조차 개인의 인생에 대해 성공인가 실패인가 판결을 내릴 수 있다고 생각했다." [27]

19세기의 소설은 본질적으로 개인의 도덕적이고 정신적인 성공에 관심을 두었다. 『잃어버린 시간을 찾아서』와 『율리시즈』는 반(反)영웅의 등장을 부각시켰다. 그뿐 아니라 창작의 중심 요소로 작용했던 개인 영웅주의를 파괴했으며, 도덕적 균형 감각과 판단을 완전히 무시했다. 개인의 자유 의지에 따른 행동은 더 이상 인간 행동에서 가장 흥미로운 특징이 아니었다.

이러한 흐름은 시대를 형성하는 새로운 힘과 완벽한 조화를 이루었다. 당시 권력을 장악해 가고 있던 마르크스주의도 영지주의의 한 형태였다. 마르크스는 경험적으로 인식된 사물의 외관 너머에 감춰져 있는 진실을 찾아낼 수 있다고 주장했다. 그는 이렇게 외쳤다. "표면적으로 드러나는 경제 관계의 최종 모습은 …… 내적이지만 감춰진 본질적인 모습과 매우 다르거나 정반대다." [28] 이 말은 앞에 인용된 프로이트의 말을 정확하게 예견하고 있다. 표면적으로 인간은 자유 의지를 행사하여 결단을 내리거나 사건을 결정하는 것처럼 보인다. 그러나 아무리 자유 의지가 강력하다 해도, 변증법적 유물론에 익숙한 사람에게, 인간은 현실에서 경제적인 힘의 불가항력에 이리저리 휩쓸려 다니는 보잘것없는 표류물에 불과하다. 눈에 드러나는 개인의 행동은 계급적 행동양식을 숨기고 있다. 개인은 계급적 행동양식을 알지도 못하고, 거부할 만한 힘도 없다.

이와 마찬가지로 프로이트의 분석에서는, 유대-기독교 윤리의 핵심에 자리하며, 개인적인 성취의 주요 동기인 양심이 무시되었다. 개인의 양심은 인간의 무시무시한 공격성으로부터 문명의 질서를 보호하기 위해 집단으로 창조된 단순한 안전장치일 뿐이었다. 프로이트주의는 거의 모든 것을 포괄하고 있지만 본질적인 부분은 죄에 대한 설명으로 채워져 있다. 1920년 프로이트는 이렇게 썼다. "우리는 엄격한 초자아와 초자아에 종속된 자아 사이의 긴장을 죄의식이라고 부른다. …… 문명은 개인의 위험한 공격 욕망을 약화시키고 무력화하며, 마치 정복한 도시의 주둔군처럼 개인의 내부에 대리자를 세워 지배력을 획득한다." 따라서 죄책감은 악이 아니라 오히려 선의 표현이다. 초자아, 즉 양심은 문명을 보존하기 위해 개인이 지불하는 극단적인 대가이며, 고통 속에서 치르는 비용은 문명이 발전함에 따라 불가피하게 늘어날 수밖에 없었다. "우리가 직면한 외적 불행은 …… 영구적인 내적 불행, 즉 죄의식이라는 긴장으로 탈바꿈했다." 프로이트는 인간의 나약함으로는 설명할 수 없는 죄책감이 '문명의 발달에서 가장 중요한 문제'라는 것을 보여주고 싶어했다.[29] 사회학자들이 주장하는 것처럼, 범죄와 악을 낳는 환경을 만든다는 점에서 사회 전체가 유죄라고 할 수도 있었다. 개인의 죄책감은 버려야 할 환상이었다. 우리 모두가 죄인이지만, 개인적으로는 아무도 죄가 없었다.

1920년대에 마르크스, 프로이트, 아인슈타인은 모두 동일한 메시지를 퍼뜨렸다. 그 메시지는 세계가 보이는 그대로가 아니라는 것이다. 그전까지는 경험적인 지각을 통한 인식이 시간과 공간, 선과 악, 법과 정의, 그리고 사회 안에 존재하는 인간 행위의 본질에 대한 사고를 형성했다. 하지만 이제 인식은 믿을 수 없는 것이 되어 버렸다. 게다가 서로 다른 방식이긴 하지만, 마르크스주의와 프로이트주의 분석이 어우러져, 개인적인 책임감과 19세기 문명의 중심이었던 객관적인 도덕규범에 대한 의무감의 토대를 무너뜨렸다. 우주에서는 모든 가치 척도가 상대적이라는 아인슈타인의 이론 때문에 사람들은 당혹감과 환희를 동시에 느꼈고, 쉽게 도덕적 무정부주의에 빠졌다. 예이츠(William B. Yeats)가 1916년에 말했던 것처럼, "단순히 혼란이 세계에 퍼진 것은 아닐까?"

도덕적 무정부주의

　많은 사람에게 제1차 세계대전은 로마의 멸망 이후 가장 큰 재앙이었다. 독일은 두려움과 야심 때문에, 오스트리아는 체념과 절망 때문에 전쟁을 원했지만, 다른 교전국은 그렇지 않았다. 전쟁 전의 독일 철학은 염세주의 풍조가 극에 달해 있었다. 독일의 염세주의는 미국, 영국, 프랑스, 심지어 1904년부터 10년간 러시아에서도 찾아볼 수 있었던 낙관주의와 극명한 대조를 이룬다. 이들 국가의 낙관주의는 정치적 변화와 개혁에 기초한 것이다. 반면 독일에 만연한 염세주의는 특히 상류층에서 심하기는 했지만 지식 계급의 전유물이 아니라 사회의 모든 계층에서 발견되었다. 아마겟돈이 시작되기 몇 주 전, 독일 제국의 총리인 베트만 홀베크(Bethmann Hollweg)의 비서이자 절친한 친구인 크루트 리즐러(Kurt Riezler)는 홀베크가 음울한 만족감 속에 독일과 유럽을 깊은 늪으로 끌고 들어갔다고 기록했다. 1914년 7월 7일: "홀베크 총리는 결과가 어찌됐든 전쟁이 기존의 모든 것을 뿌리째 뽑으리라 예상했다. 지금 존재하는 세계는 어떤 이념도 없이 퇴물이 되어버리고 말았다." 7월 27일: "인간의 힘보다 거대한 운명이 유럽과 우리 민족 위에 드리워져 있다."[30]

홀베크는 프로이트와 같은 해에 태어났다. 끔찍한 전쟁이 끝났을 때쯤, 그는 프로이트가 생각해낸 '죽음의 본능'을 상징하는 인물처럼 보였다. 대부분의 교양 있는 독일인처럼 홀베크도 1895년에 출간된 막스 노르다우(Max Nordau)의 『퇴보 *Degeneration*』를 읽었으며, 이탈리아의 범죄학자 체사레 롬브로소(Cesare Lombroso)가 주창한 쇠퇴 이론에 대해서도 잘 알고 있었다. 전쟁이 있든 없든 인간은 필

▶ **조지프 콘래드(1857~1924)**
폴란드 태생의 영국 소설가이자 단편작가. 주요작품은 *Lord Jim*(1900), *Nostromo*(1904), *The Secret Agent*(1907) 같은 장편소설과 *Heart of Darkness*(1902) 등의 단편소설이 있다.

연적으로 쇠퇴하고, 문명은 결국 파멸에 이른다. 이런 사고는 당시 중부 유럽에서는 흔한 것이었으며 오스발트 슈펭글러(Oswald Spengler)의 『서구의 몰락 *Decline of the West*』을 낳는 밑거름이 되었다. 벽찰 정도의 찬탄과 갈채가 쏟아진 이 책은 1918년에 출판되었다. 그 무렵은 예고된 자살이 행동에 옮겨진 뒤라 참으로 시의 적절했다.

서유럽에서는 동유럽 출신의 영국인 조지프 콘래드(Joseph Conrad)가 이런 비관주의에 대해 성찰한 유일한 작가였다. 콘래드는 비관주의를 반영하여 『노스트로모 *Nostromo*』, 『비밀 첩보원 *The Secret Agent*』, 『서구의 눈 아래에서 *Under Western Eyes*』, 『승리 *Victory*』 등 인상적인 소설을 차례차례 발표했다. 픽션을 가장한 이런 절망적인 정치 강론은 내용 면에서 중부 유럽의 토마스 만이 1924년 『마의 산 *Magic Mountain*』에서 전하고 있는 메시지와 다르지 않았다. 토마스 만도 2년 뒤 『비밀 첩보원』의 독

일어판 서문을 쓰면서 이 점을 인정했다. 콘래드에게 세계대전은 인간의 본질이 바뀌지 않는다는 사실을 확인시켜 줄 뿐이었다. 그로부터 60년이 지난 시점에서 돌아보면, 당시에 중요한 작가는 콘래드뿐이었다고 말할 수 있다. 그의 비전은 모든 면에서 명확하고 진실한 것으로 남아 있다. 콘래드는 마르크스주의를 끔찍한 전제 정치를 낳을 게 분명한 악의적인 난센스라고 생각했다. 프로이트주의도 '일종의 마술쇼'에 지나지 않았다. 전쟁은 인간의 나약함만을 드러냈을 뿐, 어떤 것도 해결하지 못했고 아무것도 창조하지 못했다. 원대한 개혁의 계획, 모든 '해결책', 만병통치약은 환상에 불과했다. 콘래드는 1922년 10월 23일 버트런드 러셀(Bertrand Russell)에게 보내는 편지에 다음과 같이 썼다. 러셀은 당시 『중국 문제 The Problem of China』라는 저서를 통해 중국의 문제에 대한 해결책을 제시하고 있었다. "나는 숙명이 인간 세계를 지배하고 있다고 생각합니다. 누구의 책에서도 누구의 말에서도 이런 뿌리 깊은 절망에서 벗어나게 해줄 단서를 찾을 수 없었습니다. …… 중국인들과 우리에게 필요한 유일한 구제책은 마음을 바꾸는 것입니다. 하지만 지난 2,000년의 역사를 들여다보건대 그런 일이 일어날 것 같지 않습니다. 인간이 하늘을 날게 되었다고 하더라도 마찬가지입니다. …… 인간은 독수리처럼 날지 못합니다. 고작 풍뎅이처럼 날 뿐입니다."[31]

제1차 세계대전이 일어날 즈음 앵글로색슨족의 세계에서 콘래드 방식의 회의주의는 찾아보기 힘들었다. 일부 사람들은 전쟁 자체를 진보의 일종으로 보았다. 허버트 웰스(Herbert G. Wells)는 『전쟁을 끝낼 전쟁 The War That Will End War』이라는 흥미를 끄는 소설을 통해 전쟁에 대해 얘기했다. 하지만 전쟁이 끝날 무렵이 되어서는 빅토리아 시대의 영국인이 이해하고 있던 의미의 진보, 즉 지속적이며 거의 중단 없는 진보는 사라져

버리고 말았다. 1920년에는 위대한 고전학자 존 베리(John B. Bury)가 『진보의 이념 *The Idea of Progress*』이라는 책을 출판하여 진보의 소멸을 알렸다. "새로운 이념이 인류의 지도적 이념으로 진보의 자리를 대신 차지할 것이다. …… 진보는 그다지 발달되지 않은 문명의 한 단계이며, 원칙의 가치는 그저 상대적인 것이 아닌가?"[32]

무정부주의적 혼란과 반대되는 정연한 진보의 이념을 없애버린 것은 제1차 세계대전 4년간 문명화된 유럽에 침투한 극악무도한 행위였다. 사실을 들여다보면 상상할 수도 없고 전례도 없는 도덕적 타락이 있었음을 누구도 의심할 수 없다. 윈스턴 처칠(Winston Churchill)은 육군장관의 자리에 있는 동안(1919~21년) 사무용지에 다음과 같은 글을 적어 놓았다.

모든 시대의 모든 악행이 흘러 넘쳤다. 군대뿐만 아니라 온 국민이 이 소용돌이에 휩쓸렸다. 교육 수준이 높은 강대국도 존립 자체가 위태롭다고 생각했다. 그런 상황에 이유가 없었던 것은 아니다. 국민뿐만 아니라 통치자들조차도 승리를 얻기 위해 필요한 행동에 제한을 두지 않았다. 지옥의 불길을 퍼뜨린 독일은 앞장서서 가공할 만한 잔혹 행위를 저질렀다. 하지만 독일로부터 공격을 당한 국가들이 점차 반격에 나서기 시작했다. 그들은 필사적이었고, 끝까지 보복을 하려 했다. 인도주의나 국제법에 반하는 잔혹 행위에 보복을 가하는 일이 반복되었다. 그것은 상대국이 저지른 악행보다 더 큰 규모로 이루어지거나 더 오랫동안 지속되었다. 협정이나 교섭도 군대의 충돌을 누그러뜨리지 못했다. 부상자는 전선에 방치된 채 죽어 갔으며, 죽은 자는 썩어 흙이 되었다. 상선과 중립 국가의 선박, 병원선도 해상에서 침몰했으며, 승무원들은 배에 남아 운명을 담담하게 받아들이거나 헤엄치다 죽음을 맞이해야 했다. 남녀노소를 불문하고 전 국민을 기아로 내몰아 굴복시키려 했고, 이를 위해 가능한 모든 조치를 취했다. 도시와 역사적인 건축물이 포격에 날아갔다. 상공에서는 폭탄이 무차별 투하되었다. 병사들은 다양한 형태의 독가스에 질식해 죽거나 신체가 마비되었다. 병사들에게 화염 방사기의 불꽃이 뿜어졌다. 그들은 불덩어리가 되어 하늘에서 떨어지거나, 캄캄한 바다의 심연에서 숨이 막힌 채 죽음을 맞곤 했다. 나라 안에 있는 모든 성인 남자가 병력으로 동원되었다. 유럽과 아시아, 아프리카 대부분의 지역이 거대한 전쟁터가 되었고, 이 전쟁터에서 진행된 수년간의 전쟁으로 군대뿐 아니라 국가까지 산산조각이 났다. 모든 것이 끝났을 때, 과학 발전을 이룬 문명화된 기독교 국가가 자제할 수 있었던 유일한 수단이라고는 고문과 식인(食人) 정도였다. 그나마도 그런 수단이 유용할지 의심스러웠기 때문이다.[33]

처칠이 정확하게 지적했듯이 그 모든 악행은 '교육 수준이 높은 강대국'이 저지른 것이다. 국가가 저지른 이런 악행의 규모는 개인의 힘을 훨씬 뛰어넘었다. 사람들이 더없이 무자비해지고 잔인해지는 것은 일반적으로 마음에 품고 있는 나쁜 마음 때문이 아니라 냉혹한 정의 때문이라고들 한다. 이 말은 도덕적 권위로서 의회와 재판소를 갖춘 입헌 국가에 훨씬 더 타당한 말이 될 것이다. 개인이 아무리 극악하다 하더라도, 개인의 파괴 능력은 한계가 있다. 이에 반해 국가의 파괴 능력은 아무리 좋은 의도에서 시작된다 해도 거의 무한하게 확장되며, 국가가 커지면 그만큼 파괴 능력도 커진다. 미국의 평화주의자 랜돌프 번(Randolph Bourne)이 1917년 미국의 참전 전날 큰소리쳤듯이, "전쟁은 국가가 부강하다는 증거다."[34] 게다가 역사는 집단의 정의가 개인의 복수 행위보다 훨씬 더 잔혹하다는 사실을 고통 속에서 보여주고 있다. 우드로 윌슨(Woodrow Wilson)은 이 점을 명확하게 이해하고 있었다. 1916년 평화 정책을 기반으로 재선에 성공한 그는 이렇게 경고했다. "국민은 일단 전쟁에 사로잡히면 자비심 같은 것은 깨끗이 잊어버리고 만다. …… 가차없는 잔인성이 국민 생활 구석구석에 파고들 것이다."[35]

세계대전의 여파로 국가의 규모는 엄청나게 커졌고, 국가의 파괴 능력과 억압적인 성격도 강화되었다. 1914년 이전에는 국가의 모든 부문이 비록 대부분 확대되고 일부는 빠른 성장을 보였다고 해도, 소규모에 불과했다. 국가의 활동 비중은 평균적으로 국민 총생산의 5~10퍼센트 수준에 머물렀다.[36] 1913년에 미국의 정부 총수입(지방 정부의 수입을 포함하여)은 국민 총생산의 9퍼센트에 지나지 않았다. 독일은 비스마르크(Otto von Bismarck) 시대부터 복지 제도를 엄청난 규모로 확충한 결과, 정부 총수입이 미국의 두 배인 18퍼센트였다. 1906년 이래 독일을 좇고 있던 영국은 13퍼센트였다.[37] 프랑스에서는 언제나 정부의 총수입이 국민 총생산의 상당 부분을 차지했다. 하지만 국가가 산업 경제의 모든 부문에 침투하여 국민 생활에서 이전과는 전혀 다른 역할을 담당하고 있던 국가는 일본과 제정 러시아였다.

일본과 러시아는 군사적 제국주의를 목적으로 국가가 산업화 속도를 높여 선진 경제를 '따라잡으려' 했다. 더욱이 러시아에서는 경제생활의 모든 영역에 미치는 국가의 지배력이 사회의 중심으로 자리 잡아가고 있었다. 국가가 유전 금광 탄광 철도망의 3분의 2를 차지하고, 수천 개의 공장을 소유했으며, 동부의 새로운 영토에는 '국가 농민'이란 것도 있었다.[38] 러시아의 산업은 국가 소유가 아닌 경우에도 관세 장벽이나 국가 보조금, 대부금, 융자금에 크게 의존했고, 공공 부문과 긴밀하게 연결되어 있었다. 재무부와 주요 은행의 관계는 밀접했으며, 국가 관료가 은행 임원으로 임명되곤 했다.[39] 게다가 중앙은행은 재무부 소속 기관으로 저축 은행과 신용 조합을 통제하고, 철도의 재정을 관리하고, 외교 정책에 필요한 자금을 조달하고, 경제 전반의 조절 장치로 기능했으며 지배력을 확대하고 활동 영역을 넓히는 방법을 끊임없이 모색하고 있었다.[40] 무역부는 민간 무역 조합을 감독하고 가격, 이윤, 원자재의 이용, 화물 운임을 규제했을 뿐 아니라, 모든 주식회사의 이사회에 대표를 파견했다.[41] 제정 러시아는 전쟁이 일어나기 전 마지막 평화의 시기에 국가적 집단 자본주의를 대규모로 실험했는데 매우 성공적이었다. 독일인들은 러시아의 발전에 감탄하는 한편 경계를 늦추지 않았다. 독일이 1914년에 전쟁을 결심한 이유는 러시아의 경제적인 (따라서 군사적인) 급속한 성장에 두려움을 느꼈기 때문이다. 홀베크는 리츨러에게 이렇게 말했다. "미래는 러시아의 것일세."[42]

전쟁의 시작과 함께 각 참전국은 적과 우방을 샅샅이 살피며 전시 경제를 운영하는 국가 관리 체계에서 배울 점을 찾았고, 그것을 그대로 모방했다. 자본가 계급은 엄청난 이윤에 만족했고, 또 애국심에 고무되었기 때문에 국가의 개입에 아무런 반대도 하지 않았다. 그 결과 국가의 역할이 양적으로 질적으로 확대되어 그 이후에도 완전하게 과거의 작은 정부로 돌아가지 못했다. 전시체제는 때때로 평화가 찾아옴과 동시에 포기되기도 했지만 궁극적으로는 거의 모두 영속적인 형태로 다시 채택되었다. 그 선두에 독일이 있었다. 독일은 평화의 시기에 큰 위협으로 부상한 러시아의 국가 시스템을 대부분 신속하게 받아들이고 대단히 효율적으로 운용했다. 한편 레닌이 1917~18년 러시아의 국가자본주의 기구를 이어받았을 때는, 거꾸로 러시아가 독일의 전시 경제 관리 시스템을 모방했다.[43] 전쟁이 장기화되자 상실과 절망감이 커졌다. 참전국은 점점 더 전체주의 국가로 변해갔다. 1916~17년의 겨울이 지나자 이런 현상은 특히 심해졌다. 독일에서는 1917년 1월 9일에 문민 통치가 막을 내렸다. 군부가 요구한 무제한 잠수함 작전에 홀베크가 굴복하면서 일어난 일이다. 홀베크는 그해 7월 권좌에서 완전히 물러났고, 괴물 국가는 루덴도르프(Erich Ludendorff) 장군과 제독들의 손안에 들어갔다. 이 사건은 입헌 군주제의 실질적인 종식을 의미했다. 독일 황제가 군부의 압력을 받고 총리를 임면(任免)하는 권한을 포기했기 때문이다. 홀베크는 총리의 자리에 있었을 때에도 전화를 도청 당했다. 홀베크는 전화기에서 딸깍하는 소리가 들릴 때마다, "어떤 고얀 놈이 엿듣고 있는 거야?" 하고 소리쳤다.[44] 하지만 전화 도청은 '비상사태법' 아래에서는 합법이었다. 비상사태법에 따르면 지역의 군 사령관에게는 신문을 검열하고 억압할 수 있는 권한이 있었다. 루덴도르프 장군은 '합법적으로' 40만 명의 벨기에 노동자를 독일로 끌고 올 수 있었다. 이것은 나중에 소비에트와 나치가 노예 노동자를 만들어내는 방법을 미리 보여준 것이기도 했다.[45] 전쟁이 끝나기 전 18개월 동안 독일 엘리트들은 '전시 사회주의' 라고 이름붙인 정책을 열정적으로 실천했다. 전시 사회주의는 전쟁에서 이기기 위해 모든 생산력을 전쟁에 동원하려는 절망적인 시도였다.

서유럽에서도 국가가 민간 부문의 자주성을 탐욕스럽게 흡수해 갔다. 프랑스에서는 항시 존재해 왔던 조합주의 정신이 산업을 장악했고, 자코뱅식의 편협한 애국심이 부활했다. 재야 시절 조르주 클레망소(Georges Clemenceau)는 언론의 자유를 위해 싸워 어느 정도 승리를 쟁취했고, 1917년 11월 중대 시국에 총리의 자리에 오른 후에도 비판을 일정 부분 허용했다. 그렇지만 루이장 말비(Louis-Jean Malvy)와 조제프 카이요(Joseph Caillaux) 같은 정치가를 체포했고, 불순분자 리스트(악명 높은 '카르네 B')를 작성하기도 했다. 이 카르네 B에 따라 수색과 체포, 처형이 이루어졌다. 앵글로색슨족의 민주주의도 이러한 압력으로부터 자유로울 수 없었다. 1916년 12월에 찾아온 위기에 로이드 조지(David Lloyd George)가 총리로 임명되고 나서는 엄격한 징병제와 가혹한 국토 방위법이 시행되었다. 또 생산과 수송, 공급은 조합주의적인 전시 위원회의 통제 아래 전시 동원 체제를 갖추게 되었다.

더 극적인 것은 5개월 뒤 월슨 행정부가 적극적으로 미국을 전시체제로 바꾸어 놓았다는 사실이다. 사실 그전부터 징조가 있기는 했다. 1909년 허버트 크롤리(Herbert D. Croly)는 『미국인의 삶의 전망 The Promise of American Life』이라는 책에서, 국가가 계획적으로 개입하여 '고도로 사회주의화된 민주주의'를 추진해야만, 자신이 제시한 전망을 실현시킬 수 있다고 말했다. 3년 후, 찰스 반 하이즈(Charles Van Hise)는 『집중화와 관리: 미국에 존재하는 트러스트 문제의 해결책 Concentration and Control: a Solution of the Trust Problem in the United States』이라는 책에서 조합주의 사례를 제시했다. 이러한 생각이 시어도어 루스벨트(Theodore Roosevelt)가 제창한 '뉴 내셔널리즘'의 바탕을 이루었고, 월슨은 전쟁에서 승리하기 위해 '뉴 내셔널리즘'을 차용하고 확장시켰다.[46] 연료관리청은 '연료 없는 일요일'을 시행했고, 전시 노동정책위원회는 노사 분규에 개입했으며, 허버트 후버(Herbert Hoover)를 수반으로 하는 식량관리청은 일용품의 가격을 임의로 결정했다. 해운위원회는 1918년 7월 4일 선박 1백 척을 새로 진수했다. (해운국은 당시 총량 9백만 톤에 이르는 선박의 운항을 통제하고 있었다.)[47] 중추적인 기관은 전시 산업위원회였다. 전시 산업위원회는 우선 셔먼독점금지법(Sherman Anti-Trust Act)을 입안했는데, 이런 일은 분명 조합주의를 의미했다. 전시 산업위원회 위원들은 — 버나드 바루크(Bernard Baruch), 휴 존슨(Hugh Johnson), 제라드 스워프

(Gerard Swope) 등 — 1920년대의 국가 개입주의와 루스벨트의 뉴딜정책을 위한 기틀을 마련했다. 이것은 뒤에 존 F. 케네디(John F. Kennedy)의 '뉴 프런티어'와 린든 존슨(Lyndon Johnson)의 '위대한 사회'가 태어나는 배경이 되었다.

1917년의 전시 조합주의는 현대 미국사의 저변이나 수면 위에서 면면히 이어지는 흐름을 창조했다. 이 흐름은 1960년대 말, 린든 존슨이 확립한 거대한 복지 국가 때 절정을 이루었다. 존 듀이(John Dewey)는 그때까지 절대적이라고 여기던 사적 재산권의 토대가 허물어진 것을 알아차렸다. "얼마나 많은 국가 관리 기관이 전쟁의 종식과 함께 사라질지 모르지만 이런 움직임은 결코 수그러들지 않을 것이다."[48] 이 예언은 옳았다. 당시에도 간첩행위금지법(Espionage Act, 1917년), 선동금지법(Sedition Act, 1918년) 같은 억압적인 법률이 새로 제정되어 엄격하게 적용되곤 했다. 사회주의자 유진 데브스(Eugene V. Debs)는 반전 연설을 했다는 이유로 10년 형에 처해졌으며, 징병에 반대하여 40년 형을 선고받은 사람도 있었다.[49] 전쟁이 절정으로 치달은 1917년에는 러시아뿐 아니라 모든 교전국에서 사적 자유와 사유 재산권이 운명을 함께한다는 사실을 극명하게 보여주었다.

따라서 전쟁은 현대 국가가 놀랄 만큼 빠르게 확대될 수 있고, 국가가 적국을 파멸시키기 위해서뿐만 아니라 자국민에게 전제 권력을 행사하기 위해 욕망을 무제한 키워나갈 수 있다는 것을 증명해 보였다. 전쟁이 끝났을 때, 이런 사태의 중대성을 깨달은 식견 있는 사람은 많이 있었다. 그러나 시계를 1914년 7월로 되돌리는 것은 불가능했다. 그리고 과연 시계를 되돌리기 원하는 사람이 있었는지도 의문이다. 유럽은 이전에도 두 번에 걸쳐 길고 끔찍한 전쟁을 치른 후에 전반적인 안정을 이룬 경험이 있었다. 베스트팔렌조약(Peace of Westfalen)이라고 불리는 1648년의 협정은 이전의 상태를 회복하는 불가능한 과제를 피하고, 전쟁 뒤에 남겨진 정치적, 종교적 국경선을 그대로 받아들였다. 그 후에 종교가 전쟁의 원인이 되는 일은 없었지만, 안정은 오랫동안 지속되지 않았다.

1814~15년 나폴레옹 전쟁 뒤 빈 의회에서 이룬 타협과 안정은 더 원대했고, 전체적으로 봤을 때 더 성공적이었다. 결의안의 목적은 가능한 한 프랑스혁명 이전부터 존재했던 왕권신수설의 체제를 회복하는 것이었다. 이 체제는 사람들이 유럽의 국경선을 적법하고 영속적인 것으로 받아들이는 데 필요한 유일한 토대였다.[50] 유럽에서 다시 대규모 전쟁이 일어나기까지 99년간 지속되었다는 점에서 제대로 작동했다고 할 수도 있다. 그런 점에서 19세기가 인류의 전 역사에서 가장 안정되고 생산적인 시기였다고 주장할 수도 있을 것이다. 하지만 1814~15년 빈 회의에 모인 평화 조약의 조인자들은 기묘한 집단이었다. 빈 회의는 사실 반동적 보수주의자들의 회의였다. 이들 사이에서는 캐슬레이(Viscount Castlereagh)조차 과격한 혁명가로 보였고, 웰링턴(Arthur Wellington) 공작은 터무니없는 진보파라도 되는 것 같았다. 회의를 뒷받침하고 있는 대(大)전제는 이전 사반세기의 모든 혁신적인 정치 개념을 철저하게 부정하는 것이었다. 구체적으로 그들은 한 점 의혹도 없이 세력의 균형, 합의된 이권 지역, 왕족 간의 결혼, 공통된 규범을 따르는 군주 간 또는 신사 간의 개인적 양해(극단적인 경우를 제외하고), 적통에 따른 사적인 영토 소유에 대해 확고한 믿음을 공유하고 있었다. 유럽 어느 지역에서 영토를 잃은 국왕이나 황제는 주민의 국적, 언어, 문화에 상관없이 어딘가 있는 다른 토지로 "보상을 받을 수 있었다." 이는 '인간 양도'라고 불렸다. 러시아에서 토지를 매매할 때 거기에 딸린 농노를 함께 매매한 데서 나온 용어를 그대로 사용한 것이다.[51]

1919년 평화 조약의 조인자들에게는 이러한 선택이 허락되지 않았다.

베스트팔렌조약처럼 군사 경계선에 기초한 '피폐 뒤의 평화'도 생각할 수 없었다. 양측 모두 피폐해 있었지만, 휴전 덕택으로 한쪽이 압도적으로 유리한 군사적 우위를 차지하고 있었다. 프랑스는 1918년 12월 6일에 라인강의 거점을 모두 점령했다. 독일의 함대와 지뢰 부설 지역은 11월 21일에 이미 연합군의 손에 떨어졌고, 영국 해군은 해안 봉쇄 작전을 전개하고 있었다. 이에 따라 '명령'에 의한 강화가 가능할 수 있었던 것이다.

하지만 이것이 곧 연합국이 구세계의 질서를 회복할 수 있다는 것을 의미하지는 않았다. 그들이 아무리 원한다 하더라도 말이다. 구세계는 전쟁 전에 이미 해체되어 있었다. 프랑스에서는 10년간 반종교 세력이 정권을 잡고 있었다. 전쟁 직전에 치른 선거에서 프랑스는 더욱 좌경으로 기울었다. 독일에서는 1912년 선거에서 사회주의 정당이 처음으로 최대의 단일 정당으로 올라섰다. 이탈리아의 졸리티(Giovanni Giolitti) 정권은 통일 국가의 정부로서는 이탈리아 역사상 가장 급진적인 정권이었다. 영국에서는 보수당 당수 밸푸어(Arthur J. Balfour)가 1906년 선거에서 끔찍한 패배를 맛보았다. 밸푸어는 이것을 "상트페테르부르크(Sankt Peterburg)의 학살이나 빈 폭동, 베를린 사회주의자들의 행진을 낳은 변화의 희미한 반향"이라고 묘사했다. 전제 국가 러시아조차 자유화를 시도했고, 합스부르크 왕가는 안정을 모색하는 방법으로 새로운 헌법을 제정하려고 노력했다. 이처럼 세계대전 전야의 유럽은 걱정에 싸인 자칭 진보주의자들이 이끌고 있었다. 그들은 국민의 높은 기대를 만족시키고 싶어 했으며, 특히 젊은이들을 회유하고 진정시키려 애썼다.

1914년 이기적이고 냉소적인 시대가 유럽의 젊은이들을 무자비하게 희생시켰다는 것은 신화에 불과하다. 전쟁 전 정치가들의 연설은 젊은이를 향한 호소로 가득 채워져 있었나. 젊은이들의 운동은 유럽의 보편적인 현상이었다. 특히 독일에서는 반더포겔(Wandervogel) 단체에 속한 25,000명이 도보 여행을 하고, 기타를 튕기고, 오염과 도시의 팽창에 항의하며 구세대를 비난했다. 막스 베버(Max Weber)나 묄러 판 덴 브루크(Arthur Moeller van den Bruck) 같은 여론 형성자는 젊은 세대를 지도자의 자리에 앉히라고 요구했다. 브루크는 국가를 위해서는 "피를 바꿀 필요가 있다. 자식이 부모에 거역하고, 젊은 세대가 늙은 세대를 대신할 필요가 있다"라고 주장했다.[52] 유럽 전역에서 사회학자들이 부지런히 젊은이에 대해 연구하고, 그들이 무엇을 생각하고 무엇을 바라는지 알아내려고 애썼다.

물론 젊은이들이 원했던 것은 전쟁이었다. 최초의 응석받이였다고 할 수 있는 이 '젊은 세대'는 어른들이 공포심이나 숙명론적인 절망감으로 받아들이던 전쟁에 열광했으며, 기꺼이 전장으로 나아갔다. 개전 당시만 보면 적어도 중산층의 똑똑한 젊은이들 사이에서 전쟁은 역사적으로 가장 많은 인기를 누렸다. 그들은 기타를 내던지고 소총을 움켜쥐었다. 샤를 페기(Charles Péguy)는 '열광하며' 전선으로 가겠다고 썼다. (그는 곧 전사했다.) 앙리 드 몽테를랑(Henri de Montherlant)은 "전장의 삶을 사랑했다. 자연을 흠뻑 느끼고, 지성이나 쓸데없는 감정 따위는 내던졌다"라고 말했다. 피에르 드리외 라 로쉘(Pierre Drieu la Rochelle)은 전쟁을 '기적 같은 경이'라고 했고, 발터 플렉스(Walter Flex), 에른스트 부르헤(Ernst Wurche), 에른스트 윙거(Ernst Jünger) 같은 젊은 독일 작가는 윙거가 말한 1914년 8월의 '성스러운 순간'을 축복했다. 소설가 프리츠 폰 웅거(Fritz von Unger)는 전쟁을 '변통약(便通藥)' '삶에 대한 새로운 열정'의 시작으로 묘사했다. 루퍼트 브룩(Rupert Brooke)는 전쟁을 '세상 그 어디에도 존재하지 않는 …… 유일한 삶 …… 순수한 전율'이라고 생각했다. 로버트 니콜스(Robert Nichols)에게는 전쟁이 '특전'이었다. 줄리안 그렌펠

(Julian Grenfell)은 『전장 속으로 Into Battle』라는 책에 "싸울 의지가 없는 자는 죽은 사람과 같다. …… 싸우다 죽는 것이 중요하다"라고 썼다. 뒤늦게 참전한 이탈리아인들은 어떤 것에서든 더 서정적이었다. 한 이탈리아 시인은 "이것은 최고의 가치를 자랑하는 승리의 순간이며, 젊은 세대에게 바쳐진 순간이다"라고 노래했고, 또 다른 시인은 "이 시대를 피하려 하는 자는 오로지 스무 명의 하찮은 사람과 나이 든 사람들뿐일 것"이라고 화답했다.[53]

1916~17년 겨울이 되자 전쟁 예찬은 모습을 감추었다. 전쟁이 끝없이 길어지자 피투성이가 되어 환상에서 깨어난 젊은이들이 혐오와 끓어오르는 분노를 기성세대에 쏟아 부었다. 아군이든 적군이든 참호 안에서는 '간악한 정치인들' '늙은 갱단'을 비난하는 이야기를 들을 수 있었다. 1917년에는 미국을 제외한 모든 참전국 정부가 국가 존망의 기로에 서 있다고 생각했다. 이런 이유 때문에 더 필사적이고 야만적인 전투가 전개되었다. 1918년은 더했다. 승리는 이제 정치적 생존과 동의어가 되었다. 이탈리아와 벨기에뿐 아니라 영국도 프랑스 제3공화국 이상으로 전쟁의 패배를 감당하지 못할 것이 분명했다. 물론 그 뒤 승리가 눈앞에 드러났을 때는 그들 모두 지극히 안정되어 보였다. 하지만 한때 베를린의 호엔촐레른(Hohenzollerns) 왕조만큼 평안하고 무사하게 생각되었던 체제가 또 있었던가? 1918년 11월 9일 독일은 더 나은 강화 조건을 끌어내는 데 공화제가 유리할 것이라는 판단 아래 주저 없이 황제 빌헬름 2세(Wilhelm II)를 쫓아냈다. 합스부르크 왕가(The House of Habsburg)의 마지막 황제 카를(Karl I)은 사흘 뒤 퇴위했다. 이 사건으로 정략결혼과 교묘한 줄타기 놀음으로 천 년을 이어온 합스부르크 왕조는 역사의 무대에서 퇴장했다. 러시아의 로마노프(Romanovs) 일가는 7월 16일에 살해되어 이름도 없는 묘지

에 매장되었다. 동유럽과 중부 유럽에서 구체제를 지탱한 적통의 세 왕조가 한 해 안에 모두 사라져 버린 것이다. 1918년 말이 되자 세 왕조 중 어느 하나 되살아날 가능성이 없어 보였다. 당연히 세 왕조를 모두 부활시킨다는 것은 말도 안 되는 일이었다. 터키의 술탄제(Sultan) 또한 최후를 맞았다. (그럼에도 터키 공화국이 선포된 것은 1922년 11월 1일이다.)

민족자결주의와 비밀 조약

왕과 지주가 지배하던 제국의 해체는 수 세기 동안 정성들여 면밀히 통합해 놓은 이질적인 민족들의 분열을 가져왔다. 마지막 인구 조사에 따르면, 합스부르크 제국은 다음과 같은 민족들로 구성되어 있었다. 독일인 1,200만 명, 마자르인 1,000만 명, 체코인 850만 명, 슬로바키아인 130만 명, 폴란드인 500만 명, 루테니아인 400만 명, 루마니아인 330만 명, 세르비아인과 크로아티아인 570만 명, 라딘인과 이탈리아인 80만 명.[54] 러시아 제국도 1897년에 실시한 인구 조사 결과 러시아인은 전체 인구의 43퍼센트에 불과한 것으로 나타났다.[55] 나머지 57퍼센트는 피지배 민족이었다. 그들은 스웨덴인과 루터파 독일인을 비롯해 동방 정교회의 라트비아인과 벨로루시인과 우크라이나인, 가톨릭교도 폴란드인, 합동 동방 가톨릭교를 믿는 우크라이나인, 다양한 민족으로 이루어진 시아파·수니파·쿠르드족 등의 회교도, 그밖에 여러 종파의 불교도, 도교도, 그리고 정령 신앙 신봉자까지 넓은 범위에 걸쳐 있었다. 대영제국 외에 이 정도로 많은 인종을 거느린 제국은 달리 찾아볼 수 없었다. 1926년의 인구 조사 때에도 서유럽 계통 가운데 많은 수가 국외로 빠져나간 후이지만, 그럼에도 러시아에는 약 2백여 개의 민족과 언어가 존재했다.[56] 이에 비하면 호엔촐레른 왕조가 다스렸던 독일 제국은 민족성과 언어 면에서 동질적이었다. 하지만 독일 제국도 폴란드인, 덴마크인, 알자스인, 프랑스인 등 많은 소수 민족을 거느리고 있기는 마찬가지였다.

4세기부터 15세기에 걸쳐 진행된 동유럽과 중부 유럽의 성립 과정과 18세기 초부터 시작된 강력한 도시화 단계를 거치면서 이 지역의 약 4분의 1은 다양한 민족(1천만 명이 넘는 유대인을 포함하여)이 뒤섞이게 되었다. 이 지역에 사는 주민들은 그때까지 국가보다는 종교와 왕조에 대한 귀속 의식을 가지고 있었다. 군주제는 다민족 사회를 통일하는 유일한 원칙이었으며, 법 앞에서는 누구나 평등하다는 보증이기도 했다. (종종 미덥지 못하기는 했지만.) 이 원칙이 사라졌을 때 무엇이 그것을 대신할 수 있겠는가? 민족주의와 당대의 부산물인 민족 통합주의 외에는 대안이 없었다. 민족 통합주의는 이탈리아 국가 통일 운동에서 생겨난 말로 하나의 국가 아래 전체 민족을 통일하는 것을 의미한다. 거기에 '민족자결주의' 라는 새로운 유행어가 덧붙여졌다. 민족자결주의는 주민 투표를 통해 민족의 선택에 따라 국경선을 다시 정하는 것이었다.

서유럽의 주요 연합국인 영국과 프랑스는 원래 민족주의를 토대로 평화를 이루겠다는 의도가 전혀 없었다. 사실은 그 반대였다. 양국은 다민족 다언어 제국으로 방대한 해외 영토를 가지고 있었다. 여기에다 영국은 아일랜드에서 일어난 민족 통합주의 문제로 골치를 썩고 있었다. 1918년에 양국은 과거에 진보파에 속했던 로이드 조지와 조르주 클레망소가 정권을 잡고 있었다. 두 사람은 전쟁의 고통 속에서 현실 정치를 배웠고 '세력 균형'이나 '보상' 이라는 구시대적 개념을 탐탁지는 않지만 받아들여야 한다는 사실을 깨달았다. 평화 회담 중에 영국의 젊은 외교관 해럴드 니콜슨

(Harold Nicolson)은 영국이 키프로스(Cyprus)의 그리스인에게 민족 자결권을 주는 것이 합당하다고 주장했다. 이 일로 그는 외무장관 에어 크로(Eyre Crowe)에게 질책을 받았다. "말도 안 되는 소리야, 니콜슨. …… 인도, 이집트, 몰타, 게다가 지브롤터에도 민족 자결권을 줄 작정인가? 그렇게까지 할 생각이 없다면, 자네의 말은 합당하다고 할 수 없네. 만약 자네가 그들에게까지 당연히 자결권을 줘야 한다고 말한다면, 자네는 곧바로 런던으로 돌아가야 할 게야." [57] (크로우는 여기에 키프로스 주민 중 약 20퍼센트가 터키계라는 사실도 말했어야 했다. 키프로스는 1960년 8월 16일 공화국으로 독립을 선언했지만 그 후에도 그리스계와 터키계의 충돌이 끊이지 않았다.) 단독 강화가 이루어졌다면 로이드 조지는 그에 대한 보답으로 1917년 말이나 1918년 초까지도 기꺼이 오스트리아-헝가리 제국의 보전을 위해 노력했을 것이다. 한편 클레망소는 프랑스의 안전을 가장 중요하게 생각했다. 이런 이유로 그는 알자스와 로렌(이 지역 주민 대부분은 독일어를 사용했다)뿐만 아니라 자르(자를란트)까지 원했고, 라인란트를 독일로부터 분리해 프랑스에 우호적인 괴뢰 정부를 수립하려 했다.

게다가 전쟁을 하는 동안 영국, 프랑스, 러시아는 서로 비밀 조약을 체결했고 민족주의 원리에 직접적으로 반하는 이런 조약에 다른 열강을 끌어들였다. 프랑스는 1917년 3월 11일에 서명한 조약에서 라인란트를 프랑스가 지배한다는 계획을 러시아로부터 승인받았고 그 대신 러시아에 폴란드를 마음대로 처분할 수 있는 재량권을 주었다. [58] 또 영국과 프랑스는 1916년의 사이크스피코협정(Sykes-Picot Agreement)을 통해 터키로부터 아랍의 영토를 떼어낸 뒤 서로 나누어 갖는 데 합의했다. 가장 값을 높게 부른 것은 이탈리아였다. 이탈리아는 1915년 4월 26일 런던비밀조약에 따라 독일어를 구사하는 티롤인, 달마티아(Dalmatia) 지방의 세르비아인과 크로아티아인 수백만 명의 지배권을 넘겨받았다. 루마니아는 1916년 8월 17일의 조약에 따라 트란실바니아 전체, 티미쇼아라의 바나트 지방 대부분과 부코비나를 얻기로 되어 있었는데, 그 지역은 대부분 루마니아어 사용권이 아니었다. 또한 일본은 1917년 2월 16일에 체결된 비밀 조약에 따라 그때까지 독일의 상업 이권 지역에 속해 있던 중국의 산둥 반도를 손에 넣었다.[59]

하지만 제정 러시아에서 차르(Tsar) 체제가 붕괴하고 합스부르크 제국이 단독 강화를 거부하자, 영국과 프랑스는 민족주의를 지지하는 방침으로 돌아섰다. 그들은 민족자결주의를 '전쟁의 목적'으로 내걸었다. 1917년 6월 4일, 러시아의 케렌스키(Alexander F. Kerensky) 임시 정부는 폴란드의 독립을 승인했다. 프랑스는 폴란드군을 양성하기 위해 노력했고 1918년 6월 3일에는 강력한 폴란드 국가의 건설을 주요 목표로 선언했다.[60] 그동안 영국에서는 시턴왓슨(Robert W. Seton-Watson)과 「새로운 유럽 New Europe」이라는 신문을 중심으로 친슬라브파 활동이 성공을 거둠에 따라 오스트리아-헝가리 제국의 해체와 새로운 민족 국가의 건설을 주장하는 목소리가 커지고 있었다.[61] 망명해 있던 많은 슬라브인 정치가와 발칸 반도 출신의 정치가들은 '독일 제국주의'에 대한 지속적인 저항 운동의 보답으로 다양한 약속을 보장받았다. 중동에서는 친아랍 성향의 토머스 로런스(Thomas E. Lawrence) 대령이 영국 정부의 승인 아래 왕족 파이살(Feisal)과 후세인(Hussein)에게 터키와의 항전에 대한 보상으로 독립된 왕국 건설을 약속해 주었다. 1917년 이른바 '밸푸어선언(Balfour Declaration)'은 유대인을 동맹국에서 이탈시키기 위해 팔레스타인에 유대 조국 건설을 보장했다.

이런 많은 보장과 약속은 상호 모순될 뿐만 아니라 아직 유효한 여러 비밀 조약과 양립할 수 없는 것이었다. 필사적인 전쟁이 벌어진 마지막 2년 동안 영국과 프랑스는 양도할 수 있는 면적을 훨씬 초과하는 토지 소유권 증서를 무모하게 남발했다. 전쟁이 끝난 뒤 패전국에 아무리 가혹한 강화 조건을 부과해도 이 권리 증서를 전부 해결하는 것은 불가능했다. 실제로 지불이 유예된 보증 수표들 가운데 일부는 부도가 나서 시끄러운 문제가 되었다.

설상가상으로 1917년 10월 25일 레닌과 볼셰비키(Bolsheviks)가 러시아 정권을 장악했다. 그들은 차르 시대의 외교 문서를 입수했고, 서방의 통신원들에게 비밀 조약의 사본을 넘겨주었다. 비밀 외교 문서의 내용이 12월 12일부터 「맨체스터 가디언 Manchester Guardian」지에 실리기 시작했다. 이에 볼셰비키는 전 민족에게 자결권을 약속하며 유럽 전역에 공산주의 혁명을 일으키려는 적극적인 선전을 전개해 나가기 시작했다.

레닌의 움직임은 미국의 윌슨 대통령에게 큰 영향을 미쳤다. 우드로 윌슨은 사태를 파악하지 못하고 불가능한 이상을 추구한 나머지 평화를 실현할 수 있는 기회를 잃었고, 이 때문에 반세기 이상 비웃음거리가 되었다. 그러나 이 비판은 반쪽짜리 진실일 뿐이다. 윌슨은 정치학자였고 프린스턴 대학 총장을 지냈다. 그는 자신이 외교에 무지하다는 것을 의식하고 있었다. 1913년 대통령 취임식 직전에 친구에게 "만약 내가 다루어야 할 과제가 주로 외교 문제라면, 그것은 운명의 장난일 것이네"라고 말했다.[62] 민주당은 그때까지 53년간 야당의 자리에 있었다. 그 때문에 윌슨은 미국의 외교관은 모두 공화당이라고 생각했다. 세계대전이 일어났을 때, 윌슨은 미국이 '명실 공히 중립'을 지켜야 한다고 주장했다. 윌슨은 1916년의 대통령 선거에서 '윌슨은 전쟁으로부터 미국을 지켰다'는 슬로건으로 재선에 성공했지만, 유럽의 전통 체제가 와해되는 것을 원하지는 않았다. 그는 '승리 없는 평화'를 주창했다.

1917년 초 윌슨도 마침내 중립국보다는 참전국 입장에 서야 평화 협상에 더 영향력을 행사할 수 있다고 생각했다. 그는 독일과 영국 사이에 법률적이고 도덕적인 미묘한 차이를 두었다. 이에 따르면 독일의 U보트 공격은 '인권'을 침해하는 행위이지만, 영국이 감행한 해상 봉쇄는 단순히 '재산권' 침해에 불과했다. 따라서 상대적으로 영국은 죄가 가벼웠다.[63] 윌슨은 일단 전쟁에 참여하고 나서부터는 모든 힘을 기울여 전쟁에 임했지만 미국을 다른 참전국과 똑같이 생각했던 것은 아니었다. 그는 1917년 4월 의회에 보내는 교서에 미국의 참전은 "평화와 정의의 원칙을 지키기 위해서"이고, "행동을 일치시켜 이후로도 이런 원칙이 지켜질 수 있게" 하기 위해서라고 말했다. 1917년 9월, 윌슨 대통령은 평화 협상 준비를 철저히 하기 위해 보좌관 에드워드 하우스(Edward M. House) 대령과 시드니 미지스(Sidney E. Mezes) 박사의 책임 아래 150명의 전문가로 구성된 조직을 신설했다. '자문위원회'라고 불린 이 조직은 뉴욕의 미국 지리학회 건물에 사무실을 마련했다.[64] 그 결과, 미국의 대표단은 평화 회의 내내 훨씬 더 뛰어난 정보와 자료를 받을 수 있었고, 많은 문제에서 유일하게 정확한 정보원이 되곤 했다. 해럴드 니콜슨은 "오로지 미국의 전문가들만 참가해 베르사유조약을 작성했다면 역사상 가장 정통하고 체계적인 문서가 만들어졌을 것이다"라고 말했다.[65]

자문위원회는 평화가 협상으로 이루어지는 타협의 산물이며, 지속적인 평화를 얻는 가장 좋은 방법은 타협안이 일반적인 정의를 기준으로, 관계된 모든 사람이 받아들일 만한 것이어야 한다고 생각했다. 이것은 이념보다는 경험론에 입각한 접근방식이었다. 따라서 윌슨은 이 단계에서는 1917년 3월 20일 영국이 처음 제안했던 국제연맹 설립 방안에 대해서도 내켜하지 않았다. 그 문제가 미국 의회에서 논란을 일으키지 않을까 염려했던 것이다. 그러나 볼셰비키 정부가 비밀 조약 내용을 공표하고 미국 쪽 연합국이 구태에서 벗어나지 못한 최악의 약탈 국가로 비춰지자 윌슨은 대경실색했다. 레닌이 모든 민족의 자결권을 주장했던 일도 윌슨에게는 도움이 되었다. 그는 민주주의적 자유를 수호하는 미국이 불법적인 수단으로 정권을 탈취한 혁명 정부에 뒤져서는 안 된다고 생각했다. 윌슨은 서둘러 '14개 조항'을 만든 뒤 1918년 1월 8일에 발표했다. 제1조에서는 비밀 조약의 폐기를, 마지막 14조에서는 국제연맹의 창설을 제안했다. 그 밖의 조항은 대부분 특정한 보증과 제안으로 이루어졌다. 점령지는 반환해야 하고, 패전국은 처벌의 형태로 영토와 주민을 잃는 경우가 없어야 하며, 주민이 어떤 민족이냐에 따라 영토 귀속을 결정해야 한다는 것이었다. 2월 11일 윌슨은 추가로 '4개 원칙'을 발표했고 여기에서 주민의 의사에 따른 영토 처리 문제를 다시 강조했다. 그리고 9월 27일 윌슨은 최종적으로 '5개 항목'을 제안했고 제1항에서 정의(正義)는 적군과 아군의 구별 없이 실현될 것이라고 약속했다.[66] 그리하여 윌슨은 총 23개에 달하는 강화 조건을 발표했지만 영국과 프랑스를 염두에 두지 않고 작성한 것이었다.

이제 우리는 평화 조약의 실패를 초래하여 두 번째 세계대전의 원인이 되었던 과오의 핵심에 다가와 있다. 1918년 9월, 독일이 동부 전선에서는 승리했지만 서부 전선에서는 패배하고 있는 게 분명해졌다. 그러나 총 900만에 달하는 독일군은 아직 건재했고, 프랑스와 벨기에의 점령지에서 질서 있게 철수하고 있었다. 윌슨 대통령이 '5개 항목'을 발표하고 이틀이 지나자 권력을 장악하고 있던 루덴도르프 장군은 "파국 사태를 막기 위해서는 지금 즉시 휴전이 필요하다"고 내각에 알렸다. 각료 전체는 놀랄 수밖에 없었다. 루덴도르프는 민주정부를 조직하여 윌슨과 접촉해야 하다고 말했다.[67] 루덴도르프가 노리는 것은 분명했다. 독일 점령지를 승전국에 양도

하는 치욕스런 역할을 민주 세력에게 떠넘기려고 했던 것이다. 하지만 그게 전부는 아니었다. 그는 윌슨이 제창한 23개 항의 선언을 일종의 보증으로 생각했다. 이에 따르면 독일이 국가 해체나 징벌을 면하고 실질적인 면에서 원래 영토와 세력을 보존할 수 있으리라 생각한 것이다. 그것은 당시 상황에서 독일이 합리적으로 바랄 수 있는 최대한의 것이었다. 어쩌면 그 이상을 기대할 수 있을지도 몰랐다. 공해상의 자유를 천명한 14개 조항의 제2항에 따르면 영국의 해상 봉쇄 해제도 가능할 것이기 때문이다. 민주정부도 같은 의견이었다.

마침내 10월 4일 총리인 막스 폰 바덴 대공(Prinz von Baden Maximilian)이 윌슨을 상대로 휴전 협상을 시작했다. 3일 후에, 오스트리아도 훨씬 더 낙관적인 견해를 가지고 독일의 뒤를 따랐다.[68] 사람들은 이제 미국이 400만 군대를 거느린 세계 최강대국일 뿐 아니라 영국과 프랑스를 경제적으로 완전히 장악하고 있다고 믿었다. 이런 미국의 대통령이 휴전 협상에서 호의적인 반응을 보인 것이다. 외교 문서를 교환하고, 11월 5일 윌슨은 독일에 '14개 조항'에 기초한 휴전을 제안했다. 여기에는 연합국의 검토와 승인이 필요한 제한 조건이 두 가지 있었다. 공해상의 자유 항해권(영국에는 이를 해석할 권리가 있었다)과 전쟁 피해 보상이 그것이다. 독일이 무기를 버리기로 한 것은 바로 이런 합의에 기초하고 있었다.

하지만 독일인들과 오스트리아인들이 모르고 있는 게 있었다. 10월 29일 윌슨의 특사로 연합국 최고 전쟁 평의회에서 미국을 대표하던 하우스 대령이 클레망소와 로이드 조지를 만나 장시간 밀담을 나누었던 것이다. 프랑스와 영국의 정치 지도자는 이 자리에서 한 목소리로 윌슨의 선언에 대한 의혹과 유보적 입장을 표명했다. 하우스는 그들의 의견을 받아들일 수밖에 없었다. 하우스는 이를 '의견서' 형식으로 작성해 워싱턴에 있는 월슨에게 알렸다. 독일과 오스트리아에는 알리지 않았지만, 의견서는 이들 동맹국에 유리하게 작용할 월슨의 모든 주장을 실질적으로 배제하고 있었다. 의견서를 살펴보면 나중에 동맹국이 강력하게 반대했던 베르사유조약의 여러 조항을 미리 찾아볼 수 있다. 오스트리아-헝가리 제국의 해체, 독일 식민지의 할양, 폴란드 회랑 설정을 통한 프로이센의 분할, 전쟁 배상 등.[69] 더 눈길을 끄는 것은 의견서가 독일의 '전쟁 범죄'라는 전제(사실 이런 전제는 월슨의 23개 조항에도 함축되어 있다)에 바탕을 두고 있을 뿐만 아니라, 승전국에 대한 '보상'과 패전국에 대한 '징벌'의 원칙에 따라 전개되고 있었다는 사실이다. 하지만 전에 월슨은 이런 원칙에 대해 분명한 거부 의사를 밝히지 않았던가!

그전까지 한 번도 독일을 상대해 본 적이 없었던 월슨 대통령은 10월 협상을 통해 점차 독일에 적개심을 품게 되었다. 특히 월슨은 10월 12일 독일이 휴전을 제안해 온 지 일주일이 더 지난 시점에서 아일랜드 민간 여객선 렌스터(Leinster) 호를 어뢰로 공격한 것에 분노했다. 이 사건으로 부녀자와 어린아이를 포함해 450명의 인명이 희생되었다. 그럼에도 그가 '의견서'를 수용한 것은 이상한 일이다. 또 독일인들에게 이에 대해 어떤 언급도 하지 않은 것은 더욱 놀랄 일이다. 물론 중요한 사항에 대해 명확히 해두지 않은 것은 독일의 잘못이다. 협상 과정에서 똑똑하게 굴지 못했던 것이다. 밸푸어가 내각에 보고한 바에 따르면, 월슨의 표현 스타일은 "매우 부정확하다. 미사여구에는 일류일지 모르지만, 초안자로서는 매우 형편없다."[70] 결국 의사소통에서 이런 치명적인 잘못을 낳은 가장 큰 책임은 월슨에게 있다. 하지만 그것은 이상주의 때문에 생긴 실수는 아니었다.

또 하나의 큰 잘못은 조직에 관련된 문제였다. 이 문제는 최초의 잘못에 더해져 결국 재앙을 초래했다. 평화 회의는 애당초 제대로 된 기구가 갖추어지지 않았다. 평화 회의를 이끈 조직은 어쩌다 만들어져 저절로 모양이 잡혔고, 그저 관성 때문에 유지되었다. 그 과정에서 내용뿐만 아니라 형식에 있어서도 점차 반독일 양상이 뚜렷하게 나타났다. 당초 모든 사람이 막연하게나마 예상했던 것은 우선 연합국이 협의를 통해 사전 협정을 하고, 그 뒤에 독일을 비롯한 동맹국이 참석하여 실제 평화 조약을 협상하는 것이었다. 빈 회의는 정확히 그렇게 진행되었다. 실제로 논리적인 프랑스인들은 이런 식으로 진행되는 회의 계획안을 작성하였고, 일찍이 1918년 11월 29일 워싱턴에 있는 프랑스 대사가 계획안을 윌슨에게 전달했다. 이 문서는 모든 비밀 조약을 즉시 파기할 것을 요구하고 있었다는 점에서 또 다른 미덕을 갖추고 있었다. 그러나 윌슨은 계획안의 문체가 마음에 들지 않아서 더 이상 관심을 보이지 않았다. 따라서 회의는 합의된 진행 프로그램 없이 열렸고, 그 후에도 그저 되는대로 진행되었다.[71]

이런 회의 운영 방식은 대서양을 건너가 회의에 직접 참가하겠다는 윌슨의 결정 때문에 더욱 암담하게 변해갔다. 윌슨 대통령은 '세계 제일의 권력자'로서 무대 뒤에 몸을 숨기고 있었어야 했다. 연합국이 회의 중 교착 상태에 빠질 때마다 저 높은 곳에 앉아 근엄하게 최종 판결을 내려주어야 했던 것이다. 하지만 이제는 그럴 수 없게 되었다. 윌슨은 파리에 옴으로써 한 나라를 대표하는 일개 총리급으로 전락했다. 이제 그는 다른 참석자들과 다를 바가 없었다.

사실 윌슨은 토의를 통해 얻은 것만큼 잃은 것도 많았다. 이런 일이 생긴 부분적인 이유는 협상이 진행됨에 따라 윌슨의 관심이, 자신이 제안했던 23개 조건과 평화 조약의 내용에서 국제연맹과 이에 관한 규약으로 완전히 옮겨갔기 때문이다. 그때까지 회의적이었던 새로운 세계 기구 창설이 이제 회의의 순수한 목적이 되었다. 윌슨은 조약의 결점이 드러나면 세계 기구가 그 결점을 메워줄 수 있으리라 생각했다. 결국 그의 이런 태도가 두 가지 끔찍한 결과를 낳았다. 첫 번째로 프랑스가 훨씬 더 가혹한 조건을 들고 연합국의 합의를 끌어낼 수 있었다. 이 합의에 따라 프로이센을 이분하고, 독일로부터 슐레지엔 산업 지대를 빼앗는 대(大)폴란드 방안, 15년간 연합군의 라인란트 점령, 거액의 배상금 요구가 결정되었다. 두 번째로 일련의 사전 협정을 체결한다는 생각 자체가 폐기되었다. 윌슨은 원래 사전 협정안에 국제연맹 규약을 삽입할 생각이었다. 하지만 국무장관 로버트 랜싱(Robert Lansing)이 잠정 합의만으로도 법적으로 조약의 효력이 있기 때문에 의회의 비준이 필요하다고 충고했다. 그렇게 되면 아무래도 상원에서 문제가 될 것이라 여긴 윌슨은 단번에 최종적인 조약을 만들기로 마음먹었다.[72] 물론 그밖에도 몇 가지 요인이 있었다. 프랑스 총사령관 페르디낭 포슈(Ferdinand Foch)는 합의된 사전 협정이 발표될 경우 연합국의 병력 감축 움직임이 빨라지고 그렇게 되면 나중에는 독일이 우위에 서게 되지 않을까 염려했다. 연합국 사이에도 여러 가지 의견 차이가 있었기 때문에 동맹국이 새로운 협상 상대로 회의에 참석하면 그때까지 합의된 사항이 수포로 돌아갈지 모른다고 우려했다. 사전 협정을 체결한다는 생각은 이런 이유 때문에 폐기되었다.[73]

강요된 협상

　그리하여 마침내 파리에 오도록 허락받은 독일은 평화 조약안을 협상하는 것이 아니라 강요당하는 것에 불과하다는 사실을 알고 기함했다. 이미 휴전에 합의한 뒤라 딱히 할 말이 없었지만 속으로는 한 편의 사기극이라고 생각했다. 게다가 거의 본능적으로 독일을 증오하고 두려워하는 클레망소가 이 사기극의 무대 감독으로 독일에 일방적인 명령을 강요하고 있었다. 그러나 클레망소는 비스마르크가 통일한 독일을 다시 연방 국가로 되돌리고 라인 강을 프랑스 군사 경계선으로 삼는 두 가지 제안에 대해서는 연합국의 동의를 얻을 수 없었다. 그렇지만 1919년 5월 7일 베르사유 궁에서 열리는 회담의 의장으로 지명받았다. 1871년 프랑스가 프로이센에 치욕을 당한 바로 그 장소에 마침내 독일 대표단이 모습을 드러냈다. 하지만 그들은 평화 조약의 교섭 당사국이 아니라 전범으로서 형의 선고를 받으러 온 것이나 다름없었다. 전권 대사 브로크도르프 란차우(Brockdorff-Rantzau) 백작은 불쾌한 표정을 지었고, 클레망소는 신중하게 단어를 선택해가며 말했다.

▶ 베르사유 조약(1919)
제1차 세계대전의 전후 처리를 위해 1919년 봄 파리 평화회의에서 초안을 작성했다. 평화회의를 주도한 세력은 영국의 데이비드 로이드 조지, 프랑스의 조르주 클레망소, 미국의 우드로 윌슨, 이탈리아의 비토리오 오를란도였다. 그러나 주요한 의사결정권은 앞의 세 사람의 몫이었고, 패전동맹국은 발언권을 가질 수 없었고, 심지어 관계국들조차 거의 영향력을 행사하지 못했다. 윗줄 왼쪽부터 시계방향으로 로이드 조지, 클레망소, 오를란도, 윌슨.

당신은 지금 눈앞에서 연합국과 협력국이 파견한 공식 대표단을 보고 있습니다. 우리 연합국과 협력국은 국가의 규모에 상관없이 4년 이상 쉬지 않고, 우리에게 강요된 가혹한 전쟁을 치러야 했습니다. 이제 우리가 당한 빚을 크게 되갚아줄 시간이 왔군요. 독일은 우리에게 평화를 요청했습니다. 우리는 그렇게 하기로 결정했습니다.[74]

클레망소는 이어서 시한을 정하고 조약안을 무조건 수락할 것인지 거부할 것인지 결정하라고 요구했다. 그러자 백작은 자리에 앉은 채 통분의 회답을 읽어 나갔는데, 이 무례한 태도는 많은 참석자를 분노케 했다. 특히 윌슨은 회의가 진행됨에 따라 점차 커지는 독일에 대한 반감 속에 노여움을 금할 길이 없었다. "얼마나 뻔뻔스런 태도인가? …… 독일인은 실로 어리석은 민족이다. 그들은 늘 옳지 못한 행동만 한다. …… 이처럼 무례한 담화는 들어본 적도 없다. 이런 식이라면 전 세계가 그들을 적으로 돌릴 것이다."[75] 하지만 객관적으로 볼 때 꼭 그렇지만은 않았다. 밸푸어는 브로크도르프 란차우 백작이 앉은 채로 회답을 읽어 나가는 것에 반감을 품지 않았다. 그는 니콜슨에게 이렇게 말했다. "나는 알지도 못했네. 곤란한 처지에 있는 사람을 쳐다보는 일은 원래 하지 않네."[76]

영국에서는 독일에 대한 동정 여론이 높았다. 로이드 조지는 독일이 6월 28일 마침내 조약에 서명할 때까지 가혹한 강화 조건을 완화시키려고 줄기차게 노력했다. 특히 독일과 폴란드 국경 문제에 힘을 기울였다. 가혹한 강화 조건이 장래에 다시 전쟁의 원인이 될까 두려워했기 때문인데 알다시피 그가 우려하던 사태가 벌어지고 말았다. 하지만 당시 적의에 가득 찬 윌슨과 클레망소에게서 로이드 조지가 이끌어낼 수 있었던 것은 상(上)슐레지엔의 귀속을 주민 투표로 결정한다는 것이 전부였다.[77] 독일은 "압도적인 힘에 굴복하여" 서명할 수밖에 없었다. 로버트 랜싱은 이렇게 썼다. "그것은 사람들에게 자신의 사형 집행 영장에 서명하라고 요구하는 것이나 다름 없었다. …… 그들은 창백한 얼굴을 한 채 떨리는 손으로 허둥지둥 서명을 끝내고는 즉시 자리로 돌아갔다."[78]

이렇게 강화 조건을 강요당함으로써 독일에서 탄생한 새로운 공화국은 비참한 상황을 맞게 되었다. 또한 마지막 순간 로이드 조지가 독일을 위해 중재에 나섬으로써 1904년에 맺은 영국과 프랑스의 협약은 실제로 끝이 났다. 이후 양국 관계는 1940년대까지 불편한 상태로 남아 있게 된다. 제2차 세계대전 중 샤를 드골(Charles André Marie Joseph De Gaulle) 장군은 윈스턴 처칠의 면전에서 이 배신행위를 심하게 비난하기도 했다.[79] 프랑스인 대다수는 베르사유조약 당시 클레망소가 너무 많은 것을 양보했다고 믿었다. 그들은 베르사유조약이 프랑스가 받아들이기에는 지나치게 온건하고 위험하기까지 한 타협이며, 프랑스에서 그런 타협을 행동에 옮길 만한 정치가는 클레망소밖에 없을 것이라고 생각했다.[80] 미국인의 의견은 갈라졌다. 대표단 가운데 몇 명은 윌슨처럼 독일에 반감을 품고 있었다.[81] 존 포스터 덜레스(John Foster Dulles)는 "독일이 저지른 범죄의 극악무도함"을 강조했다. 하우스 대령은 윌슨을 부추겨 '23개 조항'을 내던지게 하는 데 한몫했다. 폴란드 문제에 윌슨의 수석 고문을 맡은 로버트 로드(Robert H. Lord)는 클레망소 다음으로 대폴란드 방안을 열렬하게 주장했다.[82] 그러나 랜싱은 독일에 협상의 여지를 주지 않았던 것은 대단히 큰 실수라고 생각했으며, 윌슨이 자신이 세운 원칙을 형식과 내용 면에서 모두 어겼다고 생각했다.[83] 그의 이런 비판은 1920년 초에 윌슨이 랜싱을 냉정하게 해임하는 빌미가 되었다.[84]

미국의 젊은 세대 대다수가 베르사유조약에 대해 매우 비판적이었다. 윌리엄 불리트(William Bullitt)는 윌슨에게 무례한 편지를 써 보냈다. "당신은 싸움을 끝까지 마치지 못했을 뿐 아니라, 수백만 명에 달하는 나 같은 사람과 또 당신을 믿는 다른 국가의 믿음을 저버린 것에 대해 매우 유감스럽게 생각합니다. …… 우리 정부는 고난을 당하고 있는 민족들에게 다시 새로운 억압과 종속, 영토 분할을 강요하는 데 동의했습니다. 정말로 새로운 전쟁의 세기라고 할 수 있을 것입니다."[85] 새뮤얼 엘리엇 모리슨(Samuel Eliot Morrison)과 크리스천 허터(Christian Herter), 아돌프 벌(Adolf Berle)도 의견을 같이 했다. 월터 리프먼(Walter Lippmann)은 이렇게 썼다. "내 생각에 베르사유조약은 불공평하고 악의적이다. 이보다 무분별한 처사는 있을 수 없다."[86]

이 젊은이들 가운데 많은 수가 나중에 영향력 있는 인물이 된다. 하지만 조약에 대해 훨씬 더 비판적이었던 존 메이너드 케인스(John Maynard Keynes)에 비하면 그들의 성토는 아무 것도 아니다. 영국 대표단의 일원이었던 케인스는 조약에 대해 곧바로 통렬한 비판을 가할 수 있는 위치에 있었다. 그는 두뇌가 명석한 케임브리지대학 강사였으며, 전시에 재무부 관리로 일했고, 재무부 대표 자격으로 평화 회의에 참석했다. 케인스는 군사적 안전, 국경선, 주민의 귀속 따위에는 관심이 없었다. 그는 이런 문제들의 본질적이고 정서적인 중요성을 냉정할 정도로 과소평가했다. 반면에 대부분의 대표단이 무시하고 있던 사안으로, 유럽의 안정에 필요한 경제적 측면에 관해서는 날카로운 통찰력을 보여주었다. 그의 견해에 따르면 지속적인 평화는 평화 조약에 기초하여 얼마나 신속하게 무역과 생산이 활기를 되찾고 고용이 성장하느냐에 달려 있었다. 이런 시각에서 본다면 조약은 유연하고 역동적이어야 하며 보복의 성격을 가져서는 안 된다.[87] 1916년 재무부 각서에 케인스는 독일이 프랑스에 부과한 1871년의 배상금이 양국에 막대한 손해를 끼쳤으며, 전 세계에 불어 닥친 1870년대 대규모 경기 후퇴의 주요 원인이 되었다고 주장했다.[88] 따라서 베르사유조약에서 독일에 배상금을 부과하지 말았어야 하며, 부과해야 한다면 총액이 20억 파운드를 넘어서는 안 된다고 생각했다. 그는 평화 회의를 위해 준비한 문서에 다음과 같이 기록했다. "만약 독일로부터 우려내려 한다면 우선 독일이 망하는 걸 막아야 할 것이다."[89] 모든 연합국은 저마다 얽혀 있는 전시채무 문제를 독일로부터 뜯어내는 배상금으로 해결하려 했다. 그러나 케인스는 영국이 채권을 포기하는 게 현명하다고 생각했다. 영국이 관대한 조치를 취한다면 미국도 자극을 받아 영국과 똑같은 조치를 취하게 될 것이며, 영국은 유럽 국가들로부터 서류상 변제를 받지만 미국에는 현금으로 지불해

야 했으므로, 채무의 전체적인 면제는 영국에 이익이라는 견해였다.[90]

배상금의 제한과 전시채무 면제에 더해 케인스는 윌슨이 그의 권위와 미국의 자원을 활용하여 방대한 신용 대출 프로그램을 실시하고, 이것으로 유럽의 산업을 소생시키길 바랐다. 이런 계획은 훨씬 나중에 제2차 세계대전이 끝난 1947~48년 마셜플랜(Marshall Plan)이라는 형태로 실현된다. 그는 이 원조 프로그램을 '유럽의 회복을 위한 거대한 계획'이라고 불렀다.[91] 케인스는 상관인 재무장관 오스틴 체임벌린(Austen Chamberlain)에게 이 계획의 필요성을 납득시켰다. 1919년 4월 케인스는 두 통의 서한을 작성했고, 로이드 조지가 이것을 윌슨에게 보냈다. 첫 번째 서한은 "유럽의 경제 메커니즘이 막혀 있는데," 케인스가 제안한 프로그램이 유럽 경제의 숨통을 틔워줄 것이라고 주장했다. 두 번째 서한에는 "피폐하고 볼셰비키주의의 위험이 높은 나라일수록 원조의 필요성이 더 큽니다. 그러나 민간 기업이 그런 역할을 하리라 기대할 수는 없습니다"라고 쓰여 있었다.[92] 케인스는 미국이 세계 문제에 있어 유례없는 '순간'에 와 있다고 주장했다. 그의 견해에 따르면, 윌슨은 대전 후의 국경선이나 국제연맹의 형태를 결정하는 데 관여할 것이 아니라 미국의 식량 생산 능력이나 경제력을 이용해 유럽의 장기 부흥을 도와야 했다. 그는 유럽이 번영을 이루면 지나간 과거의 쓰디쓴 기억은 잊힐 것이고, 현재 지나치게 감정에 치우쳐 있는 국경 조정 문제도 올바르게 해결될 것이라고 생각했다.

케인스의 견해는 대단히 현명하고 공정했다. 그는 일부 미국 역사가들이 현재 인정하고 있듯이 미국의 역할에 관해서도 올바르게 판단했다.[93] 하지만 국제연맹 생각에 사로잡혀 유럽의 경제 부흥 따위는 관심조차 없었던 윌슨은 로이드 조지의 호소를 일축했으며, 미국 재무부는 케인스의 아이디어에 아연해했다. 케인스가 불평했듯이 미국 재무부 대표들은 '공식적

▶ 존 케인스(1883~1946)
만성적 실업의 원인에 대한 혁신적인 경제이론을 제시했
다. 케인스주의 경제학을 제창한 것으로 알려진 대표 저작
The General Theory of Employment, Interest and Money(1935~36)에서, 정부가 주도하는 완전고용정책에
기초하여 경제침체를 극복해야 한다고 주장했다.

인 금지'가 내려져 "사적인 대화
에서조차 그런 문제를 토론할 수
없었다."⁹⁴⁾ 전시채무 면제에 관
해서는 거론할 여지도 없었다.
케인스는 미국인들에 대한 혐오
감으로 속이 뒤집혔다. 그는 친
구에게 이런 편지를 썼다. "그들
은 관대하거나 적어도 인도주의
적 세계관을 보여줄 수 있는 기회
가 있었지만 주저 없이 거절했
네." 그에게 윌슨은 '세계 최고
의 협잡꾼'일 뿐이었다.⁹⁵⁾

베르사유조약안을 다 읽고, 특히 배상 조항을 포함하여 조약안의 규정들
이 낳을 소름끼치는 결과를 깨달았을 때 케인스는 경악하지 않을 수 없었
다. 그의 표현대로 '빌어먹을' 조약은 경제적 파국과 미래의 전쟁을 위한
주문이었다. 1919년 5월 26일, 케인스는 영국 대표단에서 사퇴했다. 그는
체임벌린에게 이렇게 썼다. "장관님이 어떻게 이 비극적인 익살극에서 더
이상 제 도움을 기대할 수 있을지 모르겠습니다. 여기서 찾을 수 있는 것은
어느 프랑스인의 말대로 '정당하고 영속적인 전쟁'의 토대일 뿐입니다."
로이드 조지에게는 이렇게 말했다. "이 악몽의 현장에서 속히 빠져나가고
싶습니다."⁹⁶⁾

케인스가 떠난 것은 충분히 이해할 수 있는 일이었다. 그의 기지와 웅변
으로도 막을 수 없었던 조약이 기정사실이 되었기 때문이다. 그러나 케인
스가 그 후에 행한 일은 그가 정확하게 짚었던 베르사유조약의 오판을 무

한하게 심화시키는 결과를 낳았다. 케인스에게는 두 가지 세계가 있었다. 하나는 금융과 정치의 세계였는데, 이 분야에서 그는 원하기만 한다면 언제라도 뛰어난 재능을 발휘할 수 있었다. 그러나 한편으로 그는 학자와 심미주의자, 동성애자의 세계를 향유했다. 케인스는 '사도(使徒)'라는 케임브리지 비밀 클럽과 그 하위 단체인 블룸즈버리그룹(Bloomsbury Group) 회원이었다. 친구 대부분은 평화주의자였으며, 그중에는 블룸즈버리그룹의 비공식 지도자 리턴 스트레이치(Lytton Strachey), 그 동생인 제임스 스트레이치(James Strachey), 데이비드 가넷(David Garnett), 클라이브 벨(Clive Bell), 에이드리언 스티븐(Adrian Stephen), 제럴드 쇼브(Gerald Shove), 해리 노튼(Harry Norton), 던컨 그랜트(Duncan Grant)도 있었다.[97] 징병제가 도입되었을 때, 그들 가운데 몇 명은 군인으로 전쟁에 나가기보다는 양심적 병역 거부자로 병역 면제 심사국에 끌려가는 쪽을 택했다. 특히 리턴 스트레이치의 행동은 영웅적으로 묘사되어 여론을 떠들썩하게 했다. 그들은 케인스가 재무부에 들어가는 것을 용인하지 않았다. 비전투원이라 하더라도 그 일은 일종의 '전쟁 행위'로 간주되었기 때문이다. 1916년 2월 어느 날 케인스는 아침 식사 테이블에 놓인 스트레이치의 메모를 발견했다. "메이너드, 왜 자네는 아직도 재무부에 남아 있나? 너의 다정한 친구 리턴으로부터." 동성애 관계에 있었던 던컨 그랜트가 입스위치(Ipswich)의 병역 면제 심사국에 소환되자 케인스는 증언에 나섰다. 그는 그곳에서 왕실 문양이 찍혀 있는 재무부 서류 가방을 보여주며 시골 촌뜨기에 불과한 심사국 위원들을 위압했다. 하지만 친구들과 있을 때는 자신이 하고 있는 일을 부끄러워했다. 1917년 12월 그는 그랜트에게 보내는 편지에 다음과 같이 썼다. "나는 내가 범죄라고 생각하는 목적을 위해, 내가 경멸하는 정부를 위해 일하고 있다네."[98]

케인스는 애국심을 버리지 못해 재무부에서 계속 일했지만 내적 갈등은 계속해서 커졌다. 혐오했던 전쟁이 무도한 조약으로 끝이 나자 그는 신경 쇠약 상태에서 케임브리지로 돌아왔다. 신경쇠약이 회복되자 케인스는 즉시 조약 전반에 대해 악의와 기지로 번뜩이는 신랄한 공격을 퍼부었다. 여기에는 완전한 진실과 부분적인 진실, 오해, 섬광 같은 통찰력이 뒤섞여 있었으며, 드라마의 주역들에 관한 냉소적인 성격 묘사가 매우 생생하게 펼쳐져 있었다. 그해가 끝나기 전에 케인스의 『평화의 경제적 귀결 *The Economic Consequences of the Peace*』이 출판되었다. 이 책은 전 세계적인 반향을 불러일으켰다. 케인스의 저서는 '의도하지 않은 결과의 법칙'을 보여주는 또 하나의 고전적인 사례가 되었다. 케인스가 이 글을 쓰게 된 동기는 두 가지인데, 공적으로는 독일에 카르타고식 평화를 강요함으로써 초래될 영향을 세계에 경고하기 위해서였다. 개인적으로는 정치적 체제를 비난함으로써 정부에서 일한다고 그를 책망했던 친구들과의 관계를 회복하기 위해서였다. 두 가지 목적은 모두 성공했다.

하지만 케인스의 책은 20세기 가장 유해한 책 가운데 하나로, 케인스가 그토록 막고 싶어했던 미래의 전쟁이 일어나게 하는 데 큰 역할을 했다. 마침내 전쟁이 도래했을 때 프랑스의 젊은 역사가 에티엔 망투(Etienne Mantoux)는 「카르타고식 평화: 케인스의 경제적 귀결 The Carthaginian Peace: or the Economic Consequences」이라는 논문에서 케인스의 저서에 비난의 화살을 돌렸다. 망투의 책은 망투가 전사하고 난 다음해인 1946년 런던에서 출판되었다. 그해 케인스도 암으로 사망했다.

케인스의 책이 미친 영향은 독일과 영국에서는 점차 누적되어 갔지만, 미국에서는 곧바로 나타났다. 이미 언급했듯이 국제연맹은 윌슨의 아이디어가 아니었다. 국제연맹에 관한 아이디어는 영국에서, 보나 징확히게는 필리모어(Walter Phillimore)와 로버트 세실(Robert Cecil)이라는 괴짜 영국 신사의 머릿속에서 나왔다. 선의에서 비롯되었지만, 세계 문제와 관련하여 치명적인 결과를 낳은 그들의 아이디어는 종교적 신념이 정치 세계에서는 나쁜 조언자일 뿐이라는 사실을 증명해 주고 있다.

일흔두 살의 월터 필리모어는 외무위원회 위원이며 국제 변호사이자 『평화 조약의 3세기 *Three*

▶ 로버트 세실(1864~1958)
영국의 정치가로 1919년 국제연맹규약을 기초했으며, 1945년 국제연맹이 국제연합으로 대체될 때까지 헌신적으로 활동했다. 1937년에 노벨 평화상을 받았다.

Centuries of Treatise of Peace』(1917)라는 책의 저자이기도 했다. 세계 기구가 처음 제안된 것은 그가 1918년 3월 20일에 쓴 외무위원회 보고서에서였다. 필리모어는 유명한 교회법 학자이기도 했으며, 19세기 영국 소설가 트롤로프(Anthony Trollope)의 소설에나 나올 법한 인물로 교회 총회에서 뚜렷한 활약을 펼쳤고 정통성, 의례, 성직복이나 교회의 가구에 대한 전문가였다. 그는 녹음이 짙은 켄징턴(Kensington)의 행정 책임자이기도 했다. 판사로 재직하는 동안 다른 범죄에 비해 유독 성 범죄에 가혹할 정도로 엄격하다는 이유 때문에 많은 비난을 받았다. 세계 규모의 현실 정치 문제를 다루는 법률을 만드는 데 이만큼 부적합한 인물을 찾기도 쉽지 않을 것이다.

유일한 예외가 있다면 필리모어의 정치적 동지이며, 보수당 의원이자 외무차관인 로버드 세실을 들 수 있다. 세실의 아버지 솔즈베리 후작(4th marquess of Salisbury)은 과거 영국 총리를 지낸 인물로 비스마르크와 맞섰던 사람이다. 세실은 아버지가 품고 있던 정치적 회의주의와 냉소주의에 반발했다. 그는 독실한 종교적 신념으로 외교 문제에 접근했다. 그는 어려서부터 변호사 행세를 했다고 한다. 세실의 어머니는 그가 "항상 불만에 가득 차서 자기주장을 내세웠다"고 전했다. 이튼스쿨 재학 시절 세실은 학생들을 괴롭히는 행동에 반대하는 운동을 조직하기도 했다. 제1차 세계대전 때 해상 봉쇄를 책임지는 장관이 되었지만, 독일을 굶겨서 항복시키는 작전을 혐오했다. 그는 국제연맹에 관한 구상에 열정적으로 매달렸다. 실제로 세실은 아내에게 보내는 1918년 8월의 편지에 다음과 같이 썼다. "국제연맹이 장래에 더 나은 국제기구가 되리라는 희망이 없다면, 나는 차라리 반전론자가 될 것이오."[99] 국제연맹의 틀을 세우는 데 가장 크게 이바지한 두 사람이 어느 정도는 평화주의자 내지는 반전론자였다는 사실에 주목할 필요가 있다. 그들은 국제연맹을 집단의 힘으로 침략 전쟁을 막는 장치가 아니라, 주로 '도덕적 권위'를 통해 작용하는 기구로 생각했던 것이다.

영국의 군부와 외교 전문가들은 처음부터 국제연맹에 관한 구상을 탐탁지 않게 생각했다. 내각장관이며 경험이 풍부한 군부의 의견 조정자 모리스 행키(Maurice Hankey) 대령은 다음과 같은 견해를 피력했다. "그러한 계획은 우리를 위험에 빠뜨릴 것이다. 국제연맹이 안전감을 준다 하더라도, 순전히 허구에 불과하기 때문이다. …… 실패는 불을 보듯 뻔하다. 실패가 지연될수록 영국은 분명 더 깊은 잠 속에 빠져들 것이다. 국제연맹은 어느 나라 정부에나 있기 마련인 선의의 이상주의자들에게 매우 강력한 수단이 될 것이다. 그들은 이를 배경으로 군사비 지출을 반대할 테고, 결과적으로 영국은 곤란한 지경에 처하게 될 것이다." 엄숙한 연맹과 규약도 다른 조약과 다르지 않을 것이라는 에어 크로의 지적은 보다 통렬했다.

"다른 조약과 다르게 이것만은 깨지지 않는다고 무엇이 보장해 준단 말인가?" 물론 힘만이 그것을 보장해 줄 수 있다. 그러나 필리모어는 군대에 자문을 구하지도 않았다. 해군은 국제연맹에 관한 구상을 전해 듣고는, 국제연맹이 효력을 발휘하려면 군함의 수를 줄일 것이 아니라 오히려 늘려야 할 것이라고 말했다.[100] 구상 단계부터 존재했던 국제연맹에 대한 이런 모든 경고는 앞으로 국제연맹의 참담한 역사가 그 정당성을 충분히 입증해 줄 터였다.

불행히도 윌슨 대통령은 조약 협상 자체와 도덕과는 거리가 먼 현실 정치 냄새에 염증을 느끼고 국제연맹 문제에 전념했다. 국제연맹은 그의 풍부한 종교적 열정을 실어 나르는 배처럼 모든 의혹을 뒤로 하고 앞으로 나아갔다. 사실 윌슨의 이런 적극적인 노력 때문에 있었을지도 모르는 국제연맹의 현실적인 장점들이 없어져 버렸다. 유럽 강대국들이 평화 유지를 위한 항구적인 협약에 미국을 끌어들일 수단으로 국제연맹 창설을 간절히 바랐고, 윌슨도 같은 견해를 공유하고 있었으며, 그것이 좌절된 것은 오로지 공화당의 고립주의 때문이라는 생각은 역사적 신화일 뿐이다. 사실은 그렇지 않다. 클레망소와 포슈는 독립적인 운영 참모부를 갖춘 일종의 상호 안보 동맹을 원했다. 그것은 말로 다할 수 없는 우여곡절을 거친 뒤 대전 말기에 형성된 연합군 사령부 형태와 비슷했다. 간단히 말하자면, 클레망소와 포슈는 1948~49년이 되어서야 마침내 북대서양조약기구의 형태로 등장한 안보 기구를 원했던 것이다. 그들은 각각의 과거사에 상관없이 모든 열강(독일을 포함하여)이 속해 있고, 공과(功過)에 상관없이 모든 국경선을 보장해 주는 전 세계적인 조직이란 난센스에 불과하다는 것을 알고 있었다. 또한 미국 의회의 동향에 대해 윌슨보다 훨씬 잘 알고 있었다. 따라서 미국 의회가 그러한 비현실적인 제안을 받아들일 가능성은 적다고 생각했다. 그들의 목적은 제한적이었다. 그들은 프랑스가 예전에 영국에 그랬던 것처럼, 미국을 유럽 문제에 단계적으로 끌어들이고 싶어했다. 그들이 미국에 우선적으로 기대한 것은 평화 조약에 대한 보증이었으며, 연맹의 가입은 아니었다.[101]

이것은 상원 의원 헨리 캐벗 로지(Henry Cabot Lodge)의 견해와도 대략 비슷했다. 공화당 소속 상원 의원의 지도자였던 그는 영국과 프랑스 전문가들처럼 연맹 구상에는 회의적이었다. 로지는 결코 고립주의자가 아니었다. 그는 유럽 친화적인 인물로 상호 안보 체제를 지지했다. 하지만 로지는 주요 강대국이 국제연맹의 결정을 집행하기 위해, 실제로 전쟁에 나가는 의무를 지키지는 않을 것이라고 생각했다. 국가는 보통 자국의 중대한 이해가 걸려 있지 않는 한 전쟁을 피하기 때문이다. 게다가 대체 무엇이 국경선을 영원히 보장할 수 있단 말인가? 국경선은 변화하는 세력 관계를 반영한다. 미국이 과연 인도에 있는 영국 영토를 지키기 위해, 혹은 산둥 반도에 있는 일본 점령지를 지키기 위해 전쟁에 나설 것인가? 물론 그러지 않을 것이다. 미국이 영국 및 프랑스와 맺을 협약은 중대한 상호 이해관계에 기초해야 했다. 그래야만 협약이 의미를 갖게 될 것이다. 1919년 9월이 되자, 로지와 '강경 유보파' 라고 알려진 로지의 지지자들은 입장을 분명하게 밝혔다. 그들은 우선 국제연맹에 관한 사항은 제외하고, 평화 조약의 비준에 동의할 것이지만, 미국의 군사적 개입이 요구되는 각각의 위기 상황과 관련하여 미국 의회에 이를 평가할 수 있는 권한이 주어지는 경우에만 국제연맹 가입을 승인할 것이라고 했다.[102]

이런 중대한 국면에 윌슨의 성격적 결함 내지는 판단력 부족, 아니면 정말로 정신 건강상의 문제가 매우 중요한 요인으로 등장했다. 1918년 11월 민주당은 중간 선거에 패했고, 상원을 포함하여 의회에서 지배력을 상실했다. 이러한 상황은 윌슨이 직접 파리로 가지 말았어야 하는 또 다른 이유이기도 했다. 그는 양당 대표단을 파견하거나 원한다면 로지와 또 다른 공화당원을 대동했어야 했다. 하지만 그는 혼자 갔다. 미국의 참전을 결정하면서 그는 1917년 4월 2일 의회 연설에서 "민주주의를 위해 세계를 구해야 합니다"라고 말했다. 윌슨의 유명한 저서 『미국인의 역사 *History of the American People*』에서는 민주주의가 반쯤은 종교적인 힘으로, 민중의 목소리는 신의 목소리로 표현되어 있다. 의회 연설 기록을 보면 윌슨은 구세계에서 "민주주의의 순수함과 정신적인 힘이 부당하게 거부당하는" 일이 벌어지고 있다고 말했다. 미국이 나서야 할 때였다. "민주주의 정신을 보급하기 위해 앞장서서 노력하는 일이 미국의 명백한 사명임에 틀림없습니다." [103] 국제연맹은 이 대사업을 수행하는 수단이며, 윌슨 자신은 민주주의의 집행자이자 일반의지(一般意志)의 화신이었다.

어떻게 초(超)민주주의자 윌슨이 루소(Jean-Jacques Rousseau)의 일반의지를 신봉하게 되었는지는 분명치 않다. 이 일반의지라는 개념은 나중에 유럽의 새로운 독재자들이 끝도 없이 남용하였다. 어쩌면 정말로 건강상의 문제 때문이었는지도 모른다. 1919년 4월 윌슨은 파리에서 처음 발작을 일으켰다. 하지만 이 사실은 숨겨졌다. 건강이 악화되면서 윌슨은 자신의 행동이 정의롭다는 신념, 비판적인 공화당원과 타협하지 않겠다는 결심이 강해지는 것처럼 보였다. 1919년 9월 그는 국제연맹 문제를 의회 대신 국민에게 호소하기 위해 3주간 열차로 13,000킬로미터를 여행했다. 이 때문에 9월 25일 열차 안에서 두 번째 발작을 일으켰다. [104] 이 사실도 은폐되었다. 10월 10일에는 세 번째로 극심한 발작이 찾아와 왼쪽 몸 전체가 마비되었다. 담당 의사 그레이 그레이슨(Gray Grayson)은 몇 달 뒤, 윌슨이 "육체적으로 영구적인 질환 상태에 놓여 있고, 정신적으로 점차 쇠약해지

▶ 토머스 마셜(1854~1925)
미국의 28대 부통령으로, 우드로 윌슨 대통령의 민주당 행정부에서 일했다. 백 년
만에 처음으로 2차례나 부통령에 재직한 정치가다.

고 있으며 회복은 불가능하다"라고 시인했다.[105] 하지만 그레이슨은 대통
령이 집무 불능 상태에 있다고 말하지는 않았다. 이러한 상황에서 정국을
이끌어야 할 부통령 토머스 마셜(Thomas Marshall)은 끊임없이 불안에 떠
는 인물로, 지루한 논쟁이 이어질 때면 "이 나라에 필요한 것은 질 좋은 5센
트짜리 여송연이다"라는 말을 종종 인용하곤 했다. 그가 당면한 책임을 떠
안으려 하지 않자 윌슨의 개인 비서 조지프 튜멀티(Joseph Tumulty)가 윌
슨과 공모하여 에디스(Edith Wilson)를 대통령으로 만들었다. 윌슨 부인은
17개월간 미국의 대통령직을 대행했다.

미국 역사에서 이런 기괴한 사건이 진행되고 있는 동안, 윌슨이 매독 제3
기 증상으로 인한 정신 착란 상태에서 죄수처럼 방 안에 갇혀 있다는 소문
이 나돌았다. 하지만 학교 교육이라고는 고작 2년밖에 받지 못한 윌슨 부인
은 아이들처럼 큰 글씨로 내각의 장관에게 명령서를 써주곤 했다. ("대통
령은……라고 말씀하셨습니다.") 윌슨 부인은 장관을 해고하거나 임명했
고, 윌슨의 필적을 위조해 법안에 서명했다. 랜싱을 해임하고 대신 베인브

리지 콜비(Bainbridge Colby)를 국무장관에 임명한 일에는 그녀의 입김이 작용했다. (그녀는 "나는 랜싱이 싫어요"라며 분명하게 의사를 밝혔다.) 외교 문제에 경험이 전혀 없는 베인브리지 콜비도 이러한 결정에 당혹스러워했다. 윌슨은 한 번에 5~10분 동안은 정신을 집중할 수 있었다. 그는 의회에서 자신의 주된 논적이 되곤 했던 앨버트 폴(Albert Fall) 상원 의원을 교활한 방법으로

▶ 베인브리지 콜비(1869~1950)
법률가이자 미국진보당을 창당한 인물이다. 우드로 윌슨 행정부의 마지막 국무장관이 되었다.

속이려고까지 했다. 앨버트 폴은 다음과 같이 불평했다. "미국 정부는 여인천하입니다! 윌슨 부인이 우리의 대통령이란 말입니다." 폴이 백악관을 방문했을 때, 윌슨은 흰 턱수염을 길게 기르고 있었지만 멀쩡해 보였다. (폴과 윌슨이 함께 있었던 시간은 겨우 2분이었다.) 폴이 "대통령 각하, 우리는 언제나 각하를 위해 기도하고 있습니다"라고 말하자, 윌슨은 "어떻게 되길 바라며 기도하고 있는 것이지요, 상원 의원?" 하고 매섭게 반문했다. 이 일은 그의 날카로운 위트가 건재하다는 증거로 해석되었다.[106]

따라서 매우 중대한 순간에 미국은 1932~33년에 독일이 그랬듯이 천국의 문턱에 서 있는, 육체적으로 병들고 정신적으로 무능력한 거인이 통치하고 있었다. 윌슨이 집무 불능으로 선언되었다면, 수정된 조약안이 상원을 통과했을 것이다. 하지만 윌슨은 병든 사람 혹은 노망난 사람의 완고함으로 자신이 요구하는 모든 것이 받아들여져야 하며, 그렇지 않으면 조약은 아무것도 아니라고 주장했다. 이 문제에 대한 윌슨의 마지막 통보는 이

랬다. "우리는 의무를 받아들이고, 또 우리가 현재 향유하고 있는 지도자의 역할에 두려워하지 않고 자신 있게 국제연맹에 가입하거나 …… 그게 아니라면 세계를 구한 강대국의 위대한 협력의 장에서 가능한 한 품위 있게 퇴장해야 할 것입니다." [107]

이처럼 미묘한 국내 정치의 갈등 상황에서 형세는 윌슨에게 불리한 쪽으로 기울고 있었다. 그리고 케인스의 책이 등장하여 여기에 결정적인 영향을 미쳤다. 그의 책은 타협 불가론자들의 편견을 확인시켜 주었고, 유보론자들의 의심을 더욱 굳건하게 만들어 주었다. 이렇게 되자 윌슨의 지지자들 중에도 크게 우려하는 사람들이 생겼다. 조약안은 1920년 3월 상원에 상정되었다. 비준에는 의석의 3분의 2에 해당하는 다수표가 필요했다. 윌슨의 안은 38대 53으로 완패하고 말았다. 아직은 로지의 수정안이 통과될 가능성이 있었다. 만약 수정안이 통과되었다면, 뒤를 잇는 3대의 공화당 행정부는 이를 토대로 굳건한 외교 정책을 펴나갈 수 있었을 것이다. 하지만 윌슨은 병상에서 자학적인 열정으로 지지자들에게 편지를 썼고, 심하게 떨려서 거의 알아볼 수 없는 글씨로 반대표를 던지라고 간청했다. 로지의 수정안은 49대 35였다. 필요한 다수표 3분의 2에 7표가 모자랐다. 반대표 35표 가운데 23표가 윌슨의 지시를 따른 민주당원의 표였다. 따라서 윌슨은 자신이 낳은 맏이를 제 손으로 죽이는 꼴이 되었다. 이로써 유럽은 물론 호의를 보인 공화당 의원들과의 관계도 소원해졌다. 로지는 환멸에 사로잡혀 국제연맹이 '말리의 유령'처럼 분명히 죽었다고 공언했다. 상원 의원 제임스 리드(James Reed)는 "헥토르처럼 죽은 게 확실하다"라고 말했으며, 공화당 대통령 후보 워런 하딩(Warren Harding)은 민주당의 과거를 비웃으며, 국제연맹이 "노예제처럼 사라졌다"고 덧붙였다. 민주당이 1920년 가을 선거에서 압도적인 패배를 당했을 때, 투표 결과는 윌슨의 유럽 정책에 대한 완전한 반대를 의미하는 듯했다. 유진 데브스는 윌슨이 자신을 처넣은 애틀랜타 교도소에서 이렇게 썼다. "미국 역사에서 공인 가운데 우드로 윌슨만큼 철저히 신뢰를 잃고, 호되게 비난받고, 압도적인 거부와 반대에 부딪힌 채 은퇴하는 사람은 찾아보기 힘들 것이다."[108]

그리하여 영국과 프랑스는 원치 않았던 형태로 국제연맹에 남게 되었고, 그 틀을 세운 장본인은 자국에서 신뢰를 잃는 사태가 벌어졌다. 최악의 상황이었다. 로지의 수정안에 따라 미국이 국제연맹에 가입했다면, 국제연맹은 대체로 조금은 현실적인 기구가 되었을 것이다. 특별히 독일은 상당한 이익을 봤을 것이다. 로지와 공화당 내의 국제파들은 조약이 특히 독일에 불공정하며 조만간 개정이 이루어져야 한다고 생각했다. 사실 국제연맹 규약은 이러한 상황 변화에 대비하고 있었다. 19조는 자주 간과되고 결국 완전히 무시되었지만, 이에 따르면 국제연맹은 "조약의 이행이 불가능하게 되거나 …… 조약 때문에 세계 평화가 위험에 처하는 경우"에는 "수시로" 조약의 수정을 권고할 수 있었다.[109] 만약 미국이 국제연맹에 가입해 있었더라면, 1920년대 독일은 국제법의 적법한 절차에 따라 불만을 해결할 수 있었을 것이다. 결국 독일은 1930년대에 무력으로 이것을 추구했다. 겁을 집어먹은 과거 연합국은 독일의 행동을 막을 수 없었다.

윌슨은 유럽의 전후 문제를 경제적 해법보다는 국제법으로 풀려 했다. 하지만 그의 외교 정책이 완전히 실패하자 유럽 대륙은 인플레이션과 채무, 상충하는 재정적 요구라는 끔찍한 유산만 물려받게 되었다. 19세기는 모든 선진국이 산업적으로 엄청난 팽창을 이루었음에도 대체로 물가는 상당히 안정되어 있던 시기였다. 실제로 소매가는 오랫동안 하락세를 유지했다. 생산성 향상이 늘어나는 수요를 훨씬 능가했기 때문이다. 하지만 1908년에 이르자 인플레이션이 다시 나타났다. 전쟁은 이런 상황을 엄청나게 가속시켰다. 평화 조약이 조인되었을 때쯤 도매가는 1913년을 지수 100으로 하면 미국은 212, 영국은 242, 프랑스는 357, 이탈리아는 364였다. 이듬해 1920년에 미국에서는 도매가가 제1차 세계대전 전 평균의 2.5배가 되었고, 영국에서는 3배, 프랑스에서는 5배, 이탈리아에서는 6배가 되었다. 독일에서는 그 수치가 1,965로 거의 20배였다.[110] 문명화된 세계는 16세기 이래 이런 초(超)인플레이션을 경험한 적이 없었고, 이 어마어마한 규모는 3세기 이래 처음 있는 일이었다.[111]

미국을 제외한 모든 국가가 채무국이었다. 여기에 문제가 있었다. 1923년에 미국은 이자를 합치면 118억 달러의 채권을 가지고 있었다. 영국만 하더라도 미국에 46.6억 달러의 부채를 지고 있었고 주로 프랑스, 이탈리아, 러시아에 65억 달러의 채권을 가지고 있었다. 혁명으로 인해 더 이상 러시아가 채무를 청산하리라고는 기대할 수 없었다. 따라서 프랑스와 이탈리아는 영국이나 미국에 빚을 갚으려면 독일로부터 배상금을 받아 내는 수밖에 없었다. 미국은 국가 간 부채를 왜 그토록 고집스럽게 받아 내려 했을까? 쿨리지(John Calvin Coolidge) 대통령은 나중에 "그들이 돈을 빌렸기 때문입니다. 그렇지 않나요?" 라고 간단히 대답했을 뿐이다. 그 이상의 설명은 들을 수 없었다. 버나드 바루크는 전시 산업위원회의 유력 인물이었으며 미국 평화 대표단의 경제 고문이기도 했다. 그는 이렇게 말했다. "미국은 어떤 채무도 면제해 줄 생각이 없습니다. 만약 외부적인 이유로 미국이 채무를 면제해 준다면, 이 전쟁 비용뿐 아니라 앞으로 있을 모든 전쟁 비용도 미국이 부담하게 될 것입니다. 일단 한번 전쟁 비용을 보조했다는 이유로 미국은 모든 전쟁 비용을 부담해야 하는 입장에 놓이게 될 것입니다."[112] 물론 바루크가 이 엉터리 변명을 진심으로 말했던 것은 아니다.

사실 전시 채무의 변제를 고집하는 것이 경제적으로는 무의미했다. 전시

채무는 큰 공백만 남겨 놓은 월슨주의의 실패에 대한 정치적 대가로 볼 수 있었다. 1923년 워싱턴 회의에서 영국은 비분을 느끼며 미국에 10년 동안 연간 2,400만 파운드를 지불하고, 그 뒤에는 연간 4,000만 파운드를 지불하기로 약속했다. 대공황 뒤 실제로 채무가 면제될 때까지, 영국은 재정적으로 영국보다 열악한 연합국으로부터 받은 채무액보다 조금 더 많은 금액을 미국에 지불했을 뿐이다. 또 이들 연합국은 독일로부터 약 10억 파운드를 받아냈다.[113] 그나마 대부분은 독일이 미국에서 공채를 발행해 조달한 것이고, 이 공채는 경기 침체기에 파기되었다. 이로써 개인은 말할 것도 없고 어떤 나라도 단 한 푼이라도 벌었다고 할 수 없었다.

더구나 이 시기에 채무 지급 요구와 반대 요구가 불쾌한 목소리로 시끄럽게 오가면서, 얼마간 남아 있던 연합국 간의 동맹 의식도 바닥을 드러내고 말았다. 모든 국가가 독일의 배상금에 의존하고 있었기 때문에 어쩔 수 없이 독일의 통화 가치가 폭락했다. 1871년 프로이센-프랑스 전쟁이 끝난 뒤, 독일이 프랑스에 부과한 배상금은 40억 마르크 금화에 상당했다. 베르사유조약을 토대로 배상 위원회가 벨기에의 전쟁 피해 배상금으로 독일에 요구한 금액이 40억 마르크 금화였다. 게다가 배상 위원회는 독일의 부채를 1,320억 마르크 금화로 계산했는데, 프랑스에 지급하는 금액이 이 가운데 52퍼센트를 차지했다. 현물 지급도 있었는데, 여기에는 한 달 200만 톤의 석탄 지급이 포함되어 있었다. 독일은 1921년 5월 1일까지 200억 마르크 금화를 지불하기로 되어 있었다. 하지만 실제로 독일이 얼마를 지불했는지는 논란이 되었다. 대부분이 현금이 아니라 현물에 의한 지불이었기 때문이다. 독일은 450억 마르크를 지불했다고 주장했다. 배상 위원회의 미국 측 위원 존 포스터 덜레스는 현물 지불량이 마르크 금화로 200~250억의 가치가 있을 것이라고 추정했다.[114] 어쨌든 지급 감면과 중지가 거듭된 뒤, 1922년 12월 26일 독일은 베르사유조약 부칙 II 17~18절에 의거하여 채무 불이행 국가로 선고받았다. 이 조항은 구체적이지는 않지만 이에 따른 무력행사를 규정하고 있었다. 1923년 1월 11일 영국의 항의에도 불구하고 프랑스와 벨기에 군대가 라인 강을 넘어 루르 지방을 점령했다. 독일인들은 파업을 벌였다. 프랑스는 계엄령을 선포하고 전신, 전화, 우편을 막았다. 독일의 소매 물가 지수는(1913년을 100으로 하면) 161억 7,000만으로 치솟았다. 독일인들에게, 그리고 궁극적으로는 프랑스인들에게도 이로 인한 정치적 영향은 참으로 비통한 것이었다.

인종 민족주의

베르사유조약은 완전한 실패였단 말인가? 당시 많은 지식인은 그렇게 생각했고, 나중에 대부분의 사람이 그러한 견해를 받아들였다. 하지만 당시 지식인들이야말로 문제의 근원에 자리 잡고 있었다는 사실을 알아야 한다. 그 문제란 바로 인종 민족주의였다. 인종 민족주의는 베르사유조약의 성격을 규정지었을 뿐만 아니라 조약이 제대로 이행될 수 없게 했다. 유럽의 민족주의 운동은 1919년에 이르면 이미 수십 개가 존재했다. 이 모든 운동은 학자와 저술가들이 창조하고 이끌며 선동한 것이다. 그들은 민족 간의 전통적 유대 관계와 여러 민족이 함께 어울려 살면서 얻을 수 있는 지속적인 경제적 이익을 도외시하고, 민족 간의 언어적 문화적 차이를 강조했다. 1919년이 되자 유럽에서는 윗세대의 지식인은 말할 것도 없고, 실제로 모든 젊은 지식인이 민족 자결권을 근본적인 도덕 원칙이라고 주장했다. 소수의 예외도 있었다. 그 중 한 명이 칼 포퍼였다.[115] 이러한 소수 지식인들은 민족자결주의가 단순히 국민과 소수 민족을 '해방'시켜 더 많은 소수 민족으로 만드는 것이기 때문에, 자멸의 원칙에 지나지 않는다고 주장했다. 하지만 민족자결주의는 유럽에서 대체로 논란 없이 받아들여졌고,

1950년대와 1960년대에는 아프리카에 유입되었다.

1919년이 되자, 중부 유럽과 동유럽의 구체제를 회복시키는 문제는 생각할 수도 없는 일이 되었다. 민족주의자들은 이미 이 지역을 갈가리 찢어 놓았다. 80년이 지난 오늘날에는 오스트리아-헝가리 제국의 마지막 날을 다민족 국가의 평화로운 시기로 여기는 게 보통이다. 하지만 당시의 오스트리아-헝가리 제국은 점차 커지고 있는 민족적 적대감으로 악몽의 나날을 보내고 있었다. 개혁은 문제를 해결하기보다는 번번이 더 많은 문제를 낳곤 했다. 헝가리는 1867년 제국 내에서 독립국의 지위를 획득했다. 그 뒤 곧바로 자국의 소수 민족, 주로 슬로바키아인과 루마니아인을 극심하게 탄압했다. 헝가리인은 자신을 탄압했던 오스트리아인보다 더 심한 포악성과 독창성을 보여주었다. 선거는 의혹을 샀고 철도 사업, 은행 제도, 제국 내 자유 교역 원칙은 개혁이 이루어졌지만, 그 과정에서 어떤 여지라도 생길라치면 소수 민족들이 각기 민족적 이득을 좇아 심하게 분열했다. 체코인과 다른 슬라브 민족들도 헝가리인의 사례를 답습했다. 일관성 있게 행동한 민족은 하나도 없었다. 보헤미아에서 독일인이 요구하고 체코인이 거부한 것을, 티롤(Tirol) 남부와 슈타이어마르크(Steiermark)에서는 독일인이 거부하고 이탈리아인과 남부 슬로베니아인이 요구했다. 부다페스트(Budapest), 프라하(Praha), 그라즈(Graz), 인스부르크(Innsbruck)의 각종 의회는 한치의 양보도 없는 알력의 시합장이었다. 갈리치아(Galicja)에서는 소수 민족인 루테니아인이 다수 민족인 폴란드인과 싸웠다. 달마티아에서는 소수 민족인 이탈리아인이 다수 민족인 남슬라브인과 싸웠다. 그 결과 효율적인 의회 정치가 이루어질 수 없었다. 1900년부터 1918년 사이에 존재했던 12개의 중앙 정부는 전적으로 민간 관료로 구성해야만 했다. 각 지방 정부는 소수 민족을 배제했고, 합법적인 권한 범위 내에서 자기 지역의 산업을 보호했고, 그럴 수 없는 경우에는 다른 민족이 만든 상품에 대해 불매 운동을 전개했다. 오스트리아-헝가리제국은 정상이 아니었다.

그럼에도 거기서는 적어도 법률을 존중했다. 제정 러시아에서는 때때로 유대인 대학살이 일어났고, 다른 곳에서도 폭력적인 민족 갈등의 사례를 찾아볼 수 있었지만, 오스트리아-헝가리제국에서는 1914년까지 예외적으로 법에 따른 질서가 잘 지켜지고 있었다. 국민이 너무 유순하지 않은가 하는 불평이 있을 정도였다. 하지만 전쟁이 복수심과 함께 그 모든 것을 바꾸어 버렸다. 역사가 프리츠 슈테른(Fritz Stern)은 대전이 유례없는 폭력을 불러왔으며, 사실상 여기에서 30년 전쟁이 시작되었고 1919년부터는 다른 형태로 전쟁이 전개되고 있었을 뿐이라고 말했다.[116] 그의 지적은 정확했다. 물론 어떤 의미에서는 그 시대의 재앙이 유럽 대륙에 국한되었다기보다는 전 세계에 퍼져있었다고 할 수 있다. 1918~19년의 인플루엔자 바이러스는 유럽과 아시아, 아메리카에서 4,000만 명을 죽인 유행병으로 전쟁 지역에만 퍼진 게 아니었다.[117] 그곳이 가장 큰 피해를 보았다고 하더라도 말이다. 공식적으로 전쟁이 종결되자마자 새로운 형태의 폭력이 거의 모든 곳에서 모습을 드러냈다. 7월 27일~8월 1일 시카고에서 미국 역사상 처음으로 대규모 북부 인종 폭동이 일어났다. 36명이 죽고 536명이 부상을 당했다. 다른 곳에서도 연이어 폭동이 일어났다. 1921년 5월 30일에는 오클라호마 털사(Tulsa)에서 백인 50명과 흑인 200명이 살해당했다.[118] 캐나다에서는 1919년 6월 17일 위니펙 총파업의 지도자들이 합법적인 정부를 무력으로 전복시켜 소비에트를 수립하려 했다는 혐의로 고소당해 유죄 선고를 받았다.[119] 영국에서는 1919년 1월 31일 글래스고(Glasgow)에서 혁명이 일어났다는 소문이 나돌았다. 1919년에서 1921년 말 사이에는 내란 또는 계급 간의 충돌 위험이 주기적으로 발생했다. 토머스 존스(Thomas

Jones)가 한 글자도 빠짐없이 속기로 기록했던 각료 회의의 오싹한 기록이 오늘날까지 남아 있다. 1921년 4월 4일 내각은 슐레지엔에서 4개 대대를 철수시켜야 할지 말아야 할지 토론을 벌였다. 영국군은 거기서 미쳐 날뛰는 폴란드인과 독일인들의 행동을 막고 있었지만, 런던을 지키려면 군대가 필요했다. 대법관은 침착하게 말했다. "우리는 지체 없이 결정을 내려야 합니다. 애국자들이 군대를 중심으로 결집할 수 있도록 해야 합니다. 어쨌든 싸우지 않고 죽을 수는 없습니다." [120]

그러나 무엇보다 폭력과 그 원인인 민족적 대립이 가장 극심하고 광범위하게 지속된 곳은 중부 유럽과 동유럽이었다. 이곳에서는 1919~22년에 걸쳐 20회 이상의 소규모 전쟁이 벌어졌다. 이 사건들은 서양 역사에서 자주 다루어지지 않았지만 끔찍한 상처를 남겨 놓았다. 그 중 일부는 1960년 대까지 영향을 끼쳤으며, 양차 대전 동안 유럽에 만성적으로 존재했던 불안정의 직접적인 원인이 되었다. 베르사유조약은 민족자결주의의 원칙을 구현하려고 노력하는 과정에서 실제로 더 많은 소수 민족을 탄생시켰다. 게다가 여러 민족들(특히 독일인과 헝가리인)의 더 큰 분노를 샀다. 그들은 복수심에 불탔다. 새로운 민족주의 정치체제에서는 구제국과 달리 참을 필요가 없다고 생각했다. 그리고 일련의 변화로 경제적 기반이 큰 피해를 입었기 때문에(특히 슐레지엔, 폴란드 남부, 오스트리아, 헝가리, 유고슬라비아 북부), 모든 사람이 이전보다 궁핍해졌다.

모든 나라가 극도의 원한 또는 해결할 수 없는 내부 문제를 떠안고 있었다. 프로이센과 분리되고 슐레지엔을 잃은 독일은 하늘을 우러러보며 복수를 맹세했다. 오스트리아는 거의 전과 다름없는 상태로 남아 있었지만, — 오히려 헝가리로부터 부르겐란트(Burgenland)를 얻었다 — 이전의 부(富)를 거의 다 잃었다. 이제 빈에 살고 있는 굶주린 시민들이 전체 인구의

3분의 1에 달했다. 게다가 베르사유조약은 독일과 연합하는 것을 금지하였다. 이에 따라 합병은 실제보다 더 매력적으로 보였다. 헝가리의 인구는 2,000만 명에서 800만 명으로 감소했다. 조직적으로 통합되어 있던 산업 경제는 붕괴되었으며, 300만 명의 헝가리인은 영토와 함께 체코슬로바키아와 루마니아에 넘어갔다.[121]

　베르사유조약의 수혜국 가운데 폴란드는 가장 탐욕스럽고 가장 호전적이었다. 1921년에 3년간의 싸움이 끝난 뒤 폴란드는 평화 회의에서 예상했던 것보다 두 배나 큰 영토를 가진 나라가 되어 있었다. 폴란드는 우크라이나를 공격하여 갈리치아 동부 지방과 그곳의 주도 리보프(L'vov)를 얻었다. 또 테셴(Teschen)을 빼앗으려고 체코와 싸웠지만 실패로 끝났다. 이 때문에 폴란드인들은 1938년 체코인들이 당한 불행에 전혀 동정심을 보이지 않았다. 1968년에는 실제로 러시아의 체코 침공을 도와주기도 했다. 하지만 폴란드로서는 1938년과 1968년에 체코의 저항과 독립을 지원하는 편이 장기적으로 유리했을 것이다. 폴란드는 힘으로 자신의 '권리'를 행사해 발트 해와 슐레지엔을 얻었다. 또 새롭게 독립한 리투아니아를 침공해 수도 빌뉴스(Vilnyus)를 점령하고 '주민 투표'를 실시해 병합했다. 폴란드는 러시아와도 전면적인 영토 전쟁을 벌였고, 1923년 서구 강대국들에 새로운 국경을 승인해 달라고 요구했다. 무력으로 영토를 확장하면서, 볼셰비키주의에 대한 영국의 공포와 예전 차르 체제의 동맹국을 잃고 난 뒤 동유럽에 강력한 동맹국을 만들고 싶어하는 프랑스의 소망을 교묘하게 이용했다. 물론 중대한 국면에 이르렀을 때는 영국이나 프랑스 모두 폴란드를 도울 만한 힘이 없었다. 폴란드는 영토를 확장하는 과정에서 모든 주변국을 인정사정없이 공격했다. 이 주변국들도 기회만 온다면 곧바로 폴란드로 밀고 들어갈 게 확실했다.

그러는 동안 폴란드는 러시아를 제외하면 유럽에서 가장 심각한 소수 민족 문제에 직면하게 되었다. 루테니아인, 벨로루시인, 독일인, 리투아니아인, 이들 모두가 일정 지역에 모여 살았고, 여기에 300만 명의 유대인이 있었다. 유대인은 대개 독일인이나 우크라이나인과 손을 잡았다. 의회에서는 30명 남짓의 유대인 의원이 파벌을 이루고 있었다. 유대인은 사실상 동부 일부 도시에서는 상거래를 독점했으며, 주민의 다수를 차지하고 있었다. 폴란드는 베르사유 회의에서 소수 민족의 권리를 보장하는 특별한 조약을 체결하기로 약속했다. 하지만 1920년대가 다 지날 때까지 이 약속을 지키지 않았으며, 소수 민족 정책이 군사 독재 아래 더욱 가혹해진 1930년대에는 더 더욱 지키려 하지 않았다. 국민의 3분의 1이 사실상 외국인으로 취급받는 상황에서 폴란드는 엄청난 경찰력을 유지하고 있었고, 여기에 장비는 형편없지만 대규모 상비군을 갖추어 드넓은 국경선을 방어하고 있었다. 1918년 폴란드 귀족이 독일 대사에게 한 말에서 우리는 탁월한 혜안을 발견할 수 있다. 그는 이렇게 말했다. "폴란드가 해방된다면, 나는 내 재산의 반을 내놓을 것이오. 그리고 나머지 반을 가지고 다른 나라로 떠날 것이오." [122]

체코슬로바키아는 그보다 더한 인공 국가였다. 이 나라는 사실상 체코인이 지배하고 있는 소수 민족의 집합체였다. 1921년 인구 조사에 따르면, 체코슬로바키아인이 8,760,000명, 독일인이 3,123,448명, 마자르인이 747,000명, 루테니아인이 461,000명이었다. 하지만 독일인들은 이 숫자가 교묘히 조작된 것이며, 사실 지배 민족인 체코슬로바키아인의 수가 그보다 훨씬 더 적다고 주장했다. 어쨌든 슬로바키아인들조차 체코인들의 박해를 받는다고 느꼈다. 이 나라의 성격을 극명하게 보여주는 사실은 새로운 슬로바키아의 수도인 브라티슬라바(Bratislava)조차 주민 대다수가 슬로바키아인이 아닌 독일인과 마자르인이라는 것이다. [123] 1920년대 체코인은 폴란드인과는 다르게 공정한 소수 민족 정책을 펼치기 위해 신중한 노력을 기울였다. 하지만 우연인지 어떤 의도가 있었는지 모르지만, 대공황이 체코인보다 독일인에게 훨씬 큰 타격을 주었다. 그 후 두 민족 간에는 돌이킬 수 없는 악감정만 남게 되었다.

유고슬라비아는 체코슬로바키아와 유사했다. 이 나라는 세르비아인이 지배하는 소규모 제국이라고 할 수 있었다. 세르비아인은 체코인이 체코슬로바키아를 다스리는 방식보다 훨씬 더 잔인하고 악독한 방식으로 나라를 다스렸다. 1912년 이후 일부 지역에서 끊임없이 싸움이 일어났고, 국경(이 말을 쓸 수 있다면)은 1926년까지 확정되지 않았다. 동방 정교회를 믿는 세르비아인이 군대와 행정부를 차지하고 있었다. 하지만 가톨릭을 믿는 크로아티아인과 슬로베니아인은 문화적 · 경제적 수준에서 세르비아인보다 우월했다. 그들은 '발칸인(세르비아인)의 유럽화'가 자신들의 의무라고 생각하는 한편 자신들이 '발칸화'될지 모른다는 두려움에 싸여 있었다. 시턴왓슨은 이 새로운 국가의 탄생에 중요한 역할을 했지만, 세르비아인이 국가를 운영하는 방식을 본 뒤 곧 환상에서 깨어났다. 그는 1921년에 이렇게 말했다. "유고슬라비아의 상황은 나를 절망으로 몰아넣었다. ······ 불합리한 중앙 집권주의로 새로운 헌법은 신뢰할 수가 없다." 시턴왓슨의 비난에 따르면, 세르비아인 관료는 합스부르크 왕가의 관료보다 더 악독했고, 세르비아인의 탄압은 독일인의 탄압보다 더 잔인했다. 1928년에는 이렇게 썼다. "그것도 모두 자업자득이니, 원컨대 세르비아인과 크로아티아인을 내버려두기로 하자! 내 생각에 그들은 둘 다 미쳤고 바로 눈앞에 있는 것밖에 보지 못한다."[124] 그 무렵 의원들이 의회에서 서로 총을 쏴대는 일이 벌어졌다. 그 과정에서 크로아티아 농민당 당수 스테판 라디치(Stjepan Radić)가 살해되었다. 사실 유고슬라비아가 그 상태로 유지되고

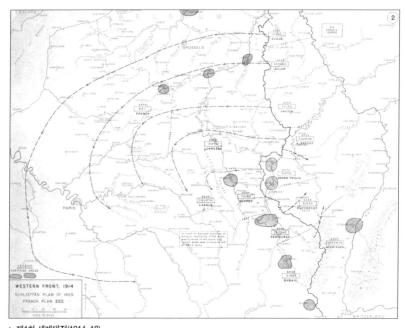

▶ 제1차 세계대전(1914~18)
유럽 국가 대부분과 러시아, 미국, 중동 및 그 밖의 지역에 있는 나라들이 대거 참여한 국제적인 전쟁. 독일과 프랑스의 전쟁 계획을 보여주는 지도이다. Schlieffen Plan and Plan XVII.

있던 것은 세르비아 정치 경찰 때문이라기보다는 이웃한 이탈리아, 헝가리, 루마니아, 불가리아, 알바니아의 불타는 증오심 때문이었다. 이들 나라는 모두 유고슬라비아에 풀어야 할 원한이 있었다.[125)

중부 유럽과 동유럽은 이제 19세기에 씨를 뿌린 비타협적 민족주의의 끔찍한 수확물을 거둬들이고 있었다. 달리 비유하자면, 베르사유조약은 고약한 냄새를 풍기며 끓고 있는 단지의 뚜껑을 열어 놓았다. 그리하여 그 안에 담겨 있던 악취가 전 유럽에 퍼져나갔다. 이 악취는 우선 히틀러(Adolf Hitler)가, 그 다음에는 스탈린(Iosif V. Stalin)이 무력으로 단지의 뚜껑을 닫을 때까지 유럽에 머물렀다. 의심의 여지없이 이런 일이 일어났을 때 연장자들은 사라진 왕국의 태평 시대를 그리워했다. 그러나 1919년에 이르면 신수권과 과거의 전통으로 이질적인 유럽 여러 민족을 지배한다는 것은 이미 부조리한 것이었다. 이처럼 유럽 내에서 제국주의가 시대착오적인 것이 되었다면, 유럽 외의 지역에서는 얼마나 오래 견딜 수 있었겠는가? 민족자결주의는 유럽 대륙에 국한된 원칙이 아니었다. 그것은 전 세계적인 것이었고, 당시에는 그렇지 않았다 해도 곧 그렇게 되었다. 파리회담에서 에어 크로가 해럴드 니콜슨에게 했던 질책은 그전에 모리스 행키가 로버트 세실에게 했던 지적과 같은 맥락이다. 그때 로버트 세실은 초기 형태에 있던 국제연맹을 구상하는 데 몰두했고, 행키는 그에게 민족자결주의를 일반적인 견해로 내세우지 말라고 부탁했다. 그의 일기에는 이렇게 쓰여 있다. "그렇게 하면 논리적으로 지브롤터의 자결권은 스페인인에게, 몰타의 자결권은 몰타인에게, 키프로스의 자결권은 그리스인에게, 이집트의 자결권은 이집트인에게, 아덴의 자결권은 아랍인이나 소말리아인에게 맡겨야 하네. 인도의 경우는 혼란에 빠질 테고, 홍콩의 자결권은 중국인에게, 남아프리카는 카피르인에게, 그리고 서인도 제도는 원주민에게 민족 자결권을 주어야 하네. 그러면 대영제국은 어떻게 되겠는가? 나는 세실 경에게 그렇게 지적해 주었다."[126]

사실 민족자결주의의 원칙은 행키가 그 글을 쓰고 있을 무렵 이미 인정되고 있는 상태였다. 필사적인 전투가 전개되고 있을 때 연합국은 아랍인, 유대인, 루마니아인, 이탈리아인, 일본인, 슬라브인뿐만 아니라 자국의 종속 민족에게도 약속 어음을 써주었다. 사상자가 늘어나자 식민지에서 동원된 인력이 점차 그 공백을 메워갔다. 프랑스에서 랭스대성당(Reims Cathedral)을 구한 것은 모로코 부대였다. 프랑스인들은 기쁜 마음으로 이 부대를 '검은 부대(la force noire)'라고 불렀다. 사실이 그랬지만, 거기에는 그 이상의 의미가 있었다. 영국은 전쟁 기간에 인도에서 1,440,437명의 병력을 양성했다. 그 중 877,068명은 전투원이었고, 621,224명은 장교나 병사로 해외에서 복무했다.[127] 영국은 인도에 어떤 형태로든 보답을 해야 한다고 느꼈다. 그리고 가장 저렴한 방법은 정치 개혁을 베푸는 것이었다.

영국의 인도 통치가 정점에 달한 때는 디즈레일리(Benjamin Disraeli)가 빅토리아 여왕을 인도의 여제로 만든 1876년이었다. 인도에서 명령 계통은 종적이며 전제적이었다. 군 행정관이 지역 판무관에게 보고하면, 판무관은 주지사에게, 주지사는 장관에게, 장관은 총독에게 보고했다. 이 원칙은 대전 전의 몰리 민토(Morley-Minto) 개혁 때도 유지되었다. 몰리 경은 진보적인 자유주의자이기는 했지만, 인도에서 민주주의가 제대로 돌아갈 것이라고는 생각하지 않았다. 하지만 차관으로 일하고 있던 에드윈 몬터규(Edwin Montagu)는 생각이 달랐다. 몬터규는 동양적 소망을 품은 유대인이었다. 남들에게 사랑받고 싶어했다는 점에서 그의 소망은 남다른 데가 있었다. 그는 20세기 문명인들을 침식해 가는 '악덕' 때문에 괴로워했다. 우리는 이것을 앞으로 여러 형태로 보게 될 텐데, 그것은 바로 죄책감이다. 그의 할아버지는 금 세공사였다. 아버지는 외환 은행업으로 수백만 파운드를 벌었고, 더불어 박애주의라는 사치품까지 얻었다. 몬터규는 아버지에게서 이 모든 재산과 함께 사회에 빚을 졌다는 감정을 물려받았다. 그는 매우 감성이 풍부한 인물이었다. 사람들은 그가 공무를 처리하는 방식을 소녀 같다고 표현했다. 그는 1916년 아일랜드 담당 장관직을 거절하며 이렇게 썼다. "처벌을 담당해야 한다는 생각에 두려움으로 뒷걸음질칠 수밖에 없었다." 그가 죽었을 때 한 친구는 「타임스 The Times」에 "그는 끊임없이 사람들에게 미안해했다"라고 썼다.[128]

로이드 조지는 1917년 6월 몬터규에게 인도를 맡기면서 분명 머릿속으로 딴 생각을 하고 있었을 것이다. 하지만 몬터규가 바라는 것은 인도를 돌이킬 수 없는 독립의 길로 이끄는 것이었다. 그는 즉시 영국의 전후 목표에 관한 보고서 초안을 작성했다. 이 보고서는 8월 14일 내각의 테이블 위에 놓였다. 그때는 전쟁의 앞날에 어둠이 드리워져 있던 시기였다. 급속하게 붕괴되고 있는 전 러시아 전선 문제와 독일군에 의한 최초의 대규모 영국 공습 건이 의제로 올라와 있었다. 절망 속에서 탁자 주위에 모여 앉은 각료들의 머릿속은 파스샹달(Passchendaele) 전투에서 입은 끔찍한 손실과 아무런 성과도 없이 공격 작전의 둘째 주가 끝나가고 있다는 사실 때문에 더욱 복잡해졌다. 엘가는 그 무렵 「첼로 협주곡」의 마지막 소절을 쓰고 있었는데, 이 작품은 당시의 달랠 수 없는 슬픔을 어떤 말보다 뛰어나게 전해준다. 이런 상황에서 몬터규가 정책 의견서를 슬그머니 내밀었던 것이다. 그런데 여기에는 결정적인 문구가 들어 있었다. "궁극적인 자치 정부의 수립을 예상하며 인도에 자유로운 제도를 점진적으로 발전시켜 나가야 한다."[129] 커즌(George N. Curzon) 경이 귀를 쫑긋 세웠다. 커즌은 빅토리아 시대의 전형적인 제국주의자였으며 전임 인도 총독이었다. 의사록에 따르면 커즌은 다음과 같이 말했다. "인도를 지배하고 있는 한 우리는 세계 최강국입니다. 하지만 인도를 잃으면 그 즉시 3등 국가로 떨어질 겁니다."[130] 테이블 주위에 모여 앉은 사람들에게 그는 "궁극적인 자치 정부의 수립"이 500년이 걸릴지도 모르지만, 격정적인 인도인들에게는 이 말이 단지 한 세대를 의미할 수도 있다고 지적했다. 그는 외교적 수사법이라는 마술을 믿고, 그 문구를 "대영제국의 불가결한 일부인 인도에서 책임 있는 정부의 점진적 실현을 예상하며, 자치 제도를 계속 발전시켜 나가는 것" 으로 바꿔야 한다고 주장했다. 사실 문구를 바꾸는 것은 아무런 소용이 없었다. 몬터규는 자치 정부를 의도했고, 인도에서도 그런 식으로 이해했기 때문이다.

그해 11월과 12월 레닌이 러시아를 손에 거머쥘 무렵 몬터규는 인도로 가서 '인도인의 견해' 를 구했다. 뒤이은 보고서에 그는 이렇게 썼다. "인도인의 견해라는 것은 일반적으로 지금 우리가 다루고 있는 문제에 관해 의견을 가지고 있거나 가질 수 있는 사람들 대다수의 견해로 이해해야 한다." [131] 다른 말로 하자면, 그는 단순히 '정치적 국민' 에만 관심이 있으며, 진나(Mohammed Ali Jinnah), 모한다스 간디(Mohandas K. Gandhi), 베전트(Annie Besant) 부인 같은 사람들의 목소리에만 귀를 기울였다는 것이다. 몬터규는 그들을 "인도의 정치 세계에 존재하는 진정한 거인들" 이라고 지칭했는데, 그들 또한 그의 정치적 논의 방식에 찬동하고 있었다. 레닌이 러시아 농민들의 목소리를 듣기 위해 어떤 노력도 하지 않은 채 농민의 이름으로 거대한 국가를 전복시킨 것처럼, 몬터규는 4억 명에 달하는 인도의 보통 사람들, 즉 '진정한 국민' 을 무시했고, 그들을 오로지 자신의 박애주의를 실험하는 대상으로 보았다. 기록에 따르면 그의 행동은 "대중들의 평온하고 애처로운 만족감" 을 "신중하게 교란시켜 …… 인도에 최상의 이익" 을 가져다줄 것이었다. [132] 몬터규의 보고서는 1918년 5월 24일과 6월 7일 내각에서 통과되었다. 그때는 장관들의 관심이 온통 프랑스 전선을 돌파하려는 독일을 저지하는 데 쏠려 있었다. 다른 것은 생각해 볼 틈도 없었다.

몬터규의 안은 1918년에 공표되고, 1919년 법률로 제정되어, 1921년에 시행되었다. 몬터규는 지역마다 '정치적 국민' 이 선출하고 구성한 단체로 입법부를 설립하여, 예전의 전제적 명령 계통을 부수며 일방적인 승리를 거두었다. 그리하여 이제 과거로 되돌아가는 일은 불가능했다. 하지만 1919년에 이미 대영제국은 점진적 해체가 불가피했고, 해체를 예상할 수 있었다는 생각은 옳지 않다. 역사에 필연은 없다. [133] 이 말은 사실 이 책의 핵심적인 주제이기도 하다. 1919년 대부분의 사람들에게 대영제국은 가장 넓을 뿐 아니라 지구상에서 가장 굳건한 나라였다. 영국은 어떤 기준에서 보더라도 초강대국이었다. 해군은 다른 나라들보다 훨씬 더 강력했다. 전함은 61척으로 미국과 프랑스 양국의 전함 수를 합친 것보다 많았고, 일본과 이탈리아의 전함 수를 합친 것보다 2배 이상 많았다. (독일 해군 전함은 스코틀랜드 스캐퍼 플로의 해저에 가라앉아 있었다.) 여기에다 순양함 120척, 구축함 466척을 보유하고 있었다.[134] 공군도 세계 제일의 규모를 자랑했고, 더구나 영국 역사에서 보면 놀랄 일이지만 육군은 세계 제3위에 이르는 규모였다.

원칙적으로 대영제국은 전쟁으로 헤아릴 수 없는 이익을 얻었다. 이것은 우연히 일어난 일이 아니었다. 1916년 12월 나약한 애스퀴스(Asquith) 정부가 붕괴되고 로이드 조지의 연립 내각이 구성되자, '베일리얼 칼리지 출신의 제국주의자'들이 각료로 임명되었다. 여기에는 커즌과 밀너(Alfred Milner), 그리고 남아프리카에서 인맥을 쌓은 '유치원' 동문들이 포함되어 있었다. 전시 제국 내각은 곧바로 커즌 아래에 '유치원'의 일원인 레오 에이머리(Leo Amery)를 장관으로 세우고 '영토 분배 위원회'라는 조직을 만들었다. 이 위원회가 하는 일은 전쟁으로 얻는 영토가 영국 본국뿐 아니라 제국의 다른 지역까지 돌아갈 수 있게 하는 것이었다. 몬터규가 영국에서 인도를 떼어내려는 바로 그 순간, 이 위원회는 막강한 힘을 발휘해 원래의 목적 대부분을 달성했다. 남아프리카 연방의 얀 크리스티안 스뮈츠(Jan Christian Smuts) 장군은 남서아프리카를 점령해 남아프리카 연방의 깃발을 꽂았고, 뉴질랜드의 윌리엄 매시(William Massey)는 남반구의 자치령에다 태평양의 상당 부분을 덧붙였다. 영국 본국도 값진 전리품 몇 개를 획득했다. 이 가운데는 탕가니카, 팔레스타인, 그리고 가장 중요한 요르단과 이라크(키르쿠크-모술 유전을 포함하여)가 있었다. 이 두 지역을 얻음으로써 영국은 아랍 중동 지역에서 최강국의 자리에 올랐다. 월슨의 주장에 따르면 이런 영토는 식민지가 아니라 국제연맹의 위임 통치령인 게 사실이지만, 실질적인 차이는 거의 없었다.

전쟁에서 획득한 영토 덕분에 대영제국은 역사상 최대 규모로 커졌다.

(지표면의 4분의 1 이상을 차지했다.) 이러한 결과는 경제적으로나 전략적으로 대영제국의 존재를 더욱 공고히 해줄 것으로 생각되었다. 빅토리아 시대의 제국주의자 중에서 가장 상상력이 풍부한 스뫼츠는 현대의 영연방과 국제연맹의 탄생에 중심 역할을 했던 인물이다. 그는 국제연맹을 민족 자결주의를 추진하는 기관이 아니라, 영연방과 마찬가지로 백인들이 전 세계에서 문명화 작업을 이어나가는 데 필요한 수단으로 생각했다. 그에게는 남서아프리카와 탕가니카의 획득이 임의적인 것이 아니라 계획에 따른 것이었다. 이 계획은 포르투갈령 모잠비크의 매입 내지는 합병으로 완료되어야 했다. 그렇게 된다면 궁극적으로 그가 이름 붙인 영연방 아프리카 자치령이 탄생될 것이었다. 이 방대한 영토의 집합은 빈트후크(Windhoek)에서부터 나이로비(Nairobi)까지 이어지며 전략적인 목적에 맞게 멋지게 휘어져 있었다. 여기에는 콩고 바깥에 있는 아프리카의 거의 모든 광물 자원이 묻혀 있었고, 아프리카 대륙에 있는 가장 좋은 농지의 4분의 3이 속해 있었다. 그 어느 곳이든 백인들의 정착지로 손색이 없었다. 하지만 아프리카 대륙의 동해안을 따라 이어지는 이 거대한 영연방 자치령은 그 자체가 더 포괄적인 지정학적인 계획의 일부였다. 이런 계획의 중추적인 핵심은 영국이 중동에서 최강국의 입지를 확립하는 것이었다. 의도는 명백했다. 인도양 전체를 '영국의 호수'로 만들기 위해서다. 수에즈에서 퍼스까지, 사이먼즈타운에서 싱가포르까지, 몸바사에서 아덴, 그리고 바레인, 트링코말리, 랑군까지, 상호 지원 체제 아래 목걸이 모양으로, 일련의 공군 해군 기지를 설치한다면, 페르시아 만의 무한한 석유 자원과 인도의 풍부한 노동력을 안전하게 확보해서 활용할 수 있을 것이다. 그렇게 되면 채텀(1st Earl of Chatham)과 그의 아들, 캐슬레이, 캐닝(George Canning), 파머스턴(3rd Viscount Palmerston), 솔즈베리가 고심하던 안보

문제가 마침내 해결될 것이다. 이것은 그야말로 대영제국이 전쟁으로 얻은 가장 크고 영속적인 전리품이 될 것이고, 지도에서만 따진다면 이 전리품은 엄청난 가치를 지닌 것처럼 보였다.

하지만 영국이 효율적으로, 냉정하게 그리고 무엇보다 조직을 유지하는 데 필요한 굳은 신념으로, 이 복잡한 조직을 이끌고 나갈 만한 의지를 유지할 수 있을 것인가? 시대의 성격에 보다 잘 들어맞는 사람은 스뫼츠나 밀너인가, 아니면 몬터규인가? "대영제국이 세계로 확대되자 여러 가지 문제 때문에 태양이 지는 날이 없었다"라는 말은 적절하다고 하겠다.[135] 그러나 문제가 하나씩 일어나는 게 아니라 한꺼번에 발생할 때도 대영제국은 꿋꿋하게 버틸 수 있을까? 1919년이 강대국들의 전쟁이 유럽에서 지역적 폭력 사태로 전환되는 새로운 30년 전쟁의 일부였다면, 동양에서는 오늘날의 역사가들이 말하는 "아시아의 전반적인 위기"가 시작되었다. 이 시기에 아시아에서는 유럽이 17세기 전반에 경험했던 30년 전쟁 같은 대격변이 일어났다.

1919년 2월 파리에 모인 정치인들이 피에 물든 국경선을 다시 그리느라 여념이 없었을 때, 인도 대중의 "평온하고 애처로운 만족감"을 "신중하게 교란시키려는" 몬터규의 정책이 불온한 결실을 맺기 시작했다. 모한다스 간디의 '소극적 저항(satyagraha)' 운동이 처음으로 여러 과격한 소요 사태를 낳았다. 3월 10일에는 이집트에서 반영 궐기가 있었다. 4월 9일에는 인도의 편자브 지방에서 심각한 폭동이 일어났다. 5월 3일에는 영국령 인도와 아프가니스탄 반란군 사이에 전쟁이 일어났다. 다음날 베이징의 학생들이 일본과 산둥 반도를 일본에 할양한 서양의 연합국에 항의하는 데모를 벌였다. 5월 말에는 아나톨리아의 케말 아타튀르크(Kemal Atatürk)와 페르시아의 레자 팔라비(Reza Pahlevi)가 중동의 방대한 지역에 걸쳐 존재하는 서구에 대한 강한 반감을 보여 주었고, 7월에 접어들자 이라크에서 반영 궐기가 일어났다. 이런 사건들은 직접적으로 서로 관련되어 있지는 않았지만 민족주의의 확산을 보여 주는 것이었고, 영국의 국익과 관련되어 있었고, 이를 막을 영국의 힘과 의지를 시험하고 있었다. 대영제국의 참모총장 헨리 윌슨(Henry Wilson)은 나라가 신속하게 군축을 해나가자 자신의 일기에 이렇게 불평했다. "어느 지역에서도 우리는 충분한 전력을 보유하고 있지 못하다. 아일랜드, 잉글랜드, 라인 강 유역, 콘스탄티노플, 바투미, 이집트, 팔레스타인, 메소포타미아, 페르시아, 인도 모두 마찬가지다." [136]

특히 인도가 문제였다. 1919년 인도 전 지역에 주둔한 영국군은 77,000명에 불과했다. 하지만 로이드 조지는 그 수도 "놀랄 만큼 많다"고 생각했다. 탄광을 지키기 위해서는 본국에 더 많은 병력이 필요했기 때문이다. [137] 인도에서 장교들은 언제나 신속하게 판단하고 활용할 수 있는 소수의 병력으로 즉각 행동할 수 있도록 교육받았다. 폭도들 앞에서 잠시라도 주저하면 대살육으로 이어질지도 몰랐다. 만약 실수를 저지른다 하더라도 보호를 받을 수 있었다. [138] 예상했던 일이지만, 몬터규의 개혁과 간디의 운동은 단순히 '정치적인 국민' 뿐 아니라 모든 사람이 자신의 권리를 요구하도록 부추겼다. 인도에는 사람들이 엄청나게 많았지만, 권리는 아주 조금밖에 없었다. 회교도, 힌두교도, 시크교 근본주의자도 소요에 가담했다. 펀자브의 암리차르(Amritsar)에는 비무장 경찰 100명과 무장 예비대 75명이 있었다. 그 정도면 지역의 질서를 유지하는 데는 충분했다.

하지만 경찰력은 우유부단한 방식으로 운용되었고, 경찰력을 투입해야할 상황도 여러 번 무시했다. 그 결과 폭동에 대해 아무런 대응도 할 수 없게 되었다. 은행 두 곳이 습격당했다. 지배인 두 명과 직원 한 명이 맞아 죽었고, 영국인 전기 기술자와 철도 경비원이 살해당했고, 여자 선교사가 죽임을 당했다. 가장 가까운 곳에서 여단을 이끌고 있던 레지널드 다이어(Reginald Dyer) 장군이 진입 명령을 받았다. 사흘 뒤 군대가 잘리안왈라 바그(Jalianwala Bagh) 공원에 모인 폭도를 향해 총격을 가했다. 사실 다이어는 그날 일찍 북을 치며 시내를 돌았다. 폭도에게는 발포하겠다고 미리 경고한 것이다. 그달만 하더라도 잘리안왈라 바그에는 총격 명령이 36번이나 있었다. 다이어는 총격을 10분간이나 계속했다. 시끄러운 소음 때문에 사격 중지 명령이 들리지 않았기 때문인데, 그때나 지금이나 그다지 이상한 일은 아니다. 1918년 9월 20일 다시 암리차르에서 인도 경찰이 칼을 휘두르는 시크교도들에게 20분 동안 총격을 가했다.[139] 국경 전투에만 익숙했던 다이어 장군이 병사 50명에게 마음대로 소총을 장전하게 하고 예비 탄약까지 지급한 것이 화근이었다. 그 결과 약 1,650발의 총알이 발사되어 379명이 죽었다. 설상가상으로 다이어는 남자 6명을 매질하고, 선교사가 습격당했던 장소에서 그곳을 지나는 인도인에게 땅바닥을 기어가라고 명령했다.[140]

다이어를 칭송하는 사람도 있었다. 시크교도에게는 암리차르가 성소였고, 따라서 그들은 폭도가 암리차르를 약탈하는 것을 두려워했다. 그들은 다이어에게 명예 시크교도의 이름을 수여했다. 영국령 인도 당국은 다이어를 국경 경비 임무로 복귀시키고(제3차 아프간 전쟁이 그 다음달 일어났다), 다시는 그에게 폭도 진압 임무를 맡기지 않겠다고 비공식적으로 약속했다. 이 조치는 그러한 사태에서 문제를 해결하는 전통적인 방법이었다. 하지만 인도의 민족주의자들은 소요를 일으켰고, 몬터규는 영국인 재판관 윌리엄 헌터(William Hunter)의 책임 아래 조사를 지시했다. 이것이 첫 번째 실수였다. 다이어가 라호르(Lahore)에서 조사를 받고 있을 때, 군중이 힌두스탄어 욕설을 퍼부었다. 헌터는 상황을 통제하지 못했고, 힌두스탄어로 된 욕설을 알아듣지도 못했다. 그때 다이어가 몇 가지 어리석은 말을 입 밖에 냈다. 헌터는 다이어의 행동을 질책하고 군에서 해임했다. 이것이 두 번째 실수였다. 이 사건으로 영국인 사회와 영국군은 분노로 들끓었다. 그들은 다이어에게 법적 대리인이 갖추어진 공정한 재판이 이루어지지 않았다고 생각했다. 한편 인도의 민족주의자들도 누그러들지 않았다. 그들은 다이어에게 내려진 처분이 학살 행위에 대한 처벌로는 너무 가볍다고 생각했다. 우익계 「모닝 포스트 Morning Post」지는 다이어를 위해 일반 시민으로부터 26,000파운드를 모금했다. 인도 민족주의자들도 똑같이 모금 운동으로 대응했다. 그들은 사건이 일어난 공원을 사들여 민족적 증오감을 불태우는 공개적인 성지로 만들었다.

아일랜드 얼스터를 기반으로 하는 완고한 보수파 지도자 에드워드 카슨(Edward Carson)이 몬터규에 대한 불신임 동의안을 제출했다. 몬터규는 흥분한 목소리로 다이어의 처벌과 관련하여 자신을 변호했다. "여러분은 폭력과 인종 차별, 압제, 공포라는 도구로 인도를 계속 다스리시겠습니까? 아니면 인도 제국 사람들의 선한 마음, 앞으로 더욱 커질 선의(善意)에 인도를 맡기시겠습니까?" 로이드 조지의 비서가 보고한 바에 따르면, 소란과 동요 가운데 몬터규는 "민족적 기질을 더욱 크게 드러내 (중부 및 동부 유럽 출신의 유대인이 사용하는) 이디시어로 소리쳤다." 많은 보수당 의원이 "그에게 물리적 힘을 행사할 수도 있었을 것이다. 의원들은 그만큼 화가 나 있었다."

빛나는 연설로 뻔한 패배로부터 행정부를 구한 것은 윈스턴 처칠이었다. 하지만 나중에 처칠은 이 일을 크게 후회했다. 어쨌든 당시에 처칠은 다이어의 무력 사용이 "과거에는 있을 수 없었던 일이며, 대영제국의 현대사에서도 유례를 찾아보기 힘든 …… 극악무도한 사건"이라고 말했다. 처칠은 독일의 잔학 행위를 의미하는 완곡한 표현을 사용하여 "공포"가 "영국의 약전에는 알려져 있지 않은 처방"이라고 말했다. "이것이 영국식 해결 방법이 아니라는 것을 이런저런 방법을 통해 명확히 밝혀야 합니다." 그는 "가장 두려운 광경, 자비 없는 문명의 힘"이라는 매콜리(Thomas B. Macaulay)의 말을 적절하게 인용하기도 했다.[141] 하지만 이 모두가 사실이라면 다이어는 왜 재판정에서 사형을 선고받지 않았나? 이것이 인도에 있는 '정치적 국민'의 생각이었다. 금방 잊혀 버렸을지도 모를 이 사건은 이렇게 영국 정부 때문에 널리 알려졌고, 영국과 인도 관계의 분수령이 되었다.

영국의 해로스쿨(Harrow School)을 졸업한 자와할랄 네루(Pandit Jawaharlal Nehru)는 30세 때 간디를 위해 농민 선동가로 일했다. 네루는 그 무렵 우연히 다이어가 탄 기차의 침대칸 옆에 앉아 여행을 하게 되었다. 다이어 장군은 헌터의 조사에서 증언을 하기 위해 기차에 오른 상태였다. 네루는 다이어가 다른 장교에게 암리차르를 "잿더미로 만들까 했지만 불쌍해서 그만두었다"라고 얘기하는 걸 들었다. 다이어는 아침에 "핑크색 줄무늬 파자마에 실내복을 입은 채 델리 역에 내려섰다." 네루가 결코 잊을 수 없었던 것은 영국인들의 반응이었다. "다이어의 소행을 지지하는 냉혈한 영국인들 앞에서 나는 큰 충격을 받았다. 그것은 대단히 부도덕하고 야비하며, 사립학교에서 쓰는 표현대로 하자면 한마디로 최악이었다. 나는 …… 제국주의가 얼마나 야만적이며 부덕한지, 또 그것이 어떻게 영국 상류 계급의 영혼을 잠식했는지 그때 깨달았다."[142] 헌터의 조사와 하원의 논쟁에 관해서 영국의 자유주의자들은 말을 삼가는 게 나았을 것이다. 그들이 한 모든 일은 다이어와 암리차르를 지울 수 없는 증오의 상징으로 만드는 데 도움이 되었을 뿐이다. 인도의 민족주의자들은 이것을 중심으로 세력을 결집했다.

이 사건으로 인도의 국내 치안 문제도 전환점을 맞게 되었다. 한 역사가는 영국령 인도에 관해 기술하며 이렇게 말했다. "그 후로 질서 유지는 더 이상 정부의 첫 번째 목적이 되지 못했다."[143] 이제 영국인이든 인도인이든 치안 담당 관리들은 폭력적인 집회에 즉각적으로 대처하기를 주저했다. 1921년 이슬람교도인 모플라족이 마드라스 지방에서 힌두인을 습격하며 폭동을 일으켰다. 지방 정부는 암리차르를 염두에 두고 계엄령 선포를 늦추었다. 이로 인해 500명 이상이 살해당했다. 질서를 회복하는 데는 일 년이라는 긴 기간과 대규모 병력이 필요했다. 그동안 8만 명이 체포되어 특별 수용소에 수감되었는데, 그 가운데 6,000명이 유배를, 400명이 종신형을 선고받았고, 175명은 사형에 처해졌다. 치안 부대를 공격하는 일은 빈번해지고 또 대담해졌다. 1922년 2월 4일 우타르 프라데시(Uttar Pradesh)에서 폭도들이 경찰서를 포위했다. 안에 있는 경찰들은 차마 총을 쏘지 못했다. 경찰 22명 모두 갈가리 찢기거나 불에 타서 죽임을 당했다. 이 사건 이후 대규모 민족적, 종파적, 반정부적 폭력이 인도인의 삶에서 뚜렷한 특징으로 이어졌다.[144] 인류 역사상 가장 크고 가장 다루기 쉬웠던 식민지에서 19세기의 틀이 깨져 버렸던 것이다.

세계대전의 지각 변동과 불만족스런 평화 조약에 뒤따른 유럽과 세계 각지의 소요는 어떤 의미에서 충분히 예상했던 바다. 구세계의 질서는 사라졌다. 구세계의 질서를 완전히 회복하는 것은 불가능했고, 사실 전혀 회복할 수 없었다. 궁극적으로는 새로운 질서가 생겨나야 했다. 하지만 이 새로운 '질서'가 1914년 이전의 세계가 이해하고 있던 의미의 질서가 될 것인가? 우리가 이미 보았듯이, 당시에는 혼란스런 사고의 격류가 요동치고 있었다. 여기서 세계는 전통적인 법률과 도덕성이라는 정박지를 떠나 망망대해를 표류하고 있는 모습으로 비쳐졌다. 또한 기존의 합법적 권위의 주체들도 익숙한 수단을 사용해 세계라는 배를 다시 끌어오기를 주저하고 있었다. 의도하지는 않았지만 이런 우유부단함은 다른 이들을 세계라는 배 안으로 끌어들이는 말 없는 초대장이 되었다.

19세기 상상력이 풍부했던 위대한 독일 학자 마르크스, 프로이트, 니체 (Friedrich Nietzsche)가 인간 행동의 동인(動因)을 분석했다. 그리고 1918년 이후의 세계는 그들의 사상을 물려받았다. 마르크스는 세계에 관해 기술하면서 중요한 원동력이 경제적 이익이라고 했다. 프로이트는 인간 행동을 결정짓는 제1의 추동력이 성 충동이라고 생각했다. 두 학자는 모두 종교, 즉 인간과 대중을 움직였던 과거의 동인이 환상이라고 생각했다. 프리드리히 니체도 무신론자였다. 하지만 니체는 신을 인간의 발명물이 아니라 희생물로 여겼고, 신의 죽음은 중요한 역사적 사건이며 극적인 결과를 가져올 것이라고 생각했다. 그는 1886년에 이렇게 썼다. "근래의 가장 큰 사건 ─ '신은 죽었다'는 것과 기독교적 신에 대한 믿음이 더 이상 유지될 수 없다는 것 ─ 이 유럽에서 처음으로 그림자를 드리우기 시작했다."[145] 종교적 동인이 약화되고 궁극적으로 소멸하는 이 사건은 선진 국가에 사는 사람들에게도 큰 공백을 남겼다. 현대의 역사는 대체로 이 공백을 어떻게 메우는가의 역사이기도 했다. 니체는 이 공백을 메울 유력한 후보가 권력의지(權力意志)가 되리라고 생각했다. 사실 권력의지는 인간의 행동과 관련하여 마르크스나 프로이트의 주장보다 훨씬 폭넓고 타당한 설명을 제공한다. 신앙의 자리는 이제 세속적인 이데올로기가 대신 차지하게 될 것이다. 한때 전체주의적 성직자의 옷을 입었던 사람들은 이제 전체주의적 정치가가 될 것이다. 그리고 무엇보다 권력의지는 새로운 종류의 메시아를 낳고, 이 메시아는 어떤 종교적 구속도 없이 꺼질 줄 모르는 갈망으로 인류를 통제하려 들 것이다. 구질서가 종말을 맞고, 방향을 잃은 세계가 상대주의적 우주 속을 떠도는 상황은 이런 깡패 정치가를 불러들이는 호출장 같은 것이었다. 그들은 등장을 늦추지 않았다.

제 **2** 장

전제주의 유토피아

권력의지와 마르크스주의 이단

레닌은 1917년 4월 8일 취리히를 떠나 러시아로 향했다. 망명 중에 있는 동지들이 역까지 따라나와 레닌을 말렸다. 레닌은 루덴도르프 장군의 권유로 독일을 거쳐 고국으로 돌아갈 계획이었다. 루덴도르프 장군은 도중에 독일 노동조합원과 접촉하지 않는다는 조건으로 레닌의 안전한 여행을 보장했다. 전쟁은 혁명을 낳는다. 혁명을 퍼뜨리는 것은 전쟁 행위의 오래된 책략이기도 하다. 독일인들은 이를 혁명화 정략(Revolutionierungspolitik)이라고 불렀다.[1] 연합국이 폴란드인, 체코인, 크로아티아인, 아랍인, 유대인을 선동해 독일과 동맹국에 대항하게 할 수 있다면, 독일인들도 똑같이 아일랜드인과 러시아인을 선동할 수 있는 것이다. 그들은 실제로 그렇게 했다. 처칠의 말처럼 독일인들이 레닌을 '장티푸스균' 처럼 이용했을 수도 있다. 그러나 당시 독일인들은 레닌을 그리 중요하게 생각하지 않았다. 레닌은 그저 망명자와 불순분자 30여 명 중 하나일 뿐이었다. 역에 나온 동지들은 독일로부터 지원을 받는 것은 타협하는 것이라며 귀국을 포기하라고 설득했다. 레닌은 한마디도 대꾸하지 않고 동지들을 뒤로 한 채 기차에 올랐다. 그는 마흔여섯 살의 호전적인 남자로 키가 작았고, 머리숱이 거의 없었으며, (취리히 하숙집 주인 아들의 말에 따르면) 목이 황소처럼 굵었다. 레닌은 객차 안에 들어서자마자 의심스런 사람을 발견했다. 목격자의 말에 따르면 "갑자기 레닌이 그의 목덜미를 잡더니 …… 플랫폼으로 내던졌다."[2]

스톡홀름에서 카를 라데크(Karl Radek)가 레닌에게 신발을 사주었다. 그러나 레닌은 다른 옷가지는 받지 않았고, 대신 못마땅한 표정으로 라데크에게 말했다. "나는 양복점이나 하러 러시아에 돌아가는 게 아니오." 4월 16일 일찍이 레닌이 탄 기차는 벨루스트로프(Beloostrov)에 도착했다. 누이 마리아(Maria Ulyanov)와 볼셰비키 기관지 「프라우다 Pravda」를 책임지고 있는 카메네프(Lev B. Kamenev)와 스탈린이 마중 나와 있었다. 레닌은 누이와 처음 보는 스탈린을 본척만척했고, 5년 만에 보는 오랜 동지 카메네프에게도 인사말 한마디 하지 않았다. 대신에 레닌은 이렇게 소리쳤다. "「프라우다」에 자네가 쓴 기사들은 대체 뭔가? 우리가 기사를 읽고 얼마나 자넬 욕했는지 아나?' 레닌은 그날 밤늦게 페트로그라드(Petrograd)에 있는 핀란드 역에 도착했다. 거기서 장미 한 다발을 선사 받고 차르의 귀빈실로 안내되어 연설을 하기 시작했다. 레닌은 장미 꽃다발을 쥔 채 장갑차 위에서도 연설했다. 2시간 동안 계속된 마지막 연설은 "청중들에게 불안과 공포감을 심어주었다." 레닌이 연설을 마쳤을 무렵은 이미 새벽이었다. 레닌의 부인인 크룹스카야(Nadezhda Krupskaya)의 말에 따르면, 레닌은 한마디도 하지 않고 잠자리에 들었다.[3]

레닌은 혁명 과업을 이루기 위해 러시아에 돌아왔다. 그 여정에서 나타난 매정한 태도는 레닌의 외골수적인 성품을 그대로 보여준다. 블라디미르 일리치 울리야노프(Vladimir Ilich Ulyanov)는 1870년 볼가 강 유역의 심비르스크(Simbirsk, 이 도시는 나중에 레닌의 이름을 따서 울리야노프스크로 개칭되었다)에서 초등학교 장학사의 아들로 태어났다. 레닌이 열여섯 살 때,

▶ 블라디미르 레닌(1870~1924)
러시아 공산당을 창설하여 혁명을 이끌었고, 소련 최초의 국가원수가 되었다. 코민테른을 창
설했으며, 마르크스 이후 가장 위대한 혁명사상가이자 역사상 가장 뛰어난 혁명지도자로 인
정받고 있다.

형 알렉산드르(Alexander Ulyanov)는 사제 폭탄을 만들어 차르 암살을 공
모했다는 혐의로 교수형을 당했다. "그러한 방법으로는 결코 목적을 이룰
수 없다." 혹자는 레닌이 형의 죽음에 대해 이렇게 말했다고 하지만 믿을만
한 이야기는 못 된다. 실제로 레닌이 마르크스주의자가 된 것(테러리즘을
포기하는 것을 의미했다)은 훨씬 더 나중의 일이며, '혁명 활동'으로 카잔
대학교에서 강제로 쫓겨난 뒤의 일이기 때문이다. 레닌의 누이 안나(Anna
Ulyanov)는 레닌이 형의 죽음으로 "더욱 굳세졌다"고 말했다.⁴⁾ 확실히 그
뒤로 쭉 정치가 레닌의 마음을 사로잡았다. 레닌의 접근 방식은 언제나 감
정적이라기보다는 지적이었다. 레닌의 동시대인들은 그의 '비사교성' '지
나친 냉담함' '거리를 두는 태도'에 대해 이야기했다. 레닌은 스물두 살 때
기근으로 죽어가는 농민을 도우려고 모금을 하는 친구를 설득해 그만두게
했다. 굶주림이 "진보적인 역할을 수행해 …… 농민들이 자본주의 사회의

근본적인 현실에 대해 숙고하게" 만들어줄 것이라는 이유에서였다.[5] 한두 해 뒤 레닌은 바닥이 이중으로 되어 있는 여행 가방을 얻었다. 그는 이 가방을 선동적인 책을 입수하는 데 사용했는데, 이것이 발각되어 3년간 시베리아로 유배를 가게 되었다. 유배를 가기 전에 레닌은 모스크바의 도서관에서 자신의 이론을 견고히 해줄 사실이나 통계 수치를 긁어모았다. 그리고 유배지 시베리아에서 혁명 분자 크룹스카야와 결혼했다.

정치 혁명을 위해 노력하는 사람들은 성직자형과 낭만주의자형으로 나누어진다. 레닌(이 필명을 쓰기 시작한 것은 1901년이다)은 첫 번째 범주에 속한다. 레닌의 부모님은 기독교인이었고 레닌에게 종교는 중요했다. 그는 종교를 증오했다. 종교를 경멸하고 대단치 않은 것으로 여겼던 마르크스와 달리 레닌은 종교를 어디에나 주둔하고 있는 강력한 적으로 간주했다. 그는 많은 편지와 저술에서 종교적인 것이라면 뭐든 싫어한다는 사실을 분명하게 밝혔다. (1913년 1월 13일 막심 고리키에게 보낸 편지에 특히 뚜렷하게 나타난다.) 그는 "종교만큼 가증스러운 것은 달리 찾아볼 수 없습니다"라고 썼다. 레닌이 탄생시킨 국가는 그 시초부터 종교에 반대하는 거대한 학문적 선전 기관을 설립했고 마지막까지 유지했다.[6] 스탈린은 성직자들이 부패했기 때문에 싫어했다. 하지만 레닌은 스탈린처럼 그렇게 단순한 이유로 종교를 싫어하는 게 아니었다. 스탈린과는 반대로 레닌은 부패한 성직자에 대해 어떤 현실적인 감정도 갖고 있지 않았다. 그들 정도면 쉽게 물리칠 수 있기 때문이다. 레닌이 진정으로 두려워하고 증오하며 나중에 박해를 가한 사람들은 성인들이었다. 그에게 있어 종교는 순수할수록 위험했다. 그의 주장에 따르면, 헌신적인 성직자는 이기주의적이고 부도덕한 성직자보다 훨씬 큰 영향력을 가지고 있다. 무엇보다 탄압이 필요한 성직자는 착취자의 편에 서는 이들이 아니라 프롤레타리아나 농민들과의 연대를 표명하는 이들이었다. 레닌은 진실한 성직자들에게서 자기 자신을 북돋는 똑같은 정열과 성향을 보았다. 레닌은 이것을 독차지해 자신의 혁명적 대의에 이용하고 싶어했다.[7] 레닌만큼 종교적 열정을 권력의 지로 완벽히 바꾸어 놓은 사람은 찾아보기 힘들다. 더 옛날이었다면, 레닌은 분명 종교 지도자가 되었을 것이다. 그는 권력에 대한 엄청난 욕망으로 마호메트(Mohammed)의 군대에서라도 두각을 나타냈을 인물이다. 조직 체계에 대한 신념과 이런 조직을 만들고 완전히 장악하는 능력, 청교도적 특성, 극단적인 독선 그리고 무엇보다 불관용에 있어 그는 장 칼뱅(Jone Calvin)과 비슷했다.

크룹스카야는 레닌의 금욕주의에 대해 증언하였다. 그녀의 말에 따르면, 레닌은 자신이 좋아하는 스케이팅, 라틴어 책 읽기, 체스, 음악 등을 모두 버리고 오로지 정치 활동에만 혼신을 쏟아 부었다고 한다.[8] 한 동지는 "그는 우리 중 하루 24시간 혁명과 함께 살 수 있는 유일한 사람이었다"라고 말했다. 레닌은 고리키(Maksim Gorky)에게 더 이상 음악을 듣지 않는다고 말했다. 이유는 이렇다. "음악을 들으면 어리석게도 다정한 말을 하고 싶고, 이 비참한 지옥에 살면서 이런 아름다움을 창조해낸 사람의 머리를 쓰다듬어주고 싶어집니다. 그렇지만 지금은 누구의 머리도 쓰다듬어서는 안 됩니다. 쓰다듬은 손을 물어 뜯길지도 모르니까요."[9] 혁명을 추구한 레닌의 동기는 하나님에 대한 성인의 사랑과 비슷한 격정적인 박애주의였다고 생각할 수밖에 없다. 그에게서는 정치적 야심의 흔한 결점을 찾아볼 수 없다. 그에게는 허영심도 자의식의 과잉도 권력 행사에 대한 탐미도 없었다. 하지만 레닌의 박애주의는 매우 추상적인 열정이었다. 그의 박애주의는 인류 전체를 끌어안고 있었지만, 정작 레닌 자신은 실존하는 인간에게 사랑을 나타낸 적이 거의 없었고 관심조차 없었다.

레닌은 자신이 상대하는 사람들, 즉 동지들을 개인이 아닌 사상을 담는 그릇으로 보았다. 그들은 오로지 이런 관점에서만 평가되었다. 따라서 레닌에게는 친교 관계의 계층이 존재하지 않았다. 사실 친교 관계란 것이 존재하지도 않았고, 단순히 이데올로기적 협력 관계가 존재할 뿐이었다. 레닌은 사람을 도덕적·인성적 자질로 판단하지 않았다. 그보다는 그가 어떤 견해를 가지고 있느냐, 혹은 그가 자신의 견해를 얼마만큼 수용하느냐에 따라 판단했다. 그에게 사사로운 원한 따위는 없었다. 레온 트로츠키(Leon Trotsky)의 경우 세계대전 전에 레닌과 신랄한 언쟁을 벌였고 야비한 모욕까지 주고받았지만, 트로츠키가 일단 레닌의 견해를 받아들이자 레닌은 그를 진심으로 환영했다. 이와 비슷하게 그와 아무리 가까운 동료라 하더라도 레닌의 마음속에는 단 한 푼의 자본금도 예치시켜 놓을 수가 없었다. 레닌은 최초의 새로운 인간 유형으로 전체주의 정치의 전문적인 조직가였다. 레닌은 청소년기 이후로는 다른 종류의 활동이나 직업에도 나름대로 가치가 있다는 생각을 한 번도 해보지 않은 것으로 보인다. 레닌은 수도사처럼 평범한 세계에 등을 돌렸다. 농사일이 어떠냐는 어머니의 말에도 코웃음을 치며 거절했다. 몇 주 동안 법률가로 일한 적도 있지만 곧 싫증을 냈다. 그 후 다른 어떤 종류의 직업도 가진 적이 없다. 저널리즘이 그의 정치적 삶의 유일한 직무였기 때문이다. 하지만 레닌의 정치적 삶은 민중보다는 성직자에 가까웠다. 레닌 주위에는 언제나 공식 간행물, 역사서, 경제 서적이 한가득 쌓여 있었다. 레닌은 대중의 견해나 그들의 사정을 직접 알아보려는 노력을 해본 적이 없다. 집집이 방문하며 유권자를 만나는 선거 운동은 상상조차 못할 일이었다. 그것이 '비과학적'이라 생각했기 때문이다. 레닌은 공장을 방문한 일도 농장에 발을 들여 놓는 일도 없었다. 그는 부를 축적하는 과정에 전혀 무관심했다. 자신이 사는 도시의 노동자 거주 지역에 결코 모습을 드러내지 않았다. 레닌은 전 생애를 자신의 계급, 즉 부르주아 인텔리겐치아의 일원들과 함께 보냈다. 레닌은 이 계급이 유일무이하게 특권을 가진 일종의 사제 계급으로서 특별한 영지를 부여받았고 역사가 이들에게 결정적인 역할을 맡겼다고 생각했다. 카를 카우츠키(Karl Kautsky)를 인용한 그의 글에 따르면, 사회주의는 "심오한 과학적 지식의 산물"이었다. "이런 과학의 매개체는 프롤레타리아가 아니라 부르주아 인텔리겐치아다. 오늘날의 사회주의는 이 계급에 속하는 인간의 머릿속에서 태어났다."[10]

부르주아 인텔리겐치아에 속하는 인간은 실제로는 한 사람의 개인을 의미했다. 러시아의 사회주의 혁명이 일어나기 전 20년 동안 레닌은 사회민주당 내에 볼셰비키(다수파)라는 자신의 분파를 만들어 멘셰비키(소수파)와는 분리되어 나왔고, 볼셰비키에 대한 절대적인 지배력을 획득했다. 권력의지를 행동에 옮긴 이 과정을 비판적인 동료가 상세히 기록하였다. 러시아 마르크스주의의 실제 창시자 플레하노프(Georgy V. Plekhanov)는 "배타적 분파주의의 정신을 조장한다"며 레닌을 비난했다. 사실 레닌은 플레하노프의 「이스크라 Iskra」신문에 참여하면서부터 유명해졌다. 레닌은 "프롤레타리아 독재와 프롤레타리아에 대한 독재를 혼동하고" 있으며 "혁명 이전의 절대주의 군주제는 아니라고 하더라도 보나파르트주의(전제적 권력의 집중)를 조성하려 하고" 있었다.[11] 베라 자술리치(Vera Zasulich)는 레닌이 「이스크라」에 합류한 뒤, 「이스크라」가 가족적인 친밀한 조직에서 개인 독재 체제로 변해 버렸다고 말했다. 그녀의 글에 따르면, 당에 관한 레닌의 생각은 루이 14세의 국가관인 "짐이 곧 국가다"와 똑같았다.[12] 같은 해 1904년 트로츠키는 레닌을 로베스피에르(Robespierre)라고 불렀고, 또 당의 지도부를 공안 위원회처럼 바꾸려는 테러리스트 독재

자라고 불렀다. 트로츠키가 쓴 『우리의 정치적 임무 *Our Political Tasks*』라는 소책자에 따르면, 레닌의 방식은 "비극적인 자코뱅식의 비타협을 따분하게 희화화한 것에 불과하며 …… 당은 당의 기구가 대신했고, 당의 기구는 중앙 위원회가 대신했으며, 중앙 위원회는 마침내 독재자 한 사람이 대신했다."[13] 크르지자노프스카야(Krzhizhanovskaya) 부인은 6년 뒤인 1910년에 이렇게 썼다. "그는 당에서 유일한 존재다. 그가 당을 파괴하고 있다."[14] 1914년 찰스 래퍼포트(Charles Rappaport)는 레닌을 "비할 데 없이 뛰어난 조직가"라고 칭찬하며 이렇게 덧붙였다. "하지만 그는 자기 자신만을 사회주의자로 생각한다. …… 자신과 의견이 다른 사람에게는 전쟁을 선언한다. 그는 사회민주당 내의 적들과 싸울 때 사회주의적인 방법, 즉 토론 대신 외과적인 방법으로 사혈(瀉血)을 이용한다. 이런 사회민주당식의 차르 체제에서는 당이 존재할 수 없다. 이 차르는 자신을 최강의 마르크스주의자로 여기고 있지만, 실제로 그는 누구보다 대단한 모험가에 지나지 않는다." 래퍼포트의 결론은 이렇다. "레닌의 승리는 러시아 혁명을 가장 위험하게 만드는 요인이 될 것이다. …… 그는 혁명을 질식시킬 것이다."[15] 2년 뒤 러시아 혁명 전야에 비아체슬라프 멘진스키(Viacheslav Menzhinsky)는 레닌을 "정치적인 책략가 …… 러시아 절대주의 왕정의 사생아 …… 러시아 황위의 타고난 계승자"로 묘사했다.[16]

레닌과 목적이 같았던 여러 사람이 20여 년 동안 레닌에 대한 비판적인 분석에서 보여준 이 인상적인 만장일치는 레닌의 성격상의 놀랄 만한 일관성을 드러내고 있다. 레닌은 다른 이들의 공격에 전혀 개의치 않았고, 단 일초라도 멈추거나 뒤돌아본 적이 없는 것 같다. 그의 갑옷에는 빈틈이 없었다. 레닌은 독재주의자인가? 물론 그렇다. "계급은 당이 지도하고, 당은 지도자라고 불리는 개인이 지도한다. …… 이것이 원칙이다. 계급의 의지는 때때로 독재자가 실현시킨다."[17] 중요한 것은 기름 부음 받은 자, 즉 특정한 시기에 역사의 영지를 받은 선택받은 사람이 성전을 읽고 해석할 수 있어야 했다. 레닌은 언제나 마르크스주의를 객관적 진리 자체라고 주장했다. 그는 이렇게 썼다. "객관적인 진리를 왜곡하지 않고는, 강철판으로 이루어진 마르크스주의 철학에서 기본 전제나 본질적인 부분 어느 것 하나 없애지 못한다."[18] 그는 발렌티노프(Nikolay Valentinov)에게 말했다. "정통 마르크스주의는 철학의 영역에서든, 정치 경제 이론에서든, 역사 발전 이론에서든 어떤 수정도 필요로 하지 않습니다."[19] 이 사실을 믿으며, 또한 자신이 선택받은 해석자라고 믿으며, 레닌은 칼뱅이 『기독교강요 Institutes』에서 주장한 것처럼 이교도보다는 이단을 훨씬 더 가혹하게 다루고자 했다. 이에 따라 레닌은 끊임없이 당내 반대 세력의 지도자들을 악의적으로 모욕했다. 단지 사소한 견해차에도 비열하기 짝이 없다고 비난하며 도덕적으로 몰아세웠다. 레닌은 밀림이나 농가의 마당에 관한 은유를 많이 사용했고, 인간을 이해하기 위한 일말의 노력도 기울이지 않았으며, 그런 노력을 냉혹하게 거부했다. 그의 언어는 6~7세기의 삼위일체에 관한 논쟁 혹은 17세기 성찬식에 관한 기독교의 지독한 논쟁과 더불어 신학자 간의 증오를 연상시킨다. 물론 말로 표현된 증오가 이 정도로 극에 달하면 결국 피를 흘리게 되어 있다. 에라스무스(Desiderius Erasmus)가 비통한 마음으로 루터파와 교황파에 관해 말했듯이, "말과 글의 전쟁이 오래가면 폭력으로 끝을 맺는다." 사실이 그러했고 이런 폭력은 한 세기 동안 계속되었다. 레닌은 이런 전망에도 결코 움츠러들지 않았다. 싸움을 벌이고 있던 신학자들의 논쟁은 무지한 자들에게는 사소하게 보일지 모른다. 하지만 논쟁의 당사자들은 자신들이 무척 중대한 문제를 다루고 있으며, 이에 따라 수천만의 영혼을 영원히 지옥 불에 던져 넣어야 할지 말지가 결정된다는 것을 알고 있었다. 레닌도 마찬가지였다. 문명의 위대한 전환점이 가까이 다가왔다. 이런 순간에 미래 인류의 운명은 역사가 결정할 것이다. 레닌은 자신이 이 역사의 예언자라는 것을 알고 있었다. 따라서 피를 흘릴 만한 가치가 있었다. 그것도 아주 많은 피를.

하지만 흥미로운 점은 레닌 자신이 열렬히 정통성을 주장했음에도 불구하고, 그는 정통 마르크스주의자에서 한참 벗어나 있었다는 사실이다. 레닌은 마르크스의 방법론을 이용하고 변증법을 활용하여 자기가 이미 직관으로 도달한 결론을 정당화했다. 그는 마르크스주의 이데올로기의 핵심인 혁명의 역사적 결정론도 완전히 무시했다. 사실 레닌의 마음 깊은 곳을 들여다보면 그는 결정론자가 아니라 주의주의자(主意主義者)였다. 주의주의에 따르면 인간의 의지가 결정적인 역할을 한다. 여기서는 바로 레닌의 의지를 의미한다. 하지만 정말로 레닌이 역사의 진행 법칙에 대한 특별한 '과학적' 지식을 주장하는 사람이라고 했을 때, 그는 실제 사건들이 어떻게 진행되어 가는지를 보고 너무 놀라는 것 같았다. 실패로 끝났지만 1905년에 일어난 러시아 혁명은 레닌을 경악시켰다. 또 1914년에 시작된 전쟁이 그에게는 마른하늘에 날벼락이나 다름없었다. 물론 그것은 다른 사람들에게도 마찬가지였지만, 그들은 레닌처럼 역사에 대해 다 아는 양 큰소리로 떠들어 대지는 않았다. 레닌은 전쟁에 반대하여 국제 노동자 세력이 단결하지 못하고, 결국 이 일이 완전한 실패로 끝났을 때 더 큰 충격을 받았다. 레닌은 차르 체제가 무너진 것을 기뻐했다. 그가 러시아로 돌아갈 수 있도록 독일인들이 도와주겠다고 제안했을 때는 깜짝 놀랐다. 러시아에 도착했을 때 레닌은 현장에서 체포될 줄 알았다. 하지만 그런 일은 일어나지 않았고, 수갑 대신 꽃다발을 받았다. 그의 혁명이 성공했을 때 다시 놀랐고, 또 그만한 즐거움을 맛보았다. 하지만 레닌이 확신을 가지고 예상했던

전제주의 유토피아

111

국제적인 봉기는 실현되지 못했다. 말년에 레닌은 예수의 재림을 기다리는 초기의 기독교인들처럼 당장에라도 계시가 내려지길 간절히 기대했다. 레닌이 역사의 무대에서 위대한 배우가 될 수 있었던 것은 역사 전개 과정에 대한 그의 이해력 덕분이 아니라, 역사가 제공하는 예상치 못한 기회를 잡는 민첩성과 정력 덕분이었다. 요컨대 레닌은 모든 반대 세력을 기회주의자라고 비난했지만, 레닌이야말로 기회주의자였다.

또한 레닌은 발끝에서 머리끝까지 혁명가였지만 고전적인 방식의 혁명가였다. 그는 혁명을 이루는 것은 변하지 않는 역사적 힘이 아니라(물론 역사적 힘도 있어야 하지만) 과감한 지도자의 의지를 따르는 고도로 훈련된 소수 집단이라고 생각했다. 이런 점에서 그는 천성적인 마르크스주의자보다는 1789~95년 당시 프랑스 자코뱅의 혁명적 전통이나 최근의 혁명가 조르주 소렐(Georges Sorel)과 공통점이 더 많았다. 천성적인 마르크스주의자들은 대개 독일인이었고, 프롤레타리아의 승리를 다윈식 진화 과정으로 간주했다. 그러나 레닌은 그따위 맥 빠진 생각을 단칼에 잘라 버렸다. "친구들이여, 이론은 회색을 띠고 있다. 하지만 녹색이야말로 영원한 생명의 나무이다. 실천은 이론보다 백배 더 중요하다."[20] 마르크스의 모든 것이 그의 책 안에 있다면, "그와 반대로 레닌의 모든 것은 혁명 행위로 드러난다. 마르크스의 학술적인 저작은 혁명 과업의 준비물일 뿐이다"라고 트로츠키는 기록하였다.[21] 레닌은 행동가 중에서도 지나친 행동가였다. 레닌이 난폭한 인물이 된 것은 바로 그 때문이다. 그는 소렐처럼 생디칼리스트(syndicalist, 혁명적 노동조합주의자)를 지지하지는 않았다. 하지만 소렐과 마찬가지로 폭력적 해결법에 끌렸던 것은 사실이다. 소렐은 혁명을 위한 폭력을 "지적 원리이자 목적지를 잘 알고 있는 강한 인간의 의지이며, 생디칼리즘을 통해 마르크스주의의 최종 목표에 이르기 위한 확고부동한 결의"라고 정의하면서, "레닌은 우리에게 이 심리적 폭력의 인상적인 사례를 제공했다"라고 말한다.[22] 레닌은 힘에 사로잡혀서, 그 냄새만 나도 입맛을 다실 정도가 되었다. "혁명은 억압받던 계급들의 축제다." "억압받는 계급이 무기에 대해 알려 하지도, 무기 사용을 훈련받지도, 무기를 소유하지도 않으려는 자라면, 이런 유형의 계급은 억압과 학대를 받고 결국에는 노예가 되는 것이 당연하다." 레닌의 저술에는 군사와 관련된 은유가 많았다. 포위 상태, 철 바퀴, 강철판, 행군, 야영, 방어벽, 요새, 공세, 기동 부대, 게릴라전, 총살 집행 부대 등. 또한 격렬한 움직임을 나타내는 동사를 자주 사용했다. 타오르다, 약진하다, 작열하다, 선동하다, 쏘다, 뒤흔들다, 점령하다, 격노하다, 격퇴하다, 결합시키다, 강제하다, 추방하다, 섬멸하다.

진실을 말하자면 레닌은 너무 성급한 나머지 정통 마르크스주의자가 될 수 없었다. 그는 엥겔스(Friedrich Engels)가 예상하고 있던 상황에 처하지 않을까 염려했다. "급진파의 지도자에게 일어날 수 있는 최악의 일은 그가 대표하고 있는 계급의 지배가 무르익지 않았음에도 불구하고 정권을 장악하게 되는 일이다. …… 이제 그는 자신의 당이나 계급이 아닌, 지배 조건에 적합한 계급을 대표하게 된다."[23] 러시아는 반산업화 국가였다. 부르주아 계급은 아직 약하고 프롤레타리아 계급은 수가 적었다. 혁명의 객관적 조건은 아직 무르익지 않았다. 레닌을 이단으로 이끈 것은 바로 이런 딜레마였다. '프롤레타리아 의식'이 아직 태동하지 않았다면, 레닌 같은 마르크스주의자의 임무는 그 과정을 앞당기는 것이 되어야 하지 않을까? 1902년 『무엇을 할 것인가? What is to be done?』에서 레닌은 소수 혁명 엘리트 집단의 새로운 역할을 설명하기 위해 '전위 투사'라는 용어를 처음으로 사용했다.[24] 그는 두 가지 종류의 혁명을 매우 기발한 방법으로 구분했다. 하나는 독일이나 영국처럼 선진화된 자본주의 국가에서 성숙한 '노동자 조직'

이 일으키는 혁명이고, 다른 하나는 러시아의 상황에 맞게 '혁명가 조직'
이 일으키는 혁명이다. 첫 번째 조직은 직업에 기반을 둔 것이며 폭넓고 대
중적이다. 요컨대 대중 프롤레타리아 당이라 할 수 있다. 두 번째 조직은 상
당히 다르다. "혁명가 조직은 무엇보다도 주로 혁명 활동을 전문으로 하는
사람들로 구성되어야 한다. …… 이 조직은 너무 광범위해서는 안 되고 가
능한 한 비밀리에 유지되어야 한다." 그런 만큼 이 조직은 '완전 공개'와
'지위와 신분에 상관없는 선거'를 요구하는 '민주주의 원리'를 포기해야
했다. 민주주의 원리는 러시아 같은 독재 국가 체제에서는 불가능했다.
"우리의 운동에서 조직의 중대한 원칙은 비밀 엄수, 조직원 선발의 제한,
직업 혁명가의 양성이다. 우선 이런 조건이 갖추어진다면, 민주주의 이상
의 어떤 것, 즉 혁명가들 간의 완전한 동지적 신뢰가 확보될 것이다." 하지
만 같은 단락에서 레닌이 냉혹하게 지적한 바에 따르면, 혁명가들이 경험
을 통해 알아야 할 것은 "진정한 혁명가 조직은 불필요한 조직원들을 제거
하기 위해 결코 물러서는 법이 없다"는 것이다.[25] 도스토옙스키(Fyodor
Dostoevskii)가 『악령 The Devils』에서 이미 이런 상황을 묘사했듯이, 필요
한 경우에 동지들이 서로 죽여야 한다면 '동지적 신뢰'는 한낱 환상에 불
과한 게 아닐까? 참으로 이 '동지적 신뢰'는 레닌이 조직에 참가하는 순
간, 더욱이 그가 조직을 장악하는 순간 그 조직에 발생한 일과 모순되는 것
은 아닐까?[26]

　로자 룩셈부르크(Rosa Luxemburg)는 뛰어난 재능을 가진 독일의 정통
마르크스주의자였는데, 레닌의 이론(異論)이 어떤 것인지 알고 있었다. 그
것은 너무나 위험해 마르크스주의의 전체 목적과 이상주의를 파괴할 것이
분명했다. 로자 룩셈부르크는 이런 위험이 개인의 기질과 민족의 기질 양
쪽에 다 존재하는 레닌의 성격적 결함 때문이라고 생각했다. 그녀의 글에

따르면, 러시아 절대주의 왕정의 억압을 받고 분쇄된 '자아' 가 "러시아 혁명가의 자아라는 형태로 다시 등장했다." 이 자아는 "물구나무를 서서 다시 한번 자신이 역사의 강력한 집행자라고 주장하고 있다." 그녀의 주장대로라면, 레닌은 사실상 당의 지도에 관한 절대 권력을 요구하고 있었다. 그러나 만약 그런 상황이 벌어진다면, "이런 조직에 고유한 보수주의가 매우 위험할 정도로 강화될 것" 이었다. 누구든 일단 절대 권력을 손에 쥐면 결코 단념하려 하지 않을 것이 분명했다.[27] 레닌은 '전위 요인' 들이 외부로부터 '의식' 을 프롤레타리아에게 전해주어야 하며, 조건이 무르익기 전에 전위 분자(前衛分子)들이 혁명을 밀어붙여야 한다고 주장했다. 이때 레닌은 사실상 마르크스주의 이론의 모든 '과학적' 토대를 부정한 것이나 다름없다. 로자 룩셈부르크는 그런 생각을 엘리트적이고 비(非)마르크스주의적이라며 비난했다. 그녀는 그런 생각이 필연적으로 '극단적인 군사적 중앙집권주의' 를 낳을 것이라고 전망했다.[28]

레닌주의는 단순히 이단일 뿐 아니라 파시즘을 낳은 이단과 정확히 일치했다. 이탈리아 또한 반(反)산업 국가였고, 여기서도 마르크스주의자들은 혁명을 앞당길 방법을 찾고 있었다. 그리고 이들 역시 소렐의 폭력 이론에 끌렸다. 레닌이 '전위분자' 라는 개념을 처음 사용하고 나서 1년 후인 1903년 로베르토 미카엘스(Roberto Michaels)는 소렐의 『마르크스주의의 분해 Saggi di critica del Marxismo』의 이탈리아어판에 들어갈 서문을 썼다. 여기에서 그는 프롤레타리아 사회주의 세계로 나아가기 위해 '혁명가 엘리트' 를 육성할 것을 촉구했다. 또한 그의 동료 안젤로 올리베티(Angelo Olivetti)는 그런 엘리트가 후진 산업국에는 필수적이라고 호응했다.[29] 이탈리아 마르크스주의자 베니토 무솔리니(Benito Mussolini)는 이런 생각을 받아들였다. 그는 레닌보다 13살 적었고, 바로 이 시기에 정치에 입문했다. 무솔리니의 아버지는 대장장이로 약간의 재산을 소유한 사회주의적 무정부주의자였고, 어머니는 교사였다. 그들은 무솔리니에게 폭넓은 정치 철학을 가르쳤다. 여기에는 니체도 포함되어 있었는데, 무솔리니는 『권력에의 의지 *Der Wille zur Macht*』를 두루 섭렵했다. 무솔리니는 레닌보다 훨씬 폭넓게 책을 읽었다. 하지만 정치적인 신조 면에서는 근본적으로 마르크스주의자였다. 그는 마르크스가 자신의 '아버지이자 교사'이며, '노동 계급의 폭력에 관한 위대한 철학자'라고 썼다.[30] 하지만 그도 레닌처럼 "우유부단한 대중의 감정과 신념, 의지를 사로잡을 소수 전위대"의 결성을 주창했다. 이 전위대는 특별한 훈련을 받은 헌신적인 사람들, 즉 엘리트로 이루어져야 했다. 이런 혁명 지도자들은 계급의 심리에 침투해야 하고, 대중 동원의 기술에 정통해야 하며, 신화와 상징적 주문을 활용하여 프롤레타리아 의식을 고취해야 했다.[31] 또한 레닌과 마찬가지로 무솔리니 역시 폭력이 필요하다고 생각했다. "유혈 사태를 낳을 수 있는 모든 원인을 제거할 수 있다는 식으로 프롤레타리아를 현혹시켜서는 안 된다. 우리는 오히려 프롤레타리아가 '대혈투'의 날에 싸울 수 있도록 훈련하고 준비하기를 바란다. 그날이 되면 적대적인 두 계급이 지고의 재판정에서 충돌할 것이다."[32] 무솔리니 역시 격렬한 움직임을 나타내는 동사와 군사적인 비유를 끝없이 반복하였다.

1914년 이전까지 스위스에서 무기력한 망명 생활을 하던 레닌은 무솔리니의 활약을 지지와 선망의 눈으로 지켜보았다. 무솔리니는 지주들에 대항한 일용 노동자들을 지지하여 포를리(Forli) 지방을 이탈리아에서 최초로 '사회주의 섬'으로 만들었다.[33] 그는 유럽에서 가장 영향력 있고 또 많은 독자를 지닌 사회주의 저널리스트가 되었다. 1912년 스물아홉 살의 젊고 호리호리한 몸, 단호해 보이는 인상, 크고 검은 눈을 반짝이던 무솔리니는 레지오 에밀리아 전당대회(Congress of Reggio Emilia)에서 이탈리아 사회당을 장악했다. 그는 사회주의는 철저한 마르크스주의와 타협 없는 국제주의가 되어야 한다고 역설했다. 1912년 7월 15일 레닌은 「프라우다」에 이탈리아의 소식을 전하며 기뻐했다. "이탈리아 사회주의 프롤레타리아 정당은 옳은 길을 택했다." 또한 레닌은 사회주의자들이 '부르주아 개혁파'인 졸리티 정권에 참여하는 것을 무솔리니가 막은 일에도 지지를 보냈는데, 이 사건은 이탈리아 공산당의 출현을 예고하였다.[34] 레닌은 전쟁 전야에 관한 무솔리니의 예언을 격찬하기도 했다. "민족 간의 엄청난 충돌이 곳곳에서 일어나면 부르주아지는 마지막까지 저항을 하겠지만 카를 마르크스가 여섯 번째 위대한 힘이라고 부른 사회주의 혁명이 세계무대 위에 등장할 것이다."[35]

마르크스주의의 이단이자 폭력적인 혁명 활동가로서 레닌과 무솔리니는 뚜렷한 공통점이 있었다. 첫째, 그들은 부르주아 의회와 어떠한 '개량주의'에도 완전히 반대했다. 둘째, 당이 사회주의라는 목표를 위해 고도로 집중화될 뿐 아니라 엄격한 위계와 규율로 이루어져야 한다고 생각했다. 셋째, 직업 혁명가들의 주도권을 원했다. 넷째, 프롤레타리아에게는 자신을 조직할 능력이 없다고 생각했다. 다섯째, 자칭 엘리트 혁명가들을 통해 밖에서부터 대중에게 혁명 의식을 주입할 수 있다고 생각했다. 마지막으로, 그들은 다가올 계급 간의 투쟁에서 준비된 폭력이 최종 심판자가 될 것이라고 믿었다.[36]

세계대전은 레닌주의와 무솔리니의 원형적 파시즘의 분기점이 되었다. 그것은 사고와 상황의 문제였을 뿐만 아니라 개인 성격의 문제이기도 했다. 무솔리니는 허영과 사랑받고자 하는 갈망을 포함하여 레닌이 가지고 있지 않은 인간적인 면을 소유하고 있었다. 그는 놀랄 만큼 예민했고 대중의 의견에도 민감했다. 전쟁이 찾아오고 군대가 행진하자, 그는 대기 중에 퍼져 있는 민족주의의 향기를 맡고는 그것을 가슴 가득 빨아들였다. 무솔리니는 그 향기에 도취되어 새로운 방향으로 재빨리 몸을 틀었다. 반면 레닌은 그런 향기에 무감각했다. 그는 민중으로부터 고립되고 그들에게 무관심했던 까닭에 견고한 성실성과 일관성을 지킬 수 있었다. 이런 특성은 분명 약점이었다. 그는 실제로 사람들이 무엇을 하고자 하는지 결코 알지 못했다. 이것은 레닌이 권력을 쟁취하기 전이나 후에 일련의 사건을 보고 끊임없이 놀랄 수밖에 없었던 이유다. 하지만 그것은 또한 레닌의 강점이기도 했다. 그의 절대적인 자기 확신과 독선적인 의지는 사람들의 반응을 살피는 전략적 계산 때문에 흔들리는 법이 없었다. 게다가 그는 사람들이 전통적으로 중요하게 생각하지 않던, 그저 통치자의 발밑에 놓인 흙덩어리에 불과했던 국가로부터 권력을 추구하고 있었다.

러시아 혁명의 실상

1917년 페트로그라드에 돌아왔을 때 레닌은 전쟁에서 비롯된 어떠한 감상에도 영향을 받지 않은 상태였다. 그는 언제나 전쟁이 부르주아의 모험이라고 말했을 뿐이다. 차르의 타도는 '최소 목표'일 뿐이었다. 선전으로 군대를 와해시키고 병사들을 부추겨 "총구를 장교들에게 돌리게" 하고, 모든 사건을 "자본가 계급의 붕괴를 …… 앞당기는 데" 활용해야 했다. "모든 국가의 부르주아 계급이 부추기는 배타적 애국주의와 애국심에 대해 어떤 예외도 허용하지 않고 가차없는 투쟁을 전개해야" 했다.[37] 레닌은 전쟁을 저지하려는 사회주의자들의 노력이 실패로 돌아가자 적지 않게 당황했다. 전쟁이 한없이 길어질 무렵에는 다가올 천년 왕국에 대한 희망을 잃어버렸다. 1917년 1월 그는 "살아서 다가올 혁명의 결정적인 전투를 볼 수 있을지" 의문을 품었다.[38] 그리하여 6주 뒤 차르가 추방당했을 때 늘 그랬듯 놀라워했다. 그에게는 무척 잘된 일이었지만 새로운 의회 체제는 전쟁을 계속하기로 결정했다. 한편 정치범이 석방되어 레닌의 수하들이 의회 체제를 전복할 수 있는 계기가 마련되었다. 이제 볼셰비키는 전쟁에 반대하며 새로운 정부를 뒤집어엎고 권력을 찬탈하게 될 것이다. 「프라우다」는 3월

▶ 「프라우다」
모스크바에서 발행되는 일간신문으로 러시아어로 '진실' 이라는 뜻이다. 1912년 상트페테르부르크에서 지하신문으로 창간된 「프라우다」는 처음에 레닌을 비롯한 3명의 편집진이 제작했다. 차르의 경찰의 탄압을 받으면서 이름을 달리하여 복간해오다가, 결국 1918년 모스크바에서 공식적인 당기관지로 등장했다. 「프라우다」를 읽고 있는 레닌.

5일부터 다시 발간되었다. 카메네프와 스탈린이 시베리아에서 서둘러 돌아와 8일 뒤 「프라우다」의 편집을 맡았다. 그런데 이 두 명청이가 「프라우다」의 노선을 바꾸어 전쟁을 지지하는 쪽에 선 것이 아닌가! 레닌으로서는 놀랄 수밖에 없었다. 4월 16일 레닌이 카메네프를 보자마자 호된 면박을 준 것은 바로 이런 이유 때문이었다. 「프라우다」의 노선은 즉시 제자리를 찾았다. 레닌은 책상 앞에 차분히 앉아 왜 전쟁을 막아야 하고 왜 그것을 끝내야 하는지 설명하기 위해 일련의 '테제'를 썼다. 스탈린은 나중에 자신의 견해가 '완전히 잘못된 견해' 였다고 고백하면서 입장을 선회했다. "나는 당 동료와 같은 견해를 공유하고 있었지만 완전히 생각을 바꾸었다. …… 그리하여 나는 레닌의 테제를 지지했다."[39] 다른 대부분의 볼셰비키도 마찬가지였다. 그들은 레닌의 확신에 압도당했다. 전쟁 자체가 문제되지는 않았다. 전쟁은 전제 국가를 무너뜨리는 역할을 해주었다. 이제 그들은 전쟁의 참화를 이용하여 의회주의자들을 내쫓아야 했다.

볼셰비키주의를 퍼뜨릴 기반만 존재한다면, 레닌은 러시아가 얼마나 많은 영토를 잃건 상관없었다. 그들은 확신을 가지고 시간이 되기를 기다렸다. 독일이 승리해도 상관없었다. 독일의 동지들이 독일은 물론 영국과 프랑스에서도 곧 권력을 잡을 것이고, 그러면 머지않아 세계 사회주의 혁명의 날이 밝아올 것이기 때문이다.[40]

레닌은 유럽 대륙까지 포괄하는 이런 환상을 머릿속에 그리면서, 그에게 권력을 가져다줄 수 있는 정치 노선을 거의 우연히 선택하게 되었다. 사실 그는 러시아에 실제 권력 기반이 없었다. 권력 기반을 만들려고 노력하지도 않았다. 레닌은 지식인과 지식인을 자처하는 무법자들로 자신이 지배할 수 있는 소규모 조직을 만드는 데 전력을 기울였을 뿐이다. 그 가운데 농민 세력은 전혀 없었다. 볼셰비키 엘리트 중 농민 출신은 한 명도 없었다. 비숙련노동자 중에는 추종자가 몇 명 있었다. 하지만 숙련노동자들과 노동조합에 가입된 거의 모든 노동자가 정치 단체에 가입한 경우는 예외 없이 멘셰비키 쪽에 속해 있었다.[41] 놀랄 일은 아니다. 레닌의 비타협과 완고함이 모든 뛰어난 사회주의자를 멘셰비키 진영으로 쫓아버렸기 때문이다. 레닌도 불만은 없었다. 결정적인 순간이 왔을 때 나머지 사람들을 아무런 논쟁 없이 자신의 명령에 따르게 하기가 훨씬 더 쉬워졌기 때문이다. 어떤 사람은 "레닌이 오기 전까지 우리 동지들 모두는 어둠 속을 방황하고 있었다"라고 말했다.[42] 자기만의 명백한 견해를 가지고 있던 볼셰비키가 한 명 더 있었는데, 그는 바로 트로츠키였다. 트로츠키는 5월에 미국에서 페트로그라드에 돌아왔다. 그는 레닌이야말로 결정적인 행동을 취할 수 있는 유일한 사람이라는 것을 재빨리 깨달았다. 그는 레닌의 제일 중요한 보좌역을 맡았다. 그 뒤 두 사람은 대략 2만 명의 지지 세력을 확보할 수 있었다. 하지만 러시아는 인구가 1억 6,000만 명이 넘는 나라였다.

'2월 혁명'이나 '10월 혁명'의 단계를 살펴봐도 1917년 러시아 혁명을 이룬 주체는 농민이다. 러시아 농민의 수는 1867년에 5,600만 명에서 1913년에는 1억 320만 명으로 증가했다.[43] 대전 전의 러시아에는 350만 명 미만의 공장 노동자와 광부가 있었다. 가장 광범위한 정의에 따른다고 하더라도 '프롤레타리아 계급'은 1,500만 명에 불과했다. 그러나 도시 거주자 2,500만 명 가운데 많은 수가 농가 출신으로, 도시에서 일하고 있지만 그들의 기반은 농촌이었다. 이러한 도시와 농촌의 연결 관계는 급진적인 사상이 농민들에게 전파되는 데 도움이 되었다. 하지만 이런 급진적인 사상이란 것도 본질적으로는 언제나 존재해 왔던 것이다. 러시아에는 지역 공동체와 장인들의 협동조합을 중심으로 하는 농민 집산주의의 전통이 있었고, 이는 동방 정교회의 인정과 지지를 받았다. 개인적인 부의 축적은 공동체의 이익에 반하는 행위였고 종종 죄악시되었다. 탐욕스런 쿨라크(kulak, 러시아어로 '주먹'이라는 뜻. 비교적 큰 농장과 많은 가축을 소유하고, 노동자를 고용하거나 토지를 빌려줄 수 있는 재정적인 능력을 갖고 있던 러시아의 부농층)는 나쁜 농민이었고, 따라서 계급이 아니었다. (나중에 볼셰비키는 쿨라크를 계급으로 지칭했다.) 대부분의 농민은 위계질서와 평등주의 정신을 존중했다. 자유의 개념이 그들을 몰수와 약탈로 내모는 위기의 순간에 평등주의 정신이 표면으로 드러나곤 했지만, 그들이 '국유화'나 '사회화'를 바랐던 것은 아니다. 그들에게는 사실 그런 개념을 가리키는 단어조차 없었다. 많은 사람이 원했던 것은 당연히 그들 각자의 땅이었다. 1861년 이후 자작농을 양성하려는 조치들은 그들의 탐욕만을 키워놓았다. 이에 따라 1905년 농민 반란이 일어났다. 1906년부터는 차르 시대의 유능한 장관 스톨리핀(Pyotr A. Stolypin)이 한편으로는 농민을 달래고 또 한편으로는 도시의 식량 공급량을 늘리기 위해 토지개혁 과정을 가속화했다. 이런 조치는 러시아의 급속한 산업화에 도움이 되었다. 그는 농민들이 지역 공동체에서 나오는 것을 돕기도 했다. 1915년 중반까지 거의 200만 명이 개인 토지 소유권을 획득했다. 이어 지역 공동체에서 자발적으로 나온 170만 명의 농민이 그 뒤를 따랐다. 이러한 결과로 대전 전 10년 동안 러시아의 농업 생산성은 급속히 향상되었다. 농민에게 더 많은 교육 기회가 주어졌으며, 최초로 기술 투자가 이루어졌다.[44]

전쟁은 이런 발전에 막대한 타격을 가져다주었다. 당시는 러시아의 전역사를 통틀어 가장 희망적인 시기였다. 프랑스나 중부 유럽과 마찬가지로 상대적으로 만족스럽고 부유한 농민 계급이 탄생하리라는 기대감이 팽배해 있던 때다. 충분한 식량이 공급되었기 때문에 산업화 또한 별문제 없이 진행되었다. 하지만 전쟁이 수백만 명의 농민을 징발해 갔다. 농촌에 남아 있는 사람들은 규모가 커진 군대와 확대된 전시 공장을 위해 더 많은 식량을 공급해야 했다. 식량은 대량으로 강제 매수되었지만 가격이 급상승했다. 따라서 도시와 농촌 간의 긴장이 높아졌고, 자신의 불행과 고통을 상대편의 책임으로 돌리곤 했다. 볼셰비키는 나중에 이런 상호 간의 증오를 교묘하게 이용했다. 전쟁이 계속됨에 따라 농촌에서 식량을 쥐어짜 내려는 정부의 노력은 점점 더 가혹해졌고 농민들의 반란도 증가했다. 1916년 12월까지 농민 반란은 557차례나 일어났다. 하지만 식량 부족은 더욱 심해졌고 가격 또한 계속 상승했다. 이로 인해 많은 산업 지역이 계엄령이나 '치안 강화' 상태에 있었음에도 불구하고, 1916년 수많은 공장 노동자가 전례를 찾아보기 힘든 파업을 일으켰다. 파업은 1917년 2월에 절정으로 치달았다. 농민들 또한 분노하고 절망에 휩싸여 있었는데, 그러지 않았다면 이 파업은 분쇄되었을 것이다. 사실 병사들은 거의 모두 농민이었다. 페트로그라드 수비대는 공장 노동자들을 진압하라는 명령을 받았지만 응하지 않았다. 대략 수비대의 3분의 1에 해당하는 66,000명의 병사가 장교들에게 반항했다. 그들이 무장을 하고 있었기 때문에 차르 체제는 붕괴할 수밖에 없었다. 따라서 러시아 혁명의 첫 번째 단계는 농민들이 이루었다고 할 수 있다.

전제 체제의 붕괴는 불가피하게 농촌의 위계질서를 파괴했다. 땅이 없는 농민들이 넓은 토지를 빼앗아 나눠 갖기 시작했다. 그것은 그다지 중요한 문제가 아니었다. 임시 정부는 체제가 정비되는 대로 어쨌든 토지개혁을 시행할 생각이었기 때문이다. 하지만 임시 정부는 한동안 전쟁에 매달려야 했다. 전쟁 상황은 악화되었다. 갈리치아 공격은 실패로 끝났고, 7월에 리보프가 함락되었다. 내각이 교체되어 알렉산드르 케렌스키가 총리가 되자 전쟁을 계속하기로 결정했다. 그러기 위해서는 농민들이 식량을 공급해주어야만 했다. 이때 순전히 행운으로 레닌의 반전 정책이 대중들의 의견과 일치하는 것으로 드러났다. 레닌은 농민에 대해서는 아무것도 몰랐다. 그는 농촌 지역에서 무슨 일이 일어나고 있는지 생각조차 하지 않았다. 하지만 전쟁을 반대함으로써 어쨌든 실패가 예정된 정책에 반대했으며, 레닌의 조직은 농촌, 그리고 군대 내 대중적인 농민 세력과 연대할 수 있게 되었다. 결과적으로 볼셰비키는 처음으로 농촌에서 기반을 마련할 수 있었고, 1917년 말에는 203개의 거점에서 2,400명의 지방 활동가를 거느리게 되었다. 그러는 동안 전쟁을 강행하려는 노력은 임시 정부를 곤경에 빠뜨렸다. 3월 25일 임시 정부가 통과시킨 법령에 따라, 농민들은 종자, 사료, 생계유지에 필요한 양을 빼고 곡물 전량을 공출해야 하는 의무를 져야 했다. 전쟁 전에는 75퍼센트의 곡물이 시장에 나오고, 40퍼센트의 곡물이 수출되었다. 하지만 이제 농촌에서 일어난 반란으로 전쟁을 계속하는 데 필요한 식량조차 확보할 수가 없었다. 그리하여 현대 러시아 역사에는 처음 있는 일로 수확물의 대부분이 농장에 방치되는 상황까지 벌어졌다. 케렌스키 정부는 이 가운데 6분의 1에도 못 미치는 양을 얻어냈을 뿐이다.[45] 케렌스키는 더 많은 양을 확보하려고 노력했지만 이런 시도는 농민을 공공연한 폭동으로 이끌었고, 농촌에서 임시 정부의 권위는 끝없이 추락했다. 이와 동시에 곡물 공급이 중단되자, 9월에는 도시에서 식량 가격이 폭등했다. 여러 곳에서 빵이라고 는 찾아볼 수조차 없을 지경이었다. 육군과 해군에서 반란이 일어나고 공 장 파업이 발생했다. 10월 초에 이르러 케렌스키 정부는 농민 반란으로 이 미 치명상을 입은 상황이었다.[46]

이제 레닌이 권력을 잡을 시기가 찾아온 것이다. 그는 정확히 이 목적을 위해 '전위 엘리트'를 양성해 오지 않았는가. 물론 어느 면에서 보든지 레 닌에게는 의회제 정부를 무너뜨릴 자격이 없었다. 그는 심지어 정통 마르 크스주의자도 아니었기 때문이다. 레닌은 농민 지도자도 아니었고, 프롤 레타리아 계급의 지도자라고 할 수도 없었다. 당시 러시아 내 프롤레타리 아 계급은 규모가 작았고 레닌주의를 원하지도 않았다. 1917년 3월 산업 노동자들이 중앙 정부에 제출한 100건이 넘는 청원서에는 사회주의에 대 한 언급이 거의 없다. 그 가운데 약 51퍼센트는 노동 시간의 단축을, 18퍼 센트는 임금 인상을, 15퍼센트는 노동 조건 개선을, 12퍼센트는 노동자 위 원회에 대한 권리를 요구했다. '프롤레타리아 혁명'에 관한 대중의 지지 는 전혀 찾아볼 수 없었다. 사실 대중이 레닌의 목표와 조금이라도 비슷한 것을 지지하고 있다는 얘기는 찾아볼 수가 없었다.[47] 당시는 소련이 붕괴 될 때까지 따져 러시아 공장 노동자들이 자신들이 원하는 것을 말할 수 있 었던 유일한 때였다. 그들이 원한 것은 세상을 뒤집어엎는 것이 아니라 생 활을 개선하는 것이었다. 그들이 말한 '노동자 위원회'는 '소비에트'(러 시아어로 '평의회')를 의미했다. 이 말은 자연 발생적으로 1905년 처음 등장했다. 레닌은 당황했다. 마르크스주의 문헌에 소비에트라는 것은 있을 수 없기 때문이다. '소비에트'는 '2월 혁명' 때 다시 등장했다. 레닌은 1917년 4월 러시아에 돌아왔을 때 소비에트가 자신이 증오하는 의회 체제를 대체하는 수단이 될 수 있을 것이라고 마음을 고쳐먹었다. 레닌은 적어도 몇몇 공장의 경우 소비에트에 자기 수하를 침투시켜 조종할 수 있을 것으로 생각했고, 그의 생각은 옳았다. 그리하여 레닌의 '4월 테제'는 "의회제 공화국이 아니라 …… 아래에서 위로 뻗어 올라가는 전국적인 노동자·빈농·농민 대표의 소비에트 공화국"을 옹호하고 있었다.[48] 전무후무할 정도로 뛰어난 기회주의자인 레닌은 소비에트를 1871년 파리 코뮌의 현대판으로 보기 시작했다. 소비에트는 결의가 굳은 레닌의 부하들이 운영했다. 따라서 '프롤레타리아 독재' 기구가 될 수 있었다. 4월 말 볼셰비키 대회가 열렸을 때, 볼셰비키는 레닌의 의지에 따라 "도시와 농촌의 프롤레타리아는 …… 모든 국가 권력이 신속히 소비에트로 이양"되도록 노력해야 한다고 목소리를 높였다.[49] 실제로 1905년 소비에트에서 일한 바 있는 트로츠키가 5월에 미국에서 돌아오자, 가장 중요한 페트로그라드 소비에트를 장악하는 임무가 주어졌다.

1917년 6월 초 열린 제1차 전 러시아 소비에트 대회(All-Russian Congress of Soviets)에 대의원 833명이 참석했다. 이 가운데는 도시를 대표하는 대의원들이 지나칠 정도로 많았다. 농민을 대표하는 사회 혁명당은 285명, 노동조합 노동자를 대표하는 멘셰비키는 248명이었다. 소수당은 150명에 이르렀는데, 무소속 대의원이 45명, 볼셰비키가 105명이었다.[50] 7월 3일 무정부주의자들이 대규모 반전 가두시위를 명령하며 세력 대결을 꾀했다. 하지만 정부군은 이들을 해산했다. 「프라우다」신문은 정간(停刊)되었으며, 카메네프와 트로츠키를 포함한 일부 볼셰비키는 투옥되었다. 레닌은 핀란드로 망명하도록 허용되었다. 당시까지는 레닌을 그다지 치명적인 위험인물로 여기지 않았기 때문이다.[51] 결정적인 변화는 여름과 초가을에 찾아왔다. 전선이 마침내 붕괴되기 시작했다. 8월에 케렌스키는 모스크바에서 초당적인 '국가 회의'를 열었고, 여기에 2,000명의 대의원이 참석했다. 하지만 성과는 아무것도 없었다. 그달 말에 차르파의 장군 코르닐로프 (Lavr G. Kornilov)가 군사 반란을 일으켰지만 실패로 끝나고 말았다. 이 모든 사건, 특히 마지막 사건은 레닌에게 이로운 결과를 가져왔다. 레닌은 공포 분위기를 조성하여 새로운 공화국의 '유지'에 필요한 법을 어기도록 설득할 수 있었다. 하지만 법질서가 무너지게 된 것은 무엇보다 케렌스키가 농민들로부터 식량을 얻어내지 못했기 때문이다. 군대는 자진 해산해 도시로 몰려들었지만 빵을 찾아낼 수는 없었다. 거기서 그들은 소비에트에 참여하거나 스스로 소비에트를 조직했고, 전쟁을 조속히 종결하고 모든 토지를 농민들에게 분배하겠다는 볼셰비키 연설가들을 대표로 뽑았다. 9월 초 볼셰비키는 실로 중요한 양대 소비에트인 페트로그라드 소비에트와 모스크바 소비에트에서 다수를 차지하게 되었다. 9월 14일 아직 숨어 지내던 레닌은 확신에 차서 '모든 권력을 소비에트에'라는 구호를 내걸었다.[52] 감옥에서 막 나온 트로츠키는 곧바로 다가올 봉기의 중심점이 될 페트로그라드 소비에트 의장이 되었다.

트로츠키는 러시아 혁명의 집행인이었다. 하지만 레닌은 배후 조종자로서 모든 핵심적인 사항을 결정했고, 본질적인 '권력의지'를 제공했다. 공산 국가의 탄생은 물론이고 볼셰비키 혁명은 레닌이 없었다면 불가능했을 것이다. 10월 9일 그는 변장을 한 채 몰래 페트로그라드로 돌아왔다. 그리고 다음날 중앙 위원회 회의에서 10대 2의 투표 결과로 무장봉기 결정을 얻어냈다. '정치국' ― 우리는 이 말을 이때 처음 듣게 된다 ― 이 신설되어

▶ 레온 트로츠키(1879~1940)
1917년 러시아 10월혁명의 지도자였고 소련 외무 및 군사 인민위원을 지냈다. 그러나 레닌이 죽은 뒤 권력투쟁 과정에서 스탈린에게 권력을 빼앗기고 추방당했다. 스탈린 앞잡이에게 암살당할 때까지 해외에서 반(反)스탈린 세력을 지도했다.

무장봉기를 책임지게 되었다. 하지만 실제로는 트로츠키가 맡고 있는 페트로그라드 소비에트 아래 조직된 '군사 혁명 위원회'가 군사적인 준비를 해나갔다. 10월 25일 열리는 제2차 전 러시아 소비에트 대회에 맞추어 봉기를 일으키기로 했다. 24일 저녁 레닌은 초기 형태의 정부를 미리 구성해 두었다. 아침이 되자 트로츠키의 부하들이 도시 전역에 걸쳐 핵심적인 요처(要處)들을 장악했다. 임시 정부의 일원들은 투옥되거나 도망쳤다. 피를 흘릴 필요조차 없었다. 소비에트 대회는 그날 오후 볼셰비키의 의지에 따라 권력 이양을 승인했고, 이튿날 해산 전에 세 가지 법령을 채택했다. 이 법령들은 각각 전쟁의 중단과 토지 소유권의 폐지, 그리고 인민 위원회(정부 내각에 해당), 즉 최초의 노동자·농민 정부의 구성을 선언하고 있었다.[53] 하지만 나중에 스탈린이 조심스레 지적했듯이 권력을 쟁취한 것은 군사 혁명 위원회였다. 소비에트 대회는 "단순히 페트로그라드 소비에트의 손에서 권력을 인계받은 것"에 지나지 않았다.[54] 레닌이 이 둘을 구분한 것은 마르크스주의 프롤레타리아 혁명의 개념을 보존하기 위해서였다. 분명한 것은 레닌이 권력을 장악한 방법이 전혀 합법적이지 않았다는 것이다. 또한 그것은 혁명 봉기가 아니라 과거에도 볼 수 있었던 쿠데타였으며, 독일인들이 이름 붙인 대로 폭동(putsch)이었다. 여기에 마르크스주의라고 할 만한 것은 아무것도 없었다.

당시 레닌은 소비에트가 전수한 가짜 정통성을 최대한 교묘하게 이용했다. 다음 두 달간 그는 두 가지 수준에서 신중하게 행동했는데, 이런 기괴한 방식은 마르크스주의적 세계관과 일치했다. 표면적으로는 합법적인 절차와 공식적인 적법성이 어느 정도 존재했다. 그러나 그것은 단지 대중의 만족과 외부세계에 과시하기 위한 것일 뿐이었다. 더 깊이 들어가면 경찰과 군대, 정보와 무기 등 실제 권력 구조가 존재했다. 레닌은 자신이 세운 정부가 '제헌 의회'가 구성될 때까지 '임시'로 존재하게 될 것이라고 했지만, 표면적인 구호에 불과했다. 케렌스키 정부는 11월 12일 선거를 할 예정이었다. 선거는 예정대로 진행되었고 볼셰비키는 단순히 하나의 정당으로 참여했다. 이 선거는 소련 붕괴 전까지 러시아에서 처음이자 마지막으로 실시된 진정한 의미의 의회 선거였다. 예상대로 농민에 기반을 둔 사회 혁명당이 707석 중 410석을 얻어 과반수를 획득했다. 볼셰비키는 175석을 얻었고, 멘셰비키는 16석으로 몰락했다. 부르주아파의 카데트당은 17석이었고, 나머지 의석은 여러 '민족 정당'이 차지했다. 레닌은 제헌 의회의 첫 번째 회의를 1918년 1월 5일에 열기로 결정했다. 표면적으로나마 합법성을 유지하기 위해 사회혁명당 좌파 의원 3명을 인민 위원회에 참가시켰다. 이것은 사회혁명당을 분열시키는 데에도 도움이 되었고, 이렇게 함으로써 레닌은 소비에트 대회에서 과반수를 지배하게 되었다. 제헌 의회가 폐회되고 3일 후 레닌은 소비에트 대회를 소집했다. 앞으로 제헌 의회가 자신에게 적법성을 가져다주는 무기력한 기구로 남아 있게 만들려는 의도였다. 어쨌든 이처럼 외관상 적법한 절차가 진행되자 페트로그라드는 상거래와 오락 모두 활기를 띠었다. 케렌스키 정권이 무너진 바로 그날에도 모든 상점이 문을 열었고, 전차가 달리고, 극장은 사람들로 넘쳐났다. 공화국이 최초로 활동을 허가해 준 구세군도 길가에서 모금 활동을 벌였다. 카르사비나(Tamara Karsavina)는 마린스키극장에 있었고, 샬리아핀(Fyodor I. Shalyapin)은 음악회에서 노래를 불렀다. 대중 강연도 사람들로 붐볐고, 사교계 인사들은 콩탕츠 레스토랑에 모여들었고, 엄청난 액수의 도박판이 벌어졌다.[55]

그동안 레닌은 그러한 사회구조 밑에서 바쁘게 움직였다. 다른 할 일이 많은 때에 그가 언론 관리를 최우선 순위에 두었다는 것은 의미심장하다. 폭동 직전인 8월에 레닌은 공개적으로 '훨씬 더 민주적'이며 '더없이 완전한' 언론의 자유를 요구했다. 하지만 공화국 아래에서 러시아 언론은 사실상 영국이나 프랑스만큼 자유로운 상태였다. 권력을 잡은 지 이틀 뒤 레닌은 언론에 관한 법령을 공포하여 언론의 자유를 끝장냈다. "어떤 한시적이고 예외적인 조치"의 일부로서, "노동자 또는 농민 정부에 대한 공개적인 저항이나 불복종을 호소하는" 혹은 "명백한 중상과 비방의 의도로 사실을 왜곡하고 대중을 선동하는" 신문은 폐간될 것이고 편집장들은 재판을 받게 되었다. 다음날까지 정부는 페트로그라드에서 신문 10개를 폐간했고, 다음주까지 신문사 10곳을 더 폐쇄 조치했다.[56] 결국 볼셰비키당 기관지인 「프라우다」와 소비에트의 기관지로 인민 위원회가 장악한 일간신문 「이즈베스티야 Izvestiya」가 뉴스를 다루게 되었다.

그동안 일부 혼란이 있기는 했지만 볼셰비키 활동가들은 빠른 속도로 실제 권력 기구를 장악했다. 여기에는 조합주의적인 방식이 이용되었다. 공장에서부터 전차 운영 기관까지 모든 조직이 소비에트식 선거를 치렀다. 선거는 체제에 적합한 대표를 뽑는 가장 손쉬운 방법이었다. 나중에 보리스 파스테르나크(Boris Pasternak)는 그 과정을 이렇게 묘사했다.

주택 운영, 상거래, 산업, 행정, 모든 분야에서 새로운 선거가 치러졌다. 모든 곳에서 인민 위원이 임명되었다. 무한한 권력과 강철 같은 의지, 협박과 연발 권총으로 무장한 그들은 검은 가죽조끼를 입고 있었다. 수염도 거의 깎지 않았고, 잠도 거의 자지 않은 듯했다. 그들은 두려움에 떠는 부르주아 족속들을 잘 알고 있었다. 이런 부르주아들은 대개 값싼 정부 증권을 소유하고 있었다. 인민 위원들은 일말의 연민도 없이 메피스토펠레스(Mephistopheles)의 미소를 지으며 그들에게 말했다. 마치 현장에서 잡힌 좀도둑을 대하는 태도였다. 계획에 따라 모든 것을 재조직하는 것은 바로 이들이었다. 한 회사에 이어 또 다른 회사가, 하나의 기업에 이어 또 다른 기업이 볼셰비키화되었다.[57]

그들은 이런 물리적 장악에 뒤이어 법령이라는 하부 구조를 장악했다. 11월 10일 표트르(Pyotr) 1세의 관리 등급표가 폐지되었고, 11월 22일 가택 수색이 합법화되었고, 모피 코트가 몰수되었다. 12월 11일 교회에서 관리하던 모든 학교가 국가에 넘어갔다. 12월 14일 모든 은행업을 국가가 독점하며 모든 산업은 '노동자의 통제'에 따르게 되었다. 12월 16일 모든 군대 계급이 폐지되었다. 12월 21일 '혁명 재판소'에 관한 새로운 법률이 마련되었고, 12월 24일 모든 공장이 즉각 국유화되었다. 12월 29일 모든 이자와 배당금 지급이 중지되었고, 예금 인출이 엄격히 제한되었다. 나중에 소설가 일리야 예렌부르그(Ilya G. Ehrenburg)는 이렇게 썼다. "매일 아침 주민들은 벽에 붙여진, 아직 축축하고 쭈글쭈글한 새 법령문을 주의 깊게 읽었다. 사람들은 날마다 무엇이 허용되고 무엇이 금지되는지 알고 싶었던 것이다."[58]

하지만 이 단계에서조차 권력 강화의 핵심적인 조치 중 일부는 공개적인 법령에 반영되지 않았다. 권력 장악의 초기 단계에 레닌은 트로츠키가 페트로그라드 소비에트를 통해 조직한 무장 단체를 전적으로 의지했다. 그들 가운데 일부는 '검은 가죽조끼를 입은 사람들'(정치적 동기를 지닌 젊은 무뢰배)이었고, 다른 일부는 대개 코사크사람들(Cossacks)로 이루어진 유랑자들이었다. 한 목격자는 볼셰비키가 최초의 운영 본부로 삼은 스몰니 회관의 방을 이런 모습으로 묘사했다. "사무실은 두꺼운 외투, 털모자, 펠트 망토, 가는 자수 끈, 단검, 윤기나는 검은 콧수염, 놀란 듯 크게 뜬 눈, 말 냄새로 가득했다. 이들은 '러시아 본토 출신' 간부들이 거느리고 있는 정예 엘리트들로 모두 500명쯤 되었다. 그들은 모자를 손에 들고 혁명에 대한 충성을 맹세했다."[59] 무너져 가는 공화국을 굴복시키는 데는 이들로도 충분했지만, 새로운 질서를 강요하려면 더 교묘하고 가혹한 정치 경찰이 필요했다.

폭력이 혁명의 본질적인 요소라고 믿었던 레닌은 테러를 이용해야 한다는 생각에도 전혀 움츠러들지 않았다. 그는 테러를 정당화하는 두 가지 전통을 물려받았다. 레닌은 프랑스혁명으로부터 언제라도 로베스피에르(Maximilien-François-Marie-Isadore de Robespierre)를 인용할 수 있었다. "혁명 인민 정부의 특성에는 선과 테러가 동시에 존재한다. 선이 없는 테러는 파괴를 낳고, 테러가 없는 선은 무능력하다. 테러는 즉각적이고 엄중하며 확고한 정의와 같다. 따라서 테러가 선을 전파하는 것이다."[60] 혁명 테러의 끔찍한 역사를 도외시한 채, 마르크스는 이러한 방법에 무한한 지지를 표명했다. "구세계의 피비린내나는 고통과 새로운 세계의 피비린내나는 산고를 줄이고, 그 고통을 일부에 국한할 수 있는 유일한 수단은 혁명 테러이다."[61] 그러나 마르크스의 말이 항상 일치하는 것은 아니었다. 독일의 정통 마르크스주의자들은 테러를 불가피한 것으로 받아들이지 않았다. 레닌이 정권을 잡고 나서 1년 뒤 로자 룩셈부르크는 1918년 12월 독일공산당 강령에서 "프롤레타리아 혁명은 그 목적을 위해 어떤 테러도 필요로 하지 않으며, 살인을 증오하고 혐오한다"라고 말했다.[62] 레닌이 프롤레타리아 혁명의 역사적 과정을 단축하기 위해 '전위 엘리트' 조직을 제안했을 때, 로자 룩셈부르크는 이에 반대했다. 마르크스의 선언에 암시되어 있듯이 레닌이 혁명을 향한 일종의 지름길로 테러에 빠져들지 모른다고 생각했기 때문이다. 차르의 독재 체제와 러시아의 야만적이고 생명을 경시하는 풍조를 배경으로 했을 때 테러는 큰 유혹이 될 게 분명했다.

비밀경찰과 전제정치

사실 레닌주의 혁명의 진정한 비극 가운데 하나는 사실상 신속하게 사라져 가고 있던 러시아식 야만적 통치 방법이 되살아났다는 것이다. 1917년까지 80년간 제정 러시아에서 처형된 사람은 한 해 평균 17명에 지나지 않았다. 게다가 그중 대부분은 초기에 이루어졌다.[63] 차르 체제 말기 전시 러시아는 어떤 의미에서 전시 통제하의 영국이나 프랑스보다 자유로웠다. 케렌스키가 1917년 9월 전선에서 부활시키기는 했지만, 공화국은 사형 제도를 완전히 폐지했다. 레닌의 동지들도 대개 사형 제도를 반대했다. 초기 볼셰비키들의 살육은 대부분 수병이나 농민들 소행이었다. 수병들은 1918년 1월 7일 전직 장관 두 명을 살해하고 다음달 세바스토폴에서 사흘간 대학살을 저질렀다. 무분별한 농민들은 시골의 오지에서 학살을 자행했다.[64]

되돌아보면 일찍이 레닌이 테러와 억압적인 경찰력을 활용하는 결정을 내렸고, 그의 중요한 군사 대리인인 트로츠키가 레닌의 결정을 지지했다는 결론을 피하기 어렵다. 로자 룩셈부르크가 두려워했듯이, 그것은 권력을 쟁취하고 유지하려는 레닌의 이데올로기적 접근 방식에서는 피할 수 없는 일이었다. 또한, 레닌이 이루려 했던 중앙 집권적 국가 형태에서도 불가결한 요소였다. 한편 폭력은 레닌의 성격적 특성이기도 했다. 그의 내면을 가득 채우고 있던 권력의지 말이다. 일찍이 1901년 레닌은 이렇게 경고했다. "원칙적으로 우리는 결코 테러를 단념하지 않았으며, 단념할 수도 없다."[65] 그는 다시 경고했다. "우리는 혁명 앞에서 어느 편에 설 것이냐고 물을 것이다. 찬성인가, 반대인가? 누군가 반대한다면 우리는 그를 벽 앞에 세워 총살시킬 것이다." 권력을 얻은 즉시 그는 이렇게 물었다. "우리 중에는 난폭한 반혁명 분자들을 길들일 푸키에 탱빌(Fouquier-Tinville) 같은 강력계 검사를 찾을 수 없단 말인가?"[66] 정부의 수반으로서 레닌이 '총살' '총살 부대' '벽 앞에 세워' 같은 표현을 사용한 횟수는 그가 극단적인 처방을 얼마나 갈망하고 있었는지를 잘 드러내 준다. 필요한 경우 반혁명 세력에게 테러를 가하기 위해 기관을 만들던 방법에서도 은밀함이나 고의적인 이중성을 찾아볼 수 있다.

이미 설명했듯이, 원래 볼셰비키 군대는 트로츠키의 페트로그라드 소비에트 군사 혁명 위원회였다. 트로츠키는 혁명이 성공한 이후에도 계속 무력을 행사하는 데 조금도 주저하지 않았다. "사회주의 왕국으로 들어갈 때 우리는 흰 장갑을 끼고 윤이 나는 바닥으로 들어가는 것이 아니다."[67] 이 위원회는 1917년 10월 25~26일 뒤 곧바로 중앙 집행 위원회의 하부 위원회가 되었고 안보 업무를 담당했다. 여기에는 '사보타주(sabotage), 공급 물자 은닉, 고의적인 운송 지연 등'으로 정의되는 '반혁명 행위'에 대한 처벌 임무가 포함되어 있었다. 위원회의 설립은 1917년 11월 12일자 인민 위원회 법령으로 공포되었다.[68] 군사 혁명 위원회는 용의자 심문도 담당했기 때문에, 특별 부서를 하나 창설했다. 펠릭스 제르진스키(Feliks E. Dzerzhinsky)가 이 부서를 책임졌는데, 그는 당시 스몰니(Smolny)에서 치안을 담당하고 있던 광직인 폴란드인이었다. 1917년 12월 7일 또 다른 인민 위원회 법령을 따라 마침내 군사 혁명 위원회가 해체되었지만, 제르진스키가 맡고 있던 특별부서는 없어지지 않고 '전러시아비상위원회(Cheka)'라는 이름으로 유지되었다. 체카는 '반혁명 및 사보타주'와 싸우는 임무를 맡았다. 체카를 탄생시킨 법령은 그로부터 10년이 지날 때까지 세상에 공표되지 않았다. (「프라우다」, 1927년 12월 18일 공표.) 따라서 레닌의 보안 부대는 그 존재가 공인되지 않았다는 점에서 시작부터 끝까지 비밀경찰로 남아 있었다.[69]

체카가 매우 폭넓은 범위에 걸쳐 철저하게 가혹 행위를 일삼으리라는 것은 의심의 여지가 없었다. 공식적으로 그 존재가 발표되기 일주일 전, 그러니까 체카가 아직 비밀 기관이었던 때, 트로츠키는 체포와 수색을 늘리는 문제로 사람들의 원성을 샀다. 그는 전 러시아 농민 대회 대의원들에게 이 문제를 이렇게 변호했다. "내전의 시기에 모든 탄압을 단념하라는 요구는 내전을 포기하라는 것입니다."[70] 체카에는 제르진스키 아래 8개의 위원회가 있었다. 트로츠키는 위원직과 수석 조사관, 그리고 정보원 자리를 또 다른 광신자들로 채웠다. 그들은 대부분 폴란드인과 라트비아인이었다. 여기에는 '사악한' 라치스(Lette M. Latsis)와 케드로프(Kedrov)도 있었다. 라치스는 일명 '피터스'로 시드니 가 포위(the Sidney Street Siege) 때 현장을 주도했던 페테르 피아크토프(Peter Piaktow)의 형제이며, 런던 하운즈디치(Houndsditch) 연쇄 살인 사건의 범인이기도 했다. 케드로프는 일종의 사디스트로 나중에는 스스로 미쳐버렸다. 체카 조직이 확대되는 속도는 무서울 정도였다. 체카는 1917년 12월부터 1918년 1월까지 계속 요원들을 뽑았고, 첫 작업으로 전국적인 정보망을 구축했다. 그들은 모든 지역 소비에트에 '혁명과 인민 정부에 반대하는 조직 및 개인의 정보'를 요구했다. 이런 요구에 따라 지역 소비에트들은 보안 위원회를 설립하여 체카의 전문적인 정보원에게 보고를 해야 했다. 체카는 처음부터 일반인과 밀고자들의 도움을 많이 받았다. 정규 상근 직원의 수도 끝없이 늘어났다. 차르 시대 비밀경찰 오흐라나(Okhrana)는 15,000명이었는데, 구세계에 존재했던 비밀경찰 조직 중에는 단연 컸다. 이와 비교하자면 체카는 설립 후 3년도 안 되어 모두 250,000명의 상근 정보원을 두고 있었다.[71] 이에 따른 체카의 활동 규모는 실로 방대했다. 차르 시대의 말기에는 모든 범죄와 관련하여 한 해 평균 17명이 처형당했지만, 1918~19년 체카는 정치범의 경우에만 한 달에 1,000명을 처형했다.[72]

이 숫자는 분명히 줄여 잡은 것이다. 이렇게 말하는 이유를 알려면 레닌이 만들어 낸 극악무도한 체제의 핵심으로 들어가 보아야 한다. 체카가 신설된 뒤 곧이어 새로운 형태의 '혁명 재판소'를 설립한다는 법령이 포고되었다. '노동자·농민 정부의 권위'에 반대하여 봉기를 계획하는 자들, 이에 적극적으로 반항하거나 따르지 않는 자들, 정부의 권위에 반항하거나 따르지 않도록 다른 사람을 부추기는 자들, 사보타주 또는 물자 은닉의 죄를 범한 관리들을 심판하기 위해서였다. 혁명 재판소에는 '사건의 상황과 혁명가적 양심이 명하는 바'에 따라 형벌을 내릴 수 있는 권한이 부여되었다.[73] 이 법령은 레닌의 국가에서 사실상 법치의 종식을 초래했다. 이 법치란 것도 그나마 몇 주 지속된 데 불과하지만 말이다. 이제 레닌의 국가는 체카 체제와 맞물려 돌아갔다. 차르 체제에서 오흐라나는 마음대로 체포를 할 수 있는 권한은 있었지만, 다른 국가의 경찰 조직처럼 공판을 위해 피고를 법정에 넘겨야 했다. 모든 형벌은 통상적인 사법 기관이 부과했다. 하지만 레닌 체제에서는 체카가 비밀리에 소집된 특별 법정을 관리하고 판결을 내렸다. 따라서 일단 누군가 체카의 수중에 떨어지게 되면, 그가 유일하게 의지할 만한 것은 '혁명가적 양심이 명하는 바' 밖에 없었다. 체카가 사람들을 체포하고 심리하고 선고하며 처벌까지 했기 때문에 희생자들의 숫자에 대해 신뢰할 만한 기록은 있을 수 없었다. 체카는 조직된 지 몇 주 만에 강제노동수용소를 운영했다. 이런 수용소는 인민 위원회 법령에서 비롯되었다. 이 법령은 '부르주아 남녀'를 그러모아 페트로그라드의 방어 진지를 파라고 지시했다.[74] 수용소는 이들을 수용하고 감시하기 위해 만들었던 것이다. 체카가 강제 노동 프로그램의 통제권을 받자 죄수 수용소는 한없이 늘어나기 시작했다. 도시의 외곽뿐만 아니라 지방의 깊은 오지에까지 퍼져나갔다. 이 모든 것은 나중에 거대한 '수용소 군도'로 발전할 핵이 되었다. 1917년 말 레닌이 권력의 자리에 오른 지 겨우 9~10주가 지났을 때, 이미 체카는 '국가 안의 또 다른 국가'가 되었다고 말하는 게 옳을 것이다. 체카의 활동을 살펴보면 정말로 그것은 국가였다고 볼 수밖에 없다.

체카의 탄생과 발전이 레닌의 의지와는 상반된 것이었다는 생각은 쉽게 물리칠 수 있다. 우리가 가지고 있는 모든 증거가 그런 생각과는 완전히 다른 방향을 지시하고 있기 때문이다.[75] 모든 핵심적인 법령을 작성한 사람이 레닌이었다. 제르진스키는 언제나 레닌의 하수인이었을 뿐이다. 개인적으로 체카에 테러의 정신을 불어넣은 것도, 1918년 1월부터 많은 인민 위원을 포함하여 다른 볼셰비키들의 의혹과 인간적인 감정을 무시하라고 체카를 독려한 것도 레닌이었다. 안보상의 이유로 정부를 페트로그라드에서 모스크바로 옮기고 크렘린 내에 인민 위원회를 두었을 때, 레닌은 제르진스키에게 인민 위원회와는 별도로 체카 본부를 구성하라고 권했다. 이에 체카는 루뱐카 광장(Lubyanka Square)의 큰 보험 회사 건물을 접수하고, 그 안에 정치범을 가두어둘 '내부 감옥'을 마련했다. 이 순간부터 체카는 레닌 직속의 독립적인 국가 기관이 되었다. 체카의 관료들은 레닌의 명령에 일말의 의혹도 품지 않았다. 1918년 1월 내전이 시작되기 3개월 전에도 레닌은 "나태한 자들 10명 가운데 1명은 그 자리에서 사살해야 한다"고 주장했다. 레닌은 한 주 뒤 공개적으로 체카를 다그치기 시작했다. "투기꾼들에게 테러를 가하지 않는 한, 즉 그들을 그 자리에서 사살하지 않는 한, 우리는 아무것도 이룰 수 없다." 그는 몇 주 뒤 "뇌물 수수자, 사기꾼 등을 체포하여 사살하라"고 요구했으며, 어떤 식으로든 법령을 어기는 경우는 '가혹한 처벌'이 따라야 한다고 말했다.[76] 2월 22일 레닌은 지방 소비에트에 '적, 투기꾼 등'에 해당하는 모든 사람을 '색출해 총살하라'고 지시하는 체카의 포고를 승인했고, 이에 덧붙여 개인적인 지침들을 하달했다.[77] 그리하여 1918년 8월에 이르러 그는 니즈니 노브고로드(Nizhni-Novgorod)의 소비에트에 전신으로 이렇게 알렸다. "여러분은 전력을 다하여 절대 권력자들의 트로이카를 갖추어야 합니다. …… 즉시 집단 테러, 총살, 유배라는 세 가지 무기로 병사들을 유혹하는 수백 명의 매춘부, 전직 관리 등을 처벌해야 합니다. 한시도 지체해서는 안 됩니다."[78] 레닌의 언행은 다른 이들에게도 영향을 주었다. 다음달 군 기관지는 이렇게 선언했다. "일말의 자비도 동정도 없이 우리는 수백 명의 적을 죽일 것이다. 아니 수천 명을 죽일 것이다. 그들이 흘러넘치는 피 속에서 익사하게 하자. …… 부르주아의 피바다로 만들자."[79] 선동은 효과가 있었다. 공식적인 집계에 따르면 1918년 상반기 6개월간 체카는 단 22명의 죄수를 처형했다. 그러나 그해 하반기에는 6,000명을 처형했고, 1919년 한 해 동안 10,000명가량 처형했다. 최초로 러시아 혁명에 대해 쓴 역사가이자 혁명의 목격자이기도 한 체임벌린(W. H. Chamberlain)은 1920년 말까지 체카가 5만 명의 사형을 집행했으리라 추정했다.[80]

하지만 무엇보다 우려할 만하며 역사적 관점에서도 중요한 레닌식 공포정치의 득성은 희생자들의 수가 아니라 희생자들을 선별하는 원칙이다.

권력을 잡은 뒤 수개월 내에 레닌은 개인적 죄의 개념을 포기했다. 이와 함께 개인의 책임을 기반으로 하는 유대-기독교적 윤리 전체가 무너졌다. 그는 어떤 사람이 무엇을 했는가에 관해서는 더 이상 관심을 두지 않았다. 그 사람이 그 일을 왜 했는가는 말할 것도 없었다. 그는 우선 억압적인 기구를 부추기고 그 다음에는 직접 명령을 내려 사람들을 잡아들인 뒤 처형시켰다. 그런데 이런 행위는 실재든 허구든 어떤 범죄에 근거한 것이 아니라 일반 개념, 소문, 전언에 근거한 것이었다. 우선 처벌해야 할 대상들이 정해졌다. '매춘부' '직무 태만자' '앞잡이' '투기꾼' '축재자' 그리고 애매하게 범죄자로 여겨질 수 있는 모든 사람이 그 대상이었다. 이에 뒤이어 신속하게 전체 직업군이 정해졌다. 분수령은 1918년 1월에 발표된 레닌의 포고령이었다. 여기서 레닌은 여러 국가 기관에 "러시아 땅에서 모든 해충을 없애버리라고" 요구했다. 이것은 법령이 아니라 대량 학살의 권유였다. 오랜 세월이 지난 뒤 알렉산드르 솔제니친(Alexander Solzhenitsyn)은 '해충'으로 분류되어 당연히 처벌받아야 했던 몇 가지 직업군을 열거했다. 여기에는 "전 지방의회(Zemstvo) 의원, 쿠퍼운동(Cooper movement) 참여자, 주택 소유자, 고등학교 교사, 교구의 심의회 의원이나 성가대원, 성직자, 수도사와 수녀, 톨스토이적 평화주의자, 노동조합 간부" 등이 포함되었다. 이들 모두는 곧 '과거의 사람들'로 분류되었다.[81] 체카의 전문적인 살인자들은 전 계급으로 확대된 처벌 법령과 개인이 아닌 집단을 죽인다는 개념을 열렬히 환영했다. 체카에서 제르진스키 다음으로 중요한 인물은 잔인한 라트비아인 라치스였다. 그는 레닌의 테러에 관해 거의 완벽한 정의를 내렸다.

비상 위원회는 조사위원회도 재판소도 아니다. 그것은 내전 시 후방에서 활약하는 투쟁 기관이다. 비상 위원회는 적을 판단하지 않는다. 오로지 적을 쓰러뜨릴 뿐이다. …… 우리는 개인을 상대로 전쟁을 하는 것이 아니다. 우리는 부르주아지를 계급으로서 근절하고 있는 것이다. 우리는 용의자가 소비에트 권력에 반하는 언행을 했다는 사실을 입증하기 위해 증거나 목격자를 찾으려 하지 않는다. 우리가 묻는 첫 번째 질문은 "그가 어느 계급에 속하는가? 어디 출신이며 어떻게 양육되었고, 어떤 교육을 받았으며, 직업은 무엇인가?" 하는 것이다. 이런 질문들이 피고의 운명을 결정한다. 이것이 적색 테러의 본질이다.[82]

일단 레닌이 개인적 죄의 개념을 폐기하고, 단순히 직업이나 출신에 따라 전체 계급을 '말살' (레닌이 즐겨 사용했던 단어다)하기 시작하자, 이 끔찍한 원칙이 적용될 수 있는 한계는 완전히 사라졌다. 그렇다면 단순히 피부색이나 인종적 기원, 민족적 혈통 때문에 특정 부류에 속하는 사람들 전체가 '적'으로 분류되어 투옥되거나 학살당하는 일이 벌어지지 말란 법이 어디 있는가? 본질적으로 한 계급을 말살하려는 계급투쟁과 한 인종을 말살하려는 인종투쟁 사이에는 도덕적 차이가 없다. 따라서 현대의 집단 학살이라는 말살 정책은 이때 태어난 것이다.

체카가 조직을 확고히 다지고 있을 때 레닌은 공화국의 민주적 유산을 청산하기 위해 앞으로 나섰다. 제헌 의회는 1917년 11월 12일 선출되었다. 레닌은 12월 1일 제헌 의회에 관한 자신의 견해를 명백히 밝혔다. "우리는 원래 의도했던 대로 제헌 의회를 소집하라는 요구를 받고 있다. 하지만 천만의 말씀이다! 의회는 인민의 의도에 반하는 것이다. 우리는 의회가 더 이상 인민의 의지에 반하는 일을 못하게끔 하기 위해 일어선 것이다."[83] 레닌은 12월 13일자 「프라우다」 지에 익명으로 '제헌 의회에 관한 테제'를 발표했는데, 여기에서 그는 의회가 "부르주아 공화국에서는 …… 민주적 원리를 실현하는 최상의 형태" 이지만, 소비에트에서는 "민주적 원리의 한 형태" 일 뿐이라고 설명했다. 따라서 "부르주아 민주주의 틀 안에서 …… 형식적이고 법률적인 관점에서 …… 제헌 의회를 보려는 생각" 은 프롤레타리아 계급에 대한 반역이었다. "소비에트 권력을 무조건 받아들인다고 선언" 하지 않으면, 제헌 의회는 "혁명적 수단에 의해 해산될 위기" 에 처했다.[84] 레닌의 테제는 하나의 주장이라기보다는 비정한 선언이었다. 레닌 체제는 의회가 가하는 어떤 형태의 민주적 통제도 받아들이지 않을 것이라고 선언했던 것이다. 나흘 뒤 그는 자신의 얘기를 똑똑히 알아들을 수 있도록 '반혁명 음모 조직 결성' 이라는 죄목으로 사회혁명당의 우파 지도자 아브크센체프(N. D. Avksientiev)와 그의 주요 지지 세력을 체포했다.[85]

1918년 1월 5일 제헌 의회가 개회되었다. 그때는 비록 소규모에 불과했지만(체카는 그때까지 120명의 상근 정보원밖에 없었다), 레닌이 이미 탄압 체제의 필수적인 요소를 갖추어 놓은 상태였다. 따라서 마땅히 멸시하는 태도로 의회를 대할 수 있었다. 레닌이 모습을 드러내지는 않았지만, 레닌이 쓴 시나리오는 마지막 줄까지 완성되어 있었다.

건물은 레닌이 거느린 무장 집단 중에서도 가장 과격한 발틱 함대(Baltic Fleet)의 해병들이 '보호' 하고 있었다. 의원들이 의회에 모이기 전날, 「이즈베스티야」는 "러시아 공화국의 모든 권력은 소비에트와 그의 기관에 속한다" 고 선언했다. 이어 "만약 그들이 이런저런 국가 권력 기능을 찬탈" 하려는 경우 반혁명 세력으로 간주될 것이고, "군대를 포함하여 소비에트 권력이 사용할 수 있는 모든 수단을 통해 분쇄될" 것이라고 경고했다.[86] 의원들이 모이자, 레닌의 심복 스베르들로프(Yakov M. Sverdlov)가 러시아의 전통에 따라 개회를 선언하려는 최고령 의원을 연단에서 밀어낸 뒤 대신

회의를 진행했다. 오랜 논쟁 끝에 자정이 지나서야 투표가 이뤄졌다. 결과는 237 대 138로 볼셰비키와 그 협력 세력이 패배하고 말았다. 볼셰비키는 곧바로 퇴장했다. 1시간 뒤 그들의 협력 세력인 사회혁명당 좌파도 그 뒤를 따랐다. 1월 6일 새벽 5시 레닌에게서 직접 내려온 지령에 따라 보호를 책임지고 있던 발틱 함대 대장이 "경비대가 피곤하기 때문에" 회의를 중단시켜야 한다고 말했다. 12시간 동안 휴회가 결정되었지만, 의회는 그 후 두 번 다시 열리지 않았다. 그날 늦게 레닌의 연설이 있은 뒤 중앙 집행 위원회가 공식적으로 제헌 의회의 해산을 결정했기 때문이다. 이에 따라 문 앞에 배치된 경비대가 의원들에게 집으로 돌아가라고 일렀다. 의회를 지지하는 평화 시위는 무력으로 해산되었고, 그 와중에 시민 몇 명이 피살되었다.[87] 레닌은 이렇게 야만적인 방법으로 간단히 러시아 의회 민주주의를 파괴했던 것이다. 사흘 뒤 같은 건물에서 소집된 소비에트는 스베르들로프를 의장으로 세우고 레닌 체제의 결정을 조건 없이 승인했다.

1918년 1월 말 권력을 잡은 지 12주가량이 지났을 때 레닌은 독재 체제를 이미 굳건히 확립한 상태였다. 따라서 외부적 개입이 없는 한 그의 권력이 무너진다는 것은 상상하기 힘든 일이었다. 물론 그때까지 독일인들은 어려움 없이 그를 쓰러뜨릴 만한 위치에 있었다. 독일군은 모든 전선에서 신속하게 전진했고 저항에 부딪히는 일은 거의 없었다. 레닌은 3월 3일 독일이 강요한 평화 조약에 서명했다. 트로츠키는 당시 독일 노동자들의 혁명이 일어나기 전까지 "전쟁도 강화도 하지 않는다"는 노선을 지지하고 있었지만, 레닌은 트로츠키와 다른 동지들의 반대를 물리쳤다. 그 뒤 남은 전쟁 기간에 독일인들은 레닌 정권이 잘 유지되는지 관심을 갖고 지켜보았다. 독일 외무장관 파울 폰 힌체(Paul von Hintze) 제독은 1918년 7월 이렇게 말했나. "볼셰비키는 러시아를 혼란에 빠뜨리는 최상의 무기다. 이로써 독일은 구 러시아 제국으로부터 원하는 만큼 영토를 빼앗고, 나머지 땅은 경제적 통제를 통해 지배해 나갈 수 있을 것이다."[88]

같은 이유로 연합국은 레닌을 쫓아내고 러시아를 다시 전쟁에 끌어들이기를 원했다. 레닌 쪽에서 보면 독일과 평화 협정을 맺은 것은 확실히 옳은 선택이었다. 독일의 위협은 가까이 당면해 있었지만, 연합국은 멀리 있었고 또 서로 다른 목적으로 분열되어 있었다.

1917년 12월 14일 영국 전시 내각은 반(反)볼셰비키파에 자금을 지원하기로 결정했다. "남동 러시아에서 동맹국에 저항하는 세력을 지속시키기 위해서"였다. 12월 26일 이를 위해 영국과 프랑스는 러시아의 세력권을 나누었다. 프랑스는 남쪽을 맡았고, 영국은 북쪽을 맡았다.[89] 1918년 3월 최초의 영국군이 아르항겔스크(Archangel)와 무르만스크(Murmansk)로 들어갔다. 우선은 거기 있는 영국의 전쟁 물자를 보호하기 위해서였다. 독일과의 휴전 뒤에도 연합국은 계속 러시아에 개입했다. 레닌이 독일과 단독 강화 조약을 맺은 상태였기 때문이다. 윈스턴 처칠은 한때 파리의 10인 위원회를 설득하여 볼셰비키 정권에 공식적으로 전쟁을 선포하기를 바라기도 했다.[90] 1918년 말 러시아 영토에는 영국, 프랑스, 미국, 일본, 이탈리아, 그리스, 세르비아와 체코의 파견군으로 이루어진 18만 명의 연합군이 있었다. 이외에도 연합국의 자금과 무기, 기술 고문으로 유지되는 30만 명의 다양한 반볼셰비키 러시아 군대가 있었다. 따라서 이런 질문이 가능할 것이다. 러시아에서 레닌에 대한 대중적인 지지가 빈약하고 거의 존재하지 않았다면, 어떻게 그의 체제가 살아남을 수 있었던 것일까?

간단히 말하자면, 1919년 늦여름부터 초가을까지 볼셰비키 정권은 거의 사멸할 뻔했다. 볼셰비키 정권의 존속을 보장할 만한 것은 아무것도 없었다. 하지만 각기 다른 요인이 레닌에게 유리하게 작용했다. 우선 처칠을 세외한 연합국의 모든 정치인이 이 새로운 전체주의적 독재 체제가 확립되었을 때 일어날 수 있는 엄청난 의미를 간과했다. 지구상에서 가장 큰 영토를 지닌 국가의 심장부에 이런 독재 정권이 이식되었을 때 장기적으로 어떤 영향을 낳을지 조금도 깨닫지 못했던 것이다. 그것을 깨달았던 유일한 사람은 윈스턴 처칠이었다. 뛰어난 역사적 안목으로 처칠은 어떤 숙명적인 전환점에 다가와 있다는 사실을 깨달았다. 그는 1918년 7월 16일 재판이나 아무런 사법 절차 없이 러시아의 황실 가족 전체가 몰살당한 사건, 그리고 같은 해 8월 31일 뻔뻔하고 부끄러움을 모르는 레닌이 부하들을 시켜 영국 대사관으로 난입해 해군 무관 크롬비(Crombie) 대령을 살해한 사건을 보고 진실을 통감했다. 처칠에게는 새로운 형태의 야만주의가 일어난 것처럼 보였다. 이 야만주의는 그때까지 문명국가가 지키고 있던 법률, 관습, 외교 또는 명예 규범에는 전혀 신경쓰지 않는 것 같았다. 처칠은 내각에서 "정의를 집행해야 할 대상"으로 레닌과 트로츠키를 잡아 교수형에 처해야 한다고 말했다. "아무리 시간이 걸리더라도 그들을 처벌하는 것이 영국의 중요한 정책 목표라는 것을 그들에게 보여주어야 합니다."[91] 처칠은 1918년 11월 26일 던디(Dundee)에서 유권자들에게 볼셰비키가 러시아를 "동물적 야만주의 형태"로 전락시켰을 뿐만 아니라 "중국식 처형 방식과 장갑차에 의한 …… 대량 학살과 살육으로" 정권을 유지하고 있다고 말했다. "볼셰비키가 도시의 폐허와 희생자들의 시체 속에서 마치 잔인한 한 떼의 개코원숭이처럼 날뛰고 다니는 동안, 문명은 거대한 땅에서 완전히 소멸해 가고 있습니다." 1919년 4월 11일에는 "역사상의 모든 전제 체제 가운데 볼셰비키 체제가 가장 극악하고 파괴적이며 타락했다"라고 언급했다. 레닌의 극악무도한 행위는 "독일 황제의 소행과 비교해도 훨씬 가증스럽고 규모가 크고 빈번히 저질러졌다." 동료와 나누는 사적인 대화에서도 레닌에 대한 처칠의 비난은 격앙되곤 했다. 로이드 조지에게는 이렇게 말했다. "볼셰비키 정권을 승인하느니 차라리 남색을 합법화하는 게 나을 것입니다." 피셔(Herbert A. L. Fisher)에게는 "모든 훈족 ─ 세계의 호랑이 ─ 을 정복한 뒤 개코원숭이에게 져서 항복하지는 않을 겁니다"라고 말했다. 일단 그 토대가 공고히 다져진다면, 볼셰비키 정권은 차르 시대의 러시아보다 훨씬 심한 팽창주의 국가가 될 것이 분명했다. 처칠은 육군 사령관 윌슨에게 볼셰비키의 러시아가 '대단히 군국주의적인 국가' 가 될 것이라고 경고했다.[92] 처칠은 가능할 때 이 새로운 형태의 위협을 쳐부수는 것이 평화적이고 민주적인 열강들의 주요한 정책 목표가 되어야 한다는 주장을 한시도 굽히지 않았다.

그러나 처칠조차 그 수단에 대해서는 혼란을 느꼈다. 동료가 언론을 통해, 처칠이 세계에서 볼셰비키주의를 몰아내기 위해 기본적인 몇 가지 계획을 하고 있다고 알리자 그는 화를 냈다. 1919년 2월 21일 그는 로이드 조지에게 "나에게는 러시아에 대한 정책이 없습니다. 러시아에 대한 정책을 어떻게 전개해야 할지 모르겠습니다. 알맞은 정책을 찾아보려고 파리에 갔던 겁니다! 러시아에 대해 어떤 정책을 펴야 하는지 알지 못해 참으로 유감입니다"라고 편지를 썼다. 처칠은 레닌을 타도하는 것이 서구가 맡아서 할 일이 아니라는 것을 인정했다. "러시아는 러시아의 노력으로 구해야 합니다."[93] 저마다 정도의 차이는 있었지만 다른 서방 세계의 지도자들은 대체로 이 문제에 대해 미온적이었다. 1919년 2월 14일 결국 윌슨은 철군에 찬성한다고 말했다. "영국군은 러시아에 아무런 도움도 되지 못하고 있습니다. 그들은 누구를 위해, 아니면 무엇을 위해 싸우는지도 모릅니다."

프랑스는 새로운 동맹국인 폴란드를 대국으로 만드는 데 더 관심이 있었다. 로이드 조지는 국내 여론의 반응에 주의를 기울이고 있었다. "볼셰비키주의를 전파하는 방법은 바로 그것을 억압하는 것이다. 우리나라 병사를 보내 볼셰비키들을 쏴 죽인다면, 이곳에서 볼셰비키주의가 창궐할 것이다." 이것이 당시 프랑스의 여론이었다. 노동부 장관 데이비드 셰클턴(David Shackleton)은 1919년 6월 영국의 개입이 산업 불안의 주된 원인이라고 내각에 경고했다. 육군은 "근위 여단 내에서 혁명에 관한 이야기"가 들리는 것에 주의를 촉구했다. 아르항겔스크(Archangel)를 책임지고 있던 아이언사이드(William E. Ironside) 장군은 영국군 내에서 항명 사태가 "매우 집요하고 지칠 줄 모르고" 일어난다는 소식을 본국에 전했다.[94]

만약 로이드 조지가 레닌주의를 궁극적인 악으로 여겼다면, 아무것도 문제될 게 없었다. 하지만 그는 그렇게 생각하지 않았다. 레닌주의는 민족자결주의를 승인하고 있었다. 볼셰비키는 주변에 있는 모든 소국을 예전 러시아 제국의 구속에서 풀어 주려 했고, 이를 실행에 옮기고 있었다. 핀란드, 발트 해의 국가들, 폴란드, 우크라이나 공화국, 크림 공화국이나 그루지야 공화국 등이 그런 국가들이었다. 프랑스에서는 포슈 총사령관이 이 새로운 민주주의 공화국들을 일종의 완충지대로 만들어 문명화된 유럽으로부터 볼셰비키주의를 차단하자는 견해를 제시했다. 처칠과 달리 대부분의 서방 지도자들은 볼셰비키가 국제적으로 볼 때 허약한 러시아를 안정시키기 위해 비팽창주의 노선을 고수할 것이라 여겼다. 그들에게 차르 시대의 제국주의, 예전의 무시무시한 '곰' 이미지, '러시아의 증기 롤러' 따위를 대표하는 것은 콜차크(Aleksandr V. Kolchak) 제독이나 데니킨(Anton I. Denikin) 장군 같은 반볼셰비키 군대 지휘관들이었다. 이런 견해에 전혀 근거가 없었던 것은 아니다. 콜차크는 레닌을 타도한 뒤 핀란드와 발트 해 국가들의 독립을 보장해 달라는 연합국 측의 요구를 고집스럽게 거부했다. 그는 심지어 러시아 내에서 민주 선거를 허락할 것이라는 약속조차 하지 않았다. 데니킨은 폴란드에 강한 적개심을 드러냈고, 우크라이나인과 카프카스인, 그리고 다른 소수 민족에게 민족 자결권을 주는 것에 대해 격렬히 반대했다. 데니킨은 차르의 제국을 완전히 원래의 모습 그대로 소생시키기를 바라는 것처럼 보였다. 더욱 나쁜 것은 그가 전통적인 러시아의 포악성 또한 버릴 생각이 없었다는 것이다. 러시아 혁명에 반대했던 백군의 이미지를 무엇보다 크게 손상시킨 것은 데니킨이 볼셰비키주의를 유대주의와 동일시했다는 것과 그의 군대가 유대인에게 잔학 행위를 가했다는 사실이다. 1919년 한 해 동안 10만 명 이상의 유대인들이 남부 러시아에서 죽임을 당했다. 그들 모두를 농민들이 학살했다고 말할 수는 없었다.[95] 처칠도 이 때문에 적잖이 영향을 받았다.

사실상 백군의 지휘관들은 연합국이나 피지배 민족과 손을 잡을 수 없었다. 그래서 1919년 8월 31일 데니킨이 키예프를 점령하고 모스크바로 향하고 있을 때, 연합군은 이미 북쪽으로 철수하고 있었다. 이 때문에 레닌이 이끄는 대군이 남하할 수 있었던 것이다. 다시 1919년 10월 16일 유데니치 (Nikolai N. Yudenich) 장군이 이끄는 군대는 페트로그라드로부터 고작 40킬로미터 떨어져 있었고, 데니킨은 모스크바 서쪽의 툴라 근처에 있었다. 그러나 한 주가 안 되어 데니킨의 코사크 병사들이 도망쳤다. 우크라이나에서는 민족주의자들의 봉기가 일어났으며, 카프카스에는 대대적인 반란이 발생했다. 그 순간부터 백군의 물결은 퇴조하기 시작했고, 그해 말에 싸움은 실질적으로 끝나고 말았다.

레닌이 지녔던 크고도 유일한 자산은 그가 민족주의자들, 특히 농민들에게 아낌없이 써준 약속 어음이었다. 당시에는 아무도 그 약속 어음이 휴지 조각이 되리라는 사실을 몰랐다. 백군의 지도자들은 이러한 레닌의 약속에 도저히 대적할 수 없다는 걸 알았다. 현지의 마지막 영국 지휘관이었던 헨리 롤린슨(Henry C. Rawlinson) 장군은 러시아군의 승리가 볼셰비키 지도자들의 성격과 의지에서 비롯되었다고 생각했다. "그들은 자신들이 무엇을 원하는지 알았고 그것을 위해 열심히 노력했다."[96] 볼셰비키는 단지 간부 수천 명뿐이었지만, 레닌은 그들 마음속을 자신의 권력의지로 채웠고, 투쟁을 위한 명확한 비전을 제시했다. 간부들끼리 서로 죽이는 일도 아직 없었다. 그러나 나중에 그들은 전투에 진 지휘관이나 탈영병, 겁쟁이, 방해자, 문제나 논란을 일으킨 자들을 사정없이 총살했다. 그들은 백군보다 훨씬 더 가혹했다. 말하는 것조차 슬픈 일이지만, 이런 잔인성은 러시아인들 사이에서는 언제나 효과가 있었다. 물론 레닌의 뒤를 따르는 무리는 대부분 대러시아인이었다. 진정으로 비타협적인 세력들, 즉 소수 민족이나 민족 집단들은 모두 백군의 편에 섰다. 하지만 백군은 그들에게 어떤 양보도 해줄 생각이 없었다. 이런 결합은 정말 치명적이다.

그러나 레닌에게도 국외에 은밀한 협력자들이 전혀 없었던 것은 아니다. 1917년 11월 레닌 정권과 독일 군부 사이에 확립된 유대 관계는 이따금 느슨해지기는 했지만 연합군과 독일군의 휴전 뒤에도 여전히 유지되었다. 데니킨이나 다른 백군 지휘관들의 고문이었던 영국 장교들은 볼셰비키에 대한 독일 군부의 지원 사실을 자주 언급하곤 했다.[97] 독일은 의용단 장교나 군수 물자의 형태로 러시아에 지원을 해주었고, 적당한 시기에 새로운 병기 공장을 지을 수 있도록 산업 기술을 제공했다. 베르사유조약 때문에 군수 산업을 완전히 포기해야 했던 독일인들에게는 기술 지원 방식이 무척 중요했다. 은밀히 볼셰비키에게 병기 제작 기술을 지도해주고 러시아에서 새로운 무기를 개발하면서, 독일은 그들의 기술 수준을 유지할 수 있었다. 때가 되면 그들은 이런 기술을 고국에서 다시 공공연하게 활용할 수 있을 것이다. 그리하여 기묘하고 비밀스런 동맹이 형성되었다. 이 동맹 관계는 1922년의 라팔로 회의(Rapallo Conference, 독소우호조약)에서, 그리고 더 충격적인 1939년 8월의 사건(독소불가침조약)에서 보듯 때때로 표면으로 드러났지만, 대부분 조심스럽게 감추어졌다. 장군, 무기 전문가, 그리고 나중에 비밀경찰에 이르기까지 이들의 실무적인 협력 관계는 이런저런 형태로 1941년 6월 22일까지 지속되었다. 독일이 소비에트의 공산주의자들에게 성능 좋은 탱크 제작법을 가르쳐주었고, 이 무기로 소련이 1943~45년에 독일을 압도했다는 것은 역사의 아이러니다. 더 큰 아이러니는 이것이 계급의 적수 간에 맺어진 결합이었다는 것이다. 프로이센의 장군들과 볼셰비키만큼 동떨어진 존재가 또 어디 있겠는가? 마지막 위기 때와 전쟁의 여파가 미치고 있는 동안 이 두 집단은 자신을 추방자로 생각했으며, 확실히 그렇게 보이기도 했다. 따라서 그들의 타협에는 깡패 집단의 연대 의식 같은 것이 있었다. 이런 종류의 비속한 결합은 다음 20년간 유럽에 여러 차례 등장하게 될 테지만, 여기서 처음 그 모습을 드러냈다.

레닌이 지불을 거절한 최초의 약속 어음은 민족 집단들에 내줬던 어음이었다. 거절 방법은 레닌의 머릿속에서 나왔다. 하지만 그것을 실천한 사람은 원래 신학생이었던 요시프 주가슈빌리(Josef Djugashvili), 즉 스탈린이다. 레닌은 스탈린을 민족 문제 인민 위원회의 위원으로 임명했다. 레닌은 자신의 정치 목적에 맞는 특별한 의미의 단어나 표현을 찾는 데 있어 사악하면서도 천재적인 재능을 발휘했다. 우울한 일이지만, 20세기에 사람들은 다양한 형태로 표현되는 이런 재능과 친숙해지게 될 것이다. 레닌에게 그가 조종할 수 없는 의회는 '부르주아 민주주의'인 반면, 그가 조종할 수 있는 소비에트는 '프롤레타리아 민주주의'였다. 이와 마찬가지로 민족자결주의 또한 계급적 색깔을 띠었다. 핀란드, 발트 해 국가들, 폴란드는 러

▶ 이오시프 스탈린(1879~1953)
당시 러시아의 식민지였던 그루지야 공화국의 고리 시에서 가난한 신기료장수의 아들로 태어났다.
티플리스 신학교에 진학했으며, 재학 중 비밀리에 국제공산주의의 최고 이론가인 카를 마르크스의
저서와 다른 금서들을 읽다가 1899년 신학교에서 퇴학당했다. 레닌과 스탈린(왼쪽).

시아에서 떨어져 나갔다. 따라서 이런 나라들은 '부르주아 공화국' 으로
명명되었다. 이것은 일종의 유예였다. 가까운 미래에 소비에트 권력이 더
강대해지면 이런 나라들은 '프롤레타리아 공화국' 으로 바뀌어 소비에트
연방으로 편입될 수 있을 것이다. 우크라이나 같은 경우는 체제의 존속에
꼭 필요한 곡물을 공급하고 있었기 때문에 '부르주아적 민족자결주의' 의
선택권이 허락되지 않았다. 그리고 1921~22년 끔찍한 싸움 끝에 우크라
이나는 '프롤레타리아적 민족자결주의' 를 받아들일 수밖에 없었다. 말하
자면 소비에트 연방의 회원국이 된 것이다.[98]

스탈린은 볼셰비키의 군사력으로 카프카스와 러시아령 아시아에서도
같은 수법을 써먹었다. 민족자결주의가 고개를 들면 '부르주아' 라는 낙인
을 찍고 탄압을 가했다. 스탈린의 말에 따르면, 그런 분리 운동은 "민족의
상으로 변장을 하고 노동 대중의 권력에 대항하려는" 시도에 불과했다. 민
족 자결권은 "부르주아가 아닌 노동 대중" 의 권리였고, 오로지 "사회주

전제주의 유토피아

151

를 위한 투쟁"의 수단으로만 이용되어야 했다.[99] 민족 자결권은 프롤레타리아적이어야 했다. 소비에트 혹은 다른 진정한 프롤레타리아 기구가 조직되기 전까지 프롤레타리아적 민족자결주의는 실현될 수가 없었다. 그러한 일이 있고 나서야 각 민족 집단은 자신의 '권리'를 행사할 수 있을 것이다. 하지만 스탈린은 민족 문제 인민 위원회를 도구 삼아, 민족적 소속감보다는 당에 대한 충성심이 강한 관리들을 민족 문제에 끌어들이는 시스템을 만들어냈다. 그의 부관이었던 페스트코프스키(Stanislav Pestkovsky)는 이런 방법을 "러시아화라는 오랜 전통을 지키는" 것으로 묘사했다.[100] 데니킨이 패배한 후 새롭게 민족 위원회가 조직되었지만, 단순히 민족 문제 인민 위원회의 대변 기구에 지나지 않았다. 민족 위원회는 지역 소비에트와 대표 단체가 '단결할 권리'를 위해 '분리할 권리'를 포기하도록 이끄는 데 크게 기여했다. 이것은 레닌의 책략이 성공을 거둔 일례라고 할 수 있다.[101] 결정적인 해가 되었던 1920년 말까지 밖으로 빠져나가지 못했던 모든 민족은 소비에트 국가 안에 완전히 갇히고 말았다. 우크라이나인들도 적군(赤軍)이 마침내 우크라이나에서 지배력을 확립하자 대세를 따랐다. 열쇠는 레닌의 '자발적인 연방'이라는 개념이었다. 이에 따르면, 당 지부는 모스크바 당 본부에서 온 지령에 따라 '결의'를 보여주어야 했다. 당내의 '민주적 중앙 집권주의' 덕분에 레닌은 차르 제국을 다시 건립할 수 있었고, 스탈린은 이 제국을 더욱 확대시킬 수 있었다. 선전을 위한 외적 구조로 이른바 '소비에트 사회주의 공화국 연방'이라는 이름을 붙였지만, 러시아 제국의 가면에 지나지 않았다. 소련의 헌법 제정을 위해 1923년 1월 23일 열린 전 연방 소비에트 대회에서 25명으로 이루어진 위원회가 조직되었다. 위원회 위원으로는 트랜스코카시아(Transcaucasia) 지역과 백러시아 공화국(벨로루시)에서 각 3명, 우크라이나 공화국에서 5명, 다른 자치 공화국에서 5명이 임명되었다. 하지만 이들은 모두 상부의 엄격한 지령에 따르는 당 간부였기에, 헌법은 실제로 모스크바의 최고위 인사, 스탈린이 초안을 마련하였다. 피상적인 용어로 쓰인 연방 헌법은 고도로 중앙 집권화된 독재 체제에 외적인 법적 형태를 부여해주었다. 그러나 헌법과 상관없이 모든 실제 권력은 소수 지배 집단의 손아귀에 있었다.[102]

순종적 침묵이냐 감옥이냐

레닌이 이런 독재 체제를 태동시킨 과정은 더욱 상세히 기술할 가치가 있다. 본질적으로 이것이 그 뒤 60년 동안 이어지는 수많은 다른 독재 체제의 음울한 모델이 되었기 때문이다. 레닌의 목적은 네 가지였다. 첫째, 당 밖의 모든 반대 세력을 물리치는 것이다. 둘째, 정부를 포함한 모든 권력을 당의 수중에 두는 것이다. 셋째, 당내의 모든 반대 세력을 무찌르는 것이다. 넷째, 당의 모든 권력을 자신과 협력자들에게 집중시키는 것이다. 헌법을 만들고 소련을 탄생시키는 동안, 이 네 가지 목적은 동시에 추구되었다. 물론 어떤 목적은 다른 것보다 신속히 성취되었지만 말이다.

체카가 조직되자 모든 당 밖의 반대 세력을 제거하는 것은 아무런 문제도 되지 않았다. 레닌의 지시에 따라 스탈린이 기초한 1918년의 헌법은 '프롤레타리아 독재'를 구현하고 있었다. 레닌은 한때 이런 프롤레타리아 독재를 "특수한 종류의 곤봉 이외에 아무것도 아니다"라고 냉혹하게 표현했다.[103] 여기에는 아무런 보호 수단도 없었다. 누구에게도 국가에 반하는 권한이 주어지지 않았다. 국가의 권력은 제한이 없었고 분할할 수도 없는 절대 권력이었다. 입법과 행정 기능이 분리되지 않았고, 독립된 사법부도 없었다. 레닌은 개인과 국가의 대립을 계급 사회에서 교묘하게 꾸며낸 말이라며 비웃었다. 계급이 없는 사회에서는 개인이 곧 국가였다. 따라서 개인이 국가의 적이 아니라면 어떻게 이 둘이 충돌할 수 있겠는가? 그리하여 권리의 평등, '1인 1표'라는 개념도 존재하지 않았다. 실제로 전 러시아 소비에트 대회의 투표 방식은 근본적으로 불평등했다. 도시의 소비에트에서는 25,000명의 유권자당 한 명의 대의원을 선출하지만, 볼셰비키 세력이 상대적으로 약한 지방 소비에트에서는 주민 125,000명당 한 명의 대의원을 선출했다. 게다가 수많은 개인과 더불어 특정한 범주의 사람들이 투표권(그리고 다른 모든 시민적 '특권') 자체를 박탈당했다. 헌법은 '일반 원칙'에 다음과 같이 가차없는 규정을 포함하고 있었다. "노동자 계급의 일반적인 이익에 따라, 국가는 개인 또는 개별적인 집단으로부터 그들이 사회주의 혁명에 반하여 사용할 수 있는 모든 종류의 특권을 박탈한다."[104]

볼셰비키는 1918년 초부터 줄곧 모든 '대의' 기관을 통제해 왔다. 하지만 내전 동안 수천 명이 총살당했음에도 불구하고 반대파 정치인들이 한동안 남아 있었다. 버트런드 러셀의 말에 따르면, 1920년 5월 모스크바를 방문한 영국 노동당 위원단은 "자유롭게 야당 정치인들을 만나볼 수 있게" 허용되었다.[105] 그로부터 6개월 뒤에 열린 전 러시아 소비에트 대회는 멘셰비키와 사회혁명당을 용인한 마지막 대회가 되었다. 물론 이들은 오래전부터 모든 투표권을 상실한 상태였다. 마르토프(L. Martov)는 그때까지 멘셰비키에 남아 있던 마지막 유력 인물이었지만 곧 러시아를 떠났다. 그는 독립적인 독일 사회주의자들의 할레대회(Halle congress)에서 볼셰비키를 비난하기도 했다.

당 외부에서 비롯된 레닌 체제에 대한 실질적인 마지막 도전은 1921년 2월 28일에 일어난 크론슈타트(Kronstadt)의 반란이었다. 이 반란은 전함 페트로파블로프스크(Petropavlovsk)에서 시작되었다. 수병들은 언제나 혁명에 앞장서 왔고 실제로 자유와 평등을 믿었다. 그들은 어리석게도 레닌도 그럴 것이라고 생각했다. 그들이 해군에 남아 있던 소수의 제국 시대 장교들의 충고를 듣고 그대로 따랐더라면, 본토(페트로그라드는 27킬로미터 떨어져 있었다)로 가는 교두보를 확보하고 반란을 수도에까지 퍼뜨려 무력으로 요구를 관철할 수 있었을 것이다. 그렇다면 레닌의 체제도 종말을 맞았을 것이다. 수병들의 불만이 시사하고 있듯이 1921년 초까지 볼셰비키는 보편적인 지지를 얻지 못했기 때문이다. 사실 수병들은 체제를 전면적으로 고발했다. 소비에트 선거 방법을 '대중 집회'의 거수 방식 대신 비밀 투표로 바꾸라고 요구했고, 경쟁 후보들이 자유롭게 선거 운동을 할 수 있기를 원했다. 그들은 기존의 모든 소비에트를 대표성이 없다며 공개적으로 비난했다. '노동자, 농민, 무정부주의자, 사회주의 좌파 세력'을 위한 언론과 출판의 자유, 자유로운 노동조합의 결성, 집회의 자유, 자유로운 농민 조합의 조직을 원했다. 또 '모든 사회주의 정치범'과 '노동자 또는 농민 운동으로 투옥된 모든 사람'을 풀어줄 것, 위원회를 조직해 감옥이나 강제수용소에 있는 사람들의 죄목을 모두 재조사할 것, 육군 · 해군 · 공공 교통수단에 설립된 '정치부'의 폐지, — "어떤 정당도 사상 선전을 위한 특권을 누릴 수 없고 이런 목적으로 국가로부터 자금을 지원받아서도 안 되기" 때문에 — 마지막으로 농민들의 '토지 사용 및 처분권'을 요구했다. 요컨대 그들은 사실상 레닌이 권력을 잡은 뒤 조치한 모든 것에 반대했다. 말하자면 그들은 너무 순진했다. 총구를 들이대지 않는 한, 아니면 정말로 레닌을 쏴 죽이지 않는 한, 자신들의 요구 가운데 단 하나도 받아들여지지 않으리라는 사실을 몰랐던 것이다.

수병들이 반란을 본토까지 퍼뜨리는 데 실패하자 레닌 정권은 조직을 재정비했다. 3월 18일 얼음에 둘러싸인 크론슈타트 요새가 기습을 당했다. 사령관 투하체프스키(Mikhayl N. Tukhachevsky)는 군사 학교의 사관생도들을 작전에 이용했다. 제10차 당대회에서 선발된 200명의 볼셰비키 집단이 젊은 사관생도들에게 총부리를 겨누었고 그들은 선택의 여지가 없었다. 레닌 정권은 외국의 백군이 반란을 조직했으며, 차르 시대의 전 장교들이 반란을 이끌었다고 발표했다. 공판은 열리지 않았지만, 레닌은 13명의 '주모자'를 신중하게 선별해 명단을 발표했다. 여기에는 전직 사제 1명, 전직 장교 2명, 농민 7명이 포함되어 있었다. 반란이 분쇄된 뒤 수백 명, 어쩌면 수천 명이 살해당했다. 물론 그 전모는 앞으로도 밝혀지지 않을 것이다. 거대한 거짓의 피라미드 속에 묻혀 소비에트 역사의 공식 기록에서 사라졌기 때문이다.[106]

일단 반란이 진압되자 레닌은 더 이상 당 외의 어떤 정치 활동도 허용하지 않기로 마음먹었다. 당 바깥에 있는 모든 자들은 "멘셰비키와 사회 혁명당 세력과 마찬가지다. 그들은 최근의 크론슈타트적인 비당원 복장을 하고 있다"라고 말했다. 그는 이렇게 덧붙였다. "우리는 그들을 감옥 안에 온전히 가두어 놓거나 베를린의 마르토프에게 보내 자유 민주주의를 자유롭게 향유할 수 있도록 해주어야 한다."[107] 1921년 5월의 이런 선언 뒤에 체카는 신속히 행동에 들어가 그나마 유지되고 있던 사회혁명당의 활동을 분쇄하기 시작했다. 그해 여름 가시적인 정치적 반대 세력은 레닌의 국가에서 자취를 감추었다. 그는 60년이 지난 뒤에도 여전히 비공산주의자들에게 선택을 강요했다. 순종적 침묵이냐, 감옥이냐, 아니면 추방이냐.

이와 동시에 일련의 과정이 시작되었다. 이 과정을 통해 국가 또는 끊임없이 늘어나는 국가 기관에서 중요한 자리를 차지하려면 당원 자격이 필수적인 것이 되었다. 레닌은 1921년에 이런 글을 썼다. "우리는 통치 정당으로서 소비에트의 권력을 당의 권력으로 채우지 않을 수 없다. 소비에트는 우리가 채우고 앞으로도 그렇게 될 것이다."[108] 카메네프는 이렇게 말했다. "우리는 러시아를 다스린다. 우리가 러시아를 다스릴 수 있는 것은 오로지 공산당을 통해서다." 당원은 국가의 행정 조직망(철도, 식량 공급, 통제권, 군대, 법정 등), 노동조합, 모든 공장과 작업장, 그리고 심지어 공공 목욕탕, 식당, 복지 기관, 학교, 주택 위원회까지 장악하도록 지시받았다. 그들은 모든 영역에서 '조직화된 파벌'을 이루어야 하고 '뜻을 모아 함께 투표해야' 했다.[109] 공산당원의 자격은 이제 출세를 위한 필수 요건이었다. 당원의 수는 1917년 23,600명에서 1921년 초 585,000명이 되었다. 이렇게 당원의 수가 증가하자 1921년부터는 당원을 선별하기 시작했다. 열정과 복종심이 없거나 연줄이 없는 자들을 쫓아내고, 당원증을 귀중한 특권으로 만들려는 체계적인 시도가 이루어졌다.[110] '중앙 심사 위원회'가 10월에 창설되었다.

그리하여 공산주의 독재 국가에서 유일하게 중요한 특징이라고 할 수 있는 현상이 모습을 드러냈다. 바로 도시, 지구, 지역, 그리고 공화국 내에 존재하는 당 기관들이 그에 상응하는 국가 기관들보다 더 큰 권력을 갖는 것이다. 혁명의 전위대는 이제 영속적인 지배를 위한 전위대로 바뀌었고, 레닌이 말한 것처럼 당은 소비에트 사회에서 '주도하고 지휘하는 세력'이 되었다. 당의 통제는 중앙 정부에서, 원칙적으로는 소비에트의 요구에 응해야 하는 인민 위원회에서 가장 뚜렷하게 나타났다. 레닌이 고용한 '전문가' 중 한 명인 리베르만(S. Lieberman)은 1921~22년에 핵심 정부 기구인 인민 위원회와 노동·국방 위원회가 이미 당의 결정에 도장을 찍어 주는 곳으로 전락했다고 증언했다.[111] 당시의 상황을 연구한 리디아 바흐(Lydia

Bach)도 1923년에 인민 위원회가 "독자적인 의지를 포기한 채 오로지 다른 곳의 결정을 기계적으로 기록하고 승인하는 조직이 되었다"라고 썼다.[112]

이처럼 레닌은 기존 지배 계급을 당이라는 새로운 지배 계급으로 대체시켰을 뿐이다. 유고슬라비아의 반체제 공산주의자 밀로반 드질라스(Milovan Djilas)가 1950년대 공개적으로 비난했던 이 '새로운 계급'은 이미 1921~22년부터 존재했던 것이다. 그러나 이제 50만 명을 넘어 결국에는 1,500만 명에 이를 '전위 엘리트'들은 특권은 물론 행정권까지 향유하고 있었지만 실권이 없었다. 실권은 조직의 더 깊은 곳에 뿌리박고 있는 전위대, 즉 비밀 엘리트가 독점했다. 로자 룩셈부르크가 염려했듯이, 레닌 체제의 가장 음울한 특징 중 하나는 차르 체제의 가장 사악한 특징을 의식적으로 재생산했다는 점이다. 차르는 주기적으로 '책임 있는 정부', 즉 인민 위원회 같은 내각 체제를 실험 운영했다. 표트르 1세는 '원로원'을 두었고, 알렉산드르 1세는 1802년 '내각 위원회'를 두었으며, 알렉산드르 2세는 1857년 '내각 협의회'를 만들었다. 이런 조직은 1905년에도 있었다.[113] 그러나 전제주의와 관료주의가 결합하여 이룬 이런 시스템은 제대로 작동하지 않았다. 차르가 내각에 역할을 맡기지 않고 장관들과 사적으로 일을 처리했기 때문이다. 차르의 코에 맴돌던 신수권(神授權)의 향기가 너무 강했던 것처럼, 레닌에게는 결정론적 역사와 프롤레타리아 독재라는 역사의 시녀가 너무 강한 향기를 뿜고 있었다.[114] 요컨대 레닌은 자신의 결정에 대해 어떠한 법률적·민주적 제한도 원하지 않았던 만큼 '책임 있는 정부'도 원하지 않았던 것이다.

이 말은 당내의 모든 적대 세력을 쳐부수겠다는 의미였다. 그것이 레닌의 독재 국가 건설을 위한 세 번째 단계였다. 그는 극소수에게 실제 결정권을 주는 작고 중앙 집권화된 당을 신뢰했다. 사실 레닌은 이 사실을 언제나 명백히 밝혀왔다. 그는 1902년 9월 당 관계자들에게 쓴 편지에서 이 모든 것을 상세히 기술했다.[115] 레닌이 제시한 '민주적 중앙 집권주의'라는 개념은 비록 그의 사후 10년이 지난 1934년까지 공식적으로 규정되지는 않았지만 이미 명확하게 널리 알려져 있었다. "첫째, 상·하의 모든 당 지도 기관에 대해 선거 원칙이 적용되어야 한다. 둘째, 당 기관은 해당하는 당 기구에 정기적으로 보고를 할 책임이 있다. 셋째, 엄격한 당내 규율과 다수파에 대한 소수파의 복종이 지켜져야 한다. 넷째, 상위 기관의 결정은 하위 기관과 모든 당원에게 절대적인 구속력을 갖는다."[116] 주목할 부분은 셋째와 넷째 항목이 첫째와 둘째 항목을 완전히 배제하고 있다는 것이다. 사실 이 것은 레닌이 상투적으로 쓰던 수법이다. 당대회는 원칙적으로 최고 권력 기구이며 1914년에서 1924년까지 매년 개최되었지만, 1918년 3월 브레스트리토프스크조약(Treaty of Brest-Litovsk)이 비준된 이후 사실상 주도적 역할을 상실했다.

레닌은 크론슈타트 반란의 공포를 당 안에 끌고 들어와 당에 여전히 남아 있던 민주주의 개념을 완전히 없애 버렸다: 제10차 당대회는 크론슈타트 반란이 아직 분쇄되지 않은 1921년 3월 9일에 개최되었는데, 여기서 그는 대의원들에게 당을 단단한 결집체로 만들어야 할 시간이 왔다고 말했다. "동지 여러분, 우리에겐 지금 반론이 필요한 것이 아닙니다. 지금은 그럴 때가 아닙니다. 이쪽인지, 저쪽인지 결정해야 합니다. 소총을 들어야 합니다. 반대는 필요 없습니다! 동지 여러분, 이제 더 이상의 반대는 안 됩니다! 반대를 막아야 할 때가, 반대하는 입에 재갈을 물릴 때가 왔습니다. 지금까지 반대 의견은 충분히 들어오지 않았습니까?" 그들은 '토론과 논란이라는 사치'를 끝내야 했다. 말로 싸우는 것보다는 '소총으로 싸우는 것'이 훨씬 쉬웠다.[117]

이 연설의 영향과 크론슈타트 반란이 성공하면 2주 내에 그들 모두 목이 잘릴지 모른다는 두려움 때문에, 동지들은 한마음이 되어 레닌이 원하는 모든 것을 보장해 주는 일련의 결의안을 통과시켰다. 여기에는 '제7항'으로 알려진 비밀 추가 조항이 포함되어 있었다. 이 조항에 따르면, "규율 위반이나 분파주의의 부활 또는 묵인"이 일어났을 때 "당에서 제명하는 것을 포함하여 당의 모든 처벌 수단을 쓸 수 있는 …… 전권"을 중앙 위원회에 주었다. 제명 처분은 중앙 위원회 위원 3분의 2의 찬성투표로 이루어졌고, 중앙 위원회는 그 사실을 당대회에 알릴 필요조차 없었다. 이로써 당대회는 사실상 권력을 잃어 버렸다. 게다가 '분파주의'는 이제 '반혁명' 행위와 동등한 범죄로 규정되었다. 따라서 그때까지 당의 반대 세력을 염두에 두고 새로 만들어진 탄압 단체들이 당원들에게도 손을 뻗치게 되었다. 이제 당원이라도 비밀리에 재판을 받고 유죄를 선고받을 수 있었다. 대회에 참석한 사람 가운데 일부는 그 위험을 충분히 깨닫고 있었다. 레닌에게 구두를 사주었던 카를 라데크는 당대회에서 이렇게 말했다. "이 결의안에 투표하면서 나는 이 무기가 우리 자신을 겨냥할 수 있다는 생각이 들었습니다. 그럼에도 나는 이 결의안을 지지합니다. …… 필요하다면 위기에 처한 중앙 위원회가 당에서 가장 훌륭한 동지들에게도 가장 가혹한 처벌을 내릴 수 있게 합시다. …… 중앙 위원회가 설령 잘못을 저지른다 해도 좋은 것입니다. 현재 우리 눈으로 똑똑히 볼 수 있는 혼란보다는 그쪽이 덜 위험할 것입니다."[118] 라데크는 자신이 당내 민주주의를 끝장낼 사형 집행에 서명하고 있음을 알고 있었다. 그러나 그는 다른 참석자와 마찬가지로 자신의 사형 집행 영장에 서명하고 있다는 사실은 깨닫지 못했다.

중앙 위원회 위원 대부분은 그들 내부 소집단에 고유의 관료 체제를 포함하여 어느 정도나 큰 권력을 빼앗겼는지 아직 깨닫지 못하고 있었다. 심지어 당 고위층조차 이에 관해서는 제대로 알지 못했다. 당의 관료 체제는 레닌의 주도면밀한 창조물이었다. 그는 구제국의 관료 체제를 신뢰하지 않았을 뿐더러 증오하기까지 했다. 그럼에도 레닌은 그러한 관료 체제를 이용할 수밖에 없었다. 그는 자신만의 관료 집단을 원했다. 그것은 차르가 내각 체제와 책임 있는 정부의 간섭을 피하기 위해 '황제원'을 만들었던 것과 다르지 않다.[119] 1919년 4월 9일 레닌은 구제국의 관료주의가 낳은 '악'과 싸우기 위해 국가 통제 인민 위원회를 창설한다는 포고령을 공표했다. 국가 통제 인민 위원회는 국가의 관료들을 감시하고 필요한 경우 이들을 믿을 만한 사람들로 바꾸는 기능을 수행하게끔 되어 있었다. 국가 통제 인민 위원으로 임명된 사람이 바로 스탈린이다. 이 직책은 사실상 그가 최초로 얻은 요직이다.

레닌이 스탈린을 좋아했던 것은 산적해 있는 사무를 단번에 해치우는 능력 때문이다. 트로츠키는 폭력 행위나 담화 및 연설 혹은 지면 상의 열정적인 논쟁에서 행복을 느꼈다. 그러나 그는 날마다 혹은 달마다 당이나 국가 기구를 운영하는 고역에 의욕적으로 달려들려고 하지는 않았다. 바로 그것이 트로츠키의 결점이었다. 반면 스탈린은 이런 일에 관해서라면 지칠 줄 모르는 식욕이 있었다. 뚜렷한 주관이 있지는 않았지만, 레닌이 설명을 해주면 즉시 그것을 받아들이는 것 같았다. 레닌은 이 끈기 있고 열성적인 노새에게 더 많은 직위와 관리 업무를 맡겼다. 1919년 봄 제8차 당대회에서는 세 개의 중요한 조직이 새롭게 출발했다. 6명의 위원으로 이루어진 중앙 위원회 서기국, 당의 일상적인 운영을 맡는 조직국, "조금도 지체할 수 없는 문제와 관련하여 신속한 결정을 내리기 위해" 만들어진 5명의 정치국이 그것이다. 이 세 조직 사이에서 발생할 수 있는 충돌을 피하기 위해 겸임제가 도입되었다. 스탈린의 이름은 정치국과 조직국 위원 명부에 올라 있었다.

스탈린은 이처럼 여러 직위(다른 몇몇 중요한 위원회의 위원이기도 했다)를 유지하고 자신의 업무 능력을 충분히 발휘하면서, 1919~21년에 레닌의 전폭적인 지지와 함께 미로처럼 얽혀 있는 당과 정부, 소비에트 기관들 내에서 인사이동을 시작했다. 완전히 레닌의 의지에 따르는, 더 동질적이고 고분고분하며 더 규율이 잡힌 기구를 확립하기 위해서였다. 이로써 스탈린은 중앙의 정치 무대뿐 아니라 러시아 전역에 걸쳐 여러 인물에 관해 매우 상세한 정보를 입수하게 되었다. 게다가 일자리를 줄 수 있는 가장 확실한 사람으로 알려지면서 점차 그를 따르는 추종자들까지 생겼다. 그러나 이 시기에도 스탈린은 줄곧 레닌의 수하일 뿐이었다. 그는 완벽한 관료였다. 그에게는 완벽한 주인이 있었고, 그 주인은 막강한 의지와 아주 분명한 방향 감각이 있었다.

당의 심층부까지 미친 스탈린의 조치가 1921년 제10차 당대회에서 처음 표면에 드러났다는 것은 의미심장하다. 그때 레닌에 의해 당은 자기 통제력을 상실하게 되었고, 사실상 중앙 위원회가 소속 위원을 포함하여 어떤 당원에게든 사형 선고를 내릴 수 있는 권한을 갖게 되었다. 이것은 레닌 역시 중앙 위원회에서 3분의 2 이상 절대 지지 세력을 얻어야 했음을 의미한다. 스탈린이 그것을 제공했다. 새로 선출된 중앙 위원회는 이미 스탈린과 긴밀한 관계를 맺고 있는 사람들로 채워졌다. 코마로프(Vladimir L. Komarov), 미하일로프(Boris Mikhailov), 야로슬랍스키(Emelyan Yaroslavsky), 오르조니키제(Grigory K. Ordzhonikidze), 보로실로프 (Kliment Voroshilov), 프룬제(Mikhail Frunze), 몰로토프(Vyacheslav M. Molotov), 페트롭스키(Grigory I. Petrovsky), 툰탈(Arthur Tunstall) 등. 그리고 키로프(Sergei Kirov), 쿠이비셰프(Valerian V. Kuibyshev), 추바르 (Vlas Chubar), 구세프(Ivan Gusev) 등의 위원 후보가 있었다. 이들은 레닌을 대신하여 스탈린이 뽑은 순종적인 무리다. 스탈린은 새로운 황제원, 즉 당 서기국에서도 대단히 활발한 활동을 벌였다. 당 서기국은 거의 체카만큼 빠르게 성장하였다. 그 이유도 체카와 동일했다. 1919년 5월 서기국 인원은 30명에 불과했다. 하지만 1920년 3월 제9차 당대회에서는 그 수가 150명으로 치솟았다. 다음해 레닌이 당내 민주주의를 말살시켰을 때는 602명으로 늘어나 있었고, 여기에 총 140명의 경호대와 연락원까지 거느리고 있었다.[120] 마침내 레닌은 자신이 그토록 정성들여 구축해 놓은 이 작은 비밀 제국의 소유권을 스탈린에게 넘겨주었다. 스탈린을 당 서기장으로 임명하고, 그의 심복인 몰로토프와 쿠이비셰프를 보좌역으로 삼게 했던 것이다. 이런 결정은 비밀리에 이루어졌고, 1922년 4월 4일「프라우다」지에 그다지 눈에 띄지 않는 기사 형태로 발표되었다. 그러자 볼셰비키 당원이었던 프레오브라젠스키(Preobrazhensky)가 스탈린 개인에게 권력이 집중되는 것을 강하게 비판했다. 그는 이렇게 물었다. "한 사람이 정치국과 조직국 업무에다, 열댓 개의 당 위원회 업무를 책임진다는 게 과연 상상할 수 있는 일인가?"[121] 물론 이런 항의는 무시되었다.

두 달 뒤 레닌은 최초의 발작을 일으켰다. 하지만 그의 대업은 이미 완성되어 있었다. 그는 본질적으로 모든 면에서, 세계에서 유례를 찾아볼 수 없을 만큼 주도면밀하게 설계된 국가 독재 기구를 체계적으로 구축해 놓았다. 구세계에서는 짧은 기간을 제외하면, 다른 사회 세력이나 규제력이 개인의 독재를 제한하거나 적어도 완화했다. 교회, 귀족 계급, 도시 부르주아 계급, 과거의 선언이나 헌장들, 사법 기관과 의회 등이 말이다. 게다가 신, 자연법 또는 절대적인 도덕규범이라는 개념이 외부적인 통제력으로 작용했다. 하지만 레닌의 새로운 독재 유토피아에는 평형추나 억지력이 존재하지 않았다. 교회, 귀족, 부르주아는 모두 일소되었다. 남아 있는 모든 것은 국가가 소유하거나 관리했다. 어떤 권리든 모두 국가가 가지고 있었다. 그리고 계속 커지는 이 국가 내에서 권력의 끈은 소수의 집단 ― 궁극적으로는 단 한 명 ― 의 수중에서 흘러나올 뿐이었다. 사실 거기에는 정교하고 그럴듯하게 만들어진 대의제 조직이 있었다. 하지만 1922년에 대의제 조직은 더 이상 아무것도 아니었다. 민주주의라는 생명의 불꽃을 찾아 어두운 복도를 헤매도 헛수고에 불과했다. 사실 그렇게 되지 않을 수 없었다. 레닌이 민주주의의 본질을 증오했기 때문이다. 레닌은 민주주의를 오로지 폭력과 억압을 합법화하는 수단으로 여겼을 뿐이다. 1917년 권력을 장악한 해에 그는 민주주의 국가를 "하나의 계급이 다른 하나의 계급에, 주민의 일부가 다른 일부에 조직적인 폭력을 가하기 위해 만든 조직"이라고 규정했다.[122] "누가 누구에게"가 그의 가장 중요한 기준이었다. 누가 누구에게 무엇을 하는가? 누가 누구를 억압하는가? 누가 누구를 착취하고, 누구를 쏴 죽이는가? 이런 식으로밖에는 생각할 수 없었던 사람이, 독재자가 다스리고 폭력으로 지배하는 전제 국가 외에 다른 정치 제도를 머릿속에 그린다는 것이 어떻게 가능하겠는가?

레닌은 마지막으로 참석한 당대회에서, 소총, 기관총, 총살 부대 등 그어느 때보다 많은 군사적 비유를 사용했다. 그의 말에 따르면, "아주 사소한 규율 위반이라도 엄격하고 가혹하고 무자비하게 처벌하는 일이 절대적으로 필요하다." 또한 "우리의 혁명 재판소는 총을 쏴야 한다."[123] 그것은 '바람직한' 것이 아니라 '절대적으로 필요한' 것이었다. '해도 되는' 것이 아니라 '해야만 하는 것'이었다. 이 무렵 레닌은 전제 체제의 근간으로 소련의 형법에 최근까지 남아 있던 조항을 만들었다.

국제 부르주아 계급이 자본주의를 대신해 등장한 공산주의 체제의 동등한 권리를 인정하지 않고, 간섭, 봉쇄, 첩보 활동, 보도 기관에 대한 자금 지원 등의 수단으로 무력을 통해 공산주의 체제를 전복하려고 노력하므로 …… 선전 선동 활동을 벌이거나 어떤 조직에 가입하거나 어떤 형태로든 이런 부르주아 계급에 조금이라도 도움을 주는 경우 사형이나 감옥형의 처벌을 받을 것이다.[124]

말로 표현 가능한 무제한적인 테러의 허가증으로 이 조항 외에 다른 어떤 것이 더 필요하겠는가? 사실은 바로 그것이 목적이었다. 레닌은 1922년 5월 17일 발작을 일으키기 얼마 전 법무 담당 인민 위원 쿠르스키(Kursky)에게 쓴 편지에서 이렇게 설명했다. "테러 조항은 가능한 한 넓은 범위를 포괄해야 합니다. 오로지 정의에 관한 혁명가의 의식과 혁명가의 양심만이 실제적 집행에서 정의의 조건을 결정할 수 있기 때문입니다."[125] 여기에서 레닌은 평생에 걸쳐 자신이 보여준 도덕률에 대한 경멸을 요약하고 있었다. 몇 년 뒤 아돌프 히틀러가 '당의 상위법'이라는 것으로 자신의 행위를 정당화시키듯이, 레닌은 '혁명가적 양심'을 학살과 잔혹 행위를 위해 만든 거대한 기구 운영의 도덕적 지침으로 삼았던 것이다.

레닌은 '혁명가의 양심'이란 게 정말로 있다고 믿었는지도 모른다. 그의 생각에 자신에게는 분명히 그런 게 있었을 것이다. 1918년 말까지 레닌은 때때로 테러 행위에 개입해 그가 개인적으로 알고 있던 사람의 목숨을 구하곤 했다. 하지만 그가 연설이나 글에서, 공개적인 성명이나 개인적인 서한에서 말하고 쓴 것은 모두 부하들에게 더 심한 잔학 행위를 하도록 부추기는 것이었다. 특히 말년으로 갈수록 심해졌다. 어쨌든 레닌이 자신이 만들어낸 절대 권력으로 부패한 것만은 틀림없는 사실이다. 그의 동지들도 마찬가지다. 폭력 혁명의 과정과 그 뒤의 폭력적 자기 보존 행위는 양심과 이상주의의 모든 요소를 필연적으로 파괴하고 말았다. 이미 10여 년 전에 조지프 콘래드는 이 점을 명확히 지적하였다. 이 우울한 폴란드인은 『서구의 눈 아래에서』라는 소설에서 혁명에 관해 이렇게 썼다.

현실 혁명에서는 최고 인물들이 앞에 등장하지 않는다. 폭력적인 혁명은 우선 편협한 광신자와 폭군적인 위선자들의 수중에 떨어진다. 그 뒤에는 당대의 오만한 지식인 낙오자들이 등장하여 우두머리나 지도자가 된다. 여기에는 악당도 빠질 수 없다. 성실한 사람, 공정한 사람, 고결한 사람, 온화한 사람, 헌신적인 사람, 이타적인 사람, 총명한 사람들이 어떤 움직임을 보여줄 수도 있다. 하지만 그들의 노력은 허사가 된다. 그들은 혁명의 지도자들이 아니기 때문이다. 그들은 혁명의 희생자들이다. 그들은 혐오하고 환멸을 느끼며 때때로 후회한다. 희망은 기묘하게 배반당하고, 이상은 희화화된다. 이것이 혁명의 성공에 관한 정의이다.

레닌은 사람들을 개인으로 보지 않았다. 그의 근시안은 사람에 대한 이런 근본적인 관심의 결여에서 비롯되었다. 이 때문에 그는 한때 존재했는지도 모를 '혁명가의 양심'의 마지막 자취를 내전이 말살시켜 버렸다는 사실을 깨닫지 못했다. 그 무렵에는 레닌 자신도 이미 권력이라는 암에 병들어 있었다. 이런 과정은 레닌 역시 한번쯤은 읽었음직한 도스토옙스키의 소설 『죽음의 집 House of the Dead』에 다음과 같이 묘사되어 있다.

권력, 즉 다른 인간을 굴복시키는 무한한 능력을 경험한 자는 누구든 …… 부지불식간에 자신의 감각을 제어하는 능력을 잃는다. 독재는 습관이다. 독재는 고유한 생명을 가지고 있다. 그것은 마침내 질병으로 변한다. 습관은 가장 훌륭한 인간이라도 죽일 수 있으며 짐승의 수준으로 타락시킬 수 있다. 피와 권력은 도취를 낳는다. …… 사람과 시민은 독재로 인해 영원히 죽는다. 인간의 존엄성, 참회, 갱생으로 돌아가는 것은 거의 불가능하다.

분명 레닌은 필생의 대업에 대해 조금도 후회하지 않았을 것이다. 그가 인생의 마지막 2년 반 동안 병들어 분노와 좌절을 느끼는 무기력한 피조물이었다고 하더라도 말이다. 레닌이 말년에 이르러 스탈린이 갑자기 나타난 괴물임을 비로소 깨닫고, 스탈린의 대항 세력으로 트로츠키의 영향력을 확립하기 위해 필사적으로 노력했다는 주장이 있다. 물론 레닌이 자신이 창조한 독재 체제의 희생자가 되었다고 생각하는 사람들도 있다. 하지만 그리 명확한 사실은 아니다. 시사하는 바가 컸던 일련의 사건들이 있기는 했다. 권력을 독점하기 위해 취한 비인간적인 조치로 레닌은 통치 초기부터 당 기관이 고위급 당원의 건강에 관심을 가져야 한다고 주장했다. 이에 당 기관은 의료상 조언에 따라 여러 당원에게 휴가, 입원, 휴양에 관한 명령을 내렸다. 1921년 중반 레닌은 심한 두통을 느끼기 시작했다. 6월 4일 조직국은 그에게 휴가를 가라고 말했고, 그는 이에 따르지 않았다. 그러나 결국 7월에 한 달간 휴가를 보냈다. 12월 초에는 건강이 다시 악화되었고, 모스크바 교외에 있는 고리키의 시골집에서 많은 시간을 보내야 했다. 1922년 초 일을 적게 하거나 아예 하지 말라는 명령이 내려왔고, 레닌은 당 서기국의 허락을 받아야만 모스크바를 방문할 수 있었다. 그는 제10차 당대회에 참석했지만 형식적으로 몇몇 위원회의 위원장을 맡았을 뿐이다. 1922년 5월 25일 레닌이 충분한 휴식을 위해 모스크바를 떠나자마자 발작이 찾아왔다. 그는 그 뒤 한 달간 아무런 활동도 하지 않았다. 10월 2일 레닌이 일에 복귀했을 때 서기국은 중앙 위원회의 이름으로 엄격한 요양을 명령했고 서류에 손도 대지 못하게 했다. 이런 의학적인 이유로 취한 제한 조치에서 스탈린이 가장 큰 영향력을 발휘했으리라는 것은 의심할 여지가 없다. 12월 18일에 스탈린은 레닌의 건강 관리자로 임명되었다.[126]

이런 상황은 레닌과 스탈린의 불화로 이어졌다. 스탈린은 레닌이 당의 명령을 어기고 비밀리에 일을 하고 있다는 사실을 알았다. 레닌의 아내가 남편의 구술에 따라 편지를 대신 써주었다. 이에 스탈린은 전화를 걸어 크룹스카야를 모욕했고, 중앙 통제 위원회의 조사 대상이 될 수 있다고 위협했다.[127] 12월 24일 레닌은 흔히 말하는 '유언장'을 받아 적게 했다. 여기에는 소비에트 지도자 6명이 거론되었다. 스탈린은 너무 많은 권력을 가지고 있고, 이 권력을 분별없이 휘두른다고 쓰여 있었다. 트로츠키는 "모든 일에 있어 오로지 '관리적인' 측면에 지나치게 사로잡혀 있는" 것으로 묘사되었다. (레닌의 어법에서는 '관리적'이란 표현이 무력과 테러를 의미했다.) 12월 30일 밤 레닌은 추가로 자신의 생각을 글로 받아 적게 했다. 이 글에는 스탈린에 대한 심한 적대감이 드러났고, 마지막 두 항목은 스탈린의 중앙 위원회를 공격하고 있었다. 1923년 1월 4일 레닌은 '유언장'의 추가 사항을 구술했다. "스탈린은 너무 무례하고 …… 서기장으로는 용납할 수 없는 인물이다. 따라서 나는 동지들에게 스탈린을 그 자리에서 제거할 수 있는 수단을 찾아보라고 권한다."[128] 5월 5일 밤 레닌은 스탈린에게 편지를 썼다. 이 편지에서 그는 전화상으로 자신의 아내를 모욕한 데 대해 스탈린을 비난하고, 사과를 하지 않는다면 '관계의 단절'을 맞게 될 것이라고 경고했다. 사흘 뒤 두 번째 끔찍한 발작이 찾아왔다. 이 발작으로 레닌은 말과 행동, 정신을 잃었다. 1924년 1월 마지막 발작이 그를 죽였다. 하지만 그는 이미 오래전부터 더 이상 중요한 인물이 아니었다.

계획경제 유토피아

레닌은 결국 그의 후계자에게 무서운 기세로 돌아가는 개인 독재 기구의 모든 요소를 물려주었다. 그동안 이 유토피아에는 무슨 일이 일어났던 것일까? 1919년 미국 기자 링컨 스테펀스(Lincoln Steffens)는 윌슨이 파견한 공식 사절단을 따라 러시아에 갔다. 그는 러시아에서 어떤 일이 벌어지고 있는지 알고 싶었다. 스테펀스가 돌아오자 버나드 바루크는 레닌의 러시아가 어떤지 물었다. 스테펀스는 대답했다. "나는 미래에 갔다 왔습니다. 거기는 잘되어 가고 있어요!" [129] 이 답변은 서구 자유주의자가 새로운 종류의 전체주의 국가를 보고 나서 한 최초의 말이다. 앞으로 이어질 대부분의 언급은 이와 비슷한 양상을 보여준다. 대체 스테펀스는 무엇을 보았던 것일까? 레닌의 '전위 엘리트' 혁명이 추구하는 목표는 러시아의 산업화 속도를 높여 프롤레타리아의 승리를 앞당기는 것이었다. 하지만 레닌이 권력을 잡자 반대 현상이 벌어졌다. 대전 전 러시아의 산업 생산량은 매우 빠르게 증가하고 있었다. 1900년과 1913년 사이에 62퍼센트가 증가했다.[130] 1916년 말까지도 어쨌든 일부에서는 성장이 계속되었다. 하지만 1917년 농민이 수확물 제공을 거부하고(레닌에게는 기쁜 일이며 또한 이로운 일이었다), 식량이 더 이상 도시로 유입되지 않자 상당수가 농촌 출신인 도시 산업 노동자들은 고향으로 흩어졌다. 레닌의 혁명은 이 흐름을 거대한 썰물로 만들었다. 1917~18년 겨울이 시작되자 페트로그라드의 인구는 240만에서 150만으로 감소했다. 1920년이 되면 페트로그라드는 원래 인구의 71.5퍼센트를 잃고 유령 도시로 변해 버릴 상황에 처했다. 모스크바는 44.5퍼센트의 인구가 떠나갔다. 스테펀스가 "미래에 갔다 왔던" 해에 러시아의 총 산업 노동력은 1917년의 76퍼센트 수준으로 떨어졌다. 숙련 노동자들의 손실이 가장 컸다. 철광과 주철의 생산량은 1913년 총량의 1.6퍼센트와 2.4퍼센트로 떨어졌고, 1920년 제조품 총 생산량은 전쟁 전의 12.9퍼센트에 불과했다.[131] 1922년 레닌이 최초의 발작을 일으킨 해에는 볼셰비키 체제에서 그나마 독립적인 사고를 할 수 있었던 인물들이 러시아에서 일어나는 산업화의 이탈에 관해 이런저런 말을 하고 있었다. 막심 고리키는 프랑스인 방문객에게 이렇게 말했다.

지금까지는 노동자가 지배하고 있습니다. 하지만 그들은 소수에 지나지 않습니다. …… 농민들이 다수입니다. …… 도시에 있는 프롤레타리아의 수는 4년 동안 꾸준히 감소했고 …… 거대한 농민들의 물결이 끝내 모든 것을 삼켜 버리고 …… 농민들이 러시아의 주인이 될 것입니다. 수가 많기 때문입니다. 그렇게 된다면 우리의 미래는 끔찍할 것입니다.[132]

무슨 일이 일어난 것일까? 진실을 말하자면, 레닌은 독재 체제를 만들어 내는 방법은 잘 알고 있었지만, 유토피아에 대해서는 어떤 비전도 가지고 있지 못했다. 마르크스는 어떤 단서도 제공하지 않았다. 마르크스는 자본주의 경제에 대해 기술했을 뿐 사회주의 경제에 대해서는 아무 말도 하지 않았다. 마르크스가 모호하게 언급한 바에 따르면, 그것은 '사회'가 조직해야 했다. 그가 확신한 사실은 일단 "모든 생산 요소"가 "국가, 즉 지배 계급으로 자리 잡은 프롤레타리아 계급의 수중"에 들어가면, "생산력은 정점에 도달하고 부의 원천은 풍부하게 넘쳐날 것"이라는 점이었다.[133] 하지만 레닌은 이 문제에 관해서도 그 이상은 아무것도 알지 못했다. 그는 마르크스로부터 '국가'가 산업 경제를 운영해야 한다는 것을 추론했다. '전위 엘리트'가 프롤레타리아를 대신해 개발이 덜 된 산업 국가에서 혁명을 관철해야 했던 것처럼, '모든 생산 요소'를 운영하는 데서도 '전위 엘리트'가 프롤레타리아를 대신해야 했다. 레닌은 정치 문제에서 강력한 중앙 집권주의를 신뢰했다. 정확히 이런 목적으로 기구를 만들었기 때문에, 그는 산업에서도 중앙의 통제가 있어야 하고 당, 즉 레닌 자신과 측근들이 권한을 행사해야 한다고 생각했다. 이런 미숙한 생각이 '4월 테제' 그리고 전시의 다른 두 가지 저작 『볼셰비키는 국가의 권력을 유지해야 하는가? *Will the Bolshevists Retain State Power?*』와 『국가와 혁명 *State and Revolution*』의 토대가 되었다. 또한 이를 바탕으로 1917년 12월 최고 국민 경제 회의라는 조직을 만들고, 다음 3~4개월 동안 주요 산업에 각각의 부서를 신설한다는 결정이 내려졌다. 물론 이들 부서의 요직은 모두 관료들이 차지했다.

그리하여 소비에트 러시아는 거의 무계획적으로 중앙 집권화된 '계획' 경제를 실천하게 된 것이고, 이후 이런 경제 시스템을 제3세계에까지 보급했던 것이다. 레닌은 평소대로 통제의 측면에서 생각했을 뿐 생산성은 고려하지 않았다. 그는 정치국이 모든 핵심적인 결정을 내리고 통제 시스템이 제대로 운영된다면, 틀림없이 풍성한 결과를 낳으리라 생각했다. 부가 창조되는 과정에 대해 완전히 무지했던 것이다. 대신에 레닌은 수치를 좋아했다. 그는 평생 지칠 줄 모르고 공식 조사 보고서를 들여다보았다. 때때로 레닌의 내면에는 바깥세상으로 뛰쳐나와 원장(元帳)으로 세계를 폭격하려는 부기 계원이 있었던 게 아닌가 하는 의심이 들 정도다. 권력을 잡은 뒤 경제 문제에 관해 레닌이 언급한 내용에서 가장 자주 등장하는 문구는 '엄정한 회계와 관리'였다. 그에게 통계 자료는 성공의 증거였다. 따라서 새로운 경제 관리 부서와 새로운 국유 공장들은 엄청난 양의 통계 자료를 만들어 내야 했다. 통계 자료의 양은 소비에트 산업의 가장 인상적인 특징이 되었고, 그것은 오늘날에도 마찬가지다. 하지만 통계 자료는 상품 생산량과는 별개의 문제였다.

또한 소비에트 경제 형태는 레닌에게 우연히 실제 비전을 가져다준 또 다른 요소가 결정하였다. 바로 독일의 전시 생산 체제다. 레닌주의 국가가 형성되었던 초기 12개월 동안 독일은 첫 협상 상대였다. 그 다음 러시아는 독일의 경제적 꼭두각시가 되었다. 이미 살펴보았듯이 1917년에 독일인들은 전쟁 전 러시아의 국가자본주의 모델에 흥미를 느끼고는 이를 군부가 이끄는 자기 나라에 적용시켜 놓은 상태였다. 독일인들은 이를 '전시 사회주의'라고 불렀는데, 여러 가지 면에서 인상적이었다. 그것은 레닌에게도 큰 인상을 남겼다. 그때부터 산업에 관한 레닌의 생각은 모두 독일식으로 틀이 잡혔다. 그가 최초로 임명한 산업 최고 책임자는 전 멘셰비키파 라린 (Yuri Larin)이었다. 그 역시 독일의 방식을 열렬히 숭배하는 인물이었다. 따라서 레닌의 중앙 관리라는 개념에 완벽히 들어맞았다. 라린은 독일의 전문가들을 고용했다. 이것은 두 나라가 반민주주의적 요소들 사이에서 특별한 관계를 발전시킨 또 하나의 사례라고 할 수 있을 것이다. 다른 볼셰비키가 반대했을 때 레닌은 소책자 『좌익 소아병과 소부르주아 정신에 관해 'Left' Infantilism and the Petty Bourgeois Spirit』에서 다음과 같이 대답했다.

그렇다. 독일인들에게서 배우자! 역사는 지그재그로 진행하며 구부러진 길을 간다. 독일인들은 현재 야만적 제국주의와 함께 나아가고 있지만, 규율, 조직, 단결된 노동 원리를 구현하고 있으며, 그것은 더없이 현대적인 기계, 엄정한 회계와 관리를 근간으로 하고 있다. 이것은 정확히 우리가 갖추어야 할 것이다.[134]

레닌의 말에 따르면 독일의 '국가자본주의'는 사회주의를 향한 전진이었다. 역사는 '기묘한 장난'을 쳐서, '마치 하나의 알에서 나온 두 마리 병아리처럼 이질적인 두 개의 사회주의'를 낳았다. 이 둘은 각각 러시아의 정치 혁명과 독일의 경제 조직이었고, 둘 다 사회주의에 필요한 것이었다. 따라서 새로운 러시아는 '독일의 국가자본주의'를 배워야 하고, "전력을 기울여 이를 받아들여야 한다. 전제적인 방식도 삼가지 말고, 표트르 대제가 야만적인 러시아에 서구화의 도입을 서두른 것보다 더 서둘러 이를 도입해야 한다. 야만과 싸우기 위해서는 야만적인 무기라도 거침없이 사용해야 한다."[135]

따라서 소비에트의 경제 계획에 진실로 영감을 불어넣은 사람은 바로 루덴도르프였다. 그의 '전시 사회주의'는 확실히 야만 앞에서 물러서지 않았다. 루덴도르프는 노예 노동자를 활용하기도 했고, 1918년 1월에는 40만 명의 베를린 노동자가 일으킨 파업을 분쇄하기 위해 그들 가운데 수만 명을 징집하여 '노동자 부대'로 전선에 보내 버렸다. 나치는 나중에 루덴도르프가 취한 방식 중 많은 부분을 되살려내고 한층 더 심화시켰다. 노동자들의 국가를 위한 모델로 이보다 더 형편없는 모델은 찾기 힘들 것이다. 하지만 이것이 바로 레닌이 최고라고 평가한 독일식 '전시 사회주의'의 특징이다. 그는 이를 받아들일 준비를 시작했다. 레닌이 추방한 최초의 환상은 공장을 장악한 노동자들의 소비에트가 공장을 운영해야 한다는 생각이다. 레닌의 노동조합 대변인 로조프스키(Solomon A. Lozovskii)는 "각 기업의 노동자들은 기업이 그들의 것이라고 생각해서는 안 된다"고 경고했다.[136] 그러나 레닌이 통제권을 쥐고 있는 한 그럴 염려는 결코 없을 것이다. 레닌은 말했다. "그러한 규율을 어지럽히는 자는 총살당할 것이다."[137] 1918년 1월이 되자 볼셰비키 체제는 노동조합을 장악하여 정부가 관리하게 했다. 노동조합은 어쨌든 약한 조직이었다. 유일하게 강한 노동조합은 철도원 노조였다. 이들은 끝까지 저항했지만 결국 1920~21년에 분쇄되었다. 다른 노동조합 지도자들은 일과 사무실, 그리고 봉급을 얻는 대신 길든 정부 관리가 되었다. 지노비예프(Grigory Y. Zinovyev)가 지적했듯이, 노동조합은 이제 '사회주의 권력 기관'과 '사회주의 국가 기관'이 되었다. 모든 노동자에게 "노조 가입은 국가에 대한 의무가 될 것이다." 그리하여 노동조합원만을 고용하는 클로즈드숍(closed shop) 제도가 보편적으로 강요되었다. 이에 따라 노동조합 간부들(이들은 곧 당의 규율에 따르는 당원이 되어야 했다)은 정부 관료 및 공장 지배인들과 긴밀히 협력하여 '사회주의 생산'을 향상시켜야 했다. 요컨대 그들은 가장 저급한 형태의 어용 노조가 되었으며, 이 어용 노조는 회사가 아닌 국가에 봉사했다. 이런 식의 조합주의 체제에서 노조의 주된 목적은 '노동 규율'이었으며 노조는 산업 경찰의 역할을 수행했다.[138]

레닌이 군대 징병 제도와 유사한 '보편적인 노동 임무' 개념을 도입했기 때문에 이런 경찰 활동이 필요했다.[139] 제7차 당대회는 '노동자들의 자기 수양과 규율을 향상시키기 위해 가장 강경하고 단호하며 엄격한 조치'를 요구했다. 1918년 4월부터 노조는 '책임 생산량을 정착시키기 위한 규칙'을 만드는 작업에 착수했다. 이에 반항하는 노동자들은 노조에서 쫓겨나 일자리를 잃고 식량 배급도 받지 못했다. "일하지 않는 자는 먹지도 말라" 는 레닌의 언명과 연장선상에서 행해진 조치였다.[140] 파업은 불법이 되었다. 노조 연합 회장 톰스키(Mikhail Tomsky)는 1919년 1월 "소비에트 러시아에서 파업은 일어날 수 없다. …… 이런 행동에 종지부를 찍자"고 말했다.[141] 파업 자금은 몰수당했고, '부르주아 국가' 의 파업을 부추기기 위해 다른 곳에 보내졌다. 1919년 6월 식민지 정부가 토착민에게 부과했던 노동 허가증을 본떠 '노동 수첩' 이 만들어지고, 이것이 대도시에 도입되었다. 이와 동시에 최초의 조직적인 노동 수용소가 출현했다. 체카, 혁명 재판소, 전반적인 노동력 동원을 책임지는 노동 인민 위원회는 규율을 지키지 않은 노동자들, 불량한 자들 그리고 불만을 품거나 게으른 자들을 노동 수용소로 보냈다. 1920년 1월부터 어떤 사람이든 도로 공사, 건설, 운반 작업 등의 강제적인 근로 봉사에 소집될 수 있었다. 노동 인민 위원회의 대변인은 이렇게 말했다. "우리는 계획에 따라 노동력을 공급했다. 따라서 개인적 특성이나 자질 또는 이런저런 종류의 작업에 참여하고 싶다는 노동자의 바람은 전혀 고려하지 않았다."[142] 지역의 체카들은 강제노동수용소를 운영했고, 인민 위원회 내무부 특별부서가 이를 관할했다. 두 번째 단계의 수용소도 있었다. 여기 속한 사람들에게는 가혹한 규정과 어렵고 힘든 일, 즉 혹한 지방에서 하는 일이 주어졌다. 원래 이곳은 반혁명 세력 때문에 만든 곳이었지만, 곧 일반 노동자들로 가득 채워졌다.[143]

　내전은 끝났지만 강제 노동은 끝나지 않았다. 레닌의 다른 '긴급' 제도와 마찬가지로 강제 노동은 계속 이어졌다. 실제로 1920년 1월 15일자 법령은 우랄 지방의 제3군을 즉시 '제1혁명 노동 군대' 로 바꾸었다. 이곳의 '병사들' 대부분은 다시는 고향에 돌아가지 못했다. 트로츠키는 '노동 계급의 군사화' 에 기뻐했다. 라데크는 '노동의 자유라는 부르주아적 편견'

을 비난했다. 1920년 제9차 당대회는 작업장을 떠난 노동자들을 '노동 탈선자'로 낙인찍고, '강제수용소에 보내는' 처벌을 내리도록 명령했다.[144] 이 새로운 반사회적 행위는 레닌식 표현법을 써서 다양하게 미화되었다. 트로츠키는 제3차 노동조합 대회에서 이렇게 말했다. "우리는 노예 노동에 대해 알고 있습니다. 농노 노동에 대해서도 알고 있습니다. 우리는 중세의 길드가 관리하던 강제적인 노동에 대해서도, 부르주아 계급이 '자유롭다'고 하는 임금 노동에 대해서도 알고 있습니다. 우리는 이제 사회적으로 통제되는 새로운 형태의 노동을 향해 나아가고 있습니다. 그것은 전국에 걸쳐 의무적으로 부과되는 경제 계획을 토대로 하고 있습니다. …… 이것이 사회주의의 근간인 것입니다." 부하린(Nikolai Bukharin)은 자본주의 사회의 강제 노동이 프롤레타리아 독재의 강제 노동과는 반대되는 것이라고 말했다. 그의 말에 따르면, 전자는 '노동 계급의 노예화'이지만 후자는 '노동 계급의 자기 조직'이었다.[145] 나중에 이들은 모두 같은 방식의 언어적 허구에 의해 살해당했다.

사실 이미 말했듯이 노동 계급은 빠른 속도로 농촌으로 돌아가고 있었다. 레닌은 어쨌든 차르나 그전의 케렌스키처럼 농민들로부터 식량을 후려내야 했다. 그럼 어떻게 할 것인가? 거래를 할 것인가 아니면 총검으로 빼앗을 것인가? 그는 우선 총검으로 위협했다. 1917년 그는 땅을 차지하라며 농민들을 선동했다. 그리고 1918년에는 국가를 위해 땅을 빼앗으려고 했다. 1918년 2월 29일 레닌은 '토지의 사회화에 관한' 법을 공포했다. 그는 이러한 정책의 목적이 '사회주의 경제'로 이행하기 위해 개인 소유를 포기하고 대신 '농업의 집산 체제를 발전시키는 것'이라고 말했다.[146] 하지만 실제로는 국가 농업청 관리의 말대로 "토지는 대개 지역 농민들이 차지하고 있었다." 그들은 몰수된 토지의 86퍼센트를 차지했다. 단지 14퍼센트만 새로 만들어진 국영 농장과 지역 공동체가 소유했다. 그리하여 1918년 가을 수확기에 레닌은 식량을 징발하기 위해 공장 노동자로 구성된 무장 파견대를 지방에 보냈고, '빈농 위원회'를 부추겨 엄청난 돈을 모은 '쿨라크와 부농들'에게 압력을 행사하게 했다.[147] 나중에 레닌은 이런 수법을 발전시켜, 각각 25명으로 구성된 '노동자 빈농 분대'를 만들어 냈다. 그들은 자신이 훔쳐낸 식량에서 일정량을 가져가기로 되어 있었다. 그런데 농업 인민 위원인 추류파(Tsuryupa)의 말에 따르면, "그들은 농촌에 도착하자마자 흩어져, 술에 진탕 취하곤 했다." 더 나중에 레닌은 새로운 범주의 '중산 농민'을 만들어 내서 '쿨라크'에 대항하게 했다. 하지만 이런 계급은 오직 그의 머릿속에만 존재할 뿐 농촌에 사는 실제 농민들과는 아무런 관련이 없었다. 따라서 그의 수법은 먹혀들지 않았다.

1921년 봄 크론슈타트의 수병들이 봉기를 일으켰을 때, 레닌의 경제 정책은 사실 명백한 붕괴 상태에 있었다. 실제 공업 생산은 거의 없었다. 도시에는 식량도 없었다. 레닌이 인정했듯이 "수십만, 수백만의 제대한 병사들"이 도적으로 변하는 사태가 벌어졌다.[148] 유일하게 풍족했던 것은 인쇄기가 지칠 줄 모르고 쏟아 내는 루블화였다. 이 때문에 화폐 가치는 1917년 11월의 1퍼센트보다는 조금 높은 수준으로 폭락했다. 몇몇 볼셰비키는 이런 상황을 묵묵히 참았다. 오히려 예전의 화폐 제도를 무너뜨리기 위해 인플레이션을 계획적으로 만든 것이라고 큰소리쳤다. 어떤 사람은 러시아 조폐국의 인쇄기를 "부르주아 제도를 향해 총탄을 쏟아 붙는 인민 위원회 재무부의 기관총"으로 묘사했다. 지노비예프는 독일 사회민주당원들에게 "우리는 화폐의 완전한 폐지를 향해 나아가고 있습니다"라고 말했다. 어떤 의미에서 이 말은 옳았다. 소비에트 연합에서 지폐는 예전의 가치를 다시는 회복하지 못했고, 그 대가로 상점은 언제나 상품 부족에 시달렸다.

어쨌든 농민들은 레닌의 루블화를 거들떠보지도 않았다. 1921년 5월 레닌은 결국 손을 들었다. 도시에 식량을 공급하지 못한다면, 레닌 체제는 붕괴할 게 뻔했다. 그는 비록 경제 관념은 부족했지만 말재주만은 뛰어났다. 레닌은 이제 '신(新)경제 정책'이라는 단어를 만들어 냈다. 신경제정책은 사실 농민에 대한 굴복이자 물물교환에 기초한 시장 경제로의 회귀였다. 불량배 무리는 농촌에서 철수했고, 농민들은 가지고 있는 곡식으로 다른 것을 구입할 수 있었다. 소규모 공장과 작업장은 국가의 통제 없이 다시 제품을 생산할 수 있었다. 농민들은 여기서 생산된 제품을 곡물과 맞교환했다. 그러나 불행하게도 볼셰비키의 항복은 너무 늦어서 1921년의 파종기에 영향을 미치지 못했다. 여름 가뭄으로 인해 기근이 닥쳤다. 정부 정책 때문에 기근이 발생한 것은 러시아 역사상 처음 있는 일이었다. 칼리닌(Mikhail I. Kalinin)에 의하면, 2,700만 명이 이 때문에 고통을 겪었다. 1921~22년 겨울에만 300만 명가량이 죽었다. 절망에 빠진 정부는 허버트 후버 아래 조직된 미국 원조 사무국에 도움을 요청했다. 그때까지 세계 최대 식량 수출국이었던 러시아는 최초로 미국의 자본주의 농업에 손을 벌려 집산주의 실험의 끔찍한 결과에서 국민의 목숨을 구해야 했다. 하지만 6년 뒤에도 여전히 같은 양상이 반복되었다. 농민들은 차르 체제를 무너뜨리고 레닌주의를 가능케 했다. 하지만 레닌은 그들에게 약속한 보상을 해주지 못했다. 농민들은 대가를 요구했고, 그 대가는 오늘날까지 여전히 다 갚지 못한 채 남아 있다.[149]

따라서 오늘날 유행하는 용어로 사회공학(社會工學)이라는 최초의 거대한 실험은 완전한 실패로 끝이 났다. 레닌은 이를 '새로운 공격을 위한 좌절과 후퇴'라고 규정했다.[150] 하지만 레닌은 곧 죽었고, 농민에 대한 '새로운 공격'을 뒤에 남겨 놓은 관료주의적 괴물의 손에 맡겼다. 레닌은 계획을 신봉했다. 그것이 '과학적' 이라 믿었기 때문이다. 그러나 레닌은 정작 계획을 어떻게 하는지는 몰랐다. 그는 어떤 마술 같은 기교가 있을 것이라고 생각했고, 그에게 이것은 '전력' 의 형태로 나타났다. 늘 그러했듯이 레닌은 독일의 '철저함' 에 매료되어, 1919년 출판된 카를 발로트(Karl Ballod)의 『미래 국가 *Der Zukunftsstaat*』에 감탄했다. 이 책의 영향 아래 레닌의 슬로건이 탄생했다. "공산주의는 전국에 걸쳐 소비에트 권력과 함께 전력이 보급되는 것을 의미한다." 전기가 해줄 것이다! 그것은 현대 과학의 최종 발명품이 아닌가![151] 전기는 완고한 러시아 농업에 변혁을 가져다줄 것이다! 사실 복잡한 대규모 계획 — 무의미한 담화나 지루한 현학적 주장, 무지한 공상 — 을 실천하는 것보다 모든 곳에 전력을 공급하는 일이 훨씬 더 나았다. 레닌은 국가계획위원회, 즉 고스플란(Gosplan)에는 거의 관심이 없었다. 적어도 이 새로운 기구가 전력화 사업을 최우선 과제로 선정하기 전까지는. 그 후 레닌은 활발한 활동을 펼칠 수 있었던 마지막 몇 주 동안 국가계획위원회에 대단한 열정을 보였다. 국가계획위원회가 거대한 발전소를 건설할 것이라고 기뻐하는 식이었다. 그리하여 소비에트 연합에는 기묘한 전기 숭배가 시작되었다. 그래서 중전기 기사가 무기 설계가 다음으로 선호하는 직업이 되었다. 레닌이 남긴 것은 경제적 파탄에 둘러싸인 견고한 경찰국가였다. 하지만 그는 전기를 꿈꾸며 세상을 하직했다.

무솔리니와 파시즘

마르크스주의 혁명이 선진 산업 국가에서 일어나리라는 레닌의 기대는 땅에 묻힌 지 오래다. 그런 것이 어떻게 성공하겠는가? 레닌의 혁명은 레닌이 이해하지도 이해하려고 애쓰지도 않았던, 거대하고 뒤죽박죽에다 방향도 없지만 실리적인 농민 운동으로 이루어질 수 있었다. 산업화된 유럽에 기반을 둔 레닌의 마르크스 혁명가 동료에게는 그런 운이 따르지 않았다. 게다가 1918년 11월 중부 유럽에서 혁명적인 변화의 기회가 찾아왔을 때는 이미 레닌식 사회공학의 우울한 경험들 ― 경제 파탄, 기아, 내전, 대중 테러 ― 이 무시무시한 경고를 던져주고 있었다. 비교적 온건했던 사회주의자들에게는 특히 그랬다. 그러나 극단주의자들은 기어이 일을 냈고, 결국 그들은 자기가 붙인 불길 속에서 헛되이 타죽었다. 1918년 11월 4일 독일의 선원과 병사들이 킬(Kiel)을 장악하고 노동자 위원회를 구성했다. 사흘 뒤 사회주의 좌파 크루트 아이스너(Kurt Eisner)가 뮌헨 수비대의 봉기를 이끌어내 바이에른 정부를 전복시켰다. 하지만 독일에서 권력을 잡은 사회민주당은 카이저(Kaiser)가 도망쳤을 때 케렌스키의 전철을 밟지 않았다. 그들의 군사 전문가 구스타프 노스케(Gustav Noske)는 군대에 지원을 호소했다. 그리하여 전직 장교와 하사관으로 이루어진 의용단의 도움을 받을 수 있었다. 레닌주의자들이 의회주의적 방법으로 권력을 얻기를 거부한 것이 노스케에게는 오히려 잘된 일이었다. 1919년 1월 6일 베를린의 레닌주의자들(이들은 자신을 스파르타쿠스단이라고 불렀다)이 도시를 장악했다. 노스케는 2,000명의 병력을 이끌고 도시로 향했다. 사흘 뒤 그는 도시를 점령했다. 로자 룩셈부르크

▶ 알렉산드르 케렌스키(1881~1970)
1917년 7~10월 러시아 임시정부의 수반을 지냈다. 상트페테르부르크대학교에서 법학을 공부하던 중 나로드니키 혁명운동에 매력을 느끼고, 사회주의 혁명당에 가입했다. 1912년 제4대 러시아 의회의원으로 선출된 후, 활동적이고 언변이 능란한 온건좌파 정치인으로 명성을 얻었다.

와 카를 리프크네히트(Karl Liebknecht)는 교도소로 이송 중 전직 장교에 의해 사살되었다. 아이스너 또한 2월 21일에 살해당했다. 그의 추종 세력은 바이에른 선거에서 겨우 3석을 얻는 데 그쳤다. 그럼에도 그들은 4월 7일 공산주의 공화국을 수립했고, 결국 한 달도 안 되어 의용단에게 궤멸당했다. 할레, 함부르크, 브레멘, 라이프치히, 튀링겐, 브라운슈바이크도 마찬가지였다. 공산주의자들은 선거에서도 이기지 못했고 폭력을 써서 승리하지도 못했다.[152]

변화의 바람은 오히려 다른 곳에서 불어왔다. 1919년 하반기에 새로운 종류의 '전위 엘리트'가 유럽에 출현했다. 그들 또한 사회주의자였다. 그들의 신전(神殿)에는 대개 마르크스가 있었다. 하지만 그들은 추상적인 '프롤레타리아 계급'보다 더 광범위한 것에 호소했다. 사실 프롤레타리아

계급은 불가사의하게도 유권자로서든 전투 부대로서든 호응을 보이지 않았다. 그들의 집단 동기는 계급보다는 국가, 나아가 민족에 근거하고 있는 것처럼 보였다. 새로운 '전위 엘리트'들은 공통적으로 강한 불만을 품고 있었는데, 그 대상은 베르사유조약이었다. 큰 손해를 본 패전국 오스트리아에서는 그들을 국토 방위대라고 불렀다. 가장 큰 손해를 본 헝가리에서는 1919년 3월 레닌의 제자 벨러 쿤(Béla Kun)이 공산주의 공화국을 수립하였지만 국민 여론은 나아지지 않았다. 헝가리 공산주의 정부는 8월 유혈 사태 속에서 붕괴되었고, 뒤이은 정부는 점차 반유대주의 지도자 율리우스 굄뵈스(Julius Gömbös)의 영향을 받게 되었다. 굄뵈스는 자신을 국가사회주의자라고 칭했고, 정의와 복수 및 '외래 요소' 추방을 열정적으로 주장했다.[153] 터키는 기존의 아랍 제국은 물론 서부 연안 지역까지 잃게 될 상황에 놓여 있었다. 곧 '아타튀르크(Ataturk, 투르크인의 아버지라는 뜻 - 옮긴이)'로 추앙받는 무스타파 케말 파샤(Mustafa Kemal Pasha)는 국가사회주의를 도입했고, 파리에서 이루어진 협정을 터키에서는 강요할 수 없으리라는 것을 명백하게 보여주었다. 이탈리아는 비록 조약의 수혜국이긴 했지만, 여전히 베르사유조약에 불만이 많았다. 달마치야(Dalmatia) 해안 지방을 얻지 못했기 때문이다. 9월 11일 시인이자 전쟁 영웅이었던 가브리엘레 단눈치오(Gabriele d'Annunzio)가 여기저기서 긁어모은 탈영병을 이끌고 달마치야 지방의 피우메(Fiume) 항으로 들어갔다. 뻔뻔스런 허세였지만, 베르사유조약의 성실한 수호자였던 영국과 프랑스가 그의 손을 들어주었다. 이것은 정말 불길한 전조였다. 단눈치오 역시 국가사회주의자였다.

무솔리니는 밀라노에서 이 새로운 바람의 냄새를 맡고 콧구멍을 벌름거렸다. 5년 전 전시의 흥분이라는 향기를 맡고 좋아했던 것과 다를 바 없었다. 그러나 전쟁이 도래하고 이탈리아를 전쟁에 끌고 들어가려고 마음먹으면서, 그는 공식적으로 사회당에서 축출되었다. 무솔리니는 이를 계기로 민족주의자가 되었다. 그는 마치니(Giuseppe Mazzini) 같은 낭만주의적 좌파의 전통뿐 아니라 고대 로마인들의 야욕적 전통 또한 이어받았던 것이다. 고대 로마인들의 파스케스(fasces, 공권력을 나타내는 고대 로마의 상징 - 옮긴이)는 프랑스혁명 때 혁명파의 상징이었는데, 무솔리니 또한 이를 유용한 상징물로 생각했다. 그것은 레닌이 구(舊)사회민주당의 망치와 낫을 국가의 상징으로 택했던 것과 비슷했다. 무솔리니는 레닌을 미워했다. 그가 러시아를 전쟁에서 빼냄으로써 이탈리아가 약속받은 이득을 빼앗길 위험에 놓이게 되었기 때문이다. 무솔리니는 "천황이여, 전진하라!"라는 말로 일본군이 러시아로 진격해 들어가도록 부추겼다. 1919년이 되어 레닌의 경제적 실패가 드러나면서, 무솔리니는 전면적으로 산업을 수용하려는 생각을 멀리했다. 그는 이제 자본주의 경제를 무너뜨리기보다는 그것을 이용하고 싶었다. 그럼에도 무솔리니가 바라는 것은 급진적인 혁명이었다. 이것은 그가 숨을 거둘 때까지 그의 정치학에서 가장 중요한 요소였던, 전쟁 전의 '전위 엘리트' 식 마르크스주의와 생디칼리즘에 뿌리를 두고 있다. 한때 사회주의에 몸담았던 다른 젊은 이탈리아인들도 그의 급진주의적 사고에 동조했다. 게다가 그들 또한 국제주의를 포기하고 있는 형편이었다.[154] 국제주의는 1914년에도 1917년에도 아무런 소용이 없었다. 1914년에는 전쟁을 막는 데 실패했고, 1917년에는 레닌의 세계 혁명에 대한 호소에 응하지 않았다. 하지만 새로운 경제적 유토피아를 건설하려는 소망은 여전히 남아 있었다.

1919년 3월 23일 무솔리니와 생디칼리스트들은 새로운 당을 만들었다. 당의 강령으로 금융 자본의 부분적 접수, 조합주의적 경제위원회를 통한 관리 경제, 교회 토지의 몰수, 농업 개혁, 군주제와 상원의 폐지를 내걸었다. 이 목록을 작성하면서 무솔리니는 크루트 아이스너를 본보기로 자주 언급했다.[155] 아이스너의 바이에른 전투대(레닌의 '검은 가죽조끼를 입은 사람들'을 모방한 것이지만)는 무솔리니의 전투 파쇼를 낳는 데 큰 역할을 했다.[156] 실제로 무솔리니는 레닌과 공유하고 있던 폭력적 행동주의에 대한 집착을 조금도 버리지 않았다. 그는 마르크스의 말을 조금 바꿔 "역사는 만드는 것이다. 참는 것이 아니다"라고 자신에게 다짐했다. 그가 즐겨 인용했던 문장은 "삶, 그것은 생각하는 것이 아니라 행동하는 것이다"였다.[157] 무솔리니는 군사적 비유와 강하고 폭력적인 동사를 풍부하게 사용한다는 점에서 레닌과 비슷했다. 레닌처럼 그도 역사의 진행을 앞당기려 했다. 마리네티(Filippo T. Marinetti) 같은 미래파의 표현을 빌리면, 그는 이탈리아를 가속화하고 싶었던 것이다. 그는 정말 인내심이 없었다. 항상 시계를 무섭게 노려보고, 지체하는 당원에게는 여지없이 화를 냈다.

하지만 무솔리니는 변하고 있었다. 여위고 메말라 보이는 얼굴 표정은 머리카락이 빠지면서 사라졌다. 대머리 위에는 큰 낭포가 생겼고, 우쭐대듯 튀어나오고 살이 오른 턱에는 타원형의 검은 반점이 생겼다. 이는 오래된 상아빛이었고, 틈이 넓게 벌어져 있었다. 이탈리아에는 이것이 행운을 가져온다는 미신이 있다.[158] 그는 잘생기고 정력적이었으며, 성적 편력이 심해 169명의 정부를 둘 정도였다.[159] 허영심이 매우 강했고, 야망 또한 컸다. 그는 권력을 원했는데, 그것도 당장 손에 넣고 싶어 했다. 단눈치오의 성공을 계기로 무솔리니는 급진주의, 나아가 급진적 민족주의로도 충분하지 않다고 생각했다. 파시즘이 성공하기 위해서는 시와 드라마, 미스터리가 필요했다. 이탈리아 마르크스주의자들 사이에서는 이것이 언제나 마르크스에 대한 불만이 되어 왔다. 마르크스는 인간을 충분히 이해하지 못했다. 그는 신화의 힘, 특히 민족적 신화의 힘을 간과했다. 프로이트가 어둠 속에 감추어진 힘이 개개의 인간을 움직인다는 사실을 과학적으로 증명했다면, 이제 이런 힘이 대중에게는 어떤 영향을 미치는지 조사해 볼 때가 되지 않았을까? 단눈치오는 '엄청난 능력, 권력 의식, 전투와 지배에 대한 본능과 디오니소스적 인간, 정복자, 파괴자, 창조자의 모든 미덕'에 대해 썼다.[160] 이탈리아에는 시적 신화가 풍부했다. 가리발디(Giuseppe Garibaldi)와 마치니의 19세기 민족주의 신화와 훨씬 강력한 마키아벨리의 현실 정치라는 신화(마키아벨리는 무솔리니가 좋아하는 인물이었다)와 훨씬 더 오래된 로마와 로마 제국의 신화가 긴 잠에서 깨어나 새로운 군단과 함께 진군하기를 기다리고 있었다. 이 가운데 첫 번째는 새로운 미래파의 신화였다. 이것은 무솔리니에게 사회주의 이탈리아에 대한 비전을 제시해 주었다. 사회주의 이탈리아는 레닌의 전력화(電力化)된 러시아와 다르지 않았는데, 여기서 삶은 기계의 리듬에 지배되어 더 강렬하고 격정적으로 변할 터였다. 무솔리니는 이 모든 휘발성의 요소들을 한데 모아 뒤섞은 다음 폭력의 맛과 향을 가미하여 파시즘이라는 뜨겁고 걸쭉한 혼합액을 만들어 냈다. "피를 흘리지 않고는 삶이 있을 수 없다." 그는 그렇게 말했다.[161]

하지만 누구의 피란 말인가? 무솔리니는 복잡하면서도 여러 가지 면에서 양면적인 인물이다. 레닌과 달리 그가 자발적으로 악행을 저질렀다고 볼 수는 없다. 그는 거의 언제나 악행에 유혹되었던 것이다. 적어도 오랜 세월 동안 지속된 권력과 아첨이 그의 도덕관념을 남김없이 증발시키기 전까지는 그랬다. 그는 이유도 없이 계획적으로 폭력을 진행시킬 수는 없는 인물이었다. 무솔리니는 1919~20년에 싸움을 일으킬 만한 대의를 찾기 위해 필사적이었다. 그는 파시즘을 "모든 이교도의 피난처, 모든 이단의 교회"라고 쓸쓸히 말했다.[162] 얼마 지나지 않아 폭력을 의지하는 사회주의자들이 무솔리니가 원하는 것을 가져다주었다. 과격파 사회주의자들의 스승은 안토니오 그람시(Antonio Gramsci)라는 젊고 나약한 마르크스주의자였다. 그람시는 무솔리니와 정확히 일치하는 지적 전통이 있었다. 마르크스주의, 소렐, 생디칼리즘, 역사적 결정론에 대한 거부, 자발성의 강조, 투쟁에 역점을 두고 역사를 진전시켜야 할 필요성, 폭력, 신화, 그리고 여기에 마키아벨리식 실용주의가 더해졌다.[163] 하지만 그람시에게는 무솔리니보다 독창적이었음에도 냉정함과 자신감이 부족했다. 그는 비참할 정도로 가난한 사르데냐(Sardinia) 출신이었다. 그의 아버지는 감옥에 갔고, 결핵성 척추염에 걸린 그람시는 열한 살의 나이에 하루에 10시간씩 일해야 했다. 이런 환경 때문에 그람시는 미래에 아내가 될 여인이 자기를 사랑하게 되었을 때 깜짝 놀랐다. (그리고 그녀에게 감동적인 연애편지를 썼다.) 자신에게 지도자의 자질이 부족하다고 생각한 그람시는 무솔리니와는 달리 마키아벨리로부터 군주가 아니라 집단을 이끌어 냈다. "현대의 군주, 신화적 군주는 실재의 한 사람, 구체적인 한 개인이 될 수 없다. 그것은 오로지 조직이 될 수밖에 없다."

따라서 무솔리니가 로맨스와 드라마에 기댔을 때, 그람시는 생디칼리즘에 매달렸고 공장의 점거를 주장했다. 1920년 사회주의자들은 그의 충고를 따르기 시작했다. 곧 전국에 흩어져 있는 작업장과 사무실에 붉은 깃발이 나부끼게 되었다. 하지만 국가를 장악하려는 결정적인 시도는 없었다. 실제로 사회주의자들은 전술에서 양분되어 있었다. 1921년 1월 그들은 마침내 갈라섰고, 이때 이탈리아 공산당이 탄생했다. 공장 점거는 아무런 소득이 없었고, 중산 계급에 공포감만 심어 주었다. 에리코 말라테스타(Errico Malatesta)는 온건파에게 이렇게 경고했다. "만약 여기서 멈춘다면, 우리가 부르주아 계급의 마음속에 일으킨 두려움이 피눈물 나는 대가를 치르게 할 것입니다."[164] 대단한 폭력 사태가 있었던 것은 아니지만, 무솔리니에게 똑같이 폭력에 호소하겠다는 구실을 주기에는 충분했다. 독일의 경우와 마찬가지로 사회주의자들은 폭력을 이용함으로써 이탈리아에서도 끔찍한 실수를 저질렀던 것이다.[165] 무솔리니가 호언장담했듯이, 파시스트라는 표범은 사회주의자 무리라는 '태만한 가축들'을 손쉽게 처치할 수 있었다.[166]

파시스트 '행동대'는 주로 전직 군인으로 구성되었지만, 재학생이나 퇴학당한 학생들을 끊임없이 그러모았다. 그들은 사회주의자들보다 훨씬 더 기강이 잡혀 있었고 더 조직적이었으며, 전화로 연락을 취해 행동의 보조를 맞추었다. 그들은 때때로 적극적이든 소극적이든 지역 권력 기관과 헌병군의 협조를 받았다. 헌병군은 보통 사회주의자의 집을 수색해 무기를 찾아낸 다음, 파시스트 행동대에 명령해 그곳을 불태우게 했다. 사회주의자들은 파시스트당이 계급 당이며 이들의 테러는 부르주아적 자크리의 난이라고 주장했다. 하지만 사실은 그렇지 않았다. 특히 인종 문제가 첨예한 트리에스테(Trieste) 같은 지역(이곳 사회주의자들은 대개 슬로베니아인이었다)에서는 노동 계급 출신 파시스트들이 수천 명에 이르렀다. 파시즘이 최초로 대중적 지지를 얻은 곳은 바로 이런 주변 지역이었다. 이어 파시즘은 점차 내륙으로 들어가 볼로냐, 포 강 계곡, 베네치아 같은 오지에까지 미쳤다. 무솔리니는 언제나 대중의 동향에 민감했다. 그는 일찍이 이탈리아가 각기 다르며 즉흥적으로 반응하는 수많은 도시의 집합체에 불과하다는 것을 알고 있었다. 내륙에 가까워질수록 중산 계급이 뚜렷하게 강해졌으며, 파시즘은 유복한 젊은이들에게 더 강력한 영향력을 행사했다. 가장 중요하고 위험한 신참 파시스트는 이탈로 발보(Italo Balbo)였다. 발보는 스물다섯 살에 고향 페라라(Ferrara)를 무솔리니의 품에 안겨주었다. 그는 곧 파시스트 민병대 대장으로서 가장 잔인하고 유능한 파시스트당원이 되었다.[167] 1921년 발보가 이미 마치 보르자(Borgia) 가문 사람처럼 의기양양하게 중부이탈리아를 통과하자, 그가 지나간 자리에 노조 본부들이 줄줄이 쑥밭이 된 채 연기를 피워 올렸고 시쳇더미가 열을 이루었다. 누구보다 먼저 낙천적인 이탈리아인들에게 겁을 주어, 파시즘이 결코 저항할 수 없는 세력이라고 믿게 한 장본인은 바로 발보였다.

무솔리니조차 발보에게 두려움을 느꼈다. 무솔리니는 대규모 폭력, 특히 폭력을 위한 폭력을 싫어했다. 그는 말과 글을 통해 여기에 반대 의사를 밝히기도 했다.[168] 그런데 파시즘이 확대되면서, 1921년 5월 무솔리니와 35명의 파시스트가 국회에 진출했다. 이와 동시에 무솔리니와 전 사회주의자들은 파시스트 세력 내에서 소수파가 되었다. 같은 해 로마에서 열린 파시스트당대회에서 그는 타협을 해야 했다. 수령의 자리를 얻는 대신 무솔리니는 폭력에 동의했다. 1922년은 파시스트 테러의 해였다. 사실상 당국은 민간 정당의 군대가 국내 정복을 시도하는 것을 용인했다. 도시마다 차례로 시청이 습격을 당했고, 사회주의자들이 우세한 지역 의회는 무력으로 해산되었으며, 파시스트의 불법 행위를 막기 위해 경찰력을 동원했던 주지사나 시장들은 해임되었다. 의회주의자들은 합의점을 찾지 못하고 졸리티 총리 아래서 강한 정부를 조직하는 데 실패했다. 그것은 교황청이 교회의 영향을 받는 정당들과 온건파 사회주의자들이 연합하지 못하도록 막았기 때문이다. 졸리티는 사실 무솔리니를 제거할 수 있었을 것이다. 파시스트들의 우두머리라고 해도 국가에 대항해 싸우지는 못했을 테니 말이다. 새로운 이탈리아 공산당은 사실 파시스트 체제를 바랐다. 나중에 독일에서도 이와 같은 양상이 벌어졌다. 그것이 마르크스주의 혁명을 앞당기리라 생각했던 것이다.[169] 1922년 7월 발보가 라벤나(Ravenna)를 장악했을 때 사회주의자들은 총파업을 호소하며 대응했지만, 끔찍한 실패로 끝났다.

이탈리아는 행복한 나라도 원활히 통치되고 있던 나라도 아니었다. 지독히도 가난하고, 유럽에서 출생률이 가장 높으며, 독일 다음으로 인플레이션이 심했다. 리소르지멘토(risorgimento, 19세기 이탈리아 통일 운동 - 옮긴이)는 약속된 땅 대신 실망만을 안겨주었다. 전쟁과 뒤따른 승전은 이탈리아를 통합시키기보다는 분열시켜 놓았다. 의회주의 체제는 견디기 힘들 정도로 부패해 있었고, 군주는 인기가 없었다. 국가 자체는 1871년 이후 교회와 일촉즉발의 상태에 있었고, 일요일이면 어느 설교단에서든 국가를 비난하는 소리를 들을 수 있었다. 공무(公務)는 마비되었고, 적색 테러에 대한 공포감이 드리워졌다. 가톨릭계 신문들은 레닌의 잔혹 행위와 러시아의 기아 사태를 보도하느라 열을 올렸다. 무솔리니는 개인적으로 폭력과 동일시되지 않았다. 사실은 그 반대였다. 그는 많은 사람에게 폭력을 종식할 인물로 보였고, 이미 놀랄 만큼 뛰어난 대중 연설가가 되어 있었다. 그는 단눈치오에게서 군중과 반쯤은 오페라 같은 대화를 하는 재능을 익혔다. ("이탈리아는 누구의 것인가?" "우리의 것이다!") 그러나 무솔리니는 단순한 선동가가 아니었다. 그의 연설은 이탈리아인들이 사랑하는 광범위한 철학 사상을 다루었다. 철학자 베네데토 크로체(Benedetto Croce)를 포함하여 많은 자유주의자가 그의 집회에 참석했다. 1922년 초가을 즈음 그의 웅변에는 자신감 넘치는 정치가다운 울림이 있었다. 무솔리니는 이제 왕궁이나 교황청, 군부, 경찰, 대기업과 비밀리에 접촉했다. 그들은 모두 그가 무엇을 원하는지 알고 싶어 했다. 전국에서 행한 일련의 연설 중 마지막을 장식한 우디네(Udine)의 연설에서 그는 이렇게 말했다. "우리의 목표

▶ 베니토 무솔리니(1883~1945)
기묘한 매력과 특출한 말재주로 사람들의 이목을 끌었다. 저널리스트이자 대중연설가로서 명성을 쌓은 뒤 노동조합의 선전운동에 관여해 파업을 주동하고 폭력의 사용을 옹호했으며 복수의 날이 다가올 것임을 역설했다.

는 단순하다. 우리는 이탈리아를 통치하기를 원한다."[170] 그는 로마 시대 이후 잊고 있던 방식으로 이탈리아를 통치할 참이었다. 단호하고 공정하게, 올바르고 정직하게, 그리고 무엇보다 효율적으로.

1922년 10월 16일 무솔리니는 만약 머뭇거린다면 졸리티가 자신의 역할을 빼앗을지 모른다는 생각에 당면한 과제를 실행에 옮기기로 결심하고, 그달 말 로마 진군을 준비했다. 4개 부대 총 4만 명의 검은셔츠단이 동원되었다. 군대와 경찰 지휘관들은 그들에게 발포하지 않기로 합의했다. 당 기관지 「일 포폴로 디탈리아 Il Popolo d'Italia」에는 '녹회색 군복과 검은 셔츠가 우애를 맺다'라는 기사가 실렸다. 무솔리니는 특이한 능력으로 평생 동안 웅장한 오페라와 코미디 사이를 불안하게 오가던 인물이다. 그가 역시 불안과 과대망상 사이에서 방황하고 있을 무렵 형편없는 장비와 초라한 복장에다 잔뜩 굶주린 그의 군대는 로마 교외에서 진격을 멈추었다. 10월 28일 저녁은 비가 퍼붓고 있었다. 비까지 흠뻑 맞고 서 있는 검은셔츠단은 아무리 봐도 무적의 군대처럼 보이지 않았다. 정부는 비록 허약했지만, 믿을 만한 지휘관 아래 28,000명의 로마 수비대가 있었고, 곧 비상사태를 선포하기로 합의했다. 하지만 그때 로마는 온갖 소문과 유언비어, 잘못된 정보로 들끓고 있었다. 퀴리날레(Quirinale) 궁에 틀어박혀 있던 비토리오 에마누엘레(Victor Emmanuel) 왕은 훈련도 제대로 받지 못한 6,000명의 군대가 결의에 찬 10

만 파시스트 무장 단체와 맞서고 있다는 소식을 들었다. 그는 공황 상태에 빠져 비상사태 포고령에 서명하는 것을 거부했다. 벽에 막 붙여진 포고령은 곧바로 찢겼다. 그 순간 정부는 의욕을 상실했다.

무솔리니는 성급한 사람치고는 수법이 교묘했다. 왕의 보좌관 치타디니(Cittadini) 장군이 밀라노에 있는 무솔리니에게 전화를 걸어 새로운 내각에서 일정 부분의 권력을 보장해 주겠다고 말하자, 그는 그냥 수화기를 내려놓았다. 다음날 10월 29일 무솔리니는 내각을 맡기겠다는 제안을 정중히 받아들이고, 전화상의 제안을 전보로 확인해 달라는 단서를 붙였다. 전보는 제때 도착했다. 그날 저녁 그는 검은 셔츠를 차려입고 로마로 향하는 야간열차를 타기 위해 밀라노 역으로 갔다. 영국 대사 부인 시빌 그레이엄(Sybil Graham)이 우연히 같은 열차에 타고 있었다. 그녀가 본 바에 따르면, 무솔리니는 고위 당원들에게 둘러싸여 초조하게 시계를 보다가 사나운 얼굴로 역장을 돌아보았다. "기차가 정확히 제시간에 떠나기를 바라오. 이제부터는 모든 게 제대로 이루어져야 하오."[171] 이리하여 새로운 체제와 전설이 탄생하게 되었다.

인생의 마지막 10년 동안 무솔리니는 점점 더 비극적이고 기괴한 인물로 변했다. 오랜 시간이 지난 지금 돌아보면, 1922년 말부터 1930년대 중반까지 어떻게 그가 모든 이에게 유럽의 체스판에서 무적의 말로 보일 수 있었는지 이해하기 힘들다. 권력의 자리에 오르자, 그는 레닌식의 명백한 과오는 아무것도 저지르지 않았다. 비밀경찰을 창설하지도 않았고, 의회를 폐지하지도 않았다. 언론은 자유로운 상태로 남아 있었고, 야당의 지도자들 또한 자유로웠다. 살인이 있기는 했지만, 쿠데타 이전의 시기보다 적었다. 파시스트 대(大)평의회는 국가 기관이 되었고, 검은셔츠단은 합법화되었다. 위협적인 분위기 속에 치러진 1924년 4월 선거를 통해 파시스트당은 큰 차이로 다수당이 되었다. 그러나 무솔리니는 자신을 당의 지도자보다는 민족주의자로 여겼다. 그는 무력뿐만 아니라 합의를 통해서 통치했다고 말했다.[172] 그는 권력의지보다 공직에 대한 의지가 있었던 것 같다. 그는 공직에 남고 싶어 했고 존경받고 싶어 했다. 한마디로 그는 사랑을 원했다.

1924년 가장 정력적인 야당 의원이었던 자코모 마테오티(Giacomo Matteotti)가 살해당한 사건은 이런 환상에 종지부를 찍었다. 사람들은 무솔리니에게 사건의 책임이 있다고 믿었다.[173] 국회의원은 이전에도 살해당하곤 했다. 따라서 이 특정한 사건 때문에 이탈리아가 그토록 분노하고 외국이 그렇게 놀랐다는 것은 흥미로운 일이다. 이 사건은 무솔리니에게 엄청난 타격을 주었다. 이 타격은 마지막까지 사라지지 않았다. 그는 일종의 루비콘(Rubicon) 강을 건넌 셈인데, 사회주의자 및 자유주의자들과 그나마 유지되던 관계도 완전히 끊어졌다. 그리하여 극단주의라는 무기를 집어들 수밖에 없었다. 그는 오만과 치명적인 절망에 사로잡혀 1925년 1월 3일 행한 악명 높은 연설에서 파시즘의 시작을 알렸다. 야당 성향의 신문들은 정간되었다. 야당 지도자들은 외딴 섬에 유폐되었다. 무솔리니의 말에 따르면, 하나로 결집된 국가에서 반대 세력은 불필요했다. 그는 필요한 것은 뭐든 자신의 내부로부터, 그리고 충돌하는 객관적인 힘으로부터 찾아낼 수 있었다. 그는 레닌조차 질투심을 느낄 만한 언변을 지니고 있었다.[174] 무솔리니는 그때나 그 후에나 자주 인용되며 많은 감탄과 비난을 동시에 받았던 전체주의 원칙을 만들어 냈다. "모든 것은 국가 안에 있다. 국가 바깥에는 아무것도 없다. 국가에 대립하는 것은 아무것도 없다." 이런 원칙 아래 일련의 '파시스트 법'이 만들어졌는데, 여기에는 헌법, 형법, 실정법 그리고 사회 개혁법까지 포함되어 있었다. 특히 사회 개혁법은 조합주의 국가를 실현하려는 의지가 담겨 있었다.

이탈리아 파시즘에는 언제나 애매한 무언가가 있었다. 노동 헌장이나 전국 조합 평의회, 파시스트당, 조합 회의 같은 파시스트적 제도는 이탈리아 현실에는 그다지 잘 들어맞지 않았다. 그러나 무솔리니는 이렇게 큰소리쳤다. "우리는 정치적 힘을 통제한다. 우리는 도덕적 힘을 통제한다. 우리는 경제적 힘을 통제한다. 따라서 우리는 조합주의적 파시스트 국가의 한가운데 있는 것이다."[175] 하지만 그것은 행동보다는 말로 건설한 국가였다. 무솔리니의 전체주의적 정의가 현실을 반영하고 있었다면, 어떻게 교회를 인정할 수 있었단 말인가? 교회는 분명히 '국가의 외부'에 있지 않은가? 무솔리니는 교황청과 종교 협약까지 맺었다. 그것은 이전의 이탈리아 의회 체제에서는 생각할 수조차 없었던 일 아닌가? 한때 그는 파시즘을 '국가를 토대로 한 조직적이고 집중화된 권위주의적 민주주의'라고 정의한 바 있다.[176] 그렇다고 치자. 하지만 무엇에 근거해 이런 말을 하는 것인가? 무솔리니는 마지못해 파시스트가 되었다. 내면을 들여다보면 그는 여전히 마르크스주의자였다. 비록 그가 이단이었다고 하더라도 말이다. 그에게 '혁명'은 국가의 대규모적 수용이 없는 한 무의미했다. 그러나 그의 추종자와 동료는 대부분 그것을 원하지 않았다. 따라서 파시스트 유토피아는 모퉁이를 돌아 사라지고, 오로지 독재 지배만 남게 되었다. 대단원을 앞둔 1943년 젊은 투사 비토 파눈치오(Vito Panunzio)가 「파시스트 비판 Critica fascista」이라는 논설을 통해, '파시스트 혁명'을 일으킨다면 승리할 수 있을 것이라고 주장했다.[177] 사실 그때까지 무솔리니는 20년 이상 독재 권력을 손에 쥐고 있었을 뿐이다.

하지만 무솔리니가 파시즘을 실천하고 있지 않았다 해도, 그리고 파시즘을 정확히 정의할 수 없었다고 해도, 파시즘은 그 적수들, 특히 마르크스주의자들에게는 여전히 의심스러운 면이 있었다. 세련된 앵글로색슨계 자유주의자들에게는 파시즘이 독재를 위한 새로운 형태의 속임수로 여겨졌다. 레닌주의에 비하면 파시즘은 덜 잔인하고 사유 재산제에 대한 위험도 훨씬 덜했다. 그러나 마르크스주의자들에게는 파시즘이 훨씬 더 심각한 문제였다. 1920년대 중반에 파시스트 운동은 유럽 전역에 퍼져 있었다. 그들이 공유하고 있던 한 가지 특징은 매우 적극적인 형태를 띤 반(反)공산주의였다. 그들은 혁명적인 수단으로 혁명과 싸웠고, 무기를 들고 거리로 나가 공산주의자들과 맞섰다. 일찍이 1923년 '농민 공산주의'를 실행에 옮긴 알렉산드르 스탐볼리스키(Aleksandr Stamboliski)의 불가리아 농민당 정권은 파시스트 폭동으로 붕괴되었다. 코민테른(Comintern)은 공산주의 활동을 보급하고 지원하기 위해 소비에트 정부가 만든 새로운 국제기구로, '승리한 불가리아 파시스트 도당(徒黨)'에게 항의하라고 '세계의 노동자'들에게 호소했다. 그리하여 이때 처음으로 파시즘이 국제적인 현상으로 인식되었다.

하지만 파시즘이 정확히 무엇인가? 마르크스는 이에 관해 특별히 언급한 적이 없다. 또 레닌이 '역사 진행'에 파시즘을 끌어들여 설명하기에는 파시즘이 너무 늦게 등장했다. 파시즘은 실로 마르크스주의의 이단이며, 레닌주의 이단의 변형에 불과했다. 그러나 이들이 이 사실을 인정한다는 것은 생각할 수도 없었다. 파시즘은 마르크스레닌주의의 역사 기술과 들어맞아야 했다. 이에 따라 미래의 징후가 아니라 사라져 가는 부르주아 시대의 마지막 불꽃으로 보여야 했다. 부단한 연구 끝에 1933년 소련에서 파시즘에 대한 공식적인 정의가 내려졌다. 파시즘은 '가장 반동적이고 국수주의적이며 제국주의적인 금융 자본 요소의 노골적인 테러리스트 독재 체제'였다.[178] 왜 이런 헛소리를 해야 했을까? 그것은 '과학적인' 마르크스주의가 양차 대전 사이에 가장 뚜렷하게 나타난 이 정치적 현상을 예측하는 데 실패했기 때문이다.

그동안 무솔리니의 이탈리아는 레닌의 러시아와 마찬가지로 경험적인 실재였다. 모방하거나 피하기 위해 파시즘을 연구하려는 사람들이 이탈리아로 몰려들었다. 현대 역사가는 광범위한 영역에 걸쳐 신속하게 일어나고 전개되는 정치적 사건들의 상호 작용을 끊임없이 살펴보아야 한다. 라디오, 국제 전화망, 신문, 신속한 여행 수단이 개발되고 발전되면서 우주와 사물에 관한 새로운 과학적 인식에 맞게 사회적·정치적 전체론(holism)에 관한 새로운 개념이 만들어 졌기 때문이다.

마흐의 원리(Mach's Principle)는 세기말에 태어나 아인슈타인의 우주론의 일부가 되었다. 마흐의 원리에 따르면, 우주 전체가 국지적인 지구상의 사건에 영향을 미치고, 이와 동시에 아무리 사소한 지역적인 사건이라 하더라도 우주 전체에 영향을 미친다. 1920년대에 발전한 양자 역학은 동일한 원리가 아주 작은 수준에도 적용된다고 지적했다. 우주의 나머지 부분과 떨어져 존재하는 부분은 없었다.[179] '영광스런 고립'은 더 이상 실용적인 국가 정책이 아니었다. 미합중국도 1917년에 사실상 이를 인정했다.

이런 발전을 환영한 사람들이 많았다. 그들에게는 국제연맹이 환영할 만한 삶의 새로운 사실에 대한 응답으로 여겨졌다. 그러나 전 지구적인 정치적 전체론은 환영할 만한 것인 동시에 두려운 것으로 드러났다. 질병에 비유하는 것이 좋을 것 같다. 14세기 중반 흑사병은 50년 이상 여기저기로 전파되었는데, 그 마수가 미치지 않은 지역은 일부에 불과했다. 1918년 인플루엔자 바이러스는 단 몇 주 만에 세계 전역에 퍼졌다. 폭력과 테러, 전체주의 바이러스도 이와 똑같이 신속하게 곳곳에 퍼질 수 있었다. 러시아에는 이런 바이러스가 이미 단단히 뿌리를 내리고 있었다. 그리고 이제는 이탈리아에 퍼지기 시작했다.

링컨 스테펀스가 레닌 체제의 모스크바에서 '잘되어 가고 있는' 미래를 볼 수 있었다면, 전체주의 로마에서는 무엇을 못 보겠는가? 무솔리니는 그의 애매모호한 표현들로부터 마술같이 새로운 파시스트 문명을 불러낼 수는 없는 노릇이었고, 또 그렇게 하려고 하지도 않았다. 하지만 그가 행동을 좋아했고, 행동할 수 있다고 생각했으며, 실제로 행동에 재능이 있었다는 점이 대규모 건설 프로젝트를 낳았다. 무솔리니는 또 말라리아와 싸웠다. 당시까지 말라리아는 중남부 이탈리아를 피폐하게 하는 큰 고민거리였다.[180] 폰틴 마쉬(Pontine Marshes) 간척 사업은 큰 업적이었으며, 파시스트식 에너지의 상징이 되었다. 무솔리니는 뛰어난 파일럿이기도 했던 발보에게 지시하여 거대한 항공 산업 시설을 건설하게 했고, 이 일로 많은 국제적인 상을 수상했다. 또 다른 거물급 파시스트인 베네치아 금융업자 주세페 볼피(Giuseppe Volpi)는 내륙 쪽에 있는 마르게라(Mughera)와 메스트레(Mestre)에 산업 지대를 건설했다. 그는 또한 재무장관으로 리라를 재평가했다. 이로 인해 리라는 상대적으로 강한 통화(通貨)가 되었다.[181]

기차, 우편, 전화 서비스도 크게 향상되었다. 파업도 없었다. 그러나 부패는 계속되었고, 어쩌면 증가했다고 할 수도 있었다. 하지만 이전처럼 공공연하게 이루어지지는 않았고, 자주 언급되지도 않았다. 시칠리아에서는 아직 마피아가 활동하고 있었지만, 사실상 지하로 숨어들어야 했다. 무엇보다 거리에서 더 이상 폭력을 찾아볼 수 없었다. 이런 성과와 업적 가운데 일부는 피상적인 데 그쳤고, 다른 일부는 결국 이탈리아에 해를 가져왔지만, 외국인들과 여행객들, 수많은 이탈리아인에게는 이 모두가 전체적으로 깊은 인상을 남겼다. 이탈리아에 유토피아가 등장하지는 않았지만, 허기와 테러에 몸살을 앓는 러시아에 비한다면 그 성과는 가히 놀랄 만했다.

동쪽의 볼셰비키주의와 서쪽의 자유주의를 동시에 거부한 알프스 산맥 북쪽 사람들에게는 이탈리아의 르네상스가 제3의 길이 될 수 있는 것처럼 보였다.

제 **3** 장

히틀러를 기다리며

패배의 충격과 내부 충돌

1918년 11월 10일 포메라니아(Pomerania)에 있는 파제발크(Pasewalk) 육군 병원에 도착한 루터파의 군목(軍牧)이 환자들에게 호엔촐레른 왕조가 무너졌다는 소식을 전했다. 독일은 이제 공화국이 되었다. 부상당한 병사들에게는 청천벽력 같은 소리였다. 그 가운데는 스물아홉 살의 하사관 아돌프 히틀러도 끼여 있었다. 그는 대전 내내 서부 전선에서 싸웠다. 두 번이나 뛰어난 무공(武功)을 세웠고, 그해 초에는 철십자훈장(鐵十字勳章)을 받았다. 한 달 전 10월 13일 이프르(Ypres) 남부에서 히틀러는 영국의 머스터드 가스 공격에 일시적으로 시력을 잃었다. 그래서 그동안 신문을 읽을 수 없었다. 신문이 아니라도 제국의 붕괴와 혁명에 관한 소문은 무성했지만 신경 쓰지 않았다. 그런 것은 '지엽적인 사건'으로 '전선에 나와 있지 않은 …… 임질 때문에 병원에 입원해 있는 …… 몇몇 유대인들'이 과장한 이야기에 불과하다고 생각했다. 왕조의 패망을 알리는 노쇠한 군목은 눈물을 쏟았다. 그는 황제가 도피했고, 제국은 전쟁에서 패해 적군의 처분만을 바라고 있다고 말했다. 나중에 히틀러는 이렇게 썼다. "내 인생에서 가장 비통한 사건이었다. 눈앞이 깜깜했다. 나는 비틀거리며 겨우 벽을 짚고 병실로 돌아왔다. 침상에 몸을 던지고, 터질 것 같은 머리를 베개에 묻고 모포를 뒤집어썼다. 어머니의 무덤 앞에 섰던 날 이후로 울어본 적이 없었지만 …… 눈물을 흘리지 않을 수 없었다."[1]

　대부분의 독일인, 특히 병사들에게 패배의 충격은 상당했다. 서유럽 사람들은 결코 이해할 수 없는 것이었다. 독일인들은 아군이 서부 전선에서 퇴각하고 있다는 것을 알고 있었다. 하지만 퇴각은 질서 정연했고 군대는 온전했다. 사실 독일의 불안과 야심은 서부 전선을 향하고 있지 않았다. 독일이 전쟁에 뛰어든 주된 이유는 성장을 거듭하는 러시아의 산업과 군사력 때문이었다. 러시아는 거대하고 고압적이며 전제적인 데다가 미개한 이웃 나라였다. 그 러시아가 바로 턱밑에서 독일을 위협하고 있었던 것이다. 1918년 중반까지 독일은 서부 전선에서 필사적인 전투를 벌이고 있었지만, 이미 이 마귀 같은 나라를 격퇴한 상태였다. 차르의 러시아는 전쟁에 패하여 붕괴했다. 차르 체제의 뒤를 이은 소비에트 러시아는 강요된 평화 조약에 서명했다. 브레스트리토프스크조약은 독일이 원했던 절대적인 안전을 보장해주었다. 러시아는 이것 때문에 철강 생산 능력의 70퍼센트와 산업 총생산의 40퍼센트를 잃었다. 독일은 유럽 땅에서 가치 있는 모든 것을 러시아에서 얻었다. 독일 정부 인사는 만족한 말투로 "우리가 전시 국채의 이자를 그러모아야 할 곳은 동쪽에 있다"라고 말했다.[2] 실제로 러시아는 독일에 그보다 더 많은 것을 주었다. 독일은 다시금 동유럽에 방대한 경제 제국을 건설할 수 있다고 내다봤다. 중세부터 팽창해온 독일 문명의 목표는 거대한 평원을 식민지화하는 것이었다. 일반적인 독일인들에게 '동방의 매력'은 뒤늦은 아프리카 식민지화 사업과 상업권이나 해상권을 제패하려는 카이저의 노력보다 더 큰 의미를 지니고 있었다. 동방으로 향해 있는 독일의 '명백한 운명'을 가로막은 것은 차르의 러시아였다. 마침내 괴물 같은 전제 국가가 붕괴되었다. 독일 기사단은 다시 꿈을 실현할 수 있는 기회를 맞았다.

1918년 3월 1일 키예프가 함락되었고, 루덴도르프는 우크라이나를 점령했다. 독일이 감독하는 가운데 일종의 '지주들의 공화국'이 세워졌다. 제국은 이를 위성 식민지의 발판으로 삼았다. 카이저는 리보니아(Livonia)와 에스토니아(Estonia)를 아우르는 쿠를란트 대공(Duke of Courland) 신분을 얻었다. 쿠를란트는 소수의 독일인들이 관할하게 되었고 독일 경제에 속하게 되었다. 4월 독일군이 또 다른 위성 식민지가 될 만한 핀란드에 발을 들여 놓았다. 5월 7일에는 독일이 루마니아에 평화 조약을 강요했다. 그곳에서도 경제적 식민지화가 빠르게 진행되었다. 루덴도르프는 독일인 정착지로 생각해 둔 크림(Crimea) 반도에도 군대를 투입했다. 9월에 독일군은 중앙 아시아에서 전략적 거점을 확보하기 위해 바쿠(Baku) 유전 지대까지 들어가 트랜스코카시아로 뛰어들 준비를 했다. 합스부르크 왕가의 몰락이나 터키의 분할에 관한 소문도 독일인 지정학자들에게는 중부 유럽과 중동에서 더 많은 영토를 획득하고 경제적 침탈을 넓힐 기회로 여겨질 수 있었다. 1918년 초가을까지 독일인들은 패배는커녕 모든 부분에서 압도적인 승리를 거둔 것으로 생각했다. 사실 독일은 군사력과 경제력 면에서 보자면 미국이나 대영제국과 동등했다. 따라서 베르사유조약에서 제3의 초강대국으로 등장할 수도 있었을 것이다.

패배의 충격이 독일인들을 압도했지만, 그럼에도 어느 정도 환상은 남아 있었다. 그러나 윌슨 대통령과 하우스 대령이 비밀리에 '14개 조항'에 관한 영국과 프랑스 쪽의 해석을 받아들였다는 사실을 논외로 하더라도, 독일인들의 낙관적인 기대는 당치도 않았다. 남부 독일의 한 마을은 현수막을 내걸고 전쟁터에서 돌아오는 병사들을 맞았다. 현수막에는 이렇게 쓰여 있었다. "환영한다, 용감한 병사들이여! 여러분은 임무를 마쳤다. 그 다음은 하나님과 윌슨이 처리할 것이다."[3] 베르사유조약이 발표된 1919년 5월 마침내 독일인들도 진실을 알게 되었다. 사실 독일인들에게 베르사유조약이 진정으로 '카르타고식 평화'였던 것은 아니다. 케인스는 이 점에서 완전히 틀렸다. 오스트리아와 헝가리의 운명은 독일보다 훨씬 더 가혹했다. 베르사유조약은 독일이 비스마르크의 위업을 본질적인 부분에서는 그대로 보전하도록 허용해 주었다. 만약 평화의 길을 걸었다면, 독일은 다음 20년간 경제력 면에서 중부 유럽과 동유럽 국가 가운데 가장 유력한 국가가 되었을 것이다.

그러나 독일인들은 바로 얼마 전에 얻은 엄청난 이득을 기초로 현재의 손실을 바라볼 수밖에 없었다. 차르 체제의 러시아가 있었다면 독일에 끝도 없이 가혹한 조건을 강요했으리라고는 생각할 수 없었다. (분명히 1945년에 부과된 조건과 비슷했을 것이다.) 어쨌든 독일군은 차르 체제의 러시아를 무찌르지 않았던가? 그렇다면 왜 독일이 폴란드 회랑과 동프로이센에서, 무엇보다 석탄과 철이 풍부하고 산업이 발달한 슐레지엔에서 독일의 몫을 야만적인 슬라브인들에게 빼앗겨야 한다는 말인가? 독일인들에게 가장 큰 슬픔과 분노를 안겨준 것은 바로 이런 것이었다. 독일인들은 자존심에 큰 상처를 입었다. 그들에게는 독일인이 슬라브인의 통치를 받으며 산다는 것이 자연의 본성에 반하는 일이었다. 슐레지엔 지방의 주민 투표는 로이드 조지가 독일을 위해 어렵게 얻어낸 것이지만, 또 한 번 독일인들을 분노케 했을 뿐이다. 베르사유조약에 기초하여 투표 결과에 따라 슐레지엔의 분할이 허용된다는 사실을 독일 정부가 국민에게 설명해주지 않았기 때문이다. 1921년 3월 21일 주민 투표 결과 독일이 60퍼센트를 차지했다. 하지만 국제연맹은 폴란드가 다수를 차지한 지역을 포함하여 대략 영토의 40퍼센트를 폴란드에 할당했다. 이 지역에는 가장 중요한 산업 지대가 포함되었다. 독일인들은 또 한 번 속았다고 생각했고, 이번에는 그들의 분노가 국제연맹으로 향했다.[4]

어떤 의미에서 독일인들은 오랫동안 속아왔다고 말할 수 있다. 그러나 그들을 속인 것은 대개 독일 정부였다. 독일 정부는 국민에게 외교 정책의 목표와 수단에 대해 진실을 말한 적이 없다. 실제로 완전한 진실은 1961년 독일의 위대한 역사가 프리츠 피셔(Fritz Fischer)가 『세계 열강을 향한 기도 Griff nach der Weltmacht』를 출판하고 나서야 서서히 드러나기 시작했다. 프리츠는 독일의 팽창주의적 외교와 군사 정책에서 지속적으로 드러나는 침략적인 측면을 추적했다.[5] 독일의 역사가들 사이에서 길고 신랄한 논쟁이 벌어졌다. 논쟁은 마침내 1964년에 열린 독일역사협회의 베를린 회의에서 그 절정에 이르렀다.[6] 이 논쟁을 통해 독일이 행한 전쟁 범죄의 본질적인 부분이 의심의 여지없이 입증되었다. 때가 되자 프리츠의 비판자들도 대부분 사실을 받아들였다. 이에 관해서는 여기서 간략하게나마 살펴 볼 가치가 있다.

19세기 하반기에 독일은 거대한 산업 강국으로 부상했다. 그 결과 엄청난 수의 산업 프롤레타리아 계급이 생겨났다. 이들을 농민처럼 대우할 수는 없었다. 그러나 지주와 군인 등 독일의 지배 계급은 이들과 권력을 나눠 갖기를 꺼렸다. 그래서 비스마르크는 이중의 해결책을 생각해 냈다. 한편으로는 1880년대에 전통적 사회 복지 제도를 확충하여 프로이센 왕국을 세계 최초의 복지 국가로 만들었다.[7] 다른 한편으로는 팽창주의 전쟁이 끝난 뒤 하나의 거대한 환상을 창조했다. 그는 '포위하고 있는' 외세의 위협이라는 환상을 만들어 국가 통합을 유지했다. 독일은 이처럼 적국에 둘러싸여 있다는 생각으로 하나로 밀봉될 수 있었다. 비스마르크는 이 인위적인 악몽을 어떻게 다루어야 할지 알고 있었다. 하지만 그의 후계자들은 그 방법을 알지 못했다. 오히려 그들은 비스마르크가 조작해 낸 악몽을 믿게 되었고, 늘어나는 비합리주의와 공포의 희생자가 되었다. 늦어도 1911년에 이미 독일의 지배 집단은 새로운 인종 민족주의를 퍼뜨리고 있었다. "그 목적은 성공적인 외교 정책으로 지배 계

▶ 베트만 홀베크(1856~1921)
베른하르트 폰 뷜로 공작이 총리직을 사임하자 후임으로 총리에 취임했다. 행정관료 출신으로 총리에 임명된 최초의 인물로 행정가로서는 유능했지만 정치적 재능은 없었다.

급의 위치를 공고히 하는 데 있었다. 전쟁이 증가하는 사회적 긴장을 해소해 주리라는 기대가 생겨났다. 대중을 대규모 전쟁에 끌어들이면 분열되어 있던 국내 문제들이 통합될 것이고, 이를 통해 강력한 군주 국가를 이룰 수 있을 것이다."[8] 1914년 전쟁의 목적은 독일이 지배하는 새로운 유럽의 질서를 창조하는 것이었다. 베트만 홀베크의 비서 리츨러는 유럽의 경제적 통합이라는 목표가 '독일의 권력의지를 감추고 있는 유럽식 가면' 이라고 묘사했다.[9] 베트만 홀베크는 독일이 유럽을 완전히 지배하는 것을 영국이 받아들이지 않으리라는 것을 알고 있었다. 따라서 프랑스와 러시아뿐 아니라 영국을 쓰러뜨려야 했다. 그것은 독일이 세계 초강국이 되어야 한다는 것을 의미했다. 리츨러의 기록에 따르면 홀베크는 이렇게 생각했다. "영국의 비극적 실수는 독일이 모든 힘을 기울이고 모든 잠재 능력을 십분 활용하도록 강요한 것이다. 세계 문제에 뛰어들도록 우리를 부추기고, 우리의 뜻과는 상관없이 세계 지배에 대한 소망을 갖게 한 것이다."[10] 여기에서 마지막 말은 독일이 타국을 침략한 데 대한 도덕적 책임을 회피하고 싶

어 했다는 사실을 보여준다.

전쟁을 시작한 책임이 독일 군부와 민간 양측 모두에게 있다 하더라도, 패배의 규모가 커진 것은 장군과 제독들 탓이었다. 독일은 1917년 1월 9일을 기해 어떤 의미에서는 더 이상 민간 제국이기를 포기했다. 그날은 홀베크가 3년간 거부해 왔던 무제한 잠수함 작전 요구에 굴복한 날이다. 그 후로 제독들과 루덴도르프가 전쟁을 책임졌다. 이제 전쟁은 그들만의 전쟁이었다. 그들은 도박판의 판돈을 올렸다. 판돈을 모두 날렸을 때는 독일이 단순히 패하는 것이 아니라 붕괴하고 파산할 것이며, 수치와 불명예를 뒤집어쓰게 되리라는 것이 확실해졌다. 리츨러는 홀베크의 생각을 이렇게 대변했다. "우리는 사실상 연합국의 일방적인 명령을 받아들여야 할 것이다. 그것은 백 년 동안의 예속이 될 것이다. 세계를 향한 꿈은 영원히 수포로 돌아갔다. 모든 오만이 종말을 고했다. 독일인들은 세계 각지로 흩어질 것이다. 유대인의 운명처럼." [11]

케인스가 독일 의사 결정 기구의 핵심이었던 홀베크의 이런 절망적인 생각을 알지 못했다는 것은 참으로 유감스러운 일이다. 만약 케인스가 홀베크의 절망을 짐작이라도 했다면, 이른바 '카르타고식 평화'는 독일 통치자들이 예상하고 있던 것보다 훨씬 더 관대한 것이었음을 알 수 있었을 것이다. 그러나 압도적인 다수의 독일 대중은 케인스보다도 훨씬 무지했다. 그들은 전쟁이 주로 러시아의 팽창주의와 영국의 경제적 시기(猜忌) 때문에 일어났다고 생각했고 또 그렇게 믿었다. 독일인들에게는 전쟁이 생존을 위한 수비전(守備戰)이었다. 비극은 1918년 재앙이 찾아왔을 때 독일 민족에게 진실을 말할 기회를 놓쳤다는 것이다. 독일 사회주의자들 사이에서조차 전쟁의 책임을 인정하는 사람은 1919년에 살해된 크루트 아이스너, 전쟁 전의 외교 문서를 정리했던 카를 카우츠키, 군주제가 폐시된 후

핵심 문서를 볼 수 있었던 외무차관 에두아르트 다비트(Eduard David) 정도에 불과하다.[12] 그러나 진상을 명확히 밝히는 문서는 한 번도 간행된 적이 없었고 접근조차 불가능했다. 세계 최고라는 독일 역사가들은 그들의 책무를 저버리고 자신을 기만했다. 이 비극의 주연 배우들은 거짓말을 하거나 진실을 은폐했다. 베트만 홀베크라면 전쟁의 원인을 밝히거나 전쟁 패배에 대한 군부의 책임을 거론할 수도 있었을 것이다. 하지만 그럴만한 충분한 이유가 있었음에도 그는 그러지 않았다. 티르피츠와 루덴도르프가 비망록에서 홀베크를 헐뜯었지만, 그는 말을 아꼈다. 독일 사회에 널리 퍼져 있는 분열이 깊어질까 두려웠던 것이다.[13]

단순히 진실을 말하지 않은 것이 아니다. 독일의 전쟁 기구가 민간 세력의 패배주의와 비겁함에 '등을 찔렸다'는 신화를 만들어 진실을 의도적으로 감추었다. 돌아보면 이러한 신화가 받아들여진 것 또한 기묘한 일이다. 빌헬름 2세의 독일에서는 군부 반대 세력이 존재할 수 없었다. 따라서 그들의 등을 찌른다는 것은 어불성설이다. 독일은 여러 면에서 지구상에서 가장 군국화된 국가라고 볼 수 있었다. 새로운 산업조차 군사적 방식으로 관리했다. 공업 도시는 호엔촐레른 가문의 군인과 왕이 사는 병영 도시 주변에서 성장했다. 지속적인 군사 훈련은 사업가들뿐 아니라 초기 단계의 노조와 사회민주주의 세력에도 영향을 주었다. 이들 사이에서도 규율이 강조되었다. 또한 어디서나 제복을 볼 수 있었다. 카이저는 장관이나 정치인, 외교가들을 '어리석은 민간인들'이라고 불렀다. 정부 관리는 위엄을 세우기 위해 군복을 즐겨 입었다. 비스마르크는 기병대 군복을 과시하곤 했다. 총리 베트만 홀베크가 제국의회에 처음 참석할 때도 군복을 입고 있었다. 카이저 역시 집무실에서 의자 대신 규용 안장에 앉곤 했다.[14] 어쨌든 민간 세력이 곳곳에 퍼져 있는 이 거대한 군대식 구조를 뒤집어엎으려 했다는 생각은 터무니없는 것이다. 더구나 역사상 가장 큰 전쟁이 일어난 시기에 말이다.

사실은 그 반대였다. 루덴도르프는 어느 순간 게임이 끝났다는 것을 깨달았다. 그는 아직 시간이 있을 때 군대를 온전히 보존하기로 결심하고 휴전을 주장했다. 독일 황제에게 퇴위를 권고한 것은 그의 후임인 빌헬름 그뢰너(Wilhelm Groener) 장군이었다. 그뢰너는 황제에게 군대가 순조롭게 귀환하고 있다고 말했다. "하지만 폐하의 명령에 따르는 것은 아닙니다. 군대는 더 이상 폐하를 따르지 않습니다."[15] 군부는 전쟁을 꾀하고 판돈을 올렸다가 참패한 뒤, 슬그머니 책임을 회피하고 민간 세력에게 권한을 이양했다. 그리하여 민간 정부가 휴전을 타결하고 평화 조약에 서명하는 책임과 오명을 떠안았고, 그동안 장군들은 '등을 찔렸다' 는 구차한 변명을 준비하고 있었다.

독일인들은 자기기만과 국가적 근시안으로 독일을 끔찍한 혼란으로 몰고 간 자들에게 책임을 면제해 주었다. 연합국은 전범 재판소를 세우는 계획을 포기했고, 헤이그 조약을 어긴 독일군 장교들까지 독일에 인도했다. 독일 법정에 출두한 독일군 장교들은 어이가 없을 정도로 가벼운 형을 선고받았다. 그 뒤 그들은 출옥했고, 영웅이 되어 고향으로 돌아갔다.

대신 독일이 겪게 된 고통에 대한 비난의 화살은 사회주의자와 중도파 정치인에게 돌아갔다. 사회주의자들은 전쟁 전 제국의회에서 가장 큰 세력을 형성하고 있었다. 그러나 그들이 입각(入閣)한 적은 없었다. 또한 의회가 국가 재정에 충분한 권한이 없었기 때문에 독일의 제국주의를 막을 수 있는 수단이 아무것도 없었다. 이것이 전쟁 전 독일 '민주주의' 의 중요한 약점이었다. 그들이 반대표를 던져도 상황은 조금도 달라지지 않았다. 사실 사회주의자들은 1918년 초 독일이 러시아 영토를 병합하는 것을 반대했던 유일한 세력이다. 마침내 전쟁이 끝났을 때 그들은 일시적으로 권력을 얻었지만, 파산한 제국의 법적 관리인일 뿐이었다. 그들은 파산한 제국의 죄과를 떠맡아야 했다. 뒤이어 중도파 정치가들이 나섰을 때, 그들 역시 패배와 굴복, '연합국의 하수인'이 된다는 통념에 영향을 받을 수밖에 없었다.

정도의 차이가 있을 뿐 새로운 공화국의 모든 정치인에게 베르사유의 치욕이 덧씌워졌다. 심지어 공화국이라는 개념, 의회 민주주의라는 개념 전체에도 음울한 그림자가 드리워졌다. 독일인들은 처음으로 국가를 운영할 수 있는 기회를 얻었다. 20살이 넘은 모든 남녀에게 투표권이 주어졌다. 모든 공공 조직에 대한 선거는 비례 대표제에 따른 평등 · 비밀 · 직접 선거 원칙이 적용되었다. 검열 제도는 폐지되었다. 집회의 권리도 보장되었다. 고용주들은 노조도 승인했고, 하루 8시간 노동이 의무화되었다.[16] 1919년 1월 최초의 선거가 치러졌을 때 투표에 참여한 80퍼센트의 유권자 가운데 4분의 3이 공화국을 지지했다.

새로운 바이마르 헌법은 위대한 사회학자 막스 베버의 주도하에 초안이 마련되었다. 이 헌법에 따라 의회는 처음으로 완전한 재정권(財政權)을 얻게 되었다. 바이마르 헌법은 미국 헌법의 최고 장점들을 모두 구현하고 있는 것으로 생각되었다. 그러나 여기에는 중대한 결점이 있었다. 7년 임기로 선출되는 대통령이 정부의 수반이 아니었던 것이다. 정부 수반은 총리였고, 그 자리는 의회를 책임지는 정당 인사가 차지했다. 하지만 헌법 제48조에 따라 의회가 회기 중이 아닐 때는 대통령에게 비상 조치권이 주어졌다. 1923년 이후 의회가 교착 상태에 빠질 때마다 이 조항이 오용되어 대통령의 비상 조치권이 발동되곤 했다. 의회는 자주 교착 상태에 빠졌다. 비례 대표제가 양당 체제와 절대 다수당의 형성을 방해했기 때문이다. 독일과 독일 국민이 형이상학적이고 유기적인 통일체라는 관념 아래에서 자라난 독일인들에게 분열과 혼란을 일으키는 의회의 모습은 비정상으로 보였다. 의회가 참되고 불가피한 이해의 충돌을 평화적으로 해결하는 공개적인 장소라는 주장이 그들에게는 이질적이고 받아들일 수 없는 것이었다. 대신 그들은 제국의회를 단순히 '정당들의 게임'이 펼쳐지는 극장으로 받아들였다. 그들에게 영예로운 독일은 오로지 대통령 한 사람과 제48조 속에 구현되어 있었다. 이 헌법상의 결함은 사회주의자였던 초대 대통령 프리드리히 에베르트(Friedrich Ebert) 아래서 명확히 드러났다. 그는 불화를 해결하도록 의원들에게 영향력을 행사하기보다는 권력을 직접 행사하는 쪽을 좋아했다. 독일 육군 사령관 힌덴부르크(Paul von Hindenburg)가 그를 대신하자 상황은 더 악화되었다.

루덴도르프가 전쟁을 이끌었음에도 불구하고, 대중의 전쟁 영웅이 된 것은 명목상 최고사령관이었던 힌덴부르크였다. 1916년 그를 본떠 거대한 나무 조각상이 만들어졌다. 조각상은 승리를 향한 독일인들의 결의를 상징하고 있었다. 전시 국채를 사면 조각상에 못을 박을 수 있었는데, 이 거대한 조각상에는 대략 10만 개의 못이 박혔고, 전쟁이 끝나자마자 부수어져 불쏘시개가 되었다. 조각상의 운명은 마치 군부의 퇴장과 문민 세력의 통치를 상징하는 것 같았다. 베르사유조약과 전후에 겪게 된 모든 곤경이나 수치와 동일시된 것은 바이마르 공화국, 특히 의회였다. 목재로 만든 거인이 대통령이 되어 돌아오자, 이제 그는 전시의 영웅주의, 정당 간의 분열과는 상반되는 독일의 화합뿐만 아니라 바이마르 헌법에 내재해 있는 반공화주의적 반대 원리를 상징하게 되었다. 총리를 임명 또는 해임하고 제국의회를 해산시키는 대통령의 권한을 사용한 것도 힌덴부르크였다. 이로 인해 바이마르 시대 말기에는 의회제 정부의 기능이 사실상 중지되었다. 히틀러라는 인물이 이러한 과정의 절정에 서 있었다. 그는 1933년 4월 국회가 사라지기도 전에 제48조를 이용하여 독재의 토대를 구축했다.

만약 독일 사회 그리고 독일의 정신 속에 존재하는 더 깊은 분열을 반영하고 있는 것만 아니라면, 이 헌법상의 균열은 문제가 되지 않았을 것이다. 나는 이 균열을 동서 분열이라고 부른다. 현대가 독일의 운명에 영향을 받아왔다는 사실을 부정할 수 없는 한, 이것은 현대의 중심적인 테마 가운데 하나라 할 수 있을 것이다. 대전 전 독일의 체제는 군주와 군사령관, 지주, 그리고 이들에게 학문적인 합법성을 부여했던 법률 전문가, 도덕적 권위를 부여했던 루터파 목사들로 이루어져 있었다. 독일 체제의 주된 특징은 반(反)자유주의였다. 독일의 지배 계층은 서구를 증오할 뿐 아니라 혐오했다. 서구의 자유주의 사상과, (그들의 견해에 따르면) 이 사상이 구현하고 있는 철저한 물질주의와 정신성의 결여 때문이었다. 그들은 독일을 서구의 영향에서 벗어나 '순수한' 상태로 보존하고 싶어했다. 이것은 그들이 중세 시대의 정복 활동과 동유럽의 식민지 건설을 재개하고자 했던 동기 중 하나다. 독일을 위한 대륙의 제국이 마련된다면, 앵글로색슨의 지배 체제에서 떨어져 나올 수 있을 것이었다. 이 동부인들은 '문명'과 '문화'를 구분했다. 문명은 뿌리가 없고 전 세계적이며 부도덕하고 비(非)독일적이며 서구적인 데다 물질주의적이며 인종적으로 불결했다. 문화는 순수하고 민족적이며 독일적이고 정신적이고 믿을 만한 것이었다.[17] 문명은 독일을 서구로 이끌었고 문화는 독일을 동구로 이끌었다. 진정한 독일은 국제 문명의 일부가 아니라 고유한 민족 문화였다. 독일이 서구의 매력에 빠졌을 때는 재앙을 만났지만, 동구에서 자신의 운명을 찾았을 때는 역량을 충분히 발휘할 수 있었다.

사실의 관점에서 보자면, 줄곧 독일을 지배해온 것은 이런 동방파였다.

그들은 전쟁 공포를 만들어 내고 독일을 전쟁으로 이끌었으며, 그 뒤 전쟁에서 패배했다. 그러나 독일인 대부분의 마음속에서는, '등을 찔렸다' 는 신화가 이 사실적 분석을 반박하고 있었다. 이 신화에 따르면 패전은 서방파의 패배주의와 배신 탓이었다. 그들은 휴전 협정에 서명했고 끔찍한 평화 조약의 조건을 받아들였으며 공화제를 도입했고 '정당의 지배' 를 가져왔다. 따라서 전후 독일의 모든 불행에 대한 책임은 서방파에 있었다. 그것은 논리적이기도 했다. 그들은 파리와 런던에 있는 서유럽 정치인들 아니면 월 스트리트나 런던 시에 있는 국제 금융가들의 꼭두각시 또는 고용인(雇傭人)들이었기 때문이다. 독일에서 그들의 전초 기지는 바이마르에 있는 의회였다. 그러나 독일 문화는 아직 공화국 내에 최후의 보루를 남겨두고 있었다. 그것은 바로 걸출한 동방파인 힌덴부르크 대통령과 제48조의 권한이었다. 때가 되면 거기에서 시작해 강력한 교두보를 구축할 수도 있을 것이다.

만개한 바이마르 문명

하지만 당장은 서방파가 승리를 거두었다. 바이마르는 '서구적' 공화국으로 문화보다는 문명을 대표했다. 요컨대 문명은 여당이 되었고, 문화는 야당이 되었다. 독일 문명이 1920년대에 화려하게 개화했다는 사실은 단순한 우연이 아니다. 그때는 독일이 짧은 기간이나마 사상과 예술에서 세계의 중심이었다. 사실 이 승리는 오랫동안 준비한 결과였다. 독일은 세계에서 교육 수준이 가장 높은 나라였다. 19세기 말에 이미 식자율(識字率)이 50퍼센트를 넘어섰다. 19세기 동안 독일은 학문적 면밀함과 다양성에 있어 어느 나라도 따라오지 못할 최고 수준의 고등 교육 시스템을 발전시켜 나갔다. 뮌헨, 베를린, 함부르크, 괴팅겐, 마르부르크, 프라이부르크, 하이델베르크, 프랑크푸르트에는 세계적으로 유명한 대학이 있었다. 독일의 자유주의 지식인들은 1860년대 자발적으로 공직과 정치 생활에서 물러났고, 그들이 떠나간 자리는 비스마르크와 후계자들이 대신 차지했다. 하지만 자유주의 지식인들이 다른 나라로 떠난 것은 아니다. 국내 각지로 흩어진 것뿐이다. 그들이 세계대전이 일어나기 바로 전에 다시 등장하여 1918년 지배력을 획득했을 때, 가장 현저한 특징으로 드러난 것은 그들의 다원적인 힘이었다.

물론 인구 400만 명의 베를린이 패권을 쥐고 있었다. 하지만 파리와 달리 베를린은 전국의 지적·예술적 에너지를 모두 빨아들이지는 않았다. 베를린에는 알렉산더 광장과 쿠르퓌르스텐담(Kurfürstendamm, 독일 제일의 번화가)이 있었지만, 다른 곳에도 문화 장소는 많았다. 드레스덴(Dresden)의 브루엘(Bruehl), 함부르크의 융페른슈테크(Jungfernsteg), 브레슬라우(Breslau)의 슈바이드니처슈트라세(Schweidnitzterstrasse), 프랑크푸르트의 카이저슈트라세(Kaiserstrasse) 등. 건축 실험의 중심이 된 유명한 바우하우스(Bauhaus)는 바이마르에 있었고, 나중에 데사우(Dessau)로 옮겨졌다. 예술 연구의 가장 중요한 장소였던 바르부르크 연구소(Warburg Institute)는 함부르크에 있었다. 드레스덴은 세계적인 미술관과 더불어 홀륭한 오페라 극장이 있었다. 이 극장에서는 리하르트 슈트라우스(Richard Strauss)의 두 작품이 프리츠 부슈(Fritz Busch)의 지휘로 초연되기도 했다. 뮌헨에는 20여 곳의 오페라 극장과 큰 미술관이 있었다. 이 도시에는 일류 풍자 잡지 『짐플리시시무스 Simplicissimus』가 있었고, 당대를 풍미한 소설가 토마스 만이 살았다. 「프랑크푸르터 차이퉁 Frankfurter Zeitung」은 독일 최고의 신문이었는데, 프랑크푸르트는 뮌헨처럼 대표적인 연극과 오페라의 중심지였다. 뉘른베르크(Nuremberg), 다름슈타트(Darmstadt), 라이프치히, 뒤셀도르프(Düsseldorf) 같은 도시에서도 20세기의 중요한 공연들이 초연되곤 했다.[18]

베를린이 특히 유명했던 것은 극장 때문이었다. 1920년대에 베를린은 정치색이 강하긴 했지만, 연극에서 세계적으로 단연 풍요한 결실을 맺은 곳이다. 베를린은 막스 라인하르트(Max Reinhardt)가 도이치 극단을 장악하면서 전쟁 전부터 각광을 받기 시작했다. 1918년이 되자 공화주의자들이 연극계를 완전히 장악했다. 일부 극작가들은 프리드리히 볼프(Friedrich Wolf)와 에른스트 톨러(Ernst Toller)처럼 혁명가로 헌신하기도 했다. 에른 스트 톨러는 에르빈 피스카토르(Erwin Piscator)의 '프롤레타리아 극단'을 위해 일했는데, 이 극단의 무대 미술은 게오르게 그로스(George Grosz)가 담당했다. 베르톨트 브레히트(Bertolt Brecht)는 연극 「밤의 북소리 Drums on the Night」를 1922년 베를린에서 처음 무대에 올렸다. 그때 그는 스물네 살이었고 희곡으로 정치를 풍자했다. 브레히트는 폭력 때문에 공산주의에 매료되었다. 그가 미국의 갱 문화에 끌린 것도 같은 이유였다. 그의 친구 아 르놀트 브로넨(Arnolt Bronnen) 같은 경우는 파시즘에 매료되었다. 브레 히트는 자신의 '제복'을 손수 디자인했는데, 가죽 모자, 철테 안경, 가죽 코트로 이루어진 최초의 좌파 의상이었다. 1928년 크루트 바일(Kurt Weill)이 작곡하고 브레히트가 대본을 쓴 「서푼짜리 오페라 Threepenny Opera」는 그 해에만 전 유럽에서 4,000회 이상 공연되어 일찍이 유례가 없 는 성공을 거두었다.[19] 그러나 베를린의 성공작들은 대부분 자유주의 지식 인들이 쓴 작품이었다. 이런 작품들은 직접 정치적인 목소리를 내기보다 는 '대담하고' 염세적인 문제작들로, 무엇보다 '혼란스러운' 것으로 유명 했다. 이런 부류의 작가로는 게오르크 카이저(Georg Kaiser), 카를 슈테른 하임(Carl Sternheim), 아르투어 슈니츨러(Arthur Schnitzler), 발터 하젠클 레버(Walter Hasenclever), 페르디난트 브루크너(Ferdinand Bruckner), 페렝크 몰나르(Ferenc Molnar) 같은 사람들이 있었다.[20] 때로 카를 추크마 이어(Carl Zuckmayer)의 「즐거운 포도원 Der fröhliche Weinberg」이 초연 되는 날 그랬던 것처럼 '문화적 우익' 들이 소란을 일으키러 특정 연극을 보러 가기도 했다. (추크마이어는 영화 「푸른 천사 The Blue Angel」의 대 본을 쓰기도 했다.) 그러나 사실 보수주의자들의 적대감은 연극계 전체를

217

향해 있었다. 베를린에서 우익 성향이나 민족주의 연극은 하나도 상연되지 않았기 때문이다. 게르하르트 하우프트만(Gerhart Hauptmann)의 연극을 본 후, 뼛속까지 독일인인 한 경찰관은 "이런 경향 전체를 일소해 버려야 한다"는 한마디로 독일의 반응을 요약했다.[21]

베를린은 연극뿐만 아니라 오페라나 영화 분야에서도 세계의 중심지였다. 그곳에는 일류 감독, 연출가, 지휘자, 감독, 제작자들로 북적거렸다. 라인하르트, 레오폴트 예스너(Leopold Jessner), 막스 오풀스(Max Ophuls), 빅토르 바르노프스키(Victor Barnowsky), 오토 클렘페러(Otto Klemperer), 브루노 발터(Bruno Walter), 레오 블레히(Leo Blech), 「푸른 천사」의 요제프 폰 슈테른베르크(Joseph von Sternberg), 에른스트 루비치(Ernst Lubitsch), 「에밀과 탐정들 Emil and Detectives」의 빌리 와일더(Billy Wilder), 「메트로폴리스 Metropolis」의 프리츠 랑(Fritz Lang) 등이 베를린에서 활동했다. 무대와 의상 디자인, 제작, 조명 효과, 오케스트라 연주와 합창, 그 외 세세한 부분에 이르기까지 베를린과 경쟁할만한 도시는 찾아보기 어려웠다. 아널드 쇤베르크의 수제자인 알반 베르크의 신작 오페라 「보체크 Wozzeck」가 1925년 베를린 국립 오페라 극장에서 초연되었는데, 지휘자 에리히 클라이버(Erich Kleiber)는 이를 위해 무려 130회의 리허설을 요구했다고 한다.[22] 1929년 베를린의 음악제에는 리하르트 슈트라우스, 브루노 발터, 푸르트벵글러(Wilhelm Furtwängler), 조지 셀(George Szell), 클렘페러, 토스카니니(Arturo Toscanini), 질리(Beniamino Gigli), 카잘스(Pablo Casals), 코르토(Alfred Cortot), 티보(Jacques Thibaud)가 모습을 드러냈다.[23] 이런 인적자원과 숙련된 기술, 전문 지식을 배경으로 독일은 세계 영화 산업을 이끌었다. 1920년대 독일에서 제작된 영화의 편수는 나머지 유럽 국가에서 제작된 수보다 많았다. 독일에서

는 1922년 한 해에만 646편의 영화가 제작되었다.[24]

그뿐 아니라 독일은 시각 예술 분야에서 더 큰 성공을 거두었다. 1918년 발터 그로피우스(Walter Gropius)는 바이마르 공예 학교(Bauhaus)의 교장이 되었고, 이때부터 '총체예술작품(Gesamptkunstwerk)'에 관한 이론을 실천에 옮기기 시작했다. 총체예술작품은 리하르트 바그너(Wilhelm Richard Wagner)가 처음 사용한 용어였지만, 여기서는 중세 대성당에서 끌어낸 개념으로 회화, 건축, 가구, 유리 · 금속 세공, 조각, 보석류, 직물을 종합적으로 응용하는 것을 의미했다. 개념 자체는 고딕의 전통에서 나왔지만, 바우하우스의 분위기는 최신 소재와 건축 기술을 기능적으로 사용하는 방식이 지배적이었다. 바우하우스 교사였던 로타르 슈라이어(Lothar Schreyer)는 "우리는 말 그대로 새로운 세계를 건설하는 기분이었다"라고 말했다. 많은 예술가가 바우하우스에 매료되었다. 이곳을 방문한 예술가들 중에는 클레(Paul Klee), 칸딘스키(Wassily Kandinsky), 미스 반 데어 로에(Ludwig Mies Van Der Rohe), 오스카르 슐레머(Oskar Schlemmer), 하네스 마이어(Hannes Meyer), 바르토크(Bartók Béla), 힌데미트(Paul Hindemith), 스트라빈스키가 있었다.[25]

사실 바이마르에서 참으로 독창적이었던 것, 그리고 바이마르에 고유한 영향력을 주었던 것은 모더니즘의 제도화였다. 예술의 전 범위에 걸쳐 바이마르는 다른 어떤 사회나 정치체제보다 관대했다. 일류 독일 박물관들은 현대 회화와 조각을 구입하기 시작했다. 그것은 오페라 극장이 무조(無調) 음악을 후원한 것과 마찬가지였다. 오토 딕스(Otto Dix)는 베를린에서, 파울 클레(Paul Klee)는 뒤셀도르프에서, 코코슈카(Oskar Kokoschka)는 드레스덴에서 미술 교수가 되었다. 카를 아인슈타인(Carl Einstein), 보링거(Wilhelm R. Worringer), 막스 드보르자크(Max Dvorák) 같은 예술 이론가와 역사가들은 모더니즘을 수용하는 데 중요한 역할을 했다. 드보르자크는 유럽의 예술 전통 안에서 추상 미술과 표현주의의 자리를 찾아 주었다. 결과적으로 베를린은 현대 회화 전시의 중심지로 파리와 경쟁하게 되었고, 파리를 압도하기까지 했다. 『질풍 Der Sturm』이라는 잡지를 발간하기도 했던 헤르바르트 발덴(Herwarth Walden)과 그의 아내 엘제 라스커 쉴러(Else Lasker-Schüler)가 운영하는 화랑은 파리 센 강 좌안(左岸)에서 가장 활발한 활동을 펼쳤다. 이 화랑에는 레제(Fernand Leger), 샤갈(Marc Chagall), 클레, 크루트 슈비터스(Kurt Schwitters), 모홀리 나기(László Moholy-Nagy), 캄펜동크(Heinrich Campendonck)의 작품이 전시되었다. 1923년 쇠퇴해 가던 표현주의를 대신한 신즉물주의(Neue Sachlichkeit)는 파리에서 일어난 어떤 운동보다 큰 주목을 받았다.[26]

사실 바이마르 체제하의 독일에서는 모더니즘 문화가 가장 크게 발전했다. 동방파들에게는 이것 자체가 부아가 치미는 일이었다. 그들은 이를 문화적 볼셰비키주의라고 불렀다. 전쟁 중 독일의 초(超)애국적 언론들은 전쟁의 패배가 서구의 '퇴폐적' 예술, 문학, 철학의 범람을 가져올 것이라고 경고했다. 로이드 조지와 클레망소가 입체파를 독일인들의 목구멍에 쑤셔 넣기 위해 베를린에 오려고 안달이 나 있다는 것이다. 그런데 이제 그런 일이 실제로 벌어지고 있는 것 아닌가! 바이마르는 모더니즘과 전통주의가 유럽, 나아가 세계의 패권을 놓고 싸움을 벌이는 전장이 되었다. 바이마르에서는 여러 기관과 제도를 현대화했다. 법 또한 모더니즘의 편에 서 있었다. 바이마르의 검열 관련 법은 여전히 엄격했지만, 유럽의 다른 어느 나라보다도 느슨했다. 「푸른 천사」 같은 영화는 파리에서라면 상영될 수 없었을 것이다. 베를린의 연극 무대와 나이트 클럽 쇼는 다른 나라의 주요 도시에 비해 거의 제한을 받지 않았다. 희곡, 소설, 심지어 회화조차 동성애, 사

▶ **크루트 투홀스키(1890~1935)**
베를린 모아비트에서 태어나 1924년에 파리로, 1930년에 스웨덴으로 이주했다. 바이마르공화국의
중요한 저널리스트로 『벨트뷔네』 편집자로 활동하며 하이네의 전통에 따라 사회를 비판했다.

도-마조히즘, 복장 도착증, 근친상간 등의 테마를 다루었다. 지식인 계급이
프로이트의 저술을 완전히 흡수하고 가장 폭넓은 범위의 예술 표현에까지
반영시킨 것도 독일에서였다.

좌파 지식인들은 종종 의도적으로 '올바른 사고'의 독일인들을 분노케
했다. 사실 그들은 군대, 교회, 법원, 학회의 관습적인 통념 아래서 오랫동
안 숨죽여왔다. 그런데 이제 드디어 국외자들의 시간이 온 것이다. 그들은
흥미롭게도 전례를 찾아보기 힘든 방식으로 바이마르 사회의 내부자가 되
었다. 새로운 정기 간행물 가운데 가장 활기차고 인상적인 잡지였던 『벨트
뷔네 *Weltbühne*』는 성적인 자유와 평화주의를 찬미했다. 군대, 국가, 대
학, 교회, 그리고 무엇보다 풍족하게 사는 근면한 중산 계급이 비난과 조소
를 받았다. 여기에는 크루트 투홀스키(Kurt Tucholsky)의 글이 실렸다. 투
홀스키는 많은 사람이 하이네에 비유하는 풍자 작가다. 그는 펜을 들어 다
른 어떤 작가보다 자주 그리고 성공적으로 동방파들의 아픈 곳을 찔렀다.
그의 언어는 게오르게 그로스의 통렬한 캐리커처에 비견되곤 했다. 그는

"내가 외국에 건네주고 싶지 않은 독일군의 기밀은 하나도 없다"라고 말했다.[27] 투홀스키는 놀라운 재능을 지니고 있었다. 그는 고통을 주고 증오와 분노를 일으키는 데 성공했다.

이 문화적 참호전은 당연히 제네바 협약 따위는 상관하지 않았고, 악의적이고 무자비하며 적대감과 원한으로 가득 차 있었다. 이로 인해 동방파들의 유전적 형질이 다시 발현되는 결과가 생겨났다. 동방파들이 대중의 영역에 접근한 방식은 편집증적이었다. 이런 편집증은 어느 정도는 비스마르크가 의도적으로 만든 것이다. 그러나 1914년보다 훨씬 전에 이 편집증은 이미 본능적이며 습관적인 것이 되었고, 제국이 세계적인 음모에 관심을 갖고 나서는 정치적 · 경제적 · 군사적 · 문화적인 것이 되었다. 전쟁의 재앙은 이런 망상을 쫓아버리기는커녕 망상을 확인시켜 주었다. "이제 고귀하고 무기력하며 수난당하는 독일은 패배에 신음하며 세계주의적 망나니들의 조소 섞인 학대를 받고 있다. 이 파렴치한 무리가 예술 무대를 완전히 장악하고 있는 것으로 드러났다. 이들은 또 은밀히 서로 공모하여 조직적으로 독일의 문화를 그들의 저주받은 문명으로 대체해 가고 있는 것이다." 불만과 원한은 1920년대 내내 계속 커졌다. 후송(Friedrich Hussong)은 나치가 권력을 잡기 몇 주 전에 출간된 『쿠어퓌르스텐담 *Kurfürstendamm*』이라는 책에서 이를 적절하게 표현하였다.

기적이 일어났다. 그들은 더 이상 여기에 없다. …… 그들은 자신들이 독일의 정신이며, 독일의 문화, 독일의 현재와 미래라고 주장했다. 그들은 세계에서 독일을 대표하며, 독일의 이름으로 말했다. …… 그들에게 다른 모든 것은 잘못되고 열등하며 애처로울 정도로 저급하고 혐오스러운 속물주의에 불과했다. 그들은 언제나 앞줄에 앉아 있었다. 그들은 정신적 기사도와 유럽주의의 세례를 베풀었다. 그들이 허락하지 않는 것은 존재하지 않았다. 그들은 자신과 타인을 '만들었다.' 그들에게 협조하는 자는 누구든 틀림없이 성공했다. 그는 무대에 등장하게 되고 신문이나 잡지에 글을 쓰게 되고 세계 전역에 알려지게 된다. 그가 만들어낸 상품 역시 그것이 치즈든 상대성이론이든 가루약이든 시대극이든 특허 의약품이든 인권이든 민주주의든 볼셰비키주의든 낙태 광고든 법 체제에 대한 반대 선전이든 썩어빠진 흑인 음악이든 누드 댄스든 상관없이 추천을 받는다. 요컨대 민주적인 지식인 계급과 문명적 문인의 독재보다 더 무분별한 독재는 없다.[28]

물론 이런 망상은 유대인들이 바이마르 문화를 만들었고 또 지배하고 있다는 믿음을 통해 뒷받침되고 강화되었다. "참으로 바이마르 체제는 유대 공화국이 아니란 말인가?" 이 절망적인 외침은 사실 근거가 없다. 유대인들이 볼셰비키 체제와 국제적인 자본가들의 네트워크 양쪽을 모두 지배하고 있다는 모순된 이론에 뿌리를 두고 있기 때문이다. 유대인들이 공산주의 운동의 초기에 두각을 나타냈던 것은 사실이다. 하지만 볼셰비키가 권력을 획득하자 러시아에서 유대인들은 점차 입지를 잃었다. 1925년에 이르면 볼셰비키 체제는 이미 반유대적으로 변해 있었다. 독일에서도 유대인들은 공산당의 창설에 중요한 역할을 했음에도 불구하고, 일단 공산당이 대중 정당으로 편제되자 신속히 제거되었다. 1932년 선거에서 500명의 공산당 후보 가운데 유대인은 한 명도 없었다.[29] 스펙트럼의 다른 쪽 끝을 보면, 유대인들이 독일의 금융이나 산업에서 그리 중요했던 것은 아니다. 그러한 믿음은 사실 비스마르크와 그의 재정 고문 게르손 폰 블라이히뢰더(Gerson von Bleichröder) 간의 불가사의한 관계에 근거하고 있었다. 블라이히뢰더는 유대인이었고, 독일의 전쟁 자금을 마련하기 위해 로트실트가(家)나 다른 은행가 집안을 끌어들였다.[30] 그러나 1920년대에 유대인들은 정부의 재정에는 관여하고 있지 않았다. 유대인 사업가들은 정치와 거리를 두고 있었다. 독일 산업계를 대표하는 것은 알프레트 후겐베르크(Alfred Hugenberg)나 반유대주의 독일 국가인민당이었다. 유대인들은 바이마르 공화국의 건립에 매우 적극적인 활동을 벌였지만, 1920년 이후 고위 공직에 있었던 유대인들은 얼마 안 되었고, 이중 한 명인 발테 라테나우(Walther Rathenau)는 2년 뒤 살해당했다.

고개를 드는 반유대주의

하지만 문화에서는 다른 양상을 보였다. 그게 사실이든 허구든 문화 폭정만큼 화나는 일은 없을 것이다. 그런데 바이마르 문화에서는 유대인들이 문화적 폭정을 행한다고 생각하기가 쉬웠다. 가장 큰 증오의 대상은 유대인 투홀스키였다. 막시밀리안 하르덴(Maximilian Harden), 테오도어 볼프(Theodor-Wolff), 테오도르 레싱(Theodor Lessing), 에른스트 블로흐(Ernst Bloch), 펠릭스 잘텐(Felix Salten) 같은 중요한 비평가나 여론 형성자들도 유대인이었다. 최고의 영화감독들 거의 모두가, 그리고 슈테른하임과 슈니츨러 같은 성공한 극작가들 절반가량이 유대계였다. 유대인들은 가벼운 오락거리에서도 우세를 보였고, 연극 비평계에서는 더욱 그랬다. 이 때문에 동방파들은 속이 쓰렸다. 뛰어난 재능으로 각광을 받는 유대인 배우도 많았다. 엘리자베스 베르그너(Elizabeth Bergner), 에르나 자크(Erna Sack), 페테르 로레, 리하르트 타우버(Richard Tauber), 콘라트 바이트(Conrad Veidt), 프리츠 코르트너(Fritz Kortner)도 유대인이었다. 유대인들은 「프랑크푸르터 차이퉁」 「베를리너 타게블라트 Berliner Tageblatt」 「포시셰 차이퉁 Vossische Zeitung」 등 중요한 신문도 소유하고 있었으며,

영향력이 큰 미술관도 경영했다. 그들은 특히 출판계에서 강력한 세력을 형성하고 있었다. 아마도 출판은 유대인들이 대도시의 백화점 다음으로 절대적 우세를 보인 사업 분야였을 것이다. 말리크 출판사(Malik Verlag), 크루트 볼프(Kurt Wolff), 카시러(Cassirere), 게오르크 본디(Georg Bondi), 에리히 라이스(Erich Reiss), S. 피셔(S. Fischer) 등 일류 자유주의 출판사들은 모두 유대인이 소유하거나 경영했다. 소설가로 이름을 날린 유대인도 많았다. 헤르만 브로흐(Hermann Broch), 알프레트 되블린(Alfred Döblin), 프란츠 베르펠(Franz Werfel), 아르놀트 츠바이크(Arnold Zweig), 비키 바움(Vicki Baum), 리온 포이히트방어(Lion Feuchtwanger), 브루노 프랑크(Bruno Frank), 알프레트 노이만(Alfred Neumann), 에른스트 바이스(Ernst Weiss), 프란츠 카프카(Franz Kafka)도 유대인이었다. 카프카는 지식인 계급에서 프루스트나 조이스와 동급으로 평가되었고, 동방파들 사이에서는 특히 혐오의 대상이 되었다. 건축, 조각, 회화, 음악 등 예술 전 분야에서, 보수적인 취향에 불쾌감을 주는 갑작스런 변화가 찾아온 곳이면 어디든 유대인들이 적극적으로 참여했다. 비록 그들이 지배력을 얻는 데까지 이르지는 못했다고 하더라도 말이다. 음악 분야에서 유일한 예외를 찾을 수 있을 것이다. 음악계에서는 쇤베르크가 독일의 전통을 '암살했다'고 비난받았지만, 그보다 큰 성공을 거둔 창조적인 제자 베르크는 가톨릭을 믿는 아리아인이었다. 그러나 유대적 요소가 없었다면, 바이마르 문화는 당시 모습과는 꽤 달랐을 것이며, 또 지극히 빈약해질 수밖에 없었던 것도 사실이다. 따라서 유대인들의 문화적 음모에 관한 이론이 타당하다고 얘기할 수 있는 증거는 충분했다.[31]

　이것이 바이마르 독일에서 반유대주의가 기승을 부린 주된 이유다. 사람들이 생각하는 것처럼 공화국 시대 전까지는 반유대주의가 특히 독일인들이 걸리기 쉬운 질병이었던 것은 아니다. 러시아야말로 유대인 대학살의 땅이었으며, 파리는 반유대 지식인들의 도시였다. 반유대주의는 1870년대와 1880년대에 독일에 등장한 것처럼 보인다. 그때는 결정론적 시각의 사회 철학자들이 다윈의 자연 선택론을 하나의 '법칙'으로 발전시켜 산업화와 대도시의 발달, 뿌리를 잃은 수많은 프롤레타리아의 소외에 따르는 거대한 변화를 설명하고 있던 때였다. 기독교는 악을 설명하는 데 유일한 증오의 대상으로 사탄 하나면 충분했다. 하지만 현대의 세속적 믿음은 인간 악마, 또는 인간 악마들이라고 하는 특정 부류 전체를 필요로 했다. 그들의 증오가 타당성을 얻기 위해서는 증오의 대상이 작은 규모의 계급 전체 또는 민족이 되어야 했다.

마르크스가 만들어 낸 '부르주아 계급'은 이런 증오 이론들 가운데서도 가장 포괄적인 적을 상정하고 있다. 부르주아 계급에 관한 이론은 파시스트-민족주의자들이든, 공산주의-국제주의자들이든 모든 편집증적 혁명 운동 세력에게 지속적인 토대를 제공해 주었다. 원칙적으로 현대의 반유대주의는 민족적 혹은 정치적·경제적 이익 때문에 부르주아 계급의 특정한 부분을 공격의 대상으로 삼은 마르크스주의의 파생물이었다. 마르크스주의는 순수하게 계급 분석에 근거하기보다는 분명 감정적인 문제에 호소하고 있었다. 레닌이 "반유대주의는 바보들의 사회주의이다"라고 말할 수 있었던 이유가 바로 여기 있다. 하지만 합리성의 관점에서 보자면, 이 둘 사이에는 거의 차이가 없다. 레닌은 사실상 인류의 악과 관련하여 비난받아야 할 대상은 유대 민족뿐만이 아니라 부르주아 계급 전체라고 말하고 있었던 것에 불과하다. 인간 행위에 대한 편집증적 설명에 기초하고 있는 모든 마르크스주의 체제가 머지않아 반유대주의로 변질되고 마다는 사실은 중요하다. 간단히 말하자면, 새로운 반유대주의는 한정된 개인적 책임에서 집단적 죄라는 개념으로 향하는 악의적인 추세의 일부였다. 그것은 비록 현대적인 가면을 쓰고는 있지만 가장 원시적이고 야만적이며 더욱이 비인간적인 본능의 부활과 다르지 않았다. 독일에서 새로운 반유대주의가 출현했을 때 그것을 공격한 사람들 중에 니체가 끼어있다는 사실은 무척 흥미롭다. 니체는 줄곧 순수한 종교적 충동을 대신할 세속적이고 이성적인 대체물을 찾고 있었다. 그는 '이런 관념론적 사색가들, 즉 반유대주의자들'을 비난했다. "그들은 값싼 거짓 선전을 이용해서 어떤 도덕적 태도를 주장하며, 국가의 둔감한 구성원들을 자극하려고 애쓴다."[32]

그러나 반유대주의가 특별히 독일적 현상이 아니었다면, 여기서 반유대주의가 크게 성장하는 데 도움을 준 어떤 강력한 힘이 있었던 게 확실하다. 현대 독일 국가의 탄생은 어떤 의미에서 프로이센식 군국주의의 탄생이었다. 또 다른 의미에서 그것은 독일식 낭만주의 운동의 국가적인 표현이었다. 여기서는 독일 민족과 그 신화와 독일의 풍경, 특히 어둡고 신비로운 숲이라는 자연적 배경이 강조되었다. 독일의 민족 운동은 나폴레옹 시대로 거슬러 올라간다. 이 운동 과정에서 독일인들은 일찍이 1817년 '민족 문화'를 부패시키는 '외국' 책들을 불태운 적도 있다. 실제로 마르크스가 산업 자본주의의 '소외' 개념을 이끌어 낸 것도 이 민족 운동에서였다. 민족에게는 혼이 있다. 이 혼은 민족이 원래부터 살고 있던 거주지로부터 나온다. 역사 소설가 오토 게믈린(Otto Gemlin)은 민족 낭만주의 운동 기관지인 「행위 Die Tat」에 쓴 기사에서 "각 국민과 민족에게는 시골이 그만의 고유한 풍경이 된다"고 이야기했다.[33] 풍경이 파괴되거나 민족이 풍경으로부터 분리되면 혼이 사라진다. 그런 의미에서 독일인에게 유대인은 민족이 아니었다. 그들은 혼을 잃어버렸기 때문이다. 유대인에게는 뿌리가 없었다. 바이에른의 고고학 교수 빌헬름 하인리히 릴(Wilhelm Heinrich

Riehl)이 뛰어난 독창성으로 독일인과 유대인을 비교한 바 있다. 그의 연작 『땅과 민족 *Land und Leute*』은 1850년대와 1860년대에 출간되었다.[34] 그의 주장에 따르면, 민족의 참된 토대는 농민이다. 물론 노동자들도 될 수 있지만, 노동자들이 민족의 토대가 되려면 지역 길드가 조직한 '장인'이어야 한다. 반면 프롤레타리아 계급은 유대인들이 만든 것이다. 그들은 고유한 풍경을 갖고 있지 않으며, 오히려 다른 이들의 풍경을 파괴한다. 이 때문에 수백만 명이 뿌리를 잃고 대도시에 몰려든다. 유대인들은 이런 대도시가 그들 고유의 '풍경'에 가장 가깝다고 생각한다. 릴은 이렇게 썼다. "대도시가 성장하면 프롤레타리아 계급이 성장한다." 게다가 대도시들은 세계적으로 손을 잡게 되고, '세계 부르주아 계급'이 형성된다. '프롤레타리아 계급'은 영혼이 있는, 따라서 '자연적인' 모든 것들, 특히 독일의 풍경과 농민을 파괴하고 말살한다.[35]

민족 운동은 상당수의 반유대적 '농민 소설'을 퍼뜨렸다. 그 가운데 가장 악명 높은 소설은 헤르만 뢴스(Herman Löns)의 『무기를 든 늑대 *Der Wehrwolf*』(1910년)였다. 이 소설은 30년 전쟁을 배경으로 마치 늑대처럼 도시의 압제자들에게 덤벼드는 농민을 그리고 있다. "문명에는 어떤 의미가 있는가? 그것은 빈약한 치장일 뿐이다. 그 아래에서는 자연의 흐름이 틈이 생겨나 세상 밖으로 분출해 나올 때를 기다리고 있다." "도시들은 게르만주의의 무덤이다." "베를린은 유대인이 지배하고 있다." 유대인은 농민들 사이에서 고리대금업자, 가축 상인, 중개인 역할을 했다. 최초의 조직적인 정치적 반유대주의는 농민 단체와 농민 연합에서 찾아볼 수 있다. 히틀러는 농민 소설을 애독했다. 그는 특히 디터 에크하르트(Dieter Eckhart), 빌헬름 폰 폴렌츠(Wilhelm von Polenz)를 좋아했다. 에크하르트는 『페르 귄트 *Peer Gynt*』를 독일이로 각색했고, 폴렌츠는 현대 산업 사회의 잔혹성과 소외를 유대인 문제와 동일시한 인물이다.

독일의 반유대주의는 사실 '귀농(歸農)' 운동이었다고 할 수 있다. 전원 생활을 강조한 특수한 민족 학교가 있었고, 자연 속의 원형 극장을 염두에 둔 '산악 극장'이 하르츠 산지나 다른 곳에 세워졌다. '민족의식'이나 또 다른 장관들을 극적으로 연출하기 위해서였다. 나중에 나치도 대규모로, 그리고 더 화려한 형태로 이런 일을 벌이게 된다. 최초의 여러 청년 운동은 반유대주의적 색채를 띠었다. 특히 이런 운동이 학교나 대학에 침투했을 때 그러했다. 기타를 치며 농촌을 도보로 여행하는 반더포겔 운동도 마찬가지다. 이 운동은 큰 성공을 거두었다. 독일의 '전원도시' 운동은 폭력적인 반유대주의자 테오도르 프리치(Theodor Fritsch)가 주도했다. 그의 책 『반유대주의 문답서 Antisemitic Catechism』는 1887~1936년 사이에 40쇄나 찍었다. 나치는 프리치를 위대한 교사라고 불렀다. 심지어 일광욕 운동조차 아리아인과 북유럽 게르만계 민족의 상징물 아래서 반유대주의적 특색을 띠고 있었다.[36] 1920년대 독일에는 두 가지 특이한 형태의 나체주의가 있었다. 이 중 흑인 댄서 조세핀 베이커(Josephine Baker)는 '유대적' 나체주의를 상징하는 인물이다. 유대적 나체주의는 이성애적이고 상업적이며 세계주의적이고 에로틱하며 비도덕적이다. 반면 '반유대적' 나체주의는 독일적이고 민족적이고 북유럽적이며 무성적(때론 동성애적)이며 순수하고 고결했다.[37]

1880년대와 1890년대 이후 독일이 만든 반유대주의라는 독극물에 어떤 다양한 요소들이 들어가게 되었는지, 그 요소들을 모두 열거하는 것은 불가능하다. 어느 정도는 종교적인 운동이었던 마르크스주의와 달리, 독일의 반유대주의는 문화적·예술적 현상으로 낭만주의의 형태를 띠었다. 유대적 표현주의에 대한 대응으로 '신낭만주의'라는 용어를 만들어 낸 사람은 오이겐 디데리히스(Eugen Diederichs)였다. 그는 1912년부터 「행위」의 발행인이었고, 『무기를 든 늑대』를 출판하기도 했다. 예나(Jena)에 있는 그의 집에는 청년 운동을 하는 지식인들이 모여들었다. 디데리히스는 얼룩말 무늬 바지에 터번을 두르고 나타나 그들에게 "민주주의는 문명이지만, 귀족은 문화와 같다"라는 말을 던지곤 했다. 그는 또 니체를 반유대주의의 영웅으로 둔갑시키는 시도를 벌이기도 했다. 또 다른 대담한 문학적 또는 학술적 도둑질도

▶ 타키투스(56경~117경)
로마의 웅변가이자 라틴어 저자 중 가장 뛰어난 산문 작가이며 역사가. 대표적인 저서로는 *Germania, Historiae, Annals*가 있다. 타키투스 전집 1598년판 표지.

저질러졌다. 타키투스(Publius Cornelius Tacitus)의 『게르마니아 *Germania*』가 원형적 형태의 민족 텍스트로 변모되었고, 다윈의 저술은 인종 '법칙'의 과학적 정당화로 왜곡되었다. 이는 마르크스가 다윈의 이론을 계급 '법칙'에 끼워 맞춘 것과 다를 바 없었다. 하지만 진정한 정신적 스승들 또한 많았다. 파울 데 라가르데(Paul de Lagarde)는 기독교 정신을 제거한 게르만식 종교를 주창했다. '랍비'였던 바울이 기독교를 유대교에 가깝게 만들었다고 생각했기 때문이다. 율리우스 랑벤(Julius Langbehn)은 독일에 동화된 유대인들이 민족의 예술적 창조성에 해독을 끼치는 '페스트이며 콜레라'라고 가르쳤다. 유대인들은 말살되거나 다른 '열등' 민족과 함께 노예로 삼아야 했다.[38] 휴스턴 스튜어트 체임벌린(Houston Stewart Chamberlain)이나 오이겐 뒤링(Herrn Eugen Duhring)은 독일인

이 유대인의 퇴폐로부터 자신을 지키려면 '만행' 과 잔인함도 어쩔 수 없으며, 북유럽 신전의 '순수함' 과 이상주의가 중요하다고 주장했다. 체임벌린은 독일 민족에는 하나님이 거하고 유대인들에게는 악마가 거한다고 주장하며 선과 악의 양극성을 역설했다. 1927년 그의 임종 때는 히틀러가 방문하여 손에 입을 맞추기도 했다. 체임벌린의 주장에 따르면, 튜튼족(게르만족)은 자신들의 영웅주의 및 불굴의 정신과 함께 그리스의 귀족적 이상과 로마인의 정의에 대한 사랑을 이어받았다. 따라서 유대인과 싸워 절멸시키는 게 튜튼족의 역할이었다. 유대인이야말로 똑같은 순수성과 권력의지를 가진 유일한 이민족이기 때문이다. 유대인들은 저급 코미디의 주인공이 아니라 화해할 수 없는 불구대천의 원수였다. 독일인들은 유대인들을 완전히 파멸시키기 위해서, 그들로부터 현대 기술과 산업의 모든 힘을 빼앗아야 했다.[39] 독일의 일부 인종 이론가는 루트비히 볼트만(Ludwig Woltmann) 같은 마르크스주의자였다. 볼트만은 마르크스주의의 계급투쟁을 세계적인 인종 투쟁으로 변모시켰다. 그는 웅변과 선전으로 대중을 분기시켜 인종의 생존과 번영에 필요한 정복 사업으로 독일 민족을 이끌어야 한다고 주장했다. "독일인들은 세계를 지배하도록 선택받았다."

1920년대에는 권력의지를 위한 매개로 반유대주의를 내세울 경우, 독일 정치 지도자는 누구든 반세기 이상 축적된 엄청난 슬로건과 사상, 망상들을 정치 유세에 이용할 수 있었다. 베르사유조약 자체는 이 쟁점에 새로운 생명을 불어넣었다. 겁을 먹은 유대인들의 거대한 물결이 러시아와 폴란드 그리고 독일의 이전 점령 지역에서 독일로 몰려들었기 때문이다. 따라서 그것은 이제 '해결책' 을 요구하는 시급한 '문제' 가 되었다. 해결책은 부족하지 않았다. 유대인에 대한 이중과세, 고립화 또는 차별화, 게토 시스템의 부활, 위반 시 교수형에 처하는 특별법의 제정, 아리아계 독일인과 유대인들의 결혼 금지 등 여러 제안이 쏟아져 나왔다. 1918년의 베스트셀러 중 하나는 아르투르 딘터(Artur Dinter)의 『핏줄에 반하는 죄 *Die Sünde wider das Blut*』였는데, 이 책은 부유한 유대인이 어떻게 아리아족 여성의 인종적 순수성을 유린했는지 묘사하고 있다. 유대인의 절멸에 대한 요구는 빈번했고 인기가 있었다. 반유대주의 서적들은 수백만 부가 나돌았다. 폭력 사건도 많았지만, 1919년 바이에른 경찰이 반유대주의에 어떤 식으로 대처해야 할지 자문했을 때 베를린은 특별한 수단이 없다고 대답했다. "반유대주의는 이스라엘 종족과 독일 민족을 갈라놓는 인종적 차이에 뿌리를 두고 있기" 때문이었다.[40]

유대인들은 이 독극물에 저항하기 위해 전력을 다했다. 어떤 사람은 아이들을 장인이나 농부로 키웠다. 군에 입대하기도 하고, 극단적인 동화를 시도하기도 했다. 이런 배경에서 유대계 시인 에른스트 리사우어(Ernst Lissauer)는 "영국을 증오하라"라는 악명 높은 시를 썼다. 유대인들은 다른 쪽의 극단주의, 즉 시온주의(유대인 민족주의 운동)에 매달리거나 전투적인 유대인 조직, 학생 연맹, 투쟁 단체를 만들었다. 하지만 이런 수단들은 어려움을 해결하기보다는 더 심화시킬 뿐이었다. 반유대주의는 변화무쌍했고, 히드라의 머리처럼 잘라내도 다시 생겨났으며, 논리나 증명에 개의치 않았다. 야코프 바세르만(Jakob Wassermann)은 이렇게 말했다. "눈에 띄지 않기 위해 노력해도 소용없다. 그들은 말할 것이다. 겁쟁이 같으니라고. 나쁜 마음을 품고 어딘가 숨어 있는 것이 분명해. 그들에게 손을 내밀어도 소용없다. 그들은 말할 것이다. 유대적인 뻔뻔함으로 이렇게 자유롭게 행동하는 이유는 뭐지? 무기를 든 전우로 혹은 시민 동료로 신의를 지켜도 소용없다. 그들은 말할 것이다. 그자는 프로테우스다. 어떤 모습이나 형상으로도 변할 수 있지. 그들이 노예의 사슬을 벗는 데 도움을 주더라도 소용

없다. 그들은 말할 것이다. 틀림없이 그게 이익이 된다고 판단한 거겠지. 이 독극물에 대해서는 어떻게 대처하더라도 소용없는 일이다."[41] 모리츠 골드슈타인(Mortitz Goldstein)은 반유대주의의 '근거'가 터무니없는 것으로 드러난다고 해도 아무런 소용이 없을 것이라고 말했다. "그들이 유대인을 진정으로 증오하고 있다는 사실 외에 무엇을 확인할 수 있겠는가? 우리들에 관한 모든 비방과 중상에 관해 논박하고, 모든 왜곡을 바로잡고, 모든 틀린 생각을 물리친다 하더라도, 이 적대감은 반박할 수 없는 상태로 남아 있을 것이다."[42]

1918년 독일의 패전은 희생양을 요구했다. 그리고 이 희생양은 국민 사이에 끼여 있는 이방인 배신자가 되어야 했다. 부수적인 증거가 없다 하더라도, 서구적 '문명'을 대표하고 있는 유대인들이 자연스럽게 희생양의 역할을 맡았다. 그런데 증거 또한 충분했던 것이다! 종전 뒤 곧바로 밀려든 유대인의 물결은 민족의 순수성을 한층 더 희석시켜 놓았다. 이것은 순교당한 독일 문화에 대한 또 다른 공격의 전조로 여겨졌다. 게다가 바이마르 공화국에서, 의회에서, 연극 무대에서, 새로운 영화관에서, 서점에서, 잡지와 신문에서, 미술관에서, 당황한 독일인들이 눈을 돌리는 어느 곳에나 타락한 세계주의적 음모가 제국을 뒤덮고 있는 것이 아닌가? 위기가 가까이 왔으며, 극단적인 해결책이 요구된다는 사실을 어떻게 조금이라도 의심할 수 있었겠는가?

문화와 문명의 충돌에 대한 폭력적인 해결의 개념이 일부 독일인들의 머릿속에서 현실적인 모습을 취하기 시작한 것은 바로 이 시점이다. 여기서 다시 한번, 1917년 정치적 폭력의 수레바퀴를 돌리기 시작한 레닌의 파괴적 행동이 큰 공헌을 했다. 반유대주의는 언제나 자신을 방어적인 모습으로 드러냈다. 이제 폭력의 사용에 관한 반유대주의자들의 제안도, 그것이 거대한 규모라고 할지라도 방어적인 것으로 정당화될 수 있었다. 일반적으로 사람들은 유대인이 독일에서뿐만 아니라 중부 유럽과 동유럽에서도 볼셰비키주의를 만들어냈으며, 유럽의 공산당을 지배하고 모든 적색혁명과 봉기를 이끌고 있다고 믿었기 때문이다. 볼셰비키 가운데 가장 난폭한 인물이며, 페트로그라드의 폭동을 실제 지휘했던 트로츠키는 두말할 여지도 없이 유대인이었다. 또 다른 몇몇 러시아 지도자들도 마찬가지였다. 베를린에서 있었던 스파르타쿠스단 반란, 뮌헨의 소비에트 정부, 독일의 다른 여러 도시에서 실패로 끝난 여러 폭동 가운데서도 유대인의 활약은 두드러졌다. 상상력은 사실을 확인하기 어려운 곳까지도 나아갔다. 레닌의 실제 이름이 이사카르 체더블룸(Issachar Zederblum)이며, 헝가리의 적색혁명이 벨러 쿤이 아니라 콘(Cohn)이라는 유대인이 일으켰다는 식이었다. 레닌의 적색 테러는 극단적인 반유대주의자들에게는 거저 받은 선물이었다. 셀 수 없이 많은 희생자 대부분이 농민이며, 광신적이고 노골적인 체카의 테러 가해자가 유대계 라트비아인 라치스였기 때문에 특히 그러했다. 뮌헨은 이제 독일 반유대주의의 수도가 되었다. 크루트 아이스너와 그의 도당(徒黨)들이 가한 유대인 볼셰비키주의자의 테러를 견뎌냈기 때문이다. 나치당 기관지 「뵐키셔 베오바흐터 Völkische Beobachter」의 전신이라 할 수 있는 「뮌헤너 베오바흐터 Münchener Beobachter」지는 벨러 쿤 또는 콘이 성직자들을 십자가형에 처한 사건이나 '이동 단두대'를 사용한 일 등 가혹한 적색 테러에 관한 이야기를 전문적으로 다루었다. 물론 러시아에서 날아드는 뉴스거리들 대부분은 사실이었다. 이런 것들이 불타오르는 망상의 기념물을 세우는 데 견고한 주춧돌로 이용되었다. 히틀러는 적색 테러에 대한 두려움을 매우 효과적으로 활용했다. 그는 거듭하여 공산주의자들이 이미 3,000만 명의 사람들을 죽였다고 주장했다. 물론 그가 0

을 하나 더 붙였다고 해서 원래의 숫자가 보여주는 끔찍한 현실이 사라지는 것은 아닐 것이다. 히틀러는 국가사회당의 투쟁을 일종의 방어적 대응과 선제공격으로 표현했다. "마르크스주의자들의 모든 테러리즘에 10배나 더 강력한 테러리즘으로 맞서기 위해서"라고 말이다.[43] 이런 '더 강력한 테러리즘'에 의해 유대인들은 죄 없는 희생자가 아닌 실제적인 혹은 잠재적인 테러리스트로서 사냥을 당했다.

우익 과격파의 부활

반유대주의라는 매독은 바이마르 시대에 제3기로 접어들고 있었지만, 사실 그것만이 독일의 유일한 질환이었다고 할 수는 없다. 말하자면, 독일이라는 국가는 작은 두뇌를 가진 거대한 생물이었다. 동방파들은 비스마르크의 본보기를 따라 프로이센 군국주의 국가에 복지 국가를 접목시켰다. 이에 따라 노동자들에게는 법률에 따라 사회 보험과 의료 보장이 제공되었다. 선택의 자유와 높은 임금에 기반을 둔 개인적 자립이라는 서구적 개념과는 반대로, 독일은 강제적이고 보편적인 안전이라는 온정주의적 대체물을 강요했다. 국가는 보모인 동시에 특무 상사였다. 보통 사람들의 인생에는 국가라는 거대한 그림자가 드리워져 있었다. 그들은 국가로부터 종속적인 관계를 강요당했다. 독일의 산업가들은 국가가 보호자로서 단호하지만 자비로운 관심을 통해 시민들의 생활을 살핀다는 개념을 강력하게 지지했다.[44] 그 철학은 플라톤적이지만, 결과는 조합주의 국가로 나타났다. 독일의 사회민주당은 1918년 일시적으로 권력을 잡았을 때 이런 전체주의적 경향을 막을 만한 아무런 일도 하지 않았다. 오히려 반대로 이런 경향을 강화시켜나갔다. 바이마르 공화국은 문을 열었지만, 시민들이 국가의 보호라는 울타리 바깥으로 나가 활개를 펴도록 장려하지는 않았다.

동방파가 야당 세력이 된 지금, 이 거대한 관리 기구는 누가 책임지고 있는가? "아무도 없다"는 것이 답이다. 관리들은 프로이센의 방식으로 교육받았다. 그들은 규칙을 따랐고, 의심스러울 때는 명령을 기다렸다. 바이마르 공화국을 세운 사람들은 이런 관행을 바꾸려고 하지도 않았고, 관리들이 도덕적 자율성을 키울 수 있게 힘쓰지도 않았다. 아마도 그들은 새로운 체제의 관리들이 새로운 의회주의적 지배자들에게 반항하게 되지 않을까 두려워했을 것이다. 어쨌든 관리들은 복종을 최상의 미덕으로 여기도록 가르침을 받았다. 막스 베버는 1919년의 유명한 강연에서 "관리의 명예는 상위의 권력 기관이 내린 명령을 양심적으로 수행하는 능력에 있다"고 주장했다. 정치가만이 개인적 책임을 다할 권리와 의무가 있다는 것이다.[45] 아마도 독일 관리들에게 이보다 더 나쁜 조언은 없었을 것이다. 그 말의 영향력은 1945년 쓰라린 종말이 찾아올 때까지 계속되었다.

만약 바이마르의 정치가들이 베버가 한 조언의 다른 반쪽을 충실히 따랐더라면, 관리들의 도덕적 체념은 그리 큰 문제가 되지 않았을 것이다. 하지만 의원들은 바이마르 공화국을 성공으로 이끄는 데 필요한 정력적이고 확고한 지도력을 한 번도 보여주지 못했다. 의심스러울 때면 언제나 제48조 뒤로 모습을 감추었다. 제48조는 1921년 8월 반공화주의적 집회를 금지하기 위해 최초로 사용되었다. 정치인들은 국민의 상당수가 바이마르에 의혹을 품고 있으며, 바이마르의 권력 집단을 연합국의 하수인, 증오스런 조약의 이행을 약속한 사람들로 보고 있다는 것을 줄곧 의식하고 있는 것 같았다. 그들은 때론 자신들조차 이런 의혹을 품고 있는 것이 아닌가 하는 인상을 주었다. 사회주의자들은 처음부터 이런 양상을 보였다. 1918년 처음 정권을 잡았을 때도 그들은 대단히 전체주의적이었던 독일의 기본 구조를 변화시키려고 노력하지 않았다. 독일 사회민주당의 지도자들은 점잖고 꽤 고생을 한 사람들이다. 에베르트는 한때 마구(馬具) 제조업자였고, 노스케는 바구니 제조업자, 벨스(Otto Wels)는 실내 장식업자, 세베링(Carl Severing)은 자물쇠 장수, 샤이데만(Philipp Scheidemann)은 인쇄공이었다. 그들은 둔하고 상상력이 부족했으며, 좌파 지식인들에게는 냉소를, 학자들에게는 경멸을 받았다. 그들은 중도 우파가 세력을 회복하자마자 너무 쉽게 권력을 포기했다. 그들에게는 권력의지가 부족했다.

더구나 극좌파들이 1918~19년 겨울 레닌을 좇아 의회주의 대신 폭력을 선택하기로 결정함에 따라, 사회민주당은 시작부터 균형을 잃고 말았다. 우리는 여기서 토론을 통한 정치에 조급증을 내고 힘의 정치를 선택했을 때 어쩔 수 없이 재앙이 찾아온다는 사실을 다시 한번 깨닫게 된다. 좌파의 폭동은 사회민주당이 치명적인 실수를 하게 만들었다. 구스타프 노스케는 정규군을 동원하면 조약 위반으로 보일지 모른다고 생각했다. 그래서 구 제국의 수뇌부에게 전역한 장교들로 이루어진 의용단을 요청했다. 물론 의용단은 신속하게 구성되었다. 그리하여 사회민주당 소속 장관들이 이미 동유럽에서 확산되어 가고 있던 운동을 합법화한 셈이 되었다. 그 무렵 동유럽에서는 독일인 정착민들이 폴란드인들과 싸우고 있었고, 이런 운동은 처음부터 폭력적이며 철저하게 반(反)바이마르적인 색채를 띠고 있었다. 곧 의용단은 68개 이상 생겨났고, 점차 사회적 · 정치적 목적을 가지고 가두 투쟁에 나섰다. 그 가운데 한 의용단은 루르 지방에서 프랑스군 및 사회주의자들과 싸웠던 베르볼프(Werwolf) 단과 융도이처(Jungdeutscher) 단이었다. 1925년까지 13만 명이 융도이처 단에 참가했다.[46] 나치는 이 가운데 카를 하러(Karl Harrer)의 의용단에서 생겨났다. 히틀러는 의용단 출신으로 이루어진 돌격대(갈색셔츠단)와 함께 이를 대중 정당으로 탈바꿈시

컸던 것이다.[47]

실패로 끝난 좌익의 봉기가 의용단의 합법화를 낳고 우익이 자신감을 회복하게 되자 필연적으로 군대의 폭동이 발생했다. 1920년 3월 볼프강 카프 (Wolfgang Kapp)가 이를 주도했다. 그는 티르피츠의 오랜 친구로 티르피츠와 함께 1917년 조국당(Fatherland Party)을 창립하기도 했다. 군대의 반 가량이 카프를 지지했지만, 우익 정치가들과 관료들이 폭동 참여를 거부했다. 결국 그는 나흘 뒤 스웨덴으로 도망쳤다. 불행히도 극좌파는 새로운 공화주의 제도를 지원하는 대신 다시 폭력이란 방법을 선택했다. 루르 지방에서 그들은 5만 명의 노동자로 이루어진 '적군'을 양성했다. 바이마르 시대를 통틀어 마르크스주의자들이 상당한 군사력을 전장에 내보낼 수 있었던 때는 이때뿐이었다. 이런 적군의 출현으로 군대의 지휘관들은 법과 질서의 수호자로서 자신들의 평판을 만회할 수 있는 뜻밖의 기회를 얻었다. 4월에 군대가 진격했고, 끔찍한 전투가 벌어졌다. 군대는 마르크스주의자들로부터 루르 지방을 탈환했다. 그 결과 군대의 통제권이 신뢰할 만한 공화주의자 발터 라인하르트(Walther Reinhardt) 장군에게서 보수주의자 한스 폰 제크트(Hans von Seeckt) 장군의 손에 넘어갔다. 제크트는 베르사유조약의 파기에 혼신의 노력을 기울였다. 그는 곧 '러시아와의 관계'를 강화하는 일에 착수했고, 러시아에 비밀 무기 공장을 건설해 베르사유조약의 군비 제한 조항을 비껴갔다. 이런 과정은 결국 1922년 라팔로 조약 체결로 이어졌다. 제크트는 또한 군에서 공화주의 요소를 없애고, 규율을 어겼다는 이유로 카프 폭동에 반대하던 하사관과 병사들을 면직시켰다.[48] 그는 군대를 정치적으로 중립적인 기구에서 새롭게 태어날 반공화주의 국가의 모체로 탈바꿈시켰다. 이 반공화제 국가가 나중에 동방파들의 오랜 계획을 수행하게 된다. 따라서 군대는 바이마르의 통제에서 빠져나가 반대파의 진영으로 들어가게 되었다. 1923년 에베르트 대통령이 제크트에게 군대가 어느 편에 서 있는가 물었을 때 그는 "제국의 군대는 내 편입니다"라고 대답했다.[49]

우익의 부활은 곧이어 정치에도 반영되었다. 1920년 6월 선거에서 사회민주당의 득표수는 형편없이 줄어들었다. 그리하여 이전의 바이마르 정치 연합은 힘을 잃었다. 이후로 공화국을 만든 이들은 더 이상 공화국을 지배할 수 없게 되었다. 더욱 심각한 것은 법치가 균형을 잃었다는 것이다. 공화국을 결코 좋아하지 않았던 사법부는 군대처럼 반대파에 서기로 결심했다. 카프 폭동의 가담자들은 법정에서 처벌받지도 않았다. 게다가 1920년 봄에 일어난 사건들은 전해부터 이미 발견된 바 있는 하나의 경향을 크게 가속화시켰다. 재판관들은 당시 독일에 널리 퍼져 있는 정치적 폭력을 선택적인 정치적 기준에 따라 다루었다. 그들은 폭력이 좌파로부터 비롯되었기 때문에 우파의 폭력적 대응은 어떤 의미에서 공공질서의 수호를 위한 것이며, 따라서 정당하다는 논리를 내세웠다. 레닌의 테러 덕분에 이런 견해는 독일에서 널리 받아들여질 수 있었다. 따라서 배심원들도 재판관들을 지지하는 경향이 있었다. 반유대주의가 '방어적인' 것으로 여겨질 수 있었던 것도 이러한 견해 때문이다. 물론 이런 견해는 의용단의 우익 무뢰배들에게는 더없이 이로웠고, 독일이 예외적으로 준법정신이 투철한 나라에서 보기 드물게 폭력적인 사회로 변하는 데 크나큰 역할을 했다. 1922년에 집계된 통계 자료에 의하면, 1919년부터 1922년까지 4년간 우익이 살해한 사람은 354명이며, 좌익이 살해한 사람은 22명이었다. 살해 사건을 저지른 좌파는 모두 재판을 받았다. 10명이 처형당했고, 28명은 평균 15년형을 선고받았다. 우익이 저지른 살해 사건은 326건이 미결이었다. 50명이 살인을 자백했지만, 반 이상이 무죄 석방되었고, 22명은 평균 4개월의 형

을 선고받았다.[50]

　따라서 우익은 법의 처벌을 거의 두려워하지 않고 폭력을 행사할 수 있었다. 재판관과 배심원들은 자신들이 독일의 문화와 외래 문명 사이에서 벌어진 전투에 참여하고 있다고 느꼈다. 그들은 폭력이 문화적 침해에 대한 합법적인 대응이라고 인식했던 것이다. 위대한 자유주의 저널리스트이자 유대인인 막시밀리안 하르덴이 1922년 무뢰배에게 뭇매를 맞고 거의 죽을 뻔했지만, 살인 미수범들은 명목상의 처벌만을 받았을 뿐이다. 피고 측은 하르덴이 '비애국적인 기사들'로 공격의 빌미를 제공했다고 주장했다. 배심원들은 이를 '경감 사유'로 인정했다.

　독일에서 보통의 중산 계급을 대표하는 배심원들은 왜 서방파에 반대하여 동방파의 편을 들었던 것일까? 한 가지 이유는 학교 교육 때문이었다. 배심원들은 대개 대학 공동체의 정치적 색깔을 반영하는 학교에서 교육을 받았다. 현대 독일의 비극은 학문적 삶의 정치화와 교수들의 정치적 참여를 허용하는 것이 얼마나 위험한지 보여준다. 우익에 대한 편향이든 좌익에 대한 편향이든 그 결과는 동일하게 파멸을 낳을 뿐이다. 둘 다 진리의 우물에 독을 타는 것과 같기 때문이다. 대학교, 특히 교수회는 압도적으로 문화의 편에 서 있었다. 법학자들과 독일어 문학 선생들은 끔찍한 민족주의자들이었다. 역사가들은 그 중에서도 최악의 부류였다. 하인리히 폰 트라이치케(Heinrich von Treitschke)는 독일에 주어진 운명에 관해 글을 쓰고, 유대인들에게 '젊은 국가'의 길을 방해하지 말라고 경고했다. 엄청난 영향력을 지닌 그의 『19세기 독일사 History of Germany in the Nineteenth Century』는 빌헬름 시대의 고전이었지만, 1920년 보급판으로 새로 출간되어 큰 인기를 끌었다. 에리히 마르크스(Erich Marcks), 게오르크 폰 벨로(Georg von Below), 디트리히 셰퍼(Dietrich Schäfer) 등 당대의 역사가들은 여전히 비스마르크의 업적을 찬양했다. 스당 전투의 승전 기념일과 제국 건립일은 모두 공립 대학교의 휴일로 지정되어 있었다. 그들이 세계대전에서 끌어낸 교훈은 주로 독일이 '느슨했다'는 점에 초점이 맞추어졌다. 이들은 '등을 찔렸다'는 신화를 학문적으로 뒷받침했다. 학계는 전반적으로 민족주의적 신화의 온상이었다. 대학교수들은 자기비판이나 회의주의(懷疑主義)를 가르치는 대신 '정신적 재생'을 요구하며 만병통치약을 처방했다.[51]

정말 불행하게도, 마침 1920년대 독일에서 가장 널리 읽히고 영향을 미친 책은 오스발트 슈펭글러의 『서구의 몰락』이었다. 슈펭글러는 어리석고 현학적인 학교 선생이었다. 그는 1911년 독일의 지나친 낙관주의에 대한 경고로 책을 계획했고, 전쟁 기간에 독일의 승리를 예상하며 이 책을 썼다. 1918년 첫 번째 책이 나왔을 때 독일의 패전과 관련된 이 책의 시의성이 큰 주목을 받았다. 『서구의 몰락』은 베스트셀러가 되었다. 이 책의 본질적인 내용은 사회적 다윈주의였다. 그는 여덟 개의 역사적 문화를 정의하고, '형태학의 법칙'이 문화에도 적용된다고 주장했다. 마지막 문화, 즉 서양의 문화는 이미 민주주의, 금권 정치, 과학 기술 같은 쇠퇴의 징후를 보이고 있으며, 이것은 '문화'에서 '문명'으로 이행하고 있는 증거라고 했다. 이런 주장은 독일이 전쟁에서 왜 패배했는지 설명하는 것처럼 보였다. 또한 슈펭글러의 책은 새로운 전쟁의 도래를 예언하고 있었다. 그의 책에 따르면, 이 전쟁에서 새로운 지배자가 나타나고, 민주주의자들과 인도주의자들 대신에 강철처럼 단련된 새로운 엘리트적 영웅들이 개인의 이익을 버리고 사회를 위해 헌신할 것이었다.[52] 그는 뒤이어 1920년 큰 반향을 낳은 평론 『프로이센주의와 사회주의 *Prussianism and Socialism*』를 발표했다. 이 책은 민족 전체가 독재자 아래 일치단결하는 초(超)계급적 국가사회주의를 요구했다. 그것은 이탈리아에서 무솔리니가 한 주장과 정확히 똑같았다.

다른 중요한 동방파 두 사람이 슈펭글러의 분석을 깔끔하게 보완했다. 독일의 대표적인 법철학자 카를 슈미트(Carl Schmitt)는 이때 엄청난 양의 책과 기사를 쏟아 내고 있었다. 그는 국가의 요구가 실체 없는 '자유'의 추구보다 우선시될 때에만 질서가 회복될 수 있다고 끊임없이 강조했다. 바이마르가 제48조항에 구현된 원리에 따라 전체주의 국가로 재편되지 않는 한 제국은 안전할 수 없다는 것이다.[53] 이러한 주장을 문화사가 아르투르 묄러 판 덴 브루크가 되풀이하였다. 1923년 출간된 뛰어난 저서에서, 그는 독일인들이 유럽의 선도적인 창조자라고 주장했다. 중세의 제국이었던 그들의 제1제국(신성 로마 제국)은 유럽을 형성했다. 제2제국이었던 비스마르크의 제국(1871~1918년)은 자유주의의 타락을 용인했기 때문에 인위적이었다. 물론 그것은 제국이 시험을 견디지 못하고 붕괴한 이유였다. 바이마르 공화국은 단순히 막간의 혼돈일 뿐이었다. 이제 독일인들은 또 다른 기회를 얻었다. 그들은 사회로부터 자유주의와 자본주의를 추방해, 모든 독일적 가치를 구현하며 천 년간 존속하게 될 세 번째 최종적인 국가를 건설할 수 있게 되었다. 그는 놀랄 만한 역사적 예언이 담긴 이 책의 제목을 『제3제국 *The Third Reich*』으로 정했다.[54]

바이마르 시대에 대략 10만 명의 회원으로 이루어져 있던 독일 학생 단체는, 교수들의 영향 아래 이 동방파들의 철학을 열정적으로 받아들였다. 학생 단체가 어떤 의미에서 태생적으로 인도주의적 이상주의의 산실일 수밖에 없다는 생각은 바이마르 시대를 연구하는 동안 사라지게 될 것이다. 학생들은 퇴역 군인 다음으로 폭력적 극단주의자들, 특히 우익의 주요한 인적자원이 되었다. 학생의 정치 활동은 1920년대 내내 우익 대학 연합 운동

▶ 젊은이들에게 둘러쌓인 히틀러의 모습.

이 주도하였다. 그리고 나중에 나치가 그 자리를 대신했다.[55] 우익의 극단주의자들은 우선 캠퍼스 내에서 대여섯 명을 포섭하여 공부를 내팽개치게 한 다음 전문적인 활동가로 양성했다. 그 뒤 학생 활동가들은 배후에서 학생 단체를 조종했다. 나치는 줄곧 일반 대중보다는 학생들 사이에서 큰 성과를 올렸다. 언제나 선거에서 승리하기 전에 캠퍼스에서 먼저 성공했다. 나치에게는 학생들이 최고의 협력자들이었다. 학생들은 나치주의를 하나의 급진적인 운동으로 생각했다. 그들은 나치의 평등주의와 반유대주의를 좋아했다. 실제로 학생들이 노동 계급이나 부르주아 계급보다 더 반유대주의를 지지했다. 대부분의 독일 학생 사회는 이미 1914년 이전에 유대인을 추방했다. 1919년 학생회들은 아이제나흐 결의문(Eisenach Resolution)에 찬성했다. 이 결의문은 유대인에 대한 인종적 거부감은 극복할 수 없으며, 세례를 통해서도 제거될 수 없다고 말하고 있다. 이듬해 학생회는 유대인 학생들로부터 결투의 '명예'를 박탈했다. 1922년 베를린대학교 당국은 폭력적인 학생들이 시위를 일으킬지 모른다는 위험 때문에 피살된 발테 라테나우의 추도식을 취소했다. 학생들의 폭력을 가라앉히기 위한 이런 방침은 1920년대의 한 양상이 되었다. 총장이나 교수단은 위험을 감수하기보다는 언제나 학생 지도자들의 폭력적인 요구에 굴복하곤 했다. 1929년에 대학들은 거의 모두 동방파 진영으로 넘어갔다.

넓게 포진해 있는 이 사회적 세력에 대항하여, 서방파들은 무엇에 의지했을까? 바이마르를 위해 목숨을 내건 사람들은 많지 않았으며, 바이마르를 위해 목소리를 내는 사람들 또한 적었다. 어느 자유주의자가 말했듯이 자유주의자들은 "사랑 없이 공화국과 결혼했다." 그들에게 공화국은 군주제를 대신할 정치 체제가 출현하기를 기다리는 동안 진공 상태를 메워 주는 대체물에 지나지 않았다. 막스 베버조차 1920년 사망하기 전 허약하거나 부패하게 될 의회 민주주의보다는 강력한 지배자 아래서 이뤄지는 국민 투표제 민주주의를 더 좋아한다고 인정했다. 뮌헨의 자유주의 법률가 한스 나비아스키(Hans Nawiasky) 교수의 말대로 공화국은 슬픔 속에 태어난 아기였다. 아무도 공화국의 탄생을 자랑스러워하지 않았다.[56] 사람들은 공화국을 비극적이고 혐오스런 출생의 기원에서 떼어놓고 생각할 수 없었던 것이다.

바이마르가 실패한다면, 좌익이 가장 큰 피해를 입을 수밖에 없었다. 또한 바이마르가 제대로 돌아간다면, 좌익이 가장 큰 이득을 볼 것이었다. 하지만 적어도 극좌파만은 그 사실을 이해하려 들지 않았다. 사회민주당 세력이 좌파 봉기를 진압했던 1919년의 상처는 결코 치유되지 못했다. 레닌주의자들은 1923년부터 사회민주당 세력을 '사회주의 파시스트들'이라고 부르며, 우파보다 더 미워했다. 레닌주의자들은 파시즘을 새롭고 매우 위험한 현상으로 인식하는 데 실패했을 뿐 아니라 법의 테두리 안에서 활동하려는 중산층 보수주의자들과 법의 테두리 바깥에 서 있는 정치적 야만인들을 구별하려고 하지도 않았다. 마르크스주의자들은 반유대주의의 중요성도 제대로 파악하지 못했다. 그들의 머리는 여기서 다시 한번 마르크스의 이론이라는 마취제에 마비되었던 것이다. 마르크스는 유대주의를 자본주의적 금융업 시대를 반영하는 것으로 생각하고 무시했다는 점에서 반유대주의 신화의 대부분을 받아들인 셈이다. 마르크스에게 유대주의는 혁명이 도래하면 사라질 운명에 불과했다. 그때가 되면 '유대인'이라고 하는 사람도 더 이상 존재하지 않을 테니까.[57] 이런 어이없는 논리 때문에 트로츠키, 룩셈부르크, 파울 악셀로트(Paul Akselrod), 오토 바우어(Otto Bauer), 율리우스 마르토프(Julius Martov) 같은 유대인 마르크스주의자들은 다른 민족의 '민족 자결'은 옹호하면서도 유대인의 '민족 자결'만은 부정해야 한다고 생각했다.[58] 이처럼 본성을 부정하려는 어리석은 태도에서 우리는 터무니없는 고집을 엿볼 수 있다. 유대인 역사가 지몬 두브노프(Simon Dubnow)는 이렇게 지적했다. "모든 국적과 언어의 자결권을 인정하면서 3,000년 전부터 시작된 자기 민족의 '자결권'은 의심하거나 제한해야 한다면, 유대인은 얼마나 자신을 미워해야 하겠는가."[59] 유대주의는 문제가 되지 않는다고 생각했던 마르크스주의자들은 반유대주의 또한 문제가 되지 않는다고 여겼다. 따라서 그들은 자신들의 두뇌를 창 밖으로 내다버린 채 유럽 역사상 최대의 이데올로기적 위기 안으로 뛰어들었던 것이다. 이것은 일방에서만 지적 무장 해제가 이루어진 사례라고 할 수 있을 것이다.

독일을 유혹한 광인

그럼에도 불구하고 공화국의 붕괴가 필연적이었다고는 볼 수 없다. 우익의 과격파에서 정치적 천재가 등장하지 않았다면, 공화국은 아마도 살아남을 수 있었을 것이다. 현대 세계사의 크나큰 비극은 러시아와 독일 공화국이 매우 특이한 역량을 지닌 레닌과 히틀러를 번갈아가며 적으로 만나야 했다는 사실이다. 두 사람은 우리 시대에 유례를 찾아 볼 수 없을 정도의 엄청난 권력의지를 행동으로 옮겼다. 물론 히틀러 같은 인물의 출현은 열광적인 독일 우익들에게 전혀 놀라운 일이 아니었다. 니체의 신봉자들은 지도자(총통)가 필요하며, 마치 메시아처럼 그가 나타날 것이라고 생각했다. 그는 알브레히트 뒤러(Albrecht Dürer)의 유명한 판화 「기사, 죽음, 악마 Knight, Death and the Devil」에 나오는 기사의 모습으로 그려졌다. 빌헬름 슈타펠(Wilhelm Stapel)은 『기독교 정치가 *The Christian Statesman*』에서 그를 카리스마적인 능력이 부여된 지배자, 전사, 성직자를 온몸에 체현(體現)하고 있는 인물로 묘사했다.[60]

하지만 현실은 다소 달랐다. 히틀러는 종교를 믿지 않았으며, 명예나 도덕에도 관심이 없었다. 그는 생물학적 결정론을 믿었다. 그것은 레닌이 역사적 결정론을 믿은 것과 비슷했다. 히틀러는 계급이 아니라 인종이 20세기의 진정한 혁명 원리라고 생각했다. 그것은 민족주의가 19세기의 진정한 혁명 원리였던 것과 같다. 히틀러는 레닌과 성장 배경이 비슷했다. 그의 아버지 또한 하급관리로, 바이에른 접경 지방의 오스트리아 세관원으로 일했다. 히틀러는 레닌처럼 시대의 소산으로 점차 정치에 사로잡혔다. 그는 정치 이외의 다른 수단을 통해 진지하게 생계를 꾸려나가려고 시도한 적이 없었다. 레닌처럼 음모·선동·힘에 의한 권력 추구가 주요 목표였고, 그러한 세계가 아니면 편안함을 느끼지 못했다. 이처럼 쓸쓸하고 황량한 세계에서는 레닌의 경우처럼 그가 지배자였다. 히틀러는 지적 이기주의, 자기 의심의 결여, 개인적 관계에 대한 냉담함, 토론이 아닌 힘에 대한 선호, 그리고 교묘한 기회주의로 다른 이들의 절대적인 충성을 장기적인 목표로 이끄는 능력에 있어 레닌과 비교할 만 했다. 이 두 사람은 청교도적인 특성조차도 비슷했다. 히틀러는 레닌처럼(무솔리니와 달리) 허영심이 거의 없었고 권력의 허상 때문에 부패하지도 않았다.

그러나 그들은 한 가지 본질적인 면에서는 매우 달랐다. 레닌이 종교적인 타입의 혁명가라면, 히틀러는 낭만적인 혁명가였다. 그는 진실로 예술가였다. 1939년 토마스 만은 『형제 히틀러 Brother Hitler』라는 뛰어난 평론에서, 앙리 뮈르제르(Henri Murger)가 『보헤미안의 삶 Vie de Bohéme』에서 묘사했듯이, 그를 전형적인 낭만적 예술가에 견주며 이렇게 물었다. "우리의 뜻에 반대된다고 해도, 이 인물의 예술가적 측면을 인정해야 하지 않을까?"[61] 이 평론을 읽은 자유주의 지식인들은 기가 막혔다. 하지만 그의 지적은 타당하며 더욱이 우리에게 많은 것을 말해 주고 있다. 실로 그의 평론이 아니었다면 히틀러주의는 여전히 이해할 수 없는 상태로 남아있었을 것이다. 히틀러는 그림을 그렸지만, 재능이 부족했고 성공하지도 못했다. 하지만 그의 반응은 움츠러들 때나 무언가에 적극적으로 달려들 때나 대개 예술가의 행동과 다를 바 없었다. 아버지가 일하는 곳에 가면, 히틀러는 '반감과 증오'로 가득 찬 자신을 발견하곤 했다. 그에게 그곳은 "원숭이처럼 나이 든 남자들이 위아래로 차례대로 웅크리고 앉아 있는 …… 정부의 감방"이었다.[62] 그는 바그너의 초기 성공작 「리엔치 Rienzi」를 처음 보았을 때 자신에게 공적인 사명이 있다는 것을 깨달았다. 이 오페라는 14세기 로마에서 호민관이 되지만 귀족들의 질투로 불타는 신전에서 죽임을 당하는 평민의 이야기다. 히틀러는 나중에 "그것은 바로 그때 시작되었다"고 말했다.[63] 아마도 그는 오스트리아의 베르펜슈타인(Werfenstein)에 있는 고딕 양식의 환상적인 성을 배경으로 유대인에 대한 '최종적인 해결책'을 떠올린 것 같다. 이 성에는 성직을 박탈당한 수사 외르크 란츠 폰 리벤펠스(Jörg Lanz von Liebenfels)가 있었다. 그는 '동물-인간의 멸절과 고등한 신인류의 증식'을 위해 체계적인 인종 개량 프로그램을 만들어 내는 한편, '거세의 칼을 깊이 찌를 수 있도록' 철저한 인종 투쟁을 펼쳐가고 있었다. 란츠가 히틀러뿐 아니라 레닌 역시 자신의 제자라고 주장했다는 사실은 의미심장하다. 그는 '역사의 쓰레기통에 내던져질' 계급의 멸절과 인종 개량 프로그램에 의한 인종의 몰살 간에 유사점을 발견했고, 이 둘을 사회적 다원주의의로 간주했다.[64] 히틀러 역시 계급의 차이에 큰 관심을 두고, 이를 자신의 목적에 맞게 이용했다. 하지만 계급은 그의 정치적 꿈의 주변에 머물렀다. 그것은 시각적인 개념이 아니었기 때문이다. 하지만 인종은 달랐다.

히틀러는 언제나 시각 이미지의 관점에서 정치에 접근했다. 그는 레닌이나 스탈린처럼 20세기 최대의 악덕을 실천하는 데 뛰어났던 인물이다. 이 최대의 악덕이란 바로 사회공학, 즉 인간을 콘크리트처럼 마음대로 버무

릴 수 있다는 사상이다. 하지만 히틀러의 경우 이런 악마적 계획에는 언제나 예술적 차원이 존재했다.

베를린에서 방사상으로 뻗어나가는 세계 제국을 계획하면서, 그는 맨 먼저 수도를 확대한 거대한 국가 구조를 머릿속에 떠올렸고, 이에 맞추어 아주 세세한 부분까지 제국을 설계했다.[65] 전쟁 동안에 우랄 지방까지 수천만 제곱킬로미터에 걸쳐 유럽의 정치적·인구 통계적·경제적 변화를 지시했을 때는 지배

▶ 아돌프 히틀러(1889~1945)
1920년부터 독일 국가사회주의당인 나치당의 당수를 지냈고, 1933년 1월 30일 독일 총리가 되었으며, 1934년 8월 2일에는 총통 겸 총리로 취임하여 정권을 독점했다.

인종의 여러 도시를 장식하게 될 바빌로니아의 정원이라는 관점에서 이를 상세하게 설명했다.[66] 히틀러가 건축가 알베르트 슈피어(Albert Speer)에게 전시 생산을 책임지게 한 것은 정말로 그다운 발상이었다. 사실 그 자신이 건축가였다고 할 수 있을 것이다. 그가 세계를 '완전히 바꾸고자' 했을 때, 그는 시각적이며 구체적인 관점에서 생각하고 있었다. 그것은 그의 '고향' 린츠를 재건하려는 평생의 소망이 확대된 것이다. 그가 실제로 거기 건설한 것은 다리 하나가 전부였지만 벙커에서 보낸 마지막 날까지 그는 린츠의 재건 계획에 골몰했다. 그는 주기적으로 은퇴 후의 삶에 대해 생각했다. 전쟁 뒤 자신의 주요한 사명이 완수되면 도시들을 다시 계획하고 공공건물 건설 사업을 감독하고 싶어했다.

히틀러의 예술적 접근 방식은 그의 성공에 있어 절대적으로 필요한 것이 있다. 레닌이 보여준 종교적 형태의 광신은 독일에서는 그다지 효과를 발

휘하지 못했을 것이다. 독일인은 세계에서 교육 수준이 가장 높은 민족이었다. 따라서 그들의 정신을 정복하는 것은 매우 어려운 일이다. 마음과 감수성에 호소하는 것이 훨씬 쉬운 방법이다. 히틀러가 다른 독일인들처럼 고금(古今)의 민족적 이미지에 열렬하게 애착했던 것은 장점으로 작용했다. 금발의 거인이 사는 안개 낀 숲, 고성(古城)의 그늘 아래서 미소 짓고 있는 농촌, 게토(ghetto) 같은 빈민가 사이에서 모습을 드러내는 전원도시, 말을 타고 달리는 발키리에(Valkyrie), 불타는 발할라(Valhalla), 빛나는 천년 왕국이 과거의 잿더미에서 솟아난 뒤 오랜 세월 동안 번영을 누리는 광경 등. 그것은 거의 한 세기 동안 민족주의자들의 선전이 심어놓은 고귀한 이미지였다. 히틀러는 보통의 독일인들과 이러한 취향을 공유하고 있었다.

히틀러의 문화적 자산이 그가 지닌 호소력의 뿌리를 이루고 있다는 말은 아마도 사실일 것이다. 반면 바이마르 문화에 대한 대중적인 혐오는 그가 가진 정치적 에너지의 굳건한 뿌리를 이루었다. 히틀러는 즐거이 이것을 키워 나갔다. 정치에 집중하기 위해 음악을 포기한다는 레닌의 생각은 도저히 이해할 수 없었다. 독일에서 음악은, 특히 악극은 곧 정치였다. 히틀러는 건축학적 재능과 연극적 재능이 밀접히 관련되어 있다는 사실을 예증하고 있다. 그는 낭만적·예술가적 본능 덕분에 파라오 시대까지 거슬러 올라가는 정치만큼이나 오래된 진실을 발견할 수 있었다. 르네상스의 군주든 현대 민주주의의 정치가든 카리스마적 지도자의 '연출'은 적어도 그가 행하는 정치의 내용만큼이나 중요하다는 것 말이다. 히틀러가 바그너를 숭배한 이유는 그로부터 많은 것을 배웠기 때문이다. 「파르지팔 Parsifal」이 특히 그런 경우다. 그는 「파르지팔」을 모델로 연설 무대를 연출했다. 제1차 세계대전 당시 서부 전선에서 그가 끌어낸 교훈은 선전으로 정치에 승리할 수도 있고 패배할 수도 있다는 것이다. 이 교훈은 『나의 두쟁

Mein Kampf』의 유명한 6장을 뒷받침하고 있는 생각이기도 하다. 그의 글에 따르면, 모든 선전의 목적은 "인간의 자유 의지에 침투하는 것이다."[67] 이런 목적은 바이로이트(Bayreuth)의 신비로운 마법과 가톨릭 고딕 양식 교회에 인위적으로 조성한 여명, 혹은 이 두 가지 효과를 함께 사용하여 달성될 수 있었다. 그러나 그는 라인하르트를 비롯한 멸시받는 바이마르 예술가들의 기교나 프리츠 랑의 영화 기법도 활용했다. 그의 연설장은 부러워할 만한 전문 기술로 설계하고 제작했다. 상세한 부분에까지 신경을 썼는데 거의 광적인 수준이었다. 히틀러는 음향 증폭의 효과와 서치라이트의 마술을 처음으로 이해한 사람이며 송 에 뤼미에르(야간 조명 기법)를 고안한 사람이기도 하다. 그는 야간 대중 집회 때 이 수법을 사용하여 놀랄 만한 효과를 거두었다. 그는 또한 무솔리니의 이탈리아에서 정치적 후광을 낳는 의복과 훈장, 휘장 등을 도입한 뒤 그것을 더 뛰어난 형태로 발전시켰다. 히틀러의 제복은 전체주의적 엄격성과 절도라는 측면에서 오늘날에도 최상의 표본으로 남아 있다. 스탈린과 마오쩌둥도 히틀러의 무대 연출을 모방했는데, 규모 면에서는 히틀러를 능가했지만 스타일 면에서는 그를 따를 수가 없었다.

이런 악극의 스타로서 히틀러는 정말 스타다운 전문가 정신으로 예행연습을 벌이곤 했다. '미친 연설가'라는 신화는 전혀 근거 없는 이야기다. 히틀러는 언제나 완벽히 자신을 제어했다. 하지만 외국인들을 다룰 때는 '미친 연설가'라는 신화가 도움이 되었다. 물론 네빌 체임벌린(Neville Chamberlain) 같은 사람들은 히틀러를 만났을 때 그가 온전한 정신과 이성적인 태도로 대화를 나눌 수 있다는 사실에 크게 안도했다. 그의 모든 '미친' 효과는 주도면밀하게 계획된 것이다. 그는 1920년 8월 그의 목적이 "냉정한 판단력으로 …… 본능을 채찍질하고 자극하는 것"이라고 말했다.[68] 그는 연설하게 될 집회 장소의 음향 시설과 효과를 항상 세심하게 살폈다. 또한 연설할 내용을 뛰어난 기억력으로 암기했다. (물론 그 내용을 메모지에 빽빽이 써놓기도 했지만.) 거울 앞에서 연습했고, 당의 전속 사진사를 시켜 자신이 연설하는 모습을 사진에 담게 했다. 사진을 보고 연구하기 위해서였다. 그가 TV를 이용했다면 어땠을까 하는 생각이 든다. 정말로 그가 TV 개발에 힘을 쏟지 않은 것이 이상하게 여겨질 정도다. 베를린 비츨레벤(Berlin-Witzleben) 방송국은 일찍이 1929년 3월 8일 TV 쇼를 방영하고 있었다. 히틀러는 연설할 때 당시 독일에서는 보기 힘든 특유의 제스처를 선보였다. 그런 몸짓은 맥줏집의 관객들을 상대했던 뮌헨의 희극 배우 페르들 바이스(Ferdl Weiss)에게서 모방한 것이다. 그는 시간을 정확히 계산해서 늦게 등장하되, 너무 늦지는 않도록 신경 썼다.[69] 초기에 그는 야유를 보내거나 엉뚱한 질문을 하는 사람들을 능숙하게 다루며 신랄한 유머를 자주 구사했다. 하지만 나중에는 영감을 받은 예언자의 이미지를 목표로 했고, 연설에서 특정한 정치적 내용들을 대폭 줄였다. 그는 바이마르에서 니체의 여동생 엘리자베트(Elizabeth)를 만난 적이 있다. 엘리자베트는 그때 히틀러가 정치적 지도자라기보다는 영적 지도자처럼 보였고, 이 때문에 상당히 놀랐다고 말했다.[70] 하지만 그의 모습은 신학자보다는 신앙 부흥 운동가에 가까웠다. 미국의 언론인 니커보커(H. K. Knickerbocker)는 그를 '빌리 선데이'에 비교했다. (빌리 선데이는 원래 프로 야구 선수였으나 나중에 복음 전도자가 되었다.)[71] 어떤 사람은 당시에 이렇게 썼다. "히틀러는 실제로 정치 연설을 한 적이 없다. 그는 오로지 철학 강연을 했을 뿐이다."[72] 사실 그는 행동 강령에 관해 말하거나 공약을 내걸기보다는 헌신을 요구했다. 그는 정치를 대규모 의지의 동원으로 보았다. 청중들은 그들의 의지를 지도자에게 맡기고, 지도자는 그것을 강화하여 그들에게 되돌려 주었다. 그는 이렇게 설명했다. "수천의 의지, 바람, 힘은 모든 개인의 내면에 축적된다. 주저하고 망설이며 집회에 참석한 자는 내적 확신에 충만한 상태에서 그곳을 떠난다. 그는 집단과의 유대를 얻게 된 것이다."

여기서 우리는 중요한 점을 접하게 된다. 히틀러는 레닌과 마찬가지로 의회제 민주주의나 자유주의의 모든 측면을 단지 경멸했을 뿐이다. 하지만 레닌이 엘리트 집단 또는 단 한 명의 개인이 그의 영지(靈智)를 통해 프롤레타리아의 의지를 대변한다고 주장했던 반면, 히틀러는 민주주의가 보다 덜 형이상학적인 형태로 자신의 목소리를 내는 것에 반감을 품지는 않았다. 어떤 의미에서 그는 참여 민주주의를 신뢰했고, 한동안 그것을 실천하기까지 했다. 실제로 히틀러에게는 어느 정도 민주적 수단 없이 권력을 추구할 다른 방도가 없었다. 레닌은 자신이 했던 식으로 그렇게 쉽게 권력을 장악할 수 있는 나라는 러시아가 유일할 것이라고 속마음을 털어놓은 적이 있다. 독일의 경우는 다른 방식이 필요했다. 독일은 강탈하기보다는 유혹해야 했다.

히틀러가 이 사실을 발견하는 데는 얼마간 시간이 필요했다. 그가 정치적으로 어떻게 교육받고 성장했는지는 더 상세히 살펴볼 가치가 있다. 그는 1914년 이전의 빈에서 사회주의와 반유대주의를 습득했다. 그는 기독사회당 소속으로 빈의 시장이기도 했던 유명한 카를 뤼거(Karl Lueger)에게서 사회주의를 배웠다. 뤼거는 비스마르크의 사회 정책을 모방하고 개선하여 빈을 작은 복지 국가로 만들었다. 15년간 그는 빈에 최상의 운송 체제, 교육 제도와 사회 안전 제도, 그리고 녹지와 100만 개의 새로운 일자리를 만들어냈다. 우리는 1939년까지 이루어낸 히틀러의 모든 국내 정책을 여기서 미리 내다볼 수 있다. 그의 목표는 거대한 온정주의적 국가를 만든 뒤 안정과 안전을 대가로 자유를 포기하도록 대중을 설득하는 것이었다.

뤼거도 반유대주의자였지만, 히틀러에게 '유대인 문제'에 대한 '해결책'을 정치의 중심에 두도록 가르친 사람은 빈의 정치가이자 범독일주의자 게오르크 폰 쇠네러(Georg von Schnerer)다. 쇠네러는 반유대인법을 요구했고, 그의 추종자들이 가지고 다니던 회중시계의 줄에는 교수형 당한 유대인의 형상이 새겨져 있었다.

히틀러를 전형적인 동방파로 변화시킨 세 번째 요인은 전쟁 동안 생겨났다. 루덴도르프는 군대의 정치 교육을 강력히 신봉했다. 그는 병사들에게 동방 팽창 정책이라는 사상을 주입했는데, 브레스트리토프스크조약은 이런 사상이 실현 가능하다는 사실을 보여주었다. 히틀러는 이러한 비전을 열렬히 지지했고 이를 확대했으며, 비전을 실현하는 가운데 '유대인 문제'에 관한 '최종적인 해결책'을 포함시켰다. 이것은 그의 전체 행동 강령 중에서 가장 비중이 큰 요소로서, 다른 모든 것은 이를 중심으로 돌아갔다. 정치화된 군대에 관한 루덴도르프의 계획은 레닌이 열정적으로 받아들인 많은 개념 가운데 하나이기도 했다. 레닌은 정치 인민 위원을 대대 수준에까지 침투시키지 않았던가. 1919년 초 적색 봉기가 진압된 뒤 이번에는 독일군이 이를 다시 받아들였다. 뮌헨 소비에트가 분쇄된 뒤 뮌헨 지구 사령부의 정치부에서 히틀러를 '정치 교관'으로 임명했다. 에른스트 룀(Ernst Röhm) 역시 이때 정치 교관으로 발탁되었다. 두 사람은 뮌헨에 상존하던 적색 봉기에 대한 두려움을 십분 활용해, 그곳을 독일 과격파의 수도로 만들었다.

1919년 9월 히틀러는 독일 노동당이라는 소규모 프롤레타리아 집단에 들어갔다. 1920년 4월이 되자 그는 군대를 떠나 정치에 전념하기 시작했다. 이때 히틀러는 독일 노동당을 대외 정책(베르사유조약의 철회, 대독일 지향, 동방 팽창, 유대인의 시민권 박탈)을 갖춘 대중적인 정당으로 변모시

▶ 나치당의 당대회 모습.

컸다. 독일 노동당은 원래의 경제적 목표를 급진적인 25가지 강령으로 재편했다. 전쟁 이익의 몰수, 불로소득의 철폐, 트러스트의 국가 접수, 산업이윤의 국가 할당, 국가적 필요 시 무보상 토지 수용 등. 히틀러는 또한 '국가사회주의' 라는 단어를 당명에 삽입했다. 나치당의 정식 명칭은 국가사회주의 독일 노동당이었다. 때때로 히틀러는 국가주의라는 단어와 사회주의라는 단어를 마음대로 바꾸어 사용했지만, 그의 강령에는 급진적이고 사회주의적인 요소가 언제나 강했다. 그는 어떤 의미에서도 부르주아나 보수적 정치가, 혹은 자본주의의 옹호자라고 할 수 없었다. 그러나 나치당을 중산층의 하위 부류가 장악했던 것도 아니다. 현대의 역사가들은 나치당이 노동 계급에 어느 정도로 영향을 미쳤는지 격렬한 논쟁을 벌여왔다.[73] 아마도 나치의 활동적인 당원들이 농민 이외의 모든 불만분자들로부터 나왔다는 것이 사실인 듯하다. 1923년 총 4,800명의 당원 중에 34.5퍼센트가 노동 계급이었고, 31퍼센트가 중산층 하위 부류, 6.2퍼센트가 하급 관리,

11.1퍼센트가 사무원, 13.6퍼센트가 중소 경영자 또는 상점 주인이었다.[74]

대중을 기반으로 하는 전위 엘리트 정당을 창설한다는 히틀러의 생각은 물론 레닌의 경험에 바탕을 둔 것이다. 그는 실제로 가장 중요한 측면에서 끝까지 레닌주의자였다. 특히 엄격한 규율을 갖춘 중앙 집권화된 당이 독재의 절정에 올라섰을 때 근본적인 혁명을 가능케 할 유일한 수단이 된다는 신념에 있어 히틀러는 철저한 레닌주의자였다. 일단 권력의 자리에 오르자, 그는 레닌이 그랬던 것처럼 사회의 모든 기구를 당이 체계적으로 장악할 수 있도록 조치를 취했다. 처음에 히틀러는 레닌이 1917년에 취했던 방식 그대로 준(準)군사적인 폭동을 통해 권력을 장악할 계획이었다. 그는 1922년 초 무솔리니가 성공시킨 로마 진군에 영향을 받아 이런 결심을 했다. 그로부터 일 년 후 히틀러는 독일에도 때가 왔다고 생각했다.

1923년, 혼돈의 벼랑 위에서 비틀거리던 독일 통화가 마침내 무너져 내렸다. 1913년 독일 마르크의 가치는 2.38US달러였다. 1918년이 되자 이 가치는 7센트로 폭락했다. 1922년에는 1센트로 100마르크를 살 수 있게 되었다. 독일의 재정 당국은 이런 가치 폭락이 베르사유조약의 배상금 지불 조항 때문이라고 주장했다. 하지만 사실 배상금 지불은 이런 사태와 직접적인 관련이 없다. 독일의 공공 재정은 비스마르크 시대부터 취약했다. 비스마르크는 전쟁을 치르기 위해 돈을 빌렸고, 이 부채는 나중에 승전의 전리품으로 변제했다. 1914~18년에도 똑같은 수법을 꾀했다. 그러나 이번에는 전리품이 없었다. 독일은 국채 형태로 어마어마한 빚을 지게 되었고, 엄청난 양의 지폐가 유통되었다. 인플레이션은 배상금에 관한 얘기가 나오기 오래전부터 시작되었다. 배상금의 첫 번째 지불 기한이 된 1921년에는 이미 초(超)인플레이션 수준에까지 도달해 있었다. 이 위기는 순전히 재무 장관의 무분별한 대처 때문에 초래되었다. 그가 제국 은행의 부추김을 받아 채권과 통화의 양을 늘리도록 허락했던 것이다. 금융계나 실업계의 어떤 누구도 '공화국의 마르크'가 어떻게 되든 상관하지 않았다. 그들은 인플레이션으로부터 자신을 보호하기 위해 투기를 하고 매점을 하고 자본을 해외로 빼돌렸다. 산업 자본가들의 경우 가능한 한 신속하게 지폐를 빌려 고정 자본에 투자했다.

▶ 아이들이 지폐를 쌓아올리며 놀고 있다.

1922년 가을, 조언을 요청받은 케인스가 나중에 '통화주의'라고 불리게 될 예리한 처방을 제안했다. 그의 말에 따르면, 정부는 어떤 일이 있어도 예산의 균형을 유지하고 통화 공급을 억제해야 했다. 이 탁월한 조언은 받아들여지지 않았고, 조폐국의 인쇄기는 더 빨라졌다.[75]

최후의 통화 붕괴는 1923년 1월에 시작되었다. 그달 프랑스가 루르 지방을 점령했다. 루르 주민들은 일을 중지했지만, 독일 정부는 그들에게 임금을 계속 지불하는 재정적인 책임을 받아들였다. 1923년 여름 독일을 방문 중이던 미국 의원 앤드류(A. P. Andrew)는 7달러를 환전하여 40억 마르크를 받았다고 기록했다. 레스토랑에서 2명이 식사를 한 가격은 15억 마르크였고, 팁은 4억 마르크였다. 11월 30일 일간지 가격은 4,000 × 1,018마르크까지 치솟았다. 은행은 대출금에 하루 35퍼센트의 이자를 부과했다. 반면 예금 이자는 연 18퍼센트에 불과했다. 그 결과 소 한 마리 값에 해당하는 돈을 은행에 예치한 어떤 농촌 여인이 여섯 달 뒤 예금을 인출했을 때, 그 돈으로 청어 한 마리도 사지 못한다는 것을 깨닫게 되었다. 소액 예금자나 공채를 갖고 있던 사람들은 모든 것을 잃었다. 정부를 제외하면 큰 이득을 본 자들은 모든 담보 대출금을 상환한 지주들과 채무를 가치없는 지폐로 지불해 모든 고정 자본의 절대적 소유주가 된 산업 자본가들이었다. 역사상 가장 규모가 크고 잔인한 부의 이동이었다. 책임의 소재는 분명했고, 사기극의 수혜자는 쉽게 찾을 수 있었다. 그러나 독일의 대중들, 특히 잃은 자들이 '프롤레타리아 의식'을 발달시키기는커녕 마르크스의 예상과는 달리 베르사유조약과 '유대인 투기꾼들'을 비난했다는 사실은 경제 문제에 있어 대중의 무지를 보여주는 우울한 증거라고 하겠다.

당연히 이런 격변은 정치에 영향을 미쳤다. 8월 13일 바이마르 정치인 가운데 유일하게 인기가 있었던 구스타프 슈트레제만(Gustav Stresemann)은 사회민주당 세력부터 꽤 존경받는 우익에 이르기까지 '대연합'을 구성했다. 하지만 연합은 100일간 지속되었을 뿐이다. 비상사태가 선포되고, 권력은 국방장관의 수중에 들어갔으며, '베를린 진군'에 관한 이야기가 나돌았다. 그러나 언제나 그랬듯이 작센 지방에서 봉기를 일으킴으로써 폭력의 수레바퀴를 다시 돌리기 시작한 것은 공산주의자들이었다. 히틀러는 이제 바이에른을 장악할 때가 되었다고 생각했다. 11월 8일 그의 부하들이 지방정부의 회합이 열린 맥줏집을 포위한 뒤 지도적 인사들을 억류했다. 그들은 강요에 따라 히틀러를 정치의 수반으로, 루덴도르프를 군대의 수반으로 하는 새로운 독재 정부에 참여하기로 했다. 그 후 나치 당원들은 3,000명의 병력으로 베를린을 향해 진군했다. 그러나 경찰이 발포를 했고 진군은 실패로 끝이 났다. 히틀러는 체포되었다. 그는 적법한 절차를 거쳐 5년 형을 선고받은 뒤 란츠베르크(Landsberg)의 요새 감옥에 수감되었다.[76]

하지만 당국은 그의 형기를 다 채울 의도가 전혀 없었다. 히틀러는 모든 '동방파' 범죄자에게 이롭게 작용했던 이중 기준의 수혜자가 되었다. '란츠베르크의 죄수’ 는 인기 있고 사랑받는 수감자였다. 그는 죄수복 대신에 레더호젠(Lederhosen)이라는 바이에른 농민들이 입는 재킷을 입고, 깃털 이 달린 녹색 사냥 모자를 쓰고 있었다. 히틀러는 하루 6시간씩 끊임없이 이어지는 방문객들을 맞으며 수감 생활을 했다. 여기에는 그를 숭배하는 여성이나 아첨하는 정치인도 있었다. 35번째 생일에는 꽃다발과 소포가 요새에 있는 여러 개의 방을 가득 채웠다. 목격자의 증언에 따르면, 히틀러 의 독방은 언제나 “식품 판매점처럼 보였다.”[77] 여기서 보낸 수개월은 『나 의 투쟁』을 쓰는 데는 충분한 시간이었다. 루돌프 헤스(Rudolf Hess)의 아 내 일제(Ilse Hess)가 나중에 증언한 바에 따르면, 그는 ‘손가락 두 개로 구 식 타자기’ 를 톡톡 두드려댔다고 한다.[78]

히틀러가 란츠베르크의 감방에 있는 동안 독일에는 큰 변화가 찾아왔다. 사건들은 순식간에 그에게 불리한 방향으로 움직였다. 제국 은행의 새로 운 총재 할마르 샤흐트(Hjalmar Schacht) 박사가 통화를 안정시켰다. 외국 에서도 통용될 수 있는 금본위제(金本位制)의 새로운 제국 마르크를 도입 했으며, 돈을 찍어 내는 일을 그만두고 정부 지출을 삭감했다. 사실상 그것 은 케인스가 이미 18개월 전에 충고한 대로였다. 독일의 경제와 세계의 경 제가 순풍이 부는 바다 위를 항해하고 있었다. 다음 5년간 지속적인 경제 성장이 이루어졌다. 이에 따라 정치 상황도 몰라보게 안정을 찾았다. 그때 는 바이마르 공화국 최고의 전성기였다. 히틀러는 레닌처럼 권력을 얻을 수는 없다는 것을 란츠베르크의 감방에서 깨달았다. 그는 대중 정치가가 되어야 했다. 『나의 투쟁』은 이런 사실을 인정하고, 어떻게 그 일을 행할 것 인지 정확히 가리키고 있다. 그러나 그는 또한 1923년이라는 해가 분수령 이었으며, 결국 그해의 사건들이 자신의 정치적 삶에 유리하게 작용할 것 임을 알아챘다. 대규모 인플레이션에 희생당한 수백만 명이 바이마르 공화국과 그 관리자들, '서구화된' 체제, 베르사유조약과 연합국들, 그리고 독일에서 그들과 관련을 맺고 있는 사람들에 대해 꺼지지 않는 증오의 불길을 품고 있었기 때문이다. 독일의 중산 계급도 이미 무게중심을 다른 쪽으로 옮겨 간 상태였다. 따라서 서방파들의 운명은 종말을 맞을 수밖에 없었다. '문화'가 '문명'에 승리를 거둘 예정이었다. 히틀러는 뛰어난 통찰력으로 『나의 투쟁』의 4장에서 지각을 뒤흔드는 이 변화에 관해 다루었다. 그는 "생존 공간을 확보하기 위한 전쟁"으로 러시아와 싸워야 한다고 썼다. "독일은 남쪽과 서쪽을 향한 끝없는 움직임을 멈추어야 한다. 그리고 동쪽에 있는 땅으로 시선을 돌려야 한다. 마침내 우리는 전쟁 전 시대의 식민 정책과 상업 정책에서 벗어나, 미래의 영토 정책으로 옮겨가야 한다."[79]

히틀러가 이런 글을 쓰고 있던 순간에 뛰어난 직관을 지닌 영국인 데이비드 로런스(David H. Lawrence)가 정확히 똑같은 결론에 이르렀다. 1924년 2월 19일 그는 '독일에서 온 편지'를 썼다.[80] 그의 말에 따르면, "독일의 삶이라는 물결은 서유럽의 해안에서 천천히 빠져나가 동유럽의 사막으로 밀려들고 있었다." 1921년 로런스의 마지막 독일 방문 때만 하더라도 독일은 "아직 유럽에 개방적이었다. 그 후에도 독일은 재회 …… 화해를 위해 여전히 서유럽을 바라보고 있었다. 하지만 이제는 끝났다. …… 우리 문명의 실증성은 깨졌다. 도래할 영향력은 눈에 보이지 않는 모습으로 타타르 지방에서 오고 있다. …… 아틸라를 낳은 파괴적인 동양의 환상으로 다시 돌아가고 있다." 그는 계속해서 이렇게 말했다.

밤이 되면 어둠 속에서 이상한 움직임을 느낀다. …… 위험을 느끼게 된다. …… 이상하고 소름끼치는 불가해한 위험 …… 평화와 성장의 희망은 깨졌다. 이전의 흐름과 유대는 끊어졌다. 훨씬 더 이전의 흐름이 몰려왔다. 타타르 지방의 야만성이라는 극단으로 돌아가, 다른 쪽 끝에 있는 문명화되고 기독교화된 유럽에서 멀어진다. 나에게는 이런 일이 이미 일어난 것처럼 보인다. 그리고 이 일은 다른 어떤 실제 사건보다 엄청나게 중요한 것처럼 느껴진다. 이로부터 다음 단계의 사건들이 일어날 것이다.

히틀러는 이 새로운 극단으로 나아갈 것을 결심하는 한편, 대중 정치가라는 역할을 기꺼이 받아들이기로 마음먹었다. 의심할 여지없이 대단한 창조성을 지닌 이 인물은 자동차 전용으로 건설된 멋진 도로(미래의 아우토반)와 독일 민족이 타고 다닐 '국민차' (폭스바겐)를 구상하며 남은 시간을 보냈다.[81] 히틀러는 1924년 12월 20일에 석방되자마자, 그동안 참아왔던 바그너가 미치도록 듣고 싶어, 곧바로 피아니스트 에른스트 한프슈텐겔(Ernst Hanfstaengel)의 집으로 향했다. 히틀러는 그에게 이렇게 지시했다. "사랑의 죽음을 연주해 주시오." 이튿날 아침 그는 26,000마르크를 주고 메르세데스를 한 대 샀다. 메르세데스를 탄 히틀러는 그 뒤 총리의 자리에 오를 때까지 거리에서 만나는 차는 뭐든 앞지르려고 기를 썼다.[82]

ModernTimes
he World from the Twenties to the Nineties

제 4 장

제국의 쇠퇴

무기력한 제국

독일에 다시 동풍이 불고 있는 동안, 영국과 프랑스의 동맹 관계는 금이 가고 있었다. 1922년 9월 22일 파리에 있는 총리 관저 오텔 마티뇽(Hotel Matignon)에서는 프랑스 총리 레몽 푸앵카레(Raymond Poincaré)와 영국의 외무장관 커즌 경이 보기 흉한 장면을 연출하고 있었다. 그로부터 사흘 전 프랑스가 터키의 차나크(Chanak)에서 군대를 철수시켰다. 따라서 얼마 안 되는 영국 파견군은 아타튀르크가 이끄는 민족주의 세력의 공격에 전면 노출되었다. 영국의 굴욕은 불가피했다. 커즌은 이에 항의하기 위해 프랑스 총리를 만난 것이다.

두 사람은 서로 미워했다. 푸앵카레는 프랑스 금리 생활자들의 대변자였으며, 명민하고 신중하며 검소한 변호사였다. 그는 프랑스 국민을 향한 프랑수아 기조(François Guizot)의 충고 "부자가 되십시오!"를 즐겨 인용하곤 했다. 프랑스인들은 그를 프랑스의 변호사라고 불렀다. 푸앵카레는 티에르(Louis-Adolphe Thiers)의 민족주의를 이어받았고, 당시 티에르의 전기까지 쓰고 있었다. 자신의 청렴을 자랑으로 여겼고, 편지는 모두 손으로 쓸 것을 고집했으며, 개인적인 용무로 직원을 쓸 때는 자비로 비용을 지불했다.[1] 커즌 또한 수천, 수만 통의 편지를 밤늦게까지 직접 썼다. 어릴 때 입은 척추 부상으로 제대로 잠을 잘 수 없었기 때문이다. 게다가 그에게는 인색한 기질이 있었다. 가계부를 꼼꼼히 검사하고, 하인들에게는 엄격한 기준을 요구했다. 하녀에게는 어떻게 가구의 먼지를 털어 내야 하는지, 하인에게는 어떻게 차를 따라야 하는지 따위를 부끄러워하지도 않고 시시콜콜 얘기했다. 푸앵카레는 중산 계급의 천박성에 대한 경멸과 프랑스 특유의 오만함을 노골적으로 드러냈다. 두 사람은 논쟁을 벌였다. 푸앵카레는 "자제심을 잃고 15분 동안 한껏 목청을 높여 계속 고함을 질러댔다." 영국 대사 하딘지(Charles Hardinge) 경은 충격을 받은 커즌을 다른 방으로 데리고 갔다. 커즌은 진홍색 소파 위에 쓰러졌다. 그는 손을 부들부들 떨며 말했다. "찰리, 나는 저 끔찍한 인간을 도저히 참을 수 없을 것 같네. 참을 수 없어. 도저히 참을 수 없다고." 커즌 경은 울음을 터뜨렸다.[2]

영국과 프랑스의 불화는 독일의 군사 재무장을 바라보는 양국의 시각차에서 비롯되었다. 대부분의 영국인은 독일 문제에 관해 프랑스 정치인들이 지나치게 집착한다고 생각했다. 오스틴 체임벌린은 에두아르 에리오(Edouard Herriot)가 "두렵지만, 나는 독일이 10년 안에 다시 우리에게 전쟁을 걸어오리라 예상하고 있습니다"라고 말하는 것을 듣기도 했다.[3] 연합국 통제 위원회는 베르사유조약 168~169조에 따라 독일의 군비 축소를 감시하는 일을 하고 있었다. 이 위원회의 영국 위원들은 독일에 대한 프랑스의 견해에 동조했다. 존 모건(John H. Morgan) 육군 준장(准將)은 독일이 특히 군사 부문에 있어 전쟁 이전의 면모를 회복하고 있다고 비공식적으로 보고했다.[4] 프랑스는 바이마르 육군부의 보고를 조사할 때면 언제나 보고서가 사실과 다르다는 것을 알게 된다고 주장했다. 하지만 독일이 파렴치한 위반 사실들을 기록한 통제 위원회의 보고서는 발표되지 않았다.

몇몇 사람들의 의견에 따라, 군비 축소라는 주요 목표와 방위비 삭감을 위해 고의적으로 은폐되었던 것이다. 주독 영국 대사 다버넌(Edgar Vincent, 1st Viscount D'Abernon) 경은 고결하고 호전적이며 독일에 우호적이었던 인물로, 처음 유화 정책을 지지했던 사람이다. 그는 케인스의 책에 쓰여 있는 말을 전부 다 믿었다. 그는 독일이 조약의 의무를 회피하고 이를 감추는 일은 불가능하다고 보고했다.[5] 그의 보고서는 터키, 핀란드, 로테르담, 바르셀로나, 빌바오, 카디스에서 독일 회사들이 무기를 만들기 위해 설립한 지주 회사에 관해서는 한마디도 언급하지 않았고, 스웨덴에서 탱크와 대포를 개발하기 위해 준비하고 있던 크루프 사에 관해서도 마찬가지였다.[6]

프랑스는 독일이 부활할지 모르는 위험에 대해 영국인들이 무관심한 것에 분노했다. 1922년 4월 16일 독일이 러시아와 라팔로 조약을 맺자 이 분노는 한층 더 커질 수밖에 없었다. 이 협정의 은밀한 목적 가운데 하나는, 프랑스의 의심대로 러시아에서 무기 합작 사업을 더욱 확대하고, 거기서 독일인 조종사와 탱크 승무원을 교육하는 것이었다. 또한 이 사건은 동유럽의 프랑스 동맹국 폴란드에 불길한 징조를 드러내고 있었다. 폴란드에 적대적인 독일과 소비에트 러시아의 거래는 마침내 1939년 8월 독소불가침조약으로 완전한 모습을 드러내게 된다. (이 조약에는 독일과 소련이 폴란드를 분할 점령한다는 비밀 의정서가 첨부되었다.) 라팔로 조약 때문에 푸앵카레는 필요하다면 무력으로라도 독일로부터 배상금을 받아 내겠다는 결심을 굳혔다. 1923년 1월 11일 그는 프랑스군을 루르 지방에 파병했다. 차나크 문제와 관련된 영국과의 회담이 결렬되고 얼마 지나지 않아서였다. 이 군대 가운데 일부는 프랑스령 아프리카 출신의 병력이었다. 프랑스가 '4,000만의 국가가 아니라 1억의 국가'라는 것이 푸앵카레의 자랑거리였다. 프랑스가 아프리카에 건설한 철도망은 원래 목적대로 군내를 유럽의 전장으로 신속하게 수송했다. 독일인들은 프랑스 군복을 입은 아랍인이나 흑인을 특히 싫어했다. 이것은 프랑스가 아프리카 출신의 병사들을 그곳으로 보낸 이유이기도 했다. 프랑스의 강경 노선은 단기간에 효과를 보았다. 1923년 9월 26일 독일 정부는 실질적으로 푸앵카레의 요구에 굴복했다. 1929년까지 권력의 자리에 있었던 이 작고 호전적인 변호사는 (한 차례 중단되기는 했지만) 1920년대 대부분의 기간에 서유럽 정치에서 지배적인 역할을 했으며, 많은 사람에게는(일부 영국인과 미국인들에게도) 프랑스의 공격성을 대표하는 인물처럼 보였다. 그들은 오히려 이런 프랑스의 공격성이 독일 때문에 일어날지 모를 그 어떤 위험보다 유럽과 세계의 안정을 더 크게 위협한다고 생각했다.

사실 푸앵카레가 추진한 정책의 결과는, 프랑스의 국력이 다시 기울었을 때 표면화될 독일인의 거대한 분노뿐이었다. 결국 분노가 커지면서 독일은 군사적인 부활을 결심하게 되었다. 게다가 루이 14세부터 나폴레옹 1세의 시대에 유럽을 지배했던 프랑스가 다시 유럽에서 지배적인 역할을 하는 것처럼 보였지만, 싸움닭이라는 프랑스의 이미지는 환상에 불과했다. 베르사유조약은 비스마르크의 독일을 쪼개 놓지 않았다. 한시적이라고 하더라도 러시아가 실질적으로 유럽의 강대국이기를 포기한 이상 독일이 유럽에서 유일한 초강대국이 될 수밖에 없었다. (영국은 유럽 혹은 유럽 대륙과 관습적으로 구별되기도 한다 - 옮긴이) 머지않아 독일이 산업 생산력, 조직, 국민정신에 있어 자신의 우월성을 드러내리라는 것은 틀림없는 사실이었다. 유일한 문제는 독일이 그러한 일을 하면서 너그러운 마음을 품느냐 아니면 적의를 품느냐 하는 것이었다.

프랑스는 약했다. 그리고 프랑스인들은 실제 프랑스의 국력보다 프랑스가 더 약하다고 느꼈다. 20세기를 특징짓는 무기력에 대한 프랑스인들의 자각 — 푸앵카레는 그것을 허세로 감추려고 했지만 — 은 1930년대가 되면 강박적으로 변한다. 17세기 프랑스의 인구는 다른 유럽 국가들과 비교했을 때 거의 두 배 이상이었다. 프랑스 다음으로 인구가 많은 나라는 폴란드였다.[7] 프랑스인들은 새로운 동유럽의 동맹국이 쇠락하는 것을 우울한 심정으로 바라보았다. 그들은 폴란드가 다시 부강해져 프랑스의 쇠퇴를 보완해 주기를 바랐던 것이다. 1800년이 되어서도, 프랑스인들은 러시아를 제외하면 프랑스가 여전히 인구가 가장 많은 국가라는 사실에 자부심을 느끼고 있었다. 그 뒤 프랑스는 엄청난 상대적 쇠퇴를 경험해야 했다. 추적해 보면 이것은 1840년대부터 드러나는 인구 통계 수치에 반영되어 있다. 인구상으로 1860년에 오스트리아가 프랑스를 앞질렀고, 1870년에는 독일이, 1900년에는 영국이, 1933년에는 이탈리아가 프랑스를 앞질렀다. 프랑스는 이제 유럽에서 5번째 국가가 될 수밖에 없었다. 프랑스 인구는 2,800만 명이었던 1800년에서 1940년까지 겨우 50퍼센트가 증가했으나, 독일은 4배, 영국은 3배가 증가했다.[8]

프랑스의 시각으로는 제1차 세계대전은 독일이 프랑스를 강대국의 자리에서 완전히 끌어 내리기 위해 벌인 전쟁이었다. 전쟁으로 인해 프랑스가 지니고 있던 인구상의 약점이 심각할 정도로 커졌다. 프랑스는 제1차 세계대전에서 140만 명의 남자가 죽었다. 군 병력의 17.6퍼센트, 다시 말해 활발한 활동이 가능한 전체 남성 인구의 10.5퍼센트가 죽었다. 알자스와 로렌 지방을 다시 손에 넣었다고 하더라도 프랑스 인구는 결과적으로 3,960만 명에서 3,912만 명으로 떨어졌다. 반면 영국은 전쟁 기간에 인구가 250만 명 증가했다. 대략 110만 명의 프랑스인이 상이군인이 되었고, 죽을 때까지 장애인으로 살았다. 독일인들은 673,000명의 프랑스 농민을 죽였고, 50만 명 이상의 농민에게 심각한 부상을 입혔으며, 10개 지방을 점령해서 총 650만 명의 주민 가운데 4분의 1을 난민으로 만들었다. 철수할 때는 농장을 부수고 가축들을 몰살시키고 기계류를 부숴 놓았다. 또한 프랑스인들은 루덴도르프의 '전시 사회주의' 공장에서 노예 노동자로 일해야 했다. 공장 내 사망률은 제2차 세계대전의 나치 지배 때 기록했던 10퍼센트에 가까웠다. 프랑스인들은 이 소름끼치는 숫자에 대해 깊이 생각했다. 그들이 펼친 뛰어난 전시 선전은 결과적으로 수치를 훨씬 더 끔찍하게 보이게 했다.[9]

전쟁의 피해를 입은 프랑스인들은 그 뒤 충분히 보상을 받았다. 그러나 푸앵카레의 모든 노력에도 불구하고 피해자에 대한 재정 지원이 인플레이션을 낳았다. 1923년 독일의 상황처럼 대단치는 않았지만 그 영향이 독일보다 오래갔으며 궁극적으로 국민의 사기를 크게 떨어뜨렸다. 1919년에서 1948년까지 프랑스의 도매 물가는 105배, 금값은 174배로 뛰어올랐다. 1939년 달러에 대한 프랑의 가치는 1913년 가치의 70분의 1에 불과했다.[10] 프랑스를 여행하는 미국인과 영국인, 그리고 국외 거주자들에게 양차 대전 사이의 프랑스는 헐값에 물건을 살 수 있는 천국이었다. 연금이나 저축이 점차 줄어드는 상황 때문에 사람들이 아기를 적게 갖는 것은 프랑스에게 가혹한 일이었다. 1906~31년에 3명 이상의 아이가 있는 프랑스 가정의 수는 급격하게 줄어들었다. 1930년대에는 아이가 한 명인 가정이 가장 흔했다. 1936년에 이르자 프랑스는 60세 이상의 인구 비율이 가장 높은 나라가 되었다. 프랑스는 천 명당 147명이었고, 영국은 129명, 독일은 119명, 미국은 91명, 일본은 74명이었다.[11]

프랑스는 알자스와 로렌을 되찾아 국력을 키우려 했다. 로렌은 거대한 공업 지대였다. 그러나 이 두 지역의 경제는 루르 지방과 결합해 있었다. 막상 루르 지방과 분리되자 알자스와 로렌의 경제는 심각한 타격을 입었다.

압도적인 다수가 가톨릭을 믿는 알자스에서, 프랑스는 교회에서 사용하는 독일어를 비난하며 성직자들을 소외시켰다. 그들은 독일인과 똑같은 실수를 저질렀고, 마치 식민지 지배자들처럼 행동했다. 그러나 프랑스는 줄 수 있는 게 독일보다 적었다. 프랑스의 사회보장 제도가 독일의 사회보장 제도보다 훨씬 열악했기 때문이다.[12] 프랑스의 공업 부문 시장은 보호되고 있기는 했지만 빈약했다. 1914년 시행되어 폐기되지 않고 유지되어 온 엄격한 임대 규제가 프랑스의 주택 시장을 붕괴시켰다. 프랑스의 주택 재고는 대전 전에 950만 채였다. 1939년에도 여전히 975만 채였으며, 그 가운데 3분의 1은 주거지로 적합하지 않았다. 농업도 끔찍하게 퇴보했다. 1930년대 농장에는 여전히 300만 마리의 말이 있었지만, 그것은 1850년과 정확히 똑같은 숫자였다. 프랑스는 이탈리아처럼 반(半)산업 국가였다. 프랑스의 전쟁 전 성장률은 1920년대 동안 충분히 유지되지 못했다. 1930년대에는 성장률이 더욱 떨어져 산업 생산량은 1929년 수준으로 돌아가지 못했다. 1890년과 1904년 사이에 프랑스는 세계 최대의 자동차 생산국이었다. 1920년에도 프랑스는 여전히 이탈리아나 독일보다 더 많은 차를 생산했다. 그러나 대량 판매를 위해 저렴한 차를 생산하는 데는 실패했다. 1930년대 중반에 이르자, 프랑스에서 판매되는 차의 68퍼센트는 중고차였고, 거리에는 아직도 1,352,000대의 마차가 다녔는데, 그 수는 1891년의 마차 수와 정확히 똑같았다.[13]

문제의 근원은 적은 투자에 있었다. 여기서 다시 인플레이션을 탓해야 할 것이다. 국가가 개인 투자자들을 대신하기에는 역부족이었다. 국가는 1914년 이전부터 최대의 고용주였으며, 전쟁은 국가 부문에 새로운 추진력을 실어 주었다. 1915~19년의 상무장관 에티엔 클레망텔(Etienne Clementel)은 국가 계획과 서유럽 경제 연합을 원했다. 장 모네(Jaen

Monnet)와 미래의 '유럽 공동체 행정관'들 모두 그의 제자라고 할 수 있을 것이다. 그러나 당시에는 이런 생각들로부터 아무것도 나오지 않았다. 국가는 철로, 선박, 전기, 석유, 가스 부문의 주식을 사들여 경제를 돌아가게 하고 일자리를 보존했지만, 투자를 위한 돈은 부족했다.[14) 프랑스의 산업가들은 아이디어가 풍부했지만, 큰 사업 기회가 없는 데 낙담했고, 서로 싸우면서 대부분의 시간을 소비했다. 전기 · 석유 산업계의 지도적 인사 에른스트 메르시에(Ernest Mercier)는 철강계의 거물 프랑수아 드 왕델(François de Wendel)과 심한 싸움을 벌였다.[15) 사회 지배 구조의 사다리 아래쪽에 있는 총명한 사람들에게는 기회 부족이 더 심각했다. (여자들에게는 기회가 없는 것이나 마찬가지였다.) 양차 대전 사이에 프랑스에서 엔지니어의 실제 임금은 3분의 1가량 떨어졌다. 고등 교육, 특히 기술 분야의 고등교육은 비참할 정도로 부족했고, 파벌의 알력과 자금 부족으로 곤란을 겪고 있었다. 대부분의 돈은 파리에 있는 유명하지만 구식인 엘리트 교육 기관 그랑 제콜(Grandes Ecoles)로 흘러들어갔다. 에리오는 기술자들을 양성하는 폴리테크니크(Polytechnique)를 '아직 폐지되지 않은 유일한 신학부'라고 불렀다. 국립 중앙 연구소가 출현했지만 예산이 부족했다. 새로운 파리 의사회 건물은 1920년대 준공이 결정되어 1950년대가 되어서야 겨우 완성되었는데(프랑스에는 1922년까지 보건부가 없었다), 1939년이 되어서도 스태프로 참여한 의사는 두 명뿐이었다. 통계 수치가 이런 상황을 요약하고 있다. 1927년 프랑스는 고등 교육보다 기병대의 말에게 먹일 사료에 더 많은 돈을 지출했다.[16)

프랑스 민족주의

프랑스는 고유한 방식으로 독일처럼 분열되어 있었다. 문명과 문화의 충돌 같은 것은 전혀 없었다. 프랑스인들은 문명에 대해서는 같은 견해를 공유하고 있었다. 말하자면 문명은 프랑스의 것이라는 게 프랑스인의 생각이었다. 그들은 베르사유에서 마지못해 영어를 또 하나의 공식 언어로 인정했다. 그들은 프랑스를 문명의 창시자이며 수호자이자 본향으로 생각했다. 바로 그들이 1766년에 문명이라는 단어를 만들어 내지 않았던가. 프랑스인들은 앵글로색슨족을 질시하고 미워하며 경멸했다. 1937년 젊고 뛰어난 소설가 프랑수아 모리악(François Mauriac)은 이렇게 썼다. "나는 영국인을 이해할 수 없으며 좋아하지도 않는다. 그들이 죽었을 때를 제외하고는 말이다." 당시 앙리 베로(Henri Beraud)의 『영국을 제압해야 할 필요가 있을까? *Fauti-il reduire l'Angleterre en esclavage?*』(1935년), 로베르 아롱(Robert Aron)과 앙드레 당듀(André Dandieu)의 『미국이라는 암 *Le Cancer American*』(1931년)이라는 책이 인기를 끌었다. 매우 기묘한 일이지만, 프랑스인들은 영국보다 독일인에게 더 우호적이었다. 앙드레 말로(André Malraux)와 알베르 카뮈(Albert Camus) 같은 젊은 소설가들은 니체를 읽었고, 장 폴 사르트르(Jean Paul Sartre) 같은 젊은 철학자들은 하이데거(Martin Heidegger)에 매료되었다. 그러나 프랑스인들에게 공식 모델은 데카르트(René Descartes)였다. 그의 방법론은 학교의 철학 수업을 지배했고, 프랑스 교육 제도의 가장 뚜렷한 특징이었다.[17] 프랑스의 교육 제도는 높은 지적 수준의 국가 지도자를 양성하기 위해 계획되었다. 그러나 그들이 양산한 것은 지식인들이었다. 이 둘은 결코 똑같지 않다. 지식인들은 의견뿐 아니라 역할도 분열되어 있었다. 에밀 샤르티에(Emile Chartier)는 철학 교사 가운데 가장 영향력 있는 인물로 '의무'를 설교했다. 하지만 당시 가장 널리 읽힌 책은 쥘리앵 방다(Julien Benda)의 『성직자의 배반 La Trahison des Clercs』(1927년)이었다. 이 책은 '초연한 태도'를 주장했다.[18] 프랑스 지식인들이 논쟁을 일삼은 데에는 다 이유가 있었다. 그들은 서로 너무나 증오했다. 마르크스는 『공산당 선언 Communist Manifesto』에서 '지식인들'은 노동 계급의 이익과 자신을 동일시하는 부르주아지의 한 계층이라고 정의했다. 이런 분석은 드레퓌스사건(Dreyfus Affair, 드레퓌스라는 유대인 장교가 반역죄로 기소되었다가 결국 무죄로 풀려난 사건 - 옮긴이) 초기에는 틀림없이 옳은 것으로 여겨졌다. 당시 새로 유행하던 '인텔리겐치아'라는 말은 교권(敎權)에 반대하는 좌파와 동일시되었다. 그러나 드레퓌스사건에 대한 계속된 공방은 전혀 새로운 종류의 우파 지식인을 태어나게 했다. 이들은 1914년 마지못해 전투 중단을 선언했지만, 1918년에 들끓는 분노를 표출하여 다음해 30여 년 만에 처음으로 우파 정치인들이 총선에서 승리하는 데 크게 기여했다. 1924~25년, 1930~31년, 1936~38년을 제외하면, 프랑스에서는 우파와 중도파가 하원(상원은 줄곧)을 장악했고, 우파 지식인들은 살롱이나 거리에서 주도권을 잡고 있었다.

문명에 관해서는 합의가 이루어져 있었다. 프랑스인들은 문화를 두고 싸움을 벌였던 것이다. 문제는 그것이 세속적인가 아니면 종교적인가 혹은 실증적인 문제인가 아니면 형이상학적인 문제인가 하는 것이었다. 투쟁은 치열하고 파괴적이었으며, 교육 제도, 산업, 지방 정부, 사회를 잔인하게 갈라놓았다. 세속적인 투쟁 단체인 프리메이슨(freemason) 단은 계속 회원 수가 늘어나고 있었다. 1928년에 4만 명에서 1936년에는 6만 명이 되었다.[19] 청년단은 멸시 받고 저임금에 시달리던 공립 초등학교 교사들로 이루어져 있었다. 그들은 공화주의를 지지했으며 평화주의자들이었고 교권에 반대했다. 그들은 모든 마을에서 주임 사제들과 싸웠고, 가톨릭계의 '자유' 학교와는 완전히 다른 교과서로 가르쳤다. 특히 역사 수업에서 그러했다. 그러나 실상은 가톨릭계 학교가 세력을 확대하고 있었다. 양차 대전 사이에 국립 중학교는 561개에서 552개로 감소했다. 반면 가톨릭계 중학교는 1920년에 632개에서 1936년에는 1,420개로 두 배 이상 증가했다. 가톨릭계 대학 동창회는 매우 잘 조직되어 있었고 호전적이었다. 그들은 드레퓌스사건이 진행되는 동안 그에게 유죄가 내려지기를 간절히 원했다.[20] 프랑스 학교의 이러한 분열은 서로 다른 두 인종의 프랑스인을 낳았다. 이들은 서로 다른 역사적 영웅(그리고 악당), 서로 다른 정치 용어, 서로 다른 정치적 기본 전제들을 가지고 있었고, 무엇보다 프랑스에 대해 상반된 생각을 하고 있었다.

사실 프랑스에는 경쟁하는 두 가지 형태의 민족주의가 존재했다. 세속파와 공화주의자들은 하나님과 왕의 가부장적 권한을 부정했고, 18세기에 국가에 대한 충성을 표현하기 위해 조국(la patrie)이라는 단어를 만들어 냈다. 그때는 바로 존슨 박사가 "애국심은 불한당들의 마지막 도피처다"라고 말했던 때다. 그는 이러한 말로 파괴적인 선동 행위를 비난하고자 했다.

프랑스 애국주의는 프랑스혁명을 겪으며 자코뱅적인 색채를 얻었다. 강베타(Léon Gambetta)와 클레망소는 이러한 진보적 민족주의를 영원히 지속시켰다. 이것은 다른 민족주의처럼 단호한 국수주의(쇼비니즘)로 변할 수도 있었다. 그리고 그보다 더할 수도 있었을 것이다. 진보적 민족주의는 공화국의 이익에 우선하는 어떤 법이나 가치도 인정하려 들지 않았기 때문이다. 이런 민족주의가 지배하는 상황에서는 공화국의 이익만이 미덕을 실현하는 길로 생각되었다. 그러나 조국의 목표에 봉사하지 않는 사람들이 프랑스를 다스리고 있다고 생각되는 순간, 이 민족주의는 패배주의와 평화주의로 사라져 버리고 말았다. 특히 압도적으로 가톨릭이 많으며 왕당파도 있는 프랑스 정규군은 애국주의자들로부터 의심과 적의를 샀다.

여기에 '애국 프랑스'에 반대되는 '민족주의 프랑스'가 있었다. 이것은 사실상 독일에서 볼 수 있던 서방파와 동방파 분열의 프랑스판이었다. 양차 대전 사이의 프랑스 민족주의자들을 파시스트로 묘사하는 것은 옳지 않은데 ─ 물론 이들 가운데 일부는 가장 극악한 부류의 파시스트가 되기도 했다 ─ 프랑스의 전통이 훨씬 더 오래된 것이기 때문이다. 그것은 망명자들을 낳았던 혁명 시대에까지 거슬러 올라가며, 루소, 볼테르(Voltaire, François-Marie Arouet), 디드로(Denis Diderot) 등의 계몽 운동에 대한 문화적 반작용이었고, 조제프 드 메스트르(Joseph de Maistre)의 저작을 통해 처음으로 지적인 내용을 갖추었다. 그의 걸작 『상트페테르부르크의 밤 *Les Soirées de Saint-Petersbourg*』은 1821년에 출판되었다. 그는 비합리주의와 낭만주의에 원죄에 관한 얀센주의 사상을 결합시켰다. 인간의 이성은 '깜빡이는 빛'으로, 무질서한 인간에게 규율을 부여하기에는 너무 약했다. "우리가 살고 있는 이 비참한 세기(世紀)가 미신, 광신, 불관용이라고 부르는 것들이 프랑스의 위대함을 위해 필요한 요소들이다." "인간은 자유를 얻기에는 너무 사악하다." 인간은 "켄타우루스와 같은 괴물이며 …… 어떤 알 수 없는 죄, 가증스런 잡혼(雜婚)의 소산이다."[21] 메스트르는 여기에 거대한 음모라는 중요한 개념을 덧붙였다. 이에 따르면, 인간을 '자유롭게 한다'는 표면상의 목적은 실상 인간의 내부에 악마를 풀어놓으려는 시도와 다름없었다.

20년이 지나 1890년대 드레퓌스사건이 일어나자, 에두아르 드뤼몽(Edouard Drumont) 같은 프랑스 반유대주의자들은 빈번히 음모 이론을 들고 나왔다. 드뤼몽의 저서 『유대인의 프랑스 La France juive』(1886년)는 프랑스에 살고 있는 유대인의 힘과 영향력, 그리고 무엇보다 숫자를 과장했다. 사실 드뤼몽이 그 글을 쓰고 있을 때 프랑스에 살고 있는 유대인은 고작 35,000여 명에 불과했다. 그러나 그들의 수가 계속 증가했고, 1920년에 이르자 10만 명을 넘어섰다. 다른 '이방인들'도 쏟아져 들어왔다. 제3공화정의 프랑스는, 특히 양차 대전 사이에 세계에서 가장 살기 좋은 국가였다. 문제를 일으키지만 않는다면, 여러 면에서 외국인에게도 관대했다.[22] 1889년과 1940년 사이에 거의 230만 명의 외국인이 프랑스 시민권을 취득했고, 1931년에는 이외에도 2,613,000명의 외국인 거주자가 있었다. 이 숫자는 히틀러, 스탈린, 무솔리니가 등장하고 스페인 전쟁이 일어나자 피난민들이 프랑스로 몰려들며 급속도로 커졌다.[23] 프랑스인들을 독일인들과 같은 의미에서 인종주의자라고 말할 수는 없다. 프랑스인들이 주장하는 '문명'에 관한 소유권에서 어느 정도 세계주의가 자연스럽게 귀결되기 때문이다. 그러나 그들은 이상한 인종 이론에 기이할 정도로 민감했으며, 이런 이론들을 많이 만들어 냈다. 이에 따라 에드가 베리용(Edgar Bérillon)은 독일인들이 다른 인종에 비해 창자가 2.7미터가량 길기 때문에 과다한 양의 배변을 보는 이상 증상과 땀악취증에 걸리기 쉽다는 것을 '발견'할 수 있었다.[24] 파리가 데카르트적 이성의 세계적인 수도였다면, 동시에 그곳은 점성술, 사이비 의술, 거짓된 과학에 대한 믿음의 수도였다고도 할 수 있다. 프랑스에는 강력한 반유대주의적 문화가 존재했다. (그리고 아직도 실제로 존재하고 있다.)

그리하여 극단적인 민족주의 신문 「악시옹 프랑세즈 Action Française」가 성공할 수 있었다. 이 신문은 1899년 소규모 지식인 집단에서 시작되었다. 그들은 생제르망 거리의 카페 플로르 ― 1944년에 실존주의자들은 이 카페를 '자유주의화'한다 ― 에서 회합을 했다. 이 신문은 샤를 모라스(Charles Maurras)의 재능 덕분에 큰 성과를 거두었다. 모라스는 다중 음모라는 개념을 널리 퍼뜨렸다. "4개 부류의 연합: 유대인, 프로테스탄트, 프리메이슨 단, 외국인." 드레퓌스사건 동안 유지했던 교황청의 공식적인 견해와 크게 다르지 않았다. '무신론자' 대신 '외국인'이 그 자리를 차지하고 있을 뿐이다. 사실 모라스나 「악시옹 프랑세즈」나 모두 무신론적이었지만, 모라스와 「악시옹 프랑세즈」의 견해는 가톨릭교회로부터 강력한 지지를 받았다. 보수반동주의 교황인 피우스 10세(Saint Pius X)는 모라스의 어머니에게 "나는 그의 공로를 축복합니다"라고 말한 바 있다. 그는 모라스의 책을 단죄하는 포고령에 서명하긴 했지만 이를 실행에 옮기는 것을 허락하지 않았다. 모라스의 책들은 단죄되어 마땅하지만, 단죄되지 않았다.[25] 그러나 1926년 12월 20일 결국 교황청의 단죄가 내려졌다. 그때는 이미 피우스 11세(Pius XI)가 권력을 잡은 파시즘을 충분히 경험해 본 상태였기 때문이다. 하지만 가톨릭교도들이 헌신할 수 있는 관련 단체들은 많았으며, 민족주의 운동이 중류 계급이나 상류 계급의 신뢰를 잃은 것도 아니었다. 레옹 도데(Léon Daudet)가 편집을 맡은 「악시옹 프랑세즈」는 화려한 필치를 자랑했고 많은 독자를 거느렸다. 이것이 프루스트가 유대인임에도 불구하고 여기서 '정신의 고양에 의한 치유'를 발견한 이유이기도 했다.[26] 많은 일류 작가가 이 운동과 밀접한 관련을 맺고 있었다. 여기에는 프랑스의 대표적인 인기 역사가 자크 뱅빌(Jacques Bainville)도 있다. 그의 책 『프랑스사 Histoire de France』(1924년)는 30만 부 이상이 팔렸고, 『나폴레옹 Napoléon』(1931년)과 『제3공화국 La Troisiéme』 또한 베스트셀러가 되었다.

실제로 프랑스 민족주의의 약점은 너무 지적이라는 데 있었다. 프랑스 민족주의 운동 세력에는 권력의지를 지닌 지도자가 부족했다. 1933년 말 대부분의 유럽에서 파시즘이 승리를 거두고 있을 때 프랑스에서는 스타비스키 사건(Stavisky affair)이 터져 공화국의 부패가 폭로되었다. 이것은 우익 과격파가 바라던 그대로 그들의 쿠데타를 정당화하는 데 필요한 사건이었다. 만약 모라스가 행동 개시를 선언했다면, 1934년 2월 6일 모종의 친(親)파시스트 국가가 탄생했으리라는 것은 거의 분명하다. 그러나 모라스는 당시 66세였다. 그는 거의 듣지 못했으며, 기질적으로 앉아서 글을 쓰는 데나 골몰하는 사람이었다. 그는 이 중요한 시기에 거리로 나가는 대신 집에 들어앉아 논설을 쓰며 시간을 보냈다. 교육받은 프랑스인들의 정열을 자극한다는 점에서 모라스를 위험인물로 만들었던 재능이 프랑스인들을 투쟁으로 이끄는 것을 막았던 것이다. 따라서 프랑스에는 파시스트 운동이 결집할 수 있는 구심점이 존재하지 않았다. 그 대신 단체와 집단들만 늘어났다. 이들은 이데올로기 면에서 조금씩 다른 입장을 보였으며, 폭력에 대한 관용의 정도도 천차만별이었다. 멸시받고 있던 하원의 정당 제도를 빼다 박은 듯했다. '왕당파 원외(院外) 청년단' 등의 부르봉 왕조 지지 세력은 보나파르트주의의 '청년 애국단', 무신론자의 '악시옹 프랑세즈 학생단', 그리고 '프랑스 인민당' '페소' '대학 결사단' 등의 '순수' 파시스트 단체들, 또한 '불 십자가단' 처럼 더 전통적인 운동 세력과 자주 다투었다. 대부분 나중에 비시 프랑스 정권에서 활개를 치던 나치 타입의 운동가들은 우후죽순으로 생겨난 이런 단체들 중 어느 단체가 가장 쓸만한지 물색하며 돌아다녔다. 하지만 그들이 권력을 잡기 위해서는 외부에서 오는 재앙이 필요했다.

모라스와 그를 지지하는 세력들이 이런 사건이 일어나기 쉽게 만든 것은 사실이다. 프랑스에서 제3공화국은 독일의 바이마르보다 더 많은 우호 세력이 있었다. 그러나 모라스는 제3공화국이 적들도 많다는 사실을 보여주었다. 그가 자주 인용하는 문구는 보수적인 아카데미 프랑세즈 회원이자 노벨상 수상자이기도 한 아나톨 프랑스(Anatole France)의 말이었다. "공화제는 파괴할 수 있는 것이 아니다. 공화제 자체가 바로 파괴다. 공화제는 분산이며, 불연속성이며, 대립이며, 악이다."[27] 모라스의 주장에 따르면, 공화제는 '진취적 기상과 행동이라는 남성적 원리'가 부족한 여자였다. "민주주의를 개선하는 방법은 한 가지밖에 없다. 그것을 파괴하는 것이다." "민주주의는 악이다. 민주주의는 죽음이다. 민주주의는 망각이다." 그가 주장한 기본 법칙은 "행동가와 군사적 지도자가 통치하는 국민이 법률가와 교수가 통치하는 국민을 이긴다"는 것이었다. 공화주의가 죽음이라면, 그것을 위해 죽는 일이 무슨 가치가 있겠는가? 베르사유조약은 "앵글로색슨족 자금과 유대-독일 자금의 결합을 탄생시켰다." 이제는 무정부주의와 독일인들, 유대인들에 관한 음모 이론이 새로 만들어졌다. "심연(深淵)에서 나타난 야만인들, 동쪽에서 나타난 야만인들, 우리의 민주주의는 이 두 친구, 즉 독일인과 유대인이 양옆에서 지키고 있다."[28] 극단적인 민족주의자들은 프랑스의 이익에 신경을 곤두세웠지만, 베르사유조약 체제의 유럽을 보존하거나 파시스트의 공격을 억누르려 하지는 않았다. 뱅

빌의 일기는 그가 이탈리아와 독일에서 일어난 파시스트들의 성공을 기뻐했다는 것을 보여준다.[29] 또한 모라스는 무솔리니의 에티오피아 침공에 갈채를 보냈다. 그는 이것을 야만주의에 대항한 문명의 투쟁으로 여겼다.[30] "폴란드를 위해 여러분이 무엇을 할 수 있단 말입니까?" 그는 독자들에게 그렇게 물었다. 이 질문은 마르셀 데아(Marcel Déat)의 신랄한 외침 속에서 메아리치고 있었다. "단치히(Dantzig)를 위해 우리가 죽어야 하는가?"

사실상 자코뱅식 민족주의와 반(反)공화주의적인 민족주의는 모두 희생을 유보하고 있었다. 그것은 내 나라가 옳으냐 그르냐, 혹은 내 나라가 좌익이냐 우익이냐의 문제가 아니라 그것이 누구의 나라인가, 즉 나의 나라인가 그들의 나라인가의 문제였다. 프랑스의 국론 분열은 1920년대 초에 이미 분명해졌다. 이로 인한 국가 의지의 무기력증은 곧 실제 정책에 영향을 미쳤다. 프랑스의 기본적인 전후 방위 체제는 한편으로는 독일을 겨냥하여 라인 강 서안에서 절대적인 군사적 우위를 확보하는 것이었고, 다른 한편으로는 신생 국가들과 군사적 동맹을 맺는 것이었다. 폴란드, 체코슬로바키아, 루마니아, 유고슬라비아는 모두 프랑스와 무기의 공급에서 군사 전문가 훈련에 이르기까지 복잡한 군사 협정을 맺었다. 1923년 푸앵카레는 프랑스군을 파견해 루르 지방을 점령함으로써 라인 강 서안의 방위 체제를 가동시켰다. 그러나 이런 군사 행동은 영국 및 미국과의 관계에서 프랑스의 국익에 부정적인 영향을 끼쳤다. 따라서 프랑스 정치가들은 이런 일을 다시는 되풀이하지 않을 것처럼 보였다. 그리고 전후 배상 문제로 인한 혼란을 해결할 방법으로 1924년 미국이 제시한 도스안(案)은 무력을 행사할 수 있는 핑곗거리를 대부분 제거해 버렸다. 독일인들은 이제 프랑스와 독일의 국경선을 보장해 줄 것을 요구했다. 영국은 그들의 요구를 지지했다. 이에 프랑스는, 그렇다면 영국이 프랑스의 동맹국인 폴란드·체코슬로바키아와 독일의 국경선을 보장하는 데 동의해야 한다고 답변해 왔다. 그러나 영국의 외무장관 오스틴 체임벌린 경은 이를 거절했다. 그는 1925년 2월 16일 외무부의 에어 크로에게 보낸 편지에서, "영국 정부는 보병 한 명이라도 다치는 위험을 감수하지 않을 것이며, 그럴 수 없을 게 뻔하기 때문에" 영국이 폴란드 회랑을 보장해 줄 수는 없다고 말했다.[31] 여기서도 단치히를 위해 죽을 사람은 한 명도 없었던 것이다!

이에 따라 로카르노조약(Treaty of Locarno, 1925년)이 체결되었다. 이조약은 프랑스가 독일을 무력으로 제압할 수 있는 권리를 실질적으로 부정했으며, 프랑스의 방위 동맹 체제를 인정하지도 않았다. 이 조약을 통해 얻은 것이라고는 라인란트 지방의 비무장화와 라인란트에서 독일이 통치권을 회복하려 시도할 경우 영국과 프랑스가 무력으로 개입할 수 있는 권한이 전부였다. 그러나 이것 역시 엄포일 뿐이었다. 체임벌린은 1926년 대영제국 회의에서 "영국의 진정한 방위선은 …… 이제 영국 해협이 아니라 …… 라인 강에 있습니다"라고 자랑했지만, 영국의 참모장들은 그것을 보장할 군사적 수단이 없다는 사실을 은밀하게 지적했다.[32] 대영제국 참모총장은 2년 뒤 예비역을 합하면 독일의 총병력이 베르사유조약이 허용한 10만 명이 아니라 200만 명이라고 내각에 보고했다.[33] 프랑스 육군도 독일군 병력을 그 정도로 추산했다. 1928년에 푸앵카레는 라인 강의 전략적 경계지역과 관련하여 '전진' 개념을 포기하고, 순수하게 방어적인 정책으로 돌아갔다. 전문가들은 이미 마지노선이라고 알려진 방어 계획에 대해 작업을 벌이고 있었다.

제국주의론의 허상

그렇다면 푸앵카레의 '1억의 나라', 웰스가 '검은 프랑스의 발전' 이라고 이름붙인 이 제국주의적인 비전은 대체 어떤 것인가?[34] 유럽에서 약화된 프랑스의 지위를 보상하기 위해 이런 제국이 만들어질 수 있을까? 모리스 바레스(Maurice Barrés)는 1919년 선거를 승리로 이끈 우익 연합에 공헌한 지식인이었다. 그는 이렇게 썼다. "어떤 사람은 독일인에게 감사의 마음을 품고 있을 것이다. 독일인 덕분에 세계가 식민지 문제에 눈을 떴기 때문이다." 1919년 프랑스 의회는, 군복의 색깔과 제국주의 야심에 걸맞게 '파란 지평선의 의회' 라고 불렸다. 식민장관 알베르 사로(Albert Sarraut)는 1921년 4월 프랑스의 해외 영토를 모국의 경제적 토대로 만들겠다는 원대한 계획을 제출했다.[35] 그러나 이런 비전을 실현하기 위해서는 한두 가지 과제가 선결되어야 했다. 첫 번째로 투자할 돈 문제였다. 프랑스는 사이크스피코협정에 따라 전쟁 보상 영토로 그 돈을 충당할 수 있다고 생각했다. 여기에는 모술 유전(油田)이 있는 '대(大)시리아' 땅이 포함되어 있었다. 하지만 종전 뒤의 쟁탈전에서 프랑스는 영국과 영국의 후원을 받는 하심 가문의 아랍인들(Hashemite Arab) 때문에 이 땅을 얻을 수 없었다. 프랑스가 얻은 것은 레바논과 서부 시리아였다. 프랑스는 원래부터 레바논에서 기독교 마론파 사회의 보호자 역할을 하고 있었다. 서부 시리아는 석유한 방울 나지 않았고, 대신 사나운 아랍 민족주의자들이 들끓고 있었다. 프랑스로서는 차라리 레바논만 있었더라면 더 나았을 것이다. 시리아의 위임 통치는 완전히 실패했고 전면적인 반란이 일어났다. 프랑스는 엄청난 군사비를 들여 반란을 진압해야 했다. 1925년 프랑스 고등 판무관은 중포로 다마스쿠스(Damascus)를 포격하게 했다.[36] 중동의 영토 분할은 프랑스와 그 주요 동맹국인 영국 간에 불화를 낳는 종양으로 남아 있었다. 실제로 이 두 나라는 1940~41년 전투를 벌이기도 했다. 프랑스는 해외에서 단 1프랑의 이익도 얻지 못했다.

　그 결과 사로의 계획을 추진할 돈이 없었다. 프랑스는 1870년 이후 경제적 이유보다는 위신 때문에 군대를 유지하고, 지도를 파란색으로 칠하기 위해 검은아프리카(아프리카 안에서 가장 낙후된 지역으로 사하라 사막 이남의 아프리카를 이르는 말 - 옮긴이)의 식민지를 획득해 갔다. 1900년의 법 조항에 따라 각 식민지는 스스로 유지비를 꾸려나가야 했다. 서아프리카(1904년)와 적도아프리카(1910년)에 연방이 조직되었지만, 이 거대한 지역의 총인구는 영국령 나이지리아의 인구보다도 적었다. 모든 사람들이 동의했다시피 경제적 관점에서 보자면 이 지역을 프랑스의 북아프리카 영토와 연결해야 했다. 1923년 외무부와 육군부, 식민부(植民部)는 사하라 횡단 철도를 부설하는 것이 '불가피하다'는 데 동의했다. 그러나 돈이 없었다. 기술적인 조사는 1928년까지도 이루어지지 않았고, 철도는 결국 부설되지 못했다. 사실 전보다 더 많은 돈이 프랑스의 해외 영토로 흘러들어 갔다. 1914~40년 투자는 4배로 증가했고, 이 중 해외 식민지에 대한 투자 분도 9퍼센트에서 45퍼센트로 치솟았다. 그런데 이 모두가 프랑스의 아랍 영토로 들어갔다. 알제리는 그중 가장 큰 몫을 차지했다. 1937년 프랑스와 아랍의 무역량은 150억 프랑을 넘어섰다. 이것은 서아프리카 및 적도아프리카와의 무역량의 4배에 해당했다.[37]

두 번째 선결 과제는 일종의 권력 이양이 이루어져 '1억의 나라'의 주민들이 동등한 권리를 향유할 수 있어야 한다는 것이었다. 그러나 그럴 가능성은 전혀 없었다. 1919년 파리 평화 회의에서 호치민(胡志明)은 인도차이나반도의 안남인들을 대표하여 8개 항목의 강령을 제시했다. 호치민은 여기서 사실상 민족 자결권이 아니라 본국 및 식민지에서 사는 프랑스인들이 누리는 것과 똑같은 시민권을 요구했다. 하지만 아무것도 얻지 못했다. 인도차이나반도는 세계에서 가장 열악한 강제 노동 시스템으로 운영되었다. 원주민들에게 부과되는 가혹한 세금에는 염세(鹽稅)까지 있었다. 호치민이 얘기했듯이 프랑스는 인도차이나반도에 진보가 아니라 중세적 관행을 끌어들인 것인데, 염세가 이를 상징하고 있었다. 호치민은 1924년에 "세금, 강제 노동, 착취, 이것들이 당신네 문명을 요약하고 있소"라고 말했다.[38] 인도차이나반도에는 5,000명의 프랑스인 관리가 있었다. 이 숫자는 영국령 인도 전체에 배치된 영국인 관리의 수와 똑같았다. 인구로 따지면, 인도는 인도차이나반도의 15배였다. 프랑스인 관리들은 프랑스 식민지 농장주들과 긴밀하게 관계를 맺었고, 권력 이양이나 개혁을 허용하려 하지 않았다. 1927년에 진보적인 프랑스 총독 알렉상드르 바렌(Alexandre Varenne)이 강제 노동을 종식하려 했을 때 관리들은 집단행동에 나섰다. 바렌은 결국 본국으로 소환되었다. 1930년에는 인도차이나반도에만 거의 700건의 약식 처형이 있었다. 간디가 그곳에서 소극적 저항 운동을 전개했다면, 호치민의 말대로 "그는 오래전에 하늘나라로 올라갔을 것이다."[39]

북아프리카의 상황도 나을 것이 없었다. 어떤 점에서는 더 나빴다. 알제리는 원칙적으로 프랑스 본토와 똑같이 운영된다고 했지만, 사실은 프랑스인과 아랍인들의 선거인단이 구분되어 있었다. 이런 사정 때문에 1919년 클레망소의 전후 개혁과 그 뒤의 모든 개혁이 수포로 돌아갔다. 프랑스 정착민들은 파리 의회에 의원단을 파견했다. 그 덕분에 그들은 대영제국에는 존재하지 않는 영향력을 행사할 수 있었다. 1936년에 식민지 농장주들을 대변하는 의원단은 2만 명의 회교도에게 완전한 시민권을 주려는 인민전선 법안이 통과되는 것을 막았다. 위대한 모로코 총독 리오테(Hubert Lyautey)는 식민지 농장주들이 "모든 면에서 독일인들만큼 나쁘며, 열등민족은 운명적으로 착취당할 수밖에 없다는 신념에 물들어 있다"고 말했다.[40] 그는 모로코에서 그들을 쫓아내기 위해 최선을 다했다. 그러나 쉽지 않았다. 모로코에서 프랑스 농민들은 미국 중서부에 사는 농민들과 똑같은 수준의 생활을 향유했다. 모로코에 사는 유럽인들의 실질 소득은 프랑스에 사는 사람들의 실질 소득보다 3분의 1가량 높았고, 회교도들에 비하면 8배 높았다. 더욱이 리오테 총독은 프랑스인들의 부패로부터 회교도들을 보호하기 위해 지극히 선의로 일종의 독재 체제를 마련했는데, 이 일은 결국 원주민들을 최악의 수준으로 부패시키고 말았다. 그는 세금 검사권과 재판권을 매수한 지방관들로 모로코를 다스렸다. 이 때문에 지방관들은 빚을 졌고, 이자를 갚기 위해 백성들을 쥐어짤 수밖에 없었다. 리오테가 1934년 사망한 후 이 시스템은 급격히 부패해 갔다. 가장 위세가 큰 지방관으로 악명 높았던 마라케시족의 족장 엘 글라위(El Glawi)는 산과 사막에 걸친 방대한 지역에서 불법과 독점의 제국을 운영했으며, 서사하라 전 지역에서 활동하는 27,000명의 매춘부를 관리했다.[41] 가장 중요한 교육 부문에서는 거의 진전을 보지 못했다. 프랑스인 관리가 너무 많았기 때문이다. 15,000명에 이르는 관리의 숫자는 인도 행정관의 3배였다. 그들은 모두 죽을 때까지 그 자리를 지키려고 했으며, 가능하다면 자식에게 물려주고 싶어했다. 그리하여 1940년 학교에 다니는 모로코인은 여전히 3퍼센트에 불과했다. 1958년이 되어서도 중등 교육을 받은 모로코인은 겨우 1,500명에 머물렀다. 1952년에 모로코인 의사는 겨우 25명이었는데, 그 중에서 14명은 유대인 공동체에서 나왔다.

프랑스인에게 유색 인종에 대한 차별 의식이 있었던 것은 아니다. 파리는 언제나 진보를 환영했다. 오래전에 만들어진 서아프리카의 '4개 자치 단체'는 1919년에 프랑스 의회에 흑인 의원 블레즈 디아뉴(Blaise Diagne)를 파견했을 정도다. 2년 뒤에는 식민지주의에 대한 흑인들의 견해를 표현한 르네 마랑(René Maran)의 『바투알라 Batouala』가 공쿠르 상을 수상했다. 하지만 이 책은 프랑스령 전 아프리카 지역에서 판매가 금지되었다. 총명한 흑인들은 우수한 프랑스어를 배울 수 있었는데, 이들은 일단 파리에 가면 거기 정착하려고 했다. 나중에 세네갈 대통령이 된 레오폴 상고르(Léopold Senghor)는 1930년대에 우익 가톨릭 집단과 함께 있을 때 편안함을 느꼈고, 곧 군주제 지지자가 되었다.[42] 아프리카에는 미래가 없는 것처럼 보였다. 1936년까지 겨우 2,000명의 흑인만이 프랑스 시민권이 있었다. 퇴역 군인이나 정부 관리를 제외하면, 아프리카 흑인의 대다수는 약식 재판, 집단 벌금, 특히 강제 노동을 규정한 토착민 제도 아래서 신음하고 있었다. 나중에 코트디부아르의 대통령이 된 우푸에 부아니(Houphouét-Boigny)는 노동자를 '고통으로 피골이 상접한 사람들'이라고 묘사했다. 적도아프리카의 프랑스 총독 앙토넬리(Antonelli)는 1926년 콩고와 해안을 연결하는 철도 부설 작업으로 '1만 명은 죽을 것'이라고 인정했다. 사실 부설 작업이 진행되면서 더 많은 수가 죽었다.[43] 아프리카 흑인들은 발로 의사 표시를 하는 수밖에 없었고, 단속을 피해 인근의 영국 식민지로 도망쳤다.

식민지에서 오랫동안 경험을 쌓은 일부 프랑스인들은 불길한 징조를 예감했다. 리오테는 1920년에 이렇게 경고했다. "토착민 정책에 급진적인 변화를 도입해야 할 시간이 왔다. 회교도들에게도 공무에 참여할 기회를 주어야 한다."[44] 알베르 사로는 1914~18년에 진행된 유럽의 '내전'이 백인들의 입지를 약화시켰다고 주장했다. 그는 1931년 이렇게 썼다. "전쟁은 문명의 위상에 엄청난 타격을 입혔다. 유럽인들은 자기 문명이 우월하다고 자부해 오지 않았던가. 그러나 유럽인들은 바로 그 문명의 이름으로 4년이 넘는 세월 동안 서로 잔인하게 죽여 왔다." 사로는 일본을 염두에 두며 덧붙였다. "흔히 유럽의 위대함과 아시아의 쇠망을 비교해 왔다. 이런 대비는 이제 역전된 것처럼 보인다."[45] 그러나 프랑스의 통치 기반을 넓히기 위한 어떤 실질적인 조치도 이루어지지 않았다. 레옹 블룸(Léon Blum)의 인민전선 정부가 25,000명의 알제리인에게 시민권을 주는 개혁안을 제출했을 때 알제리 온건파 지도자 페르하트 아바스(Ferhat Abbas)는 "프랑스는 나의 조국이다"라고 환호했다. 자유주의를 신봉했던 알제리의 총독이며 나중에 국회의원으로 개혁을 지지했던 모리스 비올레트(Maurice Violette)는 의회에서 다음과 같이 강경하게 경고했다. "회교도가 저항한다면, 여러분은 분노할 것입니다. 그들이 찬성한다면, 여러분은 의혹을 품을 것입니다. 그들이 조용히 있으면, 여러분은 두려워할 것입니다. 신사 여러분, 이 사람들에게는 정치적인 국가가 없습니다. 그들이 종교적인 국가를 요구하고 있는 것도 아닙니다. 그들이 원하는 것은 여러분 가운데 한 명으로 인정받는 것뿐입니다. 만약 여러분이 이것을 거부한다면, 그들이 자신들을 위해 새로운 나라를 건설할지도 모른다는 것을 명심하십시오."[46] 그러나 개혁안은 통과되지 못했다.

진실은 식민지 체제가 해결할 수 없는 모순을 너무 많이 담고 있어서 국력의 원천이 될 수 없었다는 것이다. 그것은 유럽의 지배가 낳는 어쩔 수 없는 결과로 보이기도 했는데, 부분적으로는 사실이었다. 이에 따라 1930년대 사로는 아프리카에서 공산주의자들의 쿠데타가 증가하는 것을 두려워하여, 유럽의 연합 전선을 제안했다. 여기에는 식민지를 되찾으려는 독일까지 포함되었다. 그러나 전쟁이 다가옴에 따라 프랑스는 식민지를 다시 유럽에 있는 적들과 싸우는 수단으로 보기 시작했다. "1억 1,000만의 프랑스는 독일과 충분히 맞설 수 있다!"라는 슬로건이 다시 등장했다. 1939년 9월 클레망소의 비서였던 조르주 망델(Georges Mandel)은 한때 반식민지주의자였으나 이제는 식민장관이 되어 200만 명에 달하는 흑인과 아랍인 군대를 양성할 것이라고 자랑했다. 이 두 가지 사고방식은 궁극적으로 서로 양립할 수 없는 것이었다. 유럽인들이 유럽의 내전에 유색 인종을 동원한다면, 결국 백인들은 대륙에서 인종적 우월성을 유지할 수 없을 것이었다.

이러한 혼란은 일례에 불과했다. 혼란이 처음부터 끝까지, 더욱이 오늘날까지 제국주의와 식민 제국이라는 문제 전체를 둘러싸고 있었다. 식민지는 어떤 도움을 주는가? 누가 이득을 보는가? 누가 이익을 얻고 누가 고통을 받는가? 레닌식으로 말하자면, 누가 누구에게 무엇을 하고 있는가? 여기에는 일치된 견해가 없다. 18세기 정치가 셸번(William P. Shelburne) 경은 이 문제에 관해 누구보다 깊이 고민했던 사람이다. 그는 "영국은 가능하면 지배 없는 무역을 원하지만, 필요하다면 지배를 통한 무역을 받아들인다"는 방침을 정했다.[47] 애덤 스미스(Adam Smith), 벤담(Jeremy Bentham), 리카도(David Ricardo) 같은 고전주의 경제학자들은 식민지를 독점 행사를 위한 악의적인 구실로 여겼다. 따라서 전반적인 경제적 이익에 반하는 것으로 생각했다.[48] 에드워드 기번 웨이크필드(Edward Gibbon

Wakefield)는 『식민지화 책략에 관한 견해 *View of the Art of Colonization*』(1849년)라는 책에서 식민지의 목적이 과밀한 유럽 인구를 위해 생활공간을 제공하는 것이라고 주장했다. 이런 주장은 가장 위대한 식민지 개척자 세실 로즈(Cecil Rhodes)의 견해와 일치한다. 그는 식민지가 없다면, 실업자가 사회 질서를 파괴할 것이라고 말했다. "제국은 …… 빵과 버터의 문제다. 내전

▶ 세실 로즈 (1853~1902)
케이프 식민지의 총독을 지냈으며, 거대한 다이아몬드 채광 회사인 데베르스통합광산회사를 설립했다. 그의 유언에 따라 옥스퍼드대학교에 로즈 장학회가 설립되었다.

을 피하고 싶다면, 제국주의자가 되어야 한다."[49] 한편 조 체임벌린(Joe Chamberlain) 등 보호무역론을 주장하는 사람들은 안전한 수출 시장을 제공하기 위해서 식민지가 존재한다고 주장했다. 그러나 이것은 산업화 이전의 중상주의로 회귀하는 것을 의미했다.

식민지를 일차적으로 자본 투자를 위한 장소로 보아야 한다는 견해를 최초로 개진한 사람은 로버트 토렌스(Robert Torrens)였다. 그는 1836년에 『오스트레일리아 남부의 식민지화 *The Colonization of South Australia*』를 발표했다. 잉여 자본의 개념은 존 스튜어트 밀(John Stuart Mill)이 거론한 것이다. "현 세계 상황에서 식민지화는 부유한 나라가 자본을 투자할 수 있는 최상의 사업이다."[50] 이것은 또한 쥘 페리(Jules Ferry) 등 프랑스의 식민지 개척자들이나 폴 르루아 볼류(Paul Leroy-Beaulieu) 같은 이론가들의 견해이기도 했다. 르루아 볼류의 저서 『식민지화 *De la Colonization*』

▶ 쥘 페리(1832~1893)
프랑스의 정치가로 제3공화정 초기에 반(反)교권적
인 교육법을 도입하고, 프랑스의 식민지 제국을 확장
하는 데 기여했다.

(1874년)는 세 개의 범주로 식민지를 구분하고 있다. 이주 식민지(이민과 자본의 결합), 착취 식민지(자본만 수출), 혼합 식민지가 그것이다. 독일의 이론가 구스타프 슈몰러(Gustav Schmoller)는 유럽에서 대규모의 이민이 불가피하다고 주장했다. 식민지화는 자본이 모국의 통제 밖으로 흘러나가지 않기 때문에 대서양을 넘는 이민과는 달리 매우 바람직하다는 것이었다. 이 모든 저술가들과 행동가들은 그 과정을 신중하고 체계적이며 무엇보다 합리적인 것으로 생각했다. 그들 대부분은 식민지주의가 원주민들을 포함하여 모든 관련 당사자에게 이로우며 올바른 것이라고 여겼다. 영국령 서아프리카 개척자 루가드(Frederick J. D. Lugard) 경은 유럽이 단순히 사리사욕 때문이 아니라 일종의 도덕적 사명감으로 유럽의 재정 자원을 전 세계가 활용할 수 있게 하는 것이라고 생각했다.

그러나 1902년에 홉슨(John A. Hobson)은 자본 수출 이론을 음모 이론으로 바꾸었다. 홉슨은 햄스테드(Hampstead)의 지식인으로 고전적인 학교 선생이었으며, 「맨체스터 가디언」 지의 기자이기도 했다. 홉슨의 이론은 20세기에 큰 반향을 낳았다. 1889년 그는 과소 소비 이론을 만들어 냈다. 이 이론은 산업 생산량이 넘쳐나도 부자들은 그것을 모두 소비하지 못하고, 가난한 자들은 이를 소비할 여유가 없기 때문에 자본을 수출할 수밖에 없다는 것이다. 케인스는 나중에 홉슨의 이론이 자신의 『고용, 이자 및 화폐에 관한 일반 이론 *General Theory of Employment, Interest and Money*』(1936년)에 결정적인 영향을 미쳤다고 인정했다. 홉슨의 해결책 — 높은 비율의 누진 과세, 방대한 복지 제도, 국유화 — 은 서유럽 사회민주주의자들이 통상적으로 얻어 쓰는 지식이 되었다. 하지만 홉슨 또한 반유대주의자였다. 1890년대 그는 아프리카 '쟁탈전'과 중국으로부터 강제로 이권을 빼앗는 행위, 그리고 무엇보다 보어전쟁(Boer War)을 낳은 사건에 분개하여 『제국주의 *Imperialism*』(1902년)라는 과격한 책을 썼다. 이 책에서 그는 제국주의의 과정을 사악한 '금융 자본'의 용의주도한 활동으로 묘사하였다. 그는 이 금융 자본이 대개 유대인들의 것이라고 주장했다. 제국주의는 과소 소비와 높은 수익을 확보하기 위한 자본 수출의 필요성이 낳은 직접적인 결과였다. 두 개의 중요한 장 '기생자(寄生者)'와 '제국주의의 경제적 뿌리'에서 홉슨은 매우 도덕적이며 감정적인 언어로 음모 이론을 제시했다. 그는 제국의 식민지로부터 무언가 얻을 수 있는 유일한 사람은 '금융 자본가'라고 주장했다. 원주민들도 고통을 받고 식민지화를 추진하는 국가들도 전반적으로 고통을 당한다. 보어전쟁이 란트(Rand)의 금광을 빼앗으려는 시도였던 것처럼 제국주의, 특히 경쟁적 제국주의는 전쟁을 일으키기 쉽다.[51]

제국주의의 실제 개념이 사회학·경제학 용어로 표현되기 시작한 것은 1900년경이다. 홉슨은 제국주의를 '나라 밖에서 경제적 이득을 얻기 위해 자본가들이 사리사욕으로 정부 기구를 이용하는 것'이라고 정의했다.[52] 그러자 마르크스주의자들이나 다른 결정론자들이 사악한 음모론을 상당히 매력적인 것으로 느끼게 되었다.[53] 1910년에 오스트리아의 경제학자 오토 바우어와 루돌프 힐퍼딩(Rudolf Hilferding)은 제국주의가 전쟁을 불

제국의 쇠퇴

293

가피하게 만든다고 주장했다. 1916년에 레닌은 『제국주의: 자본주의 최고의 단계 *Imperialism: the Highest Stage of Capitalism*』를 써서 이 불안정한 건물을 한층 높이 쌓아올렸다. 그의 책은 제국주의 개념을 마르크스주의 이론의 기본적 토대로 끼워 맞추었다. 그때까지 식민 제국은 경험적인 측면에서 연구되곤 했다. 식민지는 어떤 이점이 있는가의 기준으로 판단했다. 식민 강국들은 자비롭거나 착취를 일삼거나 아니면 그 둘 다일 수 있었다. 식민지화 과정은 관련 당사자 모두에게 이득과 손해가 함께 있는 것처럼 보였고, 무엇보다 복잡하고 변화하는 과정으로 생각되었다. 그러나 이제 이 모두가 경제적이고 도덕적인 언어로 쓰인 단순한 슬로건으로 바뀌었고, 언제 어디에서나 제국주의는 본질적으로 악한 것으로 증명되었다. 이 조잡하고 미심쩍은 이론이 베르사유조약 이후 반세기 동안 세계 대부분의 지역에서 상식으로 통용되었다. 이는 현대의 중심적인 전개 양상 가운데 하나이며, 그 중요성에 있어 정치적 폭력의 확산 현상에 버금가는 것이다.

실제 역사적 · 경제적 현실은 어떤 이론에도 들어맞지 않는다. 홉슨-레닌 이론의 경우는 더더구나 그렇다. 제국이 과잉 저축과 과소 소비 때문에 생겨난 것이라면, 또한 제국이 자본주의의 최종 단계를 나타내고 있는 것이라면, 고대의 제국은 어떻게 설명할 것인가? 1919년 독일에서 『제국주의 사회학에 관해 *Zur Soziologie des Imperialism*』를 출간한 조지프 슘페터(Joseph Schumpeter)는 현대의 제국주의가 '격세유전의 제국주의'라고 말했는데, 그의 말이 훨씬 더 진실에 가깝다. 그의 지적에 따르면, 자본주의는 보통 전쟁이나 보호 무역주의보다는 평화와 자유 무역을 기반으로 번영을 누린다. 식민지는 대개 "특별한 목적 없이 …… 무한히 경계를 확대하는 경향이 있다." 그는 식민지가 국가적 사회적 발전의 중요한 단계에 획득되며, 지배 계급의 실제 수익이나 예상 이익을 반영하는 것으로 보인다고 했다.[54] 그러나 이 또한 너무 피상적이다. 사실 일본 제국의 출현은 (우리가 곧 보게 되겠지만) 강력한 지배 집단이 계획한 발전 모델에 가장 근접해 있다. 하지만 유럽 이론가들은 일본식 모델을 거의 고려하지 않았다. 게다가 일본의 팽창은 대개 현장에서 일하던 독단적인 군사 지휘관들이 결정한 것이다. 그들은 국가 지배 집단의 명령을 벗어나거나 심지어 불복하기도 했다. 프랑스도 이런 양상을 보여준 바 있다. 알제리는 군대가 반항한 결과 손에 넣을 수 있었다. 인도차이나반도는 자만심 강한 해군 지휘관들이 쳐들어갔다. 서아프리카로 프랑스를 끌어들인 것도 해병들이었다.[55] 어떤 의미에서 프랑스 제국은 군대 장교들에게 일거리를 주기 위해 마련된 거대한 원외(院外) 구제 제도였다고 할 수 있다. 실제로 그들이 한 일은 국가 지배 집단이 원하거나 결정한 것과는 거의 관련이 없었다. 프랑스 내각은 파쇼다 사건이나 모로코의 보호령 문제, 1911년의 위기에 관해 협의한 적이 없다. 의회 또한 제국 존속 기간에 제국을 제대로 통제해본 적이 없다. 제국 간의 쟁탈전을 '미지를 향한 거대한 장애물 경주'로 묘사한 쥘 페리가 아마 진실에 가장 가까이 다가간 사람일 것이다.[56] 비스마르크는 프랑스에, 독일이 알자스와 로렌을 합병한 사실을 잊어버리려면 이 장애물 경주에서 앞서 나가라고 권했다고 한다. 그렇다면 그는 크게 잘못 생각한 것이다. 군대 이외에 검은아프리카를 염두에 둔 프랑스인은 거의 없었기 때문이다. 데룰레드(Déroulede)는 이렇게 말했다. "나는 누이 두 명을 잃었소. 그런데 당신은 내게 하녀 스무 명을 주었군요."[57]

　홉슨-레닌 이론에 들어맞지 않는 사례는 너무나 많다. 라틴아메리카에서는 왜 자본가들의 투자가 스페인의 식민지화에 선행하거나 동반되지 않고 나중에 이루어졌는가? 왜 이 방대한 지역에서 자본가들은 정치적 해방자들과 연합했는가? '착취당하는' 혹은 식민지화된 나라들 중 일부는 원래의 제국에서 영락한 국가들이었다. 중국은 '금융 자본'의 이득을 추구하지 않으면서 오랜 세월 동안 제국 왕조를 탄생시켰다. 인도는 무굴 제국의 소산이다. 터키는 오스만의 아나톨리아에서 팽창해 나갔다. 이집트는 유서가 깊은 제국으로, 터키에서 분리된 뒤 다시 수단에서 제국이 되고자 했다. 사하라 남부에는 아샨티, 풀라니, 보르노, 알 하지 우마르, 푸타 토로 같은 집단이 대여섯 개의 원주민 제국을 경영하고 있었다. 에티오피아는 '아프리카의 뿔'이라 불리는 소말리아 반도에서 유럽 제국들과 경쟁하다가 1935년 이탈리아에 굴복하였다. 버마도 일종의 제국이었으며, 페르시아는 중국처럼 역사가 깊은 제국이었다. 식민지주의 자체가 특이한 형태의 제국을 만들어 내기도 했다. 여기저기서 영토를 이어붙인 콩고 자유국(훗날의 자이르)은 1884~85년의 베를린 회의에서 성립되었다. 콩고는 제국의 탄생 요인 없이 탈식민지화 과정 이후에도 그대로 남아 한 국가가 된 경우다. 인도네시아도 마찬가지다. 이 나라는 조직적인 네덜란드인의 작품으로 수십 개의 영토를 그러모아 만든 것이다. 지금까지 열거한 어떤 사례도 음모 이론으로는 설명할 수 없는 것들이다.[58]

무엇보다 결정적인 것은 음모 이론의 핵심 ─ 자본을 위해 식민지가 고수익의 투자 지역이 되어야 하는 필요성 ─ 이 현실과 들어맞지 않았다는 것이다. 사실을 더 깊이 들여다보면 '금융 자본'이 막대한 잉여 자본을 투자할 장소로 필사적으로 식민지를 찾는다는 것은 터무니없다는 사실이 분명해진다. '잉여' 자본이라는 것 자체가 존재하지 않았다. 투자 자본을 얻기는 언제나 힘들었다. 식민지에서는 특히 그러했다. 열대 지방은 식민지 시대가 끝나는 시점까지도 큰 이익을 낳지 못했다. 물론 성공 스토리도 몇 가지 있기는 했다. 서아프리카에서 레버 브러더스 사는 통신망, 사회사업, 플랜테이션에 거액을 투자했다. 1950년대에 플랜테이션에만 4만 명의 아프리카인이 고용되어 있었다. 35만 헥타르의 토지를 소유하고 있었고, 6만 헥타르의 땅에서 활발한 사업을 벌였다.[59] 말라야에서도 막대한 투자가 이뤄졌고, 때로는 큰 이윤을 낳았다. (그러나 실패도 컸다.) 말라야는 고무와 주석으로 양차 대전 사이에 가장 풍요한 식민지가 되었다. 자본이 항상 국기의 뒤를 따라갔던 것은 아니다. 적어도 영국인들은 영국의 직할 식민지만큼이나 라틴아메리카의 독립 국가들에 자주 투자했다. 그들 역시 돈을 잃는 일이 빈번했다. 다른 '개발' 지역보다 영국의 돈을 많이 그러모은 아르헨티나는 1890~91년의 금융 위기 동안 모든 투자자에게 뼈아픈 교훈을 가르쳐주었다. 19세기를 전체적으로 살펴보면, 영국의 아르헨티나 투자자들은 전적으로 손실을 입었다.[60] 독일인과 이탈리아인은 다른 민족보다 더 식민지를 갖고 싶어했지만, 식민지에 돈을 쏟아 붓는 일은 무척 꺼렸다. 프랑스는 '20명의 하녀' 보다는 러시아나 네덜란드령 동인도를 더 좋아했다. 영국인들 역시 수없이 많은 아프리카 영토보다 자바와 수마트라를 더 좋아했다.[61] 음모 이론은 대단히 합리적인 판단 하에 협력하여 일을 꾸미는 상당히 현명한 사람들을 필요로 했다. 그러나 프랑스와 영국만 해도 투자자는 많았지만, 늘 정보가 부족했기에 편견에 치우쳐 있었으며 행동은 감정적이고 일관성이 없었다. 런던은 세계적인 음모는 물론이고 어떤 계획을 세울 만한 능력조차 없었다. 단지 하루하루를 내다보며 단기 이익을 좇을 뿐이었다.[62] 식민지 시대의 유럽 투자자들이 가진 유일한 특징은 태만으로 인한 무지였다.

잉여 자본의 환상

투자자들에게 음모는 고사하고 합의된 공동 목표조차 없었다면, 식민지의 행정관들 또한 그다지 명확히 일을 처리했다고 할 수는 없었다. 매콜리의 교육 개혁 정신 속에서, 19세기 인도에서는 식민 통치의 목적이 일반적으로 유럽인과 똑같은 사람들을 만들어 내는 것으로 생각되곤 했다. 그러나 양차 대전 사이에 이 비전은 자취 없이 사라졌고 혼란만 남았다. 1920년대 루가드 경이 제안한 '이원적 위임 통치' 정책은 리오테가 모로코에서 추구한 목표와 그다지 다르지 않아, 토착민들의 통치 형태를 보존하고 그들의 이익을 무엇보다 우선시하는 것이었다. 루가드의 글에 따르면, 영국의 임무는 "영국의 물질적 이득에 지나치게 집착하지 않고, 아프리카의 상업적·산업적 이익을 증진시키는 것이다."[63] 이러한 이타주의 요소는 점차 우위를 점했지만, 이것은 또한 다른 목적과 병존해야 했다. 군사 전략, 이주, 정착민들의 이익 보호, 국가적 위신, 관세를 포함한 국가 경제 정책 등. 그러나 이런 요소들은 식민지의 성격과 제도에 따라 달라졌고, 종종 원주민들의 이해와 상충했으며, 식민지들 간에 이해가 충돌하는 경우도 있었다. 전형적인 식민지 따위는 없었다. 많은 식민지 영토가 법률적 의미에서는 전혀 식민지가 아니었고, 보호령 · 위임 통치령 · 신탁 통치령 · 왕국과 공국의 연방 혹은 이집트나 페르시아 만 국가(페르시아 자체를 포함하여) 같은 유사 주권국들이었다. 대략 스무 가지의 다른 식민지 형태가 존재했다. 특히 서아프리카의 경우에 일부 식민지들은 두 가지 이상의 다른 법체계가 존재했다. 이것은 일종의 고고학적 지층처럼 연속된 서양인들의 침입을 반영하고 있었다. 이런 상황에서 명확한 장기 목표를 갖고 일관성 있는 식민 정책을 추구하는 것은 불가능했다. 어떤 제국도 그러지 못했다.

따라서 양차 대전 사이, 또는 그 밖의 어떤 시기에도 식민지주의의 손익 계산서 같은 것은 존재할 수가 없었다. 대략 식민 정책은 대외 방위 · 국내 치안 · 간선 도로 · 공중 보건 등의 기반 시설을 제공하고, 나머지는 식민지의 개별 역량에 맡겼다. 정부는 효율적이고 공평하고 부패하지 않고 민간에 개입하지 않는 것을 목표로 했다. 그러나 때로 정부가 나서서 경제를 운영해야 한다는 사실을 깨달았다. 이탈리아 정부는 소말리아와 리비아에서 직접 경제를 운영했는데 그다지 성공적이지 못했다.[64] 보통 식민지 정부는 본국보다 광범위한 공공 부문을 유지하고 운용해야 했다. 영국은 모든 직할 식민지에서 농업의 현대화와 발전을 위해 정책을 추진했고, 공공 의료 서비스를 운영했으며, 로디지아(Rhodesia)와 니아살랜드(Nyasaland)를 제외한 사하라 남부의 모든 아프리카 영토에 국영 철도를 부설했다. 그러나 이것들은 모두 자본의 과잉이 아니라 자본의 부족을 가리키고 있다. 정부는 욕심이 아니라 의무 때문에 이런 일을 했다. 따라서 손익 계산서의 차변을 늘릴 뿐이었다.

식민지 정부는 산업 발전을 추진하는 일은 거의 하지 않았지만, 고의적으로 제한하지도 않았다. 대개는 투자 유인이 없었다. 주된 장애물로 숙련 노동이 부족했고, 지역 시장이 충분히 형성되어 있지 않았다. 벨기에령 콩고처럼 조건이 적합한 곳에서는 양차 대전 사이에 산업이 태동하기도 했다. 그러나 자금은 주로 벨기에가 아닌 외국이나 외국계 자회사로부터 유입되었다. 이 사실은 음모 이론에 관한 또 다른 반증이다. 프랑스령 서아프리카의 다카르(Dakar)는 같은 이유에서 성장점이라고 말할 수 있는 곳이었다. 한쪽은 자유 무역주의의 영국 벨기에 네덜란드가, 다른 쪽은 보호 무역주의의 프랑스 스페인 이탈리아 포르투갈 미국이 전혀 다른 정책을 추진했다는 사실만 보아도 식민지주의가 지역의 산업 발전을 저해한다는 논리는 성립될 수 없다.

1923년부터, 특히 1932년 이후에 영국은 인도의 산업을 장려하기 위해 자유 무역의 원칙을 깨뜨렸다. 면화왕 타타(Jamsetji N. Tata)를 설득해 인도의 제철과 철강 산업을 일으킨 장본인은 인도 부왕 커즌 경이다. 이를 위해 영국은 보호 관세를 만들었다. 1945년에 이르자, 인도는 연간 115만 톤의 철을 생산했고, 인도의 생산업자들이 시장을 독점했다. 산업 성장의 조건이 충분했던 면화와 황마 생산에서도 인도인들은 자본을 스스로 만들어 낼 수 있었고 실제로 그렇게 했다. 영국은 이를 위해 보호 정책을 취했다. 독립할 무렵 인도는 거대한 산업 부문이 있었다. 인도의 회사들은 83퍼센트의 은행업과 60퍼센트의 수출입 물량을 관할했고, 소비재의 60퍼센트를 공급했다.[65] 하지만 관세 장벽을 통해 성장한 지역 산업이 식민지의 모든 사람에게 이익을 가져다주었는지는 대단히 의심스럽다. 누구나 예상할 수 있는 것처럼, 대체로 자유 무역을 실천하는 식민지의 주민들은 다른 지역 사람들에 비해 생활수준이 높았다. 인도와 파키스탄은 독립 후에도 각각 313퍼센트와 271퍼센트의 보호 관세를 부과하는 극단적인 보호 무역 정책을 유지했다. 이것은 동아시아 시장 경제 국가들과 비교할 때 두 나라의 생활수준이 상당히 뒤처질 수밖에 없었던 이유 가운데 하나다.[66]

전반적으로 식민 강국들은 아무리 좋은 의도라 하더라도 규제 정책보다는 시장의 힘을 우선시했을 때 지역 주민들에게 가장 큰 이익을 주었다고 볼 수 있다. 시장의 힘을 우선시한다는 것은 대개 자급적 농업에서 수출을 위한 환금(換金) 작물의 대량 생산으로 옮겨가는 것을 의미했다. 모국 또는 세계 시장의 목적에 맞춘 이러한 경제의 '왜곡'은 식민지들이 단순히 '착취' 당했다는 비난의 근거가 된다. 식민지가 전보다 더 가난하게 되었고, '원래의' 경제가 파괴되었으며, '저개발'이라는 열악한 상태에 놓이게 되었다는 주장들이 제기되었다.[67] 불행히도 이 논리를 증명하거나 반박할 증거는 존재하지 않는다. 멍고 파크(Mungo Park)의 『아프리카 내륙 지역의 여행 Travels in the Interior Districts of Africa』(1799년)은 부의 추구에서 벗어난 전원적인 이상향을 보여주지 않는다. 오히려 족장들은 그들만의 방식대로 제국주의자였으며 대단히 탐욕적인 사람들이었다. 그들은 시장을 발견할 수만 있다면 어디에서든 환금 작물을 생산하기 위한 농업을 시작했다. 일단 인구가 증가하면 자급 농업 생산 방식을 더 이상 유지할 수 없었다. 실상 다른 대안이 없었다.

오스트레일리아, 뉴질랜드, 캐나다 대부분의 지역, 미국의 중서부 등 이전의 식민지를 살펴보면, 1차 생산이 아닌 산업화가 생활수준을 높이는 유일한 길이라는 생각은 거짓임을 알 수 있다. 위의 지역에서는 고기, 양모, 밀, 유제품, 광물 수출이 세계에서 가장 번영한 국가를 만들어 주었다. 식민지 시대 뒤 새로운 독립 국가들이 굳건히 확립되어 있던 플랜테이션 경제를 다른 형태의 농업 방식으로 바꾸려 하지 않았다는 것도 간과해서는 안 된다. 사실은 모든 나라가 산업 발전에 필요한 자금을 얻기 위해 수출 수익능력을 향상시키고자 애썼다. 이것은 대부분의 식민지 정부들이 식민지 시대 말기에 추진했던 일이다. 그러나 대규모 열대 농업에서는 큰 이익을 거두기가 어려웠다. 식민지 통치 말기(1953년) 프랑스령 서아프리카 지역에서 커피, 코코아, 땅콩, 면화, 야자유, 쌀, 아라비아 고무, 곡물 종자, 케이폭의 수출가를 분석해 보면, 이윤이 적었고 운송 시스템이 이윤을 결정했다는 사실을 알 수 있다.[68] 선진국 경제가 1차 생산물의 가격을 떨어뜨리는 무역 방식으로 식민지의 점진적인 쇠락을 계획했다는 주장은 통계와 들어맞지 않는다. 그것은 단순히 또 다른 음모설일 뿐이다.

양차 대전 간의 식민지주의에서 가장 끔찍한 양상을 보인 것은 강제 노동과 인종별 토지 분배였다. 그 기원을 살펴보면 다음과 같다. 적절한 노동, 즉 유럽 형태의 정규 노동이 이루어지기만 하면, 아프리카 땅은 생산성을 높일 수 있었고 자급 농업에서 벗어나는 것도 가능했다. 식민지 시대 이전의 아프리카에서는 노예 제도가 그 답이었다. 진보적인 식민 강국일수록 노예 제도를 폐지하는 데 적극적이었다. 영국이 그러했고, 프랑스는 다소 덜했다. 영국은 과세를 통해 아프리카인들을 노동 시장으로 끌어들이려 했다. 또는 계약을 통해 노동력을 수입하려고 했다. 이것은 손쉬운 해결 방법이었다. 영국인들은 상품뿐만 아니라 노동력 또한 자유로이 이동할 수 있는 세계적인 제국을 운영했다. 인도인들을 데려다가 버마, 말라야, 태평양, 실론, 아프리카 남부·중부·북부, 그리고 심지어는 남아메리카와 중앙아메리카에서 일을 시켰다. 중국인들은 동남아시아, 태평양, 남아프리카, 오스트레일리아에서 일해야 했다. 영국인들은 아프리카 내에서도 거대한 이동을 꾀했다. 그것은 인도네시아의 네덜란드인들이 자바인들을 다른 섬에 데려다 일하게 한 것과 비슷한 맥락이다.[69] 그 결과 오늘날과 같은 인종적 갈등과 지역적 문제들(또는 인도네시아 같은 경우 자바인들의 제국주의)이 자주 발생했다. 네덜란드인들은 이른바 '경작 제도'를 채택했다. 그들은 주민들에게 현물 지불을 요구함으로써 생산을 강요했다. 여기서는 국가가 플랜테이션의 주 소유자이자 경영 대리인이 되었다.[70] 경작 제도는 벨기에령 콩고의 개척자 레오폴 2세(Leopold II)가 채택하여 콩고 경제의 근간으로 삼았다. 벨기에인들은 또한 지방관에게 압력을 행사하여 장기간의 노동 계약에 서명할 '지원자'를 제공하게 했다. 탐욕스런 프랑스인과 포르투갈인은 과세를 통한 노동 대신 무급 강제 노동을 도입했다. 가장 가혹한 강제 노동의 사례는 포르투갈령 아프리카와 콩고에서 찾아볼 수 있다. 강제노동은 영국 기자들과 영사관 직원에 의해 그 존재가 폭로되자, 1914년에 이르러 대개 자취를 감추었다. 그러나 일부 강제 노동은 규모가 작기는 했지만 1940년대 말까지 이어졌다.[71] 실제로 최근까지 대부분의 아프리카인은 임금 경제의 경계 바깥에 머물러 있었다. 1950년대 말까지 사하라 남쪽에 살던 1억 7,000만 명의 아프리카인 가운데 800만 명만이 일 년에 한 번씩 임금을 받고 일했다.[72] 아프리카인들은 임금만 높으면 어디서나 기꺼이 일했다. 란트 금광은 개광 이래 노동자를 찾는 데 전혀 어려움이 없었다. 그 밖의 곳은 누구나 알고 있는 대로다. 수익이 적어서 투자가 적고 생산성이 낮으며, 따라서 임금도 낮았다. 백인이고 흑인이고 간에 실제로 아프리카에서 일해 본 사람이라면 누구도 잉여 자본에 대한 환상을 꿈꾸지 않았다. 그런 환상은 런던의 햄스테드나 파리 센 강 좌안(左岸)의 카페에나 존재했을 뿐이다.

식민 강국들이 저지른 가장 큰 잘못은 토지 문제에 시장 시스템을 허용하지 않았다는 것이다. 이는 경제, 정치, 도덕에도 영향을 미쳤다. 그들은 17세기의 영국이 아메리카 식민지에서 최초로 도입한 과정을 그대로 따랐다. 영국인들은 미국 중서부와 서부를 개발하기 위해 이 방식을 만들어 냈고(이로 인해 토착 인디언들은 절멸의 위기에 내몰렸다), 남아프리카에서 순수하게 인종에 근거하여 이 방식을 개량해 나갔다. 이러한 일은 사회공학과 관련되어 있었다. 따라서 유대-기독교적 윤리에 입각한 개인주의 원리를 파괴하는 것이었다. 1931년 남아프리카에서 180만 명의 유럽인은 114만 제곱킬로미터의 땅을 '보유'하고 있었지만, 600만 명의 아프리카인은 겨우 9만 제곱킬로미터의 땅을 가지고 있었다. 로디지아 남부에서는 1930년의 토지 분배법으로 이미 3,000만 에이커를 소유하고 있던 유럽인들에게 추가로 3,400만 에이커의 왕실 영지를 구입할 수 있는 권리가 주어졌지만, 2,100만 에이커의 땅을 가지고 있던 아프리카인들에게는 700만 에이커에 대한 구매권이 주어졌을 뿐이다. 로디지아 북부에서는 백인들이 900만 에이커의 땅에 대한 절대적인 소유권을 확보하고 있었다. 1923년 식민장관 데번셔(Charles Blount, earl of Devonshire) 경이 '데번셔 선언'을 공표한 이래, 케냐에서는 이런 토지 매매 시장의 왜곡이 더욱 파렴치한 모습으로 드러났다. 데번셔는 이렇게 말했다. "일차적으로 케냐는 아프리카의 영토다. …… 아프리카 원주민들의 이익이 무엇보다 우선시되어야 한다." 그러나 이런 공언에도 불구하고, 사회공학의 교묘한 공작으로 '백인들의 고지대'라고 불리는 지역에서는 키쿠유족 주민들을 쫓아냈고, 백인 농민들이 땅을 대신 차지했다. 1930년대 케냐에는 아프리카인들이 14만 제곱킬로미터, 백인들이 43,000제곱킬로미터의 땅을 보유하고 있었고, 왕실 영지가 26만 제곱킬로미터에 달했다. 정부는 왕실 영지를 임의적인 정치적 기준에 따라 할당할 수 있었다. 이 제도에는 도저히 변호의 여지가 없었다. 이를 변호하기 위해서는 효과적인 농업 생산을 위해 인종적 경계선을 긋는 일이 필요하다는 식의 주장밖에 할 수 없다. 그러나 언급할 가치도 없이 이런 말은 그 자체로 잘못된 것이며(이후 케냐에서 일어난 사건들이 이를 증명하고 있다), 대영제국을 이뤄왔던 일반적인 자유시장의 원리에도 맞지 않는 것이다. 물론 인종별 토지 할당에 내재한 사회공학을 실천하는 동안, 백인 이주민들은 그들에게는 지극히 당연했던 사실 — 인간 사회가 불균등하게 발전한다는 것 — 에 따라 행동하고 있었다. 이것은 이미 철기 시대부터 존재했던 근본적인 문제다. 사실상 1870~1945년까지 전형적인 유럽 자본주의 제국들은 선진 사회와 낙후된 사회가 공존하면서 제기되는 문제들을 해결하기 위해 계획성 없고 돌발적이며 종종 모순된 일련의 시도를 벌였다. 세계가 좁아지면서 이 두 사회 간의 접촉은 불가피하게 되었다. 곳곳에서 인구가 증가하고 있었기 때문이기도 했고, 기대가 커졌기 때문이기도 했다.

식민 체제 — 이렇게 부를 수 있다면 — 는 조직을 갖추는 데 시간이 걸렸다. 프랑스조차도 1894년까지 식민부가 존재하지 않았다. 독일은 1906년, 이탈리아는 1907년, 벨기에는 1910년, 포르투갈은 1911년에야 식민부가 생겼다.[73] 양차 대전 사이의 '고전 시대'는 이미 일종의 황혼기였다. 따라서 식민 체제가 일련의 성과를 내기에는 존속 기간이 너무 짧았다. 역사가 가르쳐주는 것처럼 인간 자원과 자연 자원을 개발하는 일은 지지부진하고 힘들며 종종 피를 부른다. 세실 로즈, 페리, 루가드, 리오테, 사로 같은 사람들은 이 과정을 가속화시킬 수 있다고 보았고, 비교적 고통 없이 추진할 수 있다는 불합리한 낙관론을 공유하고 있었다. 그들의 후계자들이라고 할 수 있는 수카르노(Achmed Sukarno), 가말 나세르(Gamal Abdel Nasser), 크와메 은크루마(Kwame Nkrumah), 네루, 그 외 수십 명의 통치자도 이와 똑같은 환상을 품고 있었다. 그러나 부국들과 비교하자면 1980년대에 와서도 가난한 국가들 대부분의 상황은 위대한 식민지 시대가 시작되었던 1870년대와 비교할 때 별 차이가 없었다.

여기에서 우리는 식민지주의가 다분히 시각적인 현상이라는 매우 중요한 결론에 이르게 된다. 다채로운 국기들과 이국적인 군복, 화려한 의식,

공식 회견, 일몰을 알리는 총성, 런던의 올림피아나 파리의 그랑 팔레에서 열리는 무역 박람회와 우표가 있었고, 무엇보다 색칠한 지도가 있었다. 식민지는 본질적으로 지도에서 그 실체가 가장 분명하고 강력하게 드러났다. 지도에서 보면 식민지주의가 정말로 세계를 바꾼 것처럼 보인다. 그러나 땅에서 보면, 그저 피상적인 현상일 뿐이며 아무것도 바꾸지 못했다는 사실을 알게 된다. 그것은 쉽게 왔다가 쉽게 갔다. 식민 제국을 이루기 위해 또는 그것을 파괴하기 위해 죽은 사람은 매우 적다. 식민 체제는 세계 경제 체제의 출현을 촉진시켰거나 지연시켰겠지만, 두 경우 모두 주변적인 영향에 불과하다. 유럽인이 아시아나 아프리카의 토지를 1헥타르도 병합하지 않았다고 하더라도, 세계 경제 체제는 거의 같은 속도로 출현했을 것이다. '식민지주의'는 매우 다양한 형태의 인간 행위를 포함하고 있기 때문에 특정한 무엇인가를 표현한다고 할 수 있을지 의문이다.

식민지주의는 그것이 어떤 것이었는지가 아니라 어떤 것이 아니었는지가 중요했다. 식민 지배는 장엄한 환상과 근거가 없는 불평거리를 낳았다. 환상은 1945년까지의 사건들에 상당한 영향을 주었고, 불만은 그 다음에 이어졌다. 식민지 덕분에 쇠퇴하고 무기력한 프랑스가 1억 명의 원기 왕성한 삼손이 된 것처럼 보였다면, 영연방은 영국을 초강대국으로 만들어준 것처럼 보였다. 히틀러도 벙커에 가서까지 그런 생각을 하고 있었다. 이런 인식을 결정한 것 역시 시각적인 측면이었다. 1920년대에는 리오테가 모로코에서 착수한 거대한 군용 도로, 공공건물, 유럽식 주거 단지 등이 틀을 잡아가고 있었다. 그 건물들은 당당하고 튼튼하며 엄숙한 모습으로 오늘날까지 남아 있다. 이와 거의 같은 시기에 20세기 대규모 건축물 중에서도 가장 훌륭한 에드윈 러티언스(Edwin Lutyens) 경의 정부 단지도 델리에 완성되었다. 이 둘은 제국을 장식하기 위해 에드워드 시대(1901~10년)에 계획되었지만, 유럽의 첫 번째 내전이 제국의 토대를 허물어 버리고 나서야 완전한 모습을 갖추었다. 건축은 가장 구체적인 동시에 가장 추상적인 예술이다. 공공건물은 말을 한다. 문제는 들려오는 어조가 종종 다르다는 데 있다. 러티언스의 찬란한 돔과 뾰족탑은 두 가지 목소리를 냈다. 대부분의 영국인과 외국인, 그리고 인도인에게는 영속성을 얘기했지만, 군사 전문가와 경제학자들에게는 점차 짙어지는 의혹을 속삭였다.

중요한 문제는 제국의 통화 제도였다. 1912년부터 영국은 제국을 나누어 지역 통화를 쓰게 했다. 지역 통화는 식민지 스털링 교환 기준(Colonial Sterling Exchange Standard)에 따라 영국 통화 위원회에서 통제했다. 1920년부터 식민지는 지폐 등을 신용 발행하기 위해서는 영국에 100퍼센트 담보물(금괴 또는 우량 채권)을 맡겨야 했다. 이 때문에 특히 인도에서 민족주의자들의 원성이 컸다. 그러나 사실 이것은 현명한 제도였고, 대부분의 영연방 국가에 통화 안정이라는 실질적인 효과를 가져왔다. 이 제도는 꽤 잘 돌아갔지만, 1939년 전시 재정에 긴급 상황이 발생하고 영국이 파산으로 내몰렸기 때문에 전체적으로 가혹한 제도로 바뀌었다.[74] 여기에서 우리는 중요한 교훈을 하나 발견하게 된다. 영국은 자국이 상대적으로 부유한 국가였을 때 식민지 백성들에게 더 공정할 수 있었다는 사실이다. 부유한 국가는 제국을 번영으로 이끌 수 있었다. 반면에 스페인이나 포르투갈 같은 가난한 나라는 정의를 실천하거나 착취를 피할 수 있는 여유가 없었다. 19세기 내내 영국 정치가들이 주장했듯이, 여기에서 식민지가 힘의 원천이 아니라 쇠약의 원천이라는 얘기가 나왔다. 식민지는 실질적인 자산에 대한 관심을 버리고 명예를 위해 가지고 있는 사치품이었다. 식민 강국이라는 개념은 상당히 기만적이다. 군사적 · 경제적 거대 국가로서 대영제국은 윗가지, 회반죽, 페인트, 금박으로 이루어져 있을 뿐이었다.

그리하여 양차 대전 사이에 제국은 사람들에게 무자비하고 무절제하며 허약하고 덧없다는 인상을 심어 주었다. 1920년대 초 심라(Shimla)에 있었던 맬컴 머거리지(Malcolm Muggeridge)는 이렇게 얘기했다. "부왕과 단 두 명의 고위 관리만이 차를 타도록 허용되어 있었는데, 길이 너무 가파르기 때문에 인력거꾼이 그 길을 오르다 젊은 나이에 심장 마비로 죽는다." 어떤 뚱뚱한 사람이 인력거를 타고 있는 걸 보았을 때 그는 누군가 이렇게 말하는 소리를 들었다. "저기를 봐, 한 사람이 다른 사람을 끌고 가는걸. 그러면서 저들은 하나님이 존재한다고 말하지 않나!"[75] 한편 1930년 케냐에서 에벌린 워(Evelyn Waugh)는 키키(Kiki)라는 매력적인 미국 여인을 만났는데, 그녀는 나이바샤 호(Lake Navaisha)에 사는 부유한 영국 정착민이 자기에게 "크리스마스 선물로 4~5킬로미터의 호반(湖畔)을 주었다"고 말했다.[76] 한편 양차 대전 사이에 가장 의욕이 넘치던 식민장관 레오 에이머리는 별개의 자치령 담당반을 만들려고 했지만 계획은 좌절되었다. 재무부가 한 해에 인건비로 800파운드를 더 지출하기를 거절했기 때문이다.[77] 1921년 리딩(Rufus Isaacs, 1st Marquess of Reading) 경이 인도 부왕이 되었을 때는 부왕 임명을 둘러싸고 정치적 책략이 벌어졌다. 여기서 영국 정부는 뛰어난 논쟁가 고든 휴어트(Gordon Hewart)를 법무장관으로 하원의 앞줄에 앉혀 놓는 것이 인도를 누가 통치하느냐의 문제보다 훨씬 중요하다는 사실을 극명하게 드러냈다.[78] 그로부터 3년 뒤 제국주의를 지지하는 「옵서버 The Observer」지의 거물급 편집자 가빈(James L. Garvin)은 "5년 내에 영국이 인도를 잃을 수도 있고, 그렇게 되면 대영제국은 끝이라고 생각했다."[79] 바로 그때 버마에 있던 젊은 영국 경찰관도 똑같이 서글픈 생각을 하고 있었다. 그는 '원주민'들에게 충격을 주기 위해 코끼리를 쏘라는 명령을 받았다. 조지 오웰(George Orwell)은 그때 상황을 이렇게

▶ 솜 전투(1916)
영국군과 프랑스군이 솜 강 북쪽 34㎞ 전방을 정면공격하기 시작했을 때, 독일군은 안전한 참호 속에서 전략적인 주둔을 하고 있었다. 영국군은 역사상 최대 사상자수를 냈지만, 이 공격을 통해 연합군은 베르됭에 가해지는 독일군의 압력에서 벗어났고, 독일군 주력 부대를 서부전선에 묶어놓을 수 있었다.

묘사했다. "백인들이 동양을 지배하는 것이 얼마나 공허하고 시시한 것인지 그때 처음 깨달았다. 나는 백인으로서 총을 들고 아무런 무기도 없는 원주민들 앞에 서 있었다. 마치 연극의 주인공 같았다. 그러나 현실의 나는 노란 얼굴을 하고 내 뒤에 서 있는 사람들의 뜻대로 이리저리 움직이는 어리석은 꼭두각시에 불과했다."[80]

제국을 경영하는 것은 대부분 단순한 결단력의 문제였다. 많은 시간이 지난 뒤 1962년 로디지아 연방의 총리 로이 웰렌스키(Roy Welensky)는 이렇게 말한다. "영국은 아프리카를 통치하려는 의지를 잃었다." 1920년대와 1930년대까지는 아직 통치 의지를 잃지 않았으며, 적어도 완전히 잃은 것은 아니었다. 그러나 그 의지가 꺾이고 있었던 것은 사실이다. 세계대전은 영국 지배 계급의 자신감을 흔들어 놓았다. 영국 본국의 손실은 그다지 크지 않았다. 702,410명이 죽었다. 이 숫자는 이탈리아의 사망자 수와 비슷했다. 이탈리아는 1920년대 활력이 넘쳤고, 물론 인구 또한 빠르게 증가하고 있었다. 그러나 영국에는 옥스퍼드와 케임브리지, 명문 사립학교 출신자들이 많이 죽었다는 생각이 널리 퍼져 있었다. 37,452명의 영국군 장교가 서부 전선에서 목숨을 거두었다. 1916년 7월 1일 솜전투(Battle of the Somme) 첫날에만 2,438명이 전사하거나 부상당하고 실종되었다.[81] 여기에서 '잃어버린 세대'에 관한 신화가 탄생했다. 신화 속에서 레이먼드 애스퀴스(Raymond Asquith), 줄리안 그렌펠(Julian Grenfell), 루퍼트 브룩 등 전쟁에서 목숨을 잃은 영웅들은 다시 찾을 수 없는 기재(奇才)로 그려졌다. (냉정하게 말하면 이들 대부분은 신화의 주인공으로서는 자격이 없거나 능력이 모자랐다.)[82] 이 신화의 탄생은 부분적으로는 문학적 창조였다. 전쟁 시인들은 그 수도 많았고 재능 또한 뛰어났다. 월프레드 오웬(Wilfred Owen), 에드먼드 블런던(Edmund Blunden), 시그프리드 서순(Siegfried Sassoon), 허버트 리드(Herbert Read), 로버트 그레이브스(Robert Graves), 아이작 로젠버그(Isaac Rosenberg), 모리스 베어링(Maurice Baring), 리처드 올딩턴(Richard Aldington), 로버트 니콜스, 월프레드 깁슨(Wilfred Gibson) 등. 전쟁 말엽 이들은 죽음, 공허, 황폐에 사로잡혔다.[83] 이들의 시는 1920년대 초에 쏟아져 나왔고, 나중에 산문이 등장했다. 셰리프(Robert C. Sherriff)의 희곡 『여행의 끝 Journey's End』, 블런던의 『전쟁의 저류 Undertones of War』, 서순의 『여우 사냥꾼의 추억 Memoirs of a Fox-Hunting Man』은 모두 1928년에, 올딩턴의 『영웅의 죽음 Death of a Hero』은 그 다음해에 출판되었다. 정확히 패배주의는 아니었대도 비영웅주의적이며 국가의 위대함을 지키기 위해 치른 대가를 부각시킨 것은 문학이었다.

　　상류 계급은 머릿속으로 이런 문학가들이 과장한 인명 손실을 젠트리 농업의 위기와 직접 연결지었다. 지주-소작농 기반의 전통적인 농업은 1870

년대 대서양을 건너 곡물이 들어온 뒤부터 심각한 곤란에 빠졌고, 이제는 거의 빈사 상태에 놓여 있었다. 제1차 세계대전 전에 이미 지주로부터 소작농을 보호하는 법률이 제정되어 있었다. 토지 귀족을 증오한 로이드 조지는 농업법(Agriculture Act, 1920년)으로 토지 제도를 마무리했다. 농업법 아래서는 토지의 안전한 차용이 가능했다. 이어 1923년에는 구속적인 토지 차용 계약을 없애는 동시에 '수확의 자유'를 규정하는 법률이 제정되었다. 그 결과 크고 작은 수천 개의 토지가 해체되었다. 1920년 5월 19일 「타임스」는 "영국은 소유자가 바뀌고 있다"라고 썼다. 메싱엄(Harold J. Massingham)은 이렇게 주장했다. "1910년 이래 복수심에 불탄 선동적이며 완전히 도시 중심적인 법률 제도가 지주라면 그가 좋은 사람이든, 나쁜 사람이든 상관없이 평범한 사람도, 책임감 있는 사람도, 책임감 없는 사람도 모두 무력하게 만들어 버렸다."[84] 1922년 2월 중앙 토지 소유자 협회의 『계간 회보 Quarterly Circular』는 매년 70만 에이커에 달하는 농지의 소유자가 바뀌고 있다고 추산했다. 전해에는 한 경매 회사가 영국의 한 주(county)에 상당하는 규모의 농지를 처분했다. 자유당의 전 각료 매스터맨(Charles F. G. Masterman)은 1923년에 출판되어 인기를 얻은 책에서 이렇게 탄식했다. "솜에서는 근위 연대가, 후지 숲에서는 라이플 여단이 헛되이 학살당함으로써 영국 명문가의 태반이, 막대한 토지와 재산을 상속받을 이들이 소리도 없이 사라졌다. …… 노르만 정복 이후 영국 토지에 역사상 가장 큰 변화가 일어나고 있다."[85] 토지 가격은 계속하여 떨어졌고, 농가의 부채는 증가했으며, 수백만 에이커의 토지에서 농업 생산이 중단되었다. 「데일리 익스프레스 Daily Express」의 시사만화가 스트러브(Sidney Strube)는 굶주림에 피골이 상접한 부랑자를 그림으로 그리고 '놀고있는 땅'이라는 뜻이 담긴 '게으른 에이커즈(Idle Acres)'라는 이름을 붙였다.

「컨트리맨 The Countryman」의 편집자 로버트슨 스콧(J. Robertson Scott)은 『네이션 *Nation*』 지에 실은 일련의 기사에서 황폐한 시골의 충격적인 사진들을 보여주었다. 스콧의 기사와 사진은 『푸르고 쾌적한 영국의 땅 *England's Green and Pleasant Land*』(1925년)이라는 모순되는 제목으로 출간되어 우울한 베스트셀러가 되었다. 1932년 노퍽(Norfolk) 주에서는 농부이자 작가인 헨리 윌리엄슨(Henry Williamson)이 "괜찮은 엘리자베스 양식의 저택과 열두어 채의 작은 집이 딸린 2.5평방킬로미터의 농지가 1,000파운드에 팔렸다"고 전했다.[86] 영국의 오랜 지배 체제가 곳곳에서 쇠퇴해 가고 있었다는 말은 결코 과장이 아니었다.

산업 쇠퇴의 증거 또한 어디서나 볼 수 있었다. 낡은 장비, 묵은 원한, 오래된 노동 관행 아래서 이루어지던 영국의 전통적인 수출 산업 ― 석탄, 면화, 직물, 조선, 엔지니어링 ― 은 생산성이 낮았고, 전후의 짧은 회복 기간을 거친 다음 이런 근본적인 취약점들이 드러나 만성적인 높은 실업률을 낳았다. 그 대부분의 책임은 1925년에 영국의 경제를 금본위제로 전환시킨 당시 재무장관 윈스턴 처칠에게 돌아갔다. 케인스는 금본위제로 돌아가는 것을 '현대의 중상주의'라고 부르며 처칠을 맹렬하게 비난했다. 그는 우리가 "우리 자신을 금에 묶어 놓았다"고 말했다. 이에 대해 처칠은 우리는 "우리 자신을 현실에 묶어 놓은 것뿐"이라고 반박했다. 처칠의 말은 일리가 있었고, 시대에 뒤떨어진 영국 산업 경제의 현실을 반영하는 것이기도 했다.[87] 정책이 바뀌자 균형이 깨졌다. 수출 가격은 상승했고, 수입 식품과 원자재 가격은 하락했다. 처칠이 말했듯이 그것은 일차적으로 영국의 재정적 위상을 전쟁 전의 수준으로 회복시키기 위한 정치적 조치였다. 필연적으로 디플레이션이 찾아왔고, 그리하여 정부가 총파업을 쉽게 해결하는 예상치 못한 효과가 나타났다. 총파업은 소렐주의자들의 궁극적인 무기로 1902년부터 소문이 나돌았지만, 실제로 일어났던 것은 1926년 5월 이었다. 1920년과 1922년에 특히 총파업의 위협이 컸는데, 이것으로 이득 을 본 것은 노조 지도자들이 아닌 보수당이다. 총파업이 불가피해지자 스 탠리 볼드윈(Stanley Baldwin) 총리는 교활한 방법으로 겨울 초가 아닌 겨 울 말에 운송, 철도, 광산 노조를 싸움에 끌어들였다. 총파업은 일주일 뒤 비참한 실패로 끝났다. "그것은 마치 사납다고 소문난 전설 속 짐승이 한 시간 정도 모습을 나타냈다가, 위험을 눈치채고 슬며시 굴 속으로 도망치 는 것 같았다."[88] 금본위제 부활이나 총파업의 진압도 (노동력의 백분율로 주어지는) 실업률을 떨어뜨리지는 못했다. 1920년대의 붐이 끝나갈 때조 차 그 수치는 계속 정체되어 있었다. 1921~29년의 실업률은 17.0, 14.3, 11.7, 10.3, 11.3, 12.5, 9.7, 10.8, 10.4였다.[89]

따라서 노동자들의 문제는 '실종된 세대'의 문제가 아니었다. 노동자의 대열에는 어떤 빈틈도 없었다. 그들은 너무 적기 때문이 아니라 너무 많기 때문에 문제가 되었다. 그러나 그들이 처한 곤경 때문에 영국 국교회의 성 직자들이 급진화되었다. 이 때문에 지배 집단의 의지는 점차 침식당했다. 제1차 세계대전은 영국 국교회 입장에서도 불운한 전쟁이었다. 영국 국교 회 성직자들은 애국의 나팔을 불었지만 어딘가 분명치 않은 점이 있었다. 가톨릭 성직자들은 그들이 참호 속의 성직자로는 미숙하다는 사실을 드러 냈다. 군수 공장에서도 그들은 조금도 나은 모습을 보여주지 못했다.[90] 가 장 중요한 순간에 그들은 입지를 상실했다. 영국 국교회는 이 사실에 불안 해했다. 1920년대에 영국 국교회에서 더 열정적인 사람들은 평화와 '연민' 이라는 새로운 복음 활동을 전개했고, 그들 중 일부는 극단적인 좌파로 기 울었다. 에식스(Essex)에 있는 14세기 양식의 화려한 타스테드 교회의 교 구 목사 콘래드 노엘(Conrad Noel)은 교회 안에 영국 국기를 거는 것에 반

제국의 쇠퇴

대했다. '영국 국기가 잔인한 착취를 일삼는 대영제국의 상징'이라는 이유에서였다. 그는 대신 "그분은 한 방울의 피로 모든 민족을 만드셨다"라는 성서의 권위를 인용하며 적기(赤旗)를 걸어 놓았다. 일요일이면 우익 대학생 집단이 케임브리지에서 건너와 적기를 찢으려 했다. 그러나 '랜즈버리의 양들'이라는 세력이 그들을 막았다. 이들은 1919년의 파업으로 해고당한 급진적인 전직 경찰관들로 이루어져 있었다.[91] 이 깃발 싸움은 영국의 기존 체제를 동요시켰고, 새로운 형태의 충격적인 오락거리가 되었다.

더 중요한 인물은 윌리엄 템플(William Temple)이었다. 그는 1920년부터 맨체스터의 주교를 맡았다. 템플은 나중에 요크와 캔터베리의 대주교가 되어 양차 대전 사이에 영국에서 가장 영향력이 큰 기독교 성직자가 되었다. 그는 교리의 전파 대신 진보적 정치를 택한 최초의 앵글로색슨족 성직자였다. 종교적 에너지를 세속적 유토피아주의로 바꾸는 거대한 운동 — 니체가 예언했던 — 의 일원이 된 것이다. 템플은 쾌활한 희극배우 올리버 하디(Oliver Hardy) 같은 인물로 넘치는 식욕뿐만 아니라 사회적 순교에 대해서도 강한 열망을 품고 있었다. 템플은 1918년 노동당에 입당했고 그 사실을 공개적으로 발표했다. 1920년대 그는 기독교 정치학·경제학·시민권 협의회를 창설했다. 이 협의회는 당시부터 오늘날까지 수없이 만들어진 유사 단체들의 원형이 되었다. 1924년 버밍엄에서 열린 이 협의회 모임에서 그는 이렇게 주장했다. "마키아벨리식 정치술이 파탄 났다는 인식이 점차 확산되어가면서, 예수 그리스도가 길이요 진리요 생명이라는 말씀에 주의를 기울일 여건도 커지고 있습니다."[92] 템플의 사회 정치 참여는 그다지 만족스런 결과를 얻지 못했다. 총파업이 일어나자 그는 깜짝 놀랐다. 당시 통풍 치료와 체중 감량을 위해 엑스레뱅(Aix-les-Bains)에 가 있던 그는 숨을 헐떡이며 영국으로 돌아와 성직자들의 개입을 지시했다. 성직자들은 기독교인들 전체가 파업을 지지하고 있다고 탄광의 지도자들을 설득했다. 이 때문에 탄광 파업이 1926년 7월부터 12월까지 연장되었고, 광부와 그들의 가족은 거의 기아 상태에 내몰렸다.[93] 그러나 템플은 조금도 기가 죽지 않았고, 진보라는 대의에서 물러서지 않았다. 그는 사회주의자들의 주교라고 할 만한 조지 버나드 쇼(George Bernard Shaw)에게 이를 가리켜 '불가능의 성취'라고 기쁘게 외쳤다. 템플의 진보적인 견해는 그가 캔터베리 대주교의 권좌에 오르는 웅장한 발걸음을 막기는커녕 오히려 도움을 주었다. 그것이 시대의 징후였다.

템플의 철학에는 20세기의 특징이라 할 수 있는 믿음이 담겨 있다. 그 믿음은 세속적인 경제 문제를 '해결'하려는 움직임에 기독교 윤리가 반영되어 있다는 믿음이다. 죄에 대한 기독교의 개념은 안락하고 호의호식하는 영국 국교회 성직자들의 걱정 속에 구현되었다. 이로 인해 소유 계급이나 부유한 국가들이 국내나 국외의 곤궁한 사람들에게 관심을 기울여야 한다는 의무감이 강화되었다. 그들에게 경제학은 부의 창조에 관한 것이 아니라 의무와 공정성에 관한 것이었다. 자연스럽게 템플은 진보 세력 중 불가지론(不可知論)의 입장에 서 있는 사람들 속에서 열정적인 동지들을 찾았다. 케인스는 그에게 인상적인 편지를 한 통 썼다. 그는 이 편지에서 경제학이 도덕적으로 중립적인 학문이라는 것을 강하게 부정했다. "경제학은, 정치경제라고 해야 훨씬 적절하겠지만, 윤리학의 일면입니다."[94] 그 말은 고위 성직자인 템플이 듣고 싶어했던 말이며, 또한 킹스 칼리지의 명예 교우였던 케인스가 가르치고 싶어했던 말이다.

말하자면 케인스는 이를 통해 은밀히 세력을 키우던 반체제 세력을 대변하고 있었던 것이다. 1920년대 반체제 세력은 케임브리지와 블룸즈버리의 은신처에서 모습을 드러냈다. 그들의 입장은 영국 지배 계급의 행위 규범과는 완전히 달랐지만 점차 결정적인 영향을 미치게 되었다. 그때까지 영국 본국과 식민지 제국에 대한 공공 정책은 벤저민 자우엣(Benjamin Jowett)이 학장으로 있던 옥스퍼드 베일리얼 칼리지(Balliol College)의 도덕적 분위기를 반영하고 있었는데, 마치 재판관 같은 분위기였다. 세계에서 영국의 역할은 문명화된 정의를 실천하고, 필요하다면 가능한 한 엄격한 태도로 그것을 강요하는 것이었다. 대표적인 인물이 바로 커즌 경이다. 그는 까다롭고 재치 있으며 교양있고 세련된 사람이나 영국의 국익을 지켜야 할 때는 가차없었다. 그는 영국의 국익을 도덕과 같은 것쯤으로 생각했다. 그는 1923년 내각에 이런 말을 전했다. "영국 정부는 결코 거짓말을 한 적이 없습니다. 협력자나 동맹국을 결코 배반한 적이 없습니다. 정당하지 못한 일이나 비열한 일도 한 적이 없습니다. …… 이것이 대영제국이 오랫동안 행사해 왔던 도덕적 권위의 근간입니다."[95] 따라서 필요하다면 이런 도덕적 권위를 공고히 하기 위해 세계 각지의 영국군 기지에서 전차나 비행기, 전함 등을 출격시켜야 했던 것이다.

블룸즈버리그룹

케임브리지에서는 이와는 좀 다른 전통이 이어져 오고 있었다. 옥스퍼드가 우등생을 의회로 보내고, 이들이 장관이 되어 공적인 무대에서 활약하고 있는 동안, 케임브리지는 사적인 그룹을 발전시켜 영향력을 행사하면서 나름대로 활약을 펼쳤다. 1820년에 12명의 회원으로 이루어진 한 문예협회가 만들어졌다. 이 문예 협회 회원들은 '사도' 라고 불렸다. 그들은 워즈워스(William Wordsworth)와 콜리지(Samuel Coleridge)의 초기 이설(異說)들을 퍼뜨리고 다녔다. 신규 회원은 기존 회원들이 모여 비밀 투표로 뽑았다. 사실 이 단체는 공인된 적이 없다. 회원의 수준은 높았지만, 뛰어난 창작자보다는 교사나 비평가가 많았다. 풍부한 재능을 지니고 있던 앨프레드 테니슨(Alfred Tennyson)은 1830년에 즉시 탈퇴했다.[96] 사도의 세계관은 조심스러우며 자신감이 없고 내향적이며, 비공격적이며 불가지론적이었고, 오만한 주장과 장엄한 계획에 대해서는 매우 비판적이었다. 그들은 인도주의 입장에서 공적인 의무보다는 개인적인 문제에 관심을 기울였다. 그들은 내적 성찰에 몰두하고 우애를 존중했다. 실제 행동으로 자주 나타나지는 않았지만, 동성애 분위기가 사도를 지배했다. 테니슨은 「시름을 잊은 사람들 The Lotus Eaters」이라는 그의 시에서 이런 분위기를 표현하고 있다.

1902년 사도들은 리턴 스트레이치라는 이름의 젊은 트리니티 칼리지 재학생을 선발했다. 그의 아버지는 인도, 즉 커즌 경의 세계에서 30년간 근무한 장군이었다. 그러나 그의 지적 · 도덕적 발달은 어머니의 영향을 받았다. 그의 어머니 마리 실베스트르(Marie Silvestre)는 여성 진보 운동에 참여한 군건한 불가지론자였고, 프랑스 태생의 공화주의자이자 학교 선생이기도 했다.[97] 스트레이치는 사도로 선출되기 2년 전 레너드 울프(Leonard Woolf)와 클라이브 벨과 함께 '자정 모임'을 만들었고, 이것이 나중에 블룸즈버리그룹으로 발전하게 되었다. 사도는 비공식적인 비밀 조직이었다. 블룸즈버리그룹도 비공식 조직으로 소수의 여성 회원을 받아들였는데, 두 조직은 그 후 30년간 스트레이치를 중심으로 움직였다. 그러나 그는 이 모임을 대표하는 철학자는 아니었다. 철학자의 역할은 케임브리지의 명예교우이자 사도의 한 사람이었던 무어(George E. Moore)가 맡았다. 무어의 주요 저서인 『윤리학 원리 Principal Ethica』는 스트레이치가 사도로 선출된 다음해 가을에 발표되었다. 이 책의 마지막 두 장 '행동에 관한 윤리학'과 '이상'은 암시적으로 각 개인이 절대적 윤리 규범에 책임을 져야 한다는 유대-기독교적 원리와 공적 의무 개념을 정면에서 공격했다. 무어는 이 개념들을 대신하여 개인의 관계에 기초한 무책임한 쾌락주의를 내세웠다. 무어는 이렇게 썼다. "우리가 알고 있거나 상상할 수 있는 최고의 가치는 인간관계에서 누리는 기쁨과 개인적 대상의 향유라고 표현할 수 있는 어떤 의식의 상태다. 누구든 자문해 보면, 예술이나 자연 속에서 아름다운 것을 개인적으로 감상하고 애호하는 것 자체가 선하다는 사실에 의문을 품을 사람은 한 명도 없을 것이다."[98]

스트레이치는 창조자라기보다는 천재적인 선동가였다. 그는 레닌처럼 홉슨의 책『제국주의』— 한 해 전에 출판되었다 — 에 열정적으로 달려들었다. 그 책에는 스트레이치가 원하고 설교하고 싶어하는 주장들이 담겨 있었다. 그는 급히 '사도' 동료인 케인스에게 '세계에 무어주의를 소개하는 일'에 관해 썼다. 무어의 책은 혐오스런 빅토리아 시대의 의무가 아니라 우애에 관한 이데올로기를 주장했다. 리턴 스트레이치는 잘생긴 젊은 남자들과 매우 특별한 종류의 우애를 맺기 위해 이미 케인스와 경쟁을 벌이고 있던 터였다. 그는 케인스에게 이렇게 털어놓았다. "우리는 진실을 말하는 것에 만족할 수 없네. 우리는 모든 진실을 말해야 하네. 모든 진실이란 악마 같은 것이지. …… 우리가 남자들끼리의 동성애에서 최고의 기분을 느낀다고 말해도, 귀부인들이 그 기분이 대단하다는 것을 이해할 수는 없을걸세. 그걸 기대하는 게 미친 짓이지. …… 우리의 시대는 백 년 후에나 올걸세.[99)] 우애는 관습적인 도덕보다 우선적인 권리를 가지고 있을 뿐 아니라 애국심보다 윤리적으로 우월했다. 스트레이치의 '사도' 동료 포스터(Edward M. Forster)는 이렇게 분명하게 얘기했다. "조국을 배반하든가, 친구를 배반하든가 어느 한쪽을 선택해야 한다면, 나는 조국을 배반하는 용기를 갖고 싶다."[100)]

무어의 견해는 외관상으로는 전혀 정치적이지 않고 거의 정적주의(靜寂主義)라고 이름 붙여도 좋을 정도였다. 하지만 실제로 그의 견해는 지적 쿠데타를 위한 뛰어난 신조였다. 이런 성격의 신조는 사도 같은 상호 숭배 집단에 윤리적 정당성을 주었을 뿐 아니라 더 단호하고 조직적이며 거의 마피아 같은 프리메이슨 단의 발달에도 영향을 미쳤다. 사도의 시스템은 회원들에게 버트런드 러셀, 로저 프라이(Roger Fry), 루트비히 비트겐슈타인(Ludwig Wittgenstein) 등 케임브리지 출신 최고의 두뇌들과 친해질 수 있는 기회를 주었다. 우애와 결혼의 연결망은 주요 친목 장소를 제공해 주었다. 피츠로이 스퀘어 21번지, 브런즈윅 스퀘어 38번지, 그레이트 오몬드 스트리트 10번지, 가우어 스트리트 3번지, 고든 스퀘어 46번지, 타비스토크 스퀘어 52번지 등이 있었으며, 그밖에도 따뜻한 분위기의 트리니티 칼리지나 킹스 칼리지 그리고 『크롬 옐로』로 유명해진 오톨라인 모렐(Ottoline Morrell) 부인의 가싱턴(Garsington) 같은 시골 여인숙도 있었다. '사도' (또는 그 가족이나 친척들)는 전략적으로 중요한 위치에 있었다. 스트레이치의 삼촌은 잡지 『스펙테이터 *The Spectator*』를, 레너드 울프는 『네이션』의 문예란을, 데즈먼드 매카시(Desmond MacCarthy)와 레이먼드 모티머(Raymond Mortimer)는 『뉴 스테이츠먼 *New Statesman*』의 문예란을 좌지우지하고 있었다.[101] 친하게 지내는 출판사도 몇 개 있었다.

스트레이치는 장군의 아들다운 면모를 충분히 발휘했다. 자아도취에 젖은 엘리트 의식이 강했고, 언뜻 열의가 없어 보이지만 흔들림 없이 그룹을 이끄는 데 천재적이었다. 그는 '사도'를 통해서 집단을 다스리는 원리를 깨달았다. 타인을 배제하는 능력뿐만 아니라 타인을 배제하는 것처럼 보이게 하는 능력을 배웠다. 그의 범접하기 힘든 분위기와 거절의 기술은 완벽했다. 블룸즈버리 회원은 그가 흘낏 보거나 목소리만 바꾸어도 주눅이 들었다. 이 마술적인 집단 내에서는 배제(排除)야 말로 생명을 지탱해주는 요소였다. 그와 울프는 이를 '방법'이라고 불렀다.[102]

게다가 스트레이치는 그의 시대가 오기까지 '백 년'이나 기다릴 필요가 없었다. 전쟁이 그의 시대를 마련해 주었다. 그는 병역 기피라는 형태로 자신의 반체제 철학을 선전할 수 있는 기회를 얻었다. 스트레이치가 사용한 방법은 교묘하면서 독특했다. 그는 다른 블룸즈버리 회원과 함께 징병 반대 협회와 징병 반대 전국 위원회에 가입했다. 그렇다고 활발한 활동을 벌이지는 않았다. 법적으로 위험한 처지에 놓일 수 있었기 때문이다. 그런 일은 러셀처럼 더 정력적인 사람들에게 맡겼다.[103] 그러나 그는 1916년 5월 햄스테드 타운 홀(Hampstead Town Hall)에 위치한 병역 면제 심사국에 놀라운 모습으로 나타나 센세이션을 일으켰다. 그는 특수 비타민 식품과 스웨덴식 체조로 건강한 몸을 만들었다. 더군다나 그를 아끼는 누이 세 명을 그 자리에 데리고 왔다. 의장이 "스트레이치 씨, 어떤 독일군 병사가 당신의 누이를 강간하려 한다면 어떻게 하시겠습니까"라고 물었다. "둘 사이를 갈라놓아야겠죠"라고 그는 대답했다. 이 농담은 매우 유쾌하게 받아들여졌다. 많은 사람이 높고 끽끽거리는 듯한 그의 목소리를 흉내 냈다. 이런 식으로 법정을 꼼짝 못 하게 한 사람은 오스카 와일드(Oscar Wilde)의 시대 이후 아무도 없었다. 사실 스트레이치는 평화주의 원칙을 자신의 힘으로 지켜낸 것이 아니라 '의사가 내놓은 진단서 묶음과 의학적 증상들' 덕택에 징병 면제를 받았을 뿐이다.[104] 그는 4부로 된 전기적 수필 『빅토리아 시대의 명사들 *Eminent Victorians*』을 쓰며 전쟁 기간을 보냈다. 이 책에서 그는 토머스 아놀드(Thomas Arnold), 플로렌스 나이팅게일(Florence Nightingale), 매닝 추기경(Cardinal Manning), 고든 장군을 조롱하고 모욕했으며, 사실상 참호 속의 사람들이 죽어 가면서 지키고자 했던 가치와 원칙들을 모조리 비난했다. 그는 1917년 12월 이 책을 완성했다. 그때는 참혹한 파스샹달 전투가 끝나고 바다가 피와 진흙으로 뒤덮였던 때였다. 스트레이치의 책은 다음해 출판되어 즉각적인 호평을 받았고 지속적으로 영향력을 끼쳤다. 역사상 이보다 시의적절한 책은 찾아보기 힘들 것이다.

나중에 시릴 코널리(Cyril Connolly)는 『빅토리아 시대의 명사들』을 두고 이렇게 말했다. "1920년대가 기다린 최초의 책으로 …… 그는 전쟁에 지친 세대가 듣고자 했던 비웃음의 목소리를 들려주었다. …… 전쟁 후의

▶ 허버트 헨리 애스퀴스(1852~1928)
영국의 자유당 출신 총리를 지냈다. 1911년 상원의
권한을 제한하는 의회법을 입안했으며, 제1차 세계대
전 초 2년 동안 영국을 통치했다. 권위 있는 옥스퍼드
대학교 베일리얼대학의 장학금을 받아 런던 시립학
교에서 공부했으며, 베일리얼대학에서 수여하는 최
고의 학술적 영예인 모교의 명예교우가 되었다.

젊은이들은 터널 끝에서 빛을 발견하는 기분이었다." 날카로운 보수파 사람들은 즉시 그 책의 실체를 파악했다. 러디어드 키플링은 개인적인 편지에 "마음속까지 완전히 사악하다"고 했다.[105] 하지만 다른 사람들은 바로 그 이유 때문에 그 책을 좋아했다. 지배 체제 안에서조차 환영의 분위기를 찾아볼 수 있었다. 한때 자우엣의 베일리얼 칼리지에서 스타로 행세했던 애스퀴스(Herbert H. Asquith)는 활력이 부족하다는 이유로 로이드 조지에게 총리의 자리를 내준 뒤 살찐 붉은 얼굴에 술고래가 되어 있었다. 그는 스트레이치가 로마네스 강연 중에 "더없이 고귀하고 분에 넘치는 과찬"이라고 말했을 정도로 이 책에 찬사를 보냈다. 이때는 루덴도르프가 최후의 공격으로 영국 제5군을 박살냈던 때다. 독일군이 마지막 후퇴를 시작하고 나서 한참 뒤에도 신판이 쏟아져 나왔다. 이를 통해 그 책이 다른 어떤 적보다 전통적인 영국의 가치에 훨씬 큰 해가 된다는 사실이 증명되었다. 스트레이치는 이러한 방법을 통해 "세계에 무어주의를 소개"할 수 있었다. 그는 그 과정에서 1920년대 가장 영향력 있는 작가가 되었다. 케인스의 전기 작가 로이 해로드(Roy Harrod)는 나중에 이렇게 썼다. "젊은 숭배자들이 스트레이치에게 보내는 존경은 성인(聖人)에게나 적당한 것이다."[106] 스트레이치는 당대를 지배하는 거물이었고, 블룸즈버리 회원들은 그의 신하였다. 누군가 적절히 지적했듯이 "그들의 비세속성은 실상 당대의 세계에 철저히 관련되어 있음을 위장하기 위한 것이었다."[107]

그러나 대체로 그들의 영향력이 공공 정책에 직접 반영되지는 않았다. 케인스의 말에 따르면, 스트레이치는 정치를 "교량 역할을 위해 꽤 적절한 대용품" 이상으로 생각하지 않았다. 케인스조차 공직에 연연하지 않았다. 그들은 무대 뒤에서, 또는 책 속에서 움직였으며 특정한 정책을 구상하기보다는 지적 분위기를 창조하는 데 몰두했다. 케인스의 『평화의 경제적 귀결』은 스트레이치의 새로운 문학 기법을 뛰어나게 차용하고 있을 뿐 아니라 『빅토리아 시대의 명사들』의 요지를 철저히 강조했다. 1924년 포스터는 『인도로 가는 길 A Passage to India』을 발표했다. 이 책은 인도 통치 원리를 멋지게 공격했으며, 인도 식민지 지배를 정당화하는 영국인들의 우월성과 완전성에 대한 신념을 무너뜨려 버렸다. 골즈워시 로스 디킨슨(Goldsworthy Lowes Dickinson) 역시 '사도'로서 포스터의 정신적인 스승 역할을 했다. 그는 '국제연맹'이라는 말을 만들어 내고 국제연맹협회를 창설한 인물이다. 디킨슨은 1926년 『국제적 무정부 상태 1904~14년 The International Anarchy 1904~14』을 출간했다. 그는 이 책에서 세계대전의 기원을 설명하면서 엄청난 오해를 불러 일으켰고, 이것을 통해 케인스의 책이 주장하는 정치 도덕을 훌륭하게 뒷받침했다.[108] 블룸즈버리그룹은, 영국과 독일이 1918년까지는 비슷한 도덕 선상에 있었지만, 불평등한 평화 조약과 지속된 제국주의 지배, 전쟁의 직접적 원인이 되는 군비 확장 때문에 영국이 도덕적으로 불리한 입장에 놓이게 되었다고 생각했다. 이런 생각은 영국의 교양 있는 사람들 사이에서 점차 통념이 되었다.

더 깊은 의미에서도 블룸즈버리그룹은 지배적이었던 영국의 일면을 대표하고 있었다. 와해된 전통적인 젠트리 계급처럼, 그리고 놀고 있는 토지처럼 블룸즈버리그룹은 활력을 결여하고 있었다. 스트레이치가 사진 속에서 얼마나 자주 등받이가 기울어진 의자에 앉아 무기력하고 생기 없는 모습을 하고 있는지 들여다보면 참으로 흥미롭기까지 하다. 프랭크 스위너튼(Frank Swinnerton)은 그를 처음 만나고 이렇게 기록했다. "그는 똑바로 서면 자세가 구부정했고, 앉으면 몸이 축 늘어졌다. 도대체 생기가 없는 것처럼 보였다."[109] 윈덤 루이스(Wyndham Lewis)는 이렇게 썼다. 그는 "긴 다리를 끌며 이 방 저 방을 돌아다녔다. 마치 마약에 취한 황새 같았다." 스트레이치 자신도 동생에게 이렇게 털어놓았다. "우리는 모두 육체적으로 너무 약해서 도무지 쓸모가 없다."[110] 블룸즈버리 회원 중에 결혼을 한 사람은 드물었다. 이른바 '더 높은 차원의 남색(男色)'에 빠지지 않은 이들도 생식에 대한 욕구가 부족했다. 그 이유는 여전히 베일에 싸여있지만, 케인스가 러시아 무용수 리디아 로포코바(Lydia Lopokova)와 결혼했을 때 회원들은 분개했다.

더 놀라운 것은 블룸즈버리그룹의 낮은 생산성이다. 흥미롭게도 이것은 바닥이 드러난 영국의 산업 생산성과 일맥상통했다. 스트레이치도 겨우 일곱 권의 책을 썼다. 이 가운데 둘은 기사를 모아놓은 것이었다. 기대를 많이 했던 매카시의 대표작은 결국 세상의 빛을 보지 못했다. 레이먼드 모티머도 똑같은 양상을 보여주었다. 두더지라고 불린 포스터 또한 에너지가 부족한 작가였다. 사후에 출간된 동성애 소설 『모리스 *Maurice*』를 제외하면 다섯 권의 소설을 쓴 셈이다. 그는 1946년에 킹스 칼리지의 명예 교우가 된 이래 아무것도 쓰지 않았다. 명예 학위를 받기 위해 모습을 드러내는 일 외에 사반세기 동안 두더지 같은 생활을 했다. 블룸즈버리그룹의 또 다른 회원인 철학자 맥타가트(John M. E. McTaggart)는 하루에 2~3시간가량밖에 일을 할 수 없었고, 나머지 시간은 가벼운 소설을 읽으며 보냈다. 그는 일주일에 거의 30권을 읽었고, "벽 쪽에 등을 대고 마치 게처럼 이상한 걸음으로 걸어다녔다."[111] 중국 관리가 쓰는 모자를 쓰고다녔던 로스 디킨슨역시 창백하고 무기력한 모습이었다. 버지니아 울프(Adeline Virginia Woolf)는 그에 관해 "골디(골즈워시 로스 디킨슨)의 앞니 사이로 흘러나오는 숨소리는 얼마나 가냘픈지!"라고 썼다.[112] 특히 무어는 『윤리학 원리』를 써낸 다음 사실상 쓸모없는 작가로 변해 있었다. 『윤리학 원리』의 뒤를 이은 책들은 모두 대중적인 평론집이나 강연집이었다. 그는 그 후 40년간 침묵했다. 무어는 울프에게 이렇게 썼다. "나는 할 말이 아무것도 없을까 봐 두렵네. 가치 있는 말들 말일세. 설령 그런 말이 있다고 하더라도 그것을 어떻게 표현해야 할지 모르겠네."[113] 그는 사도다운 글을 쓰고 나서 다음과 같은 블룸즈버리다운 금언으로 마무리했다. "우리가 익혀야 하는 모든 좋은 습관들 가운데 우유부단함도 분명 소홀히 하지 말아야 할 것이다."[114]

당대의 케임브리지 사도 가운데 정력과 창조력이 넘치는 유일한 인물은 버트런드 러셀이었다. 그러나 러셀은 블룸즈버리그룹에 참여한 적이 없다. 그는 블룸즈버리그룹과 평화주의, 무신론, 반제국주의 외에 다양한 진보 사상을 공유하고 있었지만, 그들의 음침한 무기력증을 경멸했다. 따라서 그들도 그를 거부했다. 러셀은 스트레이치가 동성애를 수용하기 위해무어의 『윤리학 원리』를 왜곡했다고 생각했다. 어쨌든 러셀에게 무어의책은 저급해보였다. "무어, 자네는 나를 안 좋아하지, 그렇지?" 그가 물었다. 무어는 한동안 진지하게 생각해 보더니 "맞아"라고 대답했다.[115] 러셀이 스트레이치와는 다르게 실제로 제1차 세계대전에서 평화를 위해 싸우고, 그 때문에 감옥에 갔다는 것은 주목할 만한 일이다. 그는 브릭스턴(Brixton) 교도소에서 『빅토리아 시대의 명사들』을 읽었는데, 책을 읽다가

"너무 큰 소리로 웃었는지 교도관이 내 독방에 찾아와 감옥은 처벌의 장소임을 명심하라고 말했다"고 얘기한 적이 있다. 그는 오래 생각한 뒤 그 책이 너무 피상적이라고 결론을 내렸다. 스트레이치의 책은 "여학생들에게서 볼 수 있는 답답한 감상주의에 젖어 있다."[116] 네 번의 결혼과 탐욕스런 여성 편력에 빠져있는 중에도 그는 56권의 책을 썼다. 이 책들은 한 사람이 다 다루기 힘든 매우 다양한 주제를 다루고 있다. 꺼지지 않는 열정으로 활동과 체험에 전념했던 그는 블룸즈버리그룹의 회원들에 비해 단호한 인물이었다. 전체주의와 관련해서도 블룸즈버리그룹과 견해가 달랐다. 휴전이 이루어진 날 밤, 블룸즈버리그룹은 시인이었던 시트웰 남매의 새로운 창공과 윈덤 루이스가 이름붙인 '금빛 볼셰비키주의'에 이미 동조하고 있었다. 그들은 연합국의 승리에 환호했다기보다는 레닌의 탁월한 판단에 기뻐했다. 오즈버트 시트웰(Osbert Sitwell)이 말했듯이 레닌은 "새로운 신을 창조하고 만들어 내기 위해" 단독 평화 조약을 체결했던 것이다. 아델피 극장에서는 스트레이치가 "최면에서 금방 깨어난 사람처럼 상냥한 미소를 흘리며 흐늘거리듯" 춤을 추는 모습을 볼 수 있었다고 한다. 화가 난 듯 불쾌한 얼굴을 하고 있는 데이비드 로런스 앞에서 말이다.[117] 러셀이라면 결코 그런 일은 하지 않았을 것이다. 그는 1920년 직접 러시아에 가서 레닌을 보았다. 그는 레닌의 공산주의 체제가 "전제적 관료주의 체제에 가까우며, 차르 시대보다 더 끔찍하고 정교한 감시 시스템 아래서 운영되고 있고, 오만하고 불쾌한 일종의 귀족 정치를 행하고 있다"고 말했다.[118] 일 년 뒤에 러셀은 중국에 있었다. 거기서 행정적·정치적 혼란의 극치를 살펴본 뒤 친구에게 이렇게 썼다. "리턴이 …… 제국을 통치하기 위해서 파견되었다고 상상해보게. 그러면 중국이 2,000년 동안 어떻게 통치되었는지 알 수 있을걸세."[119]

매우 기묘한 일이지만, 외무부를 놀라게 한 건 오히려 러셀의 활동과 그의 위험한 발언이었다. 당국에서는 누구도 사도에 관심을 가져야 한다고는 생각하지 않았다. 그러나 사도 가운데서도 과격파가 등장하기 시작했다. 포스터의 정신적 스승이자 킹스 칼리지의 명예 교우였던 너대니얼 웨드(Nathaniel Wedd)도 그중 한 명이었다. 라이오넬 트릴링이 묘사한 바에 따르면, 그는 "냉소적이며 공격적이고, 붉은색 타이와 신성 모독을 좋아하는 메피스토펠레스 같은 인물"이었다.[120] 1930년대 사도는 적어도 세 명의 소비에트 하수인을 배출했다. 가이 버제스(Guy Burgess), 앤서니 블런트(Anthony Blunt), 레오 롱(Leo Long)이 그들이다. 하지만 당시 영국 정부를 괴롭히는 것은 러셀이 공공연하게 드러내는 도덕적 상대주의였다. 그의 공개적인 태도는 사실 옥스퍼드에 더 어울렸다. 러셀은 배 위에서 대화할 때도 감시를 받았다. 영국 정부는 그때까지 폐지되지 않았던 전시 추밀원 칙령을 발동해 그를 체포한 뒤 상하이에서 추방해야 하지 않을까 고민한 적도 있다.[121]

외무부의 이런 편집증적 망상은, 사실을 직시하고 영국의 미래 안보를 심각하게 걱정하던 사람들의 근심을 반영하고 있었다. 지켜야 하는 제국 식민지는 너무 많은데 그것을 지키는 사람은 지극히 소수였다. 외무부가 국제연맹을 싫어했던 이유는 국제연맹 때문에 더 많은 세계 문제에 관여해야 했기 때문이다. 보수당 소속의 외무 관료들은 국제연맹 담당 장관인 로버트 세실에게 외무부 내에 사무실을 내주기를 거부했다. 1924년에 노동당 정부가 이를 승인해 주자 관리들은 세실이 중요한 정보를 보지 못하게 했다.[122] 상급 정책 담당자들은 제국을 하나의 거대한 통일체로 유지하는 것은 실상 허세이며, 이를 위해서는 대단한 마술이 필요하다는 것을 깨닫고 있었다. 그들은 불안하긴 했지만 할 수 있다고 믿었다. 아직까지는 패배주의자가 아니었다. 그러나 '자기편'이 일으킨 '방해 공작'에 대해서는 매우 분노했다. 이런 분노는 전통적인 지배 가문 출신인 러셀이나 세실 같은 사람들(러셀은 총리의 손자였고, 세실은 총리의 아들이었다)에게 향했고, 그들이 더 분별력을 갖추지 못한 데 대해 화를 냈다.[123]

영국의 정책 입안자들이 특히 걱정했던 것은 압도적인 우위를 자랑하고 있던 해군의 전력이 1918년 말 급속하게 쇠퇴하고 있다는 점이었다. 상대적으로 평가할 때 해군력의 쇠퇴는 훨씬 더 심각했다. 영국은 항상 육군에는 인색했지만, 앤 여왕 때부터 세계 최강의 해군 전력을 유지했다. 아무리 돈이 들어도 그것이 제국을 지키기 위한 필수 조건이라고 생각했기 때문이다. 19세기 대부분의 기간에 영국은 '2개국 수준' — 어떤 두 나라의 해군력을 합친 것보다 우월하거나 이에 필적하는 해군력을 보유하는 것 — 을 고집해 왔다. 결국 이것은 현실적으로 불가능하다는 것이 판명되었지만, 해군력의 쇠퇴를 외교적 노력으로 보완하려 했다. 그리하여 1902년 영국은 일본과의 동맹 조약에 조인함으로써 '영광스런 고립' 정책을 포기했다. 그 주된 목적은 유럽 수역에 해군력을 더 집중시키는 데 있었다. 일본의 해군은 대부분 영국의 원조와 조언으로 만들어졌다. 아시아에 있는 방대한 점령지와 이권, 그리고 이를 지키기 위한 재원이 한정되어 있는 상황에서 일본은 매우 중요한 동맹국이었다. 전쟁 중 일본 해군은 오스트레일리아와 뉴질랜드의 군대를 전쟁터까지 호위해주곤 했다. 실제로 오스트레일리아의 총리 윌리엄 휴스(William M. Hughes)는 만약 일본이 "독일 편에 서서 싸우려고 했다면, 우리는 틀림없이 패배했을 것"이라고 생각했다.[124]

그러나 미국의 참전으로 상황이 복잡해졌다. 미국과 일본은 점점 서로 적대시하게 되었다. 캘리포니아에서는 일본의 이민을 제한하기 위한 인종법이 실시되었고, 1906~08년부터 일본의 대규모 이민이 중단되었다. 이에 따라 일본은 중국으로 눈을 돌려 1915년에 중국을 보호국으로 만들려 했고, 미국은 그것조차 막으려 했다. 미국은 자신을 진정한 중국의 보호자라고 생각했다. 베르사유에서 윌슨은 국제연맹 규약에 인종 차별 제재 조항을 덧붙이는 것을 거부했고, 이 때문에 일본은 분개했다.[125] 그 뒤 미국은 해군 정책에서 태평양을 우선시하였다. 결국 미국은 곤혹스런 질문으로 영국을 추궁했다. 우방으로 누구를 원하는가? 우리인가 아니면 일본인가?

영국에게는 쉽지 않은 딜레마였다. 미국은 불확실한 동맹국이었다. 엄밀히 말하자면, 실상은 전혀 동맹국이 아니라고 말할 수 있었다. 물론 혈연 관계는 있었다. 그러나 1900년경에 이미 미국 백인 중 앵글로색슨계가 차지하는 비율은 3분의 1로 감소했고, 6,700만 명 가운데 1,840만 명을 차지하는 독일계가 그 세력을 확장하고 있었다.[126] 대규모의 대양 해군을 건설한다는 미국의 결정은 사실 다른 어떤 열강보다도 영국을 겨냥하고 있는 것처럼 보였다. 늦어도 1931년이 되면, 실제로 미국은 대영제국을 염두에 두고 전쟁을 계획하고 있었다. 1931년 2월 15일자의 해군 기본 계획 레드(WPL·22)가 그것이다.[127] 다른 한편 영미의 해당기관끼리 상호 네트워크가 만들어져 대서양 양쪽의 두 나라를 이어주었다. 이를 통해 양측 외교 정책의 기본 원칙이나 관심사항이 확인되었다.

1922년 영일 동맹을 갱신할 때가 되자, 미국은 동맹을 폐기하기 원했다. 영국의 내각은 둘로 나뉘었다. 커즌은 일본이 "쉬지 않고 주변국을 침략하는 강대국으로 …… 사고방식이 독일과 비슷하다. 다른 나라를 배려하는 국가는 결코 아니다"고 생각했다. 로이드 조지는 "일본인들에게는 양심이라는 것이 없다"고 말했다. 그러나 두 사람 다 동맹을 갱신해야 한다는 것을 충분히 알고 있었다. 외무부도 합동 참모부도 마찬가지였다. 네덜란드와 프랑스도 식민지를 염두에 두고 똑같은 결론을 내렸다. 1921년 영연방

회의에서는 오스트레일리아와 뉴질랜드가 조약 갱신을 강력하게 지지했다. 간단히 말하면, 미국을 제외하고 이 지역과 관련된 모든 나라와 영국의 외교·군사 정책 결정에 관련된 모든 사람이 영일 동맹이 안정과 전쟁 억지 요소로 어떻게든 유지되어야 한다고 주장했던 것이다.[128]

그러나 남아프리카 연방의 스뫼츠는 인종과 관련된 이유로 반대했다. 캐나다의 매켄지 킹(Mackenzie King)도 반대했다. 자유당 소속의 킹은 쾨벡에서 영국에 반대하는 유권자들의 지지를 받고 있었다. 게다가 캐나다 외무 담당 차관으로 영국을 싫어했던 스켈턴(Oscar D. Skelton)의 조언을 받고 있었다.[129] 어쨌든 이 때문에 균형이 무너졌던 것 같다. 조약을 갱신하기는커녕, 워싱턴에서 해군력을 제한하기 위한 회의를 열자는 미국의 제안이 받아들여졌다. 오스트레일리아의 휴스는 격노했다. "당신들은 영일 동맹과 영국 해군력의 압도적인 우위를 포기하고 고작 워싱턴 회의를 받아들이자는 겁니까?" 실상은 그보다 더 나빴다. 1922년에 개최된 워싱턴 회의에서 미국은 해군의 '휴일', 선박의 대량 폐기, 35,000톤을 초과하는 주력함의 금지(이것은 영국이 보유한 초대형 함선의 종말을 의미했다)를 제안했고, 이에 더해 영국·미국·일본의 주력함 비율을 각각 5대 5대 3으로 정할 것을 제안했다. 목격자에 따르면 해군본부위원회의 제1군사 위원 비티(David Beatty) 제독은 이에 관한 세부 사항을 처음 전해 들었을 때 "불도그가 볕이 잘 드는 현관 층계에 누워 있다가 무신경한 비누 외판원의 발에 배를 채인 것처럼" 괴로운 듯 의자에서 몸을 웅크렸다고 한다.[130] 일본 역시 이 제안을 못마땅해했다. 일본은 자신을 상대로 앵글로색슨족이 공모하고 있는 것이라고 의심했다. 그러나 미국의 제안은 통과되었다. 어떤 희생을 치르더라도 군비를 축소해야 한다는 압력과 함께 미국이 유럽으로부터 더욱 멀어질 수 있다는 두려움이 너무 강했던 탓이다. 이번에는 일본이 사태를 더욱 악화시키는 양보를 요구해 왔고, 그 요구를 관철했다. 일본은 영국과 미국이 싱가포르 북부나 하와이 서부에 주요 해군 기지를 건설하지 않는다는 조건에 동의할 것을 요구했다. 이것은 만약 영국, 프랑스, 네덜란드의 점령지가 공격을 받을 경우, 미국 함대가 신속히 출동하는 것을 불가능하게 만드는 효과가 있었다. 그러나 더 중요한 사실은 일본이 이 것을 요구하지 않을 수 없었던 상황에서 드러나듯이, 일본이 영국을 우방이 아니라 잠재적인 적으로 인식하게 되었다는 것이다.

하지만 당시 사람들은 이런 사실까지는 깨닫지 못했다. 윈스턴 처칠도 그런 사람들 가운데 하나였다. 그는 인도의 위험에 관해서는 경계를 늦추지 않았지만, 극동의 위험에 관해서는 언제나 장님이었다. 1919년 8월 그는 육군장관으로서 '10년 계획'을 입안하는 데 참여했다. 이에 따라 이후 적어도 10년간 큰 전쟁이 없으리라는 가정에 기초하여 방위 계획이 수립되었다. 이것은 1920년대 내내 지침이 되었고, 사실상 1932년이 되어서야 폐기되었다. 재무장관이 된 처칠은 해군의 군비 지출을 줄이도록 압력을 가했다. 특히 5대 5대 3의 비율을 제국의 기본적인 생명줄이라 할 수 있는 순양함에까지 적용시키려 했다. "작고 별 쓸모도 없는 순양함을 많이 가지고 있을 필요가 없습니다. 아무런 도움도 되지 않을 겁니다"라고 처칠은 내각 장관보 톰 존스(Tom Jones)에게 말했다.[131] 1927년 해군 회의에서 해군 본부는 이런 방침을 철회시켰다. 그러나 1930년 노동당이 다시 정권을 잡자, 결국 이 방침을 승인했을 뿐 아니라 이를 구축함과 잠수함에까지 확대시켰다. 1930년대 초 영국은 찰스 2세의 암흑시대 이후 상대적으로 가장 허약한 해군력을 보유하게 되었다. 제국의 식민지에 기댈 수도 없는 형편이었다. 인도는 도움이 되기보다는 부담이 되었다. 인도를 통치하는 데는 영국의 빈약한 육군 인력 중 6만 명의 징규군이 필요했다. 처칠이 엄중하게 관리했기 때문에 부유한 자치령들은 본국보다도 더 돈을 아꼈다. 원래부터 자치령의 군대는 소규모였고 장비 또한 절망적일 정도로 빈약했다. 1925~26년도 방위 백서에 의하면, 본국은 일 년간 군비로 한 사람당 51실링을 지출했다. 오스트레일리아는 그 절반인 25실링, 뉴질랜드는 12실링 11펜스, 캐나다는 5실링 10펜스를 지출했다. 이 세 나라는 여위고 배고픈 사람들이나 겨우 격퇴할 수 있는 전력임에도 불구하고, 일방적이고 전면적인 군축 계획을 실행에 옮겼다. 오스트레일리아는 겨우 순양함 3척과 구축함 3척, 비행기 70대밖에 없었다. 뉴질랜드는 순양함 2척이 다였고, 공군은 사실상 없었다. 캐나다는 구축함 4척과 3,600명의 병력만을 보유하고 있었다. 이외에 영국 공군으로부터 임대한 군용 항공기가 한 대 있을 뿐이었다.[132] 극동에 관해 말하자면, 영국이 그 이상으로 대비책을 세우고 있었다고 말하기는 어려웠다. 싱가포르에 현대적인 해군 기지를 건설하는 계획은 처칠의 주장으로 5년 동안 연기되었다.

역사를 들여다보면 총명하고 박식하며 결단력이 있는 인물들이 경제를 우선시하거나 군비 축소라는 이타적인 열정에 사로잡혀 현실에 대한 환상에 빠지는 사례를 많이 발견할 수 있다. 1924년 12월 15일 처칠은 총리에게 보내는 편지에서 일본이 위협이 될 수 있는 가능성을 살펴보고 있었다. 편지는 몇 장에 걸쳐 계속되었다. 그는 갖가지 통계적 수법과 웅변을 구사해 볼드윈 ― 이미 충분히 평화주의자이며 기질적으로 낙천적인 ― 에게 일본과의 전쟁 가능성이 전혀 없다는 것을 확신시켰다. "나는 우리 시대에 일본과 전쟁이 일어날 가능성은 전혀 없다고 믿고 있습니다. 일본은 우리의 동맹국입니다. 태평양은 워싱턴협정이 지배하고 있습니다. …… 일본은 세계의 다른 쪽 끝에 있는 나라입니다. 일본은 어떤 경우라도 우리의 안전을 위협할 수 없습니다. 우리와 충돌을 일으킬 만한 이유가 없습니다." 혹시라도 오스트레일리아를 침공하지는 않겠는가? "그런 일은 어떠한 때라도, 우리뿐 아니라 우리의 자손들이 상상할 수 있는 아주 먼 미래에라도 일어날 리가 없습니다. …… 일본과의 전쟁 가능성은 이성이 있는 정부라면 고려할 필요조차 없는 일입니다."[133]

제 **5** 장

일본의 신정,
중국의 혼란

근대세계와 일본

윈스턴 처칠이 일본이 아무런 해도 되지 않는다며 무기력한 볼드윈을 안심시키고 있는 동안, 일본의 경제는 어디와도 비교할 수 없을 정도로 빠르게 성장했다. 인구는 한 해에 100만 명씩 증가하고 있었다. 그런데 이 나라의 통치자도 정신이 나간 신왕(神王)이었다. 일본을 근대 세계로 이끈 이 늙은 메이지 천황은 여자를 고를 때 미모뿐 아니라 건강에도 유념했다. 밤이 되면 그날 밤 침대를 차지할 여인 앞에 비단 손수건을 떨어뜨리곤 했다. 그런데도 이렇게 얻은 자식들은 대부분 병약했다. 하지만 어떤 의사도 신성한 왕자의 몸에 감히 손을 댈 수 없었다. 왕위를 물려받은 요시히토(嘉仁)는 형식적으로는 1926년까지 일본을 통치했으나 정신적으로 혼란을 겪고 있던 인물이다. 다이쇼(大正)라는 요시히토 시대의 연호는 '거대한 정의'를 뜻하지만, 그는 분노의 폭풍과 공포의 발작 사이에서 요동쳤다. 화가 날 때면 주위 사람들을 말채찍으로 때렸고, 한편으로는 암살당할지 모른다는 두려움에 떨었다. 자신의 우상인 독일 황제 빌헬름 2세를 본떠 밀랍으로 모양을 낸 콧수염을 길렀지만, 열병식(閱兵式) 도중에 말에서 떨어진 적도 있다. 군대를 사열할 때면 병사들을 때리거나 부둥켜안기도 했다. 마지막으로 의회에 모습을 드러냈을 때는 연설 원고를 둥글게 말아 망원경처럼 눈에 대고, 머리를 조아리며 인사하는 의원들을 올빼미처럼 쳐다보았다. 그 뒤 그는 실질적인 정무에서 배제되었고, 아들 히로히토(裕仁)가 그를 대신했다. 쇼와 천황이라고 불린 히로히토는 해양 생물학에 관심이 있는 심약한 인물이었다. 그도 암살자를 두려워했다. 그 점에서는 왕조의 다른 인물들과 다를 바가 없었다.

한편 정치가 이토 히로부미(伊藤博文)는 자신을 도와준 적이 있는 용감한 찻집 여자와 결혼했다. 이토 히로부미가 사무라이 자객들에게 쫓기고 있을 때, 그녀는 그를 자기 집 수챗구멍에 밀어 넣고 그 위에 웅크리고 앉았다. (하지만 결국 그는 사무라이에게 잡히고 말았다.)[1]

근대 일본을 연구한 서양 학자라면 일본이 전체론의 희생양이라는 느낌을 지워버릴 수 없을 것이다. 일본인들은 이 원리에 따라 정치적 사건이나 도덕적 경향이 세계 전체에 그 영향을 퍼뜨리는 것이라고 생각했다. 그러나 일본에 서양의 상대주의가 스며들자, 일본이 지니고 있던 행위 면의 나약함은 병적으로 커질 수밖에 없었다. 이에 따라 일본은 20세기 테러의 질곡에 떨어지게 되었다. 근대 초기 일본은 어떤 의미에서 르네상스 후의 유럽 국가보다는 고대 이집트 사회에 가까웠다. 천황은 아라히토가미(現人神), 즉 땅과 백성을 지배하는 살아있는 사람인 동시에 신이었다.[2] 제1대 천황은 기원전 660년에 통치를 시작했다. 그때는 고대 이집트의 제25대 왕조에 해당하는 시기다. 이 혈통은 때로 양자를 들이는 방법으로 2,500년 동안 지속되었다. 일본의 왕조는 세계적으로도 유별나게 오래된 왕조이며, 혈통을 유지하는 동안 기묘한 고대 전통을 간직하고 있었다. 16세기 인도 선교사 프란시스 사비에르(Francis Xavier)는 그가 만나본 일본인들이 안고 함과 인내 면에서 이상적인 기독교 개종자가 될 수 있다고 생각했다. 그러나 선교사들의 내부 분열은 일본이 기독교를 거부하는 결과를 낳았다. 17세기 중반에 일본은 유럽 세계와의 문호를 단절했다. 이에 따라 일본은 유대-기독교적 전통의 산물인 개인의 도덕적 책임이라는 개념을 흡수하지 못했고, 대신 고대 세계의 특징이라 할 수 있는 집단적 책임의 강력한 유물만을 보존하고 있었다. 1850년대 서양은 이 고요한 사회에 강제로 밀고 들어왔다. 10여 년 뒤 일본 지배 계급 대부분은 일본이 서양의 식민지가 되거나 중국의 운명을 따라가지 않을까 두려워했고, 집단적인 결정을 통해 위에서 혁명을 추진했다. 그들은 독자적인 생존에 필요한 서구 방식을 채택하고 일본을 강력한 근대 국가로 전환시켰다. 이른바 1868년 1월 3일의 메이지 유신은 쇼군 통치를 폐지하고 천황에게 실제 지배권을 부여했다. 이것은 일본을 부국강병으로 이끈다는 계획적인 목표 아래 추진되었다.

근대 세계로 나아가겠다는 일본의 이런 결정은 처음부터 위험 요소를 내포하고 있었으며, 서양 숭배뿐 아니라 서양 혐오증에 떠밀려 이루어졌다는 사실을 이해해야 한다. 일본인들은 언제나 모방에는 뛰어났지만, 그것은 순수하게 실용적인 수준에 머물렀고, 문화적인 관점에서는 피상적인 수준을 벗어나지 못했다. 일본은 과거 중국이라는 위대하고 창조적인 이웃 나라로부터 의례와 음악, 유교 고전, 도교의 가르침, 여러 형태의 불교 철학, 밀교 의식, 송나라의 그림들, 한시, 달력을 받아들였다. 이제 일본은 서양으로부터 기술과 의학, 행정 및 상업 절차, 이런 새로운 관행에 어울리는 의복을 받아들이기로 했다. 중국 문명의 사회 구조와 윤리적 토대는 대부분 배척당했다. 그러나 실용적인 면에서 서구의 수단을 받아들이는 데 탐욕스런 태도를 보였던 반면, 그 목적에 대해서는 거의 관심이 없었다. 따라서 서구 고전 세계의 이상이나 르네상스 휴머니즘은 일본에 아무런 영향도 끼치지 못했다.[3]

일본이 고대의 진리보다 근대의 새로움에 매료되었다는 사실은 주목할 만하다. 어떤 의미에서 일본인은 언제나 근대정신의 소유자들이었다. 그들은 "선사 시대 이후 줄곧 근대적이었다"고 할 수 있다.[4] 그들은 사교계 여성들이 시대의 유행을 좇듯이 눈에 드러나는 외국의 기술과 계략, 방식들을 좇았다. 그러나 그들 문화의 모체는 아무런 영향도 받지 않았다. 일본의 가장 특징적인 문화 산물들은 중국에서 기원을 찾을 수 없는 것들이다. 마찬가지로 19세기 중반 이후 서양에서 흘러들어온 문물은 일본의 사회 원리에 거의 영향을 미치지 못했다.[5]

일본의 오랜 고립은 평온을 의미하지 않았다. 사실은 그 반대였다. 일본에서는 중국의 수동성이나 숙명론적 쇠퇴를 전혀 찾아볼 수 없었다. 일본은 중국과는 매우 다른 나라였고, 일본인들 또한 완전히 다른 사람들이었다. 중국인들은 공간의 영역에서 살고, 일본인들은 시간의 영역에서 산다는 점이 자주 지적되곤 한다. 북방의 거대한 평원에 문명의 근원을 두고 있는 중국은 장대하고 질서 잡힌 우주론을 꽃피우고 유장하게 흘러가는 문명의 진화에 만족하고 있었다. 중국인들은 대부분의 동양 문화에서처럼 삶을 주기적인 순환의 관점에서 바라보았다. 반면 일본은 고대 그리스처럼 등뼈 모양으로 이어져 있는 섬들의 집합체였고, 신속하게 한 점에서 다른 점으로 나아가는 의식의 선형적 전개를 보여 준다는 점에서 거의 서구적이었다. 일본인들은 비서구 문화에서는 유일하게 시간과 시간의 신속성에 대한 개념을 가지고 있었고, 이에 걸맞게 사회적으로 역동성을 강조했다.[6]

일본의 기후에도 불안한 면이 있었다. 영국의 기후처럼 쉽게 변하고 예상하기 힘들며, 게다가 훨씬 더 사나웠다. 일본 열도는 아열대에서 아북극 기후까지 걸쳐 있으며, 동쪽의 계절풍과 서쪽의 사이클론이 동시에 밀어다친다. 독일 학자 크루트 징거(Kurt Singer)가 말했듯이, "이 열도는 쉼 없이 지진파에 흔들리고 폭풍우가 급습하고 비가 퍼붓고 구름과 안개에 둘러싸여 있다. …… 이런 곳에서 실존의 형태를 지배하는 것은 공간이 아니다. 시간, 지속 기한, 자연 발생적인 변화, 운동의 연속성이다." 일부 일본인들이 믿고 있듯이, 일본의 국민 행동에서 드러나는 급격한 진폭은 극단적인 기후 변화가 신속하게 일어나는 데서 비롯된 점이 있다.[7]

이런 국민성과 함께 일본의 산업화가 엘리트층의 계획적인 결정으로 진행되었다는 사실이 일본의 진보가 보여 주는 경이적인 속도를 설명해 준다. 이런 진보는 시장의 힘에 대한 자발적인 반응이 아니라, 어떤 이견도 없이 앞으로 나아가겠다는 예외적인 국민 합의의 결과였다. 따라서 일본은 대체로 서양의 자유주의 자본주의보다는 1914년 이전 러시아의 국가자본주의와 흡사했다. 그러나 일본에서는 차르 체제의 러시아를 붕괴시킨 계급투쟁이 존재하지 않았다. 천황과 그의 황실 아래 군벌과 재벌은 부국강병 계획에 따라 긴밀하게 협조하며 일을 추진했다. 두 세대가 지나치 않아, 미쓰이(三井), 미쓰비시(三菱), 야스다(安田), 스미토모(住友) 등의 거대한 산업 집단이 출현했다. 이들은 모두 보조금이나 계약을 통해 메이지 정부나 군부와 깊은 관련을 맺고 있었다. 1914~18년의 세계대전으로 인해 더 이상 유럽에서 물품을 공급받을 수 없었지만, 전쟁은 일본에 새로운 시장을 열어주기도 했다. 일본은 발전 속도를 높여 자립과 산업 성장의 길로 나아갔다. 기선(汽船)의 총 톤수는 150만 톤에서 300만 톤 이상으로 올라갔다. 제조업 생산 지수는 1915~19년 평균 160에서 1925~29년에는 313으로 뛰어올랐으며, 무역 지수(1913년을 100으로 하면)는 1919년에 126으로, 1929년에는 199로 비약적으로 성장했으며, 수출은 1920년대 127에서 205로 올라갔다. 1930년에 이르자, 일본의 인구는 6,400만 명에 달했다. 1868년 메이지 유신이 일어난 당시와 비교하면 정확히 두 배에 해당하는

숫자였다. 일본은 이미 주요 산업 국가가 되어 있었다.[8]

일본의 혁명적인 발전상을 터키의 경우와 비교하면, 일본이 섬으로 이루어진 왕국이라는 점, 자연적인 국경에 둘러싸여 인종적·종교적·언어적 동질성을 유지하고, 고래로부터 상대적으로 외부와 단절되어 단일한 전통을 이어오고 있었다는 점이 얼마나 큰 이점이었는지 알 수 있다. 일본과 똑같이 1908년부터 위에서 혁명을 추진한 터키는 이러한 이점이 없었다.[9] 또한 일본은 당시(그리고 그 이후에도) 자주 간과되곤 하는 중요한 경제적 강점을 가지고 있었다. 바로 고도의 중간 기술로, 일본에는 수십만 명의 숙련공과 수 세기를 거슬러 올라가는 도제 제도의 전통이 있다.

하지만 또한 일본에는 고대의 자취를 반영하는 근본적인 약점이 있었다. 1945년까지 일본에는 정해진 법률이 없었다. 원칙이나 금언, 행위 규범, 정의의 개념만이 있었을 뿐이다. 이들은 정확히 고대 이집트의 경우처럼 표의문자(表意文字)로 표현되었다. 그러나 적절한 형벌 규정이 없었고, 제정법도 없었다. 판례에 따르는 보통법도 없었다. 권력 기관과 이에 복종하는 백성들의 관계는 숨겨져 있었고, 특히 중요한 사안에서는 대개 드러나지 않았다. 헌법 자체가 불명확했다. 헌법은 권리와 의무의 명확한 체계를 제시하지 않았다. 메이지 헌법을 만든 이토 히로부미는 헌법에 관한 해설서를 썼지만, 이 책은 논란거리가 되었고 공식적인 지지를 얻지 못했다. 법은 지고한 것이 아니었다. 신정 국가에서 어떻게 그럴 수 있겠는가? 그렇다면 일본은 신정 국가인가? 이토는 과거에는 그랬지만, 더 이상은 아니라고 생각했다. 그러나 다른 사람들의 견해는 달랐다. 그 문제는 1946년까지 다른 많은 헌법상 법률상의 문제와 똑같이 모호한 채로 남아 있었다. 1946년에 천황은 공개적으로 자기가 신이 아님을 선언했다. 어쨌든 일본의 질서 체계 전체에는 불명료하고 임시적인 것이 존재했다. 일본에서는 위계보다 명예가 훨씬 더 중요했다. 때로는 법을 무시하고 윗사람의 명령에 불복하는 것이 일종의 권리가 되었다. 그러나 실제 그런 일이 일어나기 전까지는 아무도 그런 사실에 관해 알지 못했다. 일단 일이 일어나고 나면 여론이 환기되고 집단의 양심이 판단을 내린다. 이 때문에 특히 군대에서 행동에 앞장서는 소수파가 지휘관의 명령이나 천황의 명령까지 거부하고 여론의 지지를 얻을 수 있었던 것이다.[10]

이처럼 선악이나 합법과 불법, 법과 무질서의 절대적인 경계가 없다는 점 때문에 일본은 제1차 세계대전 후 서양에서 부화된 상대주의를 받아들이기 쉬웠다. 그러나 일본의 약점은 그전으로 거슬러 올라간다. 일본이 1868년 실용적인 지침을 얻기 위해 유럽에 눈을 돌렸을 때, 그들은 기술뿐 아니라 국제적인 행동 규범도 찾고 있었다. 하지만 결국 일본이 찾아낸 것은 비스마르크식 현실 정치였다. 그 뒤에 일본은 아프리카 쟁탈전, 군비 경쟁, 루덴도르프의 잔인한 전쟁, 폭력을 통한 힘의 숭배, 레닌이 주도한 폭동의 성공을 보았다.

그 과정에서 유럽인의 잔인한 행동 방식이 일련의 신념을 바탕으로 내부적으로는 언제나 정당화된다는 사실을 관찰했다. 그리하여 그들은 냉혹한 경쟁의 세계에서 자신을 굳건히 지키기 위해, 가지고 있는 고유한 이데올로기를 새롭게 하여 유럽의 실용적인 원칙에 맞추어 나갔다. 사실 이로 인해 국가 종교와 지배 도덕이 탄생했다. 이것은 각각 신도(神道)와 무사도(武士道)로 불렸다. 그때까지 일본의 종교는 여러 가지 요소가 뒤섞여 있었다. 일본인들은 논리나 일관성 없이 외국의 종교(불교, 도교, 유교, 심지어 기독교까지)를 받아들여 특정한 목적에 이용했다. 신도가 일본의 연대기에서 일찍이 요메이(用明, 585~587년) 천황 시대에 처음 언급된 것은 사실이다. 이 종교는 고대의 태양신과 태양 여신까지 거슬러 올라가는 이교적인 의미의 신과 원시적 조상 숭배, 통치자의 신성에 대한 개념을 표현하고 있다. 그런 만큼 불교나 동양의 다른 종교보다 훨씬 더 소박하며, 많은 일본 종교 문화 중 하나일 뿐이었다. 그러나 신도는 확실히 그리고 완전히 일본적이었다. 따라서 국가적 야망에 쉽게 접목시킬 수 있었다. 일본은 메이지 유신과 함께 의도적으로 신도를 국가 종교로 채택하는 결정을 내렸다. 1875년 신도가 공식적으로 불교와 분리되어 성문화되었다. 1900년에는 신도의 사당(祠堂)들이 내무성 관할에 속했다. 특히 군대에서 정규적인 천황 숭배 관행이 확립되었고, 1920년대 이후 모든 학교에 국가 윤리 규범, 즉 국민 도덕 수업이 도입되었다. 일본이 군사적인 승리를 쟁취해가면서 또는 제국의 야심을 이루어가면서(1904~05년 러시아에 대한 승리가 적절한 사례다), 국가 종교는 강화되고 더욱 정교해졌다. 이런 과정이 절정에 달한 것이 1941년이었다는 사실은 중요하다. 그해에 일본은 제2차 세계대전에 돌입하고, 전 국민을 대상으로 사적·대중적·공적 수준의 종교의식을 제도화했다. 요컨대 신도는 사라져가고 있던 원시적인 소수 신앙에서 근대적인 전체주의 국가 종교로 변했던 것이다. 그리하여 기묘하고 유쾌하지 않은 아이러니지만, 현세의 세속적인 공포를 막는 데 도움을 주어야 할 종교가 이런 공포를 신성화하는 데 이용되었다.

그러나 그게 전부는 아니었다. 팽창주의 국가 종교로서 신도는 군국주의 형태로 쇄신된 낡은 무사도 규범에 의해 굳건하게 지탱되고 있었다. 20세기 초 사무라이 집안 출신의 니토베 이나조(新渡戶稻造) 교수는 무사도를 이렇게 정의했다. "삶에서 자신의 위치에 만족하고 돌이킬 수 없는 출생 신분을 받아들이고, 그 범위 안에서 자신을 연마하고 가장에게 충성하고 조상을 공경하며, 수양과 심신의 단련을 통해 무도에 정진하는 것이다."[11] 그러나 20세기 이전에는 사실 어떤 종류든 무사도에 관한 언급은 찾아보기가 힘들었다. 어떤 사람들은 무사도의 존재 자체에 의혹을 품었다. 홀 체임벌린(Hall Chamberlain) 교수는 1912년에 출간된 평론 『새로운 종교의 창조 *The Invention of a New Religion*』에 이렇게 썼다. "무사도는 하나의 관례나 규범으로 존재한 적이 없다. 무사도에 관한 설명은 주로 외국인을 의식해 만들어낸 거짓말이다. …… 무사도는 십여 년 전까지 알려져 있지도 않았다." [12] 무사도는 어쩌면 대다수 사람들은 접근하기 어려운 일종의 종교 훈련이었을지도 모른다. 어쨌든 1920년대에는 무사도가 군인의 명예로운 규범으로 널리 받아들여졌고, 극단적인 민족주의나 군국주의와 동일시되었으며, 개인을 살해하는 것에서부터 대량 학살과 만행으로 이어지는 기괴한 관행을 대부분 정당화시켜주었다. 무사도의 일원들은 군사적인 면에서 전체주의 신도를 이끌었다. 이 동양적 무대에서는 그들이 레닌의 전위 엘리트나 무솔리니의 검은셔츠단원, 나치의 돌격대원, 소련의 체카 대원 등에 비견되는 존재였던 것이다. 니토베에 의하면 그들은 "일본을 지배하는 도덕적인 힘과 …… 일본 민족의 도덕적 본성 전체를" 구현하고 있었다. [13] 여기서 볼 수 있는 것은 하나의 관념으로서 무사도가 겉으로는 도덕주의적 색채를 띠고 있지만, 실제로는 완전히 상대주의적이라는 것이다. 위험하게도 무사도의 도덕적 상대주의는 레닌의 '혁명가적 양심'과 히틀러가 얘기한 '당의 더 높은 도덕성'과 매우 비슷했다.

일본의 이전 역사에는 존재하지 않았지만, 이 새로운 군국주의와 폭력의 형이상학은 조직화된 서구 정치 제도의 체계적인 발전과 함께 성장해 갔다. 1876년 계급으로 존재하던 사무라이는 해체되었다. 그들은 더 이상 급료를 받지 못했고, 칼을 소지할 수 있는 권리도 잃었다. 이듬해 마지막으로 사무라이기 일으킨 봉건적인 반란도 진압되었다. 1870년대 서양식 정당과 신문이 도입되었고, 1884년 남작, 자작, 후작 등으로 이루어진 영국식 귀족

제도가 마련되었으며, 이듬해 내각 체제가 생겨났다. 1890년에 첫 의회를 구성할 때 4,000만 명의 인구 가운데 유권자는 40만 명뿐이었다. 1918년 '3 엔 납세 규정'이 제정되어 유권자 수는 6,000만 명 중 350만 명으로 증가했다. 1925년에 성년 남자 선거권법이 마련되어 25세 이상의 모든 남성에게 선거권이 주어졌다. 이에 따라 유권자 수는 1,300만 명에 이르게 되었다.

그러나 민주주의와 함께 권위주의 제도가 확립되어 갔다. 이미 1875년에만 해도 매우 억압적인 언론법이 존재했다. 1880년에는 경찰이 정당을 감시하는 체제를 갖추었다. 1889년의 헌법은, 그 헌법의 기초를 닦은 이토 히로부미에 따르면, "단결된 조직을 만들고 조직의 행정 능률을 높이기 위해" 용의주도하게 제약을 두었다.[14] 의회를 견제하는 강력한 귀족원이 있었고, 내각은 원로원과 균형을 이루었다. 원로원은 천황에게 직접 조언을 할 수 있는 전임 총리들과 정치가들의 집단이었다. 무엇보다 중요한 것은 육·해군 대신이 참모들이 지명한 현역 장교여야 한다는 규정이다. 이 규정은 1894년에 입안되어 1911년에 승인되었다. 이는 육군과 해군이 정치적인 통제에서 벗어나 있을 뿐 아니라(참모총장들은 천황에게 직접 의견을 말할 수 있었다), 육군이나 해군이 지명자를 거부함으로써 사실상 문민 내각에 거부권을 행사할 수 있었다는 것을 의미한다. 이 권한은 자주 사용되었고, 언제나 든든한 배경이 되었다. 따라서 정부는 내정 문제에만 책임을 졌고, 육·해군은 독자적으로 행동할 수 있었다. 육·해군은 1920년부터 더 빈번하게 외교 영역을 침범하게 된다. 육·해군이 문민정부의 통제를 받지 않았기 때문에, 또 전장에 나가있는 장교들도 도쿄에 있는 명목상의 상관에게 복종하는 것이 반드시 명예로운 것은 아니라고 생각했기 때문에, 일본은 종종 군사적인 무정부 상태가 되기도 했다.

문제는 일본에서 시민 의식이 매우 서서히 발달했다는 것이다. 유럽에서

▶ 오자키 유키오(1858~1954)
일본에서 의회 정치의 아버지로 불리며, 통틀어 25번이나 중의원 의원으로 뽑혔다. 원래 언론인이었던 오자키는 나중에 총리가 된 정치가 오쿠마 시게노부를 따라 정부에 들어갔다.

시민 의식은 도시 생활과 권리에 대한 부르주아 개념의 산물이었다. 그런데 일본의 경우 도시 자체가 서양에서 도입되었다. 도쿄조차 상당히 최근까지 거대한 마을의 집합체일 뿐이었다. 도쿄 시민들은 사고나 감정이 도시적이지 않고 전원풍이었다. 메이지 유신 때문에 막을 내린 봉건 제도는 변칙적인 형태로 잔존해 있었다. 최상층부터 그 아래 모든 사람들이 어떤 집단이나 파벌에 속해 있을 때에만 마음의 안정을 찾을 수 있었다. 가정 내 행동 양식을 더 넓은 범위까지 확대하는 것이 일본인의 습성이다. 새로운 활동이나 행동 방식이 생겨날 때마다 파벌이라는 말이 쓰였다. 파벌이라는 말은 회화나 격투기, 꽃꽂이의 유파를 가리킬 때도 사용되었고, 1868년 이후에는 기업에, 1890년에는 정치에 쓰이게 되었다. 부모와 자식 또는 상사와 부하의 관계를 의미하는 오야붕(親分)과 꼬붕(子分)이라는 일본어는 정치에서 이런 변칙적 봉건제를 유지하는 접합제 역할을 했다. 일본인은 이권을 얻는 대가로 일하고 충성을 다한다. 실제로 일본인들은 가족과 가족이 아닌 집단을 명확히 구분하지 않았다. 양자를 들여서라도 가계를 유지하는 것이 혈통을 유지하는 것보다 훨씬 더 중요했기 때문이다.[15] 오자키 유키오(尾崎行雄)는 일본 정치인 중 가장 오랫동안 정치 활동을 한 사람으로, 1890년에 처음 총선에 입후보한 뒤 제2차 세계대전 이후 첫 의회에서까지 의원직을 지켰다. 1918

년 그는 이렇게 말했다. "정당은 오로지 원칙이나 정견에 기초하여 성립되거나 해산되어야 한다. 그러나 일본에서는 당 지도자와 당원의 관계가 개인적인 연고나 정서로 맺어져 있고, 봉건 영주와 가신의 관계와 유사하다. 일본의 정당은 이런 관계에 기초한 집단이다." [16] 보편적인 경제적 이해관계에 기초한 좌익 대중 정당이 있었다면 이런 양상을 변화시킬 수도 있었을 것이다. 하지만 남성 참정권이 인정된 1925년의 치안 유지법에 따라 경찰은 마르크스주의자들의 정부 전복 기도에 맞서 싸우고, 실질적으로 그들의 활동을 막을 수 있는 막강한 권력을 얻었다. 1945년까지 어떤 좌익 정당도 50만 표 이상을 획득하지 못했다.

결과적으로 일본의 정당은 합법적인 마피아 같은 조직이었다. 정당은 거의 존경을 받지 못했고, 전체주의 형태로 쇄신된 전통적인 제도에 어떤 도덕성도 부여하지 못했다. 선거는 비용이 많이 들었고(양차 대전 사이에 의석당 25,000달러), 또 의원 봉급이 적었기 때문에 어디서나 뇌물이 오갔다. 부패는 작위 거래부터 오사카에 있는 유곽 지대의 땅 투기까지 폭넓은 범위에 걸쳐 있었다. 다수 정당이었던 정우회는 만주 철도 건설 사업의 이권으로부터, 헌정회는 미쓰비시에서 자금을 지원받았다. 물론 둘 다 불법이었다. 가장 저명한 정치 지도자 하라 다카시(原敬, 총리의 자리에까지 오른 최초의 평민), 야마모토 곤노효에(山本權兵衛), 다나카 기이치(田中義一)는 악질 부패에 연루되어 있었다. [17] 정치인들은 무사도 군국주의자들과 비교하면 매력적인 인물이 아니었다. 그들은 자주 싸움을 벌였다. 의회 안에서 보기 흉한 난투극을 일삼았으며 때론 불량배까지 동원했다. 영국인 목격자는 1928년 이렇게 썼다. "사케 술로 얼굴이 벌게진 신사들이 프록코트를 벗어던진 채 고함을 치거나 소리를 질렀다. 열띤 토론이 진행되면 대개 연단까지 사람들이 몰려들었다. 사람들이 연단에서 연사를 끌어내면, 연

사 또한 활극에 동참하곤 했다." [18]

변칙적인 봉건주의는 의회 안에서뿐만 아니라 의회 바깥에서도 횡행했다. 정치 활동의 형태를 띤 비밀 결사 단체가 대표적인 예다. 비밀 단체는 비민주적인데다 헌정 원칙에 위배되었다. 그들은 토론 대신 무기를 들고 직접 행동에 나섰다. 사무라이들은 일단 봉급을 받지 못하게 되자 혼자 일거리를 찾거나, 무리를 지어 가장 비싼 값을 지불하는 사람을 위해 봉사할 수밖에 없었다. 1881년 사무라이들이 겐요샤(玄洋社)라는 최초의 비밀 결사 단체를 조직했다. 이 단체는 곧 간접적으로 정치에 뛰어들어 의원 선거에서 부정을 저지르거나 상대편 후보를 암살하는 자객을 공급했다. 1901년 겐요샤의 일원인 도야마 미쓰루(頭山滿)가 악명 높은 고쿠류카이(黑龍會)를 창설했는데, 이는 폭력적인 극우 민족주의 단체들의 원형이 되었다. 그러나 깡패 정치가 본격적으로 확대된 것은 제1차 세계대전이 끝난 뒤의 일이다. 제1차 세계대전은 세계 모든 곳에서 정치 폭력의 시대를 이끌어냈다.

일본인들이 바이마르 독일의 예를 따랐는지 아니면 무솔리니가 지배하는 이탈리아의 예를 따랐는지는 분명치 않다. 분명한 것은 유럽의 파시스트처럼 그들이 폭력에 대항한다는 구실로 레닌주의 폭력을 이용했다는 것이다. 우려되는 점은 이런 단체들과 입헌 정치, 그리고 군대 사이에 서로 중복되는 부분이 존재했다는 것이다. 1919년 창설된 다이 닛본 고쿠스이카이(大日本國粹會)는 전체주의 형태의 신도와 무사도 개념에 기초하고 있었는데, 나중에 이 단체에서 총리 3명과 여러 장군이 배출되었다. 이 정도면 상당히 훌륭한 편이다. 다른 단체들은 단순히 깡패 집단에 불과했다. 일부는 이탈리아의 생디칼리스트나 독일의 초기 나치당원들처럼 과격했다. 기타 잇키(北一輝)가 1919년에 창설한 유존샤(猶存社)는 산업의 국유화와 거대한 영지의 해체에 관한 국가사회주의 계획을 제안했다. 그들은 아시아의 리더로서 일본이 영국(백만장자들)과 러시아(대지주들)를 물리침으로써 영토를 확대하고, 각국의 프롤레타리아 계급의 전위에 나서기를 바랐다. 다른 급진 단체로는 공업을 철저히 파괴하기를 원하는 농민 민족주의 단체나, 산업 자본가들과 금융가들의 암살에 몰두하는 이노우에 닛쇼(井上日召)의 혈맹단이 있었다.[19]

사실상 이런 모든 단체들이 암살을 저지르거나 기이할 정도로 암살에 관대한 태도를 보였다. 봉건적인 반란은 1870년대 소멸되었다지만, 암살은 수단을 바꾼 봉건적인 반란의 연장이라고 할 수 있을 것이다. 이제 더 이상 사무라이가 하나의 계급으로 자신의 의지를 강요하는 일은 없었지만, 그들은 정치적인 반대를 표명할 수 있는 권리를 확보했다. 물론 투표용지가 아니라 단검과 칼, 그리고 1920년대부터 유명해진 톰슨 경기관총으로 말이다. 사실 사무라이는 언제나 하층 계급의 불량배를 고용하여 농민들을 위협해왔다. 이제 그들의 근대적인 단체인 회(會)는 군벌이나 재벌에게 고용되어 그들의 의지를 대신들에게 강요했다. 더 걱정스러운 것은 1894년에 이르러 회(會)가 헌병대와 손을 잡고 일했다는 사실이다. 헌병대는 정부가 아니라 제국 사령부에 직접 보고했고, 정식 고발이나 영장 없이 121일간 사람을 구금할 수 있었다. 게다가 고문으로 자백을 받아낼 수 있는 권한까지 받았다. 사람들은 대개 회(會)가 밀고해서 헌병대에 체포되곤 했다.[20]

회(會)는 일본 사회에서 변화무쌍한 역할을 했다. 때로는 국가의 안전을 지켰고, 때론 보호를 구실로 협박을 일삼았다. 그들은 새로운 영화 산업에서 돈을 뜯어내려 했다. 이 때문에 양손에 칼을 들고 자주 싸움을 벌였는데, 피를 흘리는 암흑가의 싸움은 당시 시카고에서 벌어진 성밸런타인데이 대학살 사건에 동양적인 색조를 가미한 듯한 광경을 연출했다.[21] 가장 악명높은 깡패이자 고쿠류카이의 창립자였던 도야마 미쓰루는 일본 사회의 양면적인 모습을 보여준 인물이다. 1855년에 태어난 그는 신사와 무사의 예의범절과 허세를 동시에 지니고 있었다. 「뉴욕 타임스 New York Times」의 통신원 휴 바이어스(Hugh Byas)에 따르면, 그는 "끝없이 자선을 베푸는 치어리블 형제(Cheeryble Brothers, 디킨스의 소설 『니콜라스 니클비 Nicholas Nickleby』에 등장하는 선량한 쌍둥이 - 옮긴이)처럼 보였고, 모기 한 마리도 죽이지 못할 인물이라는 인상을 심어주었다." 그러나 정치가를 죽이는 것은 전혀 다른 문제였다. 그는 여러 암살을 계획했을 뿐 아니라 다른 유명한 암살자들을 숨겨주곤 했다. 경찰들은 두려움 때문에 집을 수색할 엄두도 내지 못했다. 그가 숨겨준 암살자 중에는 1912년 인도 부왕 하딩 경의 암살을 시도하여 영국에서 현상 수배된 라슈 비하리 보스(Rash Behari Bose)도 있었다. 도야마 미쓰루가 악랄한 짓을 수없이 저지른 뒤 천수를 누리고 90대의 나이에 마침내 눈을 감자, 「도쿄 타임스 Tokyo Times」는 그를 기리며 증보판을 발행했다.[22] 이런 일은 더없이 파렴치하고 잔인한 불법 행위에 대한 일본인들의 관용적인 태도를 잘 보여준다. 이런 짓을 벌이고 나서 그들은 명예를 지키기 위해서였다고 떠드는 것이다. 희생자들조차 이런 조직의 존속을 돕고 있었다. 위대한 자유주의 정치가 오자키 유키오는 끊임없이 목숨을 위협받으면서, 다음과 같이 패배주의 색채를 띤 시를 썼다.

내 목숨을 노리는 자들에게 칭송을
그 동기가 조국을 위해 죽는 것이라면[23]

이에 따라 일본에서는 정치적 암살이 반드시 엄격하게 처벌받는 죄가 아니었다. 전혀 처벌받지 않을 때도 있었다. 더 중요한 것은 사회에서 도덕적인 비난을 받지도 않았다는 사실이다. 암살은 점차 흔한 일이 되었다. 첫 번째 메이지 유신 정부에서도 한 명이 살해당했고, 또 한 사람은 할복자살을 할 수밖에 없었다. 헌법의 초안자 이토 히로부미조차 찻집 여성이었던 아내의 노력에도 불구하고 결국 피살되었다. 1912~26년의 기간에 다이쇼 천황의 총리를 지낸 인물 가

▶ 히로히토(1901~1989)
본명은 미치노미야 히로히토. 일본 역사상 가장 오랜 기간 재위한 군주였다. 1945년 연합국이 요구하는 항복조건을 무조건 수락한다는 내용의 라디오 방송을 하여 침묵을 지켜온 왕실의 전례를 깨뜨렸다. 1946년에 있었던 역사적인 2번째 방송에서는 일본 왕의 신격을 부인했다.

운데 오쿠마 시게노부(大隈重信) 백작, 다카하시 고레키요(高橋是淸) 자작, 하라 다카시가 암살당했다. 히로히토가 재임하던 1926~45년에는 하마구치 오사치(濱口雄幸), 이누카이 쓰요시(犬養毅), 사이토 마코토(齋藤實) 등 총리 3명과 각료 10여 명이 목숨을 잃었다.[24] 일부 정치인들은 다른 사람들에 비해 비교적 태연하게 자신이 몸담고 있는 직업의 위험을 받아들였다. 그러나 살해당할 수 있다는 두려움은 개혁적인 법안을 통과시키는 데 분명 걸림돌이 되었다. 작가 데이비드 제임스(David James)가 1920년 하라 총리에게 파업을 선동했다는 죄만으로 6개월간 구금할 수 있는 경찰 법률을 왜 폐지하지 않는지 물어보았을 때, 그는 "지금 할복하고 싶은 생각은 없기 때문입니다"라고 대답했다. 하라 총리는 이듬해 도쿄의 심바시(新橋)역에서 칼에 찔려 죽었다. 해군성의 가토 도모사부로(加藤友三朗) 제독이 워싱턴 해군 회의에 가 있을 때 일개 문관인 하라 총리가 해군성 업무를 관장한 것이 괘씸죄에 걸렸기 때문이다.[25] 천황조차 애국심이 부족하다는 혐의에서 자유롭지 못했고, 실제로 1923년에 살해 위협을 당했다. 천성적으로 겁이 많은 이 인물은 장교들이 두려워 헌법에 명시된 당연한 권리를

행사하여 문관 총리를 지원하려던 마음을 거두었다.

1924~25년 군대의 개혁이 이뤄지고, 하급 관리, 소매상, 소지주 출신의 장교가 새롭게 탄생한 뒤 상황은 더 악화되었다. 이들은 전통적 권위(또는 상급 장교)에 아무런 존경심도 품지 않았고, 정치적 폭력에 관한 레닌주의·파시스트 개념과는 다른 새로운 전체주의 형태의 무사도에 물들어 있었다. 언제든 히로히토의 목숨을 위협할 수도 있었지만, 그들은 또한 그의 '친정(親政)'을 주장했다. 그들이 원한 것은 사실 천황의 통치를 명목으로 군사 독재를 하는 거였다. 그들의 슬로건은 코쿠타이(國體)였다. 코쿠타이에 조금이라도 불충한 정치가는 죽은 목숨이나 다름없었다.[26] 그들은 대부분 지방 출신이었는데, 1920년대 지방은 생활수준이 떨어졌고, 젊은 여자들은 오로지 먹고 살기 위해 임금도 받지 못하고 일을 하지 않으면 안되는 실정이었다. 군에 입대한 이런 시골 여자들의 오빠와 남동생은 열정과 증오에 불탔고, 그들의 폭력은 대중의 폭넓은 지지를 얻었다.[27]

이러한 상황에서 문민정부는 점차 붕괴되었고, 선거는 무의미한 것이 되었다. 1927년과 1928년에 거듭하여 군부가 총리를 쫓아냈다. 1930년에는 하마구치 오사치 총리가 군축 조약을 이행할 수 있는 권한을 부여받고 실행에 옮기려다 즉시 저격당했다. 후임 총리 이누카이 쓰요시가 다시 군에 맞섰지만, 1932년 5월 육군과 해군 장교들이 그를 살해했다. 이들은 사실 그를 찰리 채플린(Charles Chaplin)과 함께 죽이려고 계획했다. 도쿄를 방문 중이던 찰리 채플린이 그와 차를 마시기로 약속했던 것이다. 이 음모의 주모자는 판사에게 이렇게 말했다. "채플린은 미국의 유명 인사로 자본가 계급의 사랑을 받고 있습니다. 우리가 그를 죽인다면, 미국과 전쟁을 벌일 수 있을 것이라고 생각했습니다." 살인자들이 재판을 받으러 나왔을 때, 변호사는 그들의 명예와 미래가 위험에 처해 있었기 때문에 암살은 일종의

자기 방어였다고 주장했다. 그
는 판사에게 11만 통의 편지를
제출했다. 이 편지는 상당수가
혈서였으며 판사에게 자비를
요청하는 내용이었다. 니가타
(新潟)에서는 젊은이 9명이 충
성의 증거로 손가락을 잘라 알
코올 단지에 넣어 육군성 대신

▶ 뤼순항을 점령하고 깃발을 꽃고 있는 소련 병사들의 모습.

에게 보냈다.[28] 이 재판뿐 아니라 다른 수많은 재판에서 관대한 판결이 내
려졌고, 이것은 바이마르 독일의 초기 우익 살인범들에게 내려진 터무니
없는 판결을 떠올리게 한다.[29]

　일본에서 입헌 정부가 무너진 것을 단순히 내부 문제로만 간주할 수는
없다. 입헌 정부의 붕괴가 외교 정책 목표와 복잡하게 얽혀 있었기 때문이
다. 일본인 대부분은 영토 확장을 근대 세계로 들어가는 필수 조건으로 생
각했다. 다른 산업 대국들은 모두 제국을 이루고 있지 않은가? 그것은 제
철소나 장갑 함대처럼 필수적인 것이었다. 일본에는 피치 못할 사연도 있
었다. 나라는 가난하고 천연자원은 부족했지만, 인구는 급속히 늘어나고
있었던 것이다. 1894~95년 일본은 중국과 전쟁을 했고, 조선과 타이완과
뤼순항(旅順港)을 차지했다. 그러나 러시아, 독일, 프랑스 삼국의 간섭으
로 다시 뤼순항을 빼앗길 수밖에 없었다. 일본은 1904년 군대의 규모를 두
배로 늘리고 군사 무장을 자주화하는 것으로 대응했다. 일본은 곧 러시아
에 최후통첩을 보낸 뒤 뤼순항을 빼앗았고, 이어 1905년 5월 쓰시마(對馬)
해전에서 압도적인 승리를 거두었다. 이 사건으로 일본은 만주의 산업 지
배권을 굳건히 하고 사할린 섬(Ostrov Sakhalin)을 차지했다. 1914년 일본

은 오로지 중국에 있는 독일 항구와 영토를 빼앗을 목적으로 세계대전에 참가했고, 이듬해 중국 정부에 일련의 요구 사항(21개 조항)을 제시했다. 이 요구 사항에 따라, 일본은 중국의 식민지 지배와 상업적 영향력 면에서 우세한 열강이 될 수 있었다. 이런 우위를 확고히 해준 것은 베르사유조약 이었다. 이 조약에 따라 일본은 위임 통치령으로 산둥성(山東省)과 태평양 제도 전체를 얻었다.

일본은 이제 딜레마에 직면했다. 영토를 확대하기로 마음먹었지만, 어떤 구실을 들어야 하는가? 메이지 유신은 근본적으로 식민지주의로부터 일본을 지키려는 동기에서 이루어졌다. 조선을 강탈한 의도는 유럽 열강의 진출을 막는 한편, 동아시아를 근대화하고 서양 침략을 막는 일종의 방위 동맹으로 '동아시아 연맹'을 결성하고, 여기서 상업적·정치적·군사적 리더가 되기 위해서였다. 이에 따르면 일본은 1945년 이후 소련이 떠맡은 역할처럼 식민지주의에 반대하는 최초의 강대국이 될 수 있었고, 그 과정에서 소련처럼 종속 국가나 위성 국가로 구성된 세력권을 구축할 수도 있었다. 문제는 중국이었다. 동아시아 연맹을 위해서는 중국과의 연합이 필수적이었지만 중국은 이 일을 조금도 바라지 않았다. 오히려 일본을 열등하지만 잔인한 약탈 국가인 동시에 유럽의 열강들보다 지리적으로 가깝기 때문에 훨씬 더 위험한 존재로 생각했다. 그러나 일본은 이런 명분을 결코 포기하지 않았다. 국제연맹 규약에 인종 평등 조항을 요구하거나, 중국 본토에서 행한 일본의 모든 행동이 중국의 이익을 위한 것이라고 끊임없이 주장하고, 점령한 영토에 괴뢰 정부를 수립하고 '대동아 공영권'으로 묶어 놓은 것 등이 모두 이를 반영하고 있다. 이런 얘기가 완전히 거짓은 아니었다. 그러나 이것이 명백한 사실이라고도, 대부분 사실이라고도 말할 수 없었다. 적어도 일본이 동맹국을 만든다는 구실로 중국과 전투를 벌이고

정복을 하려 한다면 말이다.[30]

이런 명분이 통하지 않는다면, 일본도 다른 나라처럼 식민 열강이 되어야 하는 걸까? 그래야 했다. 그것이 바로 일본 외무성이나 히로히토 왕실, 그리고 자유주의 정치 세력의 견해였다. 그렇다면 일본은 동맹국을 만들 필요가 있었다. 무엇보다 가장 넓은 영토를 소유하고 가장 존경받는 제국인 영국이 적당했다. 영국 또한 안정을 원하고 있었다. 영국이라면 무슨 수단을 써서든 충분한 이익과 영토를 제공하여 일본을 안정된 체제로 유지시켜줄 수 있을 것 같았다. 영국이 일본의 동맹국인 한, 일본은 내적 존엄성과 합법성, 법치, 그리고 영국으로부터 배운 모든 것을 보존하는 데 관심을 기울일 수 있을 터였다.

바로 이런 이유 때문에 1921~22년 미국과 캐나다가 영일 동맹을 깨뜨렸을 때 극동의 평화에 위기가 찾아올 수밖에 없었다. 워싱턴 해군 조약과 중국의 영토를 보장하는 1922년 2월의 9개국 조약(미국 영국 일본 프랑스 중국 외에 벨기에 이탈리아 네덜란드 포르투갈이 조인했다)이 평화를 유지할 수 있다는 생각은 환상에 불과했다. 1922년 2월에 맺은 조약은 원칙적으로 강제 규정이 없었으며, 워싱턴 해군 조약도 사실상 강제력이 없었다. 결과적으로 일본은 잠재적인 약탈 국가의 역할을 떠맡을 수밖에 없었으며, 존경받는 '가진' 국가의 매력적인 사회 밖으로 내던져졌다. 영국도 더 이상 일본에 영향을 미치지 못했다. 중국의 보호국으로 부상한 미국은 타협할 수 없는 일본의 적국으로 비쳤다.[31] 그 영향으로 일본 안에서는 외국의 친구들로부터 거부당한 외무성이 권력을 잃게 되었다. 상황은 군대에 유리하게 작용했으며 특히 젊은 장교들에게 유리했다. 광신적인 열정에 사로잡혀 있던 젊은 장교들은 독자적인 길을 가겠다고 나섰는데, 어쨌든 그것은 전체주의 신도 안에 내재된 특성이었다.

그러나 국가적인 절박함을 부추긴 더 현실적인 이유가 있었다. 일본은 자급자족을 할 수가 없었던 것이다. 1868년 일본은 3,200만 명의 인구로 매년 한 사람당 248파운드 이하의 쌀을 소비했는데, 한 에이커당 1,240파운드의 쌀을 생산하는 600만 에이커의 경작지가 있었다. 1940년에 이르러, 경이적인 노력과 기술을 통해 에이커당 생산량을 2,480파운드로 올렸고, 생산성이 거의 없는 땅까지 모두 경작하여 쌀을 생산하는 땅은 800만 에이커로 증가했다. 하지만 그동안 일인당 평균 소비량은 한 해 356.5파운드 — 대단한 양은 아니었다 — 로 증가했고, 인구는 7,300만 명으로 늘어났다. 따라서 일본은 한 해 40억 3,000만 파운드의 쌀이 부족했다. 농업 생산성은 1920년대 초부터 더 이상 오르지 않았고, 당시로서는 생산성을 늘릴 다른 방법도 찾을 수 없었다. 1910~14년과 1920년 말엽에 일본의 쌀 수입은 3배로 증가했다.[32] 쌀 구입 대금은 주로 섬유 수출로 벌어들여야 했는데, 섬유 수출은 이미 살인적인 경쟁과 관세 장벽에 직면해 있었다.

실제로 일본인에게 이민은 선택 사항이 아니었다. 일찍이 1894년부터 협약에 따라 일본인은 미국 입국이 제한되었다. 그런 제한을 받은 것은 일본인들이 처음이다. 1920년이 되자 미국(주로 캘리포니아)에 있는 일본인은 10만 명이었고, 하와이에도 10만 명이 더 있었다. 4년 뒤 미국에 퍼진 '황색 위험'에 대한 공포 때문에 일본인들이 미국 시민권을 취득하는 것을 막는 법률이 제정되었다. 새로운 이민법은 자동으로 일본인들의 미국 입국조차 막는 결과를 가져왔다. 호주의 이민법도 이와 똑같이 제한적이었고 일본을 겨냥하고 있었다. 미국과 호주 정부의 태도(당연히 국민 정서를 반영하는)는 아시아에서 유럽인의 지위를 획득하고 있던 일본인 무역 종사자들에게 쓰라린 고통을 안겨주었다. 1920년대 중반에 이르자, 일부 존경받는 정치인들조차 딜레마를 평화적으로 해결할 수 있는 방법이 없다고 생각하기 시작했다. 하시모토 킨고로(橋本欣五郎)는 그의 저서 『청년들에게 고함』에 이렇게 썼다.

일본이 과잉 인구의 압력에서 벗어날 수 있는 길은 오로지 세 가지밖에 없다. …… 해외 이주, 세계 시장 진출, 영토 확장. 첫 번째 길인 이주는 다른 나라에서 일본을 반대하는 이민 정책 때문에 막히고 말았다. 두 번째 길은 …… 관세 장벽과 통상 조약의 철폐로 점차 닫혀가고 있다. 적대적인 세력들 때문에 세 길 중 두 길이 막혔을 때 일본은 어떻게 해야 하겠는가?[33]

회(會)와 육·해군의 부정 자금이 뒷받침하는 정치 선전에서는 이와 똑같은 논지가 훨씬 강력한 형태로 표현되었다. 이것은 아라키 사다오(荒木貞夫)의 생애를 지배하는 테마이기도 했다. 그는 1926년에 젊은 장교 집단과 황도(皇道) 지지자들의 지도자가 되었다. 황도는 팽창주의적 신도의 새로운 군사 형태를 이르는 말이다. 아라키는 물었다. 6,000만 명 이상의 인구를 먹여 살려야 하는 일본이 왜 (대부분이 불모지인) 37만 제곱킬로미터의 땅에 만족해야 하는가? 650만 명의 호주와 캐나다는 각각 780만 제곱킬로미터와 910만 제곱킬로미터를 소유하고 있다. 미국도 780만 제곱킬로미터이고, 프랑스는 990만 제곱킬로미터에 달하는 제국 식민지를 가지고 있으며, 영국은 (자치령과 인도를 빼더라도) 572만 제곱킬로미터의 땅을 가지고 있다. 벨기에는 234만 제곱킬로미터이고, 포르투갈도 208만 제곱킬로미터이다. 그의 지적에 따르면, 미국은 거대한 본토 외에도 182만 제곱킬로미터의 식민지를 소유하고 있었다.[34] 이 엄청난 불평등 어디에서 정의를 찾아볼 수 있는가? 일본인들은 결코 탐욕스런 게 아니었다. 그들은 생선과 쌀을 먹고살며 그 양도 대단치 않았다. 그들은 지혜를 짜서 모든 물자

▶ 아라키 사다오(1877~1966)
1930년대 초국가주의 파벌인 황도파의 지도자였다.
육군대학을 졸업한 뒤 1904년 러일전쟁에 참전했으
며, 1931년 10월 청년 장교들이 반정부 쿠데타 음모
를 계획할 때 새로 구성될 정부의 수반으로 지목되었
으나 음모가 발각되어 실패했다.

를 아껴 썼다. 그럼에도 1920년대 중반에 식량 자원의 한계에 다다랐고, 10년 뒤에는 더 이상 견딜 수 없는 수준에 이르렀다. 군부의 낭만적인 복고주의와 냉혹한 태도, 거듭되는 살해 위협의 배후에는 일본인들이 공유하고 있던 불만이 도사리고 있었다. 독일인들과는 달리 일본인 가운데 수백만 명은 실제로 굶주려 있었다.

그러나 아이러니는 일본이 우선적으로 부유한 서구 열강에 맞서 자신의 권리를 찾으려 하지 않았다는 것이다. 서구 열강들은 인종 정책으로 불평등에 모욕까지 더해주지 않았는가. 그런데 일본은 오히려 커즌 경의 말처럼 "무기력하고 절망에 빠져 있는 중국 민중"에게 또 다른 압제자가 되는 길을 택했다. 물론 여기서 다시 유럽 열강이 본보기가 되었다. 유럽 열강은 중국에 조약을 강요하고 항구를 점유하기 위해 갖가지 핑계를 댔다. 그러나 오로지 더 큰 힘만이 이런 일들을 정당화할 수 있었다. 유럽 열강은 때로는 그 점을 공공연히 밝히기도 했다. 1900년 독일의 황제는 군대에 베이징 주재 독일 공사들을 구출하라는 명령을 내렸다. 그는 이렇게 말했다. "가차없이 공격하라. 포로는 한 명도 만들지 말라. 앞으로 천 년간 중국인이 결코 독일인을 무시하지 못하게 만들어라."[35] 다른 강대국들은 이처럼 말하지는 않았지만 보통 이와 비슷하게 행동했다. 힘의 지배가 중국에 밀고 들어간 강대국들의 법칙이라면, 왜 일본만 그 권리를 포기해야 하는가?

일본은 제1차 세계대전으로 식민지주의 시대가 종식되었다는 사실을 받아들일 수 없었다. 단지 시작일 뿐이었다. 중국 정복은 일본이 걸어가야 할 운명이었다. 일본 은행계의 거물인 모리 히로조(森廣臧)는 다음과 같이 썼다. "대륙의 영토 확장은 일본 민족의 운명이다. 그것은 하늘이 정한 것이다. 세계뿐만 아니라 우리 일본인들도 그 운명을 변경하거나 막을 수 없다."[36]

하지만 중국을 침략하는 데는 또 다른 이유가 있었다. 그것은 일본인이 가진 역동적인 충동의 근원까지 거슬러 올라간다. 크루트 징거는 이렇게 썼다. "그들은 기이할 정도로 부패한 냄새를 잘 맡는다. 그러나 이런 예민함은 은밀히 숨겨져 있다. 약함을 드러내는 적이 있으면, 즉시 공격을 가한다. …… 승산이 있다고 생각되면, 주저하지 않고 부패한 냄새가 흘러나오는 곳을 공격한다. 그들은 훈족, 아바르족, 몽골족, 그리고 '하나님의 재앙'을 가져온 다른 야만족의 진정한 후계자라고 할 수 있다."[37] 상처 입은 자를 물어뜯는 상어 같은 본능은 일본이 차르 체제의 러시아를 공격했을 때 충분히 드러났다. 이것이 1941년 일본이 아시아와 태평양의 패권에 도박을 건 근원적인 이유다. 1920년대에는 이런 본능에 이끌려 중국으로 갔다. 중국에서 흘러나오는 사회와 국가의 부패한 냄새를 놓칠 수 없었던 것이다.

군벌과 혁명의 바람

중국의 곤경은 낙관적인 신념의 결과였다. 이런 신념은 좌파 지식인들 사이에 널리 퍼져 있었다. 그들은 혁명이 문제를 일으키기보다는 문제를 해결해주리라 믿었다. 19세기 강대국들은 중국을 근대화하고자 했다. 그러나 중국인의 입장에서 보면 그들은 중국을 약탈하려 한 것이다. 강대국들은 불평등 조약을 강요했고, 만주족 왕조는 받아들일 수밖에 없었다. 3,000년간 지속되어 온 황제 지배 체제는 두 가지 관점에서 해석할 수 있다. 우선 통합의 원리를 상징했다. 통합을 이끌 자연적인 구심점이 없는 방대한 땅에서는 쉽지 않은 일이었다. 중국인들은 언어가 다양했기 때문이다. (그러나 제국의 관리제도 덕분에 교육받은 사람들은 보편적인 한자를 사용했다.) 한편 황제 지배 체제는 외국의 침략을 가능하게 한 허약함의 상징이기도 했다. 중국은 스스로 개혁하거나 근대화할 능력이 없었고, 일본의 지배 계급이 성공적으로 막아 왔던 일들이 벌어지도록 방치할 수밖에 없었다. 중국이 만약 위에서 혁명을 이행할 수 없다면, 아래에서 혁명을 일으켜야 하지 않을까?

그것이 급진적인 지식인들의 견해였다. 서양 교육을 받은 쑨원(孫文)이 이들의 지도자였다. 그는 레닌처럼 인생의 상당 부분을 망명 생활로 보냈다. 쑨원은 1896년 런던 주재 청나라 공사 관원들에게 납치되었다. 그들은 그를 정신 이상자라고 한 뒤 특별히 전세를 낸 기선에 태워 중국으로 돌려보낼 계획이었다. 일단 베이징에 도착하면 그는 반역 혐의로 고문을 당하다 죽을 게 뻔했다. 그러나 그는 포틀랜드 플레이스(Portland Place)와 웨이마우스(Weymouth) 가 구석에 있던 공사관 맨 위층 방에서 반 크라운짜리 은화에 씌운 쪽지를 밖으로 던졌다. 흑인 짐꾼이 이중 하나를 주워 경찰에게 가져갔고, 곧 솔즈베리 영국 총리가 쑨원을 풀어주었다.[38] 나중에 그는 중국으로 돌아갔다. 레닌이 거의 존재하지 않는 프롤레타리아 계급 대신에 중산층 지식인들이 혁명을 이끄는 것을 정당화하기 위해 전위 엘리트 이론을 전개하고 있을 때, 또 무솔리니의 정신적인 스승들이 혁명적 생디칼리즘을 실험하고 있을 때, 쑨원은 흥중회(興中會)를 창설했다. 흥중회는 유럽식 모델과 일본식 모델을 절충한 것인데, 레닌의 조직처럼 무력으로 황제가 통치하는 전제 정치를 타파할 생각이었다. 흥중회는 기근과 흉작을 이용하여 선전 활동을 펼치고, 지방 관리들을 암살하고, 때론 도시를 점령했으며, 1904년과 1906년에는 더 광범위한 반란에 참여했다. 1908년 서태후(西太后)가 두 살 난 푸이(溥儀)에게 황위를 넘겨주고 죽었을 때 기회가 찾아왔다. 국민 의회가 소집되었고, 입헌 군주제를 이룰 수 있는 가능성이 생겼다. 만약 이것이 성공했다면, 패악을 제거한 군주제의 통합 원리를 보존하는 동시에 민주주의 원리를 도입할 수 있었을 것이다. 그러나 쑨원은 그런 방법을 고려하지 않았다. 1911년 12월 29일 그는 난징에 공화국을 수립하고 대총통에 취임했다. 그로부터 6주 후에 마지막 중국 왕조인 청나라가 막을 내렸다.

이에 따라 정통성의 원칙이 파괴되자 오로지 힘으로밖에 메울 수 없는 진공 상태가 생겼다. 마오쩌둥(毛澤東)이라는 젊은 농부가 이 사실을 직시하고 있었다. 그는 열일곱 살이었던 1910년에 후난성에서 서태후가 죽었다는 소식을 들었다. 그때는 이미 서태후가 죽고 2년이 지난 뒤였다. 신해혁명(辛亥革命)이 찾아왔을 때 그는 변발을 자른 뒤 군에 입대했고, 거기서 중국에서 무언가를 하려면 반드시 군대가 필요하다는 사실을 깨달았다. 그는 평생 이 깨달음을 잊지 않았다.[39] 어리석게도 쑨원은 뒤늦게야 이와 똑같은 결론에 도달했다. 하지만 때는 이미 늦어 대총통의 자리를 청나라 군대의 마지막 지휘관 위안스카이(袁世凱)에게 넘겨주어야 했다. 위안스카이 장군은 과거 중국의 역사에 등장했던 수많은 영웅의 예를 따라 스스로 황제가 되어 새로운 왕조를 창시하려 했다. 그러나 그는 1916년에 사망했다. 황제 추대 운동은 사라졌고, 중국은 나중에 샤를 드골이 "무정부 상태의 환희"라고 부른 혼란 상황에 빠졌다.

군주제 전복의 목적은 1840년 당시 국경 수준으로 중국의 영토를 회복하고 나라를 통합하여 외세를 쫓아내기 위함이었다. 그러나 모든 면에서 결과는 반대로 나타났다. 외몽고에서는 우르가(Urga, 현재의 울란바토르)의 휴트크트(Hutuktu)가 독립을 선언했고, 1920년 러시아와 비밀 조약을 체결했다. 그 뒤 중국은 이 영토를 회복하지 못했다. 1916년에는 5개 성(省)이 자치를 선택했다. 한편 일본은 만주와 북부 지역 해안에 진출해왔다. 다른 열강들은 중국이 배제된 회담에서 각자의 세력권을 정했다. 중화민국 정부가 확보할 수 있는 유일한 수입원은 (만약 있다고 한다면) 청나라 시대부터 이어져온 해상 관세 제도였다. 이 해상 관세 제도는 아일랜드인 로버트 하트(Robert Hart) 경이 만들었고, 주로 영국 출신 유럽인들이 운영했다. 이들은 연안이나 운항할 수 있는 하천, 부표, 등대, 해도, 징수된 세금 등을 관리했다. 정부의 나머지 세제(稅制)는 부패의 소굴로 변했다. 중화민국 정부는 돈이 없었기 때문에 정부군을 양성할 수도 없었다.

게다가 군주제의 붕괴는 전통적인
지주 계층에게 치명적인 타격을 주
었다. 그들은 법적 특권을 상실한 뒤,
(일본의 경우처럼) 이를 되찾으려고
변칙적인 봉건제를 확립하고자 했
다. 당시까지 지주 집단들은 중국 황
실의 지배 안에서 살고 있었다. 황실
이 없으면 아무것도 없는 것이나 마
찬가지였다. 전통적인 세계관도 황
제와 함께 사라졌다. 종교도 마찬가

▶ 쑨원(1866~1925)
중국 국민당의 지도자. 중국혁명의 선도자로
1911~12년 중화민국 초대 임시총통을 지냈고, 1923
년부터 2년 동안 중국의 실질적인 통치자였다.

지였다. 유교는 군주제를 중심으로 돌아갔기 때문이다. 민간 신앙 형태인
도교는 공중도덕을 이끄는 교리로 적합한 대체물이 될 수 없었다. 어떤 사
람들은 불교에서 도피처를 찾았고, 어떤 사람은 기독교에 귀의했다. 그러
나 대부분의 지주 계급은 그 지역에서 찾을 수 있는 군사 세력과 손을 잡고
그들의 보호를 받았다. 지주 계급은 토머스 홉스(Thomas Hobbes)가 생생
히 묘사한 바 있는 사회적 해체 상태에 직면하였고, 군벌이라는 리바이어
던(Leviathan)을 선택했던 것이다. 하지만 난처하게도 이 괴물은 하나가 아
니라 여럿이었다. 1920년에는 4대 군벌이 지배력을 휘두르고 있었고 군소
군벌은 수십 개였다. 중국은 유럽의 30년 전쟁을 연상시키는 불행한 시대
를 맞게 되었다.[40]

쑨원은 마법사의 제자였다. 그는 돌아왔고 대총통으로 다시 선출되었으
며, 1921년에는 총사령관이 되었다. 그러나 그에게는 군대가 없었다. 군대
에 지급할 돈도 없었다. 그는 『삼민주의』와 『건국방략』이라는 책을 썼다.
붓과 종이로는 너무나 간단히 일이 풀렸다. 맨 먼저 구체제에 대한 투쟁의

단계가 온다. 다음에는 계몽적인 통치의 단계가 오고, 마지막에 진정한 민주주의 통치의 단계가 시작된다. 그는 흥중회를 개편해 국민당을 창설했다. 국민당은 민족, 민권, 민생의 삼민주의에 기초하고 있었다. 이것은 각각 민족의 자유, 민주주의 정부, 사회주의 경제를 의미한다. 쑨원은 선생님이었다. 그는 칠판 위에 큰 원을 그리고 그 안에 보수주의, 자유주의, 사회주의, 공산주의라는 작은 원을 그려 넣곤 했다. 그는 국민당이 이들 사상에서 최상의 것을 취해 하나로 통합시켜야 한다고 가르쳤다. 그러나 현실은 다소 달랐다. 쑨원도 이 사실을 인정했다. "잘 조직된 국가는 투표함에서 표를 센다. 하지만 조직이 제대로 갖추어지지 않은 국가는 전장에서 시체들의 수를 센다." 그는 자신의 수석 경호원이었던 '쌍권총' 코엔(Cohen)이라 불리는 유명한 유대계 캐나다인에게 자신의 실제 정치 목적은 온건한 편이라고 고백했다. "나는 밤에 바깥 문을 잠글 필요가 없는 중국을 원할 뿐이네."[41]

그러나 당시 상황에서 그것은 너무나 큰 기대였다. 바깥문은 물론 경호원도 필요했다. 광둥(廣東)에 숨어 있는 동안 쑨원은 신변 보호를 위해 600명의 경호원이 필요했다. 때로 그는 경호원들에게 봉급을 지급할 수가 없었다. 그러면 경호원들은 폭동을 일으켰고 가져갈 만한 것을 찾아 금고를 뒤지곤 했다. 쑨원이나 다른 군부 지도자 혹은 민간 지도자가 움직일 때는 큰 미국제 패커드 차량을 이용했고, 차량의 발판에는 총을 든 덩치 큰 경호원들이 올라탔다. 쑨원은 기묘한 변장을 하고 도망쳐야 할 때도 있었다. 한번은 영국의 포함(砲艦)에 몸을 숨기고 홍콩으로 피신한 적도 있었다. 쑨원은 중국의 독립을 위해 보호 세력으로 영국의 도움을 간절히 원했다. 그러나 커즌 경은 이를 거절했다. 쑨원은 영국 다음으로 미국에 기댔다. 그는 광둥에 있는 미국 공사 제이콥 굴드 셔먼(Jacob Gould Schurman)에게 5년간 중국에 개입해 달라고 간청했다. 그는 모든 철도 교차 지역과 주요 도시를 점유할 수 있는 권리, 군대·경찰·위생 및 치수 시설의 관할권, 핵심적인 행정 전문가들을 임명할 수 있는 권리를 대가로 제시했다. 그러나 이마저도 1923년과 1925년 두 차례에 걸쳐 거절당했다.[42]

실의에 빠진 쑨원은 1923년 소비에트 정부에 눈을 돌렸다. 중국 공산당은 1920~21년에 조직되었는데, 국민당과 공산당 양쪽에 입당하는 것이 상호 간에 양해되었다. 러시아의 소비에트 정부가 이런 제휴를 지지했고, 제3차 대회에서 다음과 같이 선언하도록 중국 공산당에 지시했다. "국민당은 국가 혁명에서 중심 세력이 되어야 하며 주도권을 가져야 한다."[43] 따라서 모스크바는 쑨원의 요청을 환영했고, 1923년 10월 쑨원에게 베르그(Berg) 또는 그리젠베르그(Grisenberg)라고도 알려진 미하일 보로딘(Mikhail M. Borodin)과, 블루처(Vassili K. Blücher) 장군으로 알려진 갈렌(Galen)을 파견했다. 미하일 보로딘은 민주적 중앙 집권주의라는 레닌주의 노선에 따라 국민당을 재조직하는 임무를 맡았으며, 갈렌은 군사 전문가로 군대를 창설하게 되어 있었다. 그들은 고문들을 여러 명 대동하고 왔다. 소비에트가 주도하는 새로운 형태의 정치 제국주의를 보여 주는 최초의 사례였다. 갈렌은 쑨원에게 미화 65달러에 소비에트에서 만든 소총을 팔았고, 쑨원에게서 받은 돈을 보로딘에게 주었다. 보로딘은 이 돈을 중국 공산당 조직을 확립하는 데 사용했다. 갈렌은 또한 황푸(黃浦)에 군관 학교를 세웠고, 쑨원의 야심 많은 동서 장제스(蔣介石)에게 교장직을 맡겼다. 쑨원과 장제스는 좌익계 은행가 쑹쯔원(宋子文)의 누이들과 결혼했다.

계획은 그럭저럭 잘 진행되었다. 군관 학교에서 훈련받은 500명의 장교가 배출되었다. 장제스는 이들을 시켜 국민당 최초의 정규군에서 엘리트 집단을 구성했고, 군벌이 되리라 마음먹었다. 중국군의 가장 큰 문제는 규율이었다. 장군들을 포함하여 군대 전체가 그냥 달아나버리곤 했다. 1925년 장제스

▶ 장제스(1887~1975)
중국국민당 정부의 주석을 지냈고, 1949년 이후에는 타이완의 국민정부 주석을 지냈다. 1918년 국민당의 지도자 쑨원의 휘하에 들어가면서 긴밀한 협력관계를 바탕으로 세력기반을 넓혔다.

는 총사령관 쑨원 밑에서 참모장으로 승진했고, 군대에 처음 명령을 내렸다. "만약 중대가 전투에 들어간 뒤 명령 없이 퇴각하는 경우 해당 중대의 중대장을 총살할 것이다. 이 규칙은 모든 대대, 연대, 사단, 군단에까지 적용될 것이다. 군단이 총퇴각해 군단장이 홀로 거점을 지키다 살해되는 경우 모든 사단장을 총살할 것이다." 장제스는 이 말을 끝까지 지켰다. 그리하여 약식 군사 재판과 집단 총살이 잇달아 일어났다.[44]

1924년 쑨원은 최초의 국민당대회를 개최했다. 60만 명의 당원으로 구성된 국민당은 공산주의 노선을 따라 조직된 대중 정당의 형태로 그 모습을 드러냈다. 그러나 쑨원은 1925년 3월에 죽었다. 죽음을 앞두고 그는 공산주의 활동가들이 득세하는 상황을 한탄했고, 영국이나 미국이 공산주의로부터 중국을 구해주지 않은 사실을 애통해했다. 당시 상황에서는 국민당의 유일한 군벌 장제스가 당을 장악할 수밖에 없었다. 바야흐로 결정적인 역사의 전환점이 찾아왔다. 지금 돌아보면 당시 상황은 너무도 명확했지만, 당시에는 그저 복잡하고 혼란스러울 뿐이었다. 쑨원이 죽은 상태에서 이제 어떻게 혁명을 이뤄야 하는 걸까? 국민당이 장악하고 있는 지역은 광둥성에 불과했다. 공산주의 세력은 분열되어 있었다. 어떤 사람은 상하이를 중심으로 밀집해 있는 소수의 중국 프롤레타리아 계급을 기반으로 혁명을 이루어야 한다고 생각했다. 베이징대학의 도서관장 리다자오(李大

釗) — 마오쩌둥이 그 밑에서 일하게 된다 — 가 이끄는 세력은 농민을 통해 혁명을 이루어야 한다고 믿었다. 농민들이 중국 인구의 압도적인 부분을 차지했기 때문이다. 정통 공산주의 이론가들은 이런 생각을 업신여겼다. 중국 공산당의 공동 창립자 중 한 명인 천두슈(陳獨秀)는 이렇게 말했다. "농민의 절반 이상이 사유 재산에 집착하고 있는 부르주아 지주들이다. 이들이 어떻게 공산주의를 받아들이겠는가?"[45] 스탈린도 이 의견에 동조했다. 러시아 농민들은 레닌에게 좌절감을 안겨 준 적이 있다. 게다가 스탈린 자신도 아직 농민을 완전히 제압하고 있지 못했다. 스탈린은 당분간 중국 공산당이 국민당을 지원하고 중국인들의 민족주의를 이용하여 상황을 타개하는 길 외에는 다른 대안이 없다고 생각했다.

중국이 거대한 혼란에 빠져있는 상황에서 모든 사람이 기회주의자였다. 그 중에서도 장제스는 그 정도가 가장 심했다. 헌신적인 장교들을 양성하기 위해 만든 황푸군관학교에서 그가 긴밀한 협력 관계를 유지했던 사람은 정치부 주임으로 일하던 젊은 공산주의자 저우언라이(周恩來)였다. 사실 국민당과 공산당의 정치적 교화에는 아무런 차이가 없었다. 국민당은 이 시기에 민족 공산주의 형태로 쉽게 탈바꿈할 수도 있었을 것이다. 외국인과 제국주의에 대한 증오가 억압적인 군벌에 대한 증오와 결합되어 농민 세력을 동원하는 힘이 될 수 있다는 것을 처음 깨달은 사람도 공산주의자들이 아니라 장제스였다. 국민당 상하이 지부의 일원이었던 마오쩌둥은 이런 생각에 매력을 느꼈다. 그는 마침 농민 운동 강습소 소장이 되었는데, 여기서는 군사 훈련이 전 과정 380시간 중 128시간을 차지할 만큼 압도적으로 중시되었다. 이때까지 마오쩌둥과 장제스는 사고방식이 매우 비슷했다. 어떤 점에서 마오쩌둥은 국민당 내에 있는 것을 훨씬 더 편하게 느꼈다. 국민당은 도시 지향적인 교조주의가 지배하는 공산당에 비해 민족주의를 강조했기 때문이다. 그는 저명한 공산주의자들 중에 누구보다도 오랫동안 국민당과 협력 관계를 유지했다. 1940년대 말 권력의 자리에 오른 뒤 그의 공식적인 전기에서 인생의 1년 분량(1925~26년)을 삭제해야 했던 것도 이 때문이다.[46] 공식적인 마오 어록에서 첫 항목을 이루는 말(1926년 2월) 은 장제스가 같은 해 창사(長沙)에서 한 연설과 놀랄 만큼 유사하다. 장제스는 이렇게 말했다. "중국은 제국주의를 타도해야만 자유를 얻을 수 있습니다. …… 혁명이 성공하기를 바란다면 러시아와 연합하여 제국주의를 타도해야 합니다. 중국 혁명은 세계 혁명의 일부입니다."[47]

하지만 중국 현실에서 장제스와 마오쩌둥이 국민당과 공산당을 통합하여 민족 공산당을 만들 가능성은 전혀 없었다. 1925~26년 장제스가 관할하는 지역은 중국 남부 일부에 불과했다. 중국의 중부와 북부는 군벌들의 손안에 들어가 있었다. 쑨촨팡(孫傳芳) 원수는 상하이를 장악하고 난징에서 5개 성을 통치했다. 양쯔 강 이북으로는 우페이푸(吳佩孚) 원수가 한커우(漢口)를 다스렸다. 옌시산(閻錫山) 장군은 산시성(山西省)을 지배하고 있었고, 장쭤린(張作霖) 원수는 펑톈(奉天)을 점유하는 동시에 만주에 있는 3개 성을 장악하고 있었다. 이외에도 장쫑창(張宗昌) 원수는 산둥성의 군벌이었고, 추유푸는 베이징(北京)과 톈진(天津) 지역의 군벌이었다.

1926년 이른 봄 가장 유능했던 국민당 군사 지휘관 펑위샹(馮玉祥) 원수가 30만 군대로 약 11,000킬로미터를 진군하면서 이제까지의 세력 분포 양상이 달라지기 시작했다. 펑위샹의 군대는 몽골 남부에서 우회하여 동쪽으로 산시성과 후난성(湖南省)을 통과했다. 남쪽에서 베이징을 공략하기 위해서였다. 물리적으로나 군사적으로나 경이로움을 자아내는 이 위업(약 10년 뒤 마오쩌둥이 주도하는 대장정의 본보기가 되었다)으로, 1926~27년에 장제스의 북벌이 가능하게 되었다.[48] 그 결과 4명의 주요 군벌은 장제스의 우위를 인정했다. 이제 평화적인 수단으로 중국을 공화국으로 통일할 수 있는 가능성이 생겨났다. 그러나 북벌 작전으로 끔찍할 정도로 많은 인명이 희생되었다. 특히 농민의 희생이 컸다. 지지부진한 혁명으로 인명을 희생시키기보다는 이념의 타협을 통해 안정을 추구하는 게 더 낫지 않을까? 이를 위해 장제스는 외국 자본가들을 쫓아내기보다는 도움을 청하는 편이 낫다고 판단했다. 장제스의 처남이 영향력 있는 은행가라는 사실이 이점으로 작용했다. 그러나 그런 일은 국민당 안에 있는 공산주의 분자들과 관계를 끊는 것을 의미했으며, 노동자들의 국가와는 거리가 있음을 공개적으로 밝혀야 했다. 그리하여 1927년 4월 상하이를 점령한 뒤 장제스는 그를 돕기 위해 봉기를 일으킨 공장 노동자들에게 등을 돌렸다. 장제스는 그들을 상대로 발포 명령을 내렸다. 상하이의 기업가들은 손뼉을 쳤고, 은행들은 돈을 모아 국민당 군대에 주었다.

스탈린도 정책을 바꾸기로 결심했다. 그는 트로츠키를 추방했고, 늘 그래 왔듯 추방한 적의 정책을 써먹으려 했다. 중국 공산당은 국민당과 관계를 끊고 무력으로 권력을 획득하라는 명령을 받았다. 스탈린이 트로츠키의 혁명 노선을 따른 것은 그때가 유일했는데 이것은 재앙을 초래했다.[49] 공산당 간부들은 광둥에서 봉기를 일으켰으나 시민들이 호응을 하지 않았다. 뒤이은 전투에서 많은 시민이 살해당했고 도시의 10분의 1이 불탔다. 1927년 12월 14일 국민당이 대거 공격해왔다. 공산당 세력은 분쇄되었으며 광둥 시민들마저 거리에 나와 공산주의자들을 쓰러뜨렸다. 소비에트 영사관원들은 대부분 살해당했다. 보로딘은 진저리를 치며 모스크바로 돌아가 스탈린에게 말했다. "다음번에 중국 인민들이 세계 혁명 만세 하고 외치면, 연방국가정치보안부 직원들을 보내세요." 스탈린은 아무 말도 하지 않았다. 그러나 적당한 때가 되자 보로딘을 죽음으로 내몰았다.[50]

그리하여 장제스와 마오쩌둥은 마침내 갈라서고 말았다. 장제스는 최고의 군벌이 되었고, 국민당은 군벌이 이끄는 당으로 재조직되었다. 당원은 (1929년 당시) 다양한 군대에 소속되어 있던 장교와 사병 172,796명, 비전투원 201,321명, 화교 47,906명으로 이루어졌다. 특히 화교들은 국민당에 필요한 대부분의 자금과 질 나쁜 무뢰배들을 조달했다. 국민당은 기업계와 외국 세력가들 사이에서 입지를 넓힘에 따라 점차 농민의 지지 기반을 잃어갔다. 쑨원의 미망인은 국민당을 떠나 유럽으로 망명했다. 그녀는 남편의 후계자들이 "국민당을 하나의 도구로 변모시켰다"고 말했다. "이제 국민당은 부자들이 더 많은 부를 끌어모으고 기아에 허덕이는 수백만의 중국인들로부터 고혈을 짜내는 도구가 되었다. …… 몇 년 전만 해도 가난했던 군인과 관리들이 갑자기 멋진 리무진을 타고, 새로 얻은 내연의 처를 위해 외국인 거류지에 저택을 구입하고 있다." 장제스가 대표적인 예였다. 1929년 7월 「뉴욕 타임스」 통신원은 장제스가 아내, 경호원, 비서들을 데리고 베이징의 호텔에 15일 동안 체류하며 미화로 17,000달러를 지불했다고 보도했다. 이외에도 팁으로 1,500달러를 지출하고, 그 지역 경찰에게 1,000달러를 뇌물로 주었다고 덧붙였다.[51]

마오쩌둥은 장제스의 정책 변화에서도 중국에서 정치적인 영향력을 얻으려면 군대가 있어야 한다는 현실적인 교훈을 이끌어냈다. 그는 자신의 힘으로 군벌이 되어야 했다. 마오쩌둥은 이런 목표에 더없이 잘 들어맞는 인물이었다. 1927년에 그는 서른네 살이 되었다. 키가 크고 건장한 체격이었으며, 잔인하고 거드름피우는 부농의 아들이었다. 그의 아버지는 이를 악물고 열심히 일해 부농이 되었고 곡물상도 겸하고 있었다. 그는 요컨대 쿨라크 같은 인물이다. 소학교 시절의 급우는 마오쩌둥을 "거만하고 냉정하며 완고한 성격"으로 묘사했다.[52] 그는 레닌처럼 천년 왕국을 믿는 종교가형의 혁명가가 아니라 사납고 열정적인 낭만주의자였고 조잡하고 폭력적인 드라마를 좋아했다. 그는 히틀러와 같은 예술가 타입으로 히틀러만큼 성질이 급했다. 또한 히틀러처럼 민족 문화를 신봉하는 민족주의자였다. 그는 철학자 옌푸(嚴復)로부터 '문화주의', 즉 '중국식'을 추구하는 것이 인민을 막강한 세력으로 결집하는 수단이 된다는 걸 배웠다.[53] 마르크스레닌주의를 공부하고 이를 이용했지만, 근본적인 신념은 오히려 베이징에서 그에게 윤리

▶ 마오쩌둥(1893~1976)
중국공산당이 쑨원 휘하의 국민당과 제휴할 때, 국민당에 입당하여 활동했다. 중국공산당의 지도자였으며, 중화인민공화국의 국가주석을 지냈다. 국가주석을 사퇴한 후에는 사망할 때까지 당주석을 역임했다.

학을 가르쳤던 양창지(楊昌濟)의 이론에 더 가까웠다. (양창지의 딸은 마오쩌둥의 첫 번째 부인이 되었다.) 양창지는 이렇게 말했다. "사람마다 고유한 개성이 있는 것처럼 나라 또한 저마다 고유한 국민정신이 있다. …… 국가는 하나의 유기체다. 사람의 몸이 유기체인 것과 같다. 분해하여 다시 조립할 수 있는 기계가 아니다. 조각내서 분해하면 나라는 망한다."[54]

마오쩌둥의 사상은 일종의 급진적인 애국주의가 근간을 이루었다. 그는 무솔리니가 1914년에 했던 것처럼 국제주의에서 민족주의로 방향을 틀 필요가 없었다. 그는 아타튀르크처럼 원래부터 민족주의자였다. 마오쩌둥의 문화 민족주의는 억압 의식에서 생겨났다기보다는 우월성을 모욕당했다는 자각과 분노에서 생겨났다. 벼락부자 같은 유럽 국가들이 어떻게 문화의 아버지 중국을 제멋대로 구는 아이로 취급할 수 있단 말인가? 1920년대

서구의 언론은 "제멋대로 구는 아이" 라는 표현을 자주 사용했다. 1923년 잡지 『파 이스턴 리뷰 *Far Eastern Review*』는 중국이 영미의 담배 독점에 대해 세금을 부과하려 하자 이렇게 논평했다. "문제를 해결하는 방법은 열강들이 일치되게 행동하는 것이다. 우리가 힘을 모아 이 애송이 정치가들에게 그런 책략이 국가에 아무런 도움도 되지 않는다는 것을 명확히 인식시켜주어야 한다. 조만간 우리가 속임수나 철없는 장난에 진저리를 내며 집을 깨끗이 청소하고 아이를 벌주리라는 것을 알려주어야 한다." [55) 1924년에 마오쩌둥은 유럽에서 막 돌아온 중국인 친구에게 상하이 공원에 있는 악명 높은 표지판을 보여 주었다. 거기에는 "중국인과 개는 들어올 수 없음" 이라고 쓰여 있었다. 마오쩌둥은 "외국인들의 노예를 처단하자!" 라는 슬로건으로 (예일대학교와의) 축구 경기를 중단시킨 적도 있다. 그는 "외국인 주인들이 방귀를 뀌면 향기로운 냄새가 나는구나!" 라고 비꼬기도 했다. 이렇게 물었다. "중국 인민은 일본인을 미워할 줄만 알고 영국인을 미워할 줄은 모른단 말인가?" [56)

　마오쩌둥은 중국이라는 무력하고 기진맥진해 있는 짐승을 다시 무적의 용으로 만드는 어려움에도 전혀 굴하지 않았다. 확신에 찬 이 남자는 귀 윗부분이 평평했고 얼굴은 창백하고 넓적했으며 덩치가 컸다. 한 버마인에 따르면, 그는 "전형적인 중국 어른" 이었다. 어떤 태국인은 그가 "코끼리바다표범 같다" 고 말했다. 불굴의 낙관주의자 마오쩌둥은 희망의 표지를 찾아 미스터리 같은 중국의 문제들을 샅샅이 살펴보았다. 쑨원은 중국이 다른 식민지보다 불행한 상태에 처해 있다고 생각했다. "우리는 열강의 경제력에 심각하게 붕괴되어 있다. 중국이 완전히 식민지인 것보다 못한 상황이다. 중국은 한 나라의 식민지가 아니라 모든 나라의 식민지다. 우리는 한 나라의 노예가 아니라 모든 나라의 노예다. 내 생각에 중국은 식민지보다 못하다." 이것은 스탈린의 견해이기도 했다.[57] 그러나 마오쩌둥은 중국을 착취하는 자들이 여럿이라는 사실이 오히려 이점이라고 생각했다. 열강들끼리 대립하는 상황을 조성할 수 있기 때문이다. 마오쩌둥은 레닌의 제국주의 이론을 믿지 않았다. 그는 "제국주의 열강들 사이에 존재하는 이견은 중국의 지배 집단 내에서 분열을 조장한다"고 주장했다. 따라서 중국에는 '통일된 국가 권력'이 존재할 수 없었다.[58]

하지만 이 모든 분석은 군대가 없으면 공염불에 불과한 말잔치일 뿐이었다. 마오쩌둥은 혁명을 성공시키는 열쇠는 농민들을 어떻게 분기시키느냐에 달려 있다는 장제스의 견해를 받아들였다. 그러나 농민들은 중국이라는 나라만큼이나 무기력했다. 칭기즈칸이 했던 것처럼 그들을 무장시키고 훈련해 전쟁 도구로 만들어야 했다. 칭기즈칸 같은 영웅이야말로 중국 문화를 부활시킬 적당한 인물이 아닐까? 마오쩌둥이 적당한 모델을 찾아 과거를 돌아보고 그 과정에서 무력과 물리적 힘을 중시했던 칭기즈칸을 염두에 둔 것은 낭만적인 민족주의의 일면을 드러낸다. 히틀러와 비슷했다.[59] 그는 첫 번째 논문에서 이렇게 선언했다. "우리나라는 힘이 약하고 군인 정신이 부족하다. …… 체력이 약하면 적군을 보자마자 겁을 먹을 것이다. 그러면 어떻게 목표를 달성하고 남들의 존경을 받을 수 있겠는가?" "육체 훈련의 주요 목적은 군사적인 영웅주의다." 군사적인 측면은 그의 민족 사회주의에 절대적인 토대가 되었다.[60]

1927년 9월 국민당과의 관계를 끊은 뒤 마오쩌둥은 공산당 지도부로부터 후난성의 농민들 안에서 무장봉기를 조직하라는 명령을 받았다. 그가 군벌이 될 수 있는 기회였다. 이 사건 뒤 그는 중국의 정치계에서 독립적인 세력으로 급성장했다. 봉기 자체는 실패했지만 무장 세력의 핵심 조직원들을 수중에 넣었다. 그는 그들을 후난성과 장시성(江西省)의 경계에 있는 징강산(井岡山)에 데려갔다. 군대는 소규모였지만 그것으로 충분했다. 그 후 그는 항상 군대와 함께했다. 마오쩌둥의 호소는 세련되지 못했지만 효과적이었고, 케렌스키를 파멸시키고 레닌의 혁명을 가능하게 했던 자연 발생적인 토지 강탈 행위를 조직하는 원동력이 되었다. (마오쩌둥은 이 사실을 깨닫지 못했던 것 같다.) 그가 제시한 지역 불량배 및 악질 호족 억압법이나 토지 문제 해결책 초안은 빈농의 전통적인 적대 세력을 처단하기 위한 것이었다. 그 대상은 지역 깡패들, 악질 지주 계급, 부패한 관리, 군국주의자, 그리고 마을의 모든 반혁명 분자였다. 그는 농민군에 반대할 것 같은 모든 집단을 똑같은 반혁명 세력으로 간주했다. 여기에는 "1.8헥타르 이상의 토지를 소유한 자"로 분류되는 "모든 우익 농민, 중·소·대 지주"들이 포함되었다. 사실상 농촌 사회에서 안정된 지위를 누리는 모든 사람에게 반대하고 나섰던 것이다. 마오쩌둥의 군대를 구성했던 무리는 지주 계급 밑에 있던 군벌이나 지역 불량배들이 지휘하던 군대와는 사회적으로 정반대 위치에 있었다.

나중에 일본의 전쟁 공문서가 보여주듯이, 마오쩌둥은 장제스보다 농민의 애국심에 호소하는 능력이 뛰어났다.[61] 그러나 그도 처음에는 빈농을 1,000명 이상 모집하는 데 실패했고, 결국 600명의 비적을 뽑아 보충해야 했다. 그는 의도적으로 내전의 와중에 사회의 쓰레기가 되어 있는 이들을 신병으로 받아들였고, 이들을 '5대 몰락 계급'이라고 불렀다. 그들은 바로 탈영병, 비적, 강도, 거지, 매춘부였다.[62] 다른 군벌들과 마찬가지로 그의 군대는 3,000명 이하에서 2만 명 이상을 오락가락했다. 마오쩌둥은 적을 죽이는 데는 다른 군벌들만큼 잔인했다. 1930년 12월에 그는 2,000～3,000명의 장교와 병사를 총살시켰다. 이들이 공산당 군대 안에 있는 국민당 비밀 조직인 'AB'(반볼셰비키 동맹) 일원이라는 이유에서였다. 그러나 사실은 5개월 전 국민당이 자신의 아내와 여동생을 처형했기 때문이다. 이외에도 복수해야 할 일은 또 있었다. 1927~28년에 장제스는 공산주의자 수만 명을 죽였던 것이다. 마오쩌둥은 무력을 사용하는 데 결코 주저하지 않았다. 1930년 말에 이미 비밀경찰을 창설했으며, (그가 행한 숙청에서 드러나듯이) 필요한 경우에는 더할 나위 없이 잔혹하고 야만적인 행동도 불사했다. 마오쩌둥의 잔인한 부랑자 군대와 칭기즈칸의 '유목민 무리'를 비교하는 것은 부당한 일이 아니다. 마오쩌둥이 지나가는 들판에 있던 사람들 대부분은 그를 다른 군벌과 똑같이 여겼다.[63]

중국은 1920년 말 여러 군대의 손아귀에 들어가 있었다. 그들은 다양한 이념이나 단순한 탐욕에 따라 무리를 지었지만, 희생자들 입장에서는 어느 쪽이든 별반 차이가 없었다. 1928년 장제스의 북벌과 베이징 군벌 회담이 있은 후 국민당 지휘관 리쭝런(李宗仁) 원수는 이렇게 선언했다. "변화가 없던 중국에도 이제 뭔가 새로운 것이 생겨났다. …… 애국심과 국민 의식이 탄생한 것이다." 몇 달 뒤 이 생각은 순전히 환상으로 드러났다. 군벌들 사이가 틀어졌고 난징 정부와도 반목했다. 모든 당파가 난징 정부와 국민당의 깃발 아래 모여 있었지만, 난징 정부나 국민당의 소망 따위에는 관심이 없었다. 난징 정부의 수입은 줄어들었지만, 군벌들의 수입은 늘어났다. 파괴되는 도시와 마을이 증가하자 삶의 터전을 잃은 사람들이 먹고 살기 위해 비적이 되거나 크고 작은 군벌들 밑으로 들어간 것이다. 대여섯 개의 주요 군벌 외에도 많은 장군이 2만~10만 명의 병력으로 하나의 성 또는 십여 개의 군을 지배하고 있었다. 마오쩌둥의 군대는 이 중에서도 가장 규모가 작은 부류에 속했다. 1928년 국가 경제 회의에서 장제스의 처남이며 당시 재무장관이던 쑹쯔원이 한 말에 따르면, 1911년 군주제하의 중국에는 대략 단일 지휘 계통을 따르는 40만 명의 군대가 있었다. 그러나 1928년

이 되자 중국에는 84개의 군대, 18개의 독립 사단, 21개의 독립 여단이 생겼고, 모두 합치면 병사의 수가 200만을 넘어섰다. 국가의 총수입은 4억 5,000만 달러였지만, 부채를 지불하고 나면 3억 달러밖에 남지 않았다. 군사비는 일 년에 3억 6,000만 달러가 들어갔다. 만약 군대 병사에게 정기적으로 급여를 지불했다면 6억 4,200만 달러가 들었을 것이다. 따라서 비적질은 어쩔 수 없는 것이었다. 이듬해 1월 군대 병력을 715,000명으로 줄이기 위해 열렸던 군축 회의는 완전히 실패했다. 회의에서 쑹쯔원은 전년도 군사비가 다른 정부 지출을 모두 합한 것의 2배에 해당한다고 보고했다.[64]

사실상 고난에 시달리던 중국 국민에게 비적과 정부군은 아무런 차이가 없었다. 살해당하거나 유기되어 죽거나 기아로 죽는 사람은 셀 수도 없었다. 후베이성(湖北省)의 경우 1925~30년에 자연재해 때문에 생긴 기근이나 다른 곳으로 이주해 간 사람이 거의 없었는데도 400만 명의 인구가 감소했다. 1929~30년에 가장 피해가 컸던 지역은 허난성(河南省)이다. 허난성에 사는 인구 2,500만 명 중 40만 명이 비적이 되었다. (대부분 급료를 받지 못한 병사들이다.) 풍요로웠던 허난성 서부의 이양현(宜陽縣)은 1929~30년의 겨울 5개월 동안 수많은 비적 때문에 72번이나 그 주인이 바뀌었다. 허난성에 관한 정부의 공식 보고서에 따르면, "한 지구에서만 1,000개 이상의 마을과 도시가 약탈당했고 유괴된 사람이 10,000명에 달했다. 몸값을 받기 위해 유괴를 하는 경우, 비적들은 우선 두 다리를 철사로 뚫은 뒤 묶어 놓았는데, 생선을 줄에 꿴 모양과 흡사했다. 소굴로 돌아와서는 낫으로 위협하면서 숨겨 놓은 재산이 있는지 자백하라고 고문했다. 대답을 주저하면 본보기가 되도록 즉각 몸통을 두 동강냈다." 가족은 자식을 팔고 남편은 아내를 팔았다. 2~3년간 아내를 빌려주는 남자도 있었다. 그렇게 태어난 아이는 돈을 주고 빌려간 남자의 재산이 되었다. "1년 전에 400~450채의 집이 있던 마을에 남아 있는 집이라고는 겨우 8~10채뿐이었다."[65]

농민들은 절망 속에서 총안(銃眼)과 성벽을 갖춘 석탑을 세웠다. 석탑은 망루나 사람과 가축의 피난처로 사용되었는데, 15세기 영국의 국경 지대에서 볼 수 있었던 탑 모양의 요새와 비슷했다. 그러나 도시 주위에 아무리 높은 성벽을 쌓아도 포위와 공격을 면할 수는 없었다. 베이징에서 불과 50킬로미터 떨어져 있던 도시는 80일간 포위당했고, 이 때문에 10만 명의 주민이 굶어 죽었다. 어머니는 갓 태어난 아기를 교살하고, 여자아이는 겨우 5중국 달러에 아시아 각지에 매춘부로 팔렸다. 난징 정부 관할 지역 한가운데 위치한 리양현(栗陽縣)은 비적 3,000명에게 습격을 당했다. 이 비적들은 300만 달러를 약탈하고, 도시에 불을 질러 1,000만 달러 상당의 재산 피해를 냈다. 상하이 지구에 있는 6개 주요 도시도 습격과 약탈을 당했다. 니캉에서는 비적들이 시장을 포박하고 끓는 물을 머리에 부어 살해했다. '수치의 대나무 바구니'라고 불리는 과거의 기묘한 관습도 부활했다. 이 형벌을 받는 사람은 땅에서 5~6미터 높이에 있는 바구니 구멍에 목을 끼워 넣은 채 발판 위에서 발끝으로 서 있어야 했다. 산둥성의 푸순(撫順)에서는 패배한 군벌이 4,500명의 병사로 10,000명의 인질을 데리고 시 안으로 퇴각했다. 13일 동안 국민당 부대의 공격이 벌어지는 가운데 400명이 넘는 부녀자와 어린아이들이 성벽 기둥에 묶여 있었고 수비군은 그 뒤에 숨어서 총을 쏘았다.

마오쩌둥과 공산주의자 군벌들은 1929~30년 사이에 5개 성에서 약 3,000만 명을 지배했다. 이들 세력은 대체로 강간이나 약탈을 하지 않았고 도박, 매춘, 아편용 양귀비 재배를 금했다. 그러나 그들은 중산 계급을 학대하거나 살해했고, 공문서와 토지 권리증서 등을 파기했으며, 교회와 절을 불태웠고, 성직자와 선교사들을 죽였다. 하나의 도시가 공산당 무리, 비적단, 독립 군벌, 정부군에게 차례로 함락되는 일도 있었다. 도시를 함락시킨 세력들은 저마다 시민들에게서 자기 몫을 쥐어짜 냈다. 쓰촨성(四川省)에서 제출된 어떤 청원서는 정부의 장군을 "늑대와 호랑이 떼의 우두머리"라고 묘사하며, 그가 지역 전체를 황폐화시켰다고 진술했다. "동쪽이든 서쪽이든 수십 리에 걸쳐 개 짖는 소리나 닭 우는 소리조차 들을 수 없다. 사람들은 해와 달이 사라지면 자신들 또한 함께 사라질 것이라고 탄식한다." 그 지역의 성도(省都) 청두(成都)에서는 한 상인이 "우리에게는 뼈 사이에 붙어 있는 살 말고는 아무것도 남은 게 없다"고 한탄했다.[66]

20년간 너나 할 것 없이 무력으로 급진적인 개혁을 추구하는 과정에서 죄 없는 수백만 명이 죽고, 중국 대부분의 지역이 참담한 무법 지대로 전락했다. 종교 전쟁 중의 독일이나 100년 전쟁 당시 프랑스에서나 볼 수 있었던 일이다. 근대적인 유토피아를 건설하려 했던 쑨원이 기울인 노력은 중세시대의 악몽으로 바뀌고 말았다. 문제는 모두가 급진적인 개혁을 신봉했다는 것이다. 장제스도 마오쩌둥도 모두 급진적인 개혁을 지지했다. 독립 군벌 대부분도 마찬가지였다. '기독교인 장군'이라고 알려진 펑위샹 원수나 '통치자의 모범' 옌시산 장군도 다르지 않았다. 이 존경할 만한 신사들은 모두 자기가 중국과 중국 인민을 위해 일하고 사람을 죽이는 것이라고 주장했다. 양차 대전 사이에 벌어진 중국의 비극은 합법성이 무력에 굴복하고 절대적인 도덕관이 상대주의에 자리를 빼앗길 때 거대한 암흑이 우리를 덮쳐 더 이상 천사와 악마를 분간하지 못하게 된다는 사실을 생생히 보여 준다.

중국인들만 급진적인 개혁을 좇은 건 아니다. 이미 지적했듯이 중국의 쇠퇴는 일본인들이 가진 약탈자의 본능을 자극했다. 그들 또한 급진적인 개혁을 좋아했다. 외국 기자들의 말에 따르면, 중국의 3,000년 역사에서 이루어진 발전보다 일본이 30년간 지배하던 조선에서 이루어진 발전이 더 컸다.[67] 뤼순항과 산둥성의 항구, 일본이 점유하고 있던 그 밖의 지역은 질서와 번영의 안식처였다. 관동군의 젊은 일본 장교들은 끝이 없는 중국의 시련을 혐오하고 두려워했다. 1928년 초 이시하라 칸지(石原莞爾) 중좌와 이타가키 세이시로(板桓征四郎) 대좌는 자국 정부를 중국 문제에 끌어들이기로 결의했다. 그들은 일본 자본가들과 중국 군벌들이 현재의 무정부 상태에서 이득을 보고 있는 것인지도 모르지만, 그런 상황이 질서를 필요로 하는 중국인들과 영토가 필요한 일본인들에게는 아무런 도움이 되지 않는다고 주장했다. 이타가키는 이렇게 썼다. "프롤레타리아 계급은 국가의 부를 공평하게 분배하도록 요구해야 한다고 생각한다. 이러한 관점에서 볼 때 자원이 빈약한 일본 안에서는 민족 전체의 생활을 보장할 수 있는 근본적인 해결책을 찾을 수 없다." 이런 논리는 대러시아의 프롤레타리아 계급을 위해 아시아의 식민지를 착취한다는 소비에트의 논리와 기본적으로 똑같다. 만주는 봉건적인 군벌들과 부르주아 자본가들로부터 해방되어 일본 프롤레타리아 계급의 식민지가 될 것이다! 하지만 이런 변혁을 일으킬 수단은 혁명적인 폭동이 아니라 관동군이었다.[68] 1928년 6월 4일 두 사람은 일본의 만주 점령을 위한 첫걸음을 떼었다. 만주 최대의 군벌인 장쭤린 원수가 살해되었다. 일본군이 전용 열차에 다이너마이트를 설치하여 잠들어 있던 그를 저세상으로 날려 버린 것이다. 이 사건은 동양에서 벌어질 국제 전쟁의 서막과도 같았다. 그러나 흥미롭게도 중국의 보호자를 자처하며 일본을 타일렀던 미국은 이 사건에 전혀 관심을 보이지 않았다. 「필라델피아 레코드 Philadelphia Record」지는 "미국 국민은 누가 중국 북부를 지배하든 조금도 상관하지 않는다"고 논평했다.[69] 당시 미국은 그들만의 멜로드라마를 제작하는 데 여념이 없었다.

제 **6** 장

마지막 이상향

인종 편견과 아메리카니즘

중국 북부의 문제에는 관심이 없다고 선언한 미국의 태도는 일종의 허세였고 치밀하게 꾸며진 자기기만이었다. 106개의 인종 집단으로 이루어진 나라이며 이미 세계의 축소판이 된 미국은 사건 발생지가 어디든 세계적으로 중요한 사건에 완전히 눈을 감을 수는 없었다.[1] 미국의 반일 정책은 무엇보다 미국에 거주하는 일본 소수 인종에 대한 불안과 동요 때문에 생겨났다. 이것은 미국이 미국 사회의 본질과 목적에 관해 벌이고 있던 거대한 논쟁의 일면에 지나지 않았다. 미국인은 누구인가? 미국은 무엇을 위해 존재하는가? 많은 미국인, 어쩌면 대부분의 미국인이 자신의 나라를 마지막 아르카디아(Arcadia), 즉 목가적인 이상향으로 생각하고 있었다. 미국은 대양이 두르고 있는 해안 너머 타락한 세계의 오래된 아둔함과 사악함에서 벗어난 도피처, 유토피아였다. 그러나 어떻게 이 아르카디아를 지킬 것인가? 이것을 위해서는 전 세계를 대상으로 외교 정책을 펼쳐야 했다. 자, 그러면 어떻게 진정한 아르카디아인을 창조할 것인가? 그들은 그 해답으로 인종 정책을 선택했다. 이 두 가지 목표는 풀리지 않는 매듭처럼 서로 연관되어 있었다.

미국에서 인종을 융합한다는 생각은 이미 헥터 크레브쾨르(Hector Crevecoeur)와 토머스 제퍼슨(Thomas Jefferson) 시대부터 존재했다. 이러한 생각은 이즈라엘 쟁윌(Israel Zangwill)의 작품「도가니 The Melting-pot」에서 탁월하게 표현되었다. 이 연극은 1908년 뉴욕에서 대성공을 거두었다. 새로운 영화 산업은 그 시초부터 다인종주의의 축소판이었다. 초기의 작품들이 증명해 주듯이 영화는 인종주의적인 사고방식에 사로잡혀 있었다. 그런데 이 도가니 안에 어떤 비율로 구성 성분을 채워 넣어야 하는 걸까? 제1차 세계대전 무렵에는 이미 무제한적인 이민이 실패한 정책으로 보이기 시작했다.

1915년 조지아 주 순회 목사 윌리엄 시몬스(William Simmons)가 KKK단(Ku Klux Klan)을 창설했다. 이 조직은 도덕적·정치적으로 질이 다른 소수 인종 집단을 지배하기 위해 만들어졌다. 이듬해 출판된『위대한 인종의 소멸 The Passing of the Great Race』에서 메디슨 그랜트(Madison Grant)는 KKK단의 목적을 강력히 지지했다. 그랜트는 이 책을 통해 유럽의 '우월 인종' 이론을 미국의 토양에 맞게 옮겨 놓았다. 이 의사과학(擬似科學) 베스트셀러는 제한이 없는 이민 때문에 미국에서는 이미 "출생의 특권이 파괴되었다"고 주장했다. "훌륭한 혈통의 사람이 태어날 때 가지게 되는 지적·도덕적 장점"이 훼손되었다는 것이다. 그의 주장에 따르면, 이 인종적인 '도가니'의 결과는 멕시코에서 찾아볼 수 있었다. 멕시코에서는 "스페인 정복자들의 피가 인디언 원주민들과 섞여서 질이 낮은 혼혈"이 태어났으며, 이들은 "자치 능력이 없는 멕시코의 상황을 여실히 대변하고 있다." "고등 인종"의 장점은 "매우 불안정한 상태"에 있으며, "보통의 인종이나 미개한 인종과 섞이면" 쉽게 사라진다. 따라서 "백인과 흑인의 혼혈은 흑인이 되고 …… 유럽의 세 인종 가운데 어느 쪽이든 유대인과 피를 섞

▶ KKK단
원래 2개의 서로 다른 조직을 일컫는 말로, 하나는 남북전쟁이 끝난 직후에 설립되어
1870년대까지 계속된 조직이고, 또 하나는 1915년에 창단되어 현재까지 지속되고 있는
조직이다. 후자는 미국의 이민배척주의 전통에 뿌리를 두고 있다.

으면 유대인이 된다.”[2]

하이램 웨슬리 에번스(Hiram Wesley Evans)는 ‘퇴화’에 대한 이런 두려
움을 이용했다. 댈러스 지방의 치과 의사였던 그는 가장 영향력 있는 KKK
단의 지도자였다. 그는 KKK단의 활동을 앵글로색슨 지상주의 문화 운동
으로 발전시켜 동부와 중서부에서 4,000만 명으로 추산되는 회원을 모집
했다. 그는 자신을 “가장 평범한 미국인”이라고 소개했으며, KKK단이 “예
전의 개척민 혈통을 이어받은 대다수 미국인들, 즉 북유럽 인종”을 대변하
며, 이들이야말로 “많은 결점에도 불구하고 세계에 거의 모든 현대 문명을
선사한 인종”이라고 주장했다.[3] 인종에 매긴 서열은 지역 투표구에 따라
상당한 차이가 있기는 했지만, 정치 선전에서 보편적으로 받아들여졌다.
앵글로색슨 지상주의를 지지했던 상원 의원 헨리 캐벗 로지는 선거 유세
기간에 신중하게 “영어를 구사하는 사람들”이라는 말을 사용했다. 워런
하딩의 선거 운동 책임자인 윌 헤이즈(Will Hays)는 하딩의 혈통이 “앵글

로색슨족, 독일인, 스코틀랜드계 아일랜드인, 네덜란드인의 피가 흐르는 최상의 개척민 혈통"이라고 선전하고 다녔다.[4]

미국이 세계대전에 참전하게 되자 애국심과 함께 외국인 배척 감정이 큰 영향력을 얻게 되었다. 다양한 인종주의를 정당하게 생각하고 동질적이지 않은 인종 집단과 소수 민족에게 압력을 가했다. 윌슨 대통령은 이러한 감정적인 발작 — 제2차 세계대전 후의 맥카시즘(McCarthysm)보다 더 폭력적이고 과격했다 — 을 예상했고 두려워했지만, 그럼에도 1917년에 간첩 행위 금지법, 1918년에 선동 금지법에 서명했다. 선동 금지법에 따르면, 미국 정부나 국기, 군복에 "충성하지 않거나 모독하거나 매도하는" 의견을 표명하면 그 결과에 상관없이 처벌을 받았다. 이제 미국인들은 적십자나 YMCA, 아니면 정부 집행 예산을 비판해도 기소를 당하게 되었다.[5] 연방 대법관이었던 루이스 브랜다이스(Louis Brandeis)와 올리버 웬델 홈스(Oliver Wendell Holmes)는 이런 불관용의 물결에 저항했다. 홈스는 쉔크 판결(Schenk v. United States, 1919년)에서 자유로운 발언의 제한은 그 발언이 명백하게 당장 위험을 일으킬 성격을 띠고 있을 때에만 합법적이라고 못 박았다. 그는 또 선동죄의 판결을 지지하는 에이브럼스 판결(Abrams v. United States)에 이의를 제기하며, "진실에 관한 최상의 시험은 어떤 생각이 자력으로 시장의 경쟁을 통해 받아들여질 수 있는가" 하는 것이라고 주장했다. 이 주장은 밀턴(John Milton)이 『아레오파기티카 Areopagatica』에서 펼친 논지를 새롭게 고쳐 말한 것이다.[6] 그러나 당시 이들은 소수에 지나지 않았다. 국가 안보 동맹이나 국가 시민 연합 같은 애국 단체들이 평화의 시기까지 계속 활동했다. 1919년의 모토는 '미국화'였다.

1919년 가을 윌슨이 병으로 쓰러진 뒤부터 미국에는 사실상 정부가 존재하지 않았다. 따라서 짧은 전후(戰後) 호황이 끝나고 1920년에 갑작스럽게 닥친 경기 침체를 막을 수 없었을 뿐 아니라, 경기 침체로 일어난 폭발적인 외국인 혐오증도 다스릴 수가 없었다. 이에 대한 책임은 법무장관 미첼 파머(Mitchell Palmer)에게 있다. 그는 전쟁 기간에 외국인 자산 관리관이었는데 인기가 전혀 없었고, 1919년 봄 무정부주의자가 던진 폭탄이 집 앞에서 폭발하면서 거의 죽을 뻔했다. 그 뒤 그는 외국 출신의 위험 분자와 선동가에 대한 전 국가적인 공세를 주도해 나갔다. 1919년 11월 4일 그는 의회에 다음과 같이 긴 제목을 붙인 보고서를 제출했다. '법무부는 미국 내에서 트로츠키 노선에 따라 조직된 6만 명 이상의 선동가를 어떻게 찾아냈는가? …… 현재 정부가 추진 중인 외국 오염 세력들의 일소에 관한 비밀 정보' 그는 트로츠키를 "악랄한 외국인"으로 묘사했다. "뉴욕 시에 왔던 외국인 중에 누구보다 저질이며, 러시아에서 수십만 명이 굶주리고 잠잘 곳도 찾지 못하고 있을 때 차르의 침대에서 마음 편히 잘 수 있는 인물"이라고 비난했다. "혁명에 대한 생각으로 머릿속을 가득 채운 트로츠키의 날카로운 혀는 교회의 제단을 핥고 학교의 종탑을 넘어 신성한 미국 가정 안으로 스며들어 …… 결혼 서약을 방탕한 관례로 바꾸려 하고 있다."[7] 1920년 새해 첫날 파머 장관의 명령으로 법무부는 일제히 검거에 들어가, 6,000명 이상의 외국인을 체포했다. 이들 대부분은 국외로 추방되었다. 뒤따른 '적색 공포'로 뉴욕 주 의회에서 다섯 명이 사회주의자라는 혐의로 의원 자격을 박탈당했고, 어떤 의원은 하원에서 두 번이나 쫓겨났다. 병역을 기피했던 이탈리아인 무정부주의자 니콜라 사코(Nicola Sacco)와 바르톨로메오 반체티(Bartolomeo Vanzetti)는 매사추세츠에 사는 경리 부장을 죽였다는 혐의를 받았다. 이 혐의는 편견에 가득 차 있었지만, 재판은 1927년까지 계속되다가 결국 사형을 언도했다.

더 영속적인 결과를 가져온 것은 1921년의 이민 할당법이었다. 이 법은

1910년의 인구 조사에서 나타난 미국 내 각 국적의 거주자 수를 토대로, 한 해의 이민자를 이 수의 3퍼센트로 제한했다. 가능한 한 인종적 균형을 그대로 유지하려는 의도였다. 이런 의도는 1924년에 존슨리드법(Johnson-Reed Act)으로 강화되었다. 존슨리드법은 1890년 미국 내 각 국적 거주자의 2퍼센트로 이민자 할당을 낮추었다. 이 법은 (캐나다인과 멕시코인은 예외였지만) 일본인들의 입국을 막았으며, 이민자 할당을 낮추는 데 그치지 않고 용의주도하게 동유럽과 남유럽 출신보다 북유럽과 서유럽 출신에게 혜택을 주었다. 1929년 한 번 더 압박이 가해졌다. 1920년대 미국 인구의 인종 분석을 토대로 한 법령이 미국 대량 이민에 종지부를 찍었다. 아르카디아는 이제 만원이었다. 문은 닫혔고 인종 구성비는 결정되어 앞으로 변하지 않을 것이라고 선언되었다.

새로운 외국인 혐오증을 비판하는 사람들은 많았다. 1920년 7월 23일 월터 리프먼은 전쟁 당시 상관이었던 육군장관 뉴턴 베이커(Newton Baker)에게 이렇게 썼다. "우리나라 역사상 가장 광대한 이상을 표방하고 있는 행정부가 100여 년간의 그 어떤 정권보다 열심히 기본적인 미국의 자유를 위험으로 몰아넣기 위해 애쓰고 있다는 것은 도무지 믿기 어려운 일입니다. …… 지금 행정부는 공포 정치를 하고 있습니다. 이런 상황에서는 정직한 판단이 불가능하며, 온건한 태도는 홀대받고, 공포가 이성을 대신하게 됩니다."[8] 볼티모어의 독일계 비평가 멩켄(Henry L. Mencken)은 1920년대 가장 영향력 있는 저널리스트였다. 그는 1920년 9월 13일자 「볼티모어 이브닝 선 Baltimore Evening Sun」 지에서 미첼 파머를 "냉혹함과 부정직, 부당함 면에서 독보적인 인물"이라고 평했다. 2주 뒤 그는 법무부가 "미국 역사상 유례가 없는 정보활동 조직을 가동하고 있다"고 비난했다. "러시아, 오스트리아, 이탈리아 역사에서도 필적할 만한 예를 찾아보기 힘들다. 이러한 조직은 일상적으로 헌법상의 권리를 무시한 채 폭력적인 방법으로 사람들을 뒤쫓고, 죄 없는 사람들의 죄를 만들어 내기 위해 증거를 조작하고, 온 땅을 밀정으로 가득 채우고 이웃끼리 서로 반목하게 하며, 공공 언론을 선동적인 거짓말로 들끓게 하고, 악의적이고 은밀한 비행과 비겁한 소행을 조장하고 있다."[9] 사회학자 호레이스 켈렌(Horace Kellen)은 '미국화'가 단순히 1850년대 반(反)가톨릭적 무지주의의 재연이며, 프로테스탄트 근본주의의 한 형태라고 주장했다. 그의 말에 따르면, 1924년에 제정한 존슨리드법이나 퀘이커교도인 법무장관 파머의 마녀 사냥, 침례교도인 자동차 회사 사장 포드의 가혹한 유대인 박해, KKK단의 악의적인 집단 무언극, 메디슨 그랜트의 인종적 발언 등은 여기서 비롯된 것이다. 물론 여기에는 거트루드 애서톤(Gertrude Atherton) 부인의 소설이나 「새터데이 이브닝 포스트 Saturday Evening Post」지에서 볼 수 있는 소박한 애국심의 표현도 포함되었다.[10]

미국이 정말 실체가 있다면 그것은 프로테스탄트 종교 문명이며, 파머의 외국인 혐오증은 단순히 미국 윤리의 가장 가치 있는 부분이 왜곡되거나 극단적으로 표현된 것에 지나지 않았다. 이후 미국의 '교양인(highbrow)' — 1915년 비평가 밴 윅 브룩스(Van Wyck Brooks)가 처음 사용한 이 말은 프랑스의 '지식인(intelligentsia)'이라는 말보다 적절할 것이다 — 들은 딜레마에 직면하게 되었다. 사회의 왜곡된 상태를 공격하면 제퍼슨의 민주주의에서 비롯된 '아메리카니즘'의 실체를 공격하는 위험에 처할 수 있었다. 만약 이것을 잃는다면 미국 문화는 유럽에서 떨어져 나온 또 하나의 문화에 지나지 않았다. 파머가 외국인들을 사냥하고 있는 동안 미국 동해안의 교양인들은 『헨리 애덤스의 교육 The Education of Henry Adams』을 읽고 있었다. 보스턴의 전형적인 명문가 출신인, 헨리 애덤스(Henry Adams)의 자서전은 그가 죽은 후 1918년 10월 매사추세츠 역사 협회가 출간했다. 교육 받은 지식인의 환멸을 표현하고 있는 이 책은 이때부터 1920년 봄까지 논픽션 부분에서 가장 인기 있는 책이었다. 국민 문화 ― 특히 야만적인 억압으로 강요한 문화 ― 의 개념을 거부한다는 점에서, 이 책은 스트레이치의 『빅토리아 시대의 명사들』의 미국판이라고 볼 수 있다. 애덤스는 국민 문화 대신 '다양성'을 얘기했지만, 어쨌든 신생 국가 미국에서 최상의 교육을 받은 사람들이 가장 무기력하다는 것을 비관적인 어조로 강조했다.

그러나 사실 동해안의 교양인들은 결코 무기력하지 않았다. 다음 60년간 그들은 미국(그리고 세계) 정책에 대단한 영향력을 행사했다. 그들의 영향력은 그들의 수나 본분에 어울리지 않을 정도였다. 그러나 그들은 미국에 관해 이중적인 태도를 취했다. 1917년 봄, 밴 윅 브룩스는 창간에 참여했던 『세븐 아트 Seven Art』지에 '국민 문화에 관해'라는 글을 썼다. 여기서 그는 그때까지 미국이 다른 문화에서 "최상의 것"을 받아들였다고 주장했다. 이제 미국은 진정한 문화의 원천인 기본적인 생활 체험을 통해 미국 고유의 문화를 창조해야만 했다. 미국은 자신만의 고유한 드라마를 체험함으로써, 그가 말한 "산업주의 문화"를 통해 "맹목적이고 이기적이며 혼란스런 국민에서 벗어나 빛 속에서 살며 서로 빛을 나눠주는 영광스런 국민"이 되어야 했다.[11] 브룩스는 친구 랜돌프 본(Randolph Bourne)의 견해를 지지했다. 랜돌프 본은 도가니 이론 전체가 불합리하다고 생각했다. 그 이론이 이주민들을 가짜 앵글로색슨족으로 만들었기 때문이다. 브룩스는 미국이 유럽식 민족주의로 움츠러들지 말고 세계주의라는 "더 진취적인 이상"을 품고 "최초의 국제적인 국가"가 되어야 한다고 주장했다.[12] 하지만 이것은 무엇을 의미하는가? 데이비드 로런스는 미국이 피로 맺어진 조국이 아니며, 아직은 그렇게 되지 않았다는 사실을 정확하게 지적했다. 융은 다른 식으로 표현했다. 그는 미국인들은 "그들의 무의식 속에서 고향에 있는 것이 아니다"라고 말했다. 브룩스는 "성공보다는 정신적 가치에 관심을 가진 사람들"이라고 말한 1920년대의 지식인들과 함께 미국인들의 세계주의를 찾아보기 위해 코네티컷의 웨스트포트로 이주했다. 하지만 거기서 옛 문화에 대한 강한 향수를 느꼈다. 그는 자서전에서 "종종 예리한 통증처럼 유럽 풍경이 그리워지곤 했다"고 고백했다. "좀처럼 떠나지 않는 박탈감을 완전히 없애기 위해서는 오랫동안 미국식 삶에 젖어들어야 했다. 하지만 이런 이중성은 20세기 나의 세계관의 특징이었다."[13] 1919년 5월 친구 월도 프랭크(Waldo Frank)가 중서부로 이주할 계획이라는 말을 듣고 브룩스는 그에게 편지를 썼다. "작가로 살려는 우리의 의지는 유럽과의 접촉을 통해 형성되었네. 아니면 적어도 그 때문에 그런 의지가 남아 있는 거겠지. 월도, 사람들이 서부에 관해 하는 얘기를 믿지 말게. 미국 대륙에 조금이라도 산소가 있다면 그것을 독점하는 것은 우리 뉴욕 주민과 뉴잉글랜드인이라는 사실을 잊지 말게.[14]

이것은 실로 오만한 생각이다. 그러나 이처럼 솔직하게 표현하지는 않더라도 이런 목소리는 20세기에 수십 년간 미국에서 메아리쳤다. 그러나 중서부가 없다면 미국은 무엇인가? 남미에 있는 히스패닉 연안 국가들처럼 그저 북미 동해안의 연안 국가일 뿐이다. 1920년대 동해안의 교양인들이 가장 증오하던 인물은 윌리엄 제닝스 브라이언(William Jennings Bryan)이었다. 그는 일리노이 주의 민주당원으로 "인류를 돈의 십자가에 매달아서는 안 된다"며 금권(金權)을 비난했다. 그는 제국주의에 반대했고 세계대전 참전 움직임에 항의하여 1915년 국무장관직을 사임했으며, 말년에는 1925년의 스콥스(Scopes) 재판에서 다윈의 진화론에 반대해 검찰 측 변호를 맡았다. 기본적으로 브라이언은 민주적이고 진보적인 목표가 있었다. 그는 여성의 참정권과 연방 소득세, 연방준비은행을 위해 싸웠고, 상원 의원의 보통 선거, 선거 기부금의 공개, 필리핀의 독립, 노동부의 창설을 주장했다. 그러나 그가 추구한 가치들은 대중적인 것이었고, 경멸적인 표현으로는 '대중'의 것이었다. 그는 지성적이라 할 수 없는 언어를 사용했다. 아내의 일기를 보면, 동부의 언론이 브라이언의 노력을 오해하거나 완전히 도외시하여 두 사람이 얼마나 큰 고통을 받았는지 알 수 있다.[15] 스콥스 재판에서 그는 진화론을 가르치는 것을 반대한 게 아니라 공립학교에서 종교적 신념이 약화되는 것을 막고자 했다. 그는 진화론을 사실이 아닌 이론으로 가르쳐야 하고, 부모나 납세자들이 학교에서 일어나는 일에 관해 발언할 수 있어야 하며, 교사는 법을 지켜야 한다고 주장했다. 브라이언은 자신이 학문 엘리트들의 위압적인 독재에 저항하고 있다고 생각했다. 엘리트들은 자신들이 진정한 지식을 독점하고 있다고 공언했던 것이다.[16]

철학자 존 듀이는 진화론에 반대하는 브라이언의 개혁 운동에 반대하면서, 동해안의 지식인들에게는 반진화론 운동을 대표하는 세력이 "지나치게 몰두해 있지만 않다면 그다지 위험하지 않을 것이다. 그것이 마땅하며 다행한 일이다"라고 말했다. 그는 분열을 두려워했지만, 지도적인 위치에 있는 동해안의 교양인들과 나중 세대가 '미국의 중산계급' 또는 '침묵하는 다수파'라고 불렀던 사람들 간의 틈을 이미 내다보고 있었다. 진화론은 서로 다른 견해의 대립을 보여 주는 단순한 예에 불과했다. 1922년 발표된 존 듀이의 논문 「미국의 지적 변경 The American Intellectual Frontier」에서 그는 『뉴 리퍼블릭 New Republic』 구독자들에게 브라이언을 단순히 계몽주의의 반대자로 무시할 수 없다고 말했다. 그는 "전형적인 민주 인물이고 이를 부정할 수는 없기" 때문이었다. 물론 그는 평범했다. 그러나 "민주주의는 본질적으로 평범함을 장려하는 것이다." 게다가 그가 대변하는 가치는 대부분 미국 사회의 본질적인 요소들이고 그 중 일부는 최상의 것이라고 할 수 있었다.

교회에 다니는 계층들, 즉 복음주의 기독교의 영향 아래 있는 사람들, 이런 사람들이 박애주의 사회사업, 정치 행위를 통한 사회 개혁, 평화주의, 대중 선거의 중추를 이루고 있다. 이들은 경제적으로 어려움에 처한 사람들에게 친절과 선의를 나타내고 이를 구체적인 형태로 표현한다. 다른 나라에 대해서도 마찬가지다. 특히 그 나라가 공화제 형태의 정부를 지향하는 경우는 더욱 그렇다. 대초원의 땅 중서부는 적극적인 박애주의 활동과 정치적 진보주의의 중심이 되어왔다. 그곳이 이런 사람들의 고향이기 때문이다. …… 그들은 교육을 신뢰하고 자식들에게 더 나은 기회를 줄 수 있기를 바란다. …… 공평한 처사와 만인을 위한 균등한 기회를 호소할 경우 중서부는 언제나 이에 호응했다. …… 중서부는 노예 제도 폐지를 주장하는 링컨을 따랐고, '악덕' 기업과 부의 집중을 비난하는 루스벨트를 지지했다. …… 이 땅은 그 말의 어느 의미로 보나 모든 경향에서 보나 딱 중간이다.[17]

고유한 미국 문화가 있다면, 이것이 바로 미국 고유의 문화였다. 따라서 동해안의 세계주의는 대항문화가 될 위험이 있었고, 미국을 '문화'와 '문명' 간의 내부 갈등에 말려들게 할 소지가 있었다. 문화와 문명의 갈등은 바이마르 독일을 분열시켜 전체주의로 가는 문을 열어 놓지 않았던가. 실제로 갈등은 이미 존재하고 있었다. 이런 갈등은 금주령을 통해 악의적인 형태로 표현되었다. 브라이언은 수정 헌법 18조 전국 금주법(National

Prohibition)의 비준을 위해 노력했고, 그의 비상한 노력을 기념하는 은컵을 선물 받았다. 곧바로 미국을 금주 국가로 바꾸기 위한 볼스테드법 (Volstead Act)이 제정되었다. 이 법은 미첼 파머가 외국인 무정부주의자들에게 공격을 가한 1920년 1월에 발효되었다. 사실 이 두 사건은 밀접한 관련을 맺고 있다. 억압적인 경향을 지닌 금주령은 미국을 '미국화' 하려는 시도였다. 개혁가들은 금주령이 주로 "이주 노동자들"의 "질 나쁜 음주 습관"을 겨냥하고 있다고 공개적으로 밝혔다.[18] 새로운 할당 이민 제도처럼 그것은 아르카디아를 보존하고 아르카디아인을 순수한 상태로 지키기 위한 시도였다. 미국은 유토피아 사회로 건국되었고, 링컨(Abraham Lincoln)이 반쯤은 진심으로 반쯤은 냉소적으로 말한 "거의 선택받은 사람들"이 살고 있는 땅이었다. 수정 헌법 18조는 천년 왕국을 위해 전력을 기울인 마지막 시도였다.

그러나 전력을 기울일 의도였다 하더라도 행동은 그렇지 못했다. 그것은 미국 사회의 이중성을 보여 주는 또 하나의 사례였다. 미국은 수정 헌법 18조를 비준하면서 그 목적은 지지했지만 수단은 지지하지 않았다. 볼스테드법은 실상 효과를 기대할 수 없는 타협의 산물이었다. 만약 이 법을 집행하기 위한 가차없는 수단이 주어졌더라면, 볼스테드법은 법으로 성립되는 것조차 불가능했을 것이다. 금주국은 재무부 소속이었다. 금주국을 사법부 관할로 이관하려는 노력은 결실을 맺지 못했다. 이후 대통령들은 효과적인 금주 단속에 필요한 정부 지출금의 승인을 거부했다.[19] 게다가 금주령에 담겨있는 유토피아주의는 미국 사회에 깊이 뿌리를 내리고 있었지만, 기업 활동의 무한한 자유라는 원칙 또한 미국의 강력한 전통이었다. 미국은 지구상에서 전체주의 사회와 가장 거리가 먼 나라였다 미국에는 충족되지 않은 수요가 등장했을 때 시장의 힘을 억제할 장치가 아무것도 없었다.

따라서 밀주 갱들과 그 후원자들은 언제나 법률보다 큰 물리력과 재력을 행사할 수 있었다. 또한 그들은 대체로 훨씬 더 뛰어난 조직을 갖추고 있었다. 금주령은 법이 의도하지 않은 결과를 가져온 대표적인 사례로 꼽힐 것이다. 금주령은 외국 출신의 소수 민족을 앵글로색슨족으로 동화시킨 것이 아니라 그들끼리 뭉치게 했다. 뉴욕에서 밀주 사업을 하는 사람은 반이 유대인이었고, 4분의 1이 이탈리아인, 폴란드인과 아일랜드인이 각각 8분의 1이었다.[20] 시카고에서는 반이 이탈리아인, 반이 아일랜드인이었다. 이탈리아인들은 특히 효율적이고 저렴한 방식으로 밀주 유통 사업을 벌여나갔다. 그들은 시칠리아, 사르데냐, 나폴리에서 비밀 단체를 조직했던 경험뿐 아니라 혁명적인 생디칼리즘의 '전위 엘리트' 조직을 꾸려나갔던 경험에서 남들보다 앞서 있었다. 금주령은 사회를 뒤집어 버릴 수 있는 다시없는 기회를 제공했다. 부패한 '빅 빌(Big Bill)' 톰슨(William Thompson)이 시장으로 있던 시카고에서 특히 그랬다. 존 토리오(John Torrio)라는 인물은 1920~24년에 대규모 밀주 제조업으로 돈을 벌어 1925년 이탈리아로 돌아갔을 때 3,000만 달러의 재산을 거머쥐고 있었다. 그는 완벽한 관리 원칙을 실천했다. 모든 관리에게 다양한 액수의 뇌물을 먹였고, 모든 선거에 부정으로 개입했다.[21] 그는 양질의 맥주를 배럴 당 50달러라는 싼 가격으로 공급했다. 그의 성공은 정략적인 수완으로 폭력을 막았기 때문에 가능했다. 그는 다른 갱단들과 협정을 맺고 구역을 공평하게 나누었다.[22] 토리오의 보좌관이자 후계자였던 알폰소 카포네(Alphonso Capone)는 토리오에 비해 정치 감각이 부족했다. 따라서 토리오만큼 성공을 거두지는 못했다. 아일랜드계 갱들은 일반적으로 장기적인 안목이 부족했고 주로 폭력적인 해결책에 의존했다. 이러한 상황에서 갱단 간의 싸움이 끊이지 않았다. 대중은 분개했고 당국은 개입하지 않을 수 없었다.

그러나 일반적으로 밀주 제조업자들은 대중의 지지를 받으며 활동했다. 어떤 도시에서나 마찬가지였다. 대부분의 도시 남자들(그리고 여자들)은 멩켄의 견해에 동조했다. 멩켄은 금주령이 "무지한 시골뜨기들의 작품"이라고 생각했다. "그들은 약아빠진 도시인들이 훌륭한 와인과 위스키를 마시는 반면 자신들은 익지도 않은 옥수수 위스키를 들이켜야 한다는 데 화가 났던 것이다. …… 생각해 보면, 금주법의 배후에는 도시인에 대한 촌사람들의 질투 외에는 아무것도 없다. 도시인이 오늘날 훨씬 더 풍족한 생활을 하고 있기 때문이다."[23] 개혁파 시장을 둔 도시에서도 도시 전체에 금주를 강요하는 것은 불가능했다. 미국 해병대 장군 스메들리 버틀러(Smedley Butler)는 1924년 깨끗한 새 행정부 아래서 필라델피아 경찰 책임자가 되었지만, 2년도 안 되어 사임할 수밖에 없었다. 그의 말에 따르면, 그 일은 시간 낭비였다. 양당의 정치가들은 관계 당국에 아무런 도움도 주지 않았다. 1920년 샌프란시스코의 민주당대회에서 정치인들은 시장이 공짜로 제공한 최고급 위스키를 즐겼다. 공화당원들은 1924년 클리블랜드 공화당대회에서 위스키 대신 쓰디쓴 좌절감을 맛보았다. 금주 단속반원들이 "시를 감시하고" 있었기 때문이다. 멩켄의 말에 따르면, 그들은 "대단히 사나웠다." 사실 금주법은 광대한 지역에 걸쳐 대부분의 기간에 대체로 무시되었다. 멩켄은 이렇게 주장했다. "시골의 매우 후미진 지역이라 해도 술을 원하는 사람이 얻지 못하는 경우는 없었다."[24]

노르웨이에서도 이와 유사한 양상을 볼 수 있었다. 거기서도 금주법을 강제로 집행할 수는 없었다. 노르웨이는 1919년 10월 국민 투표에서 5대 3의 비율로 금주법을 통과시키고 술과 독한 와인을 금지했다. 그러나 노르웨이는 1926년 다시 실시한 국민 투표에서 금주법을 폐기할 정도로 정신이 온전했다.[25] 미국은 노르웨이보다 두 배 정도 긴 기간 금주령을 유지했고 결과는 훨씬 더 심각했다. 저널리스트 월터 리겟(Walter Ligget)은 이 분야에 관한 한 가장 뛰어난 전문가다. 그는 1930년 2월 하원 사법 위원회에서 "금주령이 시행되기 전보다 훨씬 더 많은 술이 …… 훨씬 더 나쁜 환경에서 …… 소비되고" 있으며, 이를 뒷받침할 "상세하고 명백한 증거가 트럭 한 대분"은 있다고 증언했다. 리겟의 주장에 따르면, 워싱턴 시에는 금주령이 시행되기 이전에 300개의 주류 판매 허가를 받은 술집이 있었다. 그러나 금주법이 시행된 후 700개의 무허가 술집이 성행했고, 4,000명의 밀주 제조업자가 술을 공급했다. 경찰 기록은 10년간 술에 취해서 체포되는 사람이 세 배로 증가했음을 보여 준다. 매사추세츠는 1,000개의 허가 술집이 4,000개의 무허가 술집으로 늘어났으며, 여기에 보스턴에 있는 4,000개의 무허가 술집까지 더해야 했다. "보스턴에는 오로지 불법적으로 술을 조달하는 일에만 종사하는 사람이 적어도 15,000명은 되었다." 캔자스 주는 최초로 금주법을 시행했던 지역으로, 따져보면 거의 반세기 동안 금주법이 시행되었다. "캔자스 주의 도시는 어디든 처음 가는 곳이라고 하더라도 도착한 후 15분 만에, 그것도 아주 좋은 술을 구할 수 있다." 모든 수준에 걸친 전반적인 부패가 이 일을 가능하게 했다. 디트로이트에는 2만 개의 무허가 술집이 존재했다. 리겟은 계속해서 다음과 같이 말했다.

작년 11월에 있었던 일입니다. 디트로이트 시에서 제 관심을 끈 것은 대로변에 있는 술집에서 벌어진 왁자지껄한 파티였습니다. 그것은 정말 광란의 파티였습니다. 술은 데니 머피(Denny Murphy)라는 디트로이트의 거물 도박꾼이 무료로 제공했고, 그 술판에는 …… 미시간 주지사, 디트로이트 시 경찰서장, 미시간 주 경찰서장, 정치인, 일류 클럽 회원, 도박꾼, 범죄자, 밀주 제조업자들이 있었습니다. 거기 있는 모든 사람은 주신(酒

神) 바쿠스(Bacchus) 밑에서 완벽한 평등 정신으로 형제애를 나누고 있었습니다. 미시간 주 순회 판사도 네 명이나 끼어 있었습니다. 나중에는 그 자리에 발가벗은 댄서들이 등장했습니다. …… 여러분도 오늘날 이런 위선이 이 나라 전체에 퍼져 있다는 것을 아실 겁니다.[26]

리겟이 지적했듯이 금주령의 단속을 피한 밀주 제조업으로 엄청난 돈이 생겨났고, 이 돈은 다른 범죄에 다시 투자되었다. 매춘, 그리고 무엇보다 도박에 돈이 몰렸다. 도박 사업은 이때 처음으로 체계적이고 어느 정도 합법적인 틀을 마련했다. 최근의 연구는 금주령이 미국 조직범죄의 규모와 기술 면에서 질적이고 영속적인 변화를 가져왔다는 것을 확인시켜 주었다. 대규모로 맥주를 운반하려면 조직력이 필요했고, 여기서 다져진 조직력은 곧 다른 곳에 이용되었다. 1920년대 초 처음으로 도박 조직이 미국 전역에서 판돈을 걸 수 있도록 전화 은행을 이용했다. 마이어 랜스키(Meyer Lansky)와 벤저민 시겔(Benjamin Siegel)은 국가 차원의 거대한 도박 제국을 건설하기 위해 밀주를 제조하는 사업 조직을 이용했다. 이렇듯 금주령은 미국에서 대형 범죄의 시발점이 되었다. 물론 이런 범죄 조직은 금주령을 철회한 수정 헌법 21조가 1933년 12월에 비준된 뒤에도 여전히 살아남았다. 1930년대 조직범죄는 성장을 거듭했고, 1944년부터는 라스베이거스라는 작은 사막 도시가 도박의 세계적인 수도로 탈바꿈했다. 금주령은 소수 민족을 '미국화' 하는 것과는 거리가 멀었고, 오히려 범죄의 특정한 양상을 통해 소수 민족 집단의 특성을 강화시키는 결과를 초래했다. 이탈리아인, 유대인, 아일랜드인이 그러했고 흑인도 마찬가지였다. 1920년대 초 서부 인디언들이 흑인 사회에 '숫자 게임' 과 여러 도박 방법을 들여와 뉴욕, 시가고, 필라델피아, 디트로이트의 흑인 지역에는 강력한 범죄 소굴이 형성되었다.[27] 1970년대 사법부의 법률 집행 지원 관리국에서 실시한 연구에 따르면, 1920년 금주령의 시행은 가장 잘 알려진 이주민 범죄 집안을 탄생시켰다. 이들 가문은 현재까지 번영을 누리고 있다.[28]

진실은 금주령이 서투르고 열의가 부족한 일종의 사회공학이었다는 것이다. 이 사회공학의 목표는 여러 인종이 뒤섞인 사회를 법을 통해 질적으로 동일하게 만드는 것이었다. 물론 여기에서 레닌식의 엄청난 잔혹 행위나 이를 흉내 낸 이탈리아 무솔리니의 폭력을 찾아볼 수는 없다. 그러나 금주령은 그 나름대로 사회적 도덕과 문명화된 결집력에 똑같은 타격을 주었다. 비극은 그것이 전혀 필요 없었다는 것이다. 미국의 기업가 중심의 시장 시스템은 피부색과 출신에 상관없이 모든 인종과 민족 집단을 함께 묶어준다는 점에서 그 자체로 균질화의 효과가 있었다. 독일과 폴란드의 거대한 이주민이 앵글로색슨의 틀 내에 흡수될 수 있었던 것은 놀랄 만한 일이다. 이것은 시장이 해낸 일이다. 미첼 파머는 미국 안에 있는 외국인들이 급진적인 정치적 변화를 불러올 것이라고 생각했는데, 그것은 오판이었다. 사실은 그 반대였다. 그들은 자유로운 제도를 찾아 닫힌 제도에서 도망쳐왔다. 그들은 자유로운 기업가 중심의 경제 시스템을 찾아 미국 땅을 밟은 것이다.

공화당의 시대

파머가 혁명이 일어나리라고 예상하고 있던 바로 그때 미국의 급진주의, 특히 집단주의 형태의 급진주의는 지속적인 쇠퇴의 시기에 들어갔다. 사실 급진주의는 미국에서 강한 세력을 형성한 적이 없다. 마르크스의 말년에 미국은 이미 가장 강력하고 창의적인 자본주의 경제를 구축하고 있었다. 마르크스는 왜 미국에서 프롤레타리아 혁명의 조건이 성숙할 기미를 보이지 않는지 도무지 이해할 수가 없었다. 그는 성숙한 자본주의에서는 프롤레타리아 혁명이 불가피하다고 주장하지 않았는가. 엥겔스는 이 난점을 해결하고자 했다. 그는 미국에서 사회주의가 약한 것은 "미국이 너무도 순수한 부르주아 국가이며 과거에 봉건 시대를 경험한 적이 없고, 따라서 순수한 부르주아 제도를 자랑으로 여기고 있기 때문"이라고 주장했다. 레닌은 1908년 "우리 시대 부르주아 문명의 모델이며 전형"인 미국에서는 "사회주의가 더없이 군건히 확립된 민주주의 조직과 상대해야 하고, 이 때문에 프롤레타리아 계급은 완전한 사회주의 임무에 매진해야 한다"고 생각했다. 안토니오 그람시는 '아메리카니즘'을 탓했다. 그람시의 정의에 따르면, 그것은 "순수한 합리주의로 봉건제에서 기인한 계급적인 가치를

H. G. Wells *Photographs* the **FUTURE**
in His Motion Picture
"THINGS to COME"

▶ 허버트 웰스(1866~1946)
국제연맹의 이념을 철저하게 신봉했던 웰스는 정치가들이 제1차 세계대전 후 평화를 정착시키지 못하자 이에 분노했고, 1930년대 내내 문명을 자멸로 몰아넣는 사건이 일어날 때마다 격동의 현장에 있었다. 사진은 *Modern Mechanix* 1936년 5월호에 실린 웰스 관련 기사.

전혀 찾아볼 수 없다." 허버트 웰스는 『미국의 미래 *The Future of America*』(1906년)에서 미국에 강력한 사회주의 정당이 없는 이유를 이에 상응하는 보수주의 정당이 없는 데서 찾았다. "영국인의 관점에서 볼 때, 모든 미국인은 자유주의자들이다."[29]

그러나 1920년대 전까지는 미국 좌파들이 정계에서 중요한 역할을 차지할 것이라고 생각했고, 거기에는 충분한 이유가 있었다. 1914년 이전에 사회당은 당원이 125,000명이었다. 여기에는 광부, 양조 노동자, 목수, 철강 노동자들의 지도자가 포함되었다. 사회당에 소속된 1,000명 이상의 사람이 공무원에 선출되었고, 여기에는 중요 도시 시장들과 하원 의원 2명도 포함되었다. 사회당 소속 대통령 후보 유진 데브스는 선거에서 6퍼센트의 표를 획득했다. 하지만 그 후 미국 좌파 세력은 계속해서 쇠퇴했다. 노동자당은 1920년대와 1930년대 초 몇몇 도시에서 성공을 거둔 적도 있다. 그러나 주류 사회주의 정당들은 허우적거리고 있었다. 사회주의 정당의 실책은 스스로 대중 정당인지, 압력 단체인지, 혁명 분파인지, 아니면 단순한 계몽 세력인지 결정하지 못하고 그 모든 것을 동시에 추구했다는 점이다.[30] 절망적이었던 1932년 사회당 후보 노먼 토머스(Norman Thomas)는 대통령 선거에서 2퍼센트의 표를 얻는 데 그쳤다. 공산당도 이와 비슷하게 미국 급진주의를 대변하는 새로운 세력이 되는 데 실패했고, 단순히 소비에트의 미국 지부로 전락하고 말았다.[31] 급진주의 세력으로는 1948년 대통령 선거에서 진보당 후보 헨리 월리스(Henry Wallace)가 얻었던 115만 표가 최고 득표였다. 그 후 30년 동안 퇴조가 이어졌다. 1976년 선거에서는 사회당과 다섯 개의 급진 정당이 후보자를 내세웠는데, 아무도 전체 8,000만 표 중 10만 표를 얻지 못했다. 후보자의 득표수를 모두 합해도 총 투표수의 0.25퍼센트에도 못 미쳤다. 1980년대에 들어설 무렵 미국에서는 독립적인 사회주의 정당 혹은 노동자 정당에 소속된 의원의 선거 사무소를 전혀 찾아볼 수 없었다. 이러한 예는 민주주의 산업 국가에서 미국이 유일했다.

이런 양상은 1920년대 정치 상황에 이미 예시되어 있었다. 영국, 오스트리아, 프랑스, 독일, 스페인, 그리고 스칸디나비아의 국가들에서는 사회민주당이 주요 야당이거나 정권을 잡고 있거나 정권에 참여하고 있었던 반면, 미국에서는 1920년대가 공화당의 시기였다. 공화당은 물론 링컨의 당이었다. 링컨은 노예를 해방하고 남북 전쟁을 승리로 이끌었다. 제1차 세계대전 때부터 북부의 도시로 몰려온 흑인들은 여전히 압도적으로 공화당에 지지표를 던졌다. 공화당은 또한 시어도어 루스벨트의 당이며 진보적 자본가 계급의 당이었다. 그러나 이와 동시에 사회적 보수주의와 자유시장경제를 대표하는 당이기도 했다. 1920년대 공화당의 지배력은 압도적이었다. 1920~32년에 공화당원들은 백악관과 상원을 완전히 장악하고 있었고, 하원도 거의 마찬가지였다. 이 기간에 공화당이 하원을 장악하지 못한 때는 1930~32년뿐이다.[32] 워런 하딩이 1920년 일반 투표에서 얻은 60.2퍼센트의 득표율(16,152,000표 대 9,147,000표)은 그때까지 최고 기록이었다. 그는 남부를 제외한 모든 주에서 승리를 거두었다. 공화당은 303 대 131로 하원에서 다수를 차지했고, 상원에서도 10석을 더 얻어 22석 차이의 과반수를 확보했다.[33] 1923년 캘빈 쿨리지는 15,725,000표를 획득하여 8,386,000표를 얻는 데 그친 민주당 후보 존 데이비스(John W. Davis)를 눌렀다. 1928년 허버트 후버는 21,391,000표 대 15,016,000표로 앨 스미스(Al Smith)를 이겼고, 선거인단 숫자에서도 444 대 87로 압승을 거두었다. 그는 북부 2개 주와 '굳건한 남부' 5개 주를 빼고 모든 주에서 승리를 거두었다. 사회주의자들은 득표수가 30만 표에도 못 미쳤고, 공산주의자들은 5만 표 미만이었다.[34]

이런 연속된 승리는 쿨리지가 말한 "이전에는 볼 수 없었던 만족스런 상태"를 가리키고 있었다. 그것은 민주적인 국민과 정부, 그리고 지배 정당이 지지하는 경제 시스템의 결합으로 이루어졌다. 이런 사례는 역사적으로 매우 드물고 충분히 살펴볼 만한 가치가 있다. 이를 위해서는 먼저 이 시대에 관한 통상적인 사료들의 배후를 조사해 보는 것이 필요하다. 이 시대를 움직인 두 인물 하딩과 쿨리지에 관해서는 특히 더 그렇다.

하딩은 55번째 생일 날 선거에서 승리했다. 역시 그답게 골프의 한 라운드를 돌며 이날을 축하했다. 그는 정치가 그다지 중요하지 않다고 생각했으며, 사람들이 정치에 열광할 필요도 없고, 정치가 사람들의 일상생활에 너무 깊숙이 침투해서는 안 된다고 생각했다. 그는 레닌이나 무솔리니, 히틀러, 혹은 유럽의 직업적인 사회민주당 정치가들과는 정확히 반대되는 사람이다. 하딩은 공화당의 정치적 본거지인 오하이오 출신이다. 오하이오는 1865년 이후 10명의 미국 대통령 가운데 6명을 배출했다. 하딩은 가난 속에서 성장했지만 소도시 신문 「메리언 스타 Marion Star」지를 창간하여 성공했고 은행, 전화 회사, 목재 회사, 건축 협회의 이사를 두루 역임했다. 그는 기품 있는 소도시의 미국인이었다. 잘생겼고 언제나 다정하고 친절했으며 위엄을 갖추고 있었다. 백악관 현관에서 몸소 손님을 맞는 것도 꺼리지 않았고 일요일에는 언제나 승마를 즐겼다. 그는 1920년 5월 보스턴에서 환호하는 군중을 향해 이렇게 말했다. "미국에 지금 필요한 것은 영웅적인 행동이 아니라 치유이며, 묘약이 아니라 정상 상태입니다. 혁명이 아니라 회복이 필요하며 …… 수술이 아니라 평안이 필요합니다."[35] 아르카디아로서의 미국이 그에게는 현실이었다. 어쨌든 그는 자신의 아르카디아를 지키고 싶었다. 집 앞에 전임 대통령 매킨리(William McKinley)의 깃발을 꽂아 놓고 '프런트 포치(front porch)' 운동을 전개해나갔다. 유명한 사람들이 연설을 듣기 위해 메리언으로 몰려들었다. 이 가운데는 앨 졸슨(Al Jolson), 에델 배리모어(Ethel Barrymore), 릴리언 기시(Lillian Gish), 펄 화이트(Pearl White)도 있었지만, 60만 명의 일반 시민도 있었다. 이 가운데 수천 명은 흑인이었다. 이 때문에 민주당에는 하딩에게 흑인의 피가 섞여 있다는 소문이 나돌았다. 모든 사람이 하딩을 좋아했다. 하딩의 가장 큰 결점을 꼽으라면, 그것은 바로 아내 플로시(Flossie Harding)였다. 그녀는 '공작 부인'이라고 불렸으며 날카로운 인상을 하고 있었다. 하딩은 (부인이 없을 때) "내 아내는 군악대가 지나갈 때마다 군악대 대장이 되고 싶어 하는 분이지요"라고 말했다.[36]

하딩은 미국이라는 보기 드문 사회가 자발성의 산물이며 미국을 망칠 수 있는 것은 오로지 정부밖에 없다고 생각했다. 만약 모든 도시와 촌락에 로터리 클럽을 만들어 놓으면, "자유라는 우리의 이상이 안전하고, 문명이 계속 진보해 가리라고 확신하며 편히 쉴 수 있을 것"이라고 말했다. 이런 생각은 당시 미국 사회의 일반적인 견해이기도 했다. 『레이디스 홈 저널 *Ladies' Home Journal*』은 "세계에서 최상의 문명은 단 하나, 바로 여기 미국에 있다"라는 기사를 실었다. 이것이 미국 지식인들이 대부분 공유하고 있던 견해라는 사실은 당시 그들이 실제로 썼던 글을 통해 알 수 있다. 하딩이 1921

년의 이민법에 서명한 그 달에 스콧 피츠제럴드(Scott Fitzgerald)는 런던에서 에드먼드 윌슨(Edmund Wilson)에게 다음과 같은 편지를 썼다.

유럽 대륙은 형편없습니다. 유럽은 단순히 회고적 관심을 불러올 뿐입니다. 로마는 티루스와 바빌로니아보다 몇 년이나 뒤처져 있습니다. 흑인종의 혈통이 북쪽으로 올라와 북유럽 인종을 더럽혔습니다. 이탈리아인들은 이미 검은 무어인들의 영혼에 물들었습니다. 이민을 제한해 스칸디나비아인, 튜튼족, 앵글로색슨족, 켈트족만 입국을 허용해야 합니다. 프랑스에는 넌더리가 납니다. 전 세계가 마땅히 프랑스를 구해주어야 한다는 프랑스인들의 어리석은 태도 …… 나는 그들이 결국 백인의 짐이 될 것이라 생각합니다. 현대 프랑스인들이 흑인들과 큰 차이를 보이는 것처럼 우리와 프랑스인들과의 차이는 크게 벌어져 있습니다. 예술도 마찬가지입니다! 이탈리아에는 이제 볼 만한 것이 없습니다. …… 그들의 시대는 이제 끝났습니다. 당신은 뉴욕이 문화의 수도라고 농담 삼아 말할지 모르지만, 25년 뒤에 뉴욕은 지금의 런던 꼴이 될 것입니다. 문화는 돈을 좇아다닙니다. …… 현재의 영국처럼 우리는 다음 세대에 로마인이 되어있을 겁니다.[37]

하딩은 정부가 자유로운 기업 경영의 수레가 돌아갈 수 있도록 그냥 놔둔다면 이런 문화적 우월성이 저절로 드러나리라 생각했다. 그는 오하이오 주에서 친구들을 뽑은 것(나중에는 이렇게 주장했다)이 아니라, 강력한 인물들을 뽑아 내각을 구성했다. 국무장관으로 찰스 에번스 휴스(Charles Evans Hughes), 재무장관으로 앤드류 멜론(Andrew Mellon), 상무장관으로 허버트 후버를 뽑았다. 하딩은 내각 명단을 들고 상원으로 직행했다. 그가 뽑은 내무장관 앨버트 폴은 뉴멕시코 주의 상원 의원으로 긴 콧수염에 펄럭이는 검은 망토를 입고 챙이 넓고 운두가 높은 모자를 쓰고 있었다. 그는 정통 그 자체였다! 앨버트 폴은 너무나 큰 인기를 누리고 있었기 때문에 장관 임명은 환호를 받으며 즉석에서 발성투표만으로 통과되었다. 내각 구성원의 임명 신임 투표가 이런 식으로 승인된 것은 미국 역사에서 이때뿐이었다.[38] 하딩의 내각 명단은 성공한 미국인들의 단면도였다. 자동차 제조업자 한 명, 은행가 두 명, 호텔 이사 한 명, 농민 신문 편집인 한 명, 국제 변호사 한 명, 목장주 한 명, 엔지니어 한 명, 그리고 직업 정치인은 단 두명에 불과했다.

하딩은 통치권 부재 상태와 미국 역사상 손에 꼽을 만큼 가혹한 경기 침체기를 이어받았다. 그러나 1921년 7월에 이르러 이 모든 것이 끝나고, 경제는 다시 상승 곡선을 그리기 시작했다. 하딩이 한 것이라고는 정부 지출을 삭감한 것 외에는 아무것도 없었다. 주요 산업 국가에서 고전적인 자유방임주의 경제정책으로 경기 침체에 대처한 경우는 이때가 마지막이다. 어쨌든 이로써 임금이 정상적인 수준으로 떨어질 수 있었다. 나중에 체이스 맨해튼(Chase Manhattan) 은행의 벤저민 앤더슨(Benjamin Anderson)은 이를 "완전 고용으로 이어진 우리 시대의 마지막 자연적인 경기 회복"이라고 불렀다.[39] 그러나 지출 삭감은 중요했다. 하딩은 미국 역사상 정부 지출을 대폭 삭감한 유일한 대통령이다. 평화 시기 월슨 행정부의 지출을 거의 40퍼센트나 줄여 버렸던 것이다.[40] 이것은 결코 무모한 행동이 아니었다. 정부 지출 삭감은 충분히 숙고한 끝에 내린 계획의 일부였다. 1921년의 예산 회계법에 근거하여 예산국이 설치되었고, 중앙의 체계적인 조사와 관리에 따라 지출이 승인되었다. 1922년 예산국 초대 국장 찰스 도스(Charles Dawes)는 하딩 이전에는 "모두가 제멋대로였다"고 말했다. 각료

▶ 워렌 하딩(1865~1923)
제1차 세계대전 후 과거 지향적인 '정상으로의 복귀'를 선언한 공화당 정강에 힘입어 대통령에
당선되었다. 임기 3년째 되던 해 죽었으며 캘빈 쿨리지 부통령이 대통령직을 승계했다.

들은 "용맹한 코만치 인디언들"이었으며, 국회는 "겁쟁이들의 은신처"였
다. 이제 하딩이 "도끼를 휘두르며 말을 듣지 않는 사람은 누구든 목을 잘
라 버리겠다고 말했다." 결과적으로 "납세자들이 이익을 보게 되었다."[41]

하딩 정부는 자유로웠으며 즐거운 분위기가 지배했다. 그는 아내와 내각
의 충고를 따르지 않고 1921년 크리스마스 이브에 윌슨이 가둬 놓은 사회
주의 세력의 지도자 유진 데브스를 풀어주었다. "나는 그가 크리스마스 저
녁 식사를 아내와 함께하길 바랄 뿐이오." 그는 같은 날 정치범 23명을 석
방했고, 워블리스(Wobblies, 세계 산업 노동자 동맹) 일원들에게 내려진
사형 선고를 감형했으며, 대통령 임기가 끝나기 전까지 사실상 교도소에
서 정치범을 찾아볼 수 없게 만들었다.[42] 그는 언론에 자신의 속내를 털어
놓았으며 기자들을 세례명으로 불렀다. 어딘가에 갈 때는 많은 '여행 친
구'에게 둘러싸여 있는 것을 좋아했다. 그때그때 생각에 따라 많은 사람을
초대해 대통령 전용 열차의 차량 10량을 가득 채웠다. 그는 씹는 담배를 즐

겼다. 함께 담배를 씹던 친구 중에는 토머스 에디슨(Thomas Edison)이 있었다. 에디슨은 이렇게 말했다. "하딩은 썩 괜찮은 사람입니다. 씹는 담배를 즐기는 사람은 누구든 괜찮은 사람이거든요." 하딩은 술도 많이 마셨다. 그는 "한잔하지 않겠소?"라고 말하며 위층 침실로 사람들을 데려가곤 했다. 그가 백악관에서 위스키를 대접했던 건 잘 알려진 사실이다. 한 주에 두 번 친한 친구들을 초대했다. '식사와 활동'을 위해서였다. ('활동'은 포커를 의미했다.) 상무장관 허버트 후버는 점잔빼는 인물로 포커를 거절한 유일한 사람이다. "나는 백악관 안에서 그런 일을 한다는 것이 내키지 않았습니다."[43]

후버의 본능은 옳았다. 대통령이라는 자리는 본래 아무리 조심해도 지나치다 할 수 없는 자리라는 걸 그 뒤의 모든 대통령이 예증하고 있다. 하딩은 관대하고 의심할 줄 모르는 사람이었다. 그에게 주어진 유일한 부정 혐의는 「메리언 스타」지의 부정 매각에 관한 거였다. 이 혐의는 법정에서 결정적으로 논박되었고, 신문사를 샀던 두 사람은 10만 달러를 배상금으로 받았다. 그러나 하딩은 결정적으로 두 가지 오판을 했다. 하나는 혈색이 좋은 상원 의원 앨버트 폴을 내무장관으로 임명한 것이고, 다른 하나는 법무장관으로 삼은 오하이오의 선거 운동 책임자 해리 도허티(Harry Daugherty)를 너무 믿었던 것이다. 폴은 부도덕한 악당으로 드러났고, 오하이오 주에서 몰려드는 청탁꾼을 막고 하딩을 보호해 줄 것이라 믿었던 도허티는 그러지 못했다. "나는 누가 사기꾼인지 알고 있습니다. 내가 그들로부터 하딩을 막아줄 것입니다." 하지만 도허티의 말은 허세에 불과했다.[44]

그 결과 1923년 초부터 일련의 타격이 가해졌다. 1923년 2월 하딩은 참전 용사 관리국의 찰스 포브스(Charles Forbes) 국장이 정부 의료 물자를 싼값에 팔아치우고 있다는 사실을 알아냈다. 하딩은 그를 백악관으로 불러 "개가 쥐를 위협하듯" 호되게 소리쳤다. "너, 이 배신자 녀석!" 포브스는 2월 15일 유럽으로 도망쳤다.[45] 3월 4일에는 앨버트 폴이 사임했다. 나중에 밝혀진 바에 따르면, 그는 캘리포니아 주 엘크 힐스(Elk Hills)와 와이오밍 주 솔트 크릭(Salt Creek)의 정부 유전을 유리한 조건에 임대해 주고 대가로 총 40만 달러를 받았다. 결국 폴은 1929년에 1년간 교도소에서 복역하게 된다. 그런데 이러한 부정행위가 나중에 미국에 유익한 결과를 가져왔다. 이 때문에 핵심적인 파이프라인과 석유 관련 시설을 진주만에 건설했기 때문이다.[46] 그러나 당시에는 그런 일까지는 생각할 수가 없었다. 하딩에게 폴의 사임은 재앙과도 같았다. 참전 용사 관리국의 고문 찰스 크레이머(Charles Cramer)가 며칠 뒤 자살하자 재앙은 더 끔찍한 것이 되었다.

5월 29일 마침내 하딩은 도허티의 친구 제스 스미스(Jess Smith)를 만나 볼 수밖에 없었다. 제스 스미스는 다른 오하이오 주 출신들과 함께 'K가의 작은 녹색 집(1625번지)'이라고 알려진 곳에서 정부의 이권을 거래하고 있었다. 곧 '오하이오 갱'이라고 불릴 이 집단은 사실 하딩과는 아무 상관이 없었고, 도허티조차도 이런 부정에 개입했는지 법적으로 증명된 적이 없다. (1926~27년의 재판 때 도허티는 증인대에 서는 것을 거부했지만 혐의를 벗을 수 있었다.) 그러나 5월 29일에 하딩이 스미스에게 범죄 사실을 추궁하자 이 졸렬한 남자는 다음날 총으로 목숨을 끊었다. 이 두 번째 자살은 대통령의 도덕성에 치명타를 날렸다. (완전히 신뢰할 수 있는 증인은 아니지만) 윌리엄 앨런 화이트(William Allen White)의 말에 따르면, 하딩은 그에게 이렇게 말했다고 한다. "적들이라면 어떻게 되든 상관없네, 화이트. 하지만 내 친구들, 내 빌어먹을 친구들 때문에 밤에 잠도 못 자고 거실을 시성댄다네." 시간이 충분했다면 (그 후 몇몇 대통령들이 그랬듯이) 하딩은 분명 상황을 진정시키고 범죄 연루 혐의에 대한 소문을 물리칠 수 있었을 것이다. 최근의 역사 연구가 증명하는 한 하딩은 완전히 깨끗했기 때문이다. 그러나 다음달 그는 알래스카와 서해안으로 여행을 떠났고, 8월 초 샌프란시스코 팔레스 호텔에서 뇌출혈로 사망했다. 하딩의 아내는 1924년 11월 그의 뒤를 따랐다. 그녀는 죽기 전에 하딩의 모든 문서를 파기했는데, 이런 행동은 은밀한 범죄가 있었다는 결정적인 증거로 여겨졌다. (당시에는 모두 그렇게 믿었다.)[47]

하딩과 그의 행정부는 미국 역사상 가장 부패한 정권으로 알려져 있다. 그러나 이것은 잘못된 것이다. 이런 잘못된 역사 인식은 재계에 강한 거부감이 있던 브루스 블리벤(Bruce Bliven)이 1924년『뉴 리퍼블릭』지에 기사를 연재하면서 시작되었다. 이것이 도허티가 이끄는 '오하이오 갱'에 관한 신화의 골격을 만들어냈다. 이에 따르면 도허티는 국가 전체를 앤드류 멜론과 대기업의 손에 넘기려는 장기적인 음모의 일환으로 일찍이 1912년에 하딩을 공화당의 간판으로 뽑았다고 한다. 그 뒤 하딩은 언론의 먹잇감이 되었다. 1927년 메리언(Marion)에 사는 의사의 딸 낸 브리튼(Nan Britton)이『대통령의 딸 The President's Daughter』을 출판했는데, 이 책에서 그녀는 자기가 1919년에 하딩의 딸을 낳았다고 주장했다. 1928년 윌리엄 앨런 화이트는『가장 행렬 Masks in a Pageant』에서 음모론을 거듭 주장했고, 10년 뒤『바빌로니아의 청교도 A Puritan in Babylon』에서도 쿨리지의 생애에 관한 음모론을 제시했다. 1930년에는 전직 FBI 요원 개스턴 민스(Gaston Means)가 베스트셀러가 된『하딩 대통령의 기묘한 죽음 The Strange Death of President Harding』을 출판했다. 이 책에서 그는 K가의 녹색 집에서 여자 댄서들과 함께 벌이는 난잡한 파티를 상상력을 총동원해 묘사했고, 하딩은 여기에서 뛰어난 활약을 한 것으로 그려졌다. 1933년 시어도어 루스벨트의 딸 앨리스 루스벨트 롱워스(Alice Roosevelt

Longworth)가 쓴 『파란만장한 세월 *Croeded Hours*』도 하딩의 이미지에 큰 타격을 주었다. 그녀는 하딩의 백악관 서재를 무허가 술집으로 묘사했다. "담배 연기가 방 안 가득했다. 각종 위스키병이 쟁반 위에 놓여 있었고, 카드와 포커 칩이 언제라도 손에 닿을 수 있는 곳에 놓여 있었다. 대개 모두 조끼 단추를 풀고 책상에 발을 올려놓았으며 옆에는 담배를 씹다 침을 뱉을 수 있게 타구가 놓여 있었다. …… 하딩은 악인이 아니다. 단지 나태한 사람일 뿐이다."[48] 여기에 결정타를 날린 것은 「뉴욕 선 New York Sun」 기자 새뮤얼 홉킨스 애덤스(Samuel Hopkins Adams)가 쓴 책이다. 그의 책 『믿을 수 없는 시대: 워런 개메일리얼 하딩의 생애와 시간 *Incredible Era: the Life and Times of Warren Gamaliel Harding*』은 모든 허구와 거짓 신화를 엮어 확고한 통설을 만들어냈다. 이때 즈음엔, 하딩이 배금주의 시대를 지배한 범죄자의 왕이라는 생각이 프레드릭 루이스 앨런(Frederick Lewis Allen)의 『단지 과거일 뿐 *Only Yesterday*』(1931년) 같은 대중 서적뿐만 아니라 권위 있는 역사 학술서에도 보편적인 견해로 받아들여졌다.

1964년 (불태워지지 않은) 하딩의 문서가 학자들에게 공개되었을 때 이런 신화에서 일말의 진실도 찾아볼 수 없다는 사실이 드러났다. 오히려 이 문서는 하딩이 측은할 정도로 여자 앞에서 수줍어하며, 대통령이 되기 전 메리언에 있는 한 상점 주인의 아내와 슬프고 감동적인 우애 관계를 맺고 있었다는 것을 밝혀주었다. 바빌로니아적인 이미지는 환상에 불과했다. 모든 본질적인 부분에서 하딩은 정직하고 예외적으로 현명한 대통령이었다. 그러나 때는 이미 너무 늦었다. 1962년 「뉴욕 타임스」가 75명의 역사가를 대상으로 행한 조사에서 하딩은 이견 없이 '멍청한 실패자'라는 평가를 받았다.[49]

하딩이 어떻게 취급되었는지는 신중히 생각해 볼 가치가 있다. 하딩의 부통령이자 뒤를 이어 대통령이 된 캘빈 쿨리지는 기질적으로 하딩과 완전히 다른 사람이었는데도 하딩과 비슷한 공격을 받았기 때문이다. 따라서 이 시대에 전반적으로 정치에 대한 조직적인 편견이 있었다고 설명하는 것이 옳을 것이다. 쿨리지는 현대 미국의 대통령 가운데 내적으로 가장 확고하고 일관된 인물이다. 하딩이 아르카디아로서의 미국을 사랑했다면, 쿨리지는 미국을 아르카디아로 보존하는 데 더없이 적합한 인물이었다.

그는 금욕적인 분위기의 버몬트 구릉지대 출신으로, 맨 처음 뉴잉글랜드로 이주해 온 청교도의 후손이다. 그의 아버지는 상점 주인이었다. 쿨리지만큼 근면, 검약, 양심의 자유, 정부로부터의 자유, 고전 문화에 대한 존중 등 미국의 건국이념을 현대로 폭넓게 끌고 들어온 인물은 없을 것이다. (쿨리지는 애머스트대학에서 수학했는데, 특히 고전, 외국 문학, 역사를 탐독했다.) 그는 총명하고 야위고 날카로운 인상이었다. 앨리스 롱워스는 그를 "피클을 먹고 자란 남자"로 묘사했으며, 윌리엄 앨런 화이트에 따르면 "작고 쌀쌀맞은 남자로 말을 할 때마다 콧소리로 꽥꽥거렸으며……남의 등을 두드리거나 어깨를 어루만지거나 손을 꼭 쥐는 법이 결코 없었다."[50]

쿨리지는 칠흑 같은 머릿결이 아름다운 여인 그레이스(Grace Coolidge)와 결혼했다. 교사였으며 다른 사람에게 싫은 소리를 들어 본 적이 없는 여인이었다. 구애 기간에 쿨리지는 단테의 『신곡 Inferno』을 영어로 번역하고 있었는데, 결혼식을 올리자마자 그녀에게 가방 하나를 주었다. 거기에는 꿰매야 할 양말 52켤레가 들어 있었다. 그는 언제나 돈을 저축했다. 하딩 정부에서 부통령으로 재직할 때는 윌라드 호텔에 방 4개를 빌려 살았다. 그는 기꺼이 정부의 공식 만찬에서 대표 역할을 수행했지만, 그럴 때면 부인에게 "다른 곳에서 식사를 하는 것뿐이오"라고 말했다. 그는 백악관을 구석구석 관리했다. (이 점에서 커즌 경과 약간 닮은 구석이 있지만 쿨리지가 훨씬 더 유능했다.) 모든 경비 청구서를 세밀히 살폈고 주방의 후미진 곳까지 조사했다. 급료는 은행에 저축했고, 1928년까지 25만 달러를 모았다.[51] 쿨리지는 10시에는 꼭 잠자리에 들었다. 그루초 막스(Groucho Marx)는 영화「애니멀 크래커스 Animal Crackers」에서 "캘빈, 이미 잘 시간이 지난 거 아니야?"라며 이 점을 비꼬았다. 멩켄이 널리 퍼뜨린 얘기 — "낮이든 밤이든 그는 다른 어떤 대통령보다 잘 잤다. 네로는 바이올린을 켰지만 쿨리지는 코를 골았다" — 는 사람들의 오해를 불러일으켰다.[52] 그러나 쿨리지는 다른 대통령들보다 정확히 문제의 요점을 파악했으며, 또 예기치 못한 사건이나 부하들의 행동에도 빠르게 대처하곤 했다.

사람들에게 그가 실제보다 세련되지 못하고 소극적이라는 인상을 심어준 것은 참으로 쿨리지다운 일이다. (드와이트 아이젠하워가 나중에 이런 방법을 모방한다.) 해럴드 래스키(Harold Laski)는 이렇게 썼다. "천성적으로 시골 교구의 교회 위원 같은 사람이다. 그는 우연히 거대한 세계로 흘러들어온 것이다."[53] 그것이 바로 쿨리지가 사람들에게 심어주고 싶어했던 인상이다. 사실 대통령의 임무를 수행하는 데 있어 쿨리지보다 잘 준비된 사람은 거의 없을 것이다. 그는 공직의 사다리를 차근차근 올라왔다. 군 의회 의원, 시장, 주 의회 하원 의원, 주 의회 상원 의원, 주 상원 의장, 부지사, 지사, 그리고 부통령까지. 그는 어느 자리에 있을 때나 정부는 필요한 최소한의 일만 해야 한다고 주장했다. (정치 풍자가 윌 로저스는 "그는 아무것도 하지 않았지만, 그것이 바로 국민이 원하는 바였다"라고 말했다.)[54] 그러나 그는 또한 정부가 행동에 나설 때는 아주 단호해야 한다고 생각했다. 쿨리지는 1919년 보스턴 경찰 파업을 분쇄하여 대중적인 명성을 얻었다. "어느 누구든, 언제 어디서든, 공공의 안전을 볼모로 파업을 일으킬 권리는 없다." 그는 '법과 질서'라는 슬로건으로 부통령에 당선되었고, "쿨리지와 함께 냉정을(Keep Cool with Coolidge)" "쿨리지인가 혼돈인가 (Coolidge or Chaos)?" "미국 국민의 본분은 일이다"라는 메시지로 대통령에 당선되었다. 그가 선거 운동 기간 강조한 바에 따르면, 정부의 기능은 주로 농업, 제조업, 상업 부문에서 사람들이 하나님과 자연이 준 기회를 붙잡을 수 있도록 환경을 조성하는 것이었다. 그건 당시 일반적으로 받아들여지던 견해이기도 하다. 1924년 대통령 선거 운동이 절정에 이르렀을 때 헨리 포드(Henry Ford), 하비 파이어스톤(Harvey Firestone), 토머스 에디슨을 선두로 미국에서 성공한 대표적인 사업가들이 쿨리지의 집을 방문했다. 세계에서 가장 유명한 발명가인 에디슨이 전원을 대표하여 바깥에 운집한 군중에게 말했다. "캘빈 쿨리지 같은 인물이 있다는 것은 미국의 행운입니다." [55] 쿨리지는 이때의 선거는 말할 것도 없고 다른 선거에서도 모두 멋진 승리를 거두었는데, 그것도 대부분 압승이었다.

쿨리지라는 인물에는 미국의 아르카디아적 고립이 반영되어 있다. 그는 정치 행위가 도덕적 가치의 명백한 형태로 신앙을 대신해야 한다고 생각했다. 그는 유럽의 대부분을 뒤덮었던 소란스런 활동과는 반대로 항상성이라는 고전적인 미덕이 여전히 유효할 수 있음을 보여 주었다. 쿨리지는 긴박한 필요에 따르지 않는 모든 행위, 무엇보다 정부의 행위가 원치 않은 결과와 예상치 못한 결과를 낳는다고 믿었다. 그의 미니멀리즘은 언어에까지 이어졌다. 그와 그의 아버지 쿨리지 대령은 "인디언들이 우흐우흐 하는 말 정도밖에는 얘기하지 않았다." [56] 그는 자신의 별명이 '말없는 캘빈' 이라는 사실에 기뻐했다. "쿨리지 집안 사람들은 떠들어대는 법이 없다"라는 말도 자랑으로 여겼다. 대통령이었던 그가 매사추세츠 상원에서 한 충고는 이렇다. "간결해야 합니다. 무엇보다 간결해야 하는 것입니다." 백악관에 들어가자 쿨리지는 신속하게 '오하이오 갱' 에 관한 스캔들을 처리했다. 특별 법률 고문을 임명하고 자신은 가능한 한 말을 아꼈다. 1924년의 선거 운동 기간에 그는 이렇게 말한 적이 있다. "말을 많이 하지 않아 손해를 본 대통령 후보는 일찍이 본 적이 없다." 또 "내가 하지 않은 말 때문에 곤란에 처한 경우는 없었다"고 말하기도 했다.[57] 그는 『자서전 Autobiography』에서 자신의 철칙은 "다른 사람이 나 대신 해줄 수 있는 것은 어떤 것도 하지 않는 것"이라고 말했다. 이런 말도 했다. 백악관을 찾아온 10명 중 9명은 "그들이 가져서는 안 되는 것을 원한다. 내가 침묵을 지키면 그들은 3~4분 뒤 꽁무니를 빼고 만다."[58]

쿨리지는 하딩만큼 언론을 잘 다루었지만 하딩과는 전혀 다른 이유에서였다. 그는 공보관을 두지 않았을 뿐 아니라 공식 기자 회견을 열지도 않았다. 기자들이 말을 걸어오면 화를 냈다. 심지어 "안녕하세요"라는 인사를 했을 때도 마찬가지였다. 하지만 서면 질의서를 비서 베스컴 슬렘프(C. Bascom Slemp)에게 제출해 놓으면 몸소 답변을 써주곤 했다. 짧고 건조하지만 유용하고 솔직한 답변이었다.[59] 언론은 조금 별나기는 했지만 믿을 수 있었기에 그를 좋아했다. 그는 하인을 시켜 바셀린을 머리에 바르곤 했다. 대통령 집무실에서는 때때로 초인종을 울려 직원들을 호출한 다음 책상 밑으로 몸을 숨겨 의아해하는 직원들의 모습을 심술궂은 호기심과 기묘한 냉담함 속에서 지켜보기도 했다. 기자들 또한 그가 결코 권력 때문에 부패할 인물이 아니라는 것을 직감했다. 1927년 8월 2일 쿨리지는 기자 30명을 불러 놓고 "왼쪽에 일렬로 서주시오"라고 말했다. 그는 기자들에게 가로 5센티미터 세로 20센티미터의 종이를 나누어주었다. 그 위에는 타이프로 "나는 1928년 대통령 선거에 출마하지 않을 것입니다"라고 쓰여 있었다. 마지막으로 백악관을 떠나는 모습은 인상적이었다. 그는 신문 기자들에게 이렇게 말했다. "내가 집권하고 있는 동안 이루었던 가장 중요한 성과는 내 일에나 신경 썼다는 걸 겁니다."[60]

쿨리지는 평소 말을 아꼈지만, 말을 할 때는 늘 명쾌하고 명확했다. 이것은 그가 역사에 대해 깊이 성찰하고 내적으로 신중한 사회 철학을 발전시켜왔다는 것을 보여 준다. 20세기의 그 누구도, 당대의 웅변가인 버컨헤드 백작(Frederick Edwin Smith, 1st earl of Birkenhead)조차도 정부 기능의 한계와 개인 노력의 필요성에 관해 쿨리지만큼 설득력 있게 정

▶ 존 쿨리지(1872~1933)
국내 및 국제 문제에 소극적으로 대응한 쿨리지 행정부의 보수주의 정책은 제1차 세계대전부터 대공황까지 미국정책을 상징한다. 그가 자라난 뉴잉글랜드의 분위기는 검소와 절제, 겸손을 강조했는데, 이것은 평생 동안 그에게 영향을 주었다.

의하지 못했다. 그것은 인간의 행복을 증진시키려면, 과정에서 오는 불평등은 감내해야 한다는 것이다. 쿨리지는 1914년 매사추세츠 상원에서 이렇게 말했다. "정부는 혼란과 불안을 없애줄 수 없습니다. 정상적인 사람은 자기 자신을 돌보아야 합니다. 자치는 자활을 의미합니다. …… 궁극적으로 재산권과 개인의 권리는 똑같은 것입니다. …… 역사적으로 따져보더라도 고등 교육을 받은 계층과 부의 거대한 축적이 존재하지 않았던 문명국가는 없습니다. 많은 이윤은 많은 봉급을 의미합니다. 영감은 언제나 저 위로부터 왔던 것입니다."[61] 그의 주장에 따르면 정치적인 도덕성은 언제나 의도가 아니라 결과로 판단해야 했다. 1925년 그의 대통령 취임사의 주제는 "경제는 가장 현실적인 형태의 이상주의입니다"라는 한 문장으로 요약할 수 있다. 그해 11월 19일 뉴욕 상공 회의소에서 한 연설에서는 명석하고 정밀한 형태로 자유방임주의 철학을 얘기했다. 그것은 아마도 자유

방임주의 철학에 관한 마지막 고전적 논변이었을 것이다. 그는 이렇게 말했다. "정치와 경제는 독립적이고 분리된 채 남아 있어야 합니다. 정치는 워싱턴이, 경제는 뉴욕이 움직이는 것이 바람직합니다. 현명하고 신중한 사람은 늘 이 두 영역의 상호 침투를 막습니다. 멍청하거나 탐욕스런 사람만이 그 반대의 일을 하는 것입니다. 경제는 이득을 추구하지만, 여기에는 도덕적인 목표 또한 있어야 합니다. 그것은 사회를 문명의 경제적 요구 사항에 맞추려는 상호 간의 체계화된 노력입니다. …… 이것은 분명히 봉사의 규칙에 기초하고 진실과 신념, 정의를 주된 근간으로 하고 있습니다. 더 넓은 의미에서 경제는 인류의 도덕적·정신적 진보에 기여하는 가장 큰 힘입니다."

따라서 정부는 안전한 체제 안에서 경쟁의 조건을 제공함으로써 경제적인 성공을 증진해야 하는 것이다. 정부의 일은 어디서든 특권을 억누르고 합법적인 소유권을 지키는 것이다. 이를 위해서는 모든 부정에 대해 법적인 조치를 취해야 한다. "모든 재산 가치에 존재하는 제1의 요소는 그 재산을 마음껏 향유할 수 있는 권리가 공적으로 보호받고 있다는 인식입니다." 이런 법적·공적 보호가 없다면, "여러분이 소유하고 있는 큰 건물의 가치는 카르타고 시대 해안의 땅값이나 고대 바빌로니아 시대 오지의 땅값밖에 되지 않을 것입니다." 경제가 자율의 영역을 넓혀갈수록 정부가 경쟁을 보장하기 위해 해야 하는 일은 줄어들 것이다. 이에 따라 정부는 경제와 국가 구조의 개선이라는 두 가지 목표에 동시에 집중할 수 있다. 경제가 이윤과 투자를 증대하고 임금을 향상시키고, 가능한 한 낮은 가격으로 질 좋은 상품과 서비스를 제공하기 위해서는 국가 구조를 개선해야 하는 것이다.[62]

짧은 번영

쿨리지의 이런 사회 철학은 인류 역사상 찾아보기 힘들만큼 풍요한 생활과 어느 정도 조화를 이루고 있다. 하딩과 쿨리지 집권 시 미국은 사회 전반에 걸쳐 큰 번영을 누렸다. 그것은 역사적으로 미국이나 다른 어느 사회에서도 유례가 없는 현상이었다. 1920년대가 끝나고 순간적으로 번영이 완전히 사라지자, 특히 작가나 지식인들에게는 이 시대가 철저하게 물질주의적이고 속물적이며 열에 들떠 있었던 동시에, 허구적이고 피상적이며 덧없고, 인류로서 이룩한 확고한 업적은 아무것도 없는 시대로 보였다. 이 시대에 내려진 이러한 판단은 성서의 이미지를 보여주었다. 그것은 재앙이 일어나기 전 바빌로니아의 마지막 왕 벨사자르의 축제(Belshazzar's Feast) 같은 것이었다. 스콧 피츠제럴드는 1931년에 이렇게 썼다. "새로운 세대가 성장하여 모든 신이 죽고 어디서든 전쟁이 일어나며 인간의 모든 신념이 좌절되었다는 것을 깨닫게 되었다. 그들이 아는 것은 오로지 미국이 역사상 가장 성대하고 떠들썩한 축제를 벌이고 있었다는 것뿐이다."[63] 에드먼드 윌슨은 1920년대를 일종의 일탈로서 미국인들의 양심을 떠받치고 있는 진지함에서 벗어났던 시대라고 생각했다. "1920년대의 불꽃놀이는 본질적으로 술잔치 같은 것이다."[64] 1931년에 출간된 제임스 트러슬로 애덤스 (James Truslow Adams)의 『미국의 서사시 *The Epic of America*』는 이 시 대를 이렇게 요약했다. "번영을 위해 이상주의를 포기한 현실적인 사람들 이 양쪽에서 우리를 파멸시켰다."[65] 전반적인 번영을 추구하는 모든 시도 가 잘못된 것이며 틀림없이 파멸을 불러온다고 생각하는 지식인도 있었 다. 미하일 로스톱체프(Michael Rostovtzeff)는 고대 경제사에 관한 기념비 적인 저작을 완성하고 이렇게 물었다. "고도의 문명을 하층 계급에까지 확 대하는 것이 가능한 것일까? 그렇게 되면 문명의 수준이 저하되거나 문명 의 질이 떨어져 문명은 결국 소멸되는 게 아닐까? 문명이 대중에게 침투하 는 순간 문명은 쇠퇴하는 게 아닐까?"[66]

하지만 1920년대가 문명의 가치를 파괴하는 술잔치였다는 견해는 역사 기록을 조직적으로 왜곡하거나 부정하지 않는 이상 입증할 수 없다. 번영 은 매우 광범위했고 또한 매우 견고했다. 물론 그것이 보편적이었다고는 말할 수 없다. 특히 농촌 사회에서의 발전은 그리 대단치 않았으며, 뉴잉글 랜드 지방의 직물업 같은 전통적인 산업은 대개 번영의 길에서 제외되었 다.[67] 그러나 그전까지 그러한 규모의 사회에서는 불가능했던 범위까지 번 영이 널리 퍼진 건 사실이다. 수천만의 사람들이 그때까지 전 역사를 통해 거부당해왔던 경제적인 안정을 얻을 수 있었다. 성장은 눈부셨다. 1933~ 38년의 지수를 100으로 하면, 1921년에는 58이었던 지수가 1929년에는 110을 넘었다. 이와 아울러 국민 소득도 8년 사이에 594억 달러에서 872억 달러로 증가했다. 실질적인 일인당 국민 소득은 522달러에서 716달러로 늘어났다. 그것은 바빌로니아적인 치부와 사치가 아니라 그때까지 누리지 못했던 적절한 안락이었다고 할 수 있다.[68] 성장은 소비와 신용에서만 나 타난 게 아니었다. 처음으로 수백만 명의 노동 계층이 보험에 가입했고

(1920년대 생명 보험과 산재 보험의 증권 수는 1억 장을 초과했다), 저축을 했으며(1920년대 4배로 증가했다), 주식에 투자했다. 1920년대 대규모의 공익사업을 위해 발행된 주식의 구매자를 살펴보면, 50주 이상을 산 사람은 (최대 구매 집단 순으로) 가정주부, 점원, 공장 노동자, 상인, 운전사, 전기 기술자, 기계공, 공사장 현장 감독이었다.[69] 1920년대는 또한 최대·최장 기간 건축이 대성황을 이뤘다.

　1924년까지 1,100만 가구가 자기 집을 마련했다. 소비 증가는 무엇보다 개인 교통수단 부문에서 비롯되었다. 이 방대한 땅에서 개인 교통수단은 결코 사치품이 아니었다. 어떤 신도시들은 이미 직경이 50킬로미터 정도로 넓어져 있었다. 1914년 초 미국에 등록되어 있는 차는 1,258,062대였는데, 그 해에 569,054대가 제조되었다. 자동차 생산량은 1929년에 5,621,715대로 늘어났고, 미국에 등록된 자동차 총수는 26,501,443대가 되었다. 이는 세계 자동차 생산 대수의 6분의 5를 차지하는 양이었다. 이제 미국에서는 5명 가운데 1명꼴로 차가 있었다. 사람들은 미국이 세계 산업을 제패하고 있다는 인상을 받았다. 1924년 유럽 4대 산업 국가의 자동차 생산량은 미국 자동차 생산량의 11퍼센트에 지나지 않았다. 심지어 1920년대 말에 이르러서도 유럽의 자동차 등록 대수는 미국의 20퍼센트였고, 생산량은 겨우 13퍼센트에 불과했다.[70] 이 수치는 미국 노동 계층 전체가 그때까지 중산층 일부밖에 누릴 수 없었던 중장거리 이동의 자유를 획득했다는 것을 의미한다. 그동안 철도는 쇠퇴하고 승객 수는 1920년에 12억 6,900만 명에서 1929년에는 7억 8,600만 명으로 감소했다. 중산층은 항공 여행으로 옮겨갔다. 항공기 승객은 1928년의 49,713명에서 1930년에는 417,505명으로 늘어났다. (1940년에는 3,185,278명, 1945년에는 거의 800만 명에 달했다.)[71] 1920년대가 증명하는 것은 상대적으로 빨라진 속도였다. 이를 통해 산업 생산성은 사치품을 필수품으로 바꾸었고, 이런 필수품을 계층적 피라미드 아래쪽까지 확대시킬 수 있었다.

이로 인해 실제로 상당한 정도로 계급과 여러 다른 장벽이 사라졌다. 자동차에 이어 1920년대의 번영을 가속화시킨 것은 새로운 전기 산업이었다. 라디오에 투자된 비용은 1920년에 10,648,000달러에 지나지 않았는데, 1929년에는 411,637,000달러로 커졌고, 전기 제품의 생산 총액은 20년대에 3배로 증가한 24억 달러가 되었다.[72] 우선 최초로 라디오를 즐기는 대중이 생겨났다. 이것은 1923년 가을 새로운 '팬 레터' 현상으로 그 모습을 드러냈다. 그 뒤 젊은 층으로 이루어진 정기적인 영화 관람객(1927년 이후는 유성 영화)이 이주민 사회의 미국화를 가져왔고, 의복, 언어, 태도에서 계급의 차이를 없애 버렸다. 이것은 윌슨 행정부가 정부 정책으로 시도했지만 실효를 거두지 못했고, 하딩과 쿨리지가 현명하게도 도외시했던 문제이기도 했다. 싱클레어 루이스(Sinclair Lewis)는 『네이션』지에 기고하기 위해 『메인 스트리트 Main Street』의 실제 배경이 된 지역을 다시 방문하고 나서, 소도시 노동 계층의 소녀들을 이렇게 묘사했다. "손질이 잘된 스커트에 실크 스타킹을 신었다. 구두는 유럽 어디에서도 구입할 수 없는 뛰어난 제품이다. 차분한 느낌의 블라우스, 단발머리, 근사한 밀짚모자, 쉽게 냉소적으로 변하는 태도, 이 모든 것이 요령이 없는 남자를 당황하게 했다." 그중 한 명이 그에게 마리화나를 주었다. "소녀들의 아버지는 모두 보헤미안이었다. 구레나룻을 기른 늙은 촌사람으로 영어는 들쥐만큼도 못 했다. 그러나 한 세대가 지나 여기 그들의 아이들이 있다. 이 두 여자아이는 정말 여왕 같다."[73]

이런 젊은이들은 영화 스타와 자신을 결부시켰다. 그들에게 영화는 해방의 힘이었다. 영화를 통해 자녀는 부모로부터, 아내는 남편으로부터 벗어났다. 어떤 영화 조사 연구서는 열일곱 살 난 어떤 젊은이의 말을 인용해 이렇게 기록했다. "영화는 신이 주신 거예요. 영화는 제가 느끼고 있던 감정들을 표현해줘요. 제발 영화가 자유로운 사람들의 땅과 용감한 사람들의 고향에 오래오래 머물렀으면 좋겠어요." 다른 젊은이는 이렇게 말했다. "저는 「돌로레스 코스텔라 Dolores Costella」를 보고 나서 담배를 피우기 시작했어요." [74] 담배는 당시 진보와 자유를 상징하는 듯했다. 특히 여성들에게 그랬다. 건강을 상징하기도 했다. "단 것 대신 럭키스트라이크를 찾으세요." "현명한 방법으로 날씬해지세요." 광고 또한 해방을 위한 창이었다. 특히 이주민 여성들에게 광고는 삶의 가능성을 가르쳐주었다. 미국의 1920년대는 그 어느 때보다도 여성의 진보를 보여 주었다. 1930년이 되자 가정 밖에서 "급료를 받으며 일하는" 여성들이 10,546,000명에 달했다. 많은 여성이 여전히 가사 노동이나 사적 노동에 매여 있었지만(3,483,000명), 사무직 여성도 거의 200만 명에 가까웠고, 186만 명의 여성은 제조업 분야에서 일했다. 전문직에 종사하는 여성은 1,226,000명이나 되었다. [75] 이만큼 의미심장하고 문화적으로 더 중요한 것은 해방된 가정주부들, 즉 '블론디(Blondies)'의 존재였다. 가전제품과 자동차, 남편의 고수입이 그들에게 처음으로 여가를 가져다주었다. 매리 로스(Mary Ross)는 1931년 '여성의 새로운 위상'에 관한 글을 쓰며, 블론디가 "경제 활동의 필요를 …… 넘어섰다"고 이야기했다.

　그들은 과거 세대에는 볼 수 없었던 관심을 기울여 아이들 ― 한 명, 두 명, 때론 서너 명 ― 을 키운다. 거대한 문화 센터 운동을 만들어 낸 것은 바로 그들이다. …… 미국의 막대한 수입을 소비하고, 영화 산업을 지탱하고, 소설을 사거나 빌리고, 유행 산업과 미용업을 뒷받침하고, 다리를 놓게 하고, 여행과 높은 수준의 의료 서비스를 유지하게 하고, 한 가정에 자동차 2대를 소유하는 생활수준을 창조하는 데 도움을 준 것도 그들이다.

이런 여성 여가 활동의 갑작스런 분출이 바람직한 결과를 많이 낳았다. 대부분의 미국 자선 사업은 그 결과 가운데 하나다.[76]

가정의 풍요는 급진적인 정치 운동과 노조의 쇠퇴를 가져왔다. 1919년의 한 조사는 다음과 같은 노조 조직원의 말을 인용하고 있다. "포드 자동차가 이곳과 다른 모든 곳의 노조에 끔찍한 해를 끼쳤어요. 중고 포드와 타이어, 가솔린을 살 돈만 있으면 사람들은 차를 타고 나가죠. 노조의 집회 같은 건 전혀 관심도 없어요."[77] 1915년, 1921년, 1922년 노조는 중요한 대법원 소송에서 패소했다. 1919년의 파업은 끔찍한 실패로 끝났다. 미국 노동총동맹의 조합원은 1920년에 4,078,740명으로 최고를 기록한 뒤 1932년에는 2,532,261명으로 감소했다.[78] '복지 자본주의' 는 회사 스포츠 시설, 유급 휴가, 보험, 연금 등을 제공했고, 1927년까지 470만 명의 노동자들이 단체 보험에 가입하고 기업 노조의 조합원은 140만 명에 이르렀다.[79] 미국의 노동자는 그때까지 상상할 수도 없었던 부르주아적인 생활의 문턱에 들어서 있는 듯했다. 이러한 결과로 단체 행동은 점차 쓸모없는 것이 되었다.

예상할 수 있듯이 이런 변화는 문화 해방과도 연계되어 있었다. 문화의 성장을 살펴보면 쿨리지 시대가 속물적이었다는 비난(당시보다는 후대에)은 거짓일 수밖에 없다. 이 시대의 가장 중요한 발전은 아마도 교육의 보급일 것이다. 1910년부터 1930년 사이에 총 교육비는 4억 2,625만 달러에서 23억 달러까지 4배로 증가했다. 고등 교육 비용도 4배로 늘어나 연간 거의 10억 달러에 달했다. 이 기간 문맹률은 7.7퍼센트에서 4.3퍼센트로 내려갔다. 1920년대는 '이달의 책 클럽' 과 '문예 동호회' 의 시대였다. 신간 서적이 그전까지 그렇게 많이 팔린 적은 없었다. 고전도 지속적으로 사랑을 받았다. 1920년대 내내 『데이비드 카퍼필드 *David Copperfield*』는 미국에서 가장 사랑받는 소설이었고, '역사상 가장 위대한 10인'에는 셰익스피어, 디킨스, 테니슨, 롱펠로가 뽑히곤 했다.[80] 1920년대는 또한 재즈의 시대라고 불리기도 했다. 그러나 1920년대 말에는 관현악단도 35,000개나 생겨났다. 이 시대는 또 식민지 시대 윌리엄즈버그(Williamsburg) 거리를 복원하는 역사 보존 운동이 일어났고, 현대 회화를 수집하는 움직임도 생겼다. 뉴욕 현대 미술관은 1929년에 개관했다.[81]

1920년대는 미국 역사상 가장 행복한 시대였다. 이 시대는 비슷한 번영을 누린 1950년대보다 더 행복한 시대였다. 상대적인 풍요와 갑작스럽게 커진 문화 밀도, '아메리카니즘'이라는 독창적인 이념이 국민의 단합을 불러일으켰고, 이런 체험들이 새롭고 흥미진진했기 때문이다. 1927년 프랑스 학자 앙드레 시그프리드(André Siegfried)는 『오늘의 미국 America Comes of Age』을 출간했다. 이 책에서 그는 "현대적인 생산 방식으로 일어난 혁명적인 변화의 결과로 …… 미국 사람들은 이제 넓은 범위에서 완전히 독창적인 사회 구조를 창조해내고 있다"고 말했다. 그로부터 11년 전에 사망한 헨리 제임스(Henry James)가 이 말을 들었다면 퉁명스런 반응을 보였을 것이다. 1878년 그는 호손(Nathaniel Hawthorne)에 관한 짧은 전기를 썼다. 그는 여기서 (미국인들에게는) 매우 공격적인 문장으로 "다른 나라에 존재하지만 미국 생활에 결여되어 있는 고등 문명의 여러 사항"을 열거했다. 그의 주장에 따르면, 이런 것들이야말로 상상력이 풍부한 문학에 꼭 필요한 풍부한 사회적 토양이 된다.

　미국은 국왕도, 궁정도, 개인적인 충성심도, 귀족도, 교회도, 목사도, 군대도, 외교관도, 지방의 지주도, 궁전도, 성도, 장원도, 오래된 지주의 저택도, 목사관도, 초가지붕으로 된 작은 집도, 담쟁이 넝쿨로 뒤덮인 유적

도, 대성당도, 수도원도, 노르만 양식의 교회도 없다. 훌륭한 대학이나 공
립학교도 없다. 옥스퍼드도, 이튼도, 해로도 없다. 문학이나 소설도, 박물
관도, 그림도, 정치계도, 스포츠를 즐기는 계층도 없다. 엡섬과 애스컷의
경마장도 없다![82]

하지만 1920년대 말에 미국은 헨리 제임스가 한탄한 바 있는 사회적인
깊이와 복잡성을 얻었다. 게다가 이것은 호손이 미국 생활의 '시시한 번
영'이라며 대수롭지 않게 여긴 것에서 나왔다.[83] 그러나 사실 이 번영은 유
례가 없는 기념비적인 규모로 이루어졌으며, 그 자체가 사회적 현상이 되
었다. 그 결과 미국에 처음으로 국가적인 문학의 세계가 탄생했다. 1920년
대는 스콧 피츠제럴드의 『낙원의 이쪽 This Side of Paradise』(1918년)으로
시작되었고, 어니스트 헤밍웨이(Ernest Hemingway)의 『무기여 잘 있거라
A Farewell to Arms』(1929년)로 그 막을 내렸다고 할 수 있다. 헤밍웨이는
양차 세계대전의 기간에 영어권 소설에서 가장 영향력 있는 작가가 되었
다. 그밖에도 싱클레어 루이스의 『메인 스트리트 Main Street』(1920년), 존
더스 패서스(John Dos Passos)의 『세 명의 병사 Three Soldiers』(1921년),
시어도어 드라이저(Theodore Dreiser)의 『아메리카의 비극 An American
Tragedy』(1926년), 윌리엄 포크너(William Faulkner)의 『병사의 보수
Soldier's Pay』(1926년), 업턴 싱클레어(Upton Sinclair)의 『보스턴
Boston』(1928년), 토머스 울프(Thomas Wolfe)의 『천사여 고향을 보라
Look Homeward, Angel』(1929년) 등이 있다. 이런 뛰어난 소설가들과 유
진 오닐(Eugene O'Nell)이나 손톤 와일더(Thornton Wilder) 같은 극작가
들의 출현은, 라이오넬 트릴링이 지적했듯이 "19세기 이래 미국의 삶에 점
차 밀도가 더해져 왔다"는 증거였다. 이로 인해 헨리 제임스가 소설에서 요

구한 '사회적 관찰' 보다는 '강렬한 사회의식' 을 담은 작품이 등장했다. 따라서 "오늘날 진지한 책이란 우리 앞에 고찰하거나 비난할 수 있는 사회의 이미지를 펼쳐 놓는 작품" 이어야 했다.[84]

1920년대부터 유럽의 문화적 탯줄 없이 자라난 미국 문화의 이런 경향은 독특한 표현 형식을 낳았다. 이것은 처음부터 미국이 크게 기여한 영화와 라디오 방송뿐만 아니라 무대 위에도 나타났다. 10년 동안 가장 눈부시게 발전한 것은 뉴욕의 뮤지컬이다. 분명 그것은 빈의 오페레타, 프랑스의 거리 악극, 영국인 길버트와 설리번의 코믹 오페라, 영국 뮤직홀의 쇼에서 비롯된 것이지만(그 기원은 아마도 1728년의 「거지 오페라 The Beggar's Opera」에까지 거슬러 올라갈 것이다), 여기에 민스트럴 쇼, 통속 희가극, 재즈, 보드빌이라는 미국적 요소가 더해져 완전히 새로운 형태의 대중 예술이 만들어졌다. 1914년 이전, 장르가 제 모습을 갖추기 전부터 다작을 하는 작곡가들이 존재했다. 그 가운데는 어빙 벌린(Irving Berlin)과 제롬 컨(Jerome Kern)이 유명했다. 그러나 그들의 작품은 그다지 대단치 않았으며 시대의 유행에 편승한 것이다. 제롬 컨이 초기에 발표한 최상의 곡들 가운데 몇몇은 악보를 찾아볼 수조차 없다.[85] 브로드웨이 극장의 경이로운 번영이 재능 있는 새로운 인물과 결합하여 미국의 뮤지컬이 만개한 것은 1920년대 초였다. 이런 인물로는 조지 거슈윈(George Gershwin), 리처드 로저스(Richard Rodgers), 하워드 디츠(Howard Dietz), 콜 포터(Cole Porter), 빈센트 유맨스(Vincent Youmans), 오스카 해머슈타인(Oscar Hammerstein), 로렌츠 하트(Lorenz Hart), 에드가 하버그(Edgar Y. Harburg)가 있었다. 폴 화이트먼(Paul Whiteman) 악단은 1924년 2월 12일 에올리언 홀(Aeolian Hall)에서 거슈윈의 「랩소디 인 블루 Rhapsody in Blue」를 공연했다. 이 공연은 1920년대의 창조적인 예술 공연을 대표했다. 그해 쿨리지가 대통령에 당선된 뒤

12월 1일 최초의 완숙한 형태의 미국 뮤지컬로 거슈윈의 「숙녀여, 선량하라 Lady, Be Good!」가 리버티 극장에서 막을 올렸다. 이 뮤지컬은 프레드 어스테어(Fred Astaire)와 어델 어스테어(Adele Astaire) 남매가 주연으로 열연했다.[86] 브로드웨이 시즌을 눈부시게 빛낸 이 뮤지컬 말고도 그 해에 유맨스의 「롤리팝 Lollypop」, 컨의 「편하게 살며 Sitting Pretty」, 루돌프 프리믈(Rudolph Friml)과 시그먼드 롬버그(Sigmund Romberg)의 「학생 왕자 The Student Prince」, 어빙 벌린의 「뮤직 박스 레뷰 Music Box Revue」, 시시와 블레이크의 「초콜릿 댄디 Chocolate Dandies」, 마크 코널리(Marc Connelly)의 「초록빛 방목장 Green Pastures」 등 40여 편의 뮤지컬이 공연되었다. 이외에도 1924년은 에어론 코플런드(Aeron Copland)가 첫 번째 교향곡을 작곡하고, 세르게이 쿠세비츠키(Serge Koussevitsky)가 보스턴 심포니 오케스트라를 맡게 된 해다. 바이마르의 독일을 제외하면, 쿨리지 시대의 미국은 당시 서양 문화를 이끈 최고의 극장이었으며, 미국 출신 예술가들에게는 가장 폭넓은 기회를 주고, 외국에서 온 예술가들에게는 예술을 위한 자유와 수단, 안전을 제공했던 곳이다.

1920년대 미국이 경험한 번영의 문제는 그것이 속물적이었다거나 사회적으로 부도덕했다는 데 있는 것이 아니라 덧없이 끝나 버렸다는 데 있다. 미국에서 이런 번영이 지속되었다면, 그래서 그보다 튼튼하지는 않지만 (당시) 여전히 애쓰고 있던 유럽 경제를 번영의 열차에 함께 태울 수 있었다면, 전 세계적으로 정치적인 변화가 뒤따랐을 것이다. 만약 그랬다면 사회공학에 대한 신념으로 세계에 재앙을 가져올 전체주의적인 충동의 힘을 물리치고, 대신 1929년 쿨리지가 뉴욕의 재계 인사들에게 제시했던 정부와 기업의 관계를 확립했을지도 모른다. 1929년 미국은 세계 산업 생산량에서 절대적인 우위를 차지했다. 그것은 번영의 시기라고 하더라도 그때까지 누구도 이루지 못했던 성과였다. 미국은 세계 총생산량의 34.4퍼센트를 차지하고 있었다. 이에 비해 영국은 10.4퍼센트, 독일은 10.3퍼센트, 러시아가 9.9퍼센트, 프랑스가 5.0퍼센트, 일본이 4.0퍼센트, 이탈리아가 2.5퍼센트, 캐나다가 2.2퍼센트, 폴란드는 1.7퍼센트를 차지했다. 시그프리드가 말했듯이, 유럽 대륙이 미국의 '독창적인 사회 구조' 쪽으로 기울어질 가능성은 세계 경제에 아직 회복할 수 있는 힘이 남아 있는 동안 계속 커졌다. 번영의 시기가 그러한 규모로 10년만 더 지속되었다면, 현대사는 크게 달라지고 인류는 더 행복해졌을 것이다.

1928년 12월 4일 쿨리지는 새 의회에 마지막 공식 연설을 했다.

미합중국의 역사를 살펴보면, 이번 의회보다 더 밝은 전망을 가지고 소집된 의회는 없었습니다. …… 기업과 산업이 창조하고 경제가 쌓아온 엄청난 부는 국민에게 폭넓게 분배되었고, 또 꾸준한 흐름으로 국외로 나가 구호 사업과 기업 활동에 도움을 주고 있습니다. 생활 여건은 필수품의 수준을 넘어 사치품의 영역에 도달해 있습니다. 증가된 생산량은 증가된 국내 수요와 확대된 외국 무역을 충족시키고 있습니다. 미국은 현재를 만족스런 상황으로 보고 미래를 낙관적으로 예상할 수 있을 것입니다.[87]

이런 견해는 성공한 정치가의 자기만족에 찬 허세가 아니었다. 그것은 재계에 국한된 견해도 아니었다. 다방면의 지식인 전체가 이런 견해를 공유하고 있었다. 1927년 출간된 찰스 비어드(Charles Beard)의 『미국 문명의 발흥 The Rise of American Civilization』에 따르면, 미국은 "잇따른 기술적 승리를 이어나갔다. 천연자원과 에너지의 고갈을 극복하고, 건강·안전·상품·지식·여가·예술품 감상 같은 문명의 혜택을 널리 퍼뜨렸

▶ 찰스 비어드(1874~1948)
미국 정치제도의 발전과정에 대한 정설을 깨뜨린 연구로 유명하다. 사회경제적 갈등과 변화가 가지는 역동성을 강조하고, 미국의 여러 제도가 성립되는 과정에서 개입된 동기요인을 분석함으로써 그 시대 가장 영향력 있는 미국사가로 자리를 굳혔다.

다." [88] 같은 해 월터 리프먼은 이렇게 썼다. "다소 무의식적이며 무계획적인 기업가의 활동이 이번만큼은 진보주의자들의 이론보다 더 독창적이고 대담하며, 어떤 의미에서는 더 혁명적이었다." [89] 1929년 존 듀이는, 문제는 번영을 어떻게 지속시키느냐 ― 그는 이것을 당연하게 생각했다 ― 가 아니라 어떻게 '위대한 사회'를 '위대한 공동체'로 바꾸느냐에 있다고 보았다. [90] 좌파 쪽에도 결국 재계가 옳았다는 생각이 퍼졌다. 링컨 스테펀스는 1929년 2월에 쓴 글에서 미국과 소련 모두 정당화될 수 있으리라 생각했다. "인류는 이런 식으로 혹은 다른 식으로 구원받을 수 있다. 나는 이 두 가지 방식 모두 괜찮다고 생각한다." 1929년 『네이션』지는 번영의 지속에 관한 3개월짜리 연재 기사를 준비했다. 이 기사는 번영을 함께 누리지 못하는 일부 미국인들의 상황에 관심을 두었다. 첫 번째 기사는 10월 23일에 실렸다. 이날은 주식 시장이 처음 크게 폭락했던 날이다.

쿨리지는 천성적으로 무슨 일이든 의혹의 눈으로 지켜보는 사람이었고, 이 세상에서 쉽게 영원한 안녕을 얻을 수 있다고 생각하지 않았다. 그는 다른 누구보다 회의적이었고, 공직에 있었기에 낙관적인 모습을 보여야 한다는 의무감에 따라 행동했지만 실상 그다지 미래를 낙관하지는 않았던 것 같다. 그가 1928년 대통령 선거에 재출마하지 않은 것은 흥미로운 일이다.

모든 상황이 유리했고 그의 나이 겨우 쉰여섯이었다. 그는 대법원장 할란 스톤(Harlan Stone)에게 "저 사람들이 여전히 나를 원할 때 그만두는 게 좋아요"라고 말했다. 쿨리지는 정치적 야심에 엄격한 제한을 두었다. 그것은 (그의 견해로) 정치 활동에 엄격한 제한을 두어야 하는 것과 마찬가지였다. 스톤은 그에게 앞으로 경제적인 곤경이 닥치리라 경고했다. 쿨리지 또한 시장이 붕괴되리라 예상했다. 그의 아내 그레이스는 이렇게 말하고 있다. "남편은 경기 침체가 온다고 말했어요." 하지만 쿨리지는 그것이 1920년의 불황 정도일 것이라고 내다봤고, 전처럼 꿋꿋이 인내하면 회복될 것이라고 생각했다. 만약 그 이상의 일이 필요하다면 자신은 그 일의 적임자가 아니라 여겼다. 그레이스에 따르면, 각료에게 이렇게 말했다고 한다. "저는 어떻게 돈을 절약하는지 알고 있습니다. 저는 오로지 그 방면으로만 훈련되어 있죠. 우리나라는 재정적으로 건전한 상태입니다. 그러나 어쩌면 우리는 지금, 돈을 사용해야 할 때에 와 있는지도 모릅니다. 나는 그 역할에는 맞지 않아요." 그의 견해로는 후버야말로 큰손 중에서도 큰손이었다. 쿨리지는 후버의 대통령 취임을 냉담하게 바라보았다. "그 사람은 청하지도 않았는데 6년간 여러 가지 조언을 해주었다. 그 조언은 모두 엉터리였다." 쿨리지는 후버와는 반대로 결코 주제넘게 참견하는 인물이 아니었다. 1929년 초 차기 대통령의 취임식이 얼마 안 남았을 때 미국의 장기 정책에 관해 질문을 받자 그는 이렇게 한마디 했다. "그것은 저 원더 보이(wonder boy)에게 맡겨둡시다." 그리고 아무 말 없이 무대를 떠났다. 마지막 아르카디아는 그렇게 막을 내렸다.

제 **7** 장

대공황

주가 폭락의 원인

1929년 10월 3일 금요일, 체스터 근처에 있는 웨스트민스터 공작의 영지에서는 새로운 장전수가 꿩 사냥에 처음 따라나섰다. 전날 총기실에서는 선임 사냥터 관리인의 회의가 열렸다. 새벽이 되자 젊은 장전수는 새로운 제복을 입고 사냥터 관리장에게 검사를 받으러 갔다. 사냥터 관리장은 "녹색 벨벳 재킷과 조끼, 흰 바지, 레깅스에 금실이 잔뜩 달린 모자를 쓰고 있었다. 그 모습이 인상적이었다." 사냥터 관리인은 80명이었고, 모두 제복을 입고 있었다. "챙이 넓은 빨간색 모자에는 가죽 끈이 달려 있었다. 하얀 겉옷은 파머 자일스 풍의 매우 거친 옷감이었고, 허리에는 큰 놋쇠 버클이 달린 가죽 띠를 매고 있었다." 몰이꾼들이 집합해 점검을 받았다. 곧이어 총이 든 가죽 케이스가 도착했다. 케이스에는 주인의 이름과 문장을 새긴 놋쇠 명찰이 붙어 있었다. 그 후 손님들이 운전사가 모는 롤스로이스와 다임러를 타고 왔고, 마지막으로 공작이 도착했다. 처음 사냥터에 나가는 젊은 장전수는 공작을 수행하는 임무를 맡았다. '공작 전하'가 제자리에 가서자 사냥터 관리장이 호각을 불었다. 몰이꾼들이 움직였고 사냥이 시작되었다. "공작의 바람과 기대에 어긋나지 않도록 사냥은 세부적인 사항까지 철저한 준비가 갖추어졌다." 점심시간에 사냥터 관리인들은 뿔 단지에 든 맥주를 마셨다. 오후가 되자 공작의 전용 협궤 열차가 사냥에 참여하려는 숙녀들을 태우고 도착했다. "차량은 모두 그로스브너 비행기처럼 밝게 칠해져" 있었다. 이날 사냥으로 잡은 짐승은 거의 2,000마리에 달했다.[1]

공작의 절친한 친구 윈스턴 처칠은 다소 중세적인 이 광경이 펼쳐지기 2주 전 미국에서 아내에게 다음과 같은 편지를 썼다. 그는 그해 초까지 5년간 영국 재무장관을 지냈다.

사랑하는 부인, 최근에 내게 금전적인 행운이 찾아왔다는 것을 말해야 할 것 같소. 해리 맥거원(Harry McGowan) 경이 내가 미국으로 떠나기 전에 만약 기회가 되면 사전 승낙 없이 대신 주식을 사도 좋겠냐고 물어보더군. 나는 2,000~3,000파운드 정도라면 언제든 괜찮다고 말했소. 나는 이 액수를 투자 한도로 얘기했던 거요. 그러니까 주식 구매 총액 말이오. 그런데 그는 내가 말한 액수를 최대 신용 거래 한도로 받아들였더군. 그래서 그는 내가 평상시 투자하는 규모보다 10배나 더 큰 규모로 자금을 운용했던 거요. 우리는 얼마간 돈을 벌었소. …… 나와 당신 뒤에 든든한 뭔가가 생겼다는 생각 때문에 한결 안심이 되는구려.[2]

대공황 직전에 처칠이 신용 거래로 위험한 투기를 했다는 사실은 꽤 흥미롭다. 1929년 당시 미국 29개 증권 거래소에 등록된 회사의 고객 1,548,707명 가운데 약 60만 명이 신용 거래를 하고 있었다. 처칠도 이중 한 명인 셈이다. 투기열이 절정에 달했을 때는 약 100만 명이 활발하게 투기에 나섰고, 1억 2,000만 명의 미국 국민 중 2,900~3,000만 명이 적극적으로 주식 시장에 돈을 투자했다.[3] 처칠은 자신의 경험과 국제적인 인맥에도 불구하고, 거리에 삼삼오오 모인 소액 투자자들 이상으로 정보를 얻지는 못했다. 미국 경제는 이미 6월에 성장을 멈추었다. 그 영향이 나타나기까지는 시간이 걸렸지만 주식 시장의 상승세는 실제로 9월 3일 끝이 났다. 처칠이 즐거운 비명을 지르며 아내에게 편지를 쓰기 2주 전이다. 그 뒤의 주가 상승은 계속된 하강 국면의 일시적인 현상일 뿐이었다. 웨스트민스터 공작의 총성이 미처 대기 중에 사라지기도 전에 급작스런 폭락이 시작되었다. 10월 21일 월요일 처음으로 티커 테이프(ticker-tape, 시시각각 변하는 증권 시세가 기록되는 종이 - 옮긴이)가 하락하는 주가를 따라잡을 수 없는 사태가 벌어졌다. 혼란 속에 공황 심리는 커졌고(추가 증거금 납부를 요구하는 전신이 이미 전주 토요일부터 나가고 있었다), 투기자들은 저축은 물론 집까지 날아가 버릴지 모른다는 사실을 깨달았다. 10월 24일 목요일, 주식은 구매자가 아무도 없어 급전직하했고, 투기자들이 추가 증거금 납부 요구에 응할 수 없었기 때문에 그들이 가진 주식은 반대 매매로 처분되었다. 군중이 뉴욕 증권 거래소 밖의 브로드 가에 몰려들었다. 해질 무렵 월스트리트의 유명인사 11명이 스스로 목숨을 끊었다. 그날 객장을 찾은 사람들 가운데는 처칠도 있었다. 그는 자신이 꿈꾼 동화 속의 황금이 사라지는 것을 그저 지켜볼 수밖에 없었다. 다음주 10월 29일 '검은 화요일'이 찾아왔고, 어떻게든 현금을 확보하려는 움직임 속에 건전한 주식까지 매각되기 시작했다.[4]

운명과 인간의 드라마를 순식간에 역전시킨 증권 거래소의 대붕괴는 무미건조한 경제사를 산 역사로 바꾸어 놓았다. 그러나 주가 폭락에만 관심을 집중하는 것은 사태의 원인과 결과를 조명하는 데 도움이 되지 않는다. 사실은 보이는 것과 반대다. 이 때문에 많은 신화가 양산되었다. 신화는 경제학적인 설명에서 하나의 중요한 요소가 되어 있다. 하지만 1920년대 번영의 본질과 이 번영이 끝난 이유, 대폭락과 이에 뒤따른 대공황의 원인, 또 산업 사회가 이러한 곤경을 딛고 일어서는 방법과 수단은 여전히 격렬한 논쟁의 대상이 되고 있다. 종래의 설명은 대개 도덕적인 것이다. 대공황이 교만 때문에 발생했던 인과응보이며, 사악한 탐욕에 내려진 유익한 벌이라는 것이다. 마르크스주의 결정론자들은 이런 견해를 쉽게 받아들였다. 물론 마르크스주의 자체가 경제적인 분석이라기보다는 일종의 도덕적인 분석이라 할 수 있다. 이런 견해는 우리에게 도덕적인 교훈을 줄지 모르지만, 실제로 무슨 일이 일어났는지 그 일이 왜 일어났는지는 알려주지 못한다. 케인스의 추종자들이 제시한 해석은 1950년대와 1960년대 널리 받아들여졌지만, 1970년대와 1980년대 초의 경기 침체 때문에 곧 설득력을 잃었다. 이 일은 우리에게 대공황을 완전히 새로운 시각에서 바라보도록 요구하고 있다. 대공황과 1970년대의 경기 침체를 따로 떼어놓는다면 의미 있는 연구가 이루어질 수 없을 것이다. 미래의 역사가들은 이 두 가지 사건을 관련지어 연구할 것이 분명하다. 그러나 이 두 가지 사건 가운데 하나 또는 둘 모두에 대해 쉽사리 일치된 설명이 나올 것 같지는 않다. 경제사는 현재의 경제 이론이나 정책과 너무 밀접한 관련을 맺고 있어 간단히 합의를 이끌어 낼 수 있는 문제가 아니다. 따라서 여기서 제시하는 설명은 가능한 설명 가운데 하나이며, 어떤 특정한 오해를 제거하려는 시도라고 할 수 있다.

먼저 우리 머릿속에서 쫓아버려야 할 오해는 미국이 1920년대 고립주의 외교 정책을 추구했다는 주장이다. 이것은 사실이 아니다.[5] 미국의 통치자들은 베르사유조약의 공식 비준을 거부하고 유럽의 경제적 소생을 위해 케인스가 주문한 미국의 국가적 지원 프로그램을 거절했지만, 드러나지 않게 세계 경제의 안정을 위해 필요한 일정 부분의 책임을 받아들였다. 그들은 세계 무역에 필요한 국제 통화 공급 업무를 영국과 분담했다. 이 짐은 1914년 이전까지는 오직 런던이라는 도시 혼자서만 짊어지고 있었다. 미국은 또한 비공식적인 상업 및 금융 정책으로 세계 무역의 확대를 증진시키는 책임을 떠맡았다.[6] 그러나 불행히도 그 수단은 우회적이었으며 궁극적으로는 불성실한 것이었다. 1857~61년의 기간을 제외하면 미국은 언제나 높은 관세를 유지한 나라다. 유럽 대륙에서도 모방하게 된 미국의 관세 정책은 진정한 자본주의 원칙, 즉 자유방임주의에 따른다는 미국의 주장에 정면으로 배치되었다. 만약 하딩, 쿨리지, 후버가 자신이 주장해온 기업가적인 원칙을 실천했다면, 1913년 윌슨이 추진하려다 실패한 관세 인하 정책을 다시 추진했을 것이다. 그러나 그들은 그러지 않았다. 1922년의 포드니 매컴버 관세법(Fordney-MacCumber Tariff Act)과 후버가 거부권을 행사하지 않았던 1930년의 스무트 홀리 관세법(Smoot-Hawley Tariff Act)은 결국 세계 경제와 미국 경제에 끔찍한 악영향을 끼쳤다.[7] 사실상 미국 대통령과 의회 지도자들은 전국 제조업자 협회나 미국 노동 총동맹 또는 지역의 압력을 견뎌낼 용기가 부족했다. 따라서 효과적인 방법으로 국제주의를 추구하거나 그들이 주장하는 경제 이론에 들어맞는 정책을 실시할 수 없었다.

대신 그들은 의도적으로 통화량을 늘려 세계의 번영을 유지하려 했다. 이런 방법은 제1차 세계대전 전에 만들어진 연방준비은행 제도 덕분에 가능했다. 연방준비은행을 통해 법 집행이나 법률의 규제 없이 대중이 알지도 못하고 관심을 갖지도 못하는 사이에 이런 해법이 실행에 옮겨졌다. 돈을 찍어 낼 필요는 없었다. 미국 내에서 유통되는 화폐는 1920년대 초 36억 8,000만 달러였고, 1929년 호황이 끝났을 때도 36억 4,000만 달러에 지나지 않았다. 그러나 화폐 대체물, 즉 신용의 형태로 이루어진 총 통화량의 확대는 엄청났다. 1921년 6월 30일의 453억 달러에서 1929년 7월에는 730억 달러로 증가했다. 8년간 무려 61.8퍼센트가 증가한 것이다.[8] 백악관과 앤드류 멜론이 이끄는 재무부, 의회, 연방 은행, 그리고 민간 은행들도 모두 신용 팽창에 협력했다. 1923년 '연례 보고서(Annual Report)'에서 연방준비은행은 이 정책을 노골적으로 이렇게 표현했다. "연방준비은행은 …… 재계의 자금 수요가 가맹 은행들의 자

▶ 연방준비제도
1913년 연방준비법에 따라 설립되었다. 미국 정부의 재정 대리인 역할을 하며, 상업은행의 지불준비금을 관리하고, 상업은행에 대부를 해주며, 연방준비권을 발행하는 중앙은행 제도다. 연방준비법안에 서명한 윌슨 관련 기사.

기 자산을 초과할 때 자금을 공급해 주는 곳이다. 경기가 확대될 때 필요한 신용 부분을 제공하고 경기 후퇴 시에는 이를 회수한다."[9] 이런 연속적인 신용 확대 정책은 케인스가 세련된 형태로 케인스주의를 확립하기 이전에 만들어진 천박한 형태의 케인스주의라고 할 수 있다. 이 정책은 이자율이 적정한 수준에서 형성되었다면 정당화될 수 있었다. 즉 돈을 빌린 제조업자나 농부들이, 저축한 사람들이 실제로 원하는 이자율로 돈을 갚기만 한다면 괜찮다는 것이다. 그러나 다시 백악관, 재무부, 의회, 은행들이 협력하여 이자를 깎고 인위적으로 이자율을 낮추었다. 연방준비은행이 공언한 정책은 "합법적인 기업 활동을 자극하고 보호하며 장려할 만큼 이자율을 낮추어 …… 신용 자산을 확대"하는 것이었다.[10]

통화량과 금리에 대한 의도적인 개입은 1920년대에 원래의 목표, 즉 미

국 경제의 성장을 촉진하는 것뿐 아니라 호의적인 국제 정책을 추진하는 데도 이용되었다. 미국 정부는 전시 차관의 변제를 요구했을 때도 외국 정부와 기업이 뉴욕에서 돈을 끌어모을 수 있도록 적극적으로 도왔다. 이를 위해 저리 자금 정책을 유지했고 외채 시장에 적극 개입했다. 그렇다고는 해도 대출국의 선별은 명확했다. 결국 당시 대외 차관 정책은 민간 기업 수준에서 보면, 1947년 이후의 외국 원조 프로그램(마셜플랜)을 예시하고 있었다. 목표는 동일했다. 국제 경제를 부양하고 미국이 좋아하는 특정한 국가 체제를 지원하며 미국의 수출 산업을 증진하려는 것이다. 실상 특정한 국가를 지원하기 위해 빌려준 돈은 한 바퀴 돌아 결국 미국 내로 모여드는 꼴이었다. 대외 차관의 급속한 증가는 1921년에 시작되었고(1921년 5월 20일 내각의 결정에 따라 5일 뒤 하딩, 후버, 미국 투자 은행가들이 회합을 했다), 1928년 말에 중단되었다. 번영기의 호황을 떠받치고 있던 통화 확대 시기와 정확히 일치했던 것이다. 미국의 통치자들은 사실상 자유 무역이라는 합리적인 자유방임주의 원리와 경화(硬貨)를 포기하고, 보호 관세와 통화 팽창이라는 간편한 정치적인 입장을 선택했던 것이다. 국내 산업은 관세에 의해 보호를 받았고, 수출 산업은 경제 원칙에 어긋난 저리의 융자금을 대출받았고, 투자 은행가들은 모두에게 이익이 되는 채권을 발행했다. 손해를 본 사람들은 국민 전체였다. 그들은 싼값의 수출품이 낳는 경쟁 가격의 혜택을 받지 못했고, 인플레이션 때문에 고생했고 궁극적인 대공황의 희생자가 되었다.[11]

게다가 외국 대부 업무에 연관되어 있었기 때문에 정부는 증권 거래소의 투기를 비난할 수 있는 도덕적 권리를 대부분 상실하고 말았다. 후버는 대통령이 되기 전까지 1920년대 내내 상무장관의 자리에 있었는데, 월스트리트를 질 나쁜 카지노 정도로 생각했다. 그러나 그는 외채 시장을 누구보다도 열심히 후원했다. 그는 부실 채권조차 미국의 수출에 도움이 되고 고용을 늘리는 역할을 한다고 주장했다.[12] 그러나 일부 외채 발행은 증권 거래소의 부도덕한 거래만큼이나 비난받아 마땅했다. 1927년 내셔널시티 컴퍼니(내셔널시티은행의 계열사)의 라틴아메리카 채권 담당 부사장 빅터 쇠펄(Victor Schoepperle)은 페루에 관해 이렇게 보고했다. "부실 채권 기록, 민심이반, 정치적 위험, 부실 내국채(internal debt) 상태다. 지난 3년간 무역 수지는 칠레 수준으로 만족스런 상태다. 천연자원은 칠레보다 다양하다. 경제적 외형에서 볼 때 페루는 앞으로 10년간 급속한 발전이 요구된다." 그런데도 내셔널시티는 1,500만 달러 상당의 페루 채권을 발행했다. 얼마 안 있어 5,000만 달러와 2,500만 달러 상당의 채권을 추가로 발행했다. 1933~34년의 의회 조사에서 내셔널시티와 제휴 회사들이 채권 발행과 관련하여 페루 대통령의 아들 후안 레기아(Juan Leguia)에게 45만 달러를 지급했다는 사실이 밝혀졌다. 페루 대통령이 권력의 자리에서 쫓겨나자 페루는 채무 불이행을 선언했다.[13] 이것은 일례에 지나지 않는다. 전반적으로 불건전한 외채 시장의 이런 속성은 유럽에 신뢰의 붕괴와 불황을 퍼뜨린 주요 원인이다. 이러한 불건전성은 정부가 자유방임주의 정책을 추진한 결과가 아니다. 정부가 계속 간섭했던 결과다.

인위적으로 저리의 신용을 창출하는 개입주의 방법은 미국이 만들어 낸 것이 아니라 영국이 만들어 낸 것이다. 영국은 이를 '안정화 정책' 이라고 불렀다. 영국은 1914년까지 명목상으로 자유방임주의 국가였으며, 자유 무역을 실천했기 때문에 어떤 점에서는 미국보다 더 자유방임주의에 기반을 두고 있었다. 그러나 영국의 경제 사상가들은 자연적인 경기 순환을 마음에 들어 하지 않았다. 그들은 의도적인 노력을 기울여 물가를 안정시키면 경기를 원활하게 만들 수 있다고 생각했다. 케인스가 사상적으로 개입주의가 완전히 배제된 진공 상태에서 태어났다고 생각해서는 안 된다. 그는 단순히 영국의 정통 사상가들보다 조금 더 앞서 있었을 뿐이다. 재무부에서 재정 연구를 책임지고 있던 랠프 호트리(Ralph Hawtrey) 경은 이미 제1차 세계대전 전에, 중앙은행이 국제 신용(인플레이션)을 창출하여 안정된 물가 수준을 달성할 수 있고, 경기 순환을 수동적으로 받아들여야 했던 19세기의 상황을 크게 개선할 수 있다고 주장했다. 그는 경기 순환을 아무 조치도 취하지 않고 그저 받아들이는 일을 비도덕적이라고까지 생각했다. 1918년 이후 호트리의 견해는 영국에서 통념으로 굳어졌고, 베르사유를 통해 미국에까지 전파되었다. 1920년의 불황 때 안정 통화 연맹(나중에 전국 통화 연합)이 창설되었다. 이 기구는 미국의 금융 회사들을 비롯해 해외로부터 프랑스 은행 총재 에밀 모로(Emile Moreau), 에드바르트 베네시(Edvard Benes), ICI의 창립자 멜체트(Peter Robert Henry Mond, 4th Baron Melchett) 경, 오스트리아 지사장 루이스 로스차일드(Louis Rothschild), 밸 푸어, 영국의 경제학자 피구(Arthur C. Pigou), 오토 칸(Otto Khan), 아서 솔터(Arthur Salter) 경, 케인스를 끌어들였다.[14]

케인스는 『화폐 개혁론 Tract on Monetary Reform』(1923)에서 '관리 통화'와 물가 수준의 안정에 관해 설명했다. 그때까지는 이미 안정화 정책이 인정되고 있을 뿐 아니라 실행에 옮겨지고 있었다. 호트리는 1922년 제네바 회의에서 안정화 해법을 적극적으로 주장했고, 국제연맹의 금융 위원회 역시 안정화 정책을 지지했다. 무엇보다 잉글랜드 은행이 안정화 정책을 지지하고 있었다. 잉글랜드 은행의 총재 몬터규 노먼(Montagu Norman)과 국제 담당 고문 찰스 에디스(Charles Addis) 경이 이 신조를 열렬하게 따랐다. 그들의 주요한 지지자는 뉴욕 연방준비은행의 총재 벤저민 스트롱(Benjamin Strong)이었다. 스트롱은 1928년 사망 시까지 미국 금융 정책에 강력한 영향력을 행사했던 인물이다. 후버는 그를 가리켜 '유럽의 정신적 하수인'이라고 했다. 스트롱은 경제 관리라는 미국의 숨겨진 외교 정책을 실제로 집행하는 역할을 수행했다. 1920년대 대부분의 기간에 국제 경제 체제는 노먼과 스트롱이 공동으로 관리했다고 말해도 과언이 아니다.[15] 1925년 영국이 금본위제로 회귀할 수 있었던 것은 스트롱 덕분이다. 그는 뉴욕 연방준비은행의 영국 신용 한도액을 인상해 주었고, J. P. 모건(John P. Morgan Jr.)에게도 이와 비슷한 조치를 하게 했다. 런던의 『뱅커 Banker』지는 "영국에게 더 이상 좋은 친구는 없다"라고 보도했다. 그 뒤 노먼-스트롱의 재정 기준을 충족시키는 벨기에, 폴란드, 이탈리아 등에도 신용 한도액을 인상해 주는 조치가 취해졌다.[16]

물론 '금본위제'는 진정한 의미의 금본위제가 아니었다. 금본위제는 이미 1914년에 영원히 사라졌다. 고객은 잉글랜드 은행에 가서 파운드화 지폐로 파운드화 금화를 바꾸어갈 수 없었다. 사실 영국에서 부활한 이 제도의 정확한 명칭은 '금괴본위 제도'였다. 중앙은행들은 대량으로 금괴를 보유하고 있었지만, 보통 사람들은 금을 가져갈 수 있는 권한이 없었다. (원칙적으로 미국인들은 1933년까지 은행에 달러 금화를 요구할 수 있었다.) 실제로 1926년 인도에 진짜 금본위제를 시행하려는 계획이 세워졌으나 노먼과 스트롱이 합심하여 막았다. 그렇게 되면 세계의 금이 인도인들의 침대 밑으로 흘러들어가는 재앙이 초래된다는 이유에서였다. 1920년대의 금본위제 운동은 진정한 자유방임주의가 아닌 '하인이 모르는' 자유방임주의였다.[17] 그것은 '위대한 선인들'이라는 소수 엘리트들이 은밀히 추진하는 온정적인 전제 정치와 다르지 않았다. 스트롱은 자신의 신용 확대와 저리 정책을 국제연맹을 지원하는 대안으로 생각했다. 그는 사실이 알려지면 미국 여론이 비난할 것이라는 사실을 잘 알고 있었다. 이 때문에 은행가들의 정기적인 회합을 엄격하게 비밀로 유지하게 했다. 여론을 피해야 하는 금융 정책이라면 그 자체로 의심스러운 것이다. 금을 가치의 척도로 삼으면서 보통 사람들, 즉 궁극적인 가치의 평가자들이 금을 가지지 못하게 한다면 그것은 더 의심스러운 정책이 될 것이다. 왜 은행가들은 일반인들이 건전한 투자처에 돈을 투자하는 대신 아무런 수익도 생기지 않는 금을 찾으러 다투어 몰려들 것이라고 생각했을까? 여기에는 뭔가 이상한 점이 있었다. 독일의 은행가 햘마르 샤흐트는 진정한 금본위제를 거듭 촉구했다. 그 방법만이 소수 금융가들이 결정하는 은행의 신용 확대가 아니라 실제 자발적인 저축으로 경기가 확대되게 보장해 준다는 것이다.[18]

하지만 안정화 정책 지지자들은 주저하지 않았다. 그들은 국내적으로나 국제적으로 끊임없이 경제 시스템에 신용을 불어넣었다. 경제가 쇠퇴하는 기미를 보일 때마다 처방을 내렸다. 가장 악명 높은 사례를 살펴보기로 하자. 1927년 7월 스트롱과 노먼은 롱아일랜드에 있는 미국 재무부 차관 오그덴 밀스(Ogden Mills)의 저택과 스탠더드 오일 회사의 상속녀 루스 프랫(Ruth Pratt) 부인의 저택에서 은행가들과 비밀스런 회합을 했다. 스트롱은 백악관에 이 일을 알리지 않았고, 측근이 참석하는 것도 거절했다. 스트롱과 노먼은 다시 한번 신용 확대 처방을 결정했고, 샤흐트나 프랑스 은행 부총재 샤를 리스트(Charles Rist)의 이의 제기를 일축했다. 뉴욕 연방 은행의 대출 금리는 0.5퍼센트 인하되어 3.5퍼센트로 떨어졌다. 스트롱은 "주식 시장에 위스키 몇 방울 정도는 떨어뜨려 주어야 합니다"라고 리스트에게 말했다. 그 결과 마지막 투기의 파도가 밀려오게 되었다. 연방준비제도 이사회의 아돌프 밀러(Adolph Miller)는 나중에 상원에서 이 결정에 대해 다음과 같이 증언했다. 그것은 "연방준비제도가 취한 결정 가운데 가장 규모가 크고 대담한 결정이었습니다. 그 결과 과거 75년 동안 연방준비제도나

다른 은행 제도가 범한 어떤 잘못보다도 큰 대가를 치러야 했습니다." [19]

독일은 빈 학파의 미제스(Ludwig Edler von Mises)와 하이에크(Friedrich August von Hayek) 같은 통화주의자들에게 영향을 받아 이러한 정책에 반대했다. 독일의 반대는 모든 인플레이션 정책이 상황을 악화시킨다는 주장에 근거하고 있었다. 프랑스가 반대한 이유는 다른 데 있었다. 프랑스는 그 결정이 영국의 대외 경제 정책 목표를 반영하고 있으며, 미국이 그것을 지원하고 있다고 생각했다. 모로는 일기에 이렇게 적고 있다.

영국은 안정되고 확고한 통화를 재확립한 최초의 유럽 국가가 되었다. 영국은 이 이점을 토대로 실제로 유럽을 경제적으로 지배하고 싶어한다. …… 통화는 두 등급으로 나누어질 것이다. 첫 번째 등급의 통화는 금본위의 달러와 파운드이고, 두 번째 등급의 통화는 달러와 파운드에 기초하게 될 것이다. 2급의 지역 통화는 잉글랜드 은행과 뉴욕의 연방준비은행에 일정의 금을 예치하게 될 테고, 그러면 독립성을 잃게 될 것이다. [20]

모로는 영국과 미국의 통화 관리가 틀림없이 정치적인 목적을 띤 경제 정책이지만, 이것이 결국 경제적인 목표를 달성하지는 못할 것이라고 생각했다. 그의 생각은 국내적으로나 국제적으로 모두 옳았다. 미국이나 영국 둘 다 본국에서 추진하는 안정화 정책의 목표는 물가를 유지하고 임금 하락을 막는 것이었다. 그러지 못한다는 것은 곧 사회 불안을 의미했다. 국제적으로는 미국의 보호주의와 영국의 인위적으로 강해진 파운드화에도 불구하고 저금리와 간편한 공채 정책이 무역을 지탱시켜주었다. 정책의 목적은 문제를 회피하는 것이었다. 즉, 그들은 괴로운 정치적 딜레마를 해결해야 하는 필요성에서 벗어나려 했던 것이다.

이런 정책은 성공하는 것처럼 보였다. 1920년대 후반 스트롱과 노먼이 세계 경제에 불어넣은 저금리 정책이 전쟁 전의 수준에 도달하지 못했던 무역을 활성화했다. 1921~25년 세계 무역 성장률은 1911~14년과 비교할 때 마이너스 1.42였던 반면, 1926~29년의 4년 동안 세계 무역은 6.74퍼센트의 성장률을 달성했다. 1950년대 말까지도 이 기록은 깨지지 않았다.[21] 노동 통계국의 도매가 지수는, 1926년을 100으로 하여 미국 내의 변동 폭을 살펴보면 1921년 6월에 93.4에서 1925년 11월 104.5로 최고로 치솟았다가 1929년 6월 95.2퍼센트로 떨어졌다. 이에 따르면 물가를 안정시키는 수준에서 의도적으로 성장을 추진한다는 개념은 실현되었다. 결국 진정한 경제 관리였던 것이다! 케인스는 1923~28년에 이루어진 연방준비제도 이사회의 성공적인 달러 관리를 '승리'로 묘사했다. 호트리의 평가는 이랬다. "1922~28년 미국의 안정화 정책 실험은 발 빠른 조치가 인플레이션이나 불경기로 이어지는 조짐을 차단할 수 있다는 것을 보여 주었다. …… 미국의 실험은 19세기의 관행을 벗어난 위대한 진보다."[22]

하지만 사실 이미 인플레이션이 존재했고 계속 커지고 있었다. 아무도 1919년과 1929년 사이에 일어난 미국 생산량의 외관상의 증가를 제대로 평가하지 못했던 것 같다. 이 기간 제조업 분야 노동자의 생산량은 43퍼센트 증가했다.[23] 이러한 생산량 증가는 매년 평균 6.4퍼센트의 비율로 늘어나는 자본 투하량의 엄청난 증가 덕분에 이루어질 수 있었다. 생산량이 증가한 이상 물가는 떨어져야 마땅하다. 그러나 안정을 목적으로 경제 관리 정책이 인플레이션을 의도적으로 조성하면서 인플레이션이 물가 하락을 막았다. 물가가 관리되지 않았다면, 임금도 떨어졌을 것이고, 물가 하락률은 더 가팔랐을 것이다. 따라서 실질 임금, 즉 구매력은 생산성과 함께 꾸준히 증가했을 것이다. 노동자들은, 개선된 노동력이 공장에서 생산해내는 더 많은 상품을 향유할 수 있었을 것이다. 하지만 현실에서 노동자들은 새로운 번영을 따라잡는 일이 투쟁이나 다름없음을 깨달아야 했다. 그들은 차를 살 수 있었다. 하지만 단지 그뿐이었다. 새 차를 사는 일은 쉽지 않았다. 1920년대의 호황은 본질적으로 차를 기반으로 했다. 미국은 1920년대 말에 거의 1950년대만큼이나 많은 차를 생산했다. (1929년 5,358,000대, 1953년 5,700,000대.) 1920년대 가장 큰 성장을 이룬 주식은 제너럴 모터스의 주식이다. 1921년 25,000달러어치의 제너럴 모터스 보통주를 산 사람은 1929년에 백만장자가 될 수 있었다. 1929년의 경우 제너럴 모터스의 연간 수익은 2억 달러였다.[24] 그러나 자동차가 경제의 주요 산업이 되면 사람들이 돈이 없을 때 5년이고 10년이고 차를 사지 않을 수 있기 때문에 경제 팽창에 난점으로 작용할 수도 있다. 1927년 12월 쿨리지와 후버는 평균 산업 임금이 하루 4달러에 도달했다고 자랑했다. 1년으로 치면 1,200달러였다. 그러나 이들 정부의 조사원에 따르면, 5인 가정을 건강하고 품위 있게 유지하기 위해서는 일 년에 2,000달러가 들었다. 여성 취업률이 증가하는 것은 특히 중산층 사이에서 실질 임금이 하락했기 때문이라는 증거도 있다.[25] 호황이 계속되었지만 물가는 떨어지지 않았고, 소비자들이 호황을 이어가는 일은 더 힘들어졌다. 은행가 쪽에서도 경제를 확대하기 위해서 더 열심히 노력해야 했다. 스트롱의 '위스키 몇 방울'은 최후의 대규모 '경기 부양'이었다. 이듬해 그는 사망했다. 이제 그만한 권위를 가지고 그처럼 모험적인 정책을 실행에 옮길 사람은 아무도 없었다.

스트롱의 마지막 경기 부양은 사실 '실질' 경제에 거의 도움이 되지 않았다. 새로 창조된 신용은 투기꾼들이 삼켰고 대중 소비자들에게까지 가지 못했다. 사실 미국 경제의 소비자 부문에는 불균형이 존재했다. 인구 가운데 최상위 소득자 5퍼센트가 전체 개인 소득의 3분의 1을 소유했다. 그들은 포드나 시보레를 사지 않았다. 이자, 배당금, 임대료 등의 형태로 얻는 불로소득은 1945년 이후 수준의 약 두 배가 되었다.[26] 스트롱의 '위스키 몇 방울'은 불로소득자에게만 이득을 가져다주었다. 호황의 마지막 단계는 전반적으로 투기에 기반을 두고 있었다. 1928년까지 주식 거래가는 단순히 영업 실적을 따랐다. 그런데 1928년 초부터 비현실적인 요소, 즉 일확천금의 환상이 부풀기 시작했다. 경제학자 월터 배젓(Walter Bagehot)이 적절히 지적했듯이 "사람들은 가장 행복할 때 가장 속기 쉽다."[27] 소유자가 바뀐 주식의 수는 1929년에 567,990,875주에서 1929년에 920,550,032주로 늘어났다.

여기에다 새롭고 불길한 두 가지 요인이 나타났다. 신용 거래와 급조된 투자 신탁 회사가 엄청나게 증가한 것이다. 통상적으로 주식의 가치는 대략 배당금의 10배였다. 그런데 증거금 거래의 비중이 높아지자, 주식 배당률은 1~2퍼센트까지 떨어졌다. 주식을 사려고 융자하는 돈의 이자율은 8~12퍼센트였고, 따라서 이익은 기대할 수 없었다. 이는 자본 이득(주식의 가격 상승)만이 수익을 보장한다는 것을 의미했다. 라디오 코포레이션 오브 아메리카(Radio Corporation of America)는 배당금을 한 번도 지급한 적이 없었는데, 주가지수가 1928년의 85달러에서 420달러로 치솟았다. 1929년에 어떤 주식은 배당금의 50배 가격에 팔렸다. 한 전문가가 얘기했듯이 시장은 "선물뿐만 아니라 미래까지 할인했다."[28] 자본 이득에 기반을 둔 시장의 호황은 단순히 피라미드 판매의 한 형태일 뿐이다. 반면 1928년 말에 하루 한 개꼴로 세워졌던 새로운 투자 신탁 회사들은 전형적인 역피라미드 형태였다. 투자 신탁 회사들은 기민한 투자를 통한 '지렛대 효과'를 이용했고, 얼마 안 되는 실질 성장을 기반으로 괄목할 만한 외적 성장을 이루었다. 유나이티드 파운더스 코포레이션(United Founders

Corporation)은 당초 투자액이 겨우 500달러였는데, 명목 자산 6억 8,617만 달러의 회사로 변모했다. 또 다른 투자 신탁 회사는 1929년에 시장 가치가 10억 달러나 되었지만, 주요 자산은 1921년에 600만 달러의 가치밖에 없었던 전력 회사였다.[29] 이런 투자 신탁 회사는 '보잘것없는 사람들'에게 '행동할 기회를 준다'고 여겨졌다. 그러나 실상은 순수한 투기 행위를 위한 추가 무대를 제공했을 뿐이다. 일단 시장이 붕괴되자 이런 '지렛대 효과'는 역방향으로 작용했다.

놀라운 일은 신용 거래와 투자 회사가 시장을 장악했지만 연방 은행은 이자율을 올리지 않고 저금리를 유지했다는 점이다. 1929년 초 대다수 은행가는 현실감을 잃어버린 상태였다. 실제로 은행가들이 투기에 손을 대고 자사 주식을 매매하는 일도 빈번했다. 내셔널시티은행의 총재 찰스 미첼(Charles Mitchell)이 그중의 한 명이다. (1938년에 마침내 중절도죄로 기소되었다.) 1929년 뉴욕 연방준비은행의 이사가 된 그는 더 교활하고 악랄한 수준에서 스트롱의 역할을 대신했고, 1929년 대부분의 기간 호황을 지속시켰다. 물론 이외에도 붕괴에 기여한 관행은 많았다. 1929년 의회와 새로운 증권 거래 위원회가 불법으로 규정한 관행들도 당시에는 용인되곤 했다. 1932년 상원의 은행 통화 위원회가 맹렬한 마녀 사냥을 시작했다. 이것은 1940년대와 1950년대 초에 일어난 마녀 사냥의 원형이 되었지만, 불법 행위는 거의 밝혀내지 못했다. 미첼이 유일한 거물 범죄자였고, 그의 경우조차 실제 악행보다는 대형 금융 거래의 사회적 관례가 어땠는지를 밝혀주었을 뿐이다.[30] 헨리 제임스라면 별다른 불만을 품지 않았을 테지만 마르크스주의 광신자들은 실망했다. 배젓은 이렇게 말했다. "큰 공황이 찾아오면 생각지도 않았던 사람들이 과도한 투기에 몰두하고 있었다는 사실이 드러난다."[31] 이외에도 1929년의 붕괴는 은행가, 사업가, 월스트리트의 전문가, 이런저런 경제학자들의 순진함과 무지를 드러냈다. 그들은 자기가 확신을 가지고 조작하고 있던 시스템을 제대로 이해하지 못했다. 애덤 스미스가 말한 시장의 '보이지 않는 손'을 선의의 정책으로 대신하려 했지만 결국 재앙을 낳았을 뿐이다. 케인스와 그의 학파는 나중에 이것이 자기 조절 경제의 위험을 증명한다고 주장했지만(당시 케인스는 대공황의 규모나 기간을 예측하지 못했다), 사실은 그 반대였다. 그것은 잘못된 정보에 기초한 정부 개입의 위험을 보여 주고 있었던 것이다.

신용 확대는 1928년 말에 소멸했고, 그 결과 6개월 뒤 경제는 쇠퇴했다. 시장은 3개월을 버틴 다음 붕괴했다. 이 모든 일은 예상할 수 있는 건전한 현상이었다. 더욱이 이것은 환영해야 할 일이었다. 이것은 19세기에 지속된 패턴이고, 20세기에 와서도 1920~21년까지 이어져 온 패턴이며, 자본주의의 '정상 상태'를 보여 주는 것이었다. 경기 후퇴와 주식 거래가의 하락은 통상적인 일일 뿐만 아니라 경기 순환에 필요한 부분이었다. 이를 통해 염소로부터 양을 골라내고, 경제에서 불건전한 요소를 청산하며, 기생충을 쫓아낼 수 있는 것이다. 갤브레이스(John K. Galbraith)는 이렇게 말했다. "불황의 효용 가운데 하나는 회계 감사관이 못 보고 지나친 점을 보여 준다는 것이다." [32] 경기 침체는 필수적인 목적에 기여한다. 따라서 이런 경기 침체는 통렬해야 한다. 그러나 기간이 길 필요는 없다. 경제가 스스로 적응해 가기 때문이다. 정부나 업계, 대중에게 요구되는 것은 인내심이 전부다. 1920년의 불황 시에도 경제는 한 해 안에 자가 조정을 끝마쳤다. 1929년의 불황이 더 길어야 할 이유는 없었다. 쿨리지가 말했듯이 미국 경제는 기본적으로 건전했기 때문이다. 우리가 보았듯이 주식은 1929년 9월부터 떨어지기 시작하여 10월에는 공황 상태가 되었다. 11월 13일 이런 혼란이 끝날 무렵 주가지수는 452에서 224가 되어 있었다. 여기에는 잘못된 점이 전혀 없었다. 가파른 성장 뒤에도 1928년 12월의 주가지수는 겨우 245에 불과했다. 주식 시장의 혼란은 단순히 투기 요소를 제거하고 배당금과 관련된 적절한 가치에 따라 건전한 주식만을 남겨 놓았던 것이다. 경기 후퇴를 통한 자가 조정이 허용되었다면, 그전의 사례와 비교해 볼 때 이런 자가 조정은 1930년 말에 끝났을 것이고, 신뢰가 회복되고 세계적인 불경기가 일어날 필요까지는 없었을 것이다. 그러나 시장은 천천히 그리고 가차없이 하강을 계속했고, 경제적 현실을 더 이상 반영하지 않았다. (시장은 진정한 기능을 상실했다.) 대신 시장은 미국 전역과 나아가 세계를 파멸로 이끄는 원동력이 되었다. 1932년 7월 8일의 「뉴욕 타임스」에 의하면 주식 시장의 혼란이 끝날 무렵 산업주의 주가는 224달러에서 58달러로 폭락했다. 1929년 시장이 붕괴되기 전 262달러에 매매되던 US스틸은 이제 겨우 22달러에 매매되었다. 세계 최고 수준의 제조업체인 제너럴 모터스도 73달러에서 8달러로 하락했다. 이쯤 되자 세계를 바라보는 전반적인 전망은 크게 바뀌어 있었다.[33] 그것은 세계 경제가 한없이 악화되리라는 것이었다. 어떻게 이런 일이 일어났을까? 왜 정상적인 경기 회복이 일어나지 않은 것일까?

개입주의자 후버

이 질문에 대한 답을 찾으려면, 미국 대통령 허버트 후버와 프랭클린 루스벨트(Franklin Roosevelt)에 관한 일반적인 평가를 재고해 볼 필요가 있다. 널리 받아들여지는 견해는 이렇다. 후버는 이념적으로 자유방임주의에 기울어져 있었다. 이 때문에 그는 정부 자금을 이용해 신용 팽창 정책을 추진하려 하지 않았고, 이로 인해 루스벨트가 대통령이 되기 전까지 대공황이 길어지고 상황은 악화되었다. 그 뒤 루스벨트가 곧바로 정부 정책을 바꿔, 일종의 케인스주의로 뉴딜정책을 채택하고 미국을 곤경에서 구했다는 것이다. 이러한 평가에 따라, 후버는 떨쳐 버리고 싶은 끔찍한 과거의 상징으로, 루스벨트는 미래의 선구자로 묘사되었다. 더불어 1932~33년은 구식의 자유시장경제와 케인스식의 새로운 관리 경제, 사회 복지 시스템 사이에 존재하는 분수령으로 이해했다. 이런 설명은 루스벨트의 동료와 숭배자들이 행동에 옮긴 저널리즘 선전으로 시작되었고, 그 뒤 두 세대의 자유 민주주의 역사가들이 확고한 역사적 사실로 만들었다.[34]

하지만 이 오래된 역사적인 신화는 사실과는 거리가 멀다. 현실은 더 복잡하고 흥미롭기까지 하다. 후버는 현대가 낳은 비극적 인물 가운데 한 명이다. 타키투스가 갈바(Servius S. Galba)에 대해 내린 평가를 이보다 잘 보여 주는 인물은 없다. 그는 "통치자가 되지 않았더라면, 통치자가 되었어야 했다고 모든 사람이 생각했을 인물"이다. 우리가 이미 살펴보았듯이, 제1차 세계대전은 사회공학의 시대를 불러왔다. 그런데 어떤 학자들은 사회공학에서 더 나아가 공학자를 통치자로 삼고 싶어했다. 20세기 초에 미국에서 가장 영향력 있고 진보적인 저술가는 소스타인 베블런(Thorstein Veblen)이었는데, 그는 『유한 계급론 *Theory of the Leisure Class*』과 『공학자와 가격 제도 *The Engineers and the Price System*』라는 책에서 공학자들을 사리사욕에 빠지지 않는 인정이 많은 사람이라고 평했다. 그래서 이들이 사업가를 대신해 유한계급의 가치와 이윤의 동기를 없애고, 소비자들의 이해에 따라 경제를 운영할 수 있도록 해야 한다고 주장했다.[35] 사회공학을 보다 폭넓은 범위에서 누구보다 오랫동안 껴안고 있던 소련에서는 대략 그렇게 되었다. 공학자들이 지배 계급의 주류를 이루었던 것이다. (소비자들에게 대단한 혜택이 돌아간 것은 아니었지만.)

1874년생인 후버도 사회공학을 신봉했다. 그는 실제로 공학자(정확히 광산 기사)였다. 몹시도 궁핍한 아이오와의 농민 가정에서 태어나 아홉 살에 고아가 된 후버는 미국의 고전적인 성공 스토리의 주인공이다. 그는 스탠퍼드대학을 졸업하고 공학 학위를 취득한 뒤, 1900~1915년 사이에 전 세계의 광산을 돌아다니며 400만 달러를 벌었다.[36] 그 후 윌슨의 전시 행정부에 발탁된 뒤 유능한 관리가 되었다. 후버는 윌슨 정부의 강력한 지도력과 계획성을 몸소 체득했고, 전쟁이 끝난 뒤 미국 원조 사무국(나중의 마셜 플랜과 포인트 포 계획의 선구적 형태)의 위원장으로 일하면서 구호 활동을 통해 세계적인 명성을 얻었다. 막심 고리키는 그에게 이런 편지를 썼다. "당신은 아동 350만 명과 성인 550만 명을 죽음에서 구해냈습니다."[37] 그

▶ 허버트 후버(1874~1964)
제1차 세계대전 때 연합국의 구제활동을 담당한 주요관리로서 박애주의자라는 평판을 얻었지만, 그의 공화당 행정부가 대공황의 경제적 고통을 감소시키지 못하자 이런 평판도 빛을 잃었다.

러나 사실 그는 선별적인 식량 정책을 이용하여 헝가리에 있는 벨러 쿤의 공산주의 체제를 파괴하고, 오스트리아에서 합스부르크 왕가가 다시 등장하는 것을 막는 한편, 영국과 미국이 좋아하는 체제를 후원했을 뿐이다.[38] 케인스는 그에 관해 이렇게 썼다. "파리회담의 시련을 통해 평판이 더 좋아진 유일한 인물이다. …… 그는 파리회담에서 현실성과 이해력, 아량, 공평무사한 태도를 보여 주었다. 만약 이런 특성을 다른 회담 참가자들도 보여주었다면 만족할 만한 평화가 찾아왔을 것이다."[39] 프랭클린 루스벨트 또한 해군부 차관으로 전시 행정부에 참여하고 있었고 전반적으로 후버와 비슷한 견해를 갖고 있었다. 그는 친구에게 이렇게 썼다. "후버는 분명 놀랄 만한 인물이네. 나는 그가 미합중국의 대통령이 되었으면 하고 바라고 있지. 대통령으로 그보다 더 나은 인물은 찾을 수 없을 것이네."[40]

후버는 8년간 상무장관을 지내며, 하딩과 쿨리지 행정부의 정책 혹은 무정책에 반대하며 조합주의자, 행동가, 개입주의자의 역할을 수행했다. 그의 전임자 오스카 스트라우스(Oscar Straus)는 그에게 하루에 두 시간만 일하면 된다고 말했다. "밤에는 물고기들을 잠들게 놔두고 해안에 불만 켜두면 되는 것이지." 사실 후버가 상무장관으로 있는 동안에만 유일하게 직원과 경비가 증가했다. 직원은 13,005명에서 15,850명으로, 경비는 2,450만 달러에서 3,760만 달러로 증가했다.[41] 후버는 대공황이 시작되기 전 대통령에 취임하여 곧 여러 위원회와 협의회를 구성하는 일에 착수했고, 연구 프로그램을 지원하고 지출을 늘렸다. 임금을 유지하라고 고용주들을 설득하는 한편 일자리를 늘리기 위해 '분할 근무'를 계속하라고 요청했다. 무엇보다 "연방 정부, 주, 시 간의 협력을 통해 공익사업을 늘리려고" 애썼다.[42] 그는 곳곳에서 위원회와 연구 집단을 만들었으며 조사단과 작업반을 후원하여 떠들썩한 분위기를 연출했다. 후버가 적극적으로 깊이 개입하지 않은 공공 정책은 하나도 없었다. 아동 보건 사업, 인디언 정책, 석유, 자연 보호, 공교육, 주택, 쓰레기 처리, 농업 등. 그는 대통령으로서 농무장관을 겸임했고, 1929년의 농산물 판매법은 완전히 그의 작품이었다.[43] 하딩은 이런 과도한 행동주의를 좋아하지 않았지만, 후버의 두뇌와 명성에 압도되어 "내가 아는 사람 가운데 가장 명석한 괴짜"라고 말했다.[44] 쿨리지도 반감을 품고 있었다. 그러나 그때 이미 후버는 공화당 정부의 미래에서 없어서는 안 될 존재가 되어 있었고, 제거하기에는 너무 늦은 상태였다.

게다가 정부, 재계, 노조, 또 다른 거대 세력이 함께 노력하여 온화하지만 지속적인 방법으로 생활을 윤택하게 만들어야 한다는 후버의 조합주의는 계몽적인 자본주의자들이나 좌파 공화당원들, 비사회주의 지식인들 사이에서 보편적으로 받아들여지고 있던 당대의 이념이었다. 양키식 조합주의는 유럽에서 자라난 새로운 형태의 조합주의, 특히 무솔리니의 파시즘에 대한 화답이었다. 1920년대에 올바른 사고를 하는 사람들에게는 1930

년대의 스탈린주의만큼이나 중요한 것이었다.[45] 후버는 이 조합주의의 뛰어난 감독이자 이론가였다. (그의 숭배자 가운데 한 명이 장 모네였다. 장모네는 나중에 이런 접근 방식에 '유도형 계획'이라는 새로운 이름을 붙이고, 프랑스의 전후 계획 경제 시스템과 유럽 경제 공동체의 근간으로 삼았다.) 그렇다고 후버가 국가 통제주의자는 아니다. 그는 "뒷문으로 미국에 파시즘을 들여오려는" 모든 시도에 반대한다고 말한 바 있다.[46] 많은 점에서 그는 자유주의자였다. 저개발 국가에 도움을 주기를 원했고, 1924년의 이민 할당에서 일본이 당한 처사에 유감의 뜻을 나타냈다. 그의 아내는 흑인 의원의 부인을 환대했다. 그는 윌슨이나 윌슨의 아내 혹은 프랭클린 루스벨트와 달리 반유대주의 농담을 결코 하지 않았다.[47] 교육받은 미국인들 대다수에게는 그가 백악관에 입성하기 오래전부터 미국을 이끌어갈 인물로 보였다.

그리하여 후버가 대통령으로서 기적을 이룰 수 있는 사람이라는 보편적인 신념이 생겨났다. 「필라델피아 레코드」지는 후버를 "정치 공학이라는 현대 과학 분야에서 가장 뛰어난 인물"이라고 칭송했고, 「보스턴 글로브 Boston Globe」지는 '지배 역학'을 아는 인물이 백악관에 들어왔음을 국민이 알게 되었다고 말했다.[48] 후버는 '위대한 공학자'였다. 그는 사람들의 지나친 기대를 걱정했다. "사람들은 나를 일종의 슈퍼맨이라고 여기고, 내 능력이 미치지 않는 문제는 아무것도 없다고 생각하고 있습니다."[49] 그렇다고 실제로 그가 어떤 곤란을 겪은 것은 아니다. 그는 무엇을 해야 할지 정확히 알고 있었다. 그는 독재자처럼 정부를 운영했으며, 의회를 무시하거나 들볶았다. 후버는 디킨스의 소설에 등장하는 인물처럼 스스로 법을 만들었다. 부하들에게 이렇게 말하곤 했다. "자네가 나를 더 잘 알게 되면, 내가 사실이라고 말하면 그게 틀림없다는 걸 알게 될 걸세."[50]

후버가 1929년 3월 대통령이 되었을 때 대공황을 낳을 메커니즘은 이미 작동하고 있었다. 그가 취할 수 있는 유용한 조치는 오직 인위적으로 낮춰진 이자율을 높여 정상 수준 ― 그 상황에서는 높은 수준 ― 으로 되돌려 놓는 것이었다. 그렇게 되었다면 증권 거래 호황은 조기에 사라졌을 테고 1929년 가을의 끔찍한 드라마를 피할 수 있었을 것이다. 그러나 그는 그렇게 하지 않았다. 정부 주도의 저금리 신용이 그가 추진한 정책의 바탕을 이루고 있었다. 붕괴의 심각성이 분명해졌을 때, 재무장관 앤드류 멜론은 마침내 후버의 개입주의 철학에서 등을 돌렸고 엄격한 자유방임주의로 입장을 바꾸었다. 그는 후버에게 정부 정책이 "노동, 증권, 농민, 부동산 부문을 정리하고 경제의 썩은 부분을 도려내는 것"이 되어야 한다고 말했다.[51] 이 말은 후버가 대통령의 자리에 있는 동안 들었던 조언 가운데 유일하게 분별 있는 조언이었다. 대공황을 그대로 방치해두면 불건전한 기업은 즉시 파산할 것이고 건전한 기업은 살아남았을 것이다. 임금도 정상 수준을 되찾을 것이지만, 후버에게는 바로 그것이 문제였다. 그는 고임금이야말로 경기 후퇴를 억누르고 극복하려는 그의 정책에서 가장 중요한 부분이라고 생각했다.[52]

따라서 처음부터 후버는 경기 순환에 개입하고자 마음먹고, 정부의 모든 자원을 이용해 압력을 행사했던 것이다. 그는 이렇게 썼다. "이전의 어떤 대통령도 그러한 경우에 정부가 책임져야 한다고 믿지 않았다. …… 여기서 우리는 새로운 장을 개척해 나가야 했다."[53] 그는 신용 팽창을 재개했고, 연방준비은행은 1929년 10월 마지막 주에만 거의 3억 달러를 추가로 풀었다. 11월에 그는 업계 지도자들과 일련의 회의를 열고 임금을 삭감하지 않겠다는 약속을 엄격히 지키라고 요구했다. 심지어 가능하다면 임금을 올리라고 말하기도 했다. 어쨌든 이런 약속은 1932년까지 지켜졌다. 미국 노동자 총동맹의 기관지는 이 정책을 극찬했다. 전에는 미국의 고용주들이 합심하여 함께 행동한 적이 없었는데, 고임금 유지에 관한 이 결정은 "문명의 진보를 위한 획기적인 사건"으로 기록될 것이라고 했다.[54] 케인스는 영국 노동당 출신의 총리 램지 맥도널드(Ramsay MacDonald)에게 자신의 의견을 전하며 임금 수준을 유지한 후버의 공로를 칭송했고, 연방 정부의 신용 팽창 정책이 충분히 만족스러운 것이 되리라고 예상했다.[55]

모든 본질적인 부분에서 후버의 조치는 나중에 '케인스식' 정책이라고 불릴 만한 것이었다. 그는 대폭적인 감세를 단행했다. 4,000달러 소득이 있는 가족은 세금이 3분의 2나 줄어들었다.[56] 그는 의도적으로 정부 지출을 늘렸고, 그 결과 정부는 1931년에 22억 달러의 결손을 보았다. 이에 따라 국민 총생산에서 정부가 차지하는 몫은 1930년에 16.4퍼센트에서 1931년에 21.5퍼센트로 증가했다. 1931년의 정부 지출 증가분은 13억 달러로 평화기의 미국 역사에서 가장 큰 액수였다. 이것은 대개 이전 지출(transfer payment)에 의한 증가분(10억 달러)이었다.[57] 후버가 직접적인 구제를 배제하고, 정부 자금을 기업이나 개인 원조에 사용할 경우에도 가능한 한 은행을 통해서 일을 했던 것은 사실이다. 그러나 그가 정부 자본을 이용해 경제를 활성화하려 했다는 점은 의심할 여지가 없다. 쿨리지가 분노한 농민 대표단에 했던 충고는 "신을 믿으라"는 쌀쌀맞은 것이었다. 그러나 후버는 새로운 농산물 판매법에 따라 농민들에게 5억 달러에 달하는 연방 정부의 돈을 빌려주었고, 1930년 초에는 1억 달러를 추가로 빌려주었다. 1931년 그는 부흥금융공사(Reconstruction Finance Corporation)를 통해 재정 지원의 대상을 경제 활동 전분야로 확대했다. 부흥금융공사는 후버가 생각해낸 나인 포인트 계획의 일환이었다. 샌프란시스코 베이 브리지(San Francisco Bay Bridge), 로스앤젤레스 송수로(Los Angeles

Aqueduct), 후버댐(Hoover Dam) 등 이전 30년보다 더 많은 공공사업이 후버가 집권했던 4년 동안 시작되었다. 세인트 로렌스 수로(St Lawrence Seaway) 프로젝트는 백악관이 아닌 의회의 결정에 따른 것이다. 1932년 부흥금융공사의 자본금은 거의 두 배가 되어 38억 달러에 이르렀고, 새로운 긴급 구제 및 건설법(Emergency Relief and Construction Act)에 따라 적극적인 역할까지 떠맡았다. 부흥금융공사는 1932년 한 해에만 23억 달러의 신용을 창조하고, 16억 달러의 현금을 풀었다. 그런데 그때는 2년간의 적자 뒤 만장일치로 예산의 균형을 요구하고 있었기 때문에 1932년의 세입법에 따라 평화기의 미국 역사상 가장 큰 폭으로 세금이 증가했다. 고소득자에 대한 과세율은 25퍼센트에서 63퍼센트로 치솟았다. 이 일은 후버의 초기 감세 정책을 생각해 볼 때 말도 안 되는 일이지만, 이제 후버는 의회에 대한 통제권을 상실했고, 더 이상 일관성 있는 재정 정책을 추진할 수 있는 입장이 아니었다.

후버의 개입주의에는 행동가다운 끊임없는 웅변이 뒤따랐다. 그는 아마도 적극적인 경제 정책의 맥락에서 군대 용어를 사용한 최초의 민주주의 정치가일 것이다. "이러한 긴급 상황에서 경제 기구를 가동시켜 임해야 할 전투에는 새로운 체제와 새로운 전술이 필요합니다. 우리는 전쟁에 이기기 위해 비상 지휘권을 이용하곤 했습니다. 우리는 대공황과 싸우기 위해 이런 권한을 이용할 수 있습니다."(1932년 5월) "퇴각하지 않고 지금처럼 공격을 계속한다면, 이 전투에서 승리할 것입니다."(1932년 8월) "우리는 아무것도 하지 않을 수도 있었습니다. 그랬다면 우리는 완패했을 겁니다. 대신 우리는 사기업과 의회에 공화국 역사상 최대 규모의 경제 방어 프로그램과 반격을 제안하여 상황에 맞섰습니다. …… 역사상 처음으로 경제 침체기에 임금이 삭감되기 전에 배당금, 이윤, 생활비가 줄어들었습니다.

······ 이윤이 사실상 사라지기 전까지 ······ 이런 상황이 유지되었습니다. 이제 우리는 세계에서 가장 높은 수준의 실질 임금을 구가하고 있습니다. ······ 일부 반동적인 경제학자들은 경기가 바닥을 칠 때까지 파산과 정리가 계속되게 놔둬야 한다고 주장합니다. ······ 우리는 그런 사람들의 조언을 따르지 않을 겁니다. 우리는 미국의 채무자 전체가 파산하고 국민의 저축이 자취 없이 사라지는 것을 좌시하지 않을 것입니다." (1932년 10월)[58]

행동하는 공학자 후버는 도구와 무기를 통해 사고했다. 도구와 무기는 사용하기 위해 있는 것이고, 그는 그것을 사용했다. 증권 거래소에 대한 후버의 끊임없는 공격(그는 증권 거래소를 기생충으로 여기며 증오했다)과 그곳을 조사해야 한다는 요구는 주가를 더욱 떨어뜨렸고 개인 투자자들을 위축시켰다. 공공 투자 정책은 결국 필요한 청산을 막았다. 따라서 그가 구하려 했던 기업들은 끔찍한 고통을 겪고 결국 파산하거나, 1930년대 내내 엄청난 채무에 허덕여야 했다. 후버는 파산법을 완화하고 채무 담보물의 매각을 금지하도록 주 정부를 설득했다. 저당물에 대한 권리를 상실하게 하는 유질 처분을 금지하고, 채무 지불 정지를 강요하여 재산권의 근간을 허물었다. 후버는 의도적으로 연방 자금을 은행에 융자하여, 억지로 인플레이션의 길로 내달리게 했는데, 이는 은행의 입지를 점점 불안정하게 만들었다.

마지막 위기는 미국의 보호주의 정책이 부메랑을 맞았을 때 찾아왔다. 1930년에 채택된 스무트 홀리 관세법은 어떤 정책보다 큰 폭으로 수입세를 증가시켰고 유럽에 대공황을 퍼뜨렸다. 1931년 여름 오스트리아의 일류 은행 크레디트 안슈탈트(Credit Anstalt)가 도산하면서 유럽 전역에 있는 은행들이 차례로 파산하는 도미노 현상이 발생했다. (영국은 이미 1930년 9월 21일에 금본위제를 포기했다.) 이어서 채무 이행 거부가 시작되었다. 미국이 그나마 기대하고 있던 유럽 수출이라는 꿈은 사라졌고, 자유 무역 대신에 대외 차관을 제공하는 정책도 붕괴되었다. 외국인들은 달러를 더 이상 신뢰하지 못해 당시까지 금본위제를 실시하고 있던 미국에서 금을 빼내가기 시작했다. 이 움직임은 미국인들 사이에서도 퍼져나갔다. '평상시' 은행 도산은 연간 700건 정도인데 비해, 1931~32년에는 무려 5,096건에 달했고, 그 규모도 30억 달러를 훌쩍 넘었다. 이런 과정은 1933년 초 절정에 달했다. 후버가 집권하고 있던 마지막 몇 주 동안 미국의 은행 제도는 실제 기능이 멈춰 버린 상태였다. 이 일은 후버의 기념비적인 실패를 마무리하고 있는 것처럼 보였다.[59]

후버의 개입주의 정책으로 인해 대공황은 4년째로 접어들었다. 누적된 은행의 위기는 모든 면에서, 후버가 그토록 막으려 했던 디플레이션 효과를 내포하고 있었다. 따라서 1932년 말에 대공황의 최악의 상황은 끝이 났다. 그러나 그동안 경제가 빠져든 끝이 없는 심연은 회복이 그만큼 지지부진하리라는 것을 의미했다. 타격은 엄청났다. 그것이 앞뒤가 안 맞고 때로 모순되어 보이더라도 말이다. 산업 생산 지수는 1929년 8월에 114였는데 1933년에는 54로 저하되었고, 1929년 총액 87억 달러에 달했던 건설 사업은 1933년에는 겨우 14억 달러로 주저앉았다. 같은 기간 내구소비재의 생산은 77퍼센트 하락했다. 그러나 후버 덕택에 공황 속에도 평균 실질 임금만은 증가했다. 희생자는 당연히 임금을 받지 못하는 사람들이었다.[60] 1929년 노동력의 3.2퍼센트에 지나지 않았던 실업률이 1933년에는 24.9퍼센트, 1934년에는 26.7퍼센트로 증가했다.[61] 어떤 때는 (농가를 제외하고) 약 3,400만 명의 남녀노소가 전혀 소득이 없었던 때도 있었다. 이 인원은 국민의 28퍼센트에 해당했다.[62] 집주인은 집세를 받지 못했고, 따라서 세금을 낼 수 없었다. 시도 재정난에 허덕였고, 이 때문에 구호 제도나 공공사

▶ 제임스 터버(1894~1961)
1920년대 미국과 프랑스에서 전문 저술가로 바쁘게 활동
했다. 1925년에 뉴욕으로 이주해 뉴욕이브닝포스트 기자
로 일했다.

업은 위기를 맞았다. 시카고는 교사들에게 2억 달러의 급여를 지급하지 못했다. 일부 지역에서는 학교가 일 년간 거의 문을 닫았다. 1932년 뉴욕에서는 돈이 없어 30만 명 이상의 아이들이 수업을 받지 못했고, 보건부에 따르면 학교에 가는 아이들 가운데 20퍼센트가 영양 실조였다.[63] 1933년이 되자 미국 교육청은 1,500곳의 대학이 파산하거나 폐교되었으며, 대학생 수는 25만 명이나 감소했다고 추산했다.[64] 책은 거의 팔리지 않았다. 시카고의 모든 공공 도서관이 12개월간 한 권의 책도 구입할 수 없었다. 총 도서 판매량은 50퍼센트가 줄었고, 보스턴의 리틀 브라운 출판사는 1932~33년을 1837년 설립 이래 최악의 해라고 말했다.[65] 존 스타인벡(John Steinbeck)은 "사람들은 파산하면 맨 먼저 책부터 사지 않는다"고 불만을 토로했다.[66]

지식인들은 자신이나 주변에 닥친 곤경과 불행을 보며 비통함과 분노를 느꼈는데, 반응은 각자 달랐다. 일부는 단지 그들이 본 것만을 얘기했다. 대공황의 시기에 쓴 '뉴욕의 세 번째 겨울'이라는 기사에서 제임스 터버(James Thurber)는 현격한 빈부의 격차와 모순된 상황에 주목했다. 뉴욕에서 허가받은 86곳의 극장 가운데 28곳만 계속 운영하고 있었다. 그러나 오닐의 「상복이 어울리는 엘렉트라 Mourning Becomes Electra」는 6달러짜리 좌석까지 매진이었다. 2만 대나 있던 택시 중 1,600대가 사라졌다. 그러

나 남은 택시는 경쟁이 치열해진 결과 훨씬 깔끔하고 청결해졌다. 리츠와 피에르 같은 호텔은 최저가의 객실 요금을 6달러까지 낮췄지만, 새로운 호텔 월도프는 이전과 같은 요금에도 불구하고 손님들로 붐볐다. 새로운 엠파이어 스테이트 빌딩은 1920년대를 사로잡은 거대한 건설 호황의 마지막 산물이었는데, 임대가 완료된 공간은 3분의 1에 불과했다. "많은 층이 끝마무리도 되어 있지 않았고, 단순히 회반죽으로 칠해진 거대한 공간에 지나지 않았다." 하지만 1달러를 내고 빌딩 꼭대기에서 전망을 구경한 사람은 55만 명에 달했다. 대서양을 횡단하는 대형 여객선은 스위트룸의 가격을 3분의 1가량 낮추었다. 그러나 '흥청망청 대는 항해선들'은 도박을 금지하는 20킬로미터 경계 밖에서 성황을 이루고 있었다. 브리지(카드놀이)도 마찬가지였다. 엘리 컬버트슨(Ely Cullbertson)의 브리지 책은 한 해에 40만 권이나 팔려나갔고, 브리지 산업은 1억 달러의 매출액을 올렸다. 새로운 스트립 쇼도 인기를 끌었고, 스트립 댄서들은 한 주에 475달러나 벌었다. 제임스 터버는 기사에서 큰 상점의 영업 방법에 대해 얘기했다. 규모가 큰 상점들은 가격을 대폭 내려서 적절히 사업을 유지하고 있었다. 시장의 조건에 직접 반응하는 소매업이 불황의 피해가 가장 작았다는 사실은 의미심장하다. 후버의 확고한 고임금 정책에 꼼짝 못한 산업계는 큰 타격을 받았다.[67] 터버는 실제로 돈을 벌 수 있는 사람들에게는 대공황의 때가 황금기였음을 강조했다.

지식인 대부분이 급격하게 좌파로 기울었다. 아니면 처음으로 정치에 관심을 가지게 되었다고 말할 수도 있을 것이다. 그들은 새로운 눈으로 인식한 그들의 나라를 노골적인 이념적 색채로 표현했다. 토머스 울프는 1930년대에 바로크풍의 글을 쓴 비상한 인물이다. 그는 뉴욕 시청 바깥의 공중화장실에 관해 묘사한 적이 있다. 그곳에는 200만 명에 달하는 미국 부랑자가 모여 있었다.

그들은 대개 휴식과 온기를 찾아, 그리고 절망에서 잠시나마 빠져나오기 위해 …… 몰려왔다. …… 그 광경은 혐오감을 일으켰고, 연민으로 영원히 할 말을 잃게 할 정도였다. 근처에는 곧추선 맨해튼의 거대한 건물들이 잔인한 겨울 어둠 속에서 차갑게 빛나고 있었다. 울워스 빌딩은 채 50미터도 떨어져 있지 않았고, 아래쪽에는 은빛을 띤 월스트리트의 첨탑과 건물들이 뾰족하게 서 있었다. 그곳은 거대한 은행들이 거처하는 돌과 철로 된 큰 요새였다. …… 차가운 달빛 아래, 인간에게 부과된 이 비참함과 불행의 심연에서 몇 블록 떨어지지 않은 곳에 번쩍이는 권력의 최정상이 우뚝 솟아 있다. 그곳에는 전 세계의 상당한 부가 튼튼한 금고 안에 보관되어 있다.[68]

에드먼드 윌슨이 대공황에 대해 쓴 기사를 모아 놓은 책 『미국의 불안 The American jitters』(1932)에서 그는 미국 사회에 널리 퍼져 있던 기업에 적대적인 정서에 관해 억제된 문체로 적어나갔다. 당시는 책은 안 팔렸을지 모르지만, 더 많은 사람이 이전보다 심각한 책을 읽던 때다. 에드먼드 윌슨은 지식인들에게는 좋은 때, 즉 영향력을 미칠 수 있는 때가 왔음을 날카롭게 인식하고 있었다. 특히 젊은 세대의 지식인들에게는 더없이 좋은 때였다. 그들은 "대기업의 시대에 자라나 언제나 대기업의 야만적인 행위에 분개했다. 대기업은 그들이 관심을 두고 있던 모든 것을 날려 버리지 않았는가." 그들에게는 "3년이라는 시간이 우울한 시간이 아니라 자극적인 시간이었다. 부정을 일삼던 우둔한 대기업들이 전혀 예상치 못한 순간 몰락했다는 것에 어떻게 기뻐하지 않을 수 있겠는가. 이러한 상황은 우리에게 새로운 자유와 권력의 감각을 일깨워주었다."[69]

개인 생활에서는 계획 없이 행동하는 작가들이 공공의 영역에서는 본능적으로 계획 경제를 지지한다는 것은 흥미로운 사실이다. 1930년대 초 계획 경제는 새로운 세계관이 되었다. 이 새로운 세계관이 1932년의 출판 목록을 장악했다. 1929년 10월 당치도 않게 "호황이 계속될 것"이라고 말했던 스튜어트 체이스(Stuart Chase)는 이제 『뉴딜 A New Deal』을 출간했다. 이 책의 제목은 묄러 판 덴 브루크의 『제3제국』만큼이나 시의적절했다. 조지 소울(George Soule)은 『계획 사회 A Planned Society』에서 후버 방식의 사업 프로그램을 요구했다. 조합주의 방식의 계획화는 아돌프 벌과 가디너 민스(Gardiner Means)의 『현대적 조합과 사적 재산권 Modern Corporation and Private Property』에서 완전히 이상화되기에 이른다. 이 책은 대공황이 절정에 달하는 동안 있었던 20가지 영향을 검토하고, '조합의 법칙'이 새로운 경제 국가의 '헌법'이 될 것이라고 예언했다.

모든 사람이 계획을 원했다. 미국에서 가장 많은 독자를 확보하고 있던 역사가 찰스 비어드는 '미국의 5개년 계획'을 주창했다.[70] 제너럴 일렉트릭의 사장 제라드 스워프 같은 기업가들도 의견을 제시했다. 뉴잉글랜드 파워 사의 회장 헨리 해리먼(Henry Harriman)은 이렇게 선언했다. "우리는 극단적인 개인주의의 시대를 떠나왔다. …… 뛰어난 계획 사업 구조가 기업의 번영과 고용을 가장 잘 유지할 수 있을 것이다." 여기에 동의하지 않는 산업 자본가들은 "이단자로 다루어질 것이다. …… 그들을 포박하고 낙인을 찍어 쫓아내야 할 것이다." 미국 철강 건설 협회의 찰스 애벗(Charles Abbott)은 국가가 "무책임하고 무능하며 완고하고 비조합주의적인 개인주의"를 더 이상 허용해서는 안 된다고 주장했다. 『비지니스 위크 Business Week』지는 "아직도 게으른 요정을 믿고 계십니까?"라는 제목의 기사를 실었다. "계획이냐 무계획이냐는 더 이상 문제가 되지 않는다. 진정한 문제는 누가 계획을 할 것이냐다."[71]

논리성과 정당성 면에서 이런 일을 할 사람이 위대한 공학자이자 원더 보이인 후버 외에 누가 있었겠는가? 마침내 그의 시대가 왔다고 말하지 않을 사람이 누가 있었겠는가? 그러나 역사에는 논리성도 정당성도 없다. 역사는 단지 연대기일 뿐이다. 후버의 시대는 왔다가 갔다. 그는 집권 4년 동안 미친 듯이 행동했고 계획했다. 하지만 결과는 어떠했는가? 1932년에 이르자 조언자들은 그에게 "전면에 나서지 말라"고 얘기했다. 그의 공적인 언행이 정부가 효과적인 개입 정책을 수행할 수 있다는 생각에 해가 되기 때문이었다.[72] 후버 역시 1929년 자신에게 경고한 적이 있다. "전례 없는 재앙이 우리나라에 닥친다면, 내게 너무 많은 기대를 품었던 사람들이 이성을 잃고 실망감에 싸여 나를 희생시킬 것이다." 이런 두려움 — 당시는 확신을 갖고 물리칠 수 있었지만 — 은 너무도 엄정한 현실이 되고 말았다. 1907년 시어도어 루스벨트는 이렇게 말했다. "보통 사람이 돈을 잃으면 상처 입은 뱀처럼 머릿속에 떠오르는 것들을 이리저리 공격한다. 그것이 죄가 있든 없든 상관하지 않는다."[73] 이 금언은 이제 사실로 증명되었다. 후버는 무기력한 희생자가 되었고, 예복을 입은 채 피를 흘리는 토끼에 지나지 않았다. 그는 원래 뚱한 사람이었지만 모르는 사이에 더 침울해져 있었다. 각료 가운데 가장 유능했던 헨리 스팀슨(Henry Stimson)은 백악관을 되도록 피했다. "정부와 관련된 모든 일에 사라지지 않는 우울함이 스며 있었다. 나는 이를 피하고 싶었다." 그는 이렇게 덧붙였다. "지난 일 년 반 동안 단 한 차례라도 회의에서 농담을 들은 적이 있는지 기억이 안 난다." 당과 내각이 후버를 멀리하자 그는 불성실한 인물들의 명단을 작성해 나갔다.[74] 곤란에 빠진 후버를 찾아온 허버트 웰스는 그가 "창백하고 과로로 지

처서 어찌할 바를 모르고 있다"는 사실을 발견했다.[75]

이런 상황에서 대개 그렇듯, 변덕스런 운명의 여신이 상처뿐인 대의를 버리고 또 다른 신화를 탄생시켰다. 1924년 참전 용사 수당 지급법에 따라 제대 군인은 복무 증서와 함께 만기 가치로 따진 수당의 22.5퍼센트를 대출받을 수 있는 권리가 생겼다. 1931년 후버의 거부권 행사로 의회는 이 비율을 50퍼센트까지 올렸다. 일부 참전 용사는 여기에 만족하지 않았다. 1919년 이후 처음으로 활기를 찾은 좌익은 2만 명의 참전 용사로 이루어진 '보너스 원정대'를 조직했다. 이들은 1932년 워싱턴 한복판에서 판잣집으로 일종의 '야영지'를 만들었다. 그러나 의회는 그들의 요구를 거절했고, 그해 7월 28일 후버는 이 판자촌을 철거하라고 지시했다. (이 문제에 관한 방침은 후버나 루스벨트나 동일했다. 이 문제는 1936년 다시 불거졌다.) 경찰로는 불충분했기에, 당시 기병대 소령으로 있던 패튼(John Patton) 장군이 지휘하는 군대가 투입되었다. 육군 참모 총장이었던 맥아더(Douglas MacArthur) 장군과 그의 부관이었던 아이젠하워(Dwight D. Eisenhower) 소령은 이에 따른 군사 작전에서 대수롭지 않은 역할을 했을 뿐이다.

미국 역사상 이 사건만큼 많은 거짓을 양산한 사건도 없다. 게다가 그 거짓은 대부분 고의로 날조된 것이다. 공산주의자들은 이 야영지를 건설하는 데 대단한 역할을 하지는 않았지만, 뛰어난 솜씨로 뒤이은 선전을 주도해 나갔다. 기병대가 사람들을 짓밟고 다녔다거나, 탱크와 독가스를 사용했다거나, 토끼를 구하려는 소년을 총검으로 찔렀다거나, 안에 사람이 있는 텐트와 판잣집에 불을 질렀다는 얘기가 나돌았다. 월터스(Walter W. Walters)의 『보너스 원정대에 관한 모든 이야기 BEF: The Whole Story of the Bonus Army』(1933년)나 잭 더글러스(Jack Douglas)외 『퇴역 군인의 행진 Veteran on the March』(1934년) 같은 책도 출간되었다. 두 책 모두 거의 허구였다. 이어 『보너스 원정대의 발라드 *Ballads of the BEF*』라는 책도 등장했다. 이 책에는 "후버의 식단은 독가스다"라거나 "참전 용사들의 귀를 잘라낸 칼이 반짝거리고 있었다" 같은 악의적인 의도가 담긴 문장이 들어 있었다. 1940년에 브루스 민턴(Bruce Minton)과 존 스튜어트(John Stuart)가 쓴 공산주의 소책자 『풍년과 흉년 *The Fat Years and the Lean*』에서 이런 글을 찾아볼 수 있다. "참전 용사들은 수도를 떠나기 시작했다. 그러나 후버 대통령은 그들을 무사히 돌아가게 놔두지 않았다. …… 그는 사전 경고 없이 갑자기 군대에 명령하여 워싱턴에서 강제로 쫓아냈다. 병사들은 총검을 겨누고 무기도 없는 남녀노소에게 총을 쏘았다." 야영지가 불타고 있는 동안 후버와 그의 아내가 예복을 입고 백악관에서 일찍이 볼 수 없었던 진수성찬으로 7코스 요리를 즐겼다는 말도 나돌았다. 이런 거짓말 가운데 일부는 1970년대까지도 권위 있는 역사서에서 반복되었다.[76]

당시 더 문제가 되었던 것은 행정부가 이에 따르는 조사를 서툴게 처리했다는 것이다. 이 문제를 다루던 법무장관과 워싱턴 경찰서장은 공개적으로 서로 다른 입장을 표명했다. 게다가 이 일은 선거 운동 마지막 단계에서 일어났다. 성실하게 각료를 지지했던 후버는 거짓말쟁이이자 괴물로 비쳐졌다. "대통령이 힘도 써보지 못하고 선거에서 패배했다는 데는 의문의 여지가 없다"고 선거 참모는 기록하고 있다.[77] 그의 신뢰성만 비난받은 것이 아니었다. 그 사건은 그에게서 교회의 지지를 앗아갔다. 그때까지만 해도 교회는 금주를 지지하지 않는 루스벨트에 반대하고 있었다. 사실 금주령은 또 다른 쟁점이었고, 아마 대부분의 유권자에게는 선거의 가장 큰 쟁점이었을 것이다.

루스벨트와 뉴딜

신화와 알코올의 조합에다 미숙한 정치 감각과 실패의 이미지로 인해 원더 보이라는 후버의 명성은 선거에서 빛을 잃었다. 1920년대에는 공화당이 큰 차이로 압승을 거두었지만, 이제 상황은 역전되었다. 루스벨트는 22,833,000표를 얻었다. 후버의 득표는 15,762,000표에 그쳤다. 선거인단 수는 472 대 59로, 루스벨트가 6개 주를 제외하고 모든 주를 독식했다. 1932년의 투표 결과는 북동 산업 지대에 기반을 둔 민주당의 '소수 집단 연합'의 등장을 보여 주었다. 이것은 거의 반세기 동안 지속되었고 그동안 의회는 거의 일당 지배 체제로 변하고 말았다. 이러한 양상은 이미 1928년 대통령 선거에서 민주당 후보 앨 스미스가 강력히 예시했던 것이고, 1930년의 중간 선거에서도 드러났다. 그러나 공화당이 링컨 시대 이후 구가하고 있던 진보적인 이미지를 마침내 라이벌에게 넘겨주게 된 것은 1932년에 와서였다. 이 일로 인해 대중 매체의 지지, 학계의 동의, 지식인들의 후원, 역사의 평가까지도 민주당 쪽으로 옮겨갔다.

역설적으로 그간 주된 쟁점이었던, 미국을 대공황으로부터 어떻게 구할 것인가에 관해서는 양당 간에 차이가 없었다. 후버나 루스벨트 모두 개입

▶ 프랭클린 루스벨트(1882~1945)
1932년 대통령선거의 쟁점은 경제 대공황이었다. 루스벨트(오른쪽)는 미국 전역을 순회하며, '뉴딜정책'이라고 이름붙인 경제부흥 및 개혁안의 윤곽을 자신있게 설명했다. 뉴딜정책안으로 진보적인 서부지역 공화당원들의 지지까지 얻어냄으로써 후버를 물리쳤고, 민주당은 의회에서도 절대다수 의석을 차지했다.

주의를 지지했다. 둘 다 일종의 계획가이자 통화 팽창주의자였다. 후버가여전히 꺼리고 있던 일부 직접적인 구제 방법을 루스벨트가 좋아했던 것은사실이다. 하지만 루스벨트는 (이 단계에서) 후버보다 엄격하게 균형 예산을 고집했다. 실제 민주당의 선거 공약은 상당히 관례적이었고, 루스벨트자신은 경제 문제에 관한 한 역량이 부족한 것처럼 보였다. 그가 12촌 관계인 시어도어 루스벨트에 비해 거의 모든 면에서 역량이 부족해 보인 것은사실이다. 루스벨트는 상류 계급으로 허드슨 강 연안 대지주의 외아들로태어났고, 17세기 네덜란드인과 최상의 앵글로색슨족 혈통을 이어받았다.그의 집안은 뉴욕 시와 뉴욕 주도 올버니 사이의 중간쯤에 있는 장려한 하이드 파크(hyde Park) 지역을 소유하고 있었다. 열네 살까지는 여자 가정교사 아래서 공부했고, 그 후에 미국의 이튼이라고 할 수 있는 그로턴(Groton) 학교에 들어가 미약한 영국식 억양을 몸에 익혔으며, 라틴어, 그리스어, 유럽사를 배웠다. 또한 하버드대학에서 4년간 공부했다. 그는 이

기간에 비싼 기숙사와 클럽을 갖춘 '골드 코스트'(Gold Coast)에서 생활했다. 저명한 전기 작가에 따르면, 이 시기에 루스벨트는 "정치적 보수주의와 정통파 경제 이론, 반제국주의가 뒤섞인" 세계관을 발전시켰는데, 여기에는 "막연한 이타주의와 광범위한 무지가 깊이 스며 있었다." 루스벨트는 이런 혼란스런 사고방식에서 평생 벗어나지 못했다.[78]

1932년이 되자 루스벨트는 경험 많은 행정 관리가 되어 있었다. 해군부를 7년간 이끌었고, 뉴욕 주지사로 웬만큼 성공을 거두었다. 그러나 그 누구도 그를 원더 보이로 생각하지는 않았다. 1932년 초 리프먼은 이렇게 묘사했다. 그는 "매우 예민한 인물이지만 공적 업무를 제대로 파악하지 못했고, 그렇다고 매우 강한 신념을 갖고 있는 것도 아니다. …… 누구에게도 위험한 적이 되지 못한다. …… 남들을 즐겁게 해주려고 노력하는 타입이다. …… 십자군 전사도 아니고 …… 민중의 지도자도 아니며 …… 특권 계급의 적도 아니다. 그는 공직에 필요한 중요한 자질도 없으면서 무척이나 대통령이 되고 싶어하는 유쾌한 남자일 뿐이다."[79] 『타임』지는 그를 일컬어 "정력적이고 선의에 가득한 명문가의 신사"라고 평했다.

어느 면에서도 루스벨트는 좌파 지식인 계층의 시선을 끌지 못했다. 좌파 지식인들이 애독하던 잡지 『커먼 센스 Common Sense』는 선거에서 "하이드 파크 출신의 잘 웃는 남자"와 "팔로 알토(Palo Alto) 출신의 뚱한 대(大) 공학자" 중 뽑을 만한 사람이 없다고 얘기했다. 시어도어 드라이저, 셔우드 앤더슨(Sherwood Anderson), 어스킨 콜드웰(Erskine Caldwell), 에드먼드 윌슨, 존 더스 패서스, 링컨 스테펀스, 맬컴 카울리(Malcom Cowley), 시드니 후크(Sidney Hook), 클리프턴 패디먼(Clifton Fadiman), 업턴 싱클레어는 공산주의 후보 윌리엄 포스터(William Z. Foster)를 지지했다. 그들은 공동 서한에 서명하며 이렇게 주장했다. "모든 문명을 파괴하는 것은 자본주의다. 세계적인 위기가 나락으로 끌고 들어가는 문명과 문화유산을 구하려는 것은 공산주의다." 레인홀드 니버(Reinhold Neibuhr), 스튜어트 체이스, 밴 윅 브룩스, 알렉산더 울코트(Alexander Woolcott), 에드나 세인트 빈센트 밀레이(Edna St Vincent Millay), 폴 더글러스(Paul Douglas) 등의 다른 지식인들은 사회주의자 노먼 토머스에게 표를 던졌다.[80] 루스벨트가 백악관에 자리를 잡은 뒤에도 일부 지식인들은 위엄이 부족하다고 계속 지적했다. 루스벨트는 나중에도 이런 비난을 완전히 떨쳐 버리지 못했다. 에드먼드 윌슨은 이렇게 썼다. "워싱턴은 최근의 어느 행정부보다 지적이며 활기에 넘쳐 있는 것 같다. 하지만 어떤 부인이 내게 말했듯이 '완전히 체호프(Anton Chekhov)의 연극을 보고 있는 느낌'이다. 오하이오 갱들이 포커를 치던 곳에서 이제 전문가 위원회가 모여 토의를 벌인다. 하지만 실제로 소득은 거의 없다. 루스벨트에게 실질적인 정책이란 아무것도 없기 때문이다.[81]

이 말은 어느 정도 사실이다. 루스벨트와 후버 사이에 이념적인 간격을 벌려 놓은 것은 후버가 선거 유세에서 행한 연설이었다. 후버는 루스벨트의 찬사에 화답한 적이 없다. 그는 루스벨트를 위험한 인물이 되기 쉬운 경박스런 정치인이라고 생각했을 뿐이다. 선거 유세 기간에 후버는 상대에게 밀리고 있다는 것을 깨닫고 직접 구제 방법(주지사로서 루스벨트가 뉴욕 주에서 행하고 있던 종류의 구제 방법)에 관한 사소한 입장 차이를 부풀렸다. 후버는 공익사업을 통한 정부의 개입을 주장하며 이렇게 외쳤다. "국민 여러분, 우리의 적이 내놓은 제안은 미국식 삶에서 근본적인 변화를 요구하고 있습니다. …… 이 나라를 세계 최고의 국가로 만든 150년의 전통과 완전히 결별하자는 것입니다. 이번 선거는 단순히 정권의 교체를 의미하는 것이 아닙니다. 이번 선거가 한 세기 동안 지속될 국가의 향방을 결정할 것입니다." 그는 또 이렇게 경고했다. "이 선거는 단순히 두 사람의 대결에 머물지 않습니다. 양당 간의 대결로 치부할 수 있는 것도 아닙니다. 이 선거는 두 정치 철학의 대결인 것입니다."[82] 루스벨트의 공약에 대해 「뉴욕 타임스」지는 "전체적으로 대단한 묘안이나 생각해 볼 만한 제안을 찾아볼 수 없다"고 평했고, 『뉴 리퍼블릭』지는 "시대의 도전에 대한 보잘것 없는 대답"이라며 무시했다. 루스벨트는 후버의 공격 덕분에 공약을 쟁점으로 만들 수 있다는 데 기뻐하며 후버와 똑같이 호전적인 태도를 취했다. "현대사에서 미국의 양대 정당 간에 존재하는 본질적인 차이가 오늘날처럼 큰 대비를 이루고 있는 때는 찾아보기 힘들다."[83] 그러나 이 모든 것은 정말이지 잠꼬대에 불과하다. 과장된 미사여구가 어떻게 계속해서 신화를 낳고, 이 신화들이 어떻게 현실을 낳게 되는지 보여 주고 있을 뿐이다.

신화를 만드는 것은 미사여구만이 아니다. 개인의 성격과 환경도 영향을 미친다. 후버는 정직한 노동으로 돈을 벌었고 그 과정에서 무뚝뚝한 성격으로 변했다. 그는 언제나 웃고 떠들썩한 루스벨트를 처음에는 경멸했고 나중에는 증오했다. 루스벨트는 1928년 후버가 "물질주의와 사리사욕에 눈이 먼 조언자들"에게 둘러싸여 있다고 말했다. 후버는 이 말에 분노했고, 결코 잊지 않았다.[84] 루스벨트도 나름대로 후버에게 원한이 있었다. 루스벨트는 1920년대 초부터 척수성 소아마비를 앓아 다리가 불편했다. 1932년 봄 백악관에서 주지사들을 위한 공식 만찬이 열렸을 때 그는 후버를 기다리며 30분이나 서 있어야 했다. 그는 의자를 달라고 요구하지 않았다. 그 일을 자신에 대한 일종의 시험으로 보고 후버가 계획적으로 일을 꾸몄다고 믿었기 때문이다. (정치인들이 선거철에 얼마나 피해 망상적으로 변하는지 그저 신기할 따름이다.) 하지만 루스벨트가 장애를 성공적으로 극복했다는 사실은 후버가 그를 높이 평가하는 부분이었다. 따라서 후버가 루스벨트의 장애를 악의적으로 이용했을 거라는 생각은 타당하지 않다.[85] 그러나 루스벨트 부부는 이 30분을 증오하며 잊지 않았다.

상대방에 대한 이런 반감은 역사에 큰 영향을 미쳤다. 후버는 루스벨트가 정치를 심각하게 생각하지 않는다고 믿었고 공공의 적으로 여겼는데, 루스벨트는 이를 전혀 깨닫지 못하고 있었던 것 같다. 루스벨트는 후버의 예언자적 외침을 당리당략적 전술이라고 무시했다. 자신도 마음만 먹는다면 그런 전술을 사용할 수 있었다. 그리하여 선거와 권력 이양까지, 즉 11월 초와 3월 사이에 긴 공백이 생겼다. 두 사람 다 즉각적인 조처가 필요하다는 것에 동의했다. 또 세부 사항을 제외하면 어떤 행동을 취해야 하는지에 대해서도 생각이 일치했다. 루스벨트는 후버가 자신을 즉시 국무장관으로 임명할 것이라는 환상을 품고 있었다. 그래서 후버와 부통령이 사임을 하면 헌법에 따라 곧장 백악관에 입성할 수 있으리라 생각했다. 후버 또한 이와 비슷하게 낙관적인 기대를 하고 있었다. 루스벨트를 설득하여 선거 유세 동안 내세운 공약 일부를 철회시킬 수 있으리라 믿었던 것이다. 그는 루스벨트의 선거 공약대로라면 상황이 더 악화될 것이라고 생각했다. 후버는 만약 루스벨트가 겸손하게 공개적으로 대통령이 마땅히 취해야 할 조치를 취하겠다고 한다면, 신뢰가 회복되고 (자신의) 정책의 연속성이 보장되리라 생각했다. 이런 엉뚱한 오해들을 생각하면, 정치적인 공백 기간에 그들의 접촉이 냉담한 몇 통의 편지와 권력 이양 전날(1933년 3월 3일) 있었던 루스벨트의 의례적인 방문에 한정되어 있었다는 사실이 놀랍지 않다. 이 방문조차 쌀쌀맞은 몇 마디 말이 오가고 끝났다. 아마 헨리 제임스라면 이 사건을 흥미롭게 지켜보았을 것이다. 메이플라워 호텔에 머물고 있던 루스벨트는 후버가 너무 바쁜 것 같으니 답방은 바라지 않는다고 말했다. 그러자 상처 입은 제우스는 마지막 번갯불을 날렸다. "루스벨트 씨, 당신이 나처럼 오랫동안 워싱턴에 계신다면, 미합중국의 대통령은 누구에게도 답방하지 않는다는 걸 알게 될 거요." [86] 루스벨트는 이에 대한 보복으로 후버의 생명이 계속적인 위협을 받고 있었던 상황임에도 불구하고 백악관을 떠나 팔로 알토로 돌아갈 때 경호원을 딸려 보내지 않았다. [87]

두 사람이 공적인 문제에 협력하지 않았던 점은 결국 정치적으로 루스벨트에게 유리하게 작용했다. 전적인 오해이기는 했지만 두 정권 간에 명확한 선이 그어졌다. 루스벨트는 적시에 등장한 새 얼굴이었으며 게다가 웃는 얼굴이었다. 따라서 후버의 임기 마지막 반 년 동안 이미 진행 중이었던 경기 회복이 봄 무렵 모습을 드러내자 '루스벨트 경기'라는 이름이 붙으며 새 대통령은 완전한 신뢰를 얻었다. 역사가들은 인정하려 하지 않지만 역사에서 운은 매우 중요하다. 후버는 1932년 루디 밸리(Rudy Vallee)에게 대공황 시기에 힘이 되어줄 만한 노래를 지어달라고 요청했다. 이 한심한 친구는 '형제여, 10센트 정도는 아낄 수 있지 않겠소?'라는 곡을 만들었다. 루스벨트가 선거 유세에 이용한 노래는 '행복한 날들이 이제 다시 왔다네'로, 원래 주식 시장의 대붕괴 바로 전날 MGM의 뮤지컬 「무지개를 좇아 Chasing Rainbows」에 삽입하기 위해 만들어진 곡이니, 단추가 제대로 끼워진 셈이다. 루스벨트는 자신과 매우 닮은 로이드 조지처럼 풍부한 직관력이 있었다. 대통령 취임사에서 드러나듯 그에게는 말을 만들어 내거나 다른 사람의 말을 적절히 옮기는 능력이 탁월했다. ("우리가 유일하게 두려워해야 하는 것은 두려움 자체라는 것이 내 확고한 신념입니다.") [88] 대통령의 자리에 오른 뒤 첫 주의 마지막 날, 그는 유명한 노변담화를 시작함으로써 라디오라는 새로운 매체에도 잘 적응하고 있다는 것을 보여 주었다. 정치적 쇼 비즈니스라는 측면에서 그에게 필적할 만한 적수는 거의 없었으며, 그는 문제를 해결책으로 바꿔버리는 부러워할 만한 재주까지 지니고 있었다. 문을 닫는 은행들이 생기자, 그는 이 은행들을 법(예전 1917년의 법)에 따라 폐쇄 조치한 것이라고 선언했고, 이를 '은행가들의 휴일'이라고 지칭했다. 이외에도 압도적으로 민주당 의원이 많은 의회가 지나칠 정도로 온순한 태도로 그를 도왔다. 루스벨트가 제시한 최초의 법안인 긴급 은행법(Emergency Banking Act)은 하루도 안 되어 통과되었다. 겨우 40분간 진행된 토론은 "투표합시다, 투표해요!"라는 고함 소리에 중단되고 말았다. 루스벨트가 대통령직에 오른 지 한 달 만인 4월 6일 자정부터 음주가 합법화됨으로써 국민의 사기가 크게 진작되었다. 그의 정책안들은 기록적인 속도로 의회에서 통과되었지만, 일종의 정치적 쇼였다. 이때를 가리켜 백일 의회(Hundred Days)라는 이름이 붙었다.

재무장관 윌리엄 우딘(William Woodin)이 '신속하고 재빠른 조치들'이라고 말한 이 어수선한 움직임을 제대로 살펴보면, 경제 정책이라고 할 만한 것은 아무것도 없다.[89] 루스벨트의 각료 선임을 도와준 레이먼드 몰리(Raymond Moley)는 미래의 역사가들이 여기서 어떤 원칙을 발견할 수 있을 것이라고 말했지만 사실은 그렇지 않다.[90] 확고한 구상이 부족했던 점이 구체적인 조치들에서 드러났다. 열기를 띤 기자 회견에서 루스벨트는 특별한 준비 없이도 일을 처리해나갈 수 있다고 자랑하며 자신을 미식축구의 쿼터백에 비교했다. 쿼터백이 "작전이 어떤 결과를 낳았는지 본 다음 새로운 작전을 지시할 수 있는 것과 같습니다."[91] 루스벨트는 어떤 쪽에서는 연방 정부 지출을 확대하면서 다른 쪽에서는 삭감하는 식이었다. 완전히 불구가 된 상이군인의 연금은 한 달 40달러에서 20달러로 삭감했고, 주 정부에 압력을 넣어 봉급이 너무 높다는 이유로, 교사들의 봉급을 깎게 했다. 그는 계속 균형 예산이라는 생각에 매달렸다. 의회에 보낸 첫 교서에서는 지출을 대폭 삭감할 것을 요구했고, '미합중국 정부의 신용을 유지하기 위해서' 라는 제목의 균형 예산 대책을 법안으로 제시했다. 그는 결코 케인스주의자가 아니었다. 정부 재정이 건전하지 못하다는 언론의 지적보다 그를 더 화나게 하는 것은 없었다.[92] 따라서 루스벨트가 적자 재정을 통해 의도적으로 경기를 부양한 최초의 인물이라는 생각은 완전히 틀린 것이다. 실제로 케인스는 1933년 말 「뉴욕 타임스」에 기고한 글에서 루스벨트에게 이러한 조치를 강력히 촉구했다. "나는 국민의 구매력 증가를 대단히 중요하게 생각하고 있다. 이를 위해서는 차관을 통해 얻은 자금으로 정부 지출을 늘려야 한다."[93] 그러나 우연이 아니라면 이것은 실제로 루스벨트의 정책이 될 수 없었다. 이듬해 여름 두 사람이 만났을 때 그들은 뜻이 맞지 않았다. 처음부터 끝까지 루스벨트가 케인스의 저작을 읽었다거나, 케인스의 사상에 조금이라도 영향을 받았다는 증거는 찾아볼 수 없다.[94] 몰리는 이렇게 기록하고 있다. "나는 줄곧 그와 함께 일했지만, 그가 심각한 책을 읽는 건 전혀 보지 못했다." 연방준비은행은 루스벨트 시절 인플레이션 정책을 취한 것은 사실이지만, 연방준비은행은 이전 10년간 계속 그래 왔다.

루스벨트의 법안들은 대부분 후버의 정책을 연장하거나 땜질한 것이다. 긴급 은행법과 1934년 6월의 산업 대부법(Loans to Industry Act)은 후버의 부흥금융공사법의 연장이었다. 주택 소유자 대부법(Home Owners' Loan Act, 1932년)은 전해의 비슷한 법안을 확대한 것이었다. 증권 매매법(Sale of Securities Act, 1933년), 은행법(Banking Acts, 1933년, 1935년), 증권 거래법(Securities and Exchange Act, 1934년)은 사업 거래 방식을 개혁하려던 후버의 정책을 잇고 있었다. 일명 와그너법이라 불리는 1935년의 전국 노동 관계법(National Labour Relations Act)은 노조 결성을 쉽게 하고 한 세대 동안 노조 노동자들 사이에서 민주당의 인기를 높여주었지만, 후버

정권 때 통과된 노리스 라가디아법(Norris-La Guardia Act)을 확대하고 강화한 것에 불과했다. 최초의 농업 조정법(Agricultural Adjustment Act, 1933년)은 실제로 정부 정책의 통화 재팽창 측면을 훼손하고, 농산물 생산량을 축소하고 땅을 놀리도록 농부들에게 보조금을 지급했던 법안이다. 게다가 이 법안은 가뭄이나 모래 태풍에 대처하기 위해 1934~35년에 제정했던 토양 침식 대책법(Soil Erosion Act, 1935년)이나 토양 보존 및 국내 할당법(Soil Conservation and Domestic Allotment Act, 1936년) 등과 완전히 모순되었다.[95]

루스벨트의 농업 정책은, 만약 그런 게 있기나 했다면, 국가 통제주의 전략으로 농가 소득을 늘려 표를 얻기 위한 선심정책일 뿐이었다. 이러한 정책은 소비자들이 구매하는 농산물 가격을 올려놓았고, 전반적인 경기 회복을 지연시키는 결과를 낳았다. 전국 산업 부흥법(National Industrial Recovery Act, 1933년)에 따라 휴 존슨 장군이 이끄는 조합주의 기관이 창설되었는데, 이 법은 본질적으로 유도형 계획을 목표로 한 후버의 정책 방식이었다. 루스벨트의 제1차 세계대전 경험(그가 선보인 독창적인 아이디어란 모두 여기서 비롯되었다)에 기반을 둔 이 법은 강제성을 띠고 있었다. 존슨 장군은 기업가들에게 임의적인 준칙에 서명하기를 거부한다면 면상에 한방 먹일 것이라고 경고했다. 후버가 전국 산업 부흥법을 전체주의적이라고 비난한 것도 바로 이 점 때문이다.[96] 존슨의 협박에 가까운 태도는 역효과를 낳았고, 대법원이 이 법을 위헌으로 결정했을 때도 진심으로 안타까워하는 목소리는 별로 없었다.[97]

루스벨트가 후버의 그늘에서 벗어난 것은 테네시 계곡에 값싼 전력을 제공하기 위해 윌슨 정부의 전시 계획을 되살리고 확대했을 때다. 그러나 이것은 남부를 안정시키기 위한 즉흥적인 조치에 불과했다. 루스벨트는 의회에서 질문을 받고 이에 관한 기본 개념을 설명하며 이렇게 말했다. "그것은 물고기도 닭도 아니지만 뭐가 되었든 테네시 계곡의 주민들에게는 굉장히 값진 것이 될 것입니다."[98] 그는 또한 공공사업에 105억 달러를 쏟아 부었고, 이외에도 정부 후원 사업에 27억 달러를 소비했다. 고용 인원은 총 850만 명이었고, 공공건물 122,000개, 다리 77,000개, 공항 285개, 도로 106만 킬로미터, 방풍벽과 하수로 38,400킬로미터를 건설했고, 공원, 유원지, 저수지 등을 만들었다.[99] 그러나 이것 역시 후버의 정책을 대규모로 확대한 것에 불과했다. 뉴딜정책은 본질적으로 후버의 혁신적인 조합주의를 답습한 것일 뿐이다. 1935년에 '영속적인 뉴딜'이라는 표현을 쓴 사람은 월터 리프먼이었다. "1929년 가을에 후버가 시작했던 정책은 그때까지 미국 역사상 유례를 찾아볼 수 없는 것이었다. 국민의 정부는 경제 체제 전체를 번영으로 이끌기 위해 계획에 착수했다. …… 루스벨트가 취한 조치는 후버의 정책을 계속 진전시킨 것이다."[100]

따라서 후버-루스벨트의 개입주의는 연속선상에 있다. 그렇다면 효과는 어땠을까? 루스벨트를 지지하는 역사가들은 뉴딜정책이 낳은 효과가 경기 회복을 가져왔다고 주장한다. 반면 후버를 지지하는 역사가들은 루스벨트가 취한 조치 때문에 후버가 이미 일궈 놓은 성과의 실현이 지연되었다고 주장한다.[101] 1990년대 시점에서 평가하자면, 두 사람 모두 디플레이션으로 자연스럽게 경기 회복이 이루어지는 것을 막은 것처럼 보인다. 물론 경기 회복은 지지부진했다. 1937년이 그래도 꽤 괜찮은 해였는데, 실업률은 14.3퍼센트, 실업자 수는 일시적으로 800만 명을 밑돌았다. 그러나 그 해 말에 경기는 다시 자유 낙하했다. 그때까지 기록으로 가장 급속한 추락이었다. 다음해 실업률은 19퍼센트가 되었다. 1937년 생산량은 1929년 수준을 쉽게 넘어섰으니 곧 다시 미끄러졌다. 실제로 경기가 1920년대 호황

의 분위기까지 되살아난 것은 1939년 9월 노동절 주간의 월요일이었다. 그
날 유럽에서 전쟁이 일어났다는 소식이 뉴욕 증권 거래소를 기쁨의 혼돈
속에 몰아넣었다. 그때서야 마침내 1929년 10월의 악몽 같은 기억이 완전
히 씻겨나갔다. 2년 뒤 생산량의 달러 가치는 드디어 1929년 수준을 넘어
섰다.[102] 케인스도 1940년 전쟁이 경기 회복에 결정적이었다는 것을 확인
시켜 주었다. "여러분의 전시 생산 체제는 결코 희생이 아니었습니다. 그
것은 뉴딜정책의 성공 여부와는 관계없이 일종의 자극이 되어 더 큰 개인
소비와 더 높은 생활수준을 가져다주었습니다."[103] 개입주의가 효과가 있
었다고 해도 그 사실을 증명하기 위해서는 9년의 기간과 세계대전이 필요
했다.

　루스벨트의 정치적 성공은 경제적인 조치에서 기인한 것이 아니다. 그의
경제 정책은 대개 시간이 영광스런 신화로 탈바꿈시킨 번드르르한 외관에
지나지 않았다. 그는 애국심을 이끌어 내고 지식인들의 호의를 샀다는 점
에서 하딩이나 쿨리지, 후버 같은 자수성가한 보통 사람들과 달리 귀족적
인 자유주의 연금 생활자의 비상한 능력을 보여 주었다. 신문사 소유주들
은 싫어했지만 기자들은 그를 좋아했다. 기자들은 루스벨트의 빈번한 거
짓말을 용서해 주었고, 그가 (하딩을 망친) 포커 판에서 돈을 따갔다는 사
실을 감추었으며, 정부 각료들에게 '힘든 시기'를 겪게 해야 한다는 루스
벨트의 악의적인 지시에도 순순히 따랐다.[104] 루스벨트의 백악관에는 어두
운 구석이 많았다. 루스벨트는 불륜을 저질렀고 그의 아내는 어떤 파렴치
한 여인에게 열정적으로 몰두해 있었다. 때로 루스벨트는 부도덕한 방법
으로 권력을 이용하기도 했다.[105] 그러나 그의 생전이나 죽은 뒤 오랜 시간
이 지나서도 이런 사실은 전혀 드러나지 않았다.

　더 중요한 것은 그가 '전문가 위원회'를 설치한다는 소식이 나돌자 지식

▶ 해리 홉킨스(1890~1946)
뉴딜 정책 담당 행정관으로 1930년대 실업구제를 위한 방대한 연방정책의 이념을 실현시켰다. 1934년 선거에서 민주당의 대승에 고무받은 홉킨스는 공공사업진흥국의 신설을 포함하여 개혁정책을 더 확대하라고 루스벨트에게 적극 권했다.

인들이 그를 지지하게 되었다는 것이다.[106] 사실 급진주의자이며 사회사업가인 해리 홉킨스(Harry Hopkins)와 렉스포드 터그웰(Rexford Tugwell), 펠릭스 프랑크퍼터(Felix Frankfurter) 정도가 그나마 루스벨트에게 영향을 끼칠 수 있었다. 터그웰과 프랑크퍼터는 의견 대립이 심했다. 터그웰은 스탈린식의 대규모 국가 통제주의를 지지했고, 프랑크퍼터는 반기업적인 반독점을 주장했다. 두 사람이 각각 제1차 뉴딜(1933~36년)과 제2차 뉴딜(1937~38년)을 대표했기 때문에 두 차례의 뉴딜정책은 당연히 상충할 수밖에 없었다.[107] 루스벨트 정부에서는 지적 일관성을 찾아보기 힘들었다. 그러나 지식인들은 루스벨트 정부에서 안정과 평안을 느꼈다. 워싱턴에 온 유능한 젊은이들 가운데는 딘 애치슨(Dean Acheson), 허버트 험프리(Hubert Humphrey), 린든 존슨, 아들레이 스티븐슨(Adlai Stevenson), 윌리엄 풀브라이트(William Fulbright), 에이브 포타스(Abe Fortas), 헨리 파울러(Henry Fowler)가 있었고, 고네티컷 가의 뮤직 스튜디오에서 공산주

의 세포였던 다른 4명의 뉴딜 관계자와 회합을 했던 앨저 히스(Alger Hiss)도 있었다.[108]

루스벨트에 대한 비난은 그에 대한 지식인의 지지를 강화하는 결과를 낳았다. 멩켄이 그 적절한 사례를 제공했다. 1926년 「뉴욕 타임스」는 멩켄을 '미국에서 가장 강력한 시민'이라고 말했다. 월터 리프먼은 그를 "교육받은 우리 세대 전체에게 가장 강력한 영향력을 미치는 인물"이라고 평했다.[109] 멩켄의 영향력은 상당 부분 대통령을 잔인하게 공격하는 데서 비롯되었다. 그는 시어도어 루스벨트를 가리켜 "뻔뻔스럽고 거칠고 지나치게 비밀이 많으며 음흉하고 전제적이며 허황되고 때로는 정말 유치하다"고 비난했다. 태프트는 "원래부터 게으르며 무능한 사람"으로, 윌슨은 "저속한 기독교인의 완벽한 모델"로서 "카자크식 전제주의"를 실천하고 싶어했던 인물로 묘사했다. 하딩을 "돌머리"라고 불렀고, 쿨리지는 "옹졸하고 답답하고 흐리멍덩하며 …… 보잘것없고 쓰레기 같은 친구다. …… 명예에 대한 개념이 조금도 없다. …… 형편없는 남자"라고 공격했다. 후버에 대해서는 "선천적으로 저열하고 부정직하며 교활한 본능을 가지고 있다"고 비난했다.[110] 속사포처럼 내뱉는 이런 비난들은 지식인들을 사로잡았고, 비난의 대상이 된 사람들의 명성에 지울 수 없는 상처를 남겼다.

멩켄은 프랭클린 루스벨트를 공격하는 데 제 기량을 십분 발휘했다. 루스벨트가 추구하는 사기성이 짙은 집산주의 냄새에 강하게 분노한 그는 다음과 같이 루스벨트를 비난했다. 그는 '총통'이자 '돌팔이'이며 '뻔뻔스럽고 하찮은 오합지졸들'에 둘러싸여 있다. 그들은 "제대로 교육도 받지 않고 남을 가르치려 드는 깡패들이며, 헌법도 모르는 법률가, 몽상적인 사회사업가, 아니면 이런 인간들만큼이나 한심한 요술쟁이"다. 루스벨트의 뉴딜정책은 정치적 공갈이며, "끊임없이 계급적인 반목과 증오에 호소하는 경이로운 가짜 기적"일 뿐이다. 그는 정부를 "1억 2,500만 개의 젖꼭지로 젖을 쏟아내는 암소"로 여기고, "절대적인 서약을 빈번히 어긴다."

그러나 이러한 신랄한 비판 때문에 멩켄은 30세 이하의 사람들 사이에서 영향력을 잃어버렸다. 한편 멩켄 역시 찰스 페처(Charles Fecher)가 쓴 『멩켄: 그의 사상에 관한 연구 Mencken: A Study of his Thought』에서 다양하게 묘사된다. 스컹크, 프로이센 촌놈, 영국 아첨꾼, 괴성을 지르는 하이에나, 기생충, 비열한 잡종 개, 병 걸린 항문, 불쾌한 피조물, 부패한 영혼, 공인받은 말썽꾸러기, 문학적 저질, 야바위꾼, 철없는 인간, 허영심 덩어리, 히스테리 환자, 낙오자, 문학적 변절자, 저능아처럼 뜻도 없이 글을 긁적거리는 훈련받은 코끼리 등이 멩켄을 지칭하는 데 사용되었다.

지식인들은 루스벨트를 공격할 때 부자들과 인습에 젖어 있던 사람들이 보여 준 편집증과 기이할 정도의 열정, 풍부한 창조성에 흥미를 느꼈다. 하이드 파크에 살던 루스벨트의 이웃 하울랜드 스펜서(Howland Spencer)는 그를 "좌절한 총아" "메시아 콤플렉스와 보이스카우트 같은 생각으로 머리가 부푼 멍청이"라고 말했다. 미네소타 상원 의원 토머스 샬(Thomas Schall)은 그를 "마음 약한 루이 14세"라고 불렀고, 제너럴 일렉트릭의 회장 오웬 영(Owen Young)은 "혼자 중얼거리는 인간"이라고 말했다. 또한 아이다호의 상원 의원 윌리엄 보라(William Borah)는 루스벨트가 서재에서 종이 인형을 만들며 논다고 말했다.

종종 정치 성향의 소책자들을 장식한 소문에 따르면, 그는 제정신이 아니고 심약하며 기자 회견장에서 히스테리컬한 웃음을 터뜨리곤 하는 절망적인 약물 중독자이거나, (진짜 루스벨트는 정신 병원에 있고) 그를 자처하는 사기꾼이 백악관의 심부름꾼으로 가장한 정신과 의사에게 치료를 받는 중이고 대부분 정신병동 구속복을 입고 있다고 했다. 그가 창에서 뛰어내릴 우려가 있기 때문에 창에 창살이 끼워져 있다는 얘기도 있었다. (월슨도 임기 말에 똑같은 소문에 시달렸다. 그러나 백악관에 설치된 창살은 사실 시어도어 루스벨트가 아이들을 위해 설치한 것이다.) 루스벨트에게는 오이디푸스 콤플렉스, 마더 콤플렉스가 있다거나, 심장 질환·나병·매독·요실금·발기부전·암에 걸렸다거나, 이따금 혼수상태에 빠진다거나, 불쌍하게도 소아마비 바이러스가 "머리까지 올라갔다"는 소문이 나돌았다. 그는 교활한 최면술사 스벵갈리(Svengali), 소공자, 얼간이, "백악관의 발코니에서 대중과 사랑을 나누는" 정치계의 줄리엣이었다. 또 서약 파기자, 공산주의자, 폭군, 맹세를 어긴 자, 파시스트, 사회주의자, 풍기 문란자, 뚜쟁이, 훼방꾼, 횡령범이었으며, 건방지고 오만하고 성급하고 인정머리 없으며 실수투성이에다 요술쟁이, 사기꾼, 풋내기 벼락부자, 천박한 독재자, 욕지거리와 더러운 속어를 내뱉게 하는 인간이며 "인간의 정신을 억압하는 사람"이었다.[111] 토머스 울프는 1936년의 대통령 선거가 있기 전 유로파 호를 타고 대서양을 건너고 있을 때 이 괴물에게 표를 던지겠다고 말하자, 사람들이 어떤 반응을 보였는지 기록하고 있다.

남자들은 예복용 흰 와이셔츠 소매를 걷어붙였다. 조금 전까지 백조의 목처럼 희고 우아했던 숙녀의 목은 금세 애국심으로 부풀어 올랐다. 목에 두른 다이아몬드 목걸이와 진주 목걸이가 끊어져 버릴 것만 같았다. "그 비열한 공산주의자, 사악한 파시스트, 계획이나 음모를 꾸미고 있는 사회주의자와 그의 일당에게 투표한다면, 더 이상 당신은 미국 시민이라고 주장할 수 없을 것"이라는 말을 들었다.[112]

이러한 배경에도 불구하고, 루스벨트는 1936년의 선거에서 27,477,000

표 대 16,680,000표로 기록적인 승리를 거두었다. 메인과 버몬트 2개 주를 제외하고 모든 주를 손에 넣었다. 상원과 하원 모두 민주당이 압도적인 다수를 차지했다. 루스벨트는 1938년에 혁신적인 뉴딜정책을 포기했고, 1940년과 1944년의 3선과 4선을 보장해 준 대도시 민주당 지도부 인사들의 손아귀에 들어갔지만, 그때조차도 젊은이와 진보주의자, 지식인들의 지지는 결코 식을 줄 몰랐다.

루스벨트는 1930년대의 시대정신에 딱 들어맞는 것처럼 보였다. 1930년대는 자본주의 기업의 미덕을 부정하고 집산주의 가치를 옹호했다. 1920년대의 영웅은 일종의 거인 기업가들이었고, 하딩과 쿨리지를 지지한 토머스 에디슨이 그들을 이끌고 있었다. 1929년의 붕괴와 그 여파는 기업가들의 아성에 대한 신뢰를 약화시켰다. 1931년에 펠릭스 프랑크퍼터는 『뉴리퍼블릭』지의 편집장 브루스 블리벤에게 이렇게 쓰고 있다. "널리 퍼진 성공에 대한 숭배 의식과 금융·실업계의 구세주들에 대한 맹목적인 신뢰만큼 현 체제를 강력히 뒷받침하고 있는 것은 없다고 생각합니다. …… 나는 이런 사고방식을 무너뜨리는 것이 대단히 중요하다고 믿습니다. …… 그들의 위대함에 대한 신뢰를 허무십시오. 당신은 경제적·사회적 문제를 탐구하는 것을 방해하는 이런 장애물을 제거하기 위해 오랫동안 노력해 온 분입니다."[113] 1932년에 이런 신뢰를 허무는 작업은 거의 마무리되었다. 그 과정은 J. P. 모건이 3년간 한 푼의 소득세도 납부하지 않았다는 사실과 재무장관 앤드류 멜론이 전문가로부터 절세(節稅) 수법을 전수받았다는 사실이 알려지면서 급속히 진행되었다.

재계 지도자들에 대한 신뢰의 상실은 그동안 소련이 존재하고 있었다는 갑작스런 깨달음과 때를 같이했다. 소련이 고통받는 미국을 대신해 더 훌륭한 대안 체제가 될 수 있지 않을까 하는 생각이 들기 시작했다. 스튜어트 체이스의 『뉴딜』은 다음과 같은 질문으로 끝을 맺고 있다. "왜 러시아인들만 세계를 다시 건설하는 즐거움을 누려야 하는가?"[114] 소비에트의 제1차 5개년 계획은 1928년에 발표되었는데, 4년 후에는 미국 작가들이 벌써 그 가치를 평가하고 있었다. 이어 소비에트 방식의 계획화를 칭송하고 이를 미국의 모델로 떠받드는 수많은 책이 홍수처럼 쏟아졌다. 조지프 프리먼(Joseph Freeman)의 『소비에트 노동자 The Soviet Worker』, 월도 프랭크의 『러시아의 여명 Dawn in Russia』, 윌리엄 포스터의 『소비에트 미국을 향하여 Towards Soviet America』, 커비 페이지(Kirby Page)의 『새로운 경제 체제 A New Economic Order』, 해리 레이들러(Harry Laidler)의 『사회주의 계획화 Socialist Planning』, 서우드 에디(Sherwood Eddy)의 『러시아의 오늘: 우리는 거기서 무엇을 배울 수 있는가? Russia Today: What Can We Learn From It?』 등의 책이 모두 1932년에 출간되었다. 전해 베스트셀러가 된 링컨 스테펀스의 소비에트 친화적인 자서전은 다시 한번 인기를 끌었고, 훨씬 큰 영향력을 지닌 영국 공산주의자 존 스트레이치(John Strachey)의 『다가오는 권력 투쟁 The Coming Struggle for Power』은 1933년에 출판되었다.[115]

예전이나 지금이나 미국은 지나친 기대가 쉽게 신념의 상실로 바뀌는 천년 왕국의 사회다. 1930년대 초에는 미국 밖으로 이민을 나가는 사람이 더 많았다. 소련의 무역 기관 암토그(Amtorg)가 6,000명의 숙련노동자를 모집한다는 광고를 내자 10만 명 이상의 미국인이 지원했다. 코미디언 윌 로저스(Will Rogers)는 이렇게 말했다. "러시아 악당들이 얼간이들과 함께 꽤 멋진 생각을 해냈다. …… 이 나라 모든 국민이 그곳에 일하러 달려가는 모습을 한번 상상해 보자." 스테펀스는 이렇게 주장했다. "오늘날 모든 길은 모스크바로 통한다." 스트레이치도 화답했다. "자본주의 세계에

서 소비에트의 영토로 가는 여행은 죽음을 넘어 삶으로 가는 길이다." 이
제 우리는 이런 말들이 얼마나 끔찍한 모순을 담고 있는지 살펴보아야 할
것이다.

제 **8** 장

악마의 횡포

트로츠키의 정치적 위기

미국의 지식인들이 계획 경제에서 영적인 양분과 지침을 얻고자 유럽의 전체주의에 눈을 돌리고 있던 순간, 유럽은 사실 20여 년간 이어질 유례없는 잔혹함과 황폐함의 시간에 발을 들여놓고 있었다. 말하자면 도덕적 상대주의가 괴물의 모습을 하고 나타난 것이다. 1929년 12월 21일 스탈린은 독재 체제의 절대적인 지배자인 자신의 50번째 생일을 자축했다. 그의 독재 정치는 잔인성에 있어 달리 비교할 만한 역사적인 예를 찾기조차 힘들다. 생일 몇 주 전 뉴욕 증권 거래소가 붕괴되고 있을 즈음, 스탈린은 러시아 농민들의 강제 집단화를 명령했다. 그것은 월스트리트 내에서 이루어진 어떤 재난보다 훨씬 더 큰 물질적 손실을 가져왔다. 이 때문에 죽은 사람도 많았는데, 이전의 독재 군주들도 그처럼 대규모 살육을 저지르지는 않았다. 그들에게는 그런 수단이 없었을 뿐더러 그럴 생각도 없었다. 존 스트레이치가 자본주의의 죽음을 피해 소비에트의 탄생으로 나아가야 한다고 글을 썼을 때는 이미 이런 사회공학의 끔찍한 과업이 마무리된 상태였다. 대략 500만 명의 농민이 살해당했고, 그 두 배에 해당하는 사람들이 강제 노동수용소로 보내졌다. 그때 즈음 스탈린은 제자까지 얻었다. 그의 숭배자이자 라이벌이기도 한 히틀러 말이다. 히틀러는 스탈린과 비슷한 독재 권력을 휘두르며 훨씬 광범위한 규모로 이데올로기의 희생양을 찾고 있었다. 그렇다면 미국인의 경우는 황폐화된 아르카디아에서 활기찬 지옥의 소굴로 옮겨간 사례라고 할 수 있을 것이다. 이제 악마가 주도권을 잡은 것이다.

레닌은 1924년에 죽었다. 그때는 이미 그의 전제 체제가 완성되어 있었고, 당 서기장 스탈린이 이것을 이어받은 상태였다. 따라서 이제 스탈린에게 남은 일이라고는 독재 권력을 유지하기 위해 잠재적인 적을 처단하는 일뿐이었다. 스탈린은 이런 일에 아주 능숙했다. 과거 신학생이었다가 혁명가 스타일의 악당으로 활약했던 그는 반은 깡패였고 반은 관료였다. 그에게는 이상이 없었다. 자신만의 이데올로기도 없었다. 작곡가 쇼스타코비치(Dmitrii D. Shostakovich)에 따르면, 그는 키가 크고 손이 큼직한 사람을 부러워했다고 한다. 화가 날반디안(Dmitrii A. Nalbandian)은 올려다보는 각도로 구도를 잡고 스탈린의 두 손을 배 위에 포개게 해 이런 소망을 만족시켜주었다. 스탈린의 소망을 충족시키지 못한 다른 초상화가 몇 명은 총살당했다.[1] 스탈린의 키는 163센티미터에 불과했다. 마르고 까무잡잡한 피부에 마맛자국이 있는 얼굴이었다. 그가 스물두 살 때 차르 시대의 경찰이 기록한 바에 따르면, 그는 왼발 두 번째 발가락과 세 번째 발가락이 붙어 있었다. 게다가 어릴 때 사고로 왼쪽 팔꿈치를 자유롭게 쓰지 못했고, 왼팔이 짧았으며, 왼손은 오른손보다 눈에 띄게 컸다고 한다. 쇼스타코비치의 말대로 그는 항상 오른손을 숨겼다. 부하린은 살해당하기 2년 전에 그가 이런 장애로 굉장히 힘들어 했으며, 실재였든 상상이었든 지적 무능력 또한 그를 괴롭혔다고 얘기했다. "이런 괴로움이 아마도 그에게서 볼 수 있는 가장 인간적인 면일 것이다." 그러나 이런 열등감은 스탈린이 자기보다 뛰어난 모든 사람에게 복수를 하게끔 만들었다. "모든 사람에게 자신과 똑같은 고통을 맛보게 해주겠다는 그의 복수심에는 악마적이고 비인간적인 측면이 있다. …… 그는 보잘것없고 악의에 가득한 인간이다. 아니, 그는 인간이 아니라 악마였다."²⁾ 스탈린은 폭력과 관련하여 레닌처럼 이데올로기에 휩싸인 열정 같은 것은 없었다. 그보다 그는 목적을 달성하기 위해, 아니면 정말로 아무 이유 없이 무제한적인 폭력을 휘두르는 사람이었다. 스탈린은 때때로 어떤 사람을 처형하기 전까지 오랜 세월 그들을 향한 복수심을 기르곤 했다. 그는 1918년 북 카프카스 군사 지구 의장을 맡으며 대규모 폭력을 견습하는 시간을 보냈다. 그는 그해 '부르주아적인 군사 전문가'에 대해 모종의 조치를 취하기로 마음먹었다. 부르주아적인 군사 전문가란 살인에 대한 열정이 부족하다고 의심되는 자들을 말한다. 그의 참모 노소비치(Nosovich) 대령은 다음과 같이 증언했다. "스탈린의 명령은 간단했다. '쏴버려!' …… 체카는 …… 수많은 장교를 체포했고, 재판도 없이 즉시 총살했다."³⁾ 스탈린은 또 트로츠키가 북 카프카스에 파견한 붉은 군대 지휘관 세 명에게도 불만을 품고 있었다. 이것은 나중에 트로츠키를 공격하는 원인이 되었고, 결국 세 사람은 1937~39년에 살해당했다.⁴⁾

하지만 스탈린은 레닌이 병상에 눕고 나서 얼마 동안은 레닌의 비판을 의식하여 온건한 중도파 행세를 함으로써 세력을 넓히려 했다. 스탈린은 급속하게 팽창하던 서기국을 장악함으로써 이미 당 기구를 실제로 조종하고, 중앙 위원회를 자기 수하들로 채워가는 중이었다. 하지만 정치국에 있는 네 명의 인물이 그가 독재로 나아가는 길목을 막고 있었다. 트로츠키, 지노비예프, 카메네프, 부하린이 그들이다. 트로츠키는 볼셰비키 가운데 가장 유명하고 또 잔혹한 인물로 군대를 장악하고 있었다. 지노비예프는 레닌그라드의 당 조직을 이끌었다. 이 때문에 스탈린은 당시에도 그 후에도 특별히 지노비예프를 미워했다. 카메네프는 그 당시 가장 중요하게 떠오른 모스크바 당 조직을 장악하고 있었고, 부하린은 소비에트를 이끄는 이론가였다. 앞의 세 명은 좌파 쪽이었고 부하린은 우파에 가까웠다. 스탈린이 이들을 분열시키고 서로 공격하게 하고, 그런 다음에 그들의 정책과 사상을 필요한 대로 가져다 썼던 ― 스탈린 자신에게는 그만의 정책이나 사상이 전혀 없었던 듯하다 ― 방식은 정치권력 투쟁의 고전적인 사례라고 할 수 있다.

레닌이 새로운 독재 정치와 독재 기구, 대량 학살의 창시자였기 때문에 그의 후계자 가운데는 한 사람도 결백한 인물이 없다는 것을 먼저 알아두어야 한다. 모두가 잔인한 살인자들이었다. 레닌은 부하린을 "밀랍처럼 부드럽다"고 한 적이 있다. 부하린은 또 "인간의 얼굴을 한 사회주의"의 창시자로 알려져 있다.[5] 그러나 부하린 역시 다른 사람을 상습적으로 비난했다. 사람들이 날카롭게 지적했듯이 그는 "일류 공산주의자들의 교도관"이었다.[6] 지노비예프와 카메네프는 극도로 파렴치한 당의 두목일 뿐이었다. 트로츠키는 몰락 후 당의 민주주의를 신봉한 사람이라는 평가를 받았고, 추종자들과 전기 작가 아이작 도이처(Issac Deutscher)가 모든 볼셰비키 인물 중 가장 고귀한 인물로 그려냈지만, 그저 세련된 정치 깡패일 뿐이었다.[7] 그는 1917년 10월의 폭동을 이끌었고, 그 후에는 거리낌없이 체제를 반대하는 자들을 처단했다. 차르를 따르는 장교의 아내와 자식들을 인질로 잡고, 소비에트의 명령을 따르지 않으면 그들을 쏴 죽이겠다고 위협한 최초의 인물이 트로츠키다. 이런 방법은 곧 보편적으로 받아들여졌다. 트로츠키는 자기 편에게도 동일하게 가혹한 조치를 취했다. 비겁함을 보이는, 즉 퇴각하는 인민 위원이나 붉은 군대 지휘관들을 쏴 죽였던 것이다. 병사들은 열 명 중에 한 명꼴로 죽였다. 이 또한 나중에 스탈린 체제에서 보편적인 관행이 되었다.[8] 그는 언제나 가장 엄격한 노선을 취했다. 노동력 징발을 맨 먼저 생각해냈고 독립적인 노조를 파괴했다. 아주 잔인하게, 평범한 수병들이 일으킨 크론슈타트 반란을 진압했고, 마지막에 가서는 독가스 공격까지 준비하고 있었다.[9] 그도 레닌처럼 자신을 역사의 집행자로 여겼고, 역사가 모든 도덕적인 제약 너머에 존재한다고 주장했다.

트로츠키는 끝까지 가장 위험한 부류의 도덕적 상대주의자로 남아 있었다. 그는 자신의 마지막 유작에 이렇게 썼다. "혁명가의 도덕성이라는 문제는 혁명 전략과 전술의 문제에 얽혀 있다."[10] 도덕적 기준 같은 것은 없었다. 오로지 정치적 유효성만이 있었을 뿐이다. 그는 차르의 자식들을 죽이는 것은 정당하다고 말했다. 그는 진짜로 그렇게 했다. 그것이 정치적으로 유용하고 그 일을 행한 사람들이 프롤레타리아 계급을 대표한다는 이유에서였다. 반면 스탈린은 프롤레타리아 계급을 대표하지 않았다. 트로츠키는 스탈린이 '극단적인 관료' 가 되어 있다고 말했다. 따라서 그는 스탈린이 자기 자식들을 살해한 것은 잘못이라고 주장했다.[11] 트로츠키의 추종자들 역시 객관적인 도덕규범을 경멸하고 주관적인 윤리 기준에 매몰되었던 것으로 악명이 높다.

'트로츠키주의자' 라는 용어는 지노비예프가 트로츠키를 비난하기 위해 처음 사용했고, 스탈린은 이 용어를 완성된 형태로 정의했다. 그는 트로츠키의 '영구 혁명론' 과 자신의 '일국 사회주의론' 을 구분했다. 그러나 사실은 둘 다 즉각적인 세계 혁명이 일어나리라 믿었지만, 예상이 빗나가자 체제를 공고히 하는 방향으로 관심을 돌렸다. 트로츠키는 스탈린보다 훨씬 더 신속한 산업화를 추진하고 싶어했지만, 처음부터 끝까지 기회주의자이긴 마찬가지였다. 그들은 똑같은 도살장에서 걸어 나왔으며, 둘의 싸움은 본질적으로 누가 새로운 제사장이 되느냐 하는 것이었다. 트로츠키가 최고 권력을 잡았다면, 아마 스탈린보다 더 많은 피를 뿌렸을 것이다. 그러나 그는 오래가지 못할 게 뻔했다. 그에게는 생존의 기술이 부족했다.

스탈린은 실제로 트로츠키를 제거하는 일이 무척 쉽다는 것을 알았다. 소비에트 내부의 투쟁은 언제나 정책보다는 야심이나 공포와 관련되어 있었다. 카메네프와 지노비예프는 트로츠키의 좌파 노선에 폭넓게 동의하고 있었지만, 스탈린은 트로츠키가 붉은 군대를 이용해 독재 권력을 추구하는 일이 없도록 카메네프, 지노비예프와 함께 삼각 체제를 형성했다. 그는 두 사람을 조종하여 트로츠키를 궁지에 몰아넣었다. 그 다음 두 사람을 성급하고 과격하다며 비난하고, 자신은 온건한 인물인 것처럼 행세했다. 모든 중요한 조치는 1923년에 취해졌다. 레닌이 여전히 혼수상태에 있을 때였다. 그해 여름 스탈린은 연방국가정치보안부가 '규율 부족'이라는 이유로 많은 당원을 체포하는 데 힘을 썼다. 또 카메네프와 지노비예프를 설득해 주요 볼셰비키 인물 가운데 첫 희생자였던 술탄 갈리예프(Sultan-Galiyev)를 체포하는 데 동의하게 했다. (스탈린은 6년이 지난 후에야 그를 죽였다.)[12] 그동안에도 계속해서 지역 조직과 중앙 위원회에서 세력을 구축해 나갔다.

트로츠키는 번번이 스탈린에게 이용당할 만한 실책을 범했다. 1920년에 소련을 방문했던 버트런드 러셀은 트로츠키가 레닌에게는 없는 외식하는 태도와 허영심을 가지고 있다고 날카롭게 지적했다. 1923~24년 정치국 회의를 관찰한 목격자의 말에 따르면, 트로츠키는 동료에 대한 경멸을 숨기지 않았고, 문을 쾅 닫고 나가거나 드러내놓고 등을 돌리고 앉아 소설을 읽곤 했다.[13] 그는 정치적인 음모에 대한 생각을 업신여겼고, 이를 위해 필요한 비열한 행동에 대해서는 더더군다나 그랬다. 군대를 이용한다는 생각은 해보지도 않았다. 그에게는 당이 최우선이었기 때문이다. 하지만

▶ 당대회 후. 두 번째 줄 오른쪽에서 두 번째가 스탈린이다.

그렇다고 당 내부에 추종 세력을 만들어 놓은 것도 아니었다. 그는 1923년 가을에 처음으로 스탈린을 공격했는데 그때 자신이 얼마나 많은 스탈린 추종자에게 둘러싸여 있는지 알고 놀랐다. 트로츠키는 자신의 손을 더럽히는 것을 싫어했다. 그것은 마피아에게도 대중에게도 호소력을 지니지 못한 깡패에게는 치명적인 약점이었다. 그는 자주 아프거나 외유를 나갔다. 중요한 순간 늘 자리를 비웠다. 심지어 레닌의 국장(國葬)에도 참석하지 못했다. 레닌의 국장은 스탈린이 차르와 교회를 파괴한 뒤 러시아인들의 삶에서 사라진 경건한 정신을 부활시키기 위해 처음 시도한 것이었고, 그래서 트로츠키의 불참은 중대한 실수였다.[14) 스탈린은 곧이어 이전에 있었던 트로츠키와 레닌의 노선 갈등을 문제 삼았다. 1924년 5월 제13차 당대회에서 그는 트로츠키를 레닌이 사용하던 용어인 '분파주의자'로 낙인찍었다. 트로츠키는 당시 스탈린에게 너무 많은 권력이 집중되어 있다는 비난을 철회하지 않았다. 그러나 내부 반대자에 대한 레닌식 비난에 대해 제대로 반론을 펴지도 못했다. 그는 종교 재판소에서 이단으로 고발당한 사람처럼 종교적이라고 할 자신의 신념에 따라 스스로 무장을 해제했다. "동지 여러분, 우리 가운데 아무도 당에 거역하여 옳다고 할 수 없습니다. 당은 언제나 옳습니다. …… 나는 당에 반대하는 사람은 누구나 옳지 않다는 것을 압니다. 누구든 당과 함께, 당을 통해서만 옳습니다. 역사는 옳은 일을 실현하기 위해 다른 길을 만들어 놓지 않았기 때문입니다." [15] 스탈린은 이미 당을 장악하고 있었기 때문에, 트로츠키의 말은 16년 뒤 자신의 두개골을 박살낼 얼음송곳을 만들어준 것이나 다름없었다.

1924년 말 스탈린은 카메네프, 지노비예프와 함께 더러운 일을 벌이면서 '트로츠키주의' 라는 이단을 만들어냈고, 이를 예전에 있었던 레닌과 트로츠키 사이의 논쟁과 결부시켰다. 그러나 레닌은 이미 죽고 그 시체는 5개월 전에 벌써 방부 처리하여 거대한 묘에 안치하지 않았던가. 1925년 1월 스탈린은 당의 전폭적인 지지를 받아 트로츠키에게서 군대 통수권을 박탈했다. 이제 충실한 당원들은 트로츠키가 혁명에서 담당한 역할이 그가 주장하는 것보다 훨씬 미미하다고 생각했고, 관련 사진들 속의 그의 얼굴은 검게 칠해졌다. 이것은 스탈린식 역사 다시 쓰기의 첫 사례였다. [16] 트로츠키를 대신해 군대의 지휘관이 된 프룬제는 골치 아픈 인물이었다. 그래서 스탈린은 1925년 10월 프룬제가 의사들이 말리던 수술을 받는 동안 그를 살해했던 것으로 보인다. [17] 그의 후임은 나중에 보로실로프 장군으로 알려진 인물로 지극히 순종적이었다. 브로실로프는 스탈린이 조종하고 있는 연방국가정치보안부가 군대를 신속히 장악할 수 있도록 협조했다.

트로츠키는 1926년 10월 정치국에서도 쫓겨났다. 11월에는 당에서 제명당하고, 1928년에는 국내의 다른 지역으로 쫓겨났다가 1929년 러시아에서 영원히 추방당했다. 스탈린의 지령으로 그가 암살된 것은 1940년 멕시코에서였다. 트로츠키가 몰락하자 스탈린은 좌파 동맹자들에게 공격의 화살을 돌렸다. 1925년 초 그는 카메네프의 보좌역 우글라노프(Bukharinite

Uglanov)를 매수해서 카메네프의 코앞에서 모스크바 당 조직을 빼앗았다. 9월에는 부하린과 우파를 끌어들여 지노비예프와 카메네프에 대한 전면 공격을 시작했고, 1월 당대회에서 결정적인 승리를 거두었다. 바로 그 뒤 스탈린의 신임을 받던 잔혹한 앞잡이 몰로토프가 레닌그라드로 파견되었다. 그는 건장한 당원들을 데리고 가서 지노비예프의 당 조직을 박살내고 그곳을 장악했다. 이것은 알폰소 카포네의 방식과 본질적으로 동일했지만 더 큰 규모로 이루어졌다. 비슷한 시기에 알폰소 카포네도 이런 식으로 시카고에서 세력을 확장하고 있었다.[18] 겁을 집어먹은 지노비예프는 그전까지만 해도 스탈린과 힘을 합쳐 파멸시키려고 했던 트로츠키와 손을 잡았다. 그러나 때는 이미 늦었다. 두 사람 다 당에서 제명당했고, 1926년 12월 제15차 당대회에서 카메네프의 항의는 잘 훈련된 스탈린 지지자들의 고함 속에 묻혀 버렸다. 당은 이미 스탈린 지지자들로 채워져 있었다. 스탈린은 의식적으로 레닌을 흉내 내며 옛 동료를 공격했다. "동지 여러분, 이제 충분합니다. 우리는 이제 이 게임을 끝내야 합니다. …… 카메네프의 얘기는 이 연단에서 들었던 어떤 얘기보다 거짓과 위선으로 가득하며 파렴치하고 악의적입니다."[19]

좌파가 공격을 받고 세력을 잃자 스탈린은 산업화를 가속화하기 위해 농민들을 압박해야 한다는 그들의 정책을 채택하기 시작했다. 이를 통해 부하린과 우파를 몰락시킬 준비를 했던 것이다. 대충돌은 1928년 7월 10일 중앙 위원회의 회의 때 찾아왔다. 부하린은 쿨라크가 위협이 될 수 없다고 주장했다. ("기관총으로 쏴버리면 그만입니다.") 반면 집단농장을 강요하는 일은 소비에트 정부에 반대하는 농민들을 단합시키는 요인이 될 수 있다고 말했다. 스탈린은 악의를 가지고 근엄하게 말을 잘랐다. "끔찍한 몽상이요. 신은 자비롭소!"[20] 신은 자비로울지 모르지만 적어도 당 서기장은 그렇지 못했다. 다음날 명목상의 정부 수반 리코프(Aleksey I. Rykov)를 변호하면서 두려움을 느낀 부하린은 별 볼일 없는 '노동조합'의 지도자 톰스키와 함께 비밀리에 카메네프를 만나 스탈린의 독주를 막기 위한 공동 전선을 펴자고 제안했다. 부하린은 마침내 스탈린의 주된 관심이 당의 정책이 아니라 독재 권력이라는 것을 깨달았다. "그는 우리를 교살할 것이오. 그는 아무 원칙도 없는 음모꾼이며 권력욕으로 무슨 짓이든 할 인물입니다. 누군가를 제거하기 위해서라면 언제 어느 때라도 자신의 주장을 뒤엎을 것입니다. …… 한마디로 그는 칭기즈칸이오!" 부하린은 연방국가정치보안부의 야고다(Genrikh G. Yagoda)도 같은 편이 되어줄 것이라고 생각했지만 큰 오산이었다.[21] 노심초사하고 있는 이 사람들 중에 스탈린을 표로 이길 만큼 당내 핵심 기구에서 많은 지지자를 확보하고 있는 사람은 아무도 없었다. 그들에게는 스탈린을 무력으로 제압할 수 있는 수단, 즉 총을 소지하고 훈련받은 병사들도 없었다. 음모를 꾸며 스탈린을 파멸시킬 만한 재능과 의지도 없었다. 스탈린은 이 둘 다 충분히 보여 주었다. 결국 1929년에 리코프는 총리 자리에서 쫓겨났고, 톰스키는 노동조합의 지도권을 박탈당했으며, 부하린은 공개적으로 오류를 자백하라는 압력을 받았다. (카메네프와 지노비예프는 벌써 그렇게 했다.) 그들은 재판을 받았고 언제든 죽을 운명이 되었다.

　스탈린의 공포 정치 기법은 이미 완숙 단계에 접어들었다. 그는 신학생 때의 기억을 참고하여, 미리 자신과 추종자들 사이에 주고받는 교창(antiphonal) 형식의 대화를 연습한 다음 당 회의를 소집했다. 스탈린은 당의 '적들'에게 짐짓 온건한 태도를 취하고, 추종자들은 가혹한 조치를 단행하라고 요구했다. 트로츠키와 지노비예프를 당에서 제명할 때, 스탈린은 이전까지 그러한 조치에 반대했으나 '정직한 볼셰비키들'로부터 너무

'관대하다'는 비난을 받았다고 말했다. 추종자들은 이렇게 화답했다. "그렇소. 우리는 아직도 당신의 그런 태도를 비난하고 있소."[22] 1929년 5월에서 7월 사이 스탈린은 첫 조작 재판을 무대 위에 올렸다. 무대에 선 사람들은 '사보타주' 혐의로 고발된 돈바스(Donbass)의 광산 기사들이었다. 시나리오는 연방국가정치보안부의 관리이자 스탈린의 하수인이었던 예브도키모프(Y. G. Yevdokimov)가 썼다. 대본에 따라 고발당한 사람의 아들이 등장했다. 열두 살 먹은 소년은 아버지를 비난하고 처형하라고 요구했다.[23] 연방국가정치보안부의 실질적인 우두머리 멘진스키는 다른 몇 명의 정치국원들처럼 이런 재판에 반대했다.[24] 스탈린이 비밀경찰이나 보안 기구 내부에서 진정한 반대에 부딪힌 것은 그때가 마지막이다. 연말에 스탈린은 연방국가정치보안부의 고급 관리 야코프 블리움킨(Yakov Blyumkin)을 총살하라고 명령했다. 그리하여 블리움킨은 스탈린이 당내 범죄 행위를 구실로 처형했던 첫 번째 당원이 되었다.[25]

그 뒤 열린 재판들은 군중이 분노를 표출하는 마지막 장면까지 정확히 스탈린의 계획에 따라 진행되었다. 마치 소련의 거장 세르게이 에이젠슈테인(Sergey Eisenstein)이 감독한 영화의 한 장면 같았다. 이듬해 '산업당'에 대한 재판이 열리자, 재판관들은 "파괴자들에게 죽음을 선고한다"라고 외쳤고, 거리에서는 노동자 수천 명이 "죽여라, 죽여라, 죽여라!"라고 연호하며 행진했다.[26] 1929년 스탈린은 이미 '파괴자'라는 만능 용어를 만들어 놓은 상태였다. 그는 죽이고 싶은 사람을 가리킬 때 이 표현을 썼다. "파괴자들은 이제 우리 산업의 모든 부문에 잠복하고 있다. 전부는 아닐지라도 많은 파괴자가 잡혔다. …… 그들이 국제 자본과 관련되어 있기 때문에 더 위험하다. 부르주아 계급의 파괴 행위는 자본주의 요소가 …… 소비에트 연합을 새롭게 공격하기 위해 힘을 모으고 있다는 명백한 징후다."[27] 스탈린이 중앙 위원회에 사람들의 이름을 대기만 하면, 즉시 "체포하고, 재판하고, 총살하라"는 지시를 내려야 한다는 것이 요점이었다.[28]

스탈린은 마녀 사냥을 선동하고 망상증과 히스테리를 불러일으키는 동안, 신격된 레닌의 후계자로 자신 역시 신성화하려는 음모를 꾸미고 있었다. 일찍이 1924~25년 유조프카(Yuzovka), 유조보(Yuzovo), 차리친(Tsaritsyn)이 스탈리노(Stalino), 스탈린스키(Stalinsky), 스탈린그라드(Stalingrad)로 도시 이름을 바꾸었다. 하지만 고삐 풀린 스탈린의 독재 정치뿐 아니라 스탈린 개인에 대한 숭배가 완전한 악몽의 형태를 갖추기 시작한 것은 1929년 말 스탈린의 50번째 생일부터였다. 스탈리나바드(Stalinabad), 스탈린-아울 (Stalin-Aul), 스탈리니리(Staliniri), 스탈리니시(Stalinissi), 스탈리노(Stalino), 스탈리노고르스크(Stalinogorsk), 스탈린스크(Stalinsk), 스탈린 산(Mount Stalin)이라는 이름이 소비에트 각 지역에서 싹을 틔웠다. 스탈린의 이름에 길고 지루한 호칭이 처음 등장한 것도 이때였다. 강철 인간, 화강암 같은 볼셰비키, 놋쇠처럼 단단한 레닌주의자, 철의 병사, 세계적인 천재라는 수식어가 그를 따라다녔다.[29] 이집트 파라오의 시대까지 거슬러 올라가는 통치자 숭배의 전형적인 형태였다. 소비에트 정부는 외적으로 볼 때 위계가 더 강화되고 더 형식화되었으며, 본질을 들여다보면 공포 통치 체제에 가까웠다. 그러는 동안 소비에트 '과학' 은 합리성을 잃어갔다. 유전학자, 목적론자, 기계론자, 변증론자 ― 이외에도 많았다 ― 로 다양하게 알려진 '지도적인 사상가들' 이 거의 유사 종교 집단으로 변질되었다. 그들은 모든 것을 포괄하는 물리적 진보 이론으로 스탈린의 인정을 받으려고 경쟁했다.[30] 스탈린의 궁정에 속한 일부 전문가들은 '강철 인간' 의 영도 아래 인간이 어떤 것도 극복할 수 있다고 주장할 준비가 되어 있었다. 그들의 말에 따르면, 그때까지 자연의 법칙이나 경제학의 법칙으로 간주되던 것들도 모두 극복할 수 있었다. 소련의 경제학자 슈밀린(S. G. Shumilin)은 이렇게 말했다. "우리의 임무는 경제학을 연구하는 것이 아니라 바꾸는 것이다. 우리는 어떤 법칙에도 구속받지 않는다."[31]

농업 집산화와 계획 경제

스탈린은 경제학적 시스템이나 도덕 윤리에서 해방된 이런 불합리성을 배경으로 대규모 사회공학을 실천해 러시아 농민을 난국에 빠뜨렸다. 앞에서 살펴보았듯이 레닌의 혁명을 가능하게 했던 것은 농민들이다. 나중에 레닌을 거부함으로써 그에게 신(新)경제정책이라는 굴복을 강요했던 것도 농민이었다. 스탈린은 1924~28년에 좌파를 몰락시킬 때도 여전히 레닌주의와 신경제정책이라는 이름을 내걸고 있었다. 그러나 이제 소비에트의 권력을 업신여긴 시골 농민 대다수에게 끔찍한 복수를 해줄 때가 온 것이다.

스탈린이 하려는 일은 마르크스주의는 물론 그 어디에서도 근거를 찾아볼 수 없는 괴물 같은 논리였다. 사회주의화를 지향하는 국가에서는 안정이란 있을 수 없다. 앞으로 나아가지 않으면, 물물교환과 축재라는 인간의 근원적인 본능을 표현하고 있는 시장 제도의 힘이 다시 나타나 자본주의가 부활한다. 그렇게 되면 초기 형태의 사회주의 국가는 붕괴되고 만다. 만약 사회주의가 앞으로 나아가야 한다면, 대규모의 산업화를 통해 밀고 나아가야 한다. 그것은 노동자를 위한 충분한 식량을 확보해야 한다는 것을 의미한다. 그리고 자본 투자를 위한 자금을 모으기 위해서도 충분한 식량이 필요하다. 요컨대 그의 논리는 농민이 사회주의 진보를 위해 대가를 지불해야 한다는 것이다. 그런데 농민이 이런 대가를 자발적으로 지불하려 하지 않기 때문에 강제할 필요가 있으며, 그들의 의지가 꺾이고 필요한 것을 얻어낼 때까지 계속 더 가혹하게 강압해야 한다. 끔찍하지만 이것이 1920년대 스탈린이 장악하고 있던 사회주의 권력의 논리였다. 자본주의로 회귀하느냐 무제한으로 무력을 행사하느냐 사이에는 타협이 있을 수 없었다.[32]

하지만 스탈린은 이와는 반대 논리로 좌파에서 우파까지 단계적으로 적을 처단했다. 트로츠키, 지노비에프, 카메네프는 농민들이 자발적으로 충분한 식량을 생산하지는 않을 것이므로 그들을 위협해야 하고, 필요하다면 본때를 보여 주어야 한다고 역설했다. 그러자 스탈린은 그들을 제거했다. 스탈린은 그들이 "농민들을 약탈하려고" 하는데, 농민들은 "노동 계급의 동지"이기 때문에 결코 "탄압을 가해서는" 안 된다고 주장했다.[33] 하지만 1927년 흉작이 들었고, 그때는 마침 사회주의 논리가 전개되기 시작할 때였다. 농민들은 식량을 비축했다. 그들은 가치없는 정부의 종이돈을 받으려고 하지 않았다. 이에 대한 레닌의 타협책은 500만 명의 쿨라크를 희생시켜 7,670만 명의 중농과 2,240만 명의 빈농을 지원한다는 논리였지만 (실상 서류 말고는 이 셋을 구분하는 것조차 불가능했다. 모든 농민이 정부를 증오했을 뿐이다), 쓸모없는 것이 되고 말았다.[34]

1928년 1월 도시에는 식량이 없었다. 수입되는 곡물도 없었고 외화도 부족했다. 그래서 스탈린은 농민을 공격하기 시작했다. 3만 명의 무장한 노동자 군대를 시골로 파견했다. 1918년의 약탈 사건을 재연한 것이다. 곧 잔학 행위가 보고되기 시작했다. 이런 잔학 행위는 '곡물 징발 조직들 간의

▶ 아나스타스 미코얀(1895~1978)
볼셰비키 초창기 당원으로서 영향력이 컸다. 1920년대 초기의 권력투쟁에서 스탈
린을 뒷받침한 덕에 당 중앙위원회의 위원 자리를 얻었다. 1926년 국내외 무역을
담당하는 인민위원으로 임명되었고 그 뒤 계속해서 국내외 무역 분야와 관련된 업
무를 맡았으며, 1935년 정치국원으로 뽑혀 무역문제 전문가로 일했다. 왼쪽부터
미코얀, 스탈린, 오르조니키제.

경쟁' '안타깝게도 소비에트의 적법성에서 이탈하다' '전시 공산주의 방
식에 잠깐 빠져들다' '행정적인 실수' 따위의 말로 위장되었다. 더 불길한
일은 스탈린의 대변자들이 점차 모든 농민을 한 무리로 취급하는 경향을
보였다는 점이다. 몰로토프는 "중농을 길들여야" 한다고 말했다. 아나스
타스 미코얀(Anastas I. Mikoyan)은 "쿨라크의 영향을 받았다"며 빈농을
비난했다. 1928년 농민의 테러 행위(무장 군대가 식량을 가져가는 것에 저
항한 행위)가 1,400건 정도 보고되었다. 소총을 가지고 있다가 붙들린 쿨
라크는 "이런 게 바로 계급투쟁이지"라며 냉소했다. 나치가 점령한 적이
있는 스몰렌스크(Smolensk) 지역에서 일어난 일들이 나중에 공개되었는
데, 당국의 공식 문서를 통해 걸러지지 않은 이 기록들은 당시 농민의 분노
와 고통이 어떠했는지 보여준다. 스탈린은 "소비에트 권력에 반대하는
…… 농촌에 있는 자본주의 분자들이 최초의 심각한 운동"을 언급하며 '일
소'라는 표현을 사용했다. 그의 냉소적인 언급에 따르면, 당의 정책이 불

유쾌한 사건 없이 수행될 수 있다고 생각하는 사람은 "마르크스주의자가 아니라 바보"였다.[35]

그러나 그들이 농민의 식량을 빼앗아가자 씨를 뿌리는 양도 그만큼 줄어들었다. 1928년의 작황은 훨씬 좋지 않았다. 1928년 가을에 스탈린은 절박할 정도로 외화가 필요했다. 우리는 이 사실을 각각의 다른 사건을 통해 알 수 있다. 이 무렵 러시아의 예술품들이 비밀리에 대량으로 서방에 팔려나갔다. 레닌그라드 에르미타슈 미술관의 큐레이터 타치아나 체르나빈(Tatiana Chernavin)에 따르면, "우리는 빠른 시간 내에 에르미타슈의 컬렉션을 '사회학적 구성'의 원리에 따라 다시 조직하라는 명령을 받았다. …… 우리는 작업에 착수하여 100여 년 이상 공들여 이룬 컬렉션을 해체했다."[36] 그림은 세계 각지에 있는 백만장자의 손에 들어갔다. 그림을 가장 많이 산 사람은 앤드류 멜론이었다. 그는 1930~31년에 6,654,053달러를 주고 총 21점의 그림을 구입했다. 렘브란트(Rembrandt H. van Rijn)의 그림 5점, 반 다이크(Anthony Van Dyck) 4점, 라파엘로(Sanzio Raffaello) 2점, 프란스 할스(Frans Hals)의 그림 2점이 있었고, 루벤스(Peter P. Rubens), 벨라스케스(Diego Velázquez), 보티첼리(Sandro Botticelli), 베로네세(Paolo Veronese), 샤르댕(Jean-Baptiste-Siméon Chardin), 티치아노(Tiziano Vecellio), 에이크(Jan van Eyck), 페루지노(Perugino)의 그림이 각 1점이었다. 세계적인 명화가 이런 식으로 단번에 주인을 바꾼 것은 보기 드문 일인데, 거래가 또한 저렴했다. 이 모든 그림은 사실상 멜론이 만든 워싱턴의 미국 국립 미술관에 소장되었다. 이 시대의 수많은 아이러니 가운데 하나다. 지식인 계급이 멜론의 탈세 행위를 맹비난하고, 또 원활히 운영되는 소비에트의 계획 경제와 미국의 좌절을 비교하고 있던 때에, 멜론은 소비에트 지도자들의 절박한 상황을 이용해 미국에 훌륭한 공공 재산을 가져다주었던 것이다.[37] 멜론이 그림을 구입하며 지불한 돈은 1930년 소련의 공식적인 대미 수출 총액의 3분의 1에 해당한다.

더 끔찍한 아이러니는 마침내 스탈린이 농민에게서 개별적으로 곡물을 빼앗는 정책을 버린 뒤, 그들을 무력으로 집단농장에 몰아넣은 것이 미국 기업의 성공 사례를 따른 것이라는 점이다. 그때까지 스탈린은 협동조합과 집단농장이 다르다는 생각을 부정해 왔다. 집단농장을 단순히 "생산자 협동조합의 가장 확실한 형태"로 생각했다.[38] 따라서 집단농장은 자발적인 기관이었다. 그런데 1928년 스탈린은 몬태나(Montana)에 있는 캠벨 농장에 관한 소식을 들었다. 3만 헥타르에 이르는 이 농장은 단일 생산자로서는 세계에서 가장 많은 곡물을 생산했다.[39] 스탈린은 러시아에도 거대한 규모의 '곡물 공장'을 건설하기로 마음먹고, 그해 카프카스에 15만 헥타르의 집단농장을 만들었다. 이 단위 면적에 300대의 트랙터가 비치되었다. 레닌에게 전기가 그랬던 것처럼 스탈린에게 트랙터는 (1927년 10월 러시아에서 여전히 사용되고 있던 550만 개의 목재 쟁기를 대신하여) 미래의 상징이었다. 스탈린은 부하들을 시켜 트랙터 반대 운동 혐의로 쿨라크를 고발하게 했다. 쿨라크들이 트랙터를 일컬어 "강철의 말을 타고 온 적그리스도"라든가 "배기가스가 토양을 파괴한다"는 소문을 퍼뜨리고, 특히 볼가 지역에서는 "트랙터로 땅을 갈면 땅이 마른다"는 말을 하고 다녔다는 것이다. 그러나 사실 여윳돈이 생겼을 때 누구보다 먼저 트랙터를 산 사람들은 바로 쿨라크였다. 스탈린이 집단농장에 '트랙터 부대'나 '트랙터 기지'를 설치하라고 강요했지만, 독립자영농민이 지적한 바에 따르면 "사회주의화된 모든 땅에서 트랙터는 부주의하게 취급되었고, 고장이 난 트랙터들이 …… 러시아 땅에 널려 있었다."[40] 이는 스탈린이 러시아 농촌 지역의 실상에 대해 무지했던 탓이다. 물론 이 점에서는 레닌도 마찬가지였다.

흐루쇼프(Nikita Khrushchyov)에 따르면 "스탈린은 인민과 자신을 분리했다. 그는 어디에도 가지 않았다. …… 그가 마지막으로 촌락을 방문했던 때는 1928년 1월이다."[41] 농민 1억 500만 명이 관련된 대규모 집단농장을 만드는 일은 스탈린의 서재에서 이루어졌다.

농업의 집산화 정책은 결코 신중하거나 합리적으로 계획되었다고 말할 수 없다. 완전히 그 반대였다. 무력으로 농민을 국영 농장에 끌어넣는 일은 언제나 확고한 반론에 직면했다. 이런 반론은 『프랑스와 독일의 농민 문제 The Peasant Question in France and Germany』(1894년)에서 엥겔스가 한 말에 근거를 두고 있다. "국가 권력을 얻게 되었을 때 무력으로 소농을 이용해서는 안 된다." 레닌도 종종 이 구절을 인용했다. 트로츠키조차 합의, 타협, 점진적인 변화를 이야기했다. 1929년 6월 3일까지만 해도 「프라우다」는 이렇게 주장했다. "테러도 쿨라크의 해체도 아니다. 신경제정책을 위한 사회주의 공세일 뿐이다."[42] 강제로 농업 집산화를 추진한다는 결정은 1929년의 마지막 주에 갑자기 내려졌다. 어떤 종류의 공개 토의도 없었다. 유토피아를 추구하는 과정에서 소수의 권력자들이 급작스럽게 수 세기 동안 이루어진 사회를 공격하고, 사람을 개미처럼 다루고 보금자리를 발로 짓밟아 무너뜨리는 전형적인 수법이다. 스탈린은 아무런 예고도 없이 쿨라크에 대한 전면적인 공격을 요구했다. "우리는 쿨라크를 분쇄해야 하오. 그들을 계급으로서 처단해야 하는 겁니다. …… 쿨라크를 공격해서 두 발로 다시 일어서지 못하게 만들어야 하오. …… 공개적인 대결을 통해 계급의 저항을 물리쳐야 하는 것이오." 1929년 12월 27일 사도 요한 축일에 그는 '계급으로서의 쿨라크 청산'이라는 슬로건과 함께 전쟁을 선포했다.[43] 말살 정책에 켜진 파란불이나 마찬가지였다. 히틀러가 권력의 자리에 오르기 3년 전, 최종적인 해결책을 지시하기 12년 전에 일어난 일이다.

▶ 농업 집산화
스탈린은 공업에 총력을 쏟는 데 필요한 총투자액수를 농민이 잠식한다고 판단하고
1929년부터 농업 집산화를 추진했다. 농산물 강제 공출로 농민은 더 피폐해졌고, 집산화
과정에서 죽은 농민의 수는 1,000만 명으로 제1차 세계대전 총 사망자 수보다 많았다.

　농업 집산화는 17세기 독일의 30년 전쟁 이후 농민들이 한 번도 경험해

보지 못했던 재앙이었다. 담당 기관은 연방국가정치보안부였지만, 손에

닿는 수단은 모두 이용되었다. 빈농들은 재산을 몰수당한 쿨라크의 집을

약탈하고 그들을 들판에서 쫓아내라는 부추김을 받았다. 그러나 곧 쿨라

크가 농업 집산화를 반대하는 모든 농민을 가리킨다는 게 분명해졌다. 그

리하여 농민 사회 전체가 필사적으로 집산화에 저항했다. 경찰과 군부대

가 농민을 둘러싸고 총으로 쏴 죽이거나 강제로 트럭에 태워 보냈다. 나중

에 히틀러는 유대인을 체포할 때 이 방법을 그대로 모방했다. 러시아를 여

행하던 아이작 도이처는 우연히 연방국가정치보안부의 대령을 만났다. 그

는 울면서 이렇게 말했다. "나는 예전부터 볼셰비키였소. 차르 시대에는

지하에서 활동했고, 내전 때도 적군에서 싸웠소. 그런데 지금은 마을을 기

관총으로 에워싸고 농민들에게 무차별 사격을 가하라는 명령을 내려야 하

오. 결국 이것을 위해 내가 그동안 그 모든 일을 했던 것일까요? 아, 아니에

요, 아니에요, 아닙니다!" [44) 대규모 폭력은 1929년 말에 시작되어 이듬해

2월까지 계속되었다. 그때는 이미 농업 집산화가 이루어진 가구가 대략 30 퍼센트로 증가해 있었다. 저항의 규모에 당황한 스탈린은 갑자기 정책을 바꾸었다. 1930년 3월 2일자 「프라우다」 지는 "폭력으로 집단농장을 이식할 수는 없다. 그것은 어리석고 혁명에 위배되는 행위가 될 것이다"라고 보도했다. 하지만 몇 주 지나지 않아 집단농장의 반이 국영화를 반대하자, 스탈린은 무력으로 어리석고 반혁명적인 정책을 재개했다. 그리고 이번에는 끝까지 밀어붙였다.[45]

그 결과를 두고 위대한 마르크스주의 학자 레셰크 코와코프스키(Leszek Kołakowski)는 "국가가 국민을 상대로 벌인 가장 엄청난 규모의 유사 전쟁 행위"라고 말했다.[46] 체제가 실제로 살해한 농민의 수는 아직까지 알려져 있지 않다. 학자들이 소비에트의 기록 문서를 손에 넣을 수 있다고 하더라도 정확히 알 수는 없을 것이다. 처칠에 따르면, 1942년 8월 모스크바에서 스탈린은 냉담하게 "1,000만 명의 농민을 처리했다"고 말했다.[47] 어떤 학자가 추산한 바에 따르면, 연방국가정치보안부가 처형하거나 전투에서 죽은 농민들 외에 1,000만~1,100만 명이 러시아령의 북유럽이나 시베리아, 중앙아시아로 이송되었고, 그 가운데 3분의 1은 강제수용소에 보내졌으며, 3분의 1은 국내 오지로 추방당했고, 나머지 3분의 1은 이동 중에 죽거나 살해당했다고 한다.[48]

남아 있는 농민들은 얼마가 되었든 재산을 빼앗긴 뒤 '곡물 공장'으로 끌려갔다. 그들이 도시로 도망치는 것을 막기 위해 국내 통행증 제도가 도입되었고, 정식 허가없이 주거지를 변경하는 경우 감옥에 가두었다. 농민들에게는 국내 통행의 권리가 인정되지도 않았다. 따라서 그들은 땅에 묶여 있는 신세로 농노나 다름없었다. 농민들에게는 그때가 로마 제국의 말기나 봉건 시대와 아무런 차이가 없었다. 상황은 오히려 차르 체제의 가장

어두운 시기보다도 훨씬 더 가혹했고, 1970년대까지 조금도 개선되지 않았다.[49]

결과는 예상했던 대로다. 순전히 인간이 만들어 낸 역사상 유일한 기근이라고 할 만했다.[50] 농민들은 곡물을 갖다 바치느니 차라리 불태웠고, 농기구들을 부쉈다. 그들은 1,800만 마리의 말과 3,000만 마리의 암소(전체의 45퍼센트), 1억 마리의 양과 염소(전체의 3분의 2)를 몰살했다. 소비에트의 공식적인 역사 기록을 따르더라도 1933년 가축 생산은 1913년 수준의 65퍼센트에 불과했고, 경작용 가축은 50퍼센트 이상 감소했으며, 트랙터를 포함한 총 견인력은 1935년까지 1928년의 수준을 넘지 못했다.[51] 1932~33년의 기근에도 불구하고 스탈린은 곡물 일부를 계속 수출했다. 수입된 기계류의 대금을 지불해야 했기 때문이다. 여기에는 새로운 군수 공장의 기계 설비도 포함되었다. 러시아에서 살기 때문에 치러야 하는 대가는 막대했다. 요시프 디아드킨(Iosif Dyadkin)의 인구 조사 연구서 '1927 ~58년 소련의 인구에서 차지하는 비자연사의 추정 평가'는 1970년대 말 지하 소식지를 통해 유포되었는데, 여기서는 농업 집산화와 '계급청소'의 시기(1929~36년)에 1,000만 명의 남녀노소가 비자연사를 당했다고 추산하고 있다.[52]

소비에트 인구의 4분의 3을 차지하는 농민을 농노로 만든 것은 이를 수행하는 공산당 병사들의 사기에 끔찍한 악영향을 미쳤다. 코와코프스키는 이렇게 말했다. "당 전체는 고문가와 탄압자의 조직이 되었다. 결백한 사람은 한 명도 없었다. 공산당원 전원이 사회 탄압의 공범자가 되어 버렸던 것이다. 그리하여 당은 새로운 종류의 도덕적 통합성을 획득했고, 돌아올 수 없는 길을 내달리기 시작했다."[53] 몇 년 후 독일 국가사회당에도 똑같은 일이 벌어졌다. 히틀러에게 방향을 제시해 준 것은 바로 스탈린이다. 당내의 모든 사람이 무슨 일이 벌어지고 있는지 알고 있었다. 부하린은 완전히 무방비 상태의 남녀노소를 대량으로 몰살하는 일을 계속한다면 당원은 점차 폭력과 맹목적인 복종에 길들고 끔찍한 조직의 톱니바퀴로 변해 버릴 것이라고 남몰래 탄식했다.[54] 하지만 스탈린의 면전에서 항의한 사람은 스탈린의 두 번째 부인 나데주다(Nadezhda Alliluyeva)뿐이었다. 그녀는 1926년에 바실리(Vasily)와 스베틀라나(Svetlana)를 데리고 스탈린을 떠났다. 스탈린은 돌아오라고 설득하는 한편, 연방국가정치보안부를 시켜 그녀를 감시하게 했다. 나데주다가 이에 대해 불평하자 스탈린은 그녀에게 사실을 말해 준 사람들을 추적해 체포했다. 1932년 11월 7일 목격자들이 보는 앞에서, 나데주다는 농민을 다루는 야만적인 방식에 대해 스탈린에게 격렬하게 항의했다. 그런 다음 집으로 돌아가 권총으로 자살했다. 이것은 두 번째 가족 드라마였다 — 스탈린의 첫째 아들 야코프(Yakov)는 1928년 절망 속에서 자살을 기도했다. 스베틀라나는 나중에 이렇게 썼다. "아버지는 어머니의 죽음을 개인적인 배반으로 받아들였던 것 같다. 그 사건 때문에 아버지의 영혼에 마지막으로 남아 있던 인간다운 온정이 완전히 사라져 버렸다."[55]

이에 대한 대응으로 스탈린은 가정사를 연방국가정치보안부에 맡겨 버렸다. 연방국가정치보안부는 스탈린의 집에서 일할 하인을 직접 고용해서 훈련했고, 식사 준비를 감독했으며, 스탈린에게 접근하는 것을 통제했다.[56] 스탈린은 이제 명목상의 정부나 당 기관이 아니라 이전의 당 서기국에서 파생된 개인 서기국을 통해 정치를 했다. 또 이를 통해 공식적인 비밀경찰 내에 국가안보 특수비밀 정치부라는 사적인 비밀경찰을 만들었다.[57] 이렇게 주위에 보호막을 친 뒤에야 비로소 안전하다고 느꼈다. 다른 사람들에게는 확실히 그렇게 보였다. 1932년 러시아의 상황은 너무도 절망적이었고, 스탈린 체제는 레닌 체제가 1921년 초 그랬던 것처럼 붕괴 직전에 있었지만, 그를 암살하기 위해 접근하는 것 자체가 불가능했다.

경제 모델로서 세계의 시선을 끌었던 소련의 계획 경제는 모든 면에서 단지 서류로 꾸민 일이었다. 1928년부터 오늘날까지 독립적인 외부 기관이 소련이 제시한 서류상의 수치를 사실로 증명한 적은 없다. 법이 통치하는 모든 입헌 국가에서 기본이라 할 수 있는 독립적인 회계 감사 제도가 소련에는 존재하지 않았다. 제1차 5개년 계획은 시작부터 수상쩍은 구석이 있었다. 중앙 위원회가 그것을 승인한 것은 1928년 11월이고, 공식적으로 채택된 것은 1929년 5월이었다. 그런데 소비에트 당국은 1928년 10월부터 5개년 계획이 실시되고 있었다고 공표했다. 1929년 말부터 소련은 강제로 농업을 집산화한다는 결정으로 대혼란에 빠져 있었기 때문에, 1928년의 5개년 계획은 (가령 그런 것이 실제로 있었더라도) 전혀 의미가 없었다. 그렇지만 히틀러가 정권을 잡은 1933년 1월에 스탈린은 갑자기 제1차 5개년 계획은 이미 4년 반 만에 완료되었고, 많은 부문에서 "최대 생산량을 초과 달성했다"고 발표했다.[58]

이 5개년 계획은 세련된 서구 사회에 문명화된 과정으로 보였지만, 사실 야만적인 공상에 불과했다. 러시아는 풍요한 나라였다. 천연자원의 양과 다양성은 세계 어디와도 비교할 수 없을 정도다. 소비에트 체제는 늘어나는 인구와 급성장하는 산업 기반을 이어받았다. 빌헬름 시대의 독일이 예견했듯이, 그 무엇도 러시아가 지구상에서 최강의 산업 국가가 되는 것을 막을 수 없을 터였다. 그러나 레닌의 정책과 더욱이 스탈린의 정책 — 아니면 정책을 가장한 일련의 성급한 편법들 — 이 러시아의 필연적인 성장을 늦추는 결과를 가져왔다. 이것은 레닌과 스탈린의 정책이 번영하고 있던 농업을 영구히 망쳐 버린 것에서 알 수 있다.

하지만 그럼에도 진보는 이루어졌다. 1932년의 드네프르댐(Dnieper Dam), 스탈린그라드의 트랙터 공장, 우랄 지역 마그니토고르스크(Magnitogorsk) 제강소, 시베리아의 쿠즈네츠크(Kuznetsky) 광산, 발트 해와 백해를 잇는 운하 등 위대한 사업이 마무리되었다. 이 가운데 특히 운하는 노예 노동이 완성한 것이다. 앞에서 보았듯이 처음에는 작은 부분에 불과했던 정치범 노예는 차츰 레닌 체제의 일부가 되었고, 스탈린 체제에서는 놀라운 속도로 확장되었다. 1930~33년 강제 농업 집산화가 추진되자 강제노동수용소의 수용 인원도 1,000만 명으로 증가했고, 1933년 초가 지나자 스탈린이 죽고 나서 어느 정도 시간이 지날 때까지 언제나 이 수치를 웃돌았다. 대규모 노예 노동력을 정기적으로 고용한 산업 부문은 금광, 임업, 탄전, 산업 농업, 운송 ─ 특히 운하, 철로, 공항, 도로의 건설 ─ 이었다. 연방국가정치보안부는 다양한 정부 기관과 노예 노동력 관련 협상을 벌였다. 나중에 나치의 친위대도 이런 식으로 크루프(Krupp GmbH) 사나 이게 파르벤(IG Farben) 사같은 독일 기업에 노예 노동력을 임대해 주었다. 스탈린의 업적을 상징하는 전시물인 발트 해와 백해를 잇는 운하는 노동자 30만 명이 동원되었다.[59] 노예 노동은 레닌의 시대와 달리 부수적인 수단에 머물지 않고, 스탈린주의 경제의 중요한 부분이 되었다. 연방국가정치보안부는 이제 시베리아와 중앙 아시아의 광대한 지역을 감독하게 되었다.[60]

나치 독일의 기록을 보고 판단컨대, 전체주의적인 노예 노동 수용소의 사망률은 대략 한 해 10퍼센트였던 것으로 보인다.[61] 아마도 러시아는 이보다 높았을 것이다. 수용소의 대다수가 북극이나 아북극 지역에 있었기 때문이다. 어쨌든 노예 노동력에 대한 높은 수요는 1929~33년에 비당원 노동자들을 수없이 체포한 주된 이유다. 용의주도한 조작 재판이 반복해서 열렸다. 1931년 3월의 멘셰비키 재판, 1933년 4월 메트로 비커스(Metro-Vickers) 사의 기술자들에 대한 재판이 그런 사례다. 이런 재판들은 널리 선전되었는데, 일련의 악의적인 음모가 존재하며 그런 음모들은 소비에트 체제와 러시아 국민을 노리는 거대한 음모의 일부라는 사실을 상세히 밝히곤 했다. 조작 재판은 스탈린주의 국가의 존속을 위해 망상증과 히스테리를 조성하는 데 필요했다. 그러나 소련 전체를 살펴볼 때 조작 재판은 광범위한 탄압 과정의 일부에 지나지 않았다. 당시 소련은 곳곳에서 유례없는 대규모의 체포와 행방불명이 횡행했다.

특정 직업군에 속한 수많은 사람을 재판했는데도 대부분의 재판은 보고도 되지 않았다. 재판이 아예 열리지 않은 경우도 많았다. 체포의 임의적인 특성은 공포 분위기를 창출하는 데 효과가 있었고, 이는 노동력에 대한 수요 다음으로 비당원들에게 테러를 가하는 주요 동기가 되었다. 연방국가 정치보안부의 한 사람은 「맨체스터 가디언」 지의 모스크바 특파원에게 죄가 없는 사람들도 체포된다는 사실을 인정했다. 당연했다. 그렇지 않으면 아무도 겁을 먹지 않을 테니까. 특정한 범죄 행위 때문에만 체포가 이뤄진다면 다른 사람들은 자신이 안전하다고 생각하고 반역에 대한 생각을 키울 수 있다는 게 그들의 논리였다.[62] 이런 이유 말고는 이들의 행동에서 어떤 논리나 정당성을 찾아보기 힘들다. 어떤 늙은 볼셰비키의 이야기를 들어보면, 한 에너지 전문가는 18개월 동안, 체포되고, 사형을 선고받고, 사면되고, 강제노동수용소에 수용되고, 석방되고, 사회에 복귀하여, 마침내 메달까지 받았다고 한다. 그런데 이러한 일련의 과정에는 특별한 이유가 없었다.[63] 그는 운이 좋은 편이었다. 체포된 사람들 대부분은 수용소에서 여생을 마쳐야 했다.

외부에서는 스탈린의 독재 — 아니면 정말로 그의 존재 자체 — 가 얼마나 끔찍한지 거의 알지 못했다. 러시아를 여행한 사람들 대부분은 사업가나 지식인이었다. 사업가는 무역을 희망했고, 관심도 없는 것을 굳이 꼬치꼬치 따지거나 비판하려 들지 않았다. 지식인의 경우는 러시아를 찬양하기 위해, 더 나아가 신봉하기 위해 모스크바에 갔다. 기독교의 쇠퇴가 현대의 정치광 ─ 그리고 그들의 범죄 ─ 을 낳은 것처럼, 교육받은 사람들 안에 종교적 신념이 사라지자 서구 지식인들의 정신 속에 생긴 진공 상태는 세속적인 미신으로 쉽게 채워졌다. 그게 아니면, 증거를 조사하고 평가하는 데 익숙한 과학자들과 오로지 사회를 연구하고 비판하는 데 주력하는 작가들이 스탈린의 허술한 선전을 액면 그대로 받아들였다는 사실을 설명할 길이 없다. 그들은 신앙이 필요했다. 그들은 속고 싶어했다.[64] 아마벨 윌리엄스 엘리스(Amabel Williams-Ellis)는 백해 운하의 건설 과정을 그린 책의 서문을 썼는데, 거기에는 이런 문장이 담겨있다. "까다로운 토목 공사의 완성에 관한 이 이야기는 지금까지 활자화되었던 가장 흥미진진한 이야기와 어깨를 견줄 만하다. 울창한 원시림 가운데서, 연방국가정치보안부 직원 37명의 도움을 받으며 ─ 이게 감시였을까? ─ 국가의 적이었던 수만 명이 이 일을 해낸 것이다." 나중에 알렉산드르 솔제니친은 백해 운하의 건설 과정을 비참하기 짝이 없는 광경으로 묘사했다. 시드니 웹(Sidney Webb)과 비어트리스 웹(Beatrice Webb) 부부도 이 건설 사업에 관해 말했다. "연방국가정치보안부의 성공에 대해 무척 호의적인 공식 평가가 이루어졌다는 것은 정말 기쁜 일이다. 연방국가정치보안부는 대규모 공사를 무사히 끝마쳤을 뿐만 아니라 인간의 갱생이라는 목표를 성공리에 끝마쳤다는 점에서 큰 일을 해냈다." 해럴드 래스키는 죄수들을 "완전한 자기 존중의 삶으로 이끌었다"며 소비에트의 간옥을 칭송했다. 안나 루이스 스트롱(Anna Louise Strong)은 이렇게 기록했다. "노동 수용소는 수만 명을 교화시킨 장소로 소련 전역에서 평판이 높다." 그녀는 이렇게 덧붙였다. "인간을 개조하는 소비에트의 방식은 매우 유명하고 효과적이다. 그래서 이제 범죄자들은 종종 수용을 지원하기도 한다." 조지 버나드 쇼에 따르면, 영국에서는 누구나 인간으로 교도소에 들어가 범죄자가 되어 교도소를 나오지만, 러시아에서는 "범죄자로 교도소에 들어가 정상인이 되어 나오곤 한다. 그러나 나오도록 설득하는 게 쉽지 않다. 내가 아는 한 그들은 원하는 만큼 머무를 수 있다."[65]

러시아 역사상 최악으로 기록된 1932년의 기근은 제대로 알려지지 않았다. 기근의 절정기에 소련을 방문 중이던 줄리안 헉슬리(Julian Huxley)는 러시아인이 "영국인보다 체격과 일반적인 건강 상태가 더 양호하다"는 사실을 깨달았다. 쇼는 열차를 타고 러시아 국경을 넘기 전에 가지고 있던 음식을 창 밖으로 던졌다. "러시아에는 음식이 부족하지 않으리라고 확신했기" 때문이다. 그는 모스크바 메트로폴(Metropole)의 외국인 전용 레스토랑에서 주위를 둘러보며 "여기 어디서 음식이 부족한 곳을 찾을 수 있단 말인가?" 하고 물었다.[66] 그는 이렇게 썼다. "스탈린은 10년 전이라면 불가능했을 정도의 물자를 러시아 국민에게 선사했다. 따라서 나는 그의 앞에서 모자를 벗고 경의를 표하지 않을 수 없다." 하지만 쇼와 애스터(Nancy Astor) 여사는 정치범 문제에 관해 알고 있었던 게 분명하다. 애스터 여사가 미국에서 남편과 재회하기를 바라는 여인을 대신해 스탈린에게 자비를 청했기 때문이다. (스탈린은 그 여인을 곧바로 연방국가정치보안부에 넘겨 버렸다.) 그리고 나서 애스터는 스탈린에게 물었다. "얼마나 더 사람들을 죽일 생각이신가요?" 그가 "필요한 동안은요"라고 대답하자, 그녀는 화제를 돌려 아이들을 돌볼 러시아인 유모를 찾아달라고 부탁했다.[67]

1929~34년에 기록된 스탈린에 관한 평가는 무척 흥미롭다. 허버트 웰

스는 "그처럼 솔직하고 공정하고 숨김없는 사람은 만나보지 못했다. ……
아무도 그를 두려워하지 않고, 모두 그를 신뢰한다"고 말했다. 웹 부부는
그가 미국의 대통령만큼 충분한 권력을 갖고 있지 않으며, 단순히 중앙 위
원회와 최고회의 간부회 명령에 따라 행동한다고 주장했다. 캔터베리의
주임 사제 휼렛 존슨(Hewlett Johnson)은 스탈린을 "러시아 국민을 새롭
고 낯선 민주주의의 길로 이끌고 있다"고 기술했다. 미국 대사 조지프 데이
비스(Joseph E. Davies)는 그가 "자유주의 헌법을 주장하고 있으며 ……
비밀 보통 선거를 계획하고 있다"고 보고했다. "그의 갈색 눈은 매우 지혜
롭고 온화해 보인다. 아이들은 그의 무릎에 앉고 싶어할 테고, 개도 그를 따
를 것이다." 유명한 전기 작가 에밀 루트비히(Emil Ludwig)는 "그라면 안
심하고 자식 교육을 맡길 것이다"라고 말했다. 물리학자 버널(John D.
Bernal)은 "모든 문제에 대해 그가 보여 주는 과학적인 접근 방식"과 "풍부
한 감수성"에 경의를 표했다. 칠레의 작가 파블로 네루다(Pablo Neruda)
는 그를 "원칙이 있는 선량한 사람"이라고 말했으며, 이에 화답하듯 캔터
베리의 주임 사제도 "친절하고 상냥한 사람"이라고 말했다.[68]

이런 찬사와 경탄은 부패 혹은 허영심 때문이었거나, 순전히 어리석었기
때문이라고 볼 수 있다. 데이비스는 스탈린의 성격에 관한 왜곡된 정보를
미국 정부에 일관되게 전했는데, 사실 소비에트 정부가 그를 매수하고 있
었던 탓이다. 그는 수집에 열을 올리고 있던 성상(聖像)이나 성배(聖杯)를
소비에트 정부의 도움으로 시장가보다 싼 가격에 구입할 수 있었다.[69] 맬
컴 머거리지가 묘사한 것처럼 안나 루이스 스트롱은 "무성한 백발에 시뻘
건 얼굴을 한 덩치 큰 여자였다. 숨길 수 없는 멍청한 표정은 기묘한 아름다
움까지 지아낼 정도였다."[70] 실패한 독재 체제를 건설 중인 유토피아로 보
게 한 가장 큰 요인은 아마도 자기 현혹일 것이다. 하지만 자신을 이상주의

자라고 생각하는 사람들의 의도적인 기만도 있었다. 당시 이런 사람들은 순진하게 그들이 더 높은 인간의 목표에 봉사하고 있다고 믿으며, 잘못된 정보와 거짓말을 고의로 퍼뜨렸다. 제1차 세계대전이 미증유의 폭력으로 세계를 황폐화시켰다면, 대공황은 세계를 붕괴시켰다. 대공황은 인류의 선택에는 제한이 있다는 것을 보여 주는 것 같았고, 인류가 선택할 수 있는 두 가지 길은 극명하게 대비되는 듯했다. 정치적 행동가들은 괴로운 선택을 해야 한다고 생각했고, 선택을 한 후에는 절망적인 의지로 그 선택에 매달렸다. 1930년대는 영웅적인 거짓말의 시대였다. 성심을 다한 허위가 가장 칭송받는 덕목이 되었다. 스탈린의 치하에서 괴로워하던 러시아는 이 신성화된 허위의 가장 큰 수혜자였다. 기만을 위한 경쟁은 스탈린주의가 히틀러가 지배하는 독일에서 숙명의 라이벌을 발견했을 때 더욱 격화되었다.

전체주의 형태인 공산주의와 파시즘 간의 경쟁은 그 핵심에 기만의 요소가 존재했다. 이 둘은 역사 전개의 과정에서 유기적으로 연관되어 있었다. 전쟁을 통해 레닌은 폭력으로 정권을 잡았고, 독일의 전시 사회주의에서 경제 정책을 배웠다. 공적인 삶의 모든 부분을 일당이 통제하고 도덕적 상대주의를 확립한 레닌주의 국가가 이번에는 자유주의 사회, 의회 민주주의, 법치를 증오하는 모든 이들의 모델이 되었다. 레닌주의 국가는 모방을 낳았고, 공포를 불러일으켰다. 공포를 느낀 자들은 대개 레닌의 방법을 모방하여 이에 대항할 수 있는 반(反)모델을 만들었다. 좌파의 전체주의가 우파의 전체주의를 만든 것이다. 공산주의와 파시즘은 자유주의를 산산조각 낼 망치와 모루였다. 스탈린 독재 정권의 출현은 부패의 역학에 있어 그 종류가 아닌 정도를 바꿔 놓았을 뿐이다. 스탈린은 단순히 '확대된 예전의 레닌'이었기 때문이다. 그런데도 정도의 변화는 그 엄청난 규모 때문에 중요했다. 스탈린의 국가에서 벌어진 체포, 투옥, 수용소, 사회공학의 범위와 야만성, 폭력은 전에는 본 적도 상상한 적도 없는 것이다. 따라서 공산주의의 반모델은 더 끔찍한 야심을 키웠고, 그 근간을 이루고 있는 공포심도 더 커졌다. 레닌주의가 무솔리니의 파시즘을 낳았다면, 나치의 괴물 국가를 낳은 것은 스탈린주의였다.

히틀러와 나치

　히틀러는 1924년 말 란츠베르크 감옥에서 나왔다. 그때는 스탈린이 트로츠키를 정치적으로 제압하고 레닌주의 국가의 수뇌부에서 지도적인 위치를 공고히 다졌을 때와 시기적으로 정확히 일치한다. 두 가지 사건은 서로 연관되어 있다. 이제 히틀러가 바이마르 공화국을 무력으로 뒤엎을 수 없다는 것을 깨닫고, 대중 정당을 창설하여 공화국 안으로 침투할 것이기 때문이다. 히틀러는 스탈린의 어두운 그림자가 넓은 영역으로 퍼져나가면서 큰 혜택을 입었다. 히틀러가 처음에 바이에른에서 기반을 다질 수 있었던 건 1919년의 공산주의 정권 덕분이다. 히틀러는 공포라는 일체감을 통해 '검은' 가톨릭 분리주의자들과 룀의 개인 군대로 이루어진 '갈색' 급진 민족주의자들을 끌어들일 수 있었다. 이들의 핵심 세력은 바이에른인과 레닌주의를 피해 발트 해 연안에서 바이에른으로 도망쳐 온 집단이었다.[71] 그러나 히틀러는 권력을 잡기 위해 바이에른이라는 고립된 영토를 벗어나 북쪽의 산업 지대에 진출해야 했다. 1925년 그는 그레고르 슈트라서(Gregor Strasser)와 동맹을 맺었다. 슈트라서는 당시 급진적인 선동가로 요제프 괴벨스(Paul Joseph Goebbels)와 함께 노동 계급에 자기 방식의 사회주의 혁명을 설파하고 있었다. 슈트라서에게는 반자본주의적이며 민족주의적인 '독일 혁명'이라는 목표가 있었다. 히틀러는 더 넓은 범위의 중산층에게 호소할 수 있도록 목표를 '반유대주의 혁명'으로 바꾸라고 설득했다.[72] 독일의 북쪽에서 나치주의를 더 광범위한 운동으로 확립한 것은 슈트라서와 괴벨스였다. 하지만 1926년 밤베르크회의(Bamberg Conference)에서 히틀러는 당내 최고 권력의 자리에 올랐고, 이때 괴벨스는 슈트라서에서 히틀러로 주인을 바꾸었다.

1925~29년은 바이마르 공화국의 전성기였다. 독일의 산업은 전쟁 전의 수준까지 회복되었고, 히틀러에게 이로울 만한 불황의 요소는 전혀 없었다. 그래서 히틀러는 그동안 찬사를 받는 뛰어난 연설가이자 근면한 당 조직가, 권력의지에 불타는 권위적인 지도자가 되는 데 열을 올렸다. 그는 레닌주의를 통해 일단 권력을 잡으면 조직이 통제의 기반이 된다는 것을 알았다. 그래서 나라를 선거구에 따라 34개의 관구(Gaue)로 나눈 다음, 지역마다 직접 뽑은 책임자를 두었다. 이외에도 나치의 물결을 우선적으로 전파할 목적으로 단치히, 자를란트, 오스트리아, 주데텐란트에 따로 7개의 관구를 정했다. 나치당은 레닌의 당처럼 고도로 중앙 집권화되어 있었다. 사실상 모든 권력을 히틀러가 갖고 있었다. 그러나 나치당은 지극히 참여적이었다. 그리하여 히틀러 청년, 나치 학생 연맹, 나치 법률가 연합, 대학생 연맹, 나치 교사 협회, 독일 여성회, 나치 의사 연맹, 이외에도 수십 개의 조직이 만들어졌다. 히틀러는 추종자들에게 어떤 결정권도 허용하지 않았지만, 폭력을 포함하여 그들의 활동에 무한한 자유를 주었다.

스탈린주의가 국제 공산주의 운동을 전개하고, 이론에 치우쳐 있던 독일 공산당원들이 서재를 벗어나 거리로 나서자, 폭력 행위는 점점 더 증가하게 되었다. 룀의 돌격대는 환호성을 지르며 피비린내 나는 전투에 뛰어들었다. 이런 충돌에서 두 집단 모두 이득을 보았다. 공산주의자들은 폭력을 이용해 사회민주당이 노골적인 우파의 권력욕에 대항하기에는 너무 약하며 '개량주의적'이라는 인식을 심어주었다. (공산주의자들은 그들을 사회주의 파시스트라고 부르며 진짜 적으로 생각했다.) 하지만 궁극적으로 이득을 본 건 나치였다. 그들은 폭력을 통해 '아리아인의 질서'의 수호자로 행세했다. 그들은 바이마르 공화국이 아리아인의 질서를 지키기에는 너무 약하며, 자신들이 '적색 테러'를 몰아내고 무고한 시민들에게 진정한 평화를 가져다줄 독일 내의 유일 세력이라는 인상을 심어주었다. 끊임없는 가두 투쟁 때문에 바이마르 공화국의 정치가들은 호황기에서 지속적인 이득을 얻지 못했다. 스탈린주의 전제정치를 거부하고, 동시에 국민적 자존심이나 기본적인 안전조차 제대로 제공하지 못하는 자유주의 자본주의 국가를 거부하는 사람들은 계속 '제3의 길'을 찾고 있었다. 이것은 의미심장하게도 브루크가 쓴『제3제국』의 제목이 의미하는 바이기도 했다. 1920년대 말 제3의 길을 이끌던 사람들 속에는 카를 슈미트처럼 영향력 있는 인물도 있었다. 일류 법률가였던 슈미트는 나치는 아니었지만, 사람들에게 널리 읽혀진 저서들을 통해 독일이 더 권위적인 헌법과 통치 제도를 가져야 한다고 주장했다.[73] 오스발트 슈펭글러도 이런 부류에 속했다. 그가 주장하는 제3의 길은 권위를 지닌 총통(지도자)의 원리를 실현하는 것이었다. 여기서 총통은 독일 민족을 대표하는 사람으로 카리스마 넘치는 지도력을 통해 모습을 드러내야 했다.[74] 히틀러가 정치가로 기반을 잡자, 히틀러와 나치당은 다른 어떤 경쟁자들보다 이 조건에 잘 들어맞는 것처럼 보였다. 특히 스탈린이 부상하고 나서는 더 그래 보였다. 슈펭글러는 새로운 시대에 대해 이렇게 경고했다. "잔혹한 전쟁의 시대가 될 것이다. 여기서 새로운 카이사르가 등장하고, 사회를 위해 임무를 수행하는 것 외에는 개인의 이득이나 행복을 구하지 않는 강철같은 엘리트 집단이 민주주의자와 인도주의자를 대신할 것이다."[75] 그 시대는 왔다. 바로 '스탈린'의 이름이 '강철'을 의미하지 않던가? 그렇다면 독일의 '강철 인간'은 어디 있는가?

바이마르 독일은 매우 불안정한 사회였다. 국민적 신뢰를 가져다줄 정치가를 원했지만 찾지 못했다. 비스마르크는 교활하게도 정당은 국민적 호소력을 얻으려 하지 말고 특정 집단의 이익을 대변해야 한다고 가르쳤다. 그래서 정당들은 공화국 아래서 계급 대변 집단이나 파벌적인 압력 단체로 남아 있었다. 공화제에서 이것은 치명적이다. 이런 상황에서 정당 제도와 정당 제도를 통한 의회 민주주의는 통합 요소보다는 분열 요소가 되기 때문이다. 더 나쁜 것은 정당들이 지지층의 좁은 한계를 넘어, 더 폭넓은 호소력을 발휘할 수 있는 정치 지도자를 낳지 못했다는 것이다. 가장 비난을 받아야 할 정당은 명망은 있으나 흐리멍덩하고 완고했던 사회민주당이다. 그들은 국유화와 과세 정책을 포기함으로써 난공불락의 좌파-중도파 연합을 형성할 수 있었는데 그렇게 하지 않았다. 좌파의 입지를 공산주의자들에게 빼앗길까 봐 두려웠기 때문이다.

슈트레제만과 아데나워(Konrad Adenauer)만이 초당적인 호소력을 지니고 있었다. 그러나 1923~29년 외무장관을 지낸 구스타프 슈트레제만은 쉰한 살로 생을 마감했다. 그의 죽음은 히틀러가 승리를 향해 나아가는 초석이 되었다. 비극적인 아이러니지만, 슈트레제만은 아데나워의 운마저 빼앗아갔다. 과거 봉건사회에서 확고한 부르주아적 기반을 가지고 있던 시 행정부는 독일에서 유일하게 성공한 정치 기관이었다. 쾰른 시장으로서 아데나워는 사회주의자들의 도움을 받아 독일에서 손꼽히는 자치 행정부를 운·영하고 있었다. 1926년에 그는 비슷한 노선끼리 통치 연합을 구성해 보라는 제안을 받았다. 아데나워는 나중에 자신이 가장 유능하고 권위 있는 20세기 민주주의 정치가에 속한다는 것을 보여 주었다. 그는 무엇보다 원칙을 지켰으며 교묘한 수완을 발휘하기도 했다. 경제적으로 봐도 최적의 시기에 그가 권력의 자리에 올랐다면, 바이마르 체제는 원활하게 돌아갔을 것이다. 아데나워는 강력한 '서방파'였다. 일부는 그를 두고 라인란트 분리주의자라고 말하기도 했다. 그는 독일을 서유럽의 문명화된 민주주의 국가와 굳건히 연결시키고 싶어했다. 무엇보다 "경제적 이해 공동체를 확립하여 …… 프랑스와 독일 간의 지속적인 평화"를 이끌어내려 했다. 하지만 슈트레제만은 '동방파'였다. 그는 외교 정책의 최우선 과제와 관련하여 당시 지배적이던 독일인의 신념에 충실했다. 슈트레제만은 인민당 지도자 에른스트 숄츠(Ernst Scholtz)와 협력하여, 사회주의 세력을 포함하여 연합 정권을 형성하자는 아데나워의 제안을 물리쳤다. 당시 폴란드에서 일어난 피우수트스키(Józef Pilsudski)의 난폭한 군사 독재 정권 수립이 숄츠에게 유리하게 작용했다. 어쨌든 이리하여 아데나워는 기회를 잃어버리고 말았다. 그러지 않았다면, 전체 역사의 진행은 아마도 크게 달라졌을 것이다. 이 일로 가장 위대한 '동방파' 히틀러가 가장 큰 이득을 보았다.[76]

1924~29년에 이루어진 바이마르의 번영은 몇몇 사람들이 생각하는 것만큼 그리 놀라운 것은 아니다. 영국의 참모 총장이 올린 보고서를 통해 우리는 그가 독일의 산업 생산성이 계속 증가하는 것에 위협을 느끼고 있었음을 알 수 있다.[77] 인플레이션은 독일 산업의 채무를 없애주었다. 1920년대 후반 뉴욕 연방준비은행 총재인 벤저민 스트롱의 신용 인플레이션 정책으로 미국의 거대한 투자 자금이 루르 지방에 흘러들었다. 독일의 수출은 1924년 이후 5년간 두 배로 증가했다. 생산고는 1927년 전쟁 전 수준을 초과했고, 1929년에는 일인당 국민 생산이 12퍼센트나 증가했다. 독일은 소

득의 12퍼센트를 투자하고 있었다.[78] 하지만 최고 성장기에도 실질 소득은 전쟁 전 수준과 비교할 때 6퍼센트가 낮았다. 실업률은 매우 높았다. 1926년 18.1퍼센트였고, 다음 두 해 동안 각각 8.8퍼센트와 8.4퍼센트로 떨어졌지만, 1928~29년 겨울에 실업자는 다시 300만 명을 돌파했고, 월스트리트의 붕괴가 값싼 미국 자본의 흐름을 끊어놓기 오래 전에 실업률은 13퍼센트까지 올라가 있었다. 스무트 홀리 관세법이 시행되자 독일의 실업률은 20퍼센트를 뛰어넘었다. 1931년은 33.7퍼센트였고, 1932년에는 무려 43.7퍼센트에 달하기도 했다. 그해 겨울 600만 명 이상이 장기 실업자가 되었다.[79]

히틀러는 사람들의 공포를 이용해 권력을 잡았다. 1928년의 선거에서 나치당 의원들은 14명에서 12명으로 감소했고, 그는 겨우 2.8퍼센트의 득표에 그쳤다. 그러나 이 선거는 히틀러에게 전환점이 되었다. 좌익, 특히 공산주의자들의 약진이 뚜렷하게 나타났고, 이로 인해 그가 세력을 확대할 수 있는 공포 분위기가 조성되었다. 1929년에는 나치당 당원이 12만 명에 이르렀다. 1930년 여름에는 30만 명, 1932년 초에는 거의 80만 명에 육박하게 되었다. 돌격대 또한 확대되어 1932년 말 50만 명이 되었다.[80] 각 단계마다 히틀러에 대한 지지는 학생들 사이에서 먼저 일어나고 뒤이어 일반에 퍼졌다. 1930년에 이미 그는 학생 세력을 장악하고 있었다. 대학 졸업생들이 나치에 가담한 것은 실업 때문이기도 했다. 대학은 한 해에 25,000명의 졸업생을 배출했고, 총 40만 명 가운데 6만 명이 공식적인 실업자로 집계되었다. 1933년에는 대학 졸업생 3명 중에 1명은 일자리를 찾지 못하는 형편이었다.[81]

1929년이 되자 히틀러는 대중에게 충분한 명망을 얻었고, 알프레트 후겐베르크가 그를 파트너로 고려할 정도가 되었다. 실업가이자 국가인민당의 지도자였던 후겐베르크는 권력을 얻는 과정에서 나치를 이용할 수 있을 것이라고 생각했다. 그 결과 히틀러는 재계에 줄을 대어 부족함 없이 돈을 쓸 수 있었다. 정당 제도는 확실히 잘못되어 가고 있었다. 1928년의 선거 뒤 내각을 조직하는 데만도 1년의 시간이 걸렸다. 1930년 중앙당 지도자 하인리히 브뤼닝(Heinrich Brüning)은 대통령령으로 독일을 통치할 마음으로 제48조를 발동하려고 했지만, 제국의회가 이를 거부했다. 그러자 그는 의회를 해산했다. 그 결과 107석의 나치당

▶ 하인리히 브뤼닝(1885~1970)
가톨릭 신자였던 브뤼닝은 제1차 세계대전에 참전한 뒤, 그리스도교 노동조합을 운영했으며, 1924년부터 중앙당 소속 하원의원을 지냈다. 경제전문가로 알려졌고 1929년 중앙당 총재에 올랐다. 브뤼닝의 중앙당 선거 포스터.

과 77석의 공산당이 제국의회에서 제2당, 제3당의 자리를 차지하게 되었다. 인플레이션에 겁을 먹은 브뤼닝은 적극적인 디플레이션 정책을 취했는데, 이것은 나치와 공산주의자들에게 유리하게 작용했다.

1931년 후반 국제 통화 시스템과 경제 협력의 시기가 갑자기 막을 내렸다. 영국은 금본위제를 이탈했고, 다른 17개 국가도 그 뒤를 따랐다. 어디서나 관세 장벽이 확대되었다. 이제 모든 국가가 스스로 자생의 길을 헤쳐 나가야 했다. 미국은 역사상 최초로 완전한 고립주의 국가가 되었고, 영국은 보호 무역과 제국 내 특혜 관세 제도 뒤로 물러났다. 독일은 임금과 물가를 동결하는 법령과 함께 마르크 가치를 지키기 위해 가혹하리만큼 정부 지출을 삭감하는 한편, 정부가 금융 정책과 산업 활동을 통제했다. 이로 인

해 브뤼닝은 독일 산업계의 신뢰를 잃었다. 이제 히틀러를 끌어들여 일종의 우익 연합을 형성해야 한다는 심각한 얘기가 오가기 시작했다. 룀은 군대의 정치적 수반 크루트 폰 슐라이허(Kurt von Schleicher) 장군과 비밀 회담을 했고, 히틀러는 처음으로 힌덴부르크 대통령과 만났다. 이 만남 뒤 힌덴부르크는 이 '보헤미아인 하사관'을 총리로 삼을 생각은 없지만, 체신장관에 임명할 의향은 있다고 말했다.[82]

히틀러가 총리의 자리에 오르기 전까지는 좌익과 우익 모두 그를 전적으로 과소평가했다. 좌익은 파시스트의 출현을 예측하지 못한데다 시대에 뒤떨어져 있는 마르크스레닌주의 분석에 의존하고 있었기 때문에 히틀러를 제대로 평가할 수 없었다. 공산주의자들은 히틀러를 단순히 자본주의가 낳은 기형아로 생각했다. 따라서 그들에게 히틀러는 후겐베르크와 슐라이허의 꼭두각시일 뿐이며, 이들 자체가 크루프 사와 티센 사가 조종하는 하수인에 불과했다.[83] 이 무렵 스탈린의 영향을 받은 독일공산당은 실제로 사회민주당(사회주의 파시스트들)과 히틀러를 구분하지 않았다. 독일공산당의 지도자 에른스트 텔만(Ernst Thälmann)은 1930년 2월 11일 제국의회에 파시즘이 이미 독일에서 권력을 잡고 있다고 말했는데, 당시 독일 총리는 사회민주당 소속이었다. 공산당의 기관지였던 『링크스쿠르베 Linkskurve』지는 사실상 나치 세력을 무시했다. 진정한 의미에서 유일한 공산주의 영화라 할 수 있는 「쿨레 밤페 Kuhle Wampe」(1932년)가 그랬던 것과 마찬가지였다. 공산주의자들이 나치에 유일하게 관심을 쏟았던 때는 거리에서 그들과 싸워야 했을 때뿐이다. 이런 거리 투쟁은 히틀러가 의도했던 것이다. 여기에는 크리스토퍼 이셔우드(Christopher Isherwood)가 지적했듯이 속임수 같기도 한 일종의 의식적인 행위가 깃들어 있었다. "사람들이 붐비는 거리 한가운데서 젊은이가 공격을 당한다. 옷이 찢기고 피투성이가 된 채도로 위에 나뒹군다. 15초면 모든 것이 끝나고 공격하던 사람들은 사라져 버리고 없다."[84] 텔만과 괴링(Hermann Göring)은 제국의회의 토론을 망치고 소란을 일으키는 데 힘을 합쳤다. 때때로 이들의 공조는 더 확대되었다. 1932년 11월 베를린 운송 파업 기간에 적색 전선과 갈색셔츠단의 무뢰배는 함께 피켓라인을 지키며 일하러 오는 사람들에게 폭력을 휘둘렀고, 전차의 궤도를 망가뜨렸다.[85] 군대가 나치를 내각에 끌어들인 주된 이유는 공산주의와 나치의 준군사 조직을 동시에 감당하기 어려웠고, 특히 폴란드가 공격이라도 해오면 곤경에 빠지게 될 거라는 생각에서였다. 공산주의자들은 말도 안 되는 정치적인 분석에 눈이 멀어 히틀러 정권을 원했다. 히틀러 정권이 웃음거리가 될 것이며 결국 공산당이 권력을 잡는 서곡이 되리라 믿었던 것이다.

우익 역시 히틀러를 대단한 인물이라고 생각하지 않았다. 그저 우스꽝스런 오스트리아 출신 선동가로, 잘 구슬리고 견제만 잘하면, 뛰어난 연설 능력을 써먹을 수 있으리라 믿었을 뿐이다. (히틀러에게 1932년은 경이적인 해다. 그는 이때 최고의 명연설을 남겼다.) 슐라이허는 1932년 이렇게 주장했다. "나치가 존재하지 않았다면, 우리는 그와 비슷한 것이라도 만들어 내야 했다."[86] 하지만 실상 이용당한 것은 그들이다. 히틀러가 권력을 향해 달려가는 과정에서 발생한 일련의 사건들은 흥미롭게도 레닌의 집권 과정을 연상시킨다. 물론 히틀러가 법을 이용한 반면 레닌은 그것을 훼손시켰지만, 두 사람 모두 가차없는 권력의지가 뚜렷한 목적의식과 연결될 때 얼마나 막강해질 수 있는지를 잘 보여주기 때문이다. 히틀러와 그의 추종 세력을 떼어놓으려 했던 슐라이허는 돌격대의 활동을 금지하는 명령을 내렸다. 1932년 5월 그는 브뤼닝을 내쫓고 교활한 외교관 프란츠 폰 파펜(Franz von Papen)을 총리에 앉혔다. 파펜은 히틀러와 협력하고 싶어했고, 이 때문에 돌격대 활동 금지령을 폐지하고 새로운 선거를 요구했다. 히틀러는 파펜의 이러한 호의에 아무런 보답도 하지 않았고, 오히려 파펜 정부를 '귀족 내각'이라고 비난했다. 7월 17일 히틀러는 알토나(Altona)에서 폭동을 일으켰다. 파펜은 이 사건을 구실로 경찰력을 이용해, 사회민주당의 마지막 거점으로 남아 있던 프로이센 정부를 장악했다. 그는 이런 조치로 중앙정부를 강화시켰다고 생각했지만, 사실 바이마르 공화국의 종말을 보여주었을 뿐이고, 곧바로 무법의 정부로 향하는 길을 열어 놓았다.

히틀러는 선거에서 이전의 두 배에 해당하는 37.2퍼센트의 표를 획득했고, 나치와 공산당을 합쳐 제국의회의 과반수를 차지하게 되었다. 힌덴부르크 때문에 총리의 자리에 오르지 못하자 히틀러는 부하들을 거리로 내보냈다. 8월 10일 돌격대원 5명이 공산당원 노동자를 가족들이 지켜보는 앞에서 때려죽였다. 히틀러는 이 살인을 정당화하는 글을 썼고, 여기서 나치 정권이 어떤 의미인지를 세상에 명확히 알렸다. 11월의 또 다른 선거에서 나치의 득표는 33퍼센트로 떨어져 의석 196석을 얻는 데 그쳤지만, 공산당은 약진하여 100석을 획득했다. 그렇게 되자 우파는 히틀러를 정부로 끌어들이고 싶어 안달이 났다. 슐라이허는 파펜 대신 총리가 되어 (이제 별로 중요하지 않게 된) 슈트라서의 세력을 히틀러에게서 떼어냄으로써 나치를 길들이려 했다. 그러나 총리의 자리를 빼앗긴 데 화가 난 파펜은 힌덴부르크와 공모하여 파펜-히틀러 연합을 구성했다. 또 히틀러를 '견제'하기 위해 베르너 폰 블롬베르크(Werner von Blomberg) 장군을 국방장관의 자리에 앉혔다. 이런 정치적 술수들은 상당히 복잡하게 얽혀 있었다. '죽음의 춤'이라고 할 만했지만 사실 본질은 단순하다. 한쪽은 분열된 목표 아래 우왕좌왕하며 권력의 본질에 집중하지 못했지만, 다른 쪽은 확고한 목표 아래 현실을 정확히 파악하고 있었던 것이다.

1933년 1월 30일 히틀러는 독일 총리가 되었다. 그러나 12명의 내각 가운데 나치당은 3명에 불과했다. 게다가 한쪽에는 블롬베르크 장군이 다른 쪽에는 꼭두각시 조종자 후겐베르크가 있어서 히틀러가 꼼짝 못할 것이라고 생각했다. 그러나 내각에 입성한 나치 세 사람은 매우 중요한 직위를 차지하고 있었다. 히틀러는 헌법 제48조를 동원할 수 있는 총리였고, 괴링은 프로이센의 내무장관이었고, 프리크(Wilhelm Frick)는 독일의 내무장관이었다. 군대를 제외하면, 독일에서 50만 명의 갈색셔츠단을 처치할 수 있는 유일한 세력은 프로이센 경찰뿐이었다. 그런데 그러한 프로이센 경찰이 이미 사회민주당의 손을 떠나 괴링의 손아귀에 들어온 것이다! 블롬베르크가 이 둘을 모두 상대할 수 있다고는 도저히 생각할 수 없었다. 후겐베르크는 이미 파펜의 은밀한 배신에 발목이 잡혀 있었다. 히틀러가 새롭게 선거를 하려 했을 때 파펜은 이에 동의했다. 이제는 히틀러가 쉽게 조정할 수 있는 이 선거는 후겐베르크에게 타격이 될 게 분명했다.[87]

1933년 1월 30일은 독일과 전 세계에 돌이킬 수 없는 운명의 날이었다. 괴벨스는 이렇게 말한 적이 있다. "일단 권력을 잡으면 우리는 시체가 되어 실려 나가지 않는 한, 결코 권력의 자리에서 물러나지 않을 것이다."[88] 히틀러는 총리가 되자마자 1917년 10월의 레닌에 뒤지지 않을 만큼 재빠르게 행동했다. 그는 25,000명의 당원을 베를린의 총리 관저로 오게 했다. 그날 밤 당원들은 브란덴부르크(Brandenburg) 문을 통과하여 총리 관저까지 거의 6시간에 걸친 대규모 횃불 행진을 했고, 그동안 히틀러의 '특별' 경찰은 기쁨에 들뜬 군중을 막으며 질서를 유지했다. 휘황찬란한 불빛이 반사되는 창문 너머로 흥분한 히틀러의 모습이 보였다. 다른 창문에서는 독일 제국의 거물 힌덴부르크가 악단의 박자에 맞춰 지팡이를 두드리는 모습이 인상적이었다.[89]

군중은 기뻐했다. 대부분의 독일인에게 정치는 못마땅한 것이었는데, 히틀러가 그런 정치를 끝장내고 일당 독재 국가를 만들겠다고 약속했기 때문이다. 1923년에 그가 했던 연설의 중요 주제는 '정치가들이 제국을 폐허로 만들었다'는 것이다. 이제 그는 정치를 이용하여 정치가들과 전쟁을 치를 것이다. 히틀러가 실시한 선거는 선거를 끝낼 선거였고, 나치당은 정당을 없앨 정당이었다. "나는 이러한 사태에 유감을 표하는 정치가들에게 말합니다. 독일은 유일한 정당, 즉 위대한 영웅적 국민의 당이 될 것입니다." 히틀러가 제안한 것은 안정을 위한 혁명, 혼돈에 반대하는 반란, 통일을 위한 합법적인 폭동이었다. 이런 점에서 그는 강력한 독일의 전통을 계승하고 있었다. 바그너는 정치를 비도덕적이고 비독일적인 활동으로 생각했고, 토마스 만 역시 '정치의 테러리즘'을 비난했으니 말이다.[90] 히틀러는 마르크스주의 저술가 발터 벤야민(Walter Benjamin)이 말한 '정치의 미학', 즉 실체 없는 예술을 추구했다. 1919년에 초현실주의자들은 '예술가 정부'를 요구했는데, 이제 마침내 그것이 모습을 드러냈다. 나치의 지도자들을 살펴보면 알 수 있듯이, 히틀러만 힌덴부르크가 말한 '보헤미안'이었던 것은 아니다. 풍크(Walther Funk)는 작곡을 했고, 발두르 폰 시라흐(Baldar von Schirach)와 한스 프랑크(Hans Frank)는 시를 썼고, 괴벨스는 소설을 썼다. 로젠베르크(Alfred Rosenberg)는 건축가였고, 디트리히 에카르트(Dietrich Eckart)는 화가였다. 히틀러는 독일인의 공적인 생활에 거대한 광경이나 행렬, 연설, 의식 등 통일된 요소를 부여했다. 분열적인 요소, 즉 논쟁, 투표, 의사 결정 행위는 완전히 폐지하거나 지하의 소수 엘리트들에게만 허용했다. 1933년 1월 30일의 행진은 이런 통일적인 요소가 앞으로 어떻게 전개될지 보여주었다. 히틀러는 이러한 일에 타의 추종을 불허했다. 스탈린이 정권을 잡고 제일 먼저 모방한 것도 이 부분이다.

분열적인 요소를 없애는 일은 다음날 아침 괴링이 프로이센의 국가 기구를 접수하면서 시작되었다. 특히 고위급 경찰 간부직에서 대대적인 인사 개편이 이루어졌다. 또한 나치가 이끄는 비밀국가경찰, 게슈타포의 신속한 세력 확대를 도모했다. 나흘 뒤 히틀러는 헌법 제48조가 보장하는 권한을 이용해 '독일 국민을 보호하기 위해서'라는 명목으로 법령을 공포했다. 이 법령에 따라 정부는 대중 집회나 신문을 금지할 수 있는 완전한 재량권을 얻었다. 2월 22일 괴링은 추가로 총 5만 병력의 '예비 경찰'을 창설했다. 이 조직은 순전히 나치 부대로 이루어졌고, 저항 능력이 있는 모든 비나치 조직을 분쇄하는 것이 목적이었다. 괴링은 이렇게 말했다. "이런 조치는 법적 판단이나 관료 행정에 합당하지 않을 것이다. 나는 정의를 집행하려는 것이 아니라, 섬멸하고 근절하려는 것이다. 그게 전부다!" 그는 부하 경찰들에게 이렇게 말했다. "국가를 위해 임무를 다하는 자, 내 명령을 따르고 국가의 적에게 가혹한 조치를 취하는 자, 공격당했을 때 가차없이 연발 권총을 사용하는 자는 모두 확실한 보호를 받을 것이다. …… 이것을 살인이라고 부른다면, 나는 살인자다!"[91]

　　괴링의 임무는 2월 28일 제국의회 의사당 방화 사건으로 더 쉬워졌다. 오늘날 방화 사건의 범인이 정신박약증세를 보이던 마리누스 반 데르 루베(Martinus van der Lubbe)라고 알려져 있는데, 어쨌든 히틀러의 새 정권을 돕는 데 크게 기여했다. 1933년 2월 28일, 바로 그날 히틀러는 긴급 법령을 통과시켰다. 여기에는 독일 민족과 국가를 보호하기 위해 '독일 민족에 대한 배반과 반역 음모'에 관한 보완법이 추가되었다. 이에 따라 경찰이 사법권을 완전히 벗어날 수 있었기 때문에, 이 법안이 나치 통치의 실제 토대를 형성했다고 할 수 있다.[92] 핵심적인 구절은 다음과 같다.

독일 제국의 헌법 114~118, 123~124, 153조는 당분간 효력을 상실한다. 이에 따라 개인의 자유, 언론의 자유, 집회 및 결사의 자유를 포함한 자유로운 의사 표현의 권리를 제한하고, 서한, 전신, 전화에 대한 감찰, 가택 수색, 재산의 제한이나 몰수가 지금까지 법이 규정해왔던 한계 너머로 허용된다.

이 법령은 히틀러에게 전체주의 국가를 건설하기 위해 필요한 모든 것을 제공했으며, 1945년까지 사라지지 않고 통치의 근간이 되었다. 그러나 나치가 43.9퍼센트의 득표로 288석을 차지하게 된 3월 5일의 선거 뒤에, 히틀러는 제국의회에 수권법(Enabling Act)을 제출하여 토의를 거친 뒤 통과시켰는데, 그날이 3월 23일이었다. (제국의회는 임시로 크롤 오페라 극장을 사용하고 있었는데, 돌격대와 친위대가 경호하고 있었다.) 수권법의 제1조는 입법권을 제국의회에서 행정부로 이양하는 것이었다. 제2조는 행정부에 헌법을 수정할 수 있는 권한을 부여했고, 제3조는 법률 기초 권한을 대통령에게서 총리에게 옮겼으며, 제4조는 이 법을 외국과의 조약에도 적용하게 했다. 그리고 제5조는 이 법을 4년으로 제한했다. (이 법은 1937년, 1941년, 1943년에 다시 연장되었다.) 수권법은 사실상 헌법과 합법적인 정부를 폐지하기 위한 법이었다. 그러나 히틀러는 바이마르 헌법을 수권법으로 대체할 필요를 느끼지 못했고, 그런 수고를 하고 싶지도 않았다. 형이상학적인 의미를 제외한다면, 수권법은 실제로 1933년 2월 28일의 긴급 법령에 아무것도 추가하지 않은 것이다. 수권법에 관한 논쟁이 있기는 했다. 그것은 히틀러가 독일의 통치자로서 단 한 차례 허용했던 정치적인 토의였다. 레닌이 제헌 의회의 소집을 단 한 차례 허용했던 것과도 신기할 정도로 비슷했는데, 히틀러가 레닌과 달리 논쟁에 참여했다는 사실만 달랐다. 히틀러는 법안에 반대하는 사회민주당의 주장을 맹렬히 반박했다. (사회민주당 의원 26명과 공산당 의원 81명은 이미 체포되었거나 도주 중이었다.) 우파와 중도파가 법안에 찬성표를 던져 법안은 441 대 94로 통과되었다. 이런 포기 행위는 2월 28일 이미 법률적으로 죽음을 맞은 공화국의 도덕적 죽음을 보여 주었다.

저항은 약하거나 존재하지 않았다. 몇 주 전만 하더라도 히틀러의 총리 취임이 그들 승리의 짧은 전주곡이 되리라 믿었던 공산주의 지도자를 살해하는 일은 간단했다. 다른 사람들은 똑같은 운명이 기다리고 있는 러시아로 도피했다. 수많은 공산당 평당원은 얌전히 복종했고 더 이상 자기 목소리를 내지도 않았다. 노조는 조그마한 투쟁의 기미도 보이지 않고 굴복했다. 5월 10일 나치가 단순히 '반동파의 마지막 카드' 일 뿐이라고 주장했던 사회민주당은 히틀러가 모든 재산과 신문을 빼앗아가는 데 동의했다. 일주일 뒤 사회민주당 의원들은 사실상 히틀러의 외교 정책에 찬성표를 던졌다. 그리하여 괴링은 이렇게 선언할 수 있었다. "독일 국민이 운명의 위기에 처한 순간 하나가 되었다는 사실을 세계가 보게 되었습니다." 6월에는 우파, 좌파, 중도파의 모든 비나치 단체와 준군사 조직을 해체한다고 선언했다. 그달 말 히틀러의 위대한 '견제자' 후겐베르크는 치욕스럽게 자리에서 쫓겨났다. 마침내 나치당이 유일한 합법 정당임이 선포되었다. 히틀러가 독일의 민주주의를 완전히 박살내는 데는 5개월도 걸리지 않았는데, 이는 대략 레닌과 비슷한 시간이었다. 아무도 들고 일어나지 않았다. 위대한 오스트리아 소설가 로베르트 무질(Robert Musil)은 이렇게 썼다. "그 모든 것에 반대한다는 인상을 준 이들은, 물론 입 밖으로는 표현하지 않았지만, 하녀들뿐이었다."[93]

친위대와 게슈타포

소련이라는 성숙한 모델을 길잡이 삼아 히틀러는 테러 기구와 경찰국가에 필요한 기관을 레닌보다 빠른 속도로 만들어 냈다. 그 규모는 스탈린 체제의 규모와 거의 맞먹었다. 선두에 서서 일했던 히틀러의 하수인은 괴링이었다. 괴링은 프로이센 경찰이나 새로 창설된 게슈타포(돌격대원이나 친위대원 중에서 선발되었다)를 이용했다. 베를린의 프린츠 알브레히트슈트라세(Prinz Albrechtstrasse)에 본부가 있었다. 겨우 몇 주일 만에 공산당을 괴멸시킨 것도 괴링이었다. 괴링은 살인 정책과 강제노동수용소를 이용했다. 그는 "경찰의 권총에서 발사된 총탄은 곧 내가 쏜 총탄이다"라며 부하들에게 임무의 정당성을 부여했다. 강제노동수용소는 3월부터 설치되었다. 적법성 여부는 조금도 고려하지 않은, 무참히도 가혹한 괴링의 처리 방식은 새로운 정권에 저항하리라 예상되었던 사람들이 왜 침묵하거나 말없이 순종했는지를 설명해 준다. 두려웠던 것이다. 나치가 싫어하는 자들은 흔적도 없이 사라진다는 것을 모두 알고 있었다. 사라진 사람들은 살해당하거나 고문을 당하다 죽거나 강제수용소에 뼈를 묻을 수밖에 없었다. 모든 저항은 공포의 담요에 질식당했다. 그것은 정확히 괴링이 바라던

▶ 친위대
1925년 4월 아돌프 히틀러가 만든 소규모 개인경호대로 나치 세력이 커짐에 따라 막대한 경찰력과 군사력을 모아 사실상 국가 안의 국가가 되었다. 1929년부터 해체될 때까지 하인리히 힘러가 지도했다.

결과였다. 히틀러는 그의 공로를 치하하며 "야만적이며 얼음처럼 차갑다"라고 말했다.[94]

그런데 히틀러는 똑같은 기관을 여러 개 만드는 습관이 있었다. 하나로 다른 하나를 지원하고, 필요한 경우 서로 분열시켜 지배력을 강화할 수 있기 때문이다. 그는 돌격대를 결코 신뢰하지 않았다. 룀이 만든 조직이었기 때문이다. 당시 돌격대는 100만 명에 이르렀다. 란츠베르크의 교도소에서 나온 뒤, 그는 돌격대에서 인원을 선발하여 개인적인 호위대인 친위대를 만들었다. 1929년 검은 셔츠를 입은 친위대가 290명이 되었을 때 히틀러는 친위대를 스물아홉 살의 하인리히 힘러(Heinrich Himmler)에게 맡겼다. 힘러는 배경이 좋았다. 그의 아버지는 일찍이 바이에른 왕가에서 가정교사를 했던 사람이다. 그의 단정한 외모와 꼼꼼한 습관(일기를 보면 면도했을 때, 목욕했을 때, 머리를 잘랐을 때가 소상히 기록되어 있고, 모든 영수증과 관람한 공연의 티켓도 보관했다)에도 불구하고, 그는 의용단원이었고 과격한 반유대주의자였다. 결투의 현장에서도 테 없는 코안경을 꼭 쓰는 인물이다. 힘러는 연합국 통제 위원회를 속이기 위해 시골에 은닉해 놓은 비밀 무기 보관소의 감독관으로 일했다. 그는 군부의 연줄과 사회적인 배경을 통해 친위대의 위상을 돌격대 위로 끌어올릴 수 있었다. 친위대 일부 지휘관은 귀족이었고, 친위대에는 의사도 많았다. 고위 관리와 실업가들이 명예 대원이었다. 힘러는 룀과 달리 실업자들을 대원으로 뽑지 않았다.[95]

히틀러의 격려를 받으며 힘러는 친위대 조직을 급속히 팽창시켜 나갔다. 히틀러가 권력의 자리에 올랐을 때 친위대원의 수는 이미 52,000명이 었다. 히틀러의 개인 친위 경호대는 하나의 사단을 이루었다. 힘러는 결코 히틀러의 측근이라고 할 수 없다. 히틀러는 그를 외경과 공포라는 충성심으로 채워진 일개 관리로 대했다. 참으로 흥미로운 일은 힘러가 히틀러를 제거할 수 있는 유일한 인물이었음에도 불구하고 끝까지 그를 두려워했다는 사실이다. 히틀러는 친위대를 개인적인 권력 도구로 여기고 특별한 임무를 맡겼다. 1931년부터 친위대 내에 인종 식민국이 설치되었다. 이 기구는 나치 인종 이론을 실제로 적용하는 일을 담당하여, 당원들의 혈통 기록을 보관하고 인종법의 기초를 마련했다. 이에 따라 친위대는 때가 되었을 때 인종 섬멸과 식민에 관련된 히틀러의 웅대한 동방 정책을 실행할 기관이 되었다. 이와 동시에 힘러는 이상적인 아리아인 혈통으로 생각되는 전직 해군 장교 라인하르트 하이드리히(Reinhard Heydrich)를 뽑아 보안대의 책임자로 삼았다. 보안대는 룀의 돌격대를 감시하기 위해 히틀러가 만들라고 지시한 조직이다.

따라서 히틀러가 정권을 잡았을 때 힘러는 재빨리 친위대를 확대해 완전한 치안 기구로 만들 수 있었다. 친위대 안에 직속 군대(무장 친위대)와 강제수용소를 운영하고 다른 특별 임무를 수행할 해골 부대가 갖추어졌다. 해골 부대에는 이미 살인 혐의로 복역한 전력이 있는 아돌프 아이히만(Adolf Eichmann)과 루돌프 헤스(Rudolf Hess) 등의 범죄자들이 있었다.[96] 히틀러가 총리가 되고 나서 힘러가 처음 맡은 직책은 별볼일없는 뮌헨의 경찰 책임자였다. 그는 가톨릭교도인 바이에른 총리 하인리히 헬트(Heinrich Held)에게 다하우(Dachau)에 강제수용소를 설치할 수 있도록 승인해달라고 요구했다. 수용소의 개설은 신문에 정식으로 발표되었다.

1933년 3월 22일 수요일 다하우 인근에 최초의 강제수용소가 개설된다. 5,000명을 수용할 수 있는 규모다. 우리는 이러한 규모의 수용소 건설 계획에 대한 사소한 반대를 단호히 무시할 것이다. 이것이 국가를 존중하고 국민의 이익에 봉사하는 모든 사람에게 안전을 보장하리라 확신하기 때문이다.

뮌헨 시 경찰서장대리,

하인리히 힘러[97]

힘러가 처음 조치한 '보호 감호' 명령은 이렇다. "1933년 2월 28일 민족과 국가를 보호하기 위한 제국 대통령령 제1조에 따라, 공공의 안전과 질서를 위해 귀하를 보호 감호에 처한다. 사유는 국가 적대 활동 혐의다." 괴링과 달리 힘러는 이 단계에서 나치 국가의 형식적 절차를 준수하고 있다는 인상을 주기 위해 노력했다. 하지만 그가 만든 수용소의 규칙은 그 시초부터 힘러와 부하들이 무시무시한 권력을 휘두르고 무제한적인 테러를 행사했다는 사실을 보여 준다.

'강제수용소 수감 기간'은 '추가 지시가 있을 때까지'로 공표될 것이다. …… 특별한 경우 친위대장과 독일 경찰 총장이 추가로 태형을 명령할수 있다. …… 우리는 이런 처벌 강화에 대한 소문이 유포되는 데 반대하지 않는다. …… 범죄 억지력을 가져오기 때문이다. 다음의 범죄자들은 선동자로 간주되어 교수형을 당할 것이다. …… 선동적인 연설을 하는 자,무리를 지어 함께 배회하는 자, 잔혹 행위에 관한 이야기들과 함께 강제수용소에 관한 반대 여론을 일으킬 목적으로, 진위 여부를 떠나 강제수용소에 관한 정보를 수집하는 자.[98]

힘러의 빈틈 없는 관료적인 사무 처리와 합법성에 대한 성실성은 자기기만이었다. (그는 노부모를 관용차로 모시고 다닐 때면 꼭 비용을 계산하여봉급에서 공제했다.)[99] 소련에서 연방국가정치보안부가 잔혹 행위를 저지르며 합법적인 틀을 가장하고 있었던 것과 비슷했다. 게슈타포의 간부 한스 기제비우스(Hans Gisevius)는 나중에 이렇게 증언했다. "존경할 만한시민을 가장하고 모든 무절제, 거짓말, 법률 위반 행위를 비난하는 것이 친위대가 즐겨 사용한 전략이다. 힘러는 …… 품위와 청렴, 정의의 굳건한 전사라는 인상을 주었다."[100] 힘러는 거리에서 싸움을 일삼는 돌격대 및 괴링의 게슈타포와 자신의 부하들 사이에 거리를 두고 싶어했다. 그러나 수용소 내에서는 아무런 차이도 없었다. 거기에는 형언할 수 없는 잔인함과 사디즘, 무법 상태가 존재할 뿐이었다.

수없이 많은 사례 가운데 한 가지 예를 들어보자. 유대인 시인 에리히 무잠(Erich Muhsam)에 관한 이야기다. 그는 아이스너의 바이에른 사회주의공화국에 참여한 일로 6년을 감옥에서 복역한 뒤 1924년에 사면되었다. 제국의회 방화 사건이 발생하자, 무잠은 체포당할까 두려워 프라하로 가는 열차표를 샀다. 그러나 그 열차표를 자기보다 더 두려움에 떨고 있던 다른 지식인에게 주었다. 결국 에리히 무잠은 붙잡혀 소넨부르크 수용소에 수감되었다. 그들은 우선 그의 안경을 박살냈다. 이어서 이를 부러뜨리고 머리털을 뽑았다. 글을 쓰지 못하도록 양 엄지손가락을 부러뜨렸고, 귀 부분을 때려 더 이상 듣지 못하게 만들었다. 그 뒤 무잠은 크라이넨부르크 수용소로 이송되었다. 1934년 2월의 일이었는데, 보초병들이 체포된 유대인 과학자의 집에서 침팬지 한 마리를 발견했다. 침팬지가 무척 사나워 보이자, 그들은 무잠을 향해 침팬지를 풀어놓았다. 하지만 침팬지는 그저 무잠의 목에 매달려 있기만 했다. 화가 난 그들은 무잠이 보는 앞에서 침팬지를 괴롭혀 죽였다. 무잠이 자살하도록 유도하기 위해서였지만 실패했다. 마침내 그들은 그를 때려죽이고, 시체를 변소의 들보 위에 매달아 놓았다. 전체주의를 경험하는 과정에서 현명해진 무잠은 체포되기 전, 아내에게 모든 원고를 맡기며 절대로 모스크바에 가지 말라고 신신당부했다. 그러나 그녀는 불행히도 남편의 충고를 따르지 않았다. 소련 당국은 무잠의 모든 작품을 압수하고 그녀를 체포했다. 그녀는 '트로츠키파의 앞잡이' 라는 혐의로 20년간 수용소 생활을 해야 했다. 그의 글은 오늘날까지 자물쇠가 채워진, 모스크바의 '고리키 세계 문학 연구소' 에 보관되어 있다.[101]

히틀러가 독일의 법적 절차라는 얇은 합판 아래 무자비한 불법 행위를 저질렀다는 것은 반박할 수 없는 사실이다. 괴링은 "법과 총통의 의지는 하나다" 라고 말했다. 한스 프랑크는 "우리의 헌법은 총통의 의지다" 라고 말했다. 히틀러는 시종일관 법률을 무시하고 명령이나 포고령으로 통치했다. 이 점도 레닌과 닮았다. 레닌 역시 헌법을 만드는 일에 조금이라도 관심이 있었던가.[102] 나치에게 중요한 모든 일에서 법무부는 배제당했다. 1924년 바이에른의 법무장관으로 있을 당시 프란츠 구에르트너(Franz

Guertner)는 히틀러를 조기 석방시켜준 적이 있다. 하지만 그는 보잘것없는 인물에 불과했다. 히틀러 정권에서 장관의 자리에 남아 히틀러의 통치 방식과 싸우겠다고 주장했지만, 소설 외에 다른 주제를 가지고 히틀러와 대화하는 것조차 허용되지 않았다. 1941년 죽기 바로 전에 그는 한스 프랑크에게 이렇게 말했다. "히틀러는 잔인한 행위를 좋아합니다. 누군가를 괴롭힐 수 있을 때 …… 그런 것이 그를 기쁘게 하는 겁니다. 그에게는 악마적인 사디즘이 있어요. 그렇지 않다면, 힘러나 하이드리히가 하는 일을 그냥 놔두지는 않았을 거예요."[103] 히틀러는 자신에게 이렇게 말했다. "구에르트너 박사에게 반역 행위를 엄벌에 처해야 할 절대적인 필요성에 대해 설명하는 일은 …… 대단히 힘들었다."[104] 그러나 말만 그렇게 했을 뿐이다. 사실 히틀러는 처벌이 너무 관대하다고 생각할 때면 판결을 번복하고 사형 선고를 내리곤 했다. 그는 1933년의 공무원법을 바꾸고, 71절을 첨가했다. 이에 따라 '재판관의 공적 행위, 특히 판결을 통한 공적 행위가 …… 나치 당의 세계관에서 동떨어져 있는 경우' 재판관을 해임할 수 있는 권리가 히틀러에게 주어졌다. (이 조항에서 인용된 예는 '인종 훼손'의 죄에 최소의 처벌을 부과한 경우였다.)[105]

하지만 히틀러는 쉽게 제거할 수 있거나 순종적인 재판관들 역시 좋아하지 않았다. 그는 마르크스나 레닌처럼 법률가를 증오했다. "법률가는 선천적인 결함을 지녔거나 후천적으로 삐뚤어진 인간일 수밖에 없다"고 말했다. 그는 궁극적으로 정상적인 사법 제도 위에 '국민 재판소'를 두었다. 레닌의 '인민 재판소' 같은 것이었다. 국민 재판소는 1944~45년 잔인한 롤란트 프라이슬러(Roland Freisler) 아래서 특히 악명을 떨쳤다.[106] 내무장관 빌헬름 프리크는 법치 또는 시민의 권리를 침해하는 나치의 행위에 아무런 보호막도 제공하지 않았다. 프리크 역시 나치였다. 1930~32년 프리크는 외부인에게 히틀러 다음 가는 존재로 여겨졌지만, 사실 나약한 인물이었다. 내무부가 경찰을 통제할 수 있는 실제 권한을 상실한 후로, 그가 이끄는 내무부는 더 이상 중요하지 않았다. 프리크의 내무부가 히틀러의 통치에 기여한 것이라고는, 나중에 아데나워 아래서 일한 한스 글롭케(Hans Globke) 박사 밑에서, 유대인을 위한 1935년의 뉘른베르크법(Nuremberg Laws)을 기초한 것뿐이다. 이 법이 글롭케 박사의 주장대로 지역 나치당원이 유대인들에게 끔찍한 폭력을 휘두르는 일을 효과적으로 감소시켰는지, 아니면 나치의 조직적인 박해에 도덕적·법적 정당성을 부여했는지는 오늘날까지 여전히 논란이 되고 있다.[107]

히틀러는 경쟁 관계에 있는 3개의 조직(친위대, 돌격대, 괴링의 경찰과 게슈타포)과 중요한 문제에는 관여하지 않는 두 개의 부서를 이용하여 매우 독특한 방식으로 국내 치안을 유지했다. 유명무실화된 바이마르 헌법 말고는 국가에 헌법이 존재하지 않았기 때문에 정부 제도도 존재하지 않았다. 아니면 정부 제도가 여러 개 있었다고 말해야 할 것이다. 우선 40명가량의 관구 책임자로 이루어진 당 조직이 있었다. 이 관구 책임자 조직은 강력한 협력 집단으로, 히틀러는 관구 책임자 개인은 쉽게 다룰 수 있었지만, 집단 전체를 무시하지는 못했다. 뒤셀도르프의 관구 책임자 플로리안(Florian)은 힘러를 관구에 들어오지도 못하게 했고, 부하들이 게슈타포와 협력하는 것도 금지했다. 히틀러를 대신하는 당의 실제 지도자는 루돌프 헤스였지만, 그는 무능력한 신비주의자였다. 그보다 더 중요한 인물은 마르틴 보르만(Martin Bormann)이었다. 보르만은 유죄를 선고받았던 살인자였으며 스탈린처럼 매우 근면한 관료였다. 그는 한편으로는 관구 책임자들과, 다른 한편으로는 괴링 그리고 괴벨스와 끊임없이 대결했다.[108]

히틀러는 이런 내부 투쟁에 반대하기는커녕 장려했다. "사람들은 다른

사람들과 마찰을 일으켜야 한다. 마찰은 열을 낳고 열은 에너지다." 그는
이것을 '제도화된 다원주의'라고 불렀다. 히틀러는 어느 부서든 저항의 기
미를 보이면, 똑같은 기관을 하나 더 만들었다. 귀족들로 가득 차 있는 외무
부를 '지적인 쓰레기더미'라며, 1933년에 요아힘 폰 리벤트로프(Joachim
von Ribbentrop) 아래 경쟁 기관을 만들었다. 이 기관은 외무부가 보내는
편지를 가로채 대신 답장을 써 보냈다.[109] 프란츠 젤테(Franz Seldte)가 장
관으로 있는 노동부는 특히 큰 방해가 되었다. 그래서 히틀러는 관구 책임
자였던 프리츠 사우켈(Fritz Sauckel)을 노동 동원 전권 위원으로 임명했
다.[110] 또 경제와 재정 면에서 문제가 있자 괴링 아래 4개년 계획국이라는
경제 담당 기관을 신설했다. 1942년이 되자 히틀러는 바이마르 공화국 때
부터 이어져 온 부서들 외에 58개의 제국 최고 기관과 여러 정부 사무국을
만들었다. 담당 업무가 중복되는 것은 보편적인 일이었고, 의도적인 것이
기도 했다. 리벤트로프와 괴벨스는 외부 선전 활동에서 주도권을 잡기 위
해 경쟁해야 했다. 부하들이 라디오 설비를 두고 싸운 일도 있었다. 그럴 때
마다 두 사람은 히틀러에게 중재를 요청했다.

　헌정 절차나 법치를 포기한 독재 체제는 내부에 무정부적 요소가 존재하
기 마련이다. 히틀러보다 더 방법론적이기는 했지만 스탈린 체제도 별반
다르지 않았다. 힌덴부르크가 히틀러에게 사용한 '보헤미안'이라는 말은
적절했다. 히틀러는 시간에 구애받는 것을 싫어했다. 힌덴부르크가 죽자
히틀러는 총리 사무실과 대통령 집무실을 통합했고, 이를 구실로 총리 업
무와 대통령 업무의 형식적인 절차를 파괴했다. 총리 관저에서는 한스 람
메르스(Hans Lammers) 박사라는 구식 관리가 질서라고 할 만한 것을 겨우
유지하고 있었다. 그와 10~12명의 부하 직원이 히틀러에게 온 하루 600통
가량 되는 편지에 매일 답장을 썼다. 히틀러는 결코 편지를 쓰거나 공식 문

서에 서명한 적이 없었던 것 같다. 권력을 잡자마자 자기 이름이 들어가 있는 모든 문서(납세 기록을 포함하여)를 파기하려고 애를 썼다. 그 뒤에도 이상할 정도로 서면으로 지시하는 것을 싫어했다. 현재 남아 있는, 히틀러의 자필을 볼 수 있는 문서는 제1차 세계대전 이전의 것밖에 없다.

히틀러는 처음 총리가 되었을 때 오전 10시에 사무실에 나왔다. 그러나 곧 반복적인 일상에 싫증을 느끼고는 점차 밤에 일을 하기 시작했다. 그는 중세의 군주처럼 끊임없이 국내를 시찰했다. 심지어 베를린에 있을 때조차 자신은 독재자가 아니라고 주장하며 의사 결정을 거부하곤 했다.[111] 그는 각료 회의를 싫어했다. 그것이 규칙에 따른 의사 결정 절차였기 때문이다. 그래서 각료 회의를 보류하기 시작했고, 그 간격은 점차 길어졌다. 각료 회의가 열려도 실제로 중요한 일은 다른 곳에서 결정되었다. 햘마르 샤흐트를 해임하고 나서 히틀러는 관람 중이던 오페라의 휴식 시간에 발터 풍크를 경제장관으로 임명했다. 히틀러는 다음 각료 회의 때 아무런 예고도 없이 그를 소개했다. 1938년 2월 4일에 열린 이 각료 회의는 나치 독일에서 열린 마지막 각료 회의였다.[112] 히틀러는 개별 장관이나 최고 책임자들과 양자 면담을 통해 모든 중요한 결정을 내렸던 게 분명하다. 그러나 이에 대해서도 간접적인 방식을 제외하고는 어떤 기록도 남기지 않았다. 히틀러는 언제나 구두로 명령했다. 그는 길고 장황한 연설 도중에, 혹은 옆에 누군가 나타나면 갑자기 명령을 내렸다.[113]

히틀러의 국가는 조합주의 국가가 아니었다. 조합주의에서는 서로 다른 여러 조직에 권력이 분산되어 있어야 한다. 그러나 히틀러는 누구와도 권력을 나눠 가지려 하지 않았다. 부하 중에서 고위 관료가 작은 세력을 유지하는 것에는 신경 쓰지 않았다. 절대 권력으로 이런 세력은 충분히 분쇄할 수 있었기 때문이다. 하지만 람메르스는 뉘른베르크 재판에서 히틀러가 비공식적으로도 관료들이 함께 만나는 것을 허용하지 않았다고 증언했다. 따라서 히틀러 아래 여러 조직은 협력을 통해 의견차를 해결할 가능성이 없었다. 히틀러 체제의 특징은 구성 요소 안에서 양자 혹은 다자 사이에 끊임없이 일어나는 투쟁이라 할 만하다. 홉스는 이를 두고 "오로지 죽음을 통해 끝날, 끝없는 권력에 대한 영구적이고 쉼 없는 욕망" 이라고 말한 바 있다.[114] 괴링은 그의 '연구실' 에서 동료의 전화를 도청했고, 또 유용한 보물들, 알프레트 로젠베르크가 아름다운 유대인 처녀에게 보낸 일련의 편지를 수확하기도 했다.[115] 보르만은 모든 사람을 염탐했다. 물론 힘러와 하이드리히도 마찬가지였다. 사실상 모든 사람이 다른 사람을 협박할 수 있는 위치에 있었다. 그들은 다른 사람에 관한 정보를 알림으로써 히틀러의 환심을 사려 했다. 따라서 총통은 내부 정보를 속속들이 알고 있었다.

이런 식으로 운용되는 정부에서 일관되고 사려 깊은 정책이 추진되기를 바라기는 힘들다. 히틀러는 아예 천성적으로 그러지를 못했다. 가장 열정적으로 달려든 문제조차 다를 바 없었다. 그는 많은 약속을 했다. 소기업, 농민, 농업 부문을 돕고, 대도시의 규모를 줄이고, 여성을 공장에서 집으로 돌려보내고, 산업을 자본가로부터, 토지를 융커(대지주)로부터, 군대를 '귀족들' 로부터, 행정부를 '박사들' 로부터 되찾겠다고 약속했다. 하지만 이 가운데 아무것도 실천하지 않았다. 반대로 대도시와 대기업, 산업은 번성했고, 농민과 여성은 계속 들판과 작업장으로 떼를 지어 몰려갔다.[116] 군대, 사업, 공무원은 전과 변함이 없었다.

히틀러가 가장 중요한 문제로 여기고 있던 유대인 정책조차 일관성이 없었고 주저함을 엿볼 수 있었다. 나치의 승리의 불길이 처음 타올랐을 때, 많은 유대인이 살해당하거나, 수용소에 수감되거나, 돌격대에 재산을 빼앗긴 채 외국으로 도망쳤다. 일부 나치 지도자들은 강제 이주 정책을 원했지만, 체계적이고 효과적인 수단을 취한 적은 없었다. 히틀러는 유대인들의 내형 백화점을 파괴하지 않았다. 수없이 약속했던 일인데도 말이다. 백화점이 문을 닫으면 9만 명이 일자리를 잃을 것이라고 햘마르 샤흐트가 히틀러를 설득했다.[117] 경제부는 유대인이 소유한 기업을 공격하는 데 반대했다. 그런 일이 일어나면 결국 대기업 전체에 공격을 전개할 것이라 생각했기 때문이다. 경제부는 나치의 침탈을 막기 위한 특별 부서를 설치하기도 했다.[118] 뉘른베르크법 또한 급조된 것이다. 히틀러는 뉘른베르크법이 "유대인의 지위에 관한 최종적인 해결책"이라고 발표했다. 하지만 여전히 모호한 점들이 많았다. 히틀러의 머릿속에서조차 그랬다. 원칙적으로는 불법임에도 불구하고 "유대인은 사양한다"는 문구를 도시 바깥에 내걸 수 있게 했지만, 실제로 유대인들의 도시 출입을 막을 수 없다는 것을 인정했다. 1936년 내무장관은 반유대주의 신문 「슈튀르머 Der Stürmer」의 정간을 논의하기도 했다. 반유대주의는 1938년에 더 폭력적인 성격을 취했다. 아마도 히틀러가 더 고립적인 경제 정책을 채택했기 때문일 것이다. 내무장관은 '성명령'을 발표했다. 이에 따르면, 모든 유대인은 이스라엘 또는 사라를 중간 이름으로 써야 했다.[119] 이어 1938년 11월 9일에는 괴벨스가 선동해 독일과 오스트리아 전역에서 끔찍한 유대인 학살과 폭력, 재산 약탈을 자행한 '수정의 밤(Kristallnacht)'이라는 사건이 일어났다. 이 사건이 괴벨스가 독자적인 생각으로 벌인 것인지, 아니면 종종 뜻밖에 내려지는 히틀러의 명령에 따른 것(아마 이쪽이 더 가깝겠지만)인지는 명확하지 않다.[120] 히틀러는 전쟁이 가까이 다가오고 나서야 진정한 '최종적인 해결책'을 정했다. 이미 오랫동안 염두에 두고 있었지만, 그것을 실현하기 위해서는 전쟁이 필요했던 것이다. 세계적인 목표에 관한 한, 그는 국내 정책과는 반대로 언제나 일관되고 확고했다.

▶ 군중의 환영을 받고 있는 나치당 당수 히틀러

히틀러에게는 경제 정책이 없었다. 그러나 매우 명확한 국가 정책을 가지고 있었다. 그는 연합국의 선제공격을 피하는 동시에 가능한 신속하게 군비를 확장하고 싶어했다. 그는 단순히 독일 산업에 명령을 내렸을 뿐이고, 산업가들이 스스로 이를 실천할 수 있게 놔두었다. 히틀러가 권력을 잡기 전에 오토 슈트라서(Otto Strasser)는 크루프 사를 어떻게 할 생각이냐고 물어보았다. 그는 이렇게 대답했다. "당연히 그냥 내버려둘 겁니다. 내가 독일 경제를 망칠 미치광이로 보입니까?"[121] 히틀러는 레닌의 가장 큰 경제적 실책이 자본주의 기업가를 죽이거나 내쫓고, 당원들에게 산업 경영을 맡긴 것이라고 생각했다. 그는 갈색셔츠단과 다른 당원들이 기업에 손대지 못하게 하리라 마음먹었고, 당 재판소의 재판관 발터 부흐(Walter Buch) 소령에게 이렇게 주의를 주었다. "당내 최고 재판관으로서 당신의 임무는 혁명적인 행위에 브레이크를 거는 일이오." 그는 이런 일을 꺼리면 다른 혁명이 좌절된다고 덧붙였다.[122]

히틀러가 아주 조금이라도 대기업의 경영 철학에 영향을 받았다고 말할 수 있는 증거는 없다. 대외 군사적인 목표에 도움이 되는 경우에만 기업의 조언에 귀를 기울였다. 그는 자신을 사회주의자라고 생각했다. 히틀러의 사회주의의 본질은 국가의 모든 개인 또는 집단이 조금도 주저하지 않고 국가 정책을 위해 힘써야 한다는 것이다. 따라서 공장을 경영하는 사람들이 히틀러의 명령대로만 일한다면, 실제로 그 공장을 누가 소유하고 있는지는 문제가 되지 않았다. 그가 헤르만 라우슈닝(Hermann Rauschning)에게 말한 바에 따르면, 독일의 사회주의는 국유화에 관한 것이 아니었다. "우리의 사회주의는 훨씬 심층적입니다. 사물의 외부 질서를 바꾸는 것이 아니며, 오로지 국가에 대한 개인의 관계만을 조정하는 것입니다. …… 그렇다면 재산과 소득이 무슨 의미가 있겠습니까? 우리가 왜 은행과 공장을 사회주의화해야 합니까? 우리는 국민을 사회주의화하려는 것입니다."[123] 4개년 계획(스탈린의 경우처럼 단지 선전용일 뿐이었다)을 제안하며, 그는 경제부의 일이 단순히 "국가 경제의 목표를 제시하는 것" 뿐이며, 그 다음은 "민간 경제가 그 목표를 달성할 것" 이라고 말했다. 목표 달성이 이루어지지 못하는 경우, "그때가 되면 국가사회주의 국가가 문제를 해결할 방법을 알게 될 것이다."[124]

그리하여 히틀러는 독일의 경영자 계급을 존속시켰고, 그들이 자기를 위해 일하게 했다. 기업은 히틀러의 명령을 어느 정도로 충실히 수행하느냐에 따라 흥망이 결정되었다. 물론 그는 기업으로부터 돈을 받아냈다. 하지만 그것은 협박-희생자의 관계였을 뿐, 결코 보호자-피보호자의 관계는 아니었다. 적절한 사례는 화학 회사 이게 파르벤에서 찾아볼 수 있다. 나치는 이 회사를 '이지도레 파르벤' 이라고 부르며 비웃었다. 회사에 유대인 이사, 중역, 과학자가 많았기 때문이다. 파르벤은 노벨상 수상자 프리츠 하버(Fritz Haber) 등 유대인을 쫓아내고, 히틀러의 화학 물질 개발 프로그램을 최우선으로 실천하겠다는 데 동의한 후에야 히틀러의 호의를 얻을 수 있었다. 화학 물질 개발 프로그램은 히틀러의 전쟁 준비 계획에서 핵심을 차지했고, 히틀러는 이를 위해 파르벤과 1933년 12월 14일 비밀 협정을 체결했다. 그 뒤 파르벤은 안전해졌지만, 그 대가로 히틀러의 노예가 되어야 했다. 대기업이 히틀러의 사회주의를 타락시킨 게 아니었다. 타락은 오히려 반대로 진행되었다. 나치 때문에 독일 국민 전체가 비극을 당했지만, 이게 파르벤의 타락은 그 중에서도 가장 충격적인 일이었다.[125]

경제 정책이 없었다는 것은 히틀러에게 오히려 이점이 되었다. 그는 행운아였다. 루스벨트보다 1개월 앞서 집권한 히틀러 역시 루스벨트처럼 바로 얼마 전 시작된 경기 회복의 덕을 보았다. 그러나 그는 루스벨트와 달리 체계적인 공공사업 프로그램을 통해 경제를 주무르는 일은 하지 않았다. 물론 이런 프로그램이 없지는 않았다. 1933년 2월 8일의 회의에서 히틀러는 군비 확장과 관련이 없는 어떤 계획도 받아들이지 않을 것이라고 말했다. 그는 1933년 9월 아우토반 건설에 착수했다. 자동차용 고속도로를 원했기 때문이며, 적임자로 프리츠 토트(Fritz Todt)를 발견했기 때문이기도 했다. (그는 실제로 적임자였다.)[126] 전임 총리 브뤼닝은 인플레이션에 대한 편집증적 두려움 때문에 과도한 디플레이션 정책을 취했다. 히틀러는 디플레이션 정책을 폐기했으며, 제국 은행 총재 한스 루터(Hans Luther) 박사를 해임하고, 할마르 샤흐트로 하여금 제국 은행 총재와 경제 장관을 겸임하게 했다. 샤흐트 박사는 양차 세계대전의 기간에 어느 나라에서도 볼 수 없었던 유능한 경제계 인사였다. 시장 경제주의자였지만 어떤 원칙도 신봉하지 않았으며, 악보 없이 경제라는 곡을 연주하는 연주자였다.

히틀러는 높은 이자율과 금융 긴축을 싫어했다. 케인스주의를 신뢰해서가 아니라 그런 것들이 유대인과 연관되어 있다고 생각했기 때문이다. 그는 샤흐트에게 군비 확장에 필요한 자금을 제공하라고 지시했다. 샤흐트는 그렇게 했고, 그 과정에서 제국 은행의 원칙을 깨뜨렸다. 인플레이션은 브뤼닝의 엄격한 환 관리(히틀러는 독재 국가 건설을 추진하는 과정에서 이를 더욱 강화했다), 과세 정책(세입은 1933~38년에 세 배로 증가했다), 일반적인 긴축 재정으로 억제되었다. 사실 1938년 독일의 생활수준은 10년 전과 비교했을 때 나아졌다고 할 수 없었다. 하지만 독일인은 상관하지 않았다. 다시 일을 할 수 있게 되었기 때문이다. 히틀러가 권력을 장악했을 때는 800만 명 이상이 실업자였다. 그 수는 1933년 하반기 매우 신속하게 떨어져 1934년에 이르자 특정한 숙련노동 부분에서는 일손이 부족한 상황이 되었다. 물론 그때에도 300만 명은 여전히 일자리가 없었다. 그러나 1936년에 사실상 완전 고용이 이뤄졌고, 1938년 영국과 미국이 다시 경기 침체에 들어갔을 때 독일 회사들은 노동력이 부족해 애를 먹었다.

그리하여 독일은 주요 산업 국가 가운데 유일하게 대공황에서 신속하고 완전하게 회복될 수 있었다. 그 이유는 물론 독일 산업의 튼튼한 체질 덕분이다. 독일은 전쟁이나 정치적 불확실성에 방해받았을 때를 제외하면 1860년대부터 오늘날까지 대단한 성장을 거듭해 왔다. 바이마르는 경제에 해로운 정치체제였다. 경제는 효율적인 투자의 선결 조건으로 안정되고 일관성 있는 국가 재정 환경을 요구한다. 바이마르는 제국의회에서 예산안을 통과시키는 데 항상 어려움을 겪었고, 종종 긴급 법령을 공표하여 재정 정책을 꾸려나가야만 했다. 바이마르 공화국에 내재된 정치적 불안정성은 나아지기보다는 더욱 악화되었다. 1928년의 선거 뒤에는 안정된 정부를 이루기가 더 힘들어졌고, 1930년 3월에는 바이마르 체제가 오래가지 못하리라는 게 명백해졌다. 마르크스주의 정권이 이를 대신할 위험은 상대적으로 커졌다. 따라서 히틀러의 집권은 독일 산업계에 정부의 안정, 정치의 종식, 국가적 목표 의식처럼 원하던 것을 가져다주었다. 나머지는 스스로 알아서 할 일이었다. 히틀러는 이것을 충분히 간파하고 있을 만큼 영민했다. 그는 당이 정부의 다른 영역과 공공 정책에 개입하는 것을 허락했지만, 산업과 군대만은 예외로 삼았고, 이 두 가지가 가능한 한 빨리 최대의 성과를 올리기를 바랐다.[127]

숙청의 바람

1930년대 중반에 이르자 히틀러는 야만적이지만 안정적이며, 비양심적이지만 성공적이고, 독일인 대다수에게 지지를 받는 정권을 이끌고 있었다. 독일의 노동자들은 전반적으로 시민의 권리보다는 안전한 일자리를 더 좋아했다. 그들에게 시민의 권리는 별 의미가 없었다.[128] 그들에게 의미가 있는 것은 히틀러가 엄청나게 많이 만들어 놓은 사회 조직이었다. 히틀러는 이런 정책을 추진하며 '소속' 이라는 용어를 사용했다. 그는 또한 통합 정책을 추진했는데, 이 정책은 당의 지도를 받는 국가의 통합을 강조했다. 제3제국은 보통의 독일인들이 '소속' 되어 있는 '통합' 국가였다. 공적 생활에 관한 이런 개념은 바이마르의 당파 정치보다 독일인들에게 더 큰 호소력을 발휘했다. 이 분위기가 영원히 지속될 수 없었을 테지만, 히틀러가 대중의 인기를 버리고 독일을 다시 전쟁으로 몰아넣었을 때도 국민의 반향은 여전히 컸다. 아마도 가장 가난한 최하층의 독일인들이 가장 큰 호응을 보였을 것이다. (그럼에도 일부 가톨릭 농민들은 나치에게 경의를 표시하거나 인사하기를 거절했다. 그들은 기독교에 가해진 나치의 공격에 분개했다.)

히틀러는 또한 독일인들의 도덕적 본성에 호소했다. 많은 독일인은 기독교 신앙에 근거한 도덕적 절대성의 규범에서 벗어난 다른 '도덕적' 기준을 열망했다. 힘러는 성실한 대량 학살자이자 정직한 고문가로서, 히틀러를 위해 최대의 공을 세운 전형적인 인물이다. 그는 충성, 정직, 복종, 강건, 품위, 청렴, 용기 등과 같은 친위대의 미덕과 나치의 '도덕성'을 상징했다. 교회에서 배운 전통적인 절대적 도덕규범이 아닌 '철의 법칙' 또는 '상위의 법'에 복종한다는 생각은 헤겔식 사고방식이다. 마르크스와 레닌은 이것을 계급에 대한 개념으로 옮겨 놓았지만, 히틀러는 인종에 관한 개념으로 바꾸었다. 소비에트 간부가 혐오스런 범죄를 도덕적 계급투쟁의 이름으로 정당화한 것처럼, 친위대는 인종의 이름으로 범죄를 실행했다. 인종은 계급보다 강력하고 지배적인 동기가 되었다. 마르크스주의의 프롤레타리아 계급이 아니라, 인종에 대한 봉사가 나치식 청교도주의의 근간이 되었다. 아우슈비츠의 수용소 소장 루돌프 헤스는 이상적인 나치의 '냉정하고 돌처럼 차가운' 태도에 대해 얘기했는데, 이상적인 나치는 임무를 수행하는 과정에서 "더 이상 인간적인 감정을 가져서는 안 된다"고 말했다.[129]

그리하여 1933년 초에는 유럽에서 가장 크고 강력한 러시아와 독일이 완전히 전체주의 체제의 손아귀에 들어가 있었다. 이 두 나라는 도덕적 상대주의를 설교하고 행사하고 구현하며, 그 끔찍한 가능성을 모두 보여 주었다. 또한 둘은 서로 극악한 특성을 서둘러 드러내게 하는 촉진제 역할을 했다. 레닌식이든 히틀러식이든 전체주의적 사회주의에서 우려할 점은 권력을 추구하는 과정이나 독재를 구축하고 권력을 향유하는 과정에서 정치적 도덕의 그레셤의 법칙(Gresham's law)에 이끌린다는 것이다. 두려움이 인도주의적 본성을 몰아내고 상대방을 타락시켜 끝없는 악의 나락으로 떨어뜨렸다.

히틀러는 레닌과 스탈린에게서 대규모 테러 체세를 구축하는 방법을 배웠다. 하지만 그에게도 배울 점이 많았다. 레닌처럼 그는 모든 권력을 자신의 단일 의지에 집중시켰고, 레닌과 마찬가지로 영지주의자였다. 레닌이 자신만이 프롤레타리아적 결정론을 구현하는 역사의 진정한 해석자가 될 수 있다고 생각한 것처럼, 히틀러는 독일 민족의 의지를 대표하는 인물은 자신밖에 없다고 확신했다. 1933년 2월에 수립된 체제에서 히틀러의 마음에 들지 않은 부분이 하나 있었는데, 바로 나치 돌격대였다. 히틀러는 돌격대를 완전히 통제하지 못했고, 룀은 히틀러의 계획에 들어맞지 않는 비전을 가지고 있었다. 히틀러의 집권 전부터 이미 큰 세력을 형성하고 있던 돌격대는 그 뒤 급속히 팽창해 갔다. 1933년 가을이 되자 급료를 받고 실제로 활동하고 있는 돌격대원이 100만 명, 예비 돌격대원은 350만 명에 이르렀다. 룀의 목표는 돌격대를 미래의 독일 군대로 만드는 거였다. 그러면 베르사유 체제를 무너뜨리고 독일의 팽창주의 목표를 실천해 갈 수 있을 것이다. 직업 장교 계층이 장악하고 있는 예전의 군대는 단순히 훈련 기구가 되었고, 룀 자신이 정복의 과업에 이용할 급진적 혁명 군대를 교육할 참이었다. 히틀러는 이런 나폴레옹적인 구상을 저지하리라 마음먹고, 상대적으로 정규군을 높이 평가했다. 연합국은 여전히 독일을 침공하고 정권을 무너뜨릴 수 있는 위치에 있었다. 정규군이야말로 이러한 때에 신속하게, 충분히 비밀을 유지하며 군비 확장을 완수하여 나라를 위험에서 구할 수 있으리라 생각했다. 더 중요한 것은 그가 룀과 권력을 나눠 가질 의향이 전혀 없었다는 점이다. 물론 권력을 그에게 전부 내준다는 것은 말할 필요조차 없었다.

1933년 3월에 히틀러는 힘러를 승진시키고 적극적으로 지원했다. (히틀러와 힘러 사이에는 비밀 전화가 가설되었다.) 그때부터 룀의 돌격대가 제기하고 있는 딜레마와 관련하여 히틀러의 머릿속에는 원대한 범죄 계획이 자리 잡고 있었던 게 분명하다. 그는 이 계획을 철두철미하게 준비했다. 1933년 10월부터 히틀러의 승인을 받아 힘러는 뮌헨 시 외에 독일 각 주에 있는 정치 경찰의 최고 책임자 자리를 두루 차지했다. 이 일은 당연히 힘러의 반대파들에게 그가 일종의 제국을 건설하고 있다는 인상을 주었다. 이런 일은 매 단계에서 히틀러의 적극적인 지원을 필요로 했다. 그것이 불법이었고(내무장관 프리크를 따돌릴 필요가 있었다), 관구 책임자와 협상할 필요가 있었기 때문이다. 물론 각 관구의 책임자는 오로지 히틀러만 조종할 수 있었다. 계획은 1934년 4월 20일에 완료되었다. 그날 하이드리히의 보안대가 괴링 살해 '음모'를 적발했다. 괴링의 게슈타포는 미처 알아채지 못한 일이었다. 히틀러는 힘러에게 괴링의 경찰 조직을 접수하라고 명령했다. (공식적으로는 힘러가 괴링의 부관이 되는 것이었지만.) 그 자체로 상당한 조직인 친위대는 이제 모든 독일의 정치 경찰을 조종하게 되었고, 무장한 돌격대조차 제압할 수 있는 위치에 서게 되었다.

그동안 히틀러에게는 돌격대의 수뇌부와 그 독립성을 파괴할 이유가 더 커졌다. 돌격대의 야만적이고 공개적인 거리 폭력 때문에 히틀러의 지지자들이 그에게 등을 돌렸고, 돌격대의 폭력은 외국에서 히틀러 정권을 비난하는 주된 이유였다. 1934년 2월 21일 영국의 존 사이먼(John Simon) 경과 앤소니 이든(Anthony Eden)이 방문했을 때, 히틀러는 돌격대의 3분의 2를 해산시키고 나머지는 조사를 받게 하겠다고 약속했다. 이든은 이렇게 썼다. "돌격대 세력의 실질적인 해체에는 못 미치지만…… 그로서도 더 이상은 어떻게 하지 못할 것이다."[130] 군대의 적대감 역시 돌격대를 처리해야 할 중요한 이유였다. 1934년 봄이 되자 고령의 힌덴부르크가 거의 죽을 때가 되었다는 것이 명백해졌다. 히틀러는 그의 뒤를 이어, 대통령과 총리를 겸임하기를 바랐다. 육군과 해군의 지휘관들은 히틀러의 생각에 동의했지만, 돌격대를 무력화시키고 돌격대가 누리는 권리를 박탈해야 한다는 조건을 달았다. 이건 정말 소박한 요구였다. 그들은 히틀러와 협상할 때면 언제나 순진하게 행동했다. 그들은 히틀러에게 중요한 것을 주곤 했지만, 대가로 얻는 '양보'는 군대의 협조가 필요했기 때문에 히틀러가 어차피 내줄 수밖에 없는 것들에 불과했다.

힘러가 정치 경찰의 권력을 독점하자, 히틀러는 조직 폭력배의 행위나 다름없는 숙청 작업을 진행해 갔다. 그는 즉시 눈앞의 모든 정적(오랫동안 원한을 품고 있던 사람들을 포함하여)을 살해하기로 마음먹었다. 그리하여 하이드리히의 정보기관은 공모의 '증거'를 조작해 스탈린의 조작 재판에서나 볼 수 있을, 말도 안 되는 연루 관계를 만들어 냈다. 힘러와 하이드리히는 최종 명단을 작성했다. 히틀러는 단순히 총살할 자들의 명단에 연필로 밑줄을 긋기만 했다. 하이드리히가 총살 집행장에 서명했다. 총살 집행장의 문구는 단순했다. "총통 겸 제국 총리의 명령에 따라 대역죄로 총살을 선고한다." 괴링은 상대적으로 나중의 단계에 이 음모에 참가했다. 국방장관 블롬베르크가 정치 보좌관 폰 라이헤나우(Walter von Reichenau) 장군과 함께 공범자가 되었고, 군부대는 돌격대가 저항하는 경우를 대비해 대기하라는 명령을 받았다. 1934년 6월 30일 이른 아침 히틀러는 테게른제(Tegernsee)에 위치한 휴양 호텔에서 쉬고 있던 룀을 깨운 다음 뮌헨의 당 본부 건물에 감금시켰다. 바이에른의 법무장관은 단순히 타이핑된 명단만으로는 대량 총살을 집행하려 하지 않았다. 그리하여 룀과 측근들이 실제로 총살당한 것은 7월 2일이 되고 나서였다. 정치 경찰이 이 임무를 맡았다. 부총리 폰 파펜의 진술에 따르면, 베를린에서는 그동안 히틀러의 음모에 걸려든 사람들이 라이프치게르플라츠(Leipzigerplatz)에 있는 괴링

▶ 에른스트 룀(1887~1934)
히틀러는 룀과 돌격대가 정부전복 음모를 꾸미고 있다는 구실로 뮌헨 근처의 한
호텔에서 직접 룀을 체포했다. 룀은 재판도 받지 못하고 총살당했다. 히틀러 옆에
서 있는 룀(앞줄 오른쪽 첫 번째)의 모습.

의 사택으로 끌려갔다. 거기서 괴링과 힘러가 명단을 확인한 다음 즉시 데
려가 총살시키라고 명령을 내렸다. 괴링의 직속 경찰이 총살 부대 역할을
했다. 이틀 뒤 히틀러는 뮌헨을 떠나 템펠호프(Templehof) 공항에 도착했
다. 힘러와 괴링이 활주로에서 그를 맞았다. 피처럼 붉은 하늘 아래서 그들
은 명단을 보며 총살당한 자들과 앞으로 총살할 자들을 꼼꼼히 살폈다. 이
바그너적인 장면은 게슈타포 장교 한스 기제비우스가 묘사해 놓았다. 내
무장관 프리크는 집으로 돌아가라는 지시를 받았다. 그 문제는 내무장관
과 아무런 관련이 없다는 것이다. 기제비우스에 따르면, 프리크는 이렇게
말했다고 한다. "총통 각하, 각하가 룀과 돌격대에 취한 조치를 즉시 힘러
와 친위대에게 똑같이 하지 않는다면, 각하가 하신 모든 일은 악마를 쫓기
위해 악마의 왕을 불러들인 것이나 마찬가지가 될 것입니다."[131] 이 말은
그가 상관에 대해 아무것도 모르고 있었다는 것을 보여준다.

　살해된 사람 가운데 많은 수가 돌격대와는 전혀 상관이 없었다. 여기에

는 1923년의 맥줏집 폭동에 참여하기를 거부했던 전 바이에른 총리 구스타프 폰 카르(Gustav von Kahr), 히틀러의 오랜 동료이자 당내 라이벌이었던 그레고르 슈트라서, 그를 견제하려고 했던 교활한 늙은 거물 슐라이허 장군 부부와 친구인 폰 브레도브(Ferdinand von Bredow) 장군, 베를린의 가톨릭 지도자 에른스트 클라우제너(Ernst Klausener), 그리고 귀찮거나 위험한 많은 사람이 포함되었다. 다 합치면 150명 정도였다.[132]

정부와 경찰이 자행한 이런 대량 학살 행위는 독일에 도덕적 재앙이었다. 독일 장군들의 명예는 사라져 버렸다. 동료이자 친구였던 이들의 죽음을 묵인했기 때문이다. 이 행위를 사후 승인하는 7월 3일의 법률이 통과되자 정의 또한 조롱당했다. 히틀러는 죽음이 임박한 힌덴부르크의 부름을 받았다. 한때 히틀러를 '보헤미아인 하사관'이라고 무시했던 힌덴부르크는 병상에 누워 혼란스러운 이성으로 그를 '각하'라고 부르며 환대했다. 이 거물이 8월 2일에 사망한 뒤 히틀러는 하루 전에 발표한 법령을 통해 그의 뒤를 이어 '총통 겸 제국 총리'가 되었다. 같은 날 군대의 모든 장교와 사병들이 신성한 맹세를 바쳤다. 맹세는 이렇게 시작된다. "나는 독일 제국과 국민의 총통께 조건 없는 복종을 맹세한다." 그 뒤 국민 투표가 준비되었고, 8월 독일 국민 84.6퍼센트가 살인자들의 두목을 지지했다.[133] 이 전환점에서 결코 간과할 수 없는 점은 살인을 저지른 친위대원들에게 명예의 단검이라는 선물이 주어졌다는 것이다. 이에 따라 친위대는 명예의 후광 아래 합법화된 살인이라는 무시무시한 과업을 시작했다. 국가가 공개적으로 대량 학살에 참여하고, 전통 있는 군부의 지도자들이 묵인하고, 국민이 선거를 통해 지지한 룀 사건은 앞으로 다가올 말살 정책을 예고하고 있었다.

룀 일파의 숙정 사건에서 드러나는 대담함과 그 일을 해치운 히틀러가 독일과 세계 여론, 그리고 동료와 추종자를 처리하는 방식은 스탈린에게 용기를 주었다. 스탈린은 이와 비슷한 수단으로 독재를 공고히 하리라 마음먹었다. 그때까지 당의 엘리트들은 그에게 평범한 러시아인들만 살해할 수 있게 허용했다. 고급 당원을 추방하려면 공들여 준비해야 했다. 1930년에 정치국원 입후보자 시르초프(Sergey I. Syrtsov)와 중앙 위원회 위원 로미나제(Vissarion Lominadze)는 스탈린을 공개적으로 비난했다. 스탈린은 두 사람을 총살시키고 싶었지만, 중앙 위원회에서 쫓아내는 게 전부였다. 2년 뒤 스탈린은 류틴(Martemyan Ryutin)의 총살을 요구했다. 그가 스탈린의 독재를 비난하는 200쪽의 문서를 은밀히 배포했기 때문이다. 그러나 지노비에프의 뒤를 이어 레닌그라드 당 조직의 최고 책임자가 되어 있던 세르게이 키로프가 류틴의 총살에 반대하고, 그를 '격리 수용소'나 당 최고 간부를 위한 특별 감옥에 보내야 한다고 주장했다.[134] 1934년 여름이 되자 키로프의 영향력은 더욱 커졌다. 키로프는 스탈린의 뒤를 잇거나 아니면 그를 몰아낼 첫 번째 인물로 꼽혔다. 룀 숙청 사건에 자극받은 스탈린은 당내의 구속과 제한을 일거에 처리해 버리리라 결심했다. 그는 키로프를 살해한 뒤 참으로 교묘하게 이 사건을 구실로 다른 정적을 모두 공격했다.[135]

1934년 12월 1일 키로프는 의문의 죽임을 당했다. 그가 죽은 장소는 스몰니 회관의 정 중앙이었다. 스몰니 회관은 원래 여학교 건물이었지만, 레닌이 그곳을 근거지로 혁명을 일으킨 뒤 레닌그라드의 당 본부로 사용하고 있었다. 경비가 삼엄한 그곳에 암살범 레오니트 니콜라예프(Leonid Nikolaev)가 어떻게 경비병의 눈을 피해 들어갈 수 있었는지는 밝혀지지 않았다. 더욱 의심스러운 점은 그로부터 며칠 전 키로프의 호위대가 내무인민위원회(체카로 시작된 KGB의 전신이다. 1934년에 연방국가정치보안부는 이 조직에 흡수되었다 - 옮긴이)의 최고 책임자 야고다의 명령으로 없어져 버린 것이다. 흐루쇼프는 1956년과 1961년에 스탈린이 이 사건에 책임이 있음을 강력하게 암시했고, 사실 정황 증거도 명백했다.[136)]

스탈린은 키로프가 살해당했다는 소식을 전해듣고 매우 격앙된 반응을 보였는데, 사전에 준비한 듯한 인상을 풍겼다. 그는 레닌그라드행 밤 열차를 탔고, 동이 틀 무렵 레닌그라드 경찰서장 메드베드(Feodor Medved)를 만났다. 스탈린은 말도 없이 서장의 얼굴에 주먹을 한 방 날렸다. 그 뒤 스탈린은 스몰니 회관에 가서 직접 심문에 나섰다. 그는 테이블 뒤에 앉아 있었고, 옆에는 하수인들이 늘어서 있었다. 한쪽에는 몰로토프, 보로실로프, 즈다노프(Andrey A. Zhdanov) 등 레닌그라드 공산당 간부들이, 다른 쪽에는 호위병들이 나란히 서 있었다. 니콜라예프가 불려오자 스탈린은 왜 키로프를 죽였는지 물었다. 니콜라예프는 무릎을 꿇고 호위병들을 가리키며 외쳤다. "저들이 시킨 짓입니다." 호위병들이 달려들어 그가 정신을 잃을 때까지 개머리판으로 사정없이 때렸다. 니콜라예프는 밖으로 끌려나갔고, 찬 물과 더운 물을 교대로 뿌리자 겨우 깨어났다. 스탈린은 키로프의 호위대 대장 보리소프(Igor Borisov)를 쇠막대로 때려죽이게 했고, 메드베드는 강제수용소로 보내 3년 뒤 살해했으며, 니콜라예프는 비밀 재판을 받고 12월 29일 처형되었다. 100명이 넘는 이른바 '반동분자'가 총살당했다. 4만 명의 레닌그라드 시민이 강제수용소에 수감되었다. 곧 키로프 사건을 아는 모든 사람이 죽거나 '수용소 군도'로 영원히 사라졌다.[137)]

이것은 단지 시작일 뿐이었다. 키로프가 죽고 2주가 지나자 스탈린은 지노비예프와 카메네프를 체포했다. 그는 세세한 사항까지 혐의를 꾸며냈고 그들이 말할 증언을 마침표 하나까지 검토했다. 예행연습까지 모두 마치는 데 수개월이 걸렸다. 스탈린은 "그들이 엎드려 기면서 모든 걸 공개적으로 자백할 때까지" 용서하지 않을 것이라고 위협했다.[138)] 그들은 1936년 재판정에 모습을 드러냈다. 모든 걸 자백하면 가족을 살려두고 그들도 용서해 주겠다는 제의를 받은 뒤였다. 하지만 재판이 끝난 지 하루도 안 되어 두 사람은 총살당했다. 스탈린이 은밀한 파티를 주최할 때면 파우케르(K. V. Pauker)가 유대인에 대한 경멸조로 지노비예프가 살려달라고 빌던 모습을 흉내 냈다. 원래 극장 의상 담당이었던 파우케르는 스탈린의 개인 경호대 대장의 자리에까지 올랐고, 스탈린의 수염을 깎을 수 있는 유일한 사람이었을 정도로 전폭적인 신뢰를 받았다. 그는 '독일 스파이'로 몰려 총살당할 때까지 스탈린 앞에서 정기적으로 지노비예프의 흉내를 내곤 했다.[139]

지노비예프와 카메네프가 죽자 스탈린은 곧바로 야고다에게 이미 체포한 5,000명의 당원을 처형하라고 지시했다. 대숙청이 시작되었다. 야고다의 일이 끝난 뒤 스탈린은 1936년 9월 25일 휴가 중이던 소치(Sochi)에서 불길한 전보를 하나 보냈다. "예조프(Nikolay I. Yezhov) 동지를 내무인민위원에 임명하는 일이 긴급하다. 야고다는 트로츠키-지노비예프 일파의 정체를 밝히기에는 능력이 부족하다. 이 문제에 관한 한 연방국가정치보안부는 4년이나 뒤처져 있다."[140] 비밀경찰의 조직적인 숙청이 뒤따랐다. 예조프가 비밀리에 선발한 200~300명의 열성 당원들이 팀을 이루어 일을 처리했다.[141] 그 다음 스탈린은 오랜 그루지야 친구였던 오르조니키제를 제거했다. 그는 스탈린을 '코바'라는 별명으로 부르거나, 스탈린과 논쟁을 벌일 수 있는 마지막 정치국원이었다. 오르조니키제는 자살할지 경찰 감방에서 죽을지 선택해야 했다. 1937년 2월부터 스탈린은 원하는 방식으로 아무나 죽일 수 있었다. 그달 말 중앙 위원회 총회는 스탈린에게 부하린과 리코프를 체포하라고 '지시'했다. 부하린은 눈물을 흘리며 살려달라고 애원했다. 스탈린은 이렇게 말했다. "당신이 결백하다면, 감방에서 그것을 증명할 수 있을 것이오!" 중앙 위원회는 이렇게 말했다. "배신자를 총살하라!" 두 사람은 곧장 감방으로 끌려가 죽음을 맞았다. 야고다도 처형당했다. 그는 감방에서 "내가 권력을 잡고 있을 때 너희를 모두 체포하지 않았다니, 얼마나 분통 터지는 일인가" 하고 한탄했다.[142] (하지만 그랬다고 해도 별 차이는 없었을 것이다. 당시 남아 있던 140명 가운데 3분의 2가 곧 살해당했기 때문이다.)

1936년 말부터 1938년 후반까지 스탈린은 체제 내의 모든 집단을 공격했다. 1937년 한 해에만 비밀경찰 선임 간부 3,000명, 지방 검찰관의 90퍼센트가 처형되었다. 스탈린은 1935년부터 히틀러와 비밀 협약을 맺고 있었다. 1936년에는 나치 정부를 설득하여 소련군 사령관 투하체프스키 원수와 히틀러의 장군들이 비밀리에 접촉하고 있었다는 허위 증거를 날조하게 했다. 게슈타포가 이 일을 맡았고, 허위 증거는 게슈타포의 비밀 요원이면서 내무인민위원회에서 일하고 있던 스코블린(Nikolai Skoblin) 장군이 전달했다.[143] 군대에서 최초로 스탈린의 희생양이 된 인물은 기병대 장군 드미트리 슈미트(Dmitry Schmidt)였다. 1927년에 스탈린을 비난했던 그는 1936년 7월 5일 체포되어 고문 끝에 죽었다. 투하체프스키와 다른 7명의 장군은 1937년 6월 11일 그 뒤를 따랐고, 이어 3만 명의 장교가 살해당했다. 이는 장교 총 인원의 절반에 해당하는 숫자였으며, 장군과 대령의 80퍼센트가 여기에 포함되었다.[144] 대부분의 장교는 체포된 지 24시간 안에 총살당했다. 어느 집단이든 스탈린의 목적은 최고 선임자들, 특히 혁명에 참여했거나 스탈린이 장악하기 이전의 당에 대해 알고 있는 자들을 제거하는 것이었다. 당내 숙청은 가장 길고도 가혹했다. 레닌그라드에서는 제17차 당대회에 참가한 대의원 150명 중 2명만 살아남았다. 모스크바 당 조직의 손실도 그만큼이나 막대했다. 합치면 대략 100만 명의 당원이 살해당했다.[145]

이 시기에 저질러진 범죄에 대해서는 (우연히 그렇게 된 경우를 제외하고) 공정한 보상이 이루어지지도, 제대로 조사되지도, 처벌이 내려지지도 않았다. 스탈린 이후 집권한 당 지도자들 세대가 하나같이 이 범죄에 연루되어 있었기 때문이다. 스탈린은 주요 범죄자 예조프를 숙청이 끝난 뒤 살해했다. 예조프의 뒤를 이어 비밀경찰의 수반이 된 라브렌티 베리야(Lavrenti Beria)는 스탈린이 사망한 뒤 정치국 동료를 사살했다. 1953~56년 러시아를 통치했던 게오르기 말렌코프(Georgi Malenkov)는 벨로루시와 아르메니아에서 숙청을 이끌었던 인물이다. 그의 뒤를 이어 1956~64년 러시아를 통치한 흐루쇼프는 모스크바와 (예조프와 몰로토프와 함께) 우크라이나에서 숙청을 담당했다. 레닌그라드의 숙청은 즈다노프의 책임 아래 이루어졌으며, 그의 보좌관이며 매우 드문 생존자인 알렉세이 코시긴(Aleksei Kosygin)은 죽을 때까지 총리를 지냈다. 1960년대까지 고위 공직에 있었던 카가노비치(Lazar M. Kaganovich)는 스몰렌스크 지역의 당을 쑥대밭으로 만든 인물이다. 우크라이나 숙청의 교사자이자 생존자인 레오니트 브레즈네프(Leonid I. Brezhnev)는 1964년부터 1982년 사망할 때까지 러시아를 통치했다.

스탈린의 사후 30년간 러시아를 지배했던 모든 사람은 스탈린의 직접적이고 상세한 지시에 따라 출세의 욕구와 공포가 뒤섞인 상태에서 이런 일을 벌였다. 내무인민위원회에 속해 있던 사람의 증언에 따르면 예조프는 1937~39년에 거의 매일 두꺼운 서류철을 갖고 스탈린을 찾아왔다고 한다. 스탈린은 (재판 이전부터) 체포, 고문, 형벌에 관해 지시했다. 직접 심문을 하기도 했다. 그는 문서에 '체포' '모두 체포' '조사할 필요 없이 체포'라고 적어 놓곤 했다. 1961년 제22차 당대회에서 세르디우크(Z. T. Serdiuk)는 예조프의 문서를 읽은 적이 있다. "스탈린 동지, 군사자문위원회에 제출된 네 집단의 명단을 송부하며 승인을 받고자 합니다. 첫 번째, 장군. 두 번째, 전직 군인. 세 번째, 전직 내무인민위원회 위원. 네 번째, 인민의 적이었던 자들의 아내. 일급 처벌 즉, 총살에 대한 승인을 요청합니다." 이 명단에는 "승인함. 스탈린, 몰로토프"라는 서명이 되어 있었다. 스탈린은 1937~39년에 400개 이상의 명단에 서명했다. 이들 명단에는 당 고위 간부, 정부 관료, 장교, 문화계 인물 등 44,000명의 이름이 적혀 있었다.[146]

모스크바로 도피해 온 외국의 공산주의자들 또한 대량으로 살해당했다. 여기에는 벨러 쿤과 대부분의 헝가리 공산당 지도자, 거의 모든 폴란드 공산당 지도자, 요시프 티토(Josip B. Tito)를 제외한 모든 유고슬라비아 공산당 거물, 독일 제국의회 방화 사건으로 열린 라이프치히 재판 때 디미트로프(Georgi M. Dimitrov)와 함께 나치의 행위를 규탄해 유명해진 불가리아인 영웅 포포프(Blagoi Popov)와 타네프(Vasil Tanev)가 속해 있었다. (스탈린은 그때 디미트로프도 총살하라는 문서를 작성해놓았는데, 운좋게 도망칠 수 있었다.) 또한 조선, 인도, 중국, 라트비아, 리투아니아, 에스토니아, 베사라비아, 이란, 이탈리아, 핀란드, 오스트리아, 프랑스, 루마니아, 네덜란드, 체코슬로바키아, 미국, 브라질의 공산주의 지도자들도 포함되었다. 특히 고난을 당한 것은 히틀러에게서 도망쳐 나온 독일인들이었다. 우리는 비밀경찰에 체포된 독일인 842명의 이름을 알고 있다. 하지만 아내와 자식을 합하면 그 수는 더욱 많아질 것이다. 카를 리프크네히트의 가족이 그런 경우다. 이 가운데 살아남은 일부 독일인들은 나중에 게슈타포와 내무인민위원회 양쪽에서 고문을 당한 상처를 보여주었다. 이것은 나치 독일과 소련의 안보 기관이 이 기간 내내 비밀스럽게 접촉하고 있었다는 사실을 보여주는 살아있는 증거다. 대체로 유럽의 공산주의자들은 '사회주의의 모국'에서보다 '파시즘' 치하의 자국에서 더 안전했다. 소련의 마르크스주의 역사가 로이 메드베데프(Roy Medvedev)는 이 사실을 다음과 같이 지적했다. "소련에 살던 대부분의 유럽 공산당 지도자와 활동가가 목숨을 잃은 반면, 1937~38년 자국의 감옥에 갇혀 있던 대부분의 사람이 살아남았다는 사실은 끔찍한 역설이다."[147] 스탈린이 수배 중인 활동가 명단을 나치와 교환했던 것은 틀림없는 사실이다. 그는 선전 활동의 일환으로 다른 전체주의 정권에 형식적인 비난을 퍼부었지만, 그런 정권과도 명단을 교환했을 것으로 짐작된다. 그는 손아귀에 걸려든 외국인 공산주의자들의 운명에 깊은 관심을 나타냈다. 그러나 그것은 자신이 가하는 테러에 대한 관심이었을 뿐이다. 오랜 동지이자 희생자인 부하린의 재판이 열리는 동안 전구 불빛이 순간적으로 스탈린의 얼굴을 비추는 바람에 그의 존재가 사람들 앞에 드러난 적도 있다. 그는 재판정의 천장 밑에 있는 작고 검은 유리창을 통해 재판 과정을 지켜보고 있었다.[148]

아서 케스틀러(Arthur Koestler)의 뛰어난 소설 『정오의 어둠 *Darkness at Noon*』(1940년)을 읽어보면, 스탈린의 거물급 희생자들이 마르크스주의 이론과 상대적 도덕론에 사로잡혀 거짓 증언을 꾸며내며, 심지어는 그것을 믿고 있는 것이 아닌가 하는 인상을 받게 된다. 그러나 아마 이보다 진실과 동떨어진 얘기는 없을 것이다. '주모자'의 경우는 증거가 중요했다. 그 증거를 토대로 허구의 기본 틀을 만들어 낼 필요가 있었기 때문이다. 그리하여 그들의 자백을 끌어내기 위해 아내와 자식을 죽이거나 고문하겠다는 위협, 사면의 약속, 물리적인 폭력이 골고루 사용되었다. 스탈린은 손아귀에 들어온 대다수의 사람에게 규모의 차이를 제외하고는 표트르 대제와 거의 똑같은 가혹한 방법을 사용했다. 여기에서는 소설과 같은 심리적 미묘함을 찾아볼 수 없었다.

이 기간에 러시아의 어마어마한 인구 중 약 10퍼센트가 스탈린이 부과한 참회 과정을 거쳐야 했다. 레포르토프스카야(Lefortovskaia) 같은 차르 시대의 유명한 감옥은 이미 박물관으로 변해 밀랍 인형으로 가득 채워졌지만, 이제 다시 원래의 모습으로 돌아가 살과 피가 밀랍을 대신하게 되었다. 교회, 호텔뿐 아니라 목욕탕이나 마구간까지 감옥으로 바뀌었다. 새로운 감옥도 수십 개씩 지어졌다. 감옥 안에서는 훗날 나치조차 혀를 내두를 정도로 심한 고문이 가해졌다. 눈알을 후벼 파내고 고막에 구멍을 내고, '못 상자' 안에 밀어 넣거나 교묘한 장치를 이용해 수감자들을 괴롭혔다. 희생자들은 종종 가족이 보는 앞에서 고문을 당했다. 네스토르 라코바(Nestor Lakoba)의 아내는 매우 아름다운 여인이었는데, 울고 있는 열네 살짜리 아들이 보는 앞에서 남편을 고발하느니 차라리 고문을 받다 죽는 쪽을 택했다. 많은 이들이 이와 비슷한 불굴의 정신으로 끔찍한 죽음을 맞았다. 코바레프(S. V. Kovarev)와 콤소몰 중앙 위원회(Komsomol Central Committee)지도자들도 거짓을 자백하기보다는 고문과 죽음을 택했다. 이 때문에 청년 운동과 관련하여 조작 재판을 벌이려던 내무인민위원회의 계획은 좌절될 수밖에 없었다. 많은 군 장교도 이런 식으로 죽임을 당했다. 극한 상황에 처해 '자백서'에 서명했지만, 다른 이들을 연루시키려 하지는 않았다. 메드베데프에 따르면, 열여덟 살 난 내무인민위원회의 신입 대원은 "마치 해부를 참관하기 위해 실험실에 가는 의대생처럼 고문실로 들어가야 했다."[149]

스탈린이 대숙청을 밀어붙이는 데 히틀러의 사례가 도움을 준 것은 명백하다. 스탈린의 부하들은 언제나 재빨리 게슈타포와 나치 친위대에게서 배울 점을 찾았다. 또한 가르침을 주고받기도 했다. 강제수용소 제도는 나치가 러시아에서 수입해 온 것이다. 힘러는 무서운 속도로 강제수용소를 건설해나갔다. 1933년 말 이전에 나치의 수용소는 거의 100개에 달했다. 하지만 어떤 단계에서도, 심지어 1942~45년 친위대의 말살 정책이 절정을 이루고 있던 때조차 소련의 강제수용소가 훨씬 더 많았다. 게다가 규모도 더 커서 더 많은 사람을 수용하고 있었다. 솔제니친과 다른 이들이 밝혔듯이, 소련 내에서 강제수용소는 거대한 육지의 군도를 이루었고, 수만 제곱킬로미터를 뒤덮고 있었다. 수용소의 '이튼' 또는 '그로턴' 이라고 할 수 있는 다하우 아래로 넓게 퍼져있던 나치의 강제수용소들처럼, 소련의 강제수용소 또한 매우 다양했다. 살해당한 군 장교의 과부, 고아, 친척을 위한 특별 수용소와 '인민의 적' 의 자식들을 위한 고아 수감소 등이 있었다. 고아 수감소에 있는 아이들은 일정한 연령이 되면 재판 후 처벌을 받았다. 투하체프스키 원수의 딸 스베틀라나(Svetlana Tukhachevsky)도 그중 한 명이었다.[150)]

하지만 대부분의 강제수용소는 특정한 경제적 목적에 이바지했다. 힘러가 1941년부터 줄곧 독일 경제에서 실질적으로 '사회주의화된 부문' 을 만들어 내려고 했던 것은 소비에트 강제수용소에 자극을 받았기 때문이다. 소련은 의도적이고 조직적인 집단 학살 정책을 추진하지는 않았다. 비록 스탈린이 제2차 세계대전 때 '민족 집단' 을 처리하며 그러한 생각에 접근하기는 했지만 말이다. 그러나 소비에트의 강제수용소도 똑같이 '죽음의 수용소' 였다. 그 중에서도 악명 높은 콜리마 강제수용소 입구에는 철로 만든 글자가 걸려 있었다. "노동은 명예, 용기, 영웅적 행위와 같다." 나치도 이를 모방하여 아우슈비츠 입구에 "노동은 자유를 준다"라는 표어를 내걸었다. 이런 강제수용소 안에서 내무인민위원회 대원들은 종종 기관총을 이용하여 대량 학살을 자행했다. 1938년만 해도 콜리마 강제수용소에서 어린이를 포함하여 4만 명이 살해당했다. '특별 처벌' 과 금광에서 이루어진 노역도 많은 사람을 죽였다. 레닌과 스탈린은 세계에서 (남아프리카 공화국 다음으로) 두 번째로 규모가 큰 금광 산업과 매장량을 건설하고 개발했다. 그것은 강제수용소 수감자들의 피땀으로 이루어졌다. 그들은 휴일

없이 하루에 16시간씩 일하며 영하 60도까지 떨어지는 추위에 누더기를 걸치고 찢어진 텐트에서 자며 불쌍할 정도로 적은 음식밖에 먹지 못했다. 나중에 목격자들은 건강한 사람들도 이런 강제수용소에 20~30일만 있으면 몸이 망가진다고 증언했다. 일부는 고의적으로 사망률을 높이기 위해 그런 환경을 조성했다고 주장했다. 간수들은 야만적인 폭력을 휘둘렀다. 여기에 '정치범' 집단의 감독 임무를 맡은 형사범들이 가세했다. 나치는 이런 형사범 감독 제도도 모방했다.

이런 상황에서 사망률은 문명화된 사회의 시민들이 거의 상상조차 할 수 없는 수준에 이르렀다. 메드베데프는 대숙청으로 희생된 사람들의 숫자를 약 40~50만으로, 1936~39년에 희생된 사람들을 약 450만 명쯤으로 추산했다. 이 기간뿐 아니라 나중에도 강제수용소에서 한 해 100만 명의 남녀가 죽어나갔다. 스탈린 정책이 희생시킨 사망자 수는 1,000만 명가량으로 추산된다.[151] 스탈린이 룀의 숙청 사건에 자극을 받아 대숙청을 단행했던 것처럼, 이번에는 스탈린의 대규모 잔학 행위가 히틀러를 부추겼다. 동유럽의 인구 통계를 완전히 뒤바꿀 히틀러의 전시 계획은 소련의 사례를 발전시킨 것이다. 사회공학에서는 대규모 집단 살인이 항상 궁극적인 무기로 이용된다. 히틀러의 '최종적인 해결책'은 그의 광적인 심리 상태뿐 아니라 소련의 농업 집산화에서도 그 기원을 찾을 수 있다.

1930년대에 소비에트와 나치의 전체주의 체제가 행한 잔학 행위는 그 성격상 역사에서 유례를 찾아볼 수 없는 것이었음에도 불구하고 세계에 큰 영향을 주지는 못했다. 물론 두 체제의 성격은(그 규모는 아니더라도), 특히 나치 체제의 성격은 당시에도 상당히 잘 알려져 있었다. 히틀러의 범죄는 더 많은 주목을 받았다. 부분적으로는 그들이 서유럽에 가깝고, 또한 공공연히 자신들의 행동을 뽐냈기 때문이지만, 무엇보다 늘어나는 망명 지식인들이 그 실상을 세상에 알렸기 때문이다. 문화가 아니라 문명의 공공연한 적으로서 히틀러는 총리가 되기 전부터 자유세계 저술가 공동의 적이었다. 일단 집권하자 그는 자신의 이미지를 지식인들의 숙적으로 확립하는 데 주력했다. 공개적으로 책을 불태우는 일은 1933년 3월에 시작되어 그해 5월에 절정으로 치달았다. 이를 주도하던 괴벨스는 인문학자 울리히 폰 후텐(Ulrich von Hutten)의 말을 인용했다. "오, 세기여! 오, 학문이여! 산다는 것은 기쁨이리니!" 뉘른베르크(1935년)와 뮌헨(1937년)에서는 '퇴폐 예술'의 전시회도 열렸다. 일부 회화를 처분하라고 박물관을 종용하기도 했다. 1939년 6월 루체른의 경매에서는 고갱과 반 고흐의 작품이 실소할만한 가격에 팔렸고, 피카소의 「압생트를 마시는 사람 Absinthe-Drinker」은 팔리지도 않았다. 독일 시민권을 박탈당한 외국 망명자들의 이름도 정기적으로 발표되었다. 여기에는 리온 포이히트방거(Lion Feuchtwanger), 헬무트 폰 게를라흐(Helmut von Gerlach), 알프레트 케르(Alfred Kerr), 하인리히 만(Heinrich Mann), 크루트 투홀스키, 에른스트 톨러(이상 1933년 8월), 로베르트 베허(Robert Becher), 테오도르 플리비어(Theodor Plievier), 아인슈타인(이상 1934년 3월), 브루노 프랑크, 클라우스 만(Klaus Mann), 피스카토르(이상 1934년 11월), 프리드리히 볼프, 베르톨트 브레히트, 파울 베커(Paul Bekker), 아르놀트 츠바이크, 토마스 만(이상 1935~36년)을 비롯한 수많은 유명 인사가 포함되었다.[152] 이런 사람들과 함께 독일에서 생계 수단이 끊겨 사실상 강제로 망명을 당한 유대인이나 나치에 반대하는 대학교수, 저널리스트도 수천 명이나 되었다. 이에 따라 히틀러의 제국이 어떤 상황에 놓여 있는지 토로하는 목소리가 점차 커졌다.

　그러나 그 와중에도 히틀러를 찬양하는 데 목소리를 높이는 사람들이 있었다. 그중에는 로이드 조지, 윈저 공작, 「데일리 메일 Daily Mail」의 사주로터미어(Harold Harmsworth, Viscount Rothermere) 경이 있다. 『벵골 기병의 인생 *Lives of a Bengal Lancer*』으로 유명한 예이츠 브라운(Yeats-Brown) 소령은 "바이마르 공화국 시대보다 현재 독일에서 진정한 기독교 정신을 더 잘 볼 수 있다는 게 내 솔직한 생각"이라고 고백했다. 제한적으로나마 다양한 형태로 파시즘을 지지했던 사람들로는 베네데토 크로체, 장 콕토(Jean Cocteau), 루이지 피란델로(Luigi Pirandello), 조반니 젠틸레(Giovanni Gentile), 제임스 버넘(James Burnham), 윌리엄 예이츠, 토머스 엘리엇, 필리포 마리네티(Filippo Marinetti) 등이 있었고, 샤를 모라스, 루이 페르디낭 셀린(Louis-Ferdinand Céline), 에즈라 파운드(Ezra Pound), 오스발트 슈펭글러, 마르틴 하이데거는 실제로 파시스트를 지지하는 지식인이었다.[153]

하지만 지식인들의 압도적인 다수가 좌익으로 선회했다. 그들은 나치주의를 그들 사회뿐만 아니라 모든 형태의 자유를 위협하는 가장 위험한 적으로 보았다. 1930년대 중반에 많은 지식인은 파시즘이 유럽, 어쩌면 세계의 지배적인 통치 체제가 될 것이라고 믿었다. 독일, 이탈리아, 스페인, 포르투갈, 폴란드, 헝가리, 오스트리아, 터키, 그리스, 루마니아, 일본 그리고 많은 나라에서 파시스트에 준하는 정권이 수립되었다. 다른 나라에서도 파시스트 정당이 성장했다. 지식인들은 이런 상황에서 파시즘에 대항하고 싸울 수 있는 유일한 강대국은 소련밖에 없다고 생각했다. 이에 따라 많은 사람이 스탈린 체제의 표면적인 장점을 예찬했을 뿐 아니라 명백한 잔학 행위를 변호하기까지 했다. 어쨌든 그 무렵에는 극소수의 지식인만이 스탈린 체제의 본질을 깨닫고 있었다. 특히 유대인 작가들은 스탈린의 폭력적인 반유대주의에 대해 아무것도 모르고 있었다. 스탈린이 600명 이상의 작가를 강제수용소에 보냈고, 이사크 바벨(Isaak E. Babel)과 오시프 만델

스탐(Osip E. Mandelstam)을 포함하여 대다수가 죽임을 당했다는 사실은 알려지지 않았다. 스탈린이 막심 고리키를 죽였다는 것은 거의 확실하다. 그는 히틀러처럼 수백만 권의 책을 가져다가 불태웠다. 히틀러와 다른 점은 공개적으로 행하지 않았다는 점이다.[154]

하지만 서유럽의 지식인들은 소비에트의 잔혹성에 대해 어느 정도는 알고 있었다. 따라서 소비에트를 옹호하기 위해서는 이중적인 잣대를 집어들 수밖에 없었다. 링컨 스테펀스는 "차르에 대한 반역은 죄가 아니지만, 공산주의에 대한 반역은 죄다"라고 목소리를 높였다.[155] 쇼는 이렇게 주장했다. "가장 진취적인 우리의 이웃 국가가 정직한 사람들에게 더 안전한 세상을 만들어주기 위해 인도적으로 신중하게 …… 한 줌의 착취자와 투기자를 처단하려고 할 때 우리가 짐짓 도덕적인 태도를 취하며 왈가왈부할 수는 없다."[156] 앙드레 말로는 이렇게 말했다. "종교 재판이 기독교의 본질적인 존엄성에 영향을 미치지 못한 것처럼, 모스크바의 재판은 공산주의의 본질적인 존엄성을 훼손하지 않는다."[157] 전체주의식 정의가 무엇인지 알고 있는 소수를 포함하여 많은 지식인은 소비에트 재판을 변호했다. 브레히트는 이렇게 썼다. "소비에트와 소비에트 정부를 대적하는 가장 악랄한 적들의 견해에서 보더라도, 재판이 체제에 대한 적극적인 음모의 존재를 밝혔다는 사실은 분명하다." "국내외의 모든 인간 쓰레기, 해충, 전문적인 범죄자, 밀고자, …… 폭도들이 파렴치한 범죄 행위를 저질렀다. …… 나는 이것이 사실임을 확신한다."[158] 포이히트방거는 1937년에 있었던 퍄타코프(Georgy L. Pyatakov)에 대한 재판을 직접 지켜보고 나서(이 재판은 부하린과 다른 이들에 대한 재판으로 이어졌다), 곧바로 이에 관한 책 『1937년 모스크바 Moscow 1937』를 썼다. 이 책에서 그는 "재판 과정에 허위나 조작이 있다는 상상은 어떤 식이든 정당화될 수 없다"고 선언했다. 1937년

11월 스탈린은 즉시 이 책을 번역하여 모스크바에서 출판했다. 그리고 비참한 마음으로 재판을 기다리고 있던 부하린에게 이 책을 재판 하루 전에 보여 주었다. 부하린은 완전한 절망에 빠지고 말았다.[159]

　실제로 내무인민위원회는 종종 서구 지식인들이 스탈린에 우호적으로 쓴 책자를 이용해 죄수들의 저항을 분쇄했다. 그들은 또 스탈린을 지지하는 모스크바 주재 외교관과 언론의 도움도 받았다. 데이비스 대사는 재판에서 전혀 거짓이나 허위를 찾아볼 수 없었다고 미국 정부에 보고했고, 거짓으로 가득 찬 책 『소련에서의 임무 *Mission to Moscow*』를 1941년에 출판하고 같은 말을 되풀이했다. 「뉴욕 타임스」의 해럴드 데니(Harold Denny)는 1938년 3월 14일자 기사에서 "넓은 의미에서 보면 재판이 조작되었다고 볼 수 없다"고 말했다. 데니의 동료이자 「뉴욕 타임스」의 모스크바 주재 통신원이었던 월터 듀런티(Walter Duranty)는 가장 열렬한 스탈린 옹호자였다. 맬컴 머거리지는 스탈린을 두고 이렇게 평했다. "그의 파렴치한 행동에는 활기차고 유쾌하며 터무니없는 면이 있다. 이 때문에 그의 끊임없는 거짓말에 왠지 마음이 끌렸다." 듀런티는 즐겨 "나는 스탈린에게 돈을 걸었다"라는 표현을 사용했다.[160] 그는 퍄타코프 재판에 관해 이렇게 썼다. "유죄의 증거가 압도적이지 않았다면, 스탈린이나 보로실로프, 부디오니(Semyon Budyonny)와 군법 회의가 자기 친구에게 사형을 언도하지는 않았을 것이다. 그건 생각할 수 없는 일이다."[161] 데이비스 대사도 이에 화답했다. 재판의 증거를 조작하는 일은 "셰익스피어 같은 천재나 할 수 있는 일"이라는 식이었다.[162]

　서구 지식인들이 스탈린주의를 옹호하는 과정에서 그들과 그들의 나라에도 부패가 스며들었다. 그들의 저작은 전체주의의 도덕적 타락을 자국에 주입하는 데 기여했다. 이런 타락은 특히 선악에 대한 개인의 책임을 부정하는 결과를 낳았다. 라이오넬 트릴링은 서구의 스탈린주의자들을 관찰하며 그들이 정치, 또는 적어도 '주의와 노력'의 정치를 회피하고 있다고 날카롭게 지적했다.

그들은 위에서 강요한 통제 정부에서 특정한 의지 행위로 부터 해방되는 기분을 맛보았다. 특정한 의지 행위란 민주주의 사회의 많은 (종종 충돌을 낳는) 요구 사항에 맞닥뜨릴 때 필요한 것이다. …… 그들은 혁명을, 영원히 개인의 의지를 행사하지 않게 할 총괄적이며 최종적인 의지 행위로 높이 평가하고 있었던 것이다.[163)

미국 안에서의 전개 양상은 특히 심각했다. 스탈린주의가 새로 등장한 급진적인 운동의 주요 부분을 형성하고 있었기 때문이다. 트릴링은 다시한번 다음과 같이 지적했다.

미국의 문화 상황에 대해 어떤 입장을 취하든, 1930년대 급진적인 운동의 중요성을 과소평가할 수는 없을 것이다. 이런 급진적인 운동이 우리가 현재 알고 있는 미국 지식인 계급의 엄청난 규모와 영향력을 낳았으며, 많은 변화를 겪긴 했지만 지식인 계급의 성격을 주로 좌익으로 향하게 했던 것이다.[164)

자유 민주주의 정치체제의 사고방식을 확립하고, 사실상 1970년대 말까지 지구상에서 가장 강력한 국가 권력을 잡은 이들이 이 지식인 계급이다. 그리하여 사방으로 뻗어나간 1930년대 전체주의 테러의 영향력은 시간적으로도 공간적으로도 막대했다. 하지만 당시에는 히틀러나 스탈린의 영향력이 대단치 않은 것처럼 보였다. 그보다는 두 정권이 가까운 장래에 그 나라 국민뿐 아니라 인접하거나 먼 거리에 있는 여러 나라에 무슨 일을 하게 될지가 문제였다. 스탈린과 히틀러가 절대 권력의 자리에 오른 일은 이미 구조가 불안정하고 취약해진 세계에는 치명적인 타격이 되었다. 한쪽은 계급에, 한쪽은 인종에 근거했지만, 이 둘은 똑같이 임박한 종말론에 기대어 무한한 영토 정복의 욕구를 불태우고자 했다. 그 과정에서 경쟁하는 그들의 권력 시스템은 지구상에 널리 퍼져나갔다. 따라서 히틀러와 스탈린의 출현은 세계적인 침략 시대의 개시를 알렸다고 할 수 있을 것이다.

제 **9** 장

침략의 절정

일본의 만주 침략

1920년대 문명화된 서구 민주주의 국가들은 한편으로는 국제연맹을 통해, 다른 한편으로는 영미의 금융 외교를 통해 불안정한 세계 질서를 유지하고 있었다. 1930년대 초반 이 시스템 — 이를 시스템이라고 부를 수 있다면 — 은 완전히 무너졌다. 이제 전체주의 국가들이 오로지 군사적인 수단으로 행동하는 국제적인 무법의 시대가 열렸다. 법을 준수하는 강대국들은 경제적으로 황폐해졌고, 일방적으로 군비를 축소한 상태였다. 프랑스 경제는 1929년 정점을 지나 꾸준한 하락세에 접어들어, 1950년대 초반이 될 때까지 1929년의 수준을 회복하지 못했다. 프랑스의 실업률 수치는 상대적으로 낮은 편이었지만, 해고된 노동자들이 농가로 되돌아갔기 때문이다. 이들은 농촌에서 외국인 노동자들을 쫓아내고 그 자리를 대신 차지했다. 프랑스는 고립주의로 돌아섰고, 그 자체가 패배주의의 상징인 마지노선을 구축하기 시작했다. 미국과 영국은 경제에 상당히 집착했다. 1930년대 초, 132,069명의 장교와 사병으로 이루어진 미군은 규모에서 세계 16번째에 불과했다. 체코슬로바키아, 폴란드, 터키, 스페인, 루마니아의 군대보다도 뒤졌다.[1] 육군 참모총장 맥아더가 타고 나니던 리무진은 미 육군이 소유하고 있는 유일한 리무진이었다. 영국 노동당 내각의 총리 램지 맥노널드는 본인 소유의 자동차도, 국가에서 지급한 관용차도 없었다. 그는 다우닝 가 끝까지 총총걸음으로 걸어 다녔고, 공적인 업무가 있을 때면 버스나 택시를 잡아타곤 했다.[2] 1930년에 미국은 평화주의 노선을 따르는 영국 노동당 정부를 설득하여 런던군축조약에 서명하게 했다. 그 결과 대영제국 해군의 전력은 17세기 이래 최저 수준으로 떨어졌다. 외무장관 아서 헨더슨(Arthur Henderson)은 감리교 신자이자 공상적인 개혁가로 '외교의 민주주의 동원'에 관해 얘기했다. 그는 싱가포르 기지 건설 계획을 중단하고 영국 해군의 순양함을 50척으로 줄이는 결정을 지지했다. 일본이 "평화적인 수단을 통해 문제를 해결하겠다고 약속했기 때문"이라는 게 이유였다.[3]

일본은 사실 어쩔 수 없이 1930년의 런던군축조약에 서명했다. 모순된 일이지만, 런던군축조약은 일본인들이 마침내 서구와의 관계를 끊고 자국의 이익을 독자적으로 추구해나가는 계기가 되었다. 1930년의 스무트 홀리 관세법 때문에 일본은 미국과의 교역에서 큰 타격(수출의 15퍼센트)을 입었다. 스무트 홀리 관세법과 뒤따라 생겨난 보복 관세는 일본이 정글의 법칙으로 돌아가는 데 충분한 도덕적 이유를 제공해주었다. 1931년 9월 10일 인버고든(Invergordon)에 위치한 영국 해군 기지에서 10퍼센트의 봉급 삭감에 분개한 수병들이 반란을 일으켰다. 이 때문에 영국의 일부 주력 함대가 옴짝달싹 못하게 되었다. 8일 뒤, 일본군 수뇌부가 도쿄에 있는 문민 내각의 명령을 무시한 채 만주 사변을 일으켰다.[4] 내각은 굴복했고, 일본군의 군사 행동을 지지하는 쪽으로 돌아섰다. 그 결과 만주국이라는 새로운 괴뢰 국가가 탄생했다.

영국은 아무것도 할 수 없었고, 사실 아무것도 하지 않았다. 주일 대사 프랜시스 린들리(Francis Lindley) 경의 보고에 따르면, 그는 "권력이 없어 사태를 바로잡지 못하는 상대국 정부로부터 보장을 받아야 하는 난처한 입장"에 있었다.[5] 영국의 요구로 리턴 경이 이끄는 국제연맹 조사단이 조직되었다. 조사단은 곧 일본의 부당한 처사를 비판하는 보고서를 제출했다. 하지만 이 보고서는 1933년 3월 27일 일본이 국제연맹을 탈퇴하는 결과를 낳았다. 로버트 세실 경을 비롯한 국제연맹의 열렬한 지지자들은 일본에 '조치'를 취해야 한다고 강력히 주장했다. 그러나 그들 역시 군비 축소를 주장했던 사람들이 아닌가. 1932년 2월 29일 영국 해군본부위원회의 제1군사 위원이었던 프레드릭 필드(Frederick Field) 경은 영국이 극동에서는 무력하며, 싱가포르가 방위 불능의 상태에 있다고 말했다. '10년 계획'은 소리 소문 없이 폐기되었지만 이미 때는 늦었다.[6] 스탠리 볼드윈은 이렇게 썼다. "만약 경제제재를 가하면, 일본은 전쟁을 선언할 것이다. 일본은 싱가포르와 홍콩을 점령할 것이다. 이 상태로는 일본을 막을 수 없다. 미국이야 큰소리치겠지만 워싱턴으로부터 우리가 기대할 수 있는 것은 말뿐이다."[7]

사실 영국과 미국이 힘을 합쳤다면 당시 보유하고 있던 양국의 전력만으로도 일본의 야심과 책동을 저지할 수 있었을 것이다. 진주만을 방어할 수 있는 것은 해군력밖에 없었다. 미국의 태평양 함대가 영국 함대의 증원을 받았다면 진주만을 지킬 수 있었을 것이다. 한편 싱가포르 항은 충분한 공군력만으로도 방어할 수 있는 곳이다. 따라서 미국 공군의 지원이 있었다면, 영국은 싱가포르 항을 지킬 수 있었다.[8] 만약 그랬다면, 강경 노선으로 일본을 억지하는 게 가능했을 것이다. 하지만 당시 미국이 고립주의 정책을 강화하고 있었기 때문에 그러한 공조 계획은 배제될 수밖에 없었다. 고립주의는 1920년대보다는 1930년대 미국의 뚜렷한 특징이라 할 수 있다.

미국은 1935년 중립 법안을 통과시켰다. 루스벨트가 후버를 이기고 대통령이 되자 상황은 더 나빠졌다. 후버는 전에 1933년 6~7월에 세계경제회의를 열자는 계획에 기꺼이 협조했다. 세계경제회의는 생존을 위한 전쟁 대신 다른 방법을 찾도록 '가지지 못한' 국가들을 설득할 수 있었을 것이다. 그런데 7월 3일 루스벨트가 세계경제회의 협상안을 거부했다. 외교적으로 분쟁을 해결할 수 있는 안정적인 경제 기구가 필요했지만, 그 뒤로는 이를 위한 실질적인 노력은 전혀 이루어지지 않았다. 1920년대에 세계는 경제의 힘으로 돌아갔지만, 1930년대에는 그저 무력의 독단에 맡겨졌다.

이 시기에 일어난 사건을 순차적으로 주의 깊게 살펴보면, 전체주의 국가들이 얼마만큼 수적인 우위와 팽창하는 군사력을 앞세웠는지 알 수 있다. 그들은 독자적으로 행동하고, 때론 공개적으로 서로 적의를 드러냈지만, 민주주의 국가가 간신히 유지하고 있던 질서에 도전하고 저항했다는 점에서는 일치했다. 이탈리아, 일본, 소련, 독일은 일종의 지정학적 게임을 벌였다. 게임의 목적은 오로지 새로운 현실 정치 현장에서 국제법과 조약을 뒤집어엎는 것이었다. 전체주의 국가들은 현실 정치를 통해 저마다 품고 있던 천년 왕국의 비전을 실현할 수 있으리라 믿었다. 이 야수 같은 국가들은 서로 신뢰하지 않았고, 가능하면 서로 속였다. 저마다 다른 나라를 약탈하여 전리품을 긁어모았고, 자국의 입지를 강화해나갔다. 이런 범죄 행위에는 공동의 음모가 존재했다. 그런 음모는 불안정하고 유동적이었다. 때로는 공개적으로 이뤄졌지만 대개 은밀히 감춰져 있었다. 물론 이런 범죄 행위를 두고 경쟁을 벌이기도 했다. 어쨌든 전체주의 국가들이 서로 부패시키는 이런 과정은 이제 외부로 퍼져나갔다. 여기에도 그레셤의 법칙이 존재했다. 그리하여 민주적 외교는 뒷전으로 밀려나고 힘의 논리가 그 자리를 대신했다.

약탈 국가들이 현실 정치를 실천하는 방식과 속도는 서로 달랐다. 스탈린의 소련은 비스마르크의 방식을 가장 잘 따랐다. 찾아온 기회를 놓치지 않았을 뿐 아니라, 결국에는 모두 자기 것이 되리라 확신하며 장대한 시간을 두고 계획에 따라 행동했다. 독일은 가장 역동적이었다. 히틀러는 임박한 종말론을 믿었고, 생전에 소망을 이루려고 했다. 무솔리니의 이탈리아는 자칼 같았다. 몸집이 더 큰 짐승을 뒤좇으며 방치된 고기 조각을 잽싸게 낚아챘다. 일본은 가장 불안정한 나라였다. 식량 부족으로 많은 국민이 굶주리게 되리라는 망상에 시달렸다. 세계 경기의 침체 때문에 일본의 주요 수출품인 생사(生絲) 가격은 50퍼센트나 떨어졌다. 그래서 일본은 쌀을 살 외화가 부족했다. 그런데도 1934년 총예산 21억 1,200만 엔 가운데 절반에 가까운 9억 3,700만 엔을 육군과 해군에 쏟아부었다.[9] 전체주의 국가들은 저마다 내부 분열을 겪었다. 홉스가 말한 '만인에 대한 만인의 투쟁'이 벌어졌다. 하지만 독일, 소련, 이탈리아에는 폭군 같은 독재자들이 있었던 반면, 일본에는 나라를 책임질 만한 사람이 아무도 없었다.

1931년 만주에서 벌어진 음모는 군부가 독단적으로 행동해도 처벌을 받지 않을 수 있다는 사실을 보여주었다. 1932년 총리, 재무 대신, 산업가들이 살해당했을 때 일본에서는 실질적으로 의회주의 통치가 막을 내렸다. 1933년 12월에는 천황조차 살해당할 뻔했다. 그 뒤로 천황은 극심한 두려움에 떨었다. 1931~34년 사이에 가장 영향력이 컸던 인물은 육군대신 아라키 사다오 장군이다. 그는 맹렬한 무사도 신봉자이자 새로운 전체주의 신도를 대표하는 인물이었다. 그는 히틀러식 청년 운동을 조직하기도 했다. 유럽 국가에서였다면 틀림없이 독재자가 되어 의사 결정과 책임을 혼자 떠맡았을 것이다. 하지만 일본에서는 그럴 수 없었다. 원칙적으로 살아 있는 인간신(人間神)이 지배하는 국가에서 개인의 지도력은 비난을 받기 마련이고 암살을 통해 처벌받는 법이다. 일본에서는 권위적인 사람들조차, 아니 권위적인 사람들일수록 당파나 파벌의 규율에 복종했다. 소수의 권력자들이 밀실에서 만나 토의하고 개인의 책임을 덮어버리는 집단 결정을 내리는 게 일본식이다.[10] 이러한 체제는 물리적 방종과 도덕적 비겁함을 동시에 조장하고 개인의 양심을 질식시킨다. 그래서 일본 지배 계급은 집산주의의 유혹에 기이할 정도로 쉽게 빠져들었다. 스탈린이나 무솔리니, 히틀러가 역설하고 있던 집산주의는 각자 강조하는 부분이 서로 달랐지만, 일본은 이 세 사람이 모두 동의하고 있던 핵심 명제에 매료되었다. 그것은 개인의 권리가 완전히, 그리고 조건 없이 국가의 권리에 종속되어야 한다는 것이다. 1860년대 이후 영국과 미국은 일본에 또 다른 전통을 이식하기 위해 노력했다. 이런 노력은 일부 성공을 거두었다. 1902년부터 동경 제국대학의 교수로 재직하던 미노베 다쓰키치(美濃部達吉)는 새로운 사상을 지지한 대표적인 인물이다. 그는 헌법의 권위자였고 귀족원의 칙선 의원이기도 했다. 일본 헌법에 관한 3권의 저서 덕분에, 그는 일본 의회 자유주의의 스승으로 대접받았다. 그러나 전체주의 신도의 신봉자들에게는 증오의 대상이 되었다. 미노베 교수는 법이 사회에서 개인을 보호하기 위해 존재하며, 국가보다 우위에 있다고 주장했다. 당시는 일본의 무법 행위가 아무 제재 없이 계속되던 때다. 독일에서는 히틀러가 등장하여 권력을 잡고 헌법과 국제 협약을 무시했다. 이런 상황에서 미노베 교수에 대한 공격은 한층 더 심해졌다. 1934년 12월 19일 일본은 런던군축조약을 파기하고 히틀러를 좇아 무제한적인 군비 확장에 착수했다. 1935년 3월 16일 히틀러는 베르사유조약을 이행하지 않기로 했다. 그해 4월 25일 일본군의 핵심 성원들이 미노베 교수의 저서를 도쿄 군인 회관 옥상에 쌓아놓고 사람들 앞에서 불을 질렀다.

법치의 거부를 상징적으로 표명한 이 사건에 이어서 헤겔주의의 일본판 아류라고 할 만한 사상들이 따라 나왔고, 일본의 통치 신조가 되었다. 군대나 학교에서도 이것을 가르쳤다. 일본 법무 대신이 공식적으로 한 얘기를 들어보자.

일본인에게는 원래 국가에 반하는 개인이라는 개념이 존재하지 않았다. …… 서구 사상의 밑바닥에는 개인주의 인생관이 깔려 있다. 개인을 절대적이고 독립적인 존재로 …… 모든 가치의 척도이자 최상의 가치로 여기는 것이다. 하지만 인간은 독립적인 생명체라고 하더라도 더 심층적인 의미에서는 전체에 뿌리를 내리고 있고, 서로 협조하며 살아가고 있다. 인간은 국가에서 태어나고, 국가의 부양을 받으며, 국가의 역사와 전통 안에서 길러진다. 개인은 오로지 국가라고 불리는 무한하고 방대한 생명의 사슬 중 일부이며, 선조의 유산을 후대에 전하기 위한 연결 고리일 뿐이다. …… 개인은 국가의 일부로 국가에 봉사할 때 가장 고귀하고 위대한 가치를 실현한다.[11]

이것은 꾸며 낸 말이다. 이런 형태의 철학 자체가 유럽에서 유입된 사상이기 때문이다. 이 말은 또한 거짓이기도 하다. 일본에서 국가에 엄격히 복종했던 사람들이야말로 국가의 정책이 자신의 통제에서 조금이라도 벗어날 때면 국가에 불복하고 반기를 든 장본인이기 때문이다. 어쨌든 일본에서 국가는 하나의 실체가 아니라 경쟁하는 파벌들의 집합이었다. 파벌들은 살인으로 문제를 해결했다. 군 출신 인사를 대신의 자리에 앉혀도 문제는 해결되지 않았다. 그들도 민간인처럼 쉽게 암살당할 수 있었기 때문이다. 집단 결정도 아무런 보호 조치가 되지 못했다. 청부 살인업자들이 집단 살해의 수법을 발전시켰기 때문이다. 게다가 군부 또한 민간 정당처럼 분열되어 있었다. 일본 해군은 '남진' 정책을 주장했다. 네덜란드, 프랑스, 영국의 동남아 식민지와 여러 섬에 진출해야 한다는 것이다. 그곳은 천연자원이 풍부했다. 특히 일본에 없는 석유가 많이 생산되었다. 육군은 아시아 대륙에 진출하기를 바랐지만, 육군 안에도 '북진파'와 '남진파'로 갈라져 있었다. 북진파는 만주국을 세워 러시아를 침략해야 한다고 주장했다. 남진파는 중국의 도시를 점령하고 더 깊은 내륙으로 밀고 들어가야 한다고 주장했다. 그러나 군부도, 이들을 편든 민간 정치인도, 이러한 계획이 가져올 궁극적인 결과를 생각해보지는 않았다. 그들은 모두 뛰어난 전술가였지만, 전략가라고 할 만한 사람은 없었다. 전쟁을 어떻게 시작해야 할지에 대해서는 모두들 번뜩이는 아이디어를 내놓았다. 하지만 처음부터 끝까지, 1931년부터 1945년 쓰디쓴 패배의 순간이 올 때까지 군인이든 민간인이든 전쟁이 어떻게 끝날지 현실적으로 심사숙고해본 사람은 아무도 없었다. 어떻게 그럴 수 있었을까? 누군가 상황에 따라 일본이 패배할 수도 있다고 생각하고, 이에 관해 논하려 하면 죽음을 무릅써야 했기 때문이다. 물리적인 공포가 논쟁을 금지하고 살인이 정책의 방향을 변경하는 상황에서 현실 정치의 본질이라 할 수 있는 냉철한 계산은 불가능하다. 사실 1930년대 일본을 지배하고 정책을 결정한 것은 진정한 의미의 통치 체제가 아니라 무정부 상태의 공포였다.

1935~36년이 분수령이 되었다. 1935년 8월 12일 파벌 싸움이 군대에까지 퍼졌다. 그날 군무국장 나가타 데쓰잔(永田鐵山) 장군이 급진파였던 아이자와 사부로(相澤三郎) 중좌의 칼에 맞아 죽었다. 아이자와는 재판에서 이렇게 말했다. "나는 단칼에 나가타를 죽이지 못했소. 검술 교관으로서 그 점이 몹시 부끄럽소." [12] 그는 다른 것은 아무것도 부끄러워하지 않았다. 오히려

길게 끈 재판을 폭력적인 반체제 투쟁을 선전하는 데 이용했다. 1936년 2월 20일의 총선에서 나름대로 의회 자유주의가 회복되었을 때도 극악무도한 폭력 사태가 발생했다. 총선 5일 뒤 미국 대사 조지프 그루(Joseph Grew)의 저택에서 만찬이 열렸다. 그루는 귀가 잘 안 들렸는데, 천황을 알현하는 동안 통역이 하는 말을 한 마디도 알아들을 수 없었다. 하지만 어쩔 수 없었다. 천황의 어전에서 속삭이지 않고 큰소리로 말하는 것은 용서받지 못할 대죄였기 때문이다. 이런 것들이 바로 일본을 상대할 때 부딪히는 어려움이었다.[13] 하지만 그루의 아내는 유명한 페리 제독의 손녀로 완벽한 일본어를 구사했다. 이 때문에 미국 대사의 저택은 입헌제를 지지하는 일본인들의 집합 장소가 되었다. 그날 저녁 손님 중에는 내무대신 사이토 마코토 제독과 시종장 스즈키 칸타로(鈴木貫太郞) 장군도 있었다. 만찬이 끝난 후 저택에서는 넬슨 에디(Nelson Eddy)와 자넷 맥도널드(Jeanette MacDonald)가 주연한 영화 「말괄량이 마리에타 Naughty Marietta」가 상영되었다. 모두 이 영화에 빠져들었고, 여자들은 하나같이 눈물을 펑펑 쏟았다.[14]

다음날 2월 26일 아침 일찍 수비대와 정예 보병 2개 연대, 포병 부대를 포함한 도쿄 주둔군 중 1,500명의 병사가 반란을 일으켰다. 그들은 재판소, 국회 건물, 육군 본부, 해군 본부, 경시청 본부를 장악하고 황궁을 포위했다. 명예를 위해 일본도를 차고 살육을 위해 톰슨 경기관총을 든 암살대가 정부 주요 인사의 저택으로 급파되었다. 내무대신 사이토 마코토는 살해당했다. 교육총감과 재무대신도 마찬가지였다. 스즈키 칸타로는 부상을 입긴 했지만, 아내의 영웅적인 행동으로 목숨을 건졌다. 총리 오카다 게이스케(岡田啓介) 제독은 주요 표적이었다. 총선이 입헌 정치의 회복을 의미한다고 선언했기 때문이다. 그 또한 아내 덕분에 목숨을 구했다. 부인이 그를 벽장 안에 숨겼고, 이 사실을 모른 암살대는 그의 동생을 쏴 죽였다. 반란의 최종 목표는 천황을 죽이고 새로운 천황을 옹립하는 것이었다. 하지만 천황 역시 살아남았다. 해군과 제국 근위대가 진압에 나섰다. 반란군은 4일 뒤 투항했다. 주모자 13명에 대한 재판이 서둘러 진행되었다. 이들은 비밀리에 처형되었다. 주모자들에게는 할복할 기회가 주어졌지만, 정작 할복한 사람은 두 명에 불과했다. 이 피비린내나는 사건에서 주목할 점은 관련된 사람들 전부가 —

▶ 오카다 게이스케(1868~1952)
1934년에 총리가 되자 군부의 독주를 완화시키리라는 기대가 높았지만, 재임 중 미노베 다쓰키치 교수가 천황의 지위를 국가 기관으로 해석한 이론 때문에 천황의 신성불가침을 주장하는 군부 우익 과격파의 비난을 받고, 청년 장교들이 일으킨 쿠데타 중에 가까스로 암살을 모면했다.

희생자들, 그들의 동료, 천황, 육·해군의 고관, 경찰, 호위병, 심지어 살인자들 모두가 — 비겁하고 우유부단했다는 것이다. 유일한 예외는 일본에서 남자보다 훨씬 낮은 지위에 있었던 여자들, 즉 각료의 아내와 하녀들이었다. 그들은 2·26 사건에서 놀랄 만한 용기와 임기응변의 능력을 보여주었다.[15]

실패로 끝난 2·26 사건은 보통 나치의 행동 방식을 따랐다고 해석된다. 하지만 자세히 살펴보면, 반란의 주모자들이 어떤 점에서는 의식적으로, 또 어떤 점에서는 무의식적으로 소비에트의 책략을 따랐을 가능성이 훨씬 크다. 그들은 궐기문에서 "대중의 복지와 일본 국민의 번영을 무시한 채 축재(蓄財)에만 눈이 먼 사람들"을 비난했다. "원로와 군벌, 재벌, 관료, 정당은 모두 국체(國體)를 파괴하고 있는 배신자들이다."[16] 반란에 참여한 젊은 장교들은 꼭두각시 천황을 내세운 뒤 마르크스주의와 '황도'를 결합한 형태의 공산주의를 일본에 들여올 생각이었다. 이것은 나치 독일의 대사관에서 일하고 있던 소련 스파이 리하르트 조르게(Richard Sorge)의 판단이기도 했다. 그는 반란이 소비에트의 정책에 유리하게 작용할 것이라고 생각했고, 자신이 추측한 대로 모스크바의 상관들에게 보고했다. 이 사건으로 일본이 만주국의 국경선에서 소련과 맞붙는 '북진' 작전을 포기하고 중국 내륙을 침략하는 작전으로 전환할 수 있다고 보았기 때문이다. 스탈린이 쌍수를 들고 환영할 만한 일이었다. 중국과 일본 사이에서 총력전이 벌어진다면, 취약한 소련의 동방 기지가 공격을 받을 가능성이 없어진다. 게다가 장제스와 국민당은 틀림없이 중국 공산당과 타협하여 인민전선을 형성할 테고, 그러면 훨씬 빨리 중국 전역을 소비에트 연합으로 끌어들일 수 있을 터였다.[17]

실제로 정확히 그런 일이 일어났다. 반란을 일으킨 장교들은 일본이 더 적극적인 군사 행동에 나서기를 원했으며 '북진' 정책을 좋아했다. 일본의 군부는 반란자들의 목을 매단 다음 서둘러 그들의 강경론을 채택했다. 다만 조르게가 정확히 예상했듯이 '남진' 정책으로 방향을 달리했을 뿐이다. 그러나 일본이 중국과의 전면전을 의도했다는 증거는 어디에도 없다. 사실은 그 반대다. 일본은 정책적으로 아시아에 있는 중국의 '보호국'이자 '형제 국가'인 체했다. 무역, 외교, 압박, 선전이라는 수단을 통해 원하는 바를 얻고자 했던 것이다. 중일전쟁에서 이득을 본 열강은 소비에트 러시아뿐이고, 중국 내에서는 유일하게 중국 공산당만이 이득을 보았다.

당시 일어났던 사건들을 차례로 살펴보면 여러 가지 사실을 알 수 있다. 1934년 여름 장제스가 이끄는 국민당 군대와 독일인 고문 폰 제크트, 폰 팔켄하우-젠(Alexander von Falkenhausen)이 저우언라이가 정치인민위원으로 있던 중국 공산군을 거의 궤멸하기에 이르렀다. 가을이 되자 공산당 지

마오쩌둥의 행진 경로

▶ 대장정(1934~1935)
1만 5천 킬로미터에 달하는 중국 공산군의 역사적 대행군. 이 결과 공산당의 혁명 근거지
가 중국 동남부에서 서북부로 옮겨졌으며 마오쩌둥이 확고부동한 지도자로 부상했다.

도자들은 '대장정'이라고 불리는 행군을 감행하기로 결정했다. 명목상으로는 북쪽의 일본군과 싸우기 위해서라고 했지만, 실제로는 장제스 군의 포위망에서 벗어나기 위해서였다. 대장정은 1934년 10월에 시작되어 1936년 12월 옌안(延安)에서 끝났다. 대장정 때 일어난 사건들은 마오쩌둥에 관한 전설이 되었지만 그 내용을 신뢰하기는 어렵다.[18] 중요한 건 대장정 동안 마오쩌둥이 처음으로 공산당의 주력 부대를 장악했다는 점이다. 명목상의 지휘관은 장궈타오(張國燾)였다. 그는 공산군에서 이탈하여 부하들을 데리고 시장(西江)으로 향했고, 이 때문에 '도피자'라는 낙인이 찍혔다. 마오쩌둥은 공산당 최고지도자로서 저우언라이를 보좌관 겸 정치적 예언자로 두는 한편, 다른 경쟁자들을 '군벌주의자'라고 비난할 수 있게 되었다. 그는 정치 및 군사 권력을 양손에 움켜쥐었다.[19]

1936년 말에 공산당 권력의 집중화 과정이 마무리되었다. 장정도 끝이 났다. 그 무렵 스탈린은 '인민전선' 정책을 추진했는데, 공산당과 국민당을 연합시켜 일본과 싸우게 만들 속셈이었다. 장제스를 총살시켜야 한다고 생각하던 마오쩌둥이 처음부터 달가워했을 리는 없다. 그런데 1936년 말 일명 시안사건, 즉 북부 전선을 돌아보고 있던 장제스가 시안(西安)의 군벌 장쉐량(張學良)에게 체포당하는 수수께끼 같은 사건이 발생했다. 장제스의 문서를 조사하는 과정에서 저우언라이는 우연히 일기를 보게 되었다. 장제스의 일기는 격렬한 반일 감정으로 가득 차 있었다.[20] 마오쩌둥은 설득당할 수밖에 없었다. 1937년 3월 1일 마오쩌둥은 초기의 민족주의로 되돌아갔다. 그는 자신을 찾아온 여기자 애그니스 스메들리(Agnes Smedley)에게 이렇게 말했다. "공산당은 결코 특정 시기, 특정 계급의 이해에 관심을 두고 있는 것이 아닙니다. 공산당은 중국 민족의 운명에 가장 열렬한 관심을 갖고 있습니다."[21]

이 연합 작전을 성공으로 이끌기 위해서는 거국적인 '애국 전쟁'이 필요했다. 1937년 7월 5일 공산당과 국민당은 실제 협정에 서명했다. 이틀 뒤인 7월 7일 밤 베이징 외곽 마르코 폴로 다리에서 국민군과 일본군 사이에 첫 '교전'이 벌어졌다. 중국 쪽에서 먼저 발포했다. 결국 이 루거우차오 사건(蘆溝橋事件) 때문에 중국과 일본은 전면전으로까지 치달았다. 대치하고 있던 양군의 지휘관은 화북 지방 사령관 쑹저위안(宋哲元)과 하시모토군(橋本郡) 장군이었다. 중요한 것은 두 사람이 친한 사이였고, 모든 수단을 동원해 사건이 확대되는 것을 막으려 했다는 점이다. 하지만 이상하게도 설명하기 힘든 무력 행동이 계속되었다. 따라서 누군가 의도적으로 전면 충돌을 획책했음을 미루어 짐작할 수 있다. 1937년 국민당 육군장관의 자리에 있던 허잉친(何應欽)은 죽을 때까지 일본군 급진파의 소행으로 생각했다. 급진파 일본군은 한 해 전에도 2·26사건을 일으키지 않았던가. 하지만 사건 현장에 있었던 일본군 장교들의 생각은 달랐다. 그들은 당시 총격을 중국군 내 위험 분자들이 일으킨 짓이라 생각했다. 나중에 마오쩌둥이 중국을 공산화했을 때는 마오쩌둥의 부하들이 소비에트의 지시에 따라 중일전쟁을 일으켰을 것이라고 추측했다. 일본의 소련 전문가 도이 아키오(土居明夫) 장군은 1967년 이렇게 회고했다. "당시 우리는 그 모든 것이 공산당의 음모라는 것을 알기에는 너무 순진했다." 분명한 것은 루거우차오 사건이 1931년 만주 사변의 재탕이 아니라는 것이다. 일본군 쪽에서는 모략을 꾀한 적이 없다. 사건이 터지자, 일본보다는 중국이 더 강경하고 오만한 자세를 보였다. 중국은 이 사건을 계기로 전쟁을 확대하려 했다.[22]

또 한 가지 분명한 사실은 소련이 중일전쟁 최대의 수혜자였다는 점이다. 일본은 볼셰비키 체제를 무력으로 무너뜨리려는 시도를 끝까지 포기할 나라가 아니었다. 일본과 소비에트의 국경선은 여전히 긴장감이 감돌았다. 1930년대 말에는 심각한 군사 충돌이 자주 일어났다. 1937년에는 아무르 강에서, 1938년에는 블라디보스토크에서 110킬로미터쯤 떨어진 장구펑(張鼓峰)에서, 1939년에는 몽골과 만주국의 국경선에서 교전이 일어났다. 1939년의 교전은 기갑 부대가 출동한 대대적인 전투였다. 이 전투는 제2차 세계대전의 대규모 탱크전을 예고했다. 중국과의 전쟁이 없었다면, 일본은 틀림없이 총력전을 펼쳐 소련을 극동에서 쫓아냈을 것이다. 그러나 실제로 일본은 소련과의 전투에 충분한 병력을 할애할 수 없었다. 그래서 1939년의 전투는 소련의 승리로 끝났고, 주코프(Georgy K. Zhukov) 장군이 큰 명성을 얻었다. 반면 일본군은 근대에 들어서 처음으로 패배의 쓴맛을 봐야 했다.[23]

중일전쟁의 또 다른 수혜자는 마오쩌둥이었다. 1937년 가을 중일전쟁이 걷잡을 수 없이 확대되었을 때, 그는 휘하의 장군들에게 이렇게 말했다.

중일전쟁은 중국 공산당이 세력을 확대할 수 있는 더 없이 좋은 기회입니다. 우리의 계획은 세력 확대에 70퍼센트, 정치에 20퍼센트, 일본과 싸우는 데 10퍼센트의 노력을 쏟는 것입니다. 이런 계획은 3단계로 수행될 것입니다. 제1단계에서 우리는 국민당과 협력하여 우리의 존립과 발전을 도모해야 합니다. 제2단계에서는 국민당과 동등한 세력을 갖도록 매진해야 합니다. 제3단계에서는 중국의 전역에 깊이 침투하여 국민당에 반격을 가할 만한 기반을 확립해야 합니다.[24]

공산당은 이 계획을 한치의 오차도 없이 그대로 실행에 옮겼다. 장제스는 내륙 깊숙이 충칭(重慶)까지 물러났다. 마오쩌둥은 북서부에 머물며, 일본과의 대규모 전투는 피했지만 게릴라전을 이끌며 농민들 사이에서 군사적·정치적 입지를 확대해갔다.

일본에게는 이 전쟁이 도덕적으로나 정치적으로, 그리고 결국은 군사적·경제적으로 재앙이나 다름없었다. 미국은 기본적으로 중국 편이었다. '차이나 로비'는 이미 이때부터 존재했다. 루스벨트는 일본에 극심한 반감을 품고 있었다. 1937년 10월 5일 시카고의 연설에서 그는 일본을 나치나 파시스트와 똑같다고 말하며, 일본이 도덕적으로 고립될 것이라고 경고했다. "전염병이 퍼지기 시작하면, 사회에서도 환자들의 격리를 허용하지 않습니까?"[25] 일본 군부는 국가 정책을 수행하며 전권을 휘둘렀다. 그들은 더 이상 민간 각료와 상의하지 않았고, 결정된 사항을 통보하지도 않았다. 게다가 군대 안에 전체주의에 입각한 신도와 무사도의 속된 교의가 널리 퍼지자, 군사 통제력까지 흔들렸다. 1937년 12월에 중국의 수도 난징(南京)이 함락되었다. 일본군 지휘관 마쓰이 이와네(松井石根) 장군은 중국 땅에 들어서며 이렇게 선언했다. "나는 적과 싸우러 전선에 가는 것이 아니다. 형제를 진정시키려는 마음으로 가는 것이다." 그는 부하들에게 "가능한 한 중국의 관민을 보호하고 위로하라"고 명령했다. 하지만 일단 난징에 들어간 후에는 과격한 장교들이 주도권을 장악했다. 난징의 거리에서는 역사상 유례를 찾기 힘든 잔혹한 대학살이 4주간 벌어졌다. 목격자의 말에 따르면, 남자, 여자, 아이 할 것 없이 "토끼처럼 사냥을 당했다. 움직이는 것은 뭐든 사살되었다." 약 2만 명의 병역 대상 남성이 교외로 끌려가 총검과 기관총으로 학살당했다. (이와 비슷한 사건으로 1941년에는 소련 병사들이 카틴과 또 다른 지역에서 폴란드인을 학살했다.) 난징 대학살은 1938년 2월 6일까지 계속되었다. 그때까지 20만~30만 명의 중국인이 사망했다. 나치 독일 대사관의 관리마저 이 사건을 '짐승의 소행'이라고 보고했다. 이런 극악무도한 행위는 전 세계 신문을 대문짝만하게 장식했다. 하지만 나중에 일본 천황과 민간 각료들은 전쟁이 끝날 때까지 아무것도 몰랐다고 주장했다.[26]

이미 그때부터 일본에서는 언론 통제가 철저하게 실시되고 있었다. 1938년 3월 의회는 모든 권력을 장군과 제독들의 손에 넘겨주는 국가총동원법을 통과시킴으로써 두 손을 놓아버렸다. 하지만 경찰이 테러를 가하는 일은 별로 없었다. 그럴 필요가 없었기 때문이다. 일본은 전쟁 정책 아래 일치단결하고 있는 것처럼 보였다. 어쨌든 공개적인 반대는 찾아볼 수 없었다. 영국 대사 조지 샌섬(George Sansom) 경은 이렇게 보고했다. "일본에서 급진파와 온건파를 구분하는 기준은 목적지가 아니다. 그들은 목적지에 이르는 길과 속도에 따라 구분될 뿐이다."[27] 1938년 초에 일본은 이미 총력 전시 경제 체제를 가동시켰다. 국가가 노동, 가격, 임금, 그리고 모든 주요 산업 요소를 통제했다. 사실상 국가의 여러 위원회가 많은 회사를 운영했다. 이런 위원회의 위원장은 대개 군인이었다. 군대가 중국의 대도시를 점령하고 황허와 양쯔강을 따라 중국의 산업 지대에 신속하게 접근하자, 주로 군 장교들로 이루어진 위원회가 조직되어 중국 경제를 운영하기로 결정했다. 하지만 그들은 전쟁을 어떻게 끝낼지, 아니면 전쟁에서 어떻게 이길지 알지 못했다. 사실 전쟁을 왜 하는지도 몰랐다. 전쟁이 일본에 번영을 가져다주지 않을까? 현실은 그 반대였다. 「뉴욕 타임스」의 도쿄 특파원 휴 바이어스는 1938년 7월 31일에 다음과 같은 사실을 알려왔다. "일본은 중국과의 전쟁이 계속되면서 현재는 성냥개비의 길이와 쥐의 가죽이 중요한 경제 요소가 되는 상황에 처했다." 그의 말에 따르면, 물자가 부족해 배급을 실시하고 있었다. 1918년의 독일보다 더 가혹한 상황이었다. 피혁이 부족했기 때문에 무두질한 쥐의 가죽을 대신 사용했다. 면화, 직물, 화학 약품, 가죽, 금속, 석유, 나무, 강철 같은 주요 상품이 시장에서 사라져버렸다. 치약, 초콜릿, 껌, 골프공, 프라이팬도 살 수 없었다. 쇠로 된 것은 "금보다 귀했다"고 바이어스는 말하고 있다.[28] 유럽에서 전쟁이 일어나기 훨씬 전부터 일본은 긴박한 상황에서 굶주림에 허덕이던 전체주의 국가였다. 일본은 점차 절박해져 주변국을 적으로 삼고, 법치를 포기하고, 사리에 맞는 장기 전략도 없이, 무력을 방편으로 역경에서 헤쳐 나오려 했다. 그러나 사실 이런 역경은 일본이 스스로 키워간 것이다. 어쨌든 여기서 우리는 1930년대 말 상대주의 도덕관에 따른 패악의 예를 볼 수 있다.

또 하나의 사례는 이탈리아다. 여기서도 상호 부패의 과정이 진행되었다. 무솔리니의 정부 전복 시도는 레닌에게서 영감을 얻은 것이다. 한편 히틀러는 정치적으로 활발한 활동을 시작할 무렵부터 무솔리니를 선구자로 언급하곤 했다. 뮌헨의 브라운 하우스 안에 있는 집무실에는 무솔리니의 반신상이 놓여 있었다. 괴벨스는 1935년 발간된 소책자에서 나치가 이탈리아의 파시스트에게 얼마나 큰 영향을 받았는지 상세히 기술했다.[29] 이런 경의는 처음에는 일방적이었다. 교양과 품위를 갖춘 인물임을 자부했던 무솔리니는 히틀러를 천박한 협잡꾼이자 위험한 폭도로 여겼다. 이탈리아에는 작지만 잘 조직되고 많은 존경을 받는 유대인 공동체가 존재했다. 무솔리니는 유대인에게서 많은 도움을 받았다. 그중에는 사회주의 사상에서 무솔리니의 스승 역할을 했던 안젤리카 발라바노프(Angelica Balabanov), 이탈리아 파시즘의 창시자 엔리코 로카(Enrico Rocca), 이탈리아 조합주의 이론가 지노 아리아스(Gino Arias)가 있다.[30] 따라서 처음에 무솔리니는 히틀러의 인종주의를 못마땅하게 여겼다. 그는 영국은 물론이고 프랑스보다도 훨씬 먼저 나치 제세가 가져올 위험을 예견했다. 1934년 그는 나치 체제를 이렇게 묘사했다. "100퍼센트 인종차별주의. 하나도 남김없이 모든 것에 반대한다. 어제는 기독교 문명에 반대하고, 오늘은 라틴 문명에 반대하고, 내일은 아마도 전 세계 문명에 반대할 것이다." 그는 나치 체제가 "타협을 모르는 호전성에 도취되어 있다"고 생각했다.[31] 이탈리아는 북쪽에서 게르만족이 침략해오지 않을까 늘 두려워해왔다. 이탈리아의 전통적인 적대국은 오스트리아였다. 히틀러의 오스트리아 합병 정책은 오스트리아가 베르사유조약으로 이탈리아에 빼앗긴 영토를 되찾으려 할 때 독일이 오스트리아를 지원할 것임을 암시했다. 베르사유조약이 파기될 경우 가장 큰 손해를 보는 나라는 이탈리아였다. 히틀러가 1935년 3월 16일 베르사유조약의 이행을 거부하자, 무솔리니는 나치의 위협에 '공동 전선'을 형성하기 위해, 4월 11~14일 영국과 프랑스를 스트레자(Stresa)에서 만나는 데 합의했다.

하지만 이때 이미 무솔리니는 타락하고 있었다. 나치는 룀 숙청 사건에서 놀랄 만한 대담함을 보여주었다. 반면 이러한 국가적 범죄에 대한 항의의 목소리는 어디에서도 들을 수 없었다. 이 사실은 무솔리니에게 강한 인상을 남겼다. 히틀러가 독일의 출산율을 높이는 데 성공했다는 점도 간과할 수 없었다.

무솔리니는 일본도 주목했다. 일본은 만주를 정복하고 아무런 제재 조치도 받지 않았다. 1930년의 런던군축조약을 파기했다는 것은, 이 동양의 강대국이 맹렬한 기세로 주력함과 항공모함을 건조하고 있다는 사실을 말해주었다. 그런데도 영국은 신속한 대응을 미루고 있었다. 사실 1934년 3월 19일 영국 내각은 독일을 '잠재적인 적국'으로 간주하고, "독일의 위협에 대비해 장기 방위 계획의 방향을 설정해야 한다"는 결정을 내렸다. 그리고 절박한 심정에서 일본과 다시 손을 잡을 수 있는 가능성까지 모색했다. 하

지만 일본에 대한 미국의 반감이 워낙 커서 포기해야 했다.[32] 무솔리니는 이 사실을 몰랐다. 그러나 그에게는 지도를 들여다보며 헤아려볼 수 있는 머리가 있었다. 대영제국은 북유럽에서 독일을 억제하는 한편, 극동에서는 일본을 견제하고, 또 지중해까지 지키는 데 필요한 해군력과 공군력을 충분히 유지할 수 없었다. 무솔리니는 이 사실을 제대로 파악했다. 따라서 이탈리아의 계속적인 협력에 영국과 프랑스가 얼마간 대가를 지불해야 한다고 생각했다. 그는 전체주의적인 현실 정치의 시각에서 에티오피아 문제를 재량으로 처리하고 싶었다. 1934년 12월 5일에 이탈리아령 소말릴란드와 에티오피아 접경 지역에서 분쟁이 발생했다. 스트레자 회의가 열리기 두 달 전 무솔리니는 군대를 파견했다. 그에게는 구실이 있었다. 에티오피아는 그 자체가 제국이었고, 자주 바뀌는 국경선 내에서 이동 성향이 강한 국민을 무력과 테러로 지배하고 있었다. 1935년의 에티오피아 국내 문제 대부분은 식민지 시대가 끝난 1970년대 말 다시 등장했다. 그때 에티오피아는 조금 더 단호하지만 사악한 소련을 동맹국으로 삼아 독립과 더불어 제국을 지킬 수 있었다. 1935년의 위기는 에티오피아 국내 정세보다는 국제연맹의 신뢰성에 문제를 제기했다. 에티오피아는 국제연맹의 회원국으로서 1935년 10월 3일 이탈리아가 공격해오자 국제연맹에 강력하게 호소했다. 5일 뒤 국제연맹은 이탈리아를 침략국으로 규정하고, 10월 15일 '제재' 조치를 가했다.

실질적으로 영국이 책임을 지고 있던 에티오피아 사태의 처리 과정은 최악의 정치적 사례로 손꼽을 만하다. 에티오피아는 여전히 노예제가 남아 있는 아프리카의 원시 왕국이었다. 결코 근대 국가라고 할 수 없었다. 따라서 애초부터 국제연맹의 회원국이 될 수 없었다. 국제연맹이 에티오피아의 국경선을 보장해야 한다는 생각은 국제연맹 규약이 얼마나 허황된 것인지 여실히 보여주었다. 미국의 상원 의원 로지와 그의 동료가 미국의 국제연맹 가입을 거부한 것도 국제연맹 규약의 이런 비현실성 때문이 아니었던가. 국제연맹은 1931년 만주 사변이 일어났을 때도 무기력했다. 사실 그때이미 해산했어야 했다. 만약 국제연맹의 존속을 바랐다면, 그리고 에티오피아가 국제연맹의 성공과 실패를 결정하는 중요한 문제였다면, 영국과프랑스는 에티오피아에서 결전의 의지를 보여주었어야 했다. 그랬다면 이탈리아는 꼬리를 내렸을 것이고, 두 서구 열강은 이탈리아의 호의를 잃는동시에 적대감까지 샀을 테지만, 국제연맹에도 발톱이 있고 성이 나면 그발톱을 사용할 수 있다는 것을 만천하에 보여줄 수 있었다. 그러면 다른 곳에서, 특히 중부 유럽에서 효과를 볼 수 있었을 것이다.

경제제재를 가하는 것은 어리석은 짓이었다. 경제제재가 효력을 발휘하는 경우는 거의 없다. 경제제재는 상대국의 피해와 분노, 적대감을 낳을 뿐침략 행위를 막거나 좌절시키지 못한다. 에티오피아 사태에서 경제제재는전혀 말이 안 되는 것이다. 프랑스는 석유 제재(그나마 사태에 영향을 미칠만한 유일한 종류의 조치)에 동의하지 않았다. 세계 최대의 석유 생산국 미국이 어떠한 경제제재에도 참여하지 않았기 때문이다. 한편 영국은 수에즈 운하를 차단하거나 해상을 봉쇄하는 것에 동의하지 않았다. 해군본부위원회의 제1군사 위원 챗필드(Ernle Chatfield)는 사용 가능한 주력함이 7척뿐이라고 보고했다.[33] 영국 내각이 석유 제재를 가해야 할지 말지 옥신각신하고 있는 동안, 히틀러는 1936년 3월 7일 베르사유조약과 로카르노조약의 이행을 거부하고 비무장 지대로 선포되어 있던 라인란트 지방에 군대를 파견했다. 이날 영국의 본토 수역에 있던 전함은 겨우 3척이었다. 3척의 진함으로는 독일의 '소형 전함'을 제압하기에도 힘들다. 무솔리니는 5월 5일 아디스 아바바(Addis Ababa)를 점령하고, 4일 뒤 에티오피아를 합병했다. 6월 10일 당시 영국의 재무장관이었던 네빌 체임벌린은 경제제재 정책을 '광기의 극치'라고 표현했다. 일주일 뒤 영국 내각은 경제제재 조치를 폐기했다.[34]

경제제재 정책은 무솔리니를 적으로 만드는 결과만을 가져왔다. 독일은 1936년 중반부터 무솔리니에게 구애 공세를 펼쳤다. 프랑크, 괴링, 힘러, 발두르 폰 시라흐가 로마를 방문했다. 그해 11월 1일 무솔리니는 로마-베를린 추축(樞軸)에 관해 언급했다. 1937년 2월 22일이 되자, 영국의 3군 참모총장은 "우리가 이탈리아의 우호와 순종을 당연하게 여길 수 있는 시대는 지나갔다"고 말했다.[35] 이 말은 일본에서 위기가 발생할 경우 지중해와 수에즈 운하를 통해 전함을 파견함으로써, 극동 함대를 강화한다는 기존의 전략이 더 이상 유지될 수 없다는 것을 의미했다. 영국은 이제 본토 수역과 지중해, 태평양-인도양, 이 세 지역에서 잠재적 적국과 대치하게 되었다. 게다가 적국들이 연합할 가능성도 있었다. 무솔리니가 추축에 관해 언급하고 3주 만에 일본과 독일이 코민테른에 반대하는 협정을 체결했다. 반코민테른협정(Anti-Comintern Pact)은 소련을 겨냥하고 있었지만, 전체주의 열강들이 힘을 합쳐 약탈을 일삼는 늑대 떼처럼 행동할 수 있는 가능성을 보여주었다. 1937년 9월 27일 무솔리니는 베를린에서 히틀러의 경외와 찬사를 듣고 한껏 우쭐해졌다. 히틀러는 그를 "누구와도 비교할 수 없는 세계 일류의 정치가"라고 칭송했다.[36] 무솔리니는 더 이상 에티오피아에 만족하지 않고 히틀러를 본받아 병합할 만한 다른 영토를 찾기 시작했다. 무솔리니는 자기 마음대로 니스, 코르시카, 튀니스, 알바니아에 대한 영토권을 주장했다. 그리고 인종 정책에 대한 이전의 소신을 뒤집고, 1938년 11월 나치의 뉘른베르크법에 해당하는 법을 제정했다.[37] 이미 반코민테른협정에 동참하고(1937년 11월 6일), 국제연맹을 탈퇴(12월 11일)한 상태였다.

▶ **무솔리니와 히틀러**
권력의 오만, 진정한 국가이익에 대한 몰이해, 제국에 대한
환상이 팽창주의적 야심으로 이어지지만 않았더라도 무솔
리니는 죽을 때까지 이탈리아의 영웅으로 건재할 수 있었을
것이다.

1939년 4월 그는 유럽 침공 작업에 착수해 알바니아를 침략한 뒤 이탈리아에 병합했다. 이런 타락의 과정은 다음달 5월 22일 절정에 달했다. 그날 무솔리니는 불과 5년 전만 해도 잠재적 '문명의 적'으로 간주했던 인물과 '강철 동맹'을 체결했다.

무솔리니와 히틀러는 이 무렵 최초의 이념적 대리전에서 손을 잡았다. 이 비정한 연극에서 그들의 '적'은 스탈린이었으며, 끔찍한 악행을 저지르기 위해 선택한 장소는 스페인이었다. 스페인은 사실 19세기 초 이후 유럽 강대국 체제의 바깥으로 밀려나 있다가, 이제 강대국의 전쟁터가 된 것이다. 기묘한 일이었다. 스페인은 자기만족에 차서 외국을 배척하며 초연한 태도를 유지하는 국가였다. 유럽 국가들 중에서 전체론의 원리를 가장 혐오했다. 따라서 좌파나 우파의 전체주의 사상이나 사회공학, 상대주의 도덕관이라는 외국의 바이러스가 침투하기 어려운 곳이었다. 그러나 이런 사실이 스페인 내란을 더 비극적으로 만들었다. 바이러스는 스페인 사회당을 통해 유입된 뒤 두루 퍼져나갔다. 살바도르 데 마다리아가(Salvador de Madariaga)의 말대로, "사회당의 내분이 스페인 내란을 불가피한 것으로 만들었다."[38] 1920년대에 스페인 사회주의자들은 분별 있고 실용적인 개량주의자들이었다. 그중 노조 지도자 프란시스코 라르고 카바예로(Francisco Largo Caballero)는 가장 중요한 인물인데, 그 역시 여전히 스페인의 공화주의 전통 안에 머물러 있었다. 외국에 눈을 돌린다 해도 그가 높이 평가한 것은 영국의 페이비언 협회(Fabian Society) 정도였다. (페이비언 협회는 19세기 후반에 창립된 단체로 혁명보다는 점진적인 사회주의 건설을 신봉했다 - 옮긴이) 그는 1924년 최초의 노동당 정부 탄생을 "세계 사회주의 역사상 가장 중요한 사건"으로 여겼다.[39] 대등한 거래를 조건으로 무기력하고 무사 안일한 프리모 데 리베라(Miguel Primo de Rivera)의 독재 정권(1923~30년)과도 협력했다. 그는 정권과 독재자들은 왔다가 사라질 뿐이며, 사회주의의 목표는 자본주의의 틀 안에서 노동자들의 물질적·도덕적 상태를 향상시키는 것이라고 주장했다.[40] 온건파 사회주의자들 덕분에 피 한 방울 흘리지 않고 독재가 끝이 났다. 다음해인 1931년 스페인은 평화롭게 왕국에서 공화국으로 이행했다.

처음에 카바예로는 공화국에 헌신했다. 좌파의 폭력과 불법 행위는 군대를 자극해 또 다른 군사 독재를 부를 것이라고 경고했다. 자신을 지지하는 사람들이 당시 존경받는 우익 인사였던 몰라(Emilio Mola Vidal) 장군의 집을 방화하려는 것을 저지하기도 했다. 또한 카바예로는 개량주의 헌법을 기초하는 데 일조했다. 이 헌법은 국유화를 허용했지만, 엄격한 법의 틀 안에서 상응하는 보상을 하도록 규정했다. 학교를 건설한 일은 자부심을 느낄 만한 일이다. 1908~30년 사이에 평균적으로 한 해 505개의 학교가 신설되었는데, 공화국 첫 해에만 7,000개 이상의 학교가 세워졌다.[41] 이것이 바로 사회주의 장관들이 존재해야 할 이유였다. 그는 무정부주의자와 소수의 공산주의자들이 일으키는 정치적 파업이나 농촌의 폭동을, 필요하다면 포병대를 투입해서라도 진압해야 한다고 주장했다.[42] 그래서 우익의 군사 쿠데타(1932년 8월)는 실패하고 말았다. 온건한 토지개혁 법안이 통과되었다. 희망으로 가득 차 있던 그 순간, 스페인 공화국은 점진적이고 인간적인 근대화의 굳건한 기초 위에서 곧 안정을 이룰 것처럼 보였다.

하지만 꿈은 산산조각 났다. '위장 잠입'의 최초 희생자는 카바예로였다. 극좌파 조직이 당과 조합에 비밀리에 침투해 들어온 것이다. 이렇게 해서 노동자 총연맹에 대한 지배력을 잃게 되자 카바예로는 영향력을 회복하기 위해 좌경화되었다. 때마침 외국에서 일어난 사건들이 나쁜 영향을 미치기 시작했다. 히틀러가 승리했고, 독일 사회민주당은 너무도 쉽게 와해되었다. 이러한 사건들은 온건한 방식이 효과가 없다는 교훈을 남겼다. 1933년 7월이 되자 카바예로는 사회당이 파시즘을 받아들일 것이 아니라 권력을 쟁취해야 한다고 주장했다. 1934년 초에는 오스트리아의 가톨릭교도 총리 돌푸스(Engelbert Dollfuss)가 사회당의 거점인 카를 마르크스 호프(Karl Marx Hof)를 야포(野砲)로 공격하여 사회당 세력을 분쇄했다. 스페인에서도 이런 일이 벌어지지 않으리라 누가 장담하겠는가. 사회주의 계열의 신문은 오토 바우어나 율리우스 도이치(Julius Deutsch) 등 중부 유럽의 사회주의자들이 보내는 경고문으로 가득했다.[43] 극단주의라는 독소가 사회당 청년부에 깊숙이 침투했다. 청년 사회주의자들은 패거리를 이루어 조직적인 폭력에 가담했다. 그들은 카바예로를 '스페인의 레닌'이라고 불렀다. 그들의 아첨에 힘을 얻은 이 늙은 개혁가는 호전적인 세력에 이끌려 폭력의 길에 들어섰다. 이런 새로운 경향에는 '카바예로주의'라는 이름이 붙었다.[44] 무솔리니가 타락의 과정을 통해 우경화되었다면, 카바예로는 좌경화되었다고 할 수 있다.

그 과정은 농촌의 위기가 고조되면서 가속화되었다. 해외 이민의 길이 막히고(1933년 10만 명이 강제 송환되었다), 농작물 가격이 떨어지고, 토지개혁에 관해 논란이 일었다. 지주들은 토지개혁을 혁명적이라고 생각했지만, 무정부주의자들은 일종의 사기라고 생각했다. 이런 상태에서 토지

개혁이 제대로 시행될 리가 없었다. 시골에서는 "가난한 자들은 굶주림에 미쳐버릴 지경이었고, 부자들은 두려움에 미쳐가고 있었다."[45] 지주들은 농민들의 굶주림에 "공화국이 오지 않았나!"라고 소리쳤다. 공화국에게 먹여달라고 하라는 뜻이었다. 치안 경비대는 무정부주의자들이 사주하는 농민 봉기를 막기 위해 '예방적 잔혹 행위'라는 만행을 저지르곤 했다. 1933년 11월 사회당은 선거에서 패했고, 정권에서 배제되자 직접 행동에 나섰다.

이런 전술의 변화는 성공할 수 없었고, 공화국 체제를 붕괴시킬 것이 분명

▶ **프란시스코 프랑코(1892~1975)**
국민군의 지도자로 스페인 내전에서 스페인 민주 공화국을 전복한 후 죽을 때까지 스페인 정부의 총통을 지냈다. 내전은 주로 유혈이 많은 소모전으로 이어졌고 양쪽 모두 잔학행위가 심했다. 수만 명이 국민당 정부에 의해 처형되었으며, 처형은 전쟁이 끝난 후에도 몇 년 동안 계속되었다.

했다. 새로운 전술은 카바예로가 이전에 주장했던 모든 것을 부정했다. 1934년 5월 그는 농촌 노동자들의 파업을 부추겼지만 실패로 끝났다. 내무부는 수천 명의 농민을 총으로 위협하여 트럭에 태운 뒤 고향에서 수백 킬로미터 떨어진 곳에 내려 놓았다. 그해 10월이 되자 카바예로는 혼신의 노력을 기울였다. 마드리드에서는 총파업이 일어났다. 하지만 총파업이 열렬한 지지를 받은 것은 아니었다. 바르셀로나에서 탄생한 독립 '카탈루냐 공화국'은 정확히 10시간 동안 유지되었을 뿐이다. 아스투리아스에서는 사회당의 지원 속에 만들어진 노동자 코뮌이 2주 동안 버티고 있었다. 여기서는 광부들이 다이너마이트로 격렬히 저항했다. 하지만 바르셀로나아 마드리드의 노동자들이 동조하지 않는 상황에서 아스투리아스의 혁명 세력

이 무릎을 꿇는 것은 시간문제였다. 진압 작전을 이끈 인물은 스페인의 가장 유능한 장군 프란시스코 프랑코(Francisco Franco)였다. 그는 정규군과 식민군으로 4열 종대를 이루어 밀고 들어갔다.

그때까지 프랑코 장군은 군사 쿠데타에 반대해왔다. 그리고 여전히 그 입장을 고수하고 있었다. 하지만 이제 상황이 달라졌다. 외국에서 들어 온 바이러스 때문에 스페인이 위험에 처해 있는 것을 목격했다. "사회주의, 공산주의, 그리고 문명을 야만으로 뒤엎으려는 또 다른 신조들이 최전방에 포진하고 있다."[46] 1935년 그는 징집병 중 25퍼센트가 좌익 정당에 소속되어 있으며, 그들을 조직하고 당의 전단지를 배포하는 것이 좌파 조직원의 주요 임무라는 사실을 알았다. 1935년 8월 코민테른 제7차 대회에서는 디미트로프가 '인민전선'의 개념을 다음과 같은 말로 소개했다. "동지 여러분, 여러분은 트로이 함락에 얽힌 오래된 이야기를 기억하실 겁니다. …… 공격에 나선 군대는 적진의 심장부까지 침투해야 합니다. 그전까지는 승리를 얻을 수 없습니다."[47] 프랑코는 두려웠다. 군대가 분열되거나 무력화된다면 극좌파의 책동을 막을 길이 없었기 때문이다. 그렇게 되면 레닌이 러시아에서 자행한 끔찍한 만행이 스페인에서 재현될 것이고, 적어도 스탈린식 농업 집산화가 강요될 게 뻔했다. 인민전선이 조직되고 총선을 앞둔 1936년 2월 초, 그는 파리에 있는 스페인 대사관의 군사 담당관에게 최악의 경우 군이 나설 준비를 해야 한다고 말했다. 하지만 그는 위기가 사라질 것으로 예상했다. 따라서 어떤 군사적 개입도 계획해놓지 않았다.[48] 1936년 2월 16일 인민전선이 선거에서 승리를 거둔 뒤에도, 대대적인 민간의 지원이 없는 한, 군대는 '거사에 필요한 도덕적 합의'를 이끌어 낼 수 없다고 생각했다.[49]

군대가 원하던 '민간의 지원'을 얻을 수 있었던 것은 오로지 사회주의자와 또 다른 극좌파 덕분이다. 1934년 민주주의를 포기하고 먼저 폭력의 길에 들어선 것은 좌파였다.[50] 그 결과 힐 로블레스(José María Gil Robles)가 이끄는 주요 우파 민주 세력인 스페인 우익동맹은 광란에 가까운 공포에 휩싸였다. 힐 로블레스는 진정한 공화주의자였다. 그 때문에 사회주의자뿐만 아니라 왕당파와 파시스트에게도 미움을 받았다.[51] 우익동맹은 중산계급을 기반으로 하는 대중 정당으로, 투표를 통해 원하는 안정을 얻을 수 있었기 때문에 무력을 사용할 필요가 없었다. 하지만 스페인 우익동맹에도 전체주의적 타락의 과정이 진행되었다. 스페인 우익동맹의 청년 단체인 인민 행동대는 청년 좌파 조직이 휘두르는 폭력에 적극적으로 대응했다. 그들은 로블레스를 "당수, 당수, 당수!"라고 연호했으며, "당수는 항상 옳다"는 구호를 내걸었다. 그들은 좌익을 가리켜 '스페인의 적'이라고 말했다. 또 다음과 같이 말했다. "인민 행동대가 마르크스주의를 분쇄하지 않으면, 마르크스주의가 스페인을 멸망시킬 것이다. 당수의 편이 아니라면, 당수의 적일 뿐이다! 스페인의 적과 대화하는 일은 있을 수 없다. 그들이 아니라 우리가 이겨야 한다. 마르크스주의, 프리메이슨 사상, 분리주의를 섬멸하여 스페인을 불멸의 길로 이끌자!" 로블레스의 일부 추종 세력은 1936년의 선거에서 소름끼치는 주장을 했다. 좌파가 승리하면, "폭도들이 무장을 하고, 개인 저택과 은행을 방화하고, 사유 재산과 사유지가 몰수·재분배되고, 약탈이 일어나고, 여자는 공동 소유하게 될 것"이라는 주장이었다.[52]

좌파가 선거에서 승리하고 정권을 잡자, 이런 예측의 대부분이 현실로 나타났다. 인민전선을 형성했던 정당들이 승리를 거두었지만, 실제 득표 수는 50퍼센트에도 못 미쳤다. 좌파는 지난번보다 100만 표가 늘어나 입지가 강화되었으나, 우파도 75만 표를 더 얻었다.[53] 투표 결과는 분명히 신중함을 요구하고 있었다. 좌파는 결선 투표를 기다려야 했지만, 헌법을 무시하고 첫 번째 투표가 끝난 다음날 새로운 내각을 구성했다. 그날 밤 처음으로 교회와 수도원이 불타는 사건이 벌어졌다. 오르비에토(Orvieto)에서는 감옥 문이 열렸다. 의회에서는 좌파가 조직적인 공작을 벌여, 행실이 올바르지 못하다는 이유로, 스페인 우익동맹 소속 의원의 의석을 빼앗았을 뿐 아니라, 더없이 훌륭한 공화주의자였던 알칼라 사모라(Alcalá Zamora) 대통령을 공격하기 시작했다.

가장 걱정스런 일은 공산당의 영향력이 급속히 커졌다는 것이다. 그들은 선거에서 17석을 얻었을 뿐이다. 성직자의 목을 이빨로 물어뜯었다고 알려진 '정열의 꽃' 돌로레스 이바루리(Dolores Ibárruri)도 그중 한 명이었다. 그들은 4월 5일 대반격을 꾀했다. 솜씨 좋은 코민테른의 공작원 비토리오 코도비야(Vittorio Codovilla)가 손을 쓰고 사회당 청년부의 지도자 산티아고 카리요(Santiago Carrillo)가 배신을 한 덕분에(그는 이미 공산당 중앙위원회의 회의에 참석하고 있었다), 사회당과 공산당 청년 세력이 합쳐졌다. 이로써 4만 명의 투사가 공산당에 가담하게 된 셈이다.[54] 10일 뒤 전형적인 인민전선 강령이 발표되었다. 그들은 선거의 승리가 근소한 차이라는 사실과 스페인 국내에서 좌파와 우파의 지지 기반이 엇비슷하게 나뉘어져 있다는 사실은 전혀 인정하지 않았다. 로블레스는 인민전선 강령의 항목을 듣고서 의회에 이렇게 경고했다. "국민의 절반이 잠자코 죽으려 하지는 않을 겁니다. 한 가지 방법으로 지킬 수 없다면, 그들은 다른 방법으로 자신을 지키려 할 겁니다. …… 혁명을 통해 권력을 얻으려는 자들 때문에 내전이 일어나려 합니다. …… 정부는 엄격히 법의 테두리 안에 있는 집단에 본래 의무를 다하지 못했습니다. …… 이런 정부의 실책 때문에 무기가 동원되는 겁니다."[55]

의회를 통해 혁명적 강령을 강제했다고 하더라도, 이 때문에 군사 쿠데타가 일어났다고 보기는 어렵다. 결정적인 요인은 인민전선이 좌파 투사들을 통제하지 못하고, 안정적인 정부를 형성하는 데 실패한 데 있다. 사회당은 어떤 노선을 추구해야 하는지 결정하지 못하고 분열되어 있었다. 온건파의 지도자 인달레시오 프리에토(Indalecio Prieto)는 카바예로를 미워했다. 그와 같은 방에 있는 것조차 싫어했다. "카바예로는 지옥에나 가라그래!" 프리에토는 사회당이 폭력을 사용하면 군부를 자극하게 될 것이라고 경고했지만, '갱년기 히스테리'라는 모욕적인 비난만 받았다.[56] 양 진영이 결합된 결과는 최악이었다. 허약한 정부와 주로 카바예로가 보여주는 능란한 웅변술의 결합과 다르지 않았다. 도시에서는 인민전선의 청년 세력이 판을 치고, 농촌에서는 무정부주의자들이 조직한 농민들이 토지를 점거하고, 공장에서는 반정부 파업이 일어났다. 이미 겁을 집어먹고 있던 중산 계급과 숙련직 계급, 일반 병사들과 경찰 간부들은 이런 상황 때문에 카바예로의 웅변을 진지하게 받아들였다. 거리의 깡패나 다름없던 청년 세력, 무정부주의자, 마르크스주의 통일노동자당(POUM, 새로 조직된 혁명적 마르크스주의 정당), 생디칼리스트가 바로 좌파의 투사들이었다. 그들이 먼저 폭력을 주도해나갔다. 이어 새로 나타난 파시스트 깡패들이 광적인 흥분 속에서 폭력 행위에 참여했다. 나중에 좌파의 폭력이 파시스트 '선동 분자' 탓이라는 주장이 제기되었지만, 이런 주장은 타당하지 않다.[57] 인민전선의 청년 집단에서 가학적인 살인자들이 자생되어 나온 게 틀림없다. 이들은 내란 기간에 가장 끔찍한 형태로 스탈린식 테러를 자행했다.

5월이 되자 무정부주의자들과 마르크스주의 통일노동자당 당원들이 공장을 짐거하기 시작했다. 농민들은 (특히 에스트레마두라, 안달루시아를 중심으로) 상당한 토지를 강탈하여 분배했다. 치안 경비대는 막사에서 나오지 못했다. 군인들은 대부분 휴가 중이었다. 공화국 때 신설된 돌격 수비대는 말하자면 경찰 기동대였지만, 이따금 폭력에 가담했으며, 농작물이 불태워지는 동안에도 손 놓고 구경만하고 있었다. 6월 들어 폭력 사태는 더욱 악화되었다. 6월 16일 로블레스는 최종 경고로 의회에서 폭력과 불법 행위의 목록을 소리 내어 읽었다. 방화된 교회가 160곳, 정치 테러로 인한 사망자가 269명, 폭행 사건이 1,287건, 파괴된 정당 사무실이 69곳, 총파업이 113건, 부분 파업이 228건, 약탈당한 신문사 사무실이 10곳이었다. 그는 이렇게 결론을 내렸다. "군주제든, 의회공화제든, 대통령 공화제든, 아니면 공산주의 아래서든, 파시즘 아래서든, 국가는 존속할 수 있습니다! 하지만 무정부 상태에서는 국가가 존속할 수 없는 겁니다."[58] 인민전선 정부는 이러한 호소에 반응을 보이지 않았다. 보수적인 군부 지도자들이 반란의 전제 조건으로 여기던 '대대적인 민간의 지원'을 가져다준 것은 바로 정부의 무능과 무기력이었다. 결정적인 사건은 7월 11일에 찾아왔다. 그날 우익 의원 칼보 소텔로(Calvo Sotelo)의 시체가 발견되었다. 우익 집단이 돌격대원 두 명을 죽이자 돌격 수비대가 앙갚음으로 소텔로를 살해한 것이다.[59] 이틀 뒤 로블레스는 이와 관련하여 공개적으로 정부를 비난했다. 내란은 7월 17일에 시작되었다. 반란군과 한 패가 되고 싶지 않았던 로블레스는 프랑스로 피신했다.[60]

프랑코의 승리

 사실 1936년 2월의 선거 결과는 거의 동등하게 양분되어 있던 민심을 정확히 반영했다. 이 때문에 내란이 일어났던 것이다. 전쟁이 2년 반을 끈 것은 외국의 개입 때문이다. 1930년대 일어났던 세계적인 사건 가운데 스페인 내란만큼 잘못 알려진 사건은 없을 것이다. 최근에 와서야 역사가들이 한 세대 동안 허위의 높은 산 아래 묻혀 있던 진실을 파헤치기 시작했다. 스페인 내란은 선악의 투쟁이 아니라 총체적인 비극이었다. 반란군은 재빨리 남부와 서부를 장악했다. 하지만 그들은 마드리드를 손에 넣는 데 실패했다. 정부군은 1930년까지 북부와 동부의 대부분을 방어하고 있었다. 이렇게 확립된 전선 뒤에서 양쪽 편은 적군이라고 생각되는 사람들에게 끔찍한 잔학 행위를 저질렀다.

 공화파에게 가톨릭교회가 주된 증오의 대상이었다는 사실은 매우 흥미롭다. 성직 계급은 자유주의나 사회주의에 반대하고 있었다. 하지만 그들이 파시스트였던 것은 아니다. 굳이 따지자면, 그들 대부분은 왕정 지지파라고 할 수 있다. 톨레도(Toledo)의 페드로 세구라(Pedro Scgura) 내주교는 반파시스트였고, 영국에 우호적인 인물이었다. 물론 성직자가 너무 많았던 것은 사실이다. 2,450만 명의 인구 가운데 수사가 2만 명, 수녀가 6만 명, 사제가 35,000명이었다. 하지만 성직 계급은 1837년 땅을 빼앗겼고, 대신 현금으로 보상받았다. 교회는 부유하다는 인식이 퍼져 있었지만, 일반 교구 사제들은 전혀 그렇지 않았다. 농민들이 자기 마을의 사제를 죽이는 경우는 매우 드물었다. 그러나 다른 마을의 사제를 죽이는 데는 쉽게 협력했다. 그들은 일반적으로 성직자를 미워했다. 그렇다고 개별적으로 성직자 누구누구를 미워했던 것은 아니다. 도시의 좌익 인텔리겐치아가 일반적으로는 인도주의를 표방하지만, 개인적으로는 그러지 못했던 것과는 대비되는 지점이다. 바야돌리드(Valladolid)의 대주교는 농민을 가리켜 이렇게 말했다. "이 사람들은 자기 마을의 성모를 위해서라면 기꺼이 목숨을 내놓으려 하지만, 이웃 마을의 성모는 사소한 일로도 불태워버린다."[61]

공화파는 살해 집단을 시켜 잔학 행위를 저질렀다. 살해 집단은 노조의 투사, 청년대, 정치 공작원으로 구성되어 있었다. 그들은 자신을 '공화국의 스라소니' '붉은 사자단' '복수의 여신들' '스파르타쿠스단' '힘과 자유단' 등으로 불렀다. 그들은 반란 세력이 교회의 탑에서 먼저 발포했다고 주장했다. 하지만 바르셀로나의 카예 라우리아(Calle Lauria)에 있던 카르멜 교회(Carmelite Church)의 경우를 제외하면, 그 주장은 사실이 아니다.[62] 사실 교회는 반란에 참여하지 않았다. 일부 성직자들이 민족주의자들에게 도움을 준 것은 이런 잔학 행위의 결과이지 원인이 아니다. 주교 11명(총원의 5분의 1), 수사의 12퍼센트, 사제의 13퍼센트가 살해당했다.[63] 가톨릭계 프랑스 시인 폴 클로델(Paul Claudel)은 「스페인의 순교자들에게 Aux Martyrs Espagnols」라는 유명한 시를 지어 그들을 기렸다.

형제 스페인이여, 성스러운 스페인이여, 그대가 선택하였소!

학살당한 11명의 주교, 16,000명의 사제, 그리고 한 사람의 배교자도 없이!

공화파 스페인에서는 여성에 대한 폭력 행위가 드물었지만, 수녀 283명이 살해당했고, 일부는 죽기 전에 강간당했다. 시우다드 레알(Ciudad Real) 주에서는 예수회 수사를 아들로 둔 어머니가 살해당했다. 죽은 그녀의 목구멍 속에는 십자가가 들어 있었다. 토리호스(Torrijos)의 교구 사제는 매질을 당하고, 가시관을 머리에 쓰고, 식초를 마시고, 나무 기둥을 등에 짊어졌다. 그런 다음 십자가형을 당한 게 아니라 총살을 당했다. 하엔(Jaén)의 주교는 2,000명이 보는 앞에서 누이와 함께 살해당했다. 그 둘을 죽인 사람은 '주근깨'라고 알려진 잔인한 여전사였다. 어떤 사제들은 화형당했고, 또 어떤 이들은 생매장당했고, 귀를 잘린 사제도 있었다.[64]

공화파는 또한 민족주의자들, 특히 팔랑헤당(Falange) 당원들을 학살했다. 론다(Ronda)에서는 512명이 골짜기 밑으로 내던져졌다. 어니스트 헤밍웨이는 『누구를 위하여 종은 울리나 For Whom the Bell Tolls』에서 이 사건을 묘사한 바 있다. 이런 잔학행위의 스승은 레닌이다. 좌익의 살해 집단은 '체카'로 불렸다. 하지만 그들은 "드라이브하러 간다"는 할리우드식 은어를 사용했다. 마드리드만 해도 이런 집단이 수십 개나 되었다. 가장 잔혹한 집단은 공산당 청년단의 우두머리 가르시아 아타델(García Attadell)이 이끄는 패거리였다. 그는 공포의 대상이었던 '새벽 정찰대'를 지휘하며 수십 명을 살해했다. 궁전 같은 저택에서 살았고, 집 안에는 약탈품을 산더미처럼 쌓아놓았다. 나중에 이렇게 마련한 재산을 가지고 라틴 아메리카로 도망치려 했지만, 체포되어 세비야 감옥에서 교수형 당했다. 그는 죽기 전에 가톨릭에 귀의했다.[65] 이런 살인자들 가운데 많은 수가 소비에트가 만든 바르셀로나의 비밀경찰 조직에 들어갔다. 통틀어 대략 55,000명의 민간인을 좌파가 살해한 것으로 밝혀졌다. (바야돌리드의 국립 성지 기록에 따르면 54,594명이다.) 여기에는 약 4,000명의 여자와 수백 명의 아이들이 포함되어 있었다.[66]

민족주의자들이 후방에서 살해한 사람들도 그 정도였다. 대부분은 군부대 소행이었다. 그들도 레닌의 방식을 따랐다. 좌파 활동가를 몰살하여 좌파의 조직적인 정치 기반을 파괴하고, 좌파 지지자들을 비굴한 공포에 빠뜨리려 했다. 1936년 7월 19일, 몰라 장군은 팜플로나(Pamplona)에서 이렇게 말했다. "공포 분위기를 조성할 필요가 있다. 우리가 지배하고 있다는 인상을 심어주어야 한다. …… 인민전선을 지지하는 자들은 공개적으로나 은밀하게 총살시켜야 한다."[67] 체포는 밤에 이루어졌고, 어둠 속에서 총살이 집행되었다. 때론 총살 전에 고문을 가했다. 하지만 가톨릭교회에서 모든 사람은 죽기 전에 고해를 해야 한다고 주장했기 때문에(10퍼센트는 고해 성사를 거절했다), 비밀리에 사람들을 죽이기가 어려워졌다. 그럼에도 신성 모독적인 잔혹 행위가 저질러지곤 했다. 어떤 남자는 몸을 십자가 모양으로 묶은 뒤 팔다리를 자르는 고문을 받았다. 그 남자의 아내는 그 장면을 본 뒤 미쳐버렸다. 이를 막으려던 사제들은 총에 맞아 죽었다.[68] 마요르카(Majorca) 섬에서 벌어진 잔인한 사건은 조르주 베르나노스(Georges Bernanos)의 소설 『달빛 아래 거대한 묘지 Les Grands Cimetières sous la lune』에 묘사되어 있다. 반면 아서 케스틀러는 『보이지 않는 글 The Invisible Writing』에서 오토 카츠(Otto Katz)가 파리의 코민테른 사무소에서 어떻게 파시스트의 잔혹 행위를 거짓으로 꾸며냈는지 이야기하고 있다.[69]

민족주의자들에게 희생당한 가장 유명한 인물은 시인 가르시아 로르카(Federico Garcèa Lorca)다. 사회주의자였던 그의 처남은 그라나다

(Granada)의 시장이었다. 로르카는 1936년 8월 19일에 총살당했으나 무덤은 발견되지 않았다. 같은 달 그라나다에서는 571명이 살해당했다. 오늘날 신뢰할 만한 기록에 따르면, 민족주의자들이 살해한 인원은 그라나다 주에서 8,000명, 나바레에서 7,000~8,000명, 세비야에서 9,000명, 바야돌리드에서 9,000명, 사라고사에서 2,000명, 발레아레스 제도에서 3,000명이었다. 전쟁이 일어나고 6개월 동안, 민족주의자들은 장군 여섯 명과 해군 장성 한 명을 죽이고, 사실상 체포된 모든 인민전선 의원과, 주지사, 의사, 교사를 죽였다. 모두 5만 명가량이다.[70] 따라서 양쪽에서 살해된 사람은 엇비슷했고, 양쪽 다 전체주의의 특징을 보여주었다. 말하자면, 개인의 죄를 처벌한 것이 아니라 계급이나, 신분, 직업을 처벌 대상으로 삼은 것이다.

외국의 개입은 전쟁 초기부터 중요한 역할을 했다. 외국의 개입이 없었다면, 프랑코의 군사 쿠데타는 아마 실패했을 것이다. 6개 대도시 가운데 5곳에서 반란이 수포로 돌아갔다. 인민전선 정부는 육지에서 수적으로 상당한 우위를 점하고 있었다. 여기에 민병대 병력까지 가세했다. 해군 병사들은 장교들을 사살했다. 해군은 순양함 2척과 구축함 2척으로 아프리카 군대가 해협을 건너오는 것을 막고 있었다. 민족주의자들은 우선 제공권(制空權)에서 우위를 보였다. 하지만 비행기가 너무 적은 탓에 아프리카에서 스페인으로 하루에 200명 이상의 병력도 수송하지 못했다. 부르고스(Burgos)의 반란을 지휘한 몰라 장군은 탄약이 부족해 반란을 포기하고 피신하려는 생각까지 했다.[71] 1936년 7월 19일 일요일, 프랑코 장군이 카나리아 제도에서 모로코 북부의 도시 테투안(Tetuán)에 도착했다. 거기서 그는 이탈리아에 폭격기 12대를 요청했다. 3일 뒤에는 독일에 수송기를 요청했다. 독일의 수송기는 7월 28일 테투안에 도착했다. 이탈리아 폭격기가 도착한 것은 그로부터 이틀 뒤였다. 8월 초 프랑코 장군은 몰라 장군에게

60만 발의 탄약을 공수해주었고, 하루 동안 병사 3,000명을 스페인에 보냈다. 이로써 전세가 역전되었다. 8월 11일 북쪽과 남쪽의 군대가 합류했다. 다음달 프랑코 장군은 새로운 국가에서 전권을 행사하는 국가수반 겸 대원수로 임명되었다.[72] 그는 이제 공화파의 사기가 꺾여 곧 마드리드를 함락시킬 수 있으리라 생각했다. 하지만 공화파의 지역에 프랑스와 소련의 비행기가 도착하자, 정부군은 대부분의 전선에서 제공권을 얻게 되었다. 이 전쟁에서 얻을 수 있는 교훈은 전술적 공중 지원의 중요성이다. 마드리드에 소련제 탱크가 등장하자, 항복의 가능성은 완전히 사라졌다. 따라서 공화파든 민족주의파든 어느 한쪽에서 조기에 전쟁을 끝내지 못한 것은 외국이 개입했기 때문이다.

하지만 열강의 개입이나 영국과 프랑스의 불간섭 정책이 전쟁의 결과를 결정한 것은 아니다. 무기는 돈만 주면 언제든 구할 수 있었다. 독일은 어떤 때는 최대 1만 명의 병력을 파견했다. (이중 300명이 사망했다.) 파견 병력에는 5,000명의 콘도르 군단도 포함되어 있었다. 콘도르 군단은 항공기 부대와 탱크 부대로 이루어진 실험 부대였다. 독일은 또한 많은 교관과 탱크 200대, 비행기 600대, 고성능 88밀리 대공포를 제공했다. 독일 교관은 군 장교와 항공기 조종사를 단기 양성하는 데 큰 도움을 주었고, 독일의 대공 무기는 1937년 초 공화파의 제공권을 무력화시키는 데 이용되었다. 이탈리아의 도움은 훨씬 컸다. 한때 최대 4~5만 명의 병력을 투입하고(그중 4,000명이 사망했다), 탱크 150대, 비행기 660대, 야포 800문(이중 일부는 최고 성능을 자랑했다), 대량의 기관총, 소총, 그리고 여러 전쟁 물자를 제공했다. 이탈리아군은 공화파의 항공기 903대를 격추하고, 선박량 72,800톤을 격침시켰다고 주장했다. 이 외에도 수천 명의 포르투갈인, 오더피(Eoin O'Duffy) 장군이 지휘하는 아일랜드인 600명, 소수의 프랑스인, 백계 러시아인, 영국인, 미국인, 중남미인, 그리고 '의용병'의 이름으로 전쟁에 가담한 75,000명의 모로코군이 스페인 민족주의파를 도왔다.[73]

소련은 공화파에 비행기 1,000대, 탱크 900대, 장갑차 300대, 야포 1,550문, 그리고 갖가지 군수품을 제공했다. 프랑스는 대략 비행기 300대를 제공했다. 양적으로 보면, 공화파는 외국으로부터 민족주의파와 거의 동등한 수준의 도움을 받았다. 하지만 질적인 수준에서 공화파의 지원 물자는 너무 제각각이었고, 효과적으로 이용되지 못했다. 공화파 군대가 퇴각한 뒤에는 대량의 전쟁 물자가 그대로 남아 있었다. 소련제 탱크는 더 크고 빨랐으며, 무장도 훨씬 잘되어 있었고, 모든 면에서 독일제나 이탈리아제 모델보다 우수했다. 일본군은 1939년에, 히틀러는 1941~42년에 이 사실을 깨달았다. 하지만 이 탱크들은 제대로 활용되지 못한 채 쉽게 버려졌다. 전쟁이 끝날 무렵 민족주의파는 1개 연대 전체를 소련제 무기로 무장시킬 수 있을 정도였다.[74]

소련은 항공기 조종사 1,000명, 그 밖의 전문 기술자 약 2,000명을 파견했지만, 부대를 대규모로 파견하지는 않았다. 소련은 스페인을 국제적인 선전의 시험장 정도로 생각했고, '국제 여단'을 조직하는 데 주력했다. 내전 기간에 총 4만 명의 외국인이 공화파를 위해 싸웠다. 그중 3만 5천 명이 국제 여단에 속해 있었다. 하지만 외국인은 가장 많을 때도 1만 8천 명이 넘지 않았다. 이에 더해 1만 명의 의사, 간호사, 민간 전문가들이 있었다. 프랑스에서 약 1만 명에 달하는 가장 큰 규모의 파견대가 왔다. 그 뒤로 독일인과 오스트리아인 5,000명, 폴란드인 5,000명, 이탈리아인 3,350명, 영국과 미국에서 각각 2,500명, 유고슬라비아와 체코슬로바키아에서 각각 1,500명, 스칸디나비아반도, 캐나다, 헝가리에서 각각 1,000명, 그 외 나른 40개 국가에서 소규모의 파견대가 왔다. 사상자는 매우 많았고, 정확한 사

▶ 프랑코는 내전이 끝난 후 스페인의 영광을 회복한다는 비전을 가지고 있었지만, 스페인은 여전히 내부적으로 분열되어 있었고 오랜 전쟁으로 피폐해진 상태였다. 5개월 후에 제2차 세계대전이 발발함으로써 프랑코 정부는 더욱 위태로워졌다.

상자 수에 대해서는 의견이 분분하다. 어떤 추정치에 따르면, 영국인 공화파 참전자는 2,762명이며, 그중 1,762명이 부상당하고, 453명이 사망했다고 한다. 미국인도 약 900명이 죽었다고 전해진다.[75]

외국의 원조와 개입이 군사적 균형의 저울을 한쪽으로 기울게 한 것은 아니다. 민족주의파가 승리한 것은 프랑코 장군의 뛰어난 능력과 판단 덕분이다. 프랑코 장군은 호감이 가는 인물은 아니었다. 앞으로도 결코 역사가들의 호의를 얻을 수 없을 테지만, 그런데도 20세기에 가장 크게 성공한 인물이라고 할 수 있다. 프랑코는 차가운 가슴과 냉철한 두뇌, 예리한 지성, 불굴의 용기와 의지를 지니고 있었다. 그의 아버지는 늘 술독에 빠져 있던 해군 장교였다. 동생은 기록을 깨뜨리는 데 몰두한 항공기 조종사이자 사고뭉치였다. 프랑코는 가족의 모든 자제심을 한 몸에 갖고 태어났다. 여자에도, 술에도, 도박에도 관심이 없었다. 그가 좋아하는 것은 오로지 지도였다. 스물두 살의 나이에 군에서 가장 젊은 대위가 되었고, 서른세 살에는 유럽에서 가장 젊은 장군이 되었다. 그는 모로코에서 격렬한 전투를 상당히 많이 경험했다. 특히 1920년대의 리프전쟁은 실전 감각을 풍부하게 해주었다. 1925년에는 리프족에 맞선 대규모 합동 상륙 작전에서 스페인군의 공격을 지휘하기도 했다. 전투에 대한 그의 견해는 당시로서는 매우 진보적이었다. 그는 드골 장군처럼 '기동전'의 중요성을 믿었다. 1928년에는 스페인 육군사관학교를 개혁했다. 프랑스의 육군장관 앙드레 마지노(André Maginot)는 프랑코가 새로 탄생시킨 육군사관학교를 두고 "세계에서 가장 근대적인 육군사관학교이며 …… 군사 기술과 지식의 결정판"이라고 평가했다.[76]

여기서 프랑코의 철학을 간략하게나마 살펴보는 일도 가치가 있을 것이다. 그가 세계를 바라본 시각이, 자유주의적인 것이든 전체주의적인 것이든, 당대에 유행하는 사상적 흐름과 상당한 거리를 두고 있었기 때문이다. 프랑코와 가장 비슷한 군인 겸 정치가는 영국의 웰링턴 공작이다. 웰링턴 공작은 스페인에서 대단히 존경받는 인물이다. 프랑코 장군은 전쟁이 중오심에서 빚어지는 사태라고 생각했다. 따라서 전쟁에는 잔혹 행위가 없을 수 없으며, 전쟁은 문명의 진보를 위해 때때로 필요했다. 그는 로마군, 십자군, 16세기 스페인 정복자, 파르마 보병대의 전통 안에 서 있었다. 아프리카에서 그의 외인부대는 적군의 시체에서 목을 잘라내는 잔혹한 만행을 저지르곤 했다. 하지만 그들은 엄격한 규율을 따랐다. 프랑코는 가혹하기는 해도 공정했기에 지휘관으로서 인기가 있었다. 그는 스페인의 기독교 문화가 다른 어떤 문화보다 우월하다는 걸 전혀 의심하지 않았다. 따라서 모로코인들이 왜 '문명'에 저항하는지 납득할 수가 없었다. 나중에 아스투리아스의 광부들을 진압하며, "분명히 괴물도 야만인도 아니면서 …… 온전한 사람이라면 마땅히 지녀야 할 애국심이나 성직 사회에 대한 존중이 없는 것"을 보고 당혹스러워했다.[77] 그가 수도 없이 얘기한 바에 따르면, 그를 군사 쿠데타의 길에 들어서게 한 것은 '의무, 즉 조국애'였다.

프랑코에게 군대는 진정한 의미에서 유일한 국가 기관이었다. 유구한 역사를 지녔고, 신분이나 지역의 차별이 없으며, 비정치적이고, 부패하지 않고, 공평무사한 실체였다. 군대는 억압당하면 반란을 일으켰다. 16세기 이후 그래왔고, 최근에는 1917년까지 그런 일이 있었다. 그렇지 않은 경우라면, 군대는 국가에 충실히 봉사했다. 스페인에서 군대 외 다른 것들은 모두 의심스러웠다. 교회는 유약했다. 프랑코는 '신앙인'이었다. 그는 종교에 대해 회의적이었던 몰라 장군에게 탄약을 원한다면 신에게 기도하라고 했다. 프랑코는 성직 계급의 지지를 얻기 위해 노력했지만, 결코 교권주의자는 아니었다. 세속적인 문제에 관해서는 성직자들의 권고에 조금도 귀 기울이지 않았다. 정치라면 어떤 형태든 증오했다. 보수주의자는 반동적이고 이기적인 지주였다. 자유주의자는 부패하고 이기적인 장사꾼이었다. 사회주의자는 망상에 빠진 사람들이거나 그보다 더 나빴다. 그는 팔랑헤당과 카를로스주의자 세력을 통합하여 자기 밑에 두었다. 두 세력은 프랑코에게 완전히 예속되어 있었다. 프랑코는 결코 파시스트가 아니었으며, 유토피아나 특정 제도 따위에 환상을 품고 있지도 않았다. 그의 사령부에서 정치가로 영향력을 가지고 있는 인물은 처남인 라몬 세라노 수네르(Ramón Serrano Suñer)뿐이었다. 그러나 수네르 역시 행정가 역할을 수행했을 뿐이다. 프랑코는 이렇게 말했다. "스페인인은 정치와 정치가들에게 질렸다." 이렇게도 말했다. "정치로 먹고 산 사람들만 우리의 행동을 두려워할 것이다." 그의 모든 정치 활동은 정치를 근절하기 위해 바쳐졌다고 할 수 있다.[78]

프랑코는 인적자원과 물적 자원의 활용 면에서 공화파에 앞서 있었다. 공화파는 정치적 전쟁을 하고 있었지만, 그는 군사적 전쟁을 하고 있었기 때문이다. 그는 전쟁에 관해서는 지형, 훈련, 군사 시설, 병참, 암호, 제공권 등 하나부터 열까지 모두 알고 있었다. 천재는 아니었지만, 매우 철저하고 침착했으며, 실패를 되풀이하는 법이 없었고, 실수로부터 교훈을 얻었다. 정치를 배제했기 때문에 그를 건드리는 사람은 아무도 없었다. 사실상 전쟁 내내 명령권을 홀로 장악하고 있었다. 그는 재빨리 원조국과의 관계에서 완전한 독립성을 획득했다. 다른 사람들도 그렇게 생각했다. 그에게는 이것이 심리적으로 가장 큰 자산이었을 것이다. 사실 여기에서 자주 간과되는 점이 하나 있다. 무기를 든 보통 사람들에게는 이상주의가 전쟁의 중요한 요소가 되지만, 국가 대 국가의 차원에서는 냉정한 실리주의가 전쟁을 지배한다는 점이다. 히틀러, 무솔리니, 스탈린 그리고 무기와 병력을 제공했던 정부들은 대가를 원했다. 어떤 의미에서는 재정이 전쟁의 열쇠였다. 프랑코와 그의 조언자들은 재정을 영리하게 다루었다. 금 보유고나 중앙은행의 도움 없이 지폐 가치를 유지할 수 있었던 것은 높이 평가할 만하다. 민족주의파의 페세타(peseta)는 1파운드당 70 내지 80으로 안정적이었다. 이와는 대조적으로 공화파의 화폐 가치는 1936년 1파운드당 36페세타에서 1937년 12월 1파운드당 226페세타로 떨어졌고, 그 뒤에는 폭락했다.[79] 일찍부터 프랑코는 왕실, 스페인 내의 영국이나 다른 외국 기업, 후안 마르치(Juan March), 후안 벤토사(Juan Ventosa) 같은 거물에게서 돈을 뜯어냈다. 또 수출을 지속시키기 위해 엄청난 노력을 기울였고, 점차 성공을 거두었다. 결과적으로 그는 통화를 안정시키고, 스페인 내에서 공채를 모집할 수 있었다. 무엇보다 거의 모든 외국에서 신용으로 무기를 구입할 수 있었다. 독일은 스페인에 2억 2,500만 달러의 채권을 보유하고 있었다. 이탈리아는 1940년 최종안으로 스페인에게서 2억 7,300만 달러를 받는 데 합의했다. 따라서 두 나라는 스페인 내란에 관심을 기울일 수밖에 없었다.

그들은 채무를 상환받기 위해 프랑코가 전쟁에 승리하기를 바랐고, 이를 위해 노력했다. 그들이 바라던 바는 결국 이루어졌다.

이에 비해 공화파는 재정 문제를 다루는 데 터무니없이 멍청했다. 전쟁이 시작될 무렵 그들은 세계 최대 규모의 금 보유고를 자랑하고 있었다. 금은 700톤에 달했고, 1억 6,200만 파운드(7억 8,800만 달러) 상당의 가치가 있었다. 공화파는 이를 이용하여 공채를 모집하든지, 서구 자본주의 국가들의 무기 시장에서 지폐를 지불하고 무기를 구입하든지, 소련에서 신용으로 무기를 얻었어야 했는데, 보유하고 있는 금의 3분의 2 이상을 스탈린에게 넘겨주고 말았다. 스탈린은 분명 신용 거래를 통하거나 지폐로 대금을 받고서라도 무기를 제공했을 것이다. 그러나 실제로는 성능이 천차만별인 소련제 무기를 제공하는 대가로, 5억 달러 상당의 금을 받았고, 이외에도 수출을 통해 1억 달러를 벌어들였다. 그리고 나중에도 5,000만 달러의 채무가 남아 있다고 주장했다. 1938년 말 그는 온화한 미소를 지으며 공화파의 협상가에게 그들의 신용이 바닥났다고 말했다. 스탈린은 한순간도 공화파의 채무액이 불어나도록 놔둔 적이 없다. 그에게는 투자자가 갖게 되는 기본적인 관심이 없었으며, 돈을 돌려받기 위해 반드시 스페인 공화국을 승리로 이끌어야 할 절박한 필요성을 느끼지 못했다.[80]

탄압과 폭격

스탈린은 금으로 즉시 무기 대금을 받으면서, 한편으로 무기 공급에 대한 정치적 대가를 요구했다. 공화파의 입장에서는 이것이 더 끔찍한 재난이었다. 전쟁이 터지고 무기의 필요성이 절박해지면서, 스페인 공산당의 영향력은 엄청나게 커졌다. 스페인 공산당이 독립적인 실체였다면, 이런 상황이 큰 문제가 되지는 않았을 것이다. 하지만 실상을 보면, 알렉산드르 오를로프가 이끄는 소련의 내무인민위원회와 연방국가정치보안부의 단위 조직이 소련 대사관을 통해 스페인 공산당을 통제하고 있었다. 프랑스의 잔인한 마녀 사냥꾼 앙드레 마르티(André Marty)를 비롯해 코민테른의 인물들도 개입했다. 오를로프는 내무인민위원회 위원장 예조프를 몹시 두려워했고, 헤밍웨이가 묘사한 바에 따르면 앙드레 마르티는 "늙어빠진 사자의 발톱의 때만큼이나 썩은 듯한 인상을 풍겼다."[81] 오늘날까지도 스탈린이 얼마만큼 공화파의 승리를 원했는지는 확실치 않다. 다만 그가 스페인 공화파를 조종하려고 애썼던 것만큼은 사실이다.

카바예로는 1936년 9월 공화파의 총리가 되었다. 멍청하고 쉽게 속아 넘어갔지만, 스탈린주의자들에게 어느 정도 저항의 몸짓을 보이기도 했다.

그는 공산주의자들이 사회당 세력을 흡수하는 것을 막았다. 공산당이 청년 운동을 장악하는 이전의 사태를 재연하고 싶지 않았던 것이다. 1937년 1월, 그는 스탈린에게서 협박 편지와 함께 가장 신뢰하던 공화파의 장군을 해임하라는 요구를 받았다. 그는 소련 대사 마르셀 로젠베르그(Marcel Rosenberg)를 방에서 쫓아냈다. 그는 "나가, 나가라구!"라고 소리를 질렀다. 이 소리는 총리실 밖까지 들릴 정도로 컸다. 비록 스페인이 비참한 상태에 놓여 있지만, "외국의 일개 대사가 스페인 정부의 수반에게 이래라저래라 하는 것"은 도저히 참을 수 없다고 말했다.[82]

사실 그 사건으로 카바예로의 정치 생명은 끝난 셈이었다. (로젠베르그는 즉각 소련으로 소환되어 스탈린에게 살해당했다.) 물론 소비에트 당국이 정권 교체를 준비하는 데는 꽤 시간이 걸렸다. 정권 교체는 소련의 대리 대사, 마르티, 오를로프, 그리고 다른 비밀경찰 관료들이 참석한 공산당 집행 위원회에서 결정되었다. 이에 관한 유명한 일화가 있다. 스페인 공산당 서기장 호세 디아스(José Diaz)는 스탈린의 지령에 따라 카바예로를 내쫓는 것에 반대했다. 그는 마르티에게 이렇게 소리쳤다. "당신은 스페인 공산당 회의에 참석한 참관인일 뿐이오. 우리의 의사 진행이 마음에 들지 않는다면, 가르쳐드리지만, 나가는 문이 바로 저기 있소!" 하지만 이런 비분의 외침에도 불구하고, 투표에서는 디아스와 교육부 장관 헤수스 에르난데스(Jesús Hernández)만이 정권 교체에 반대했을 뿐이다. 헤수스는 이 회의에서 어떤 일이 일어났는지 우리에게 알려준 인물이다. 어쨌든 다른 스페인 공산당원들은 오를로프의 부하들을 무서워했다.[83]

스탈린의 부하 아르투르 스타셰프스키(Arthur Stashevsky)는 이미 그 전해 11월부터 카바예로의 후임으로 후안 네그린(Juan Negrín)을 염두에 두고 있었다. 그는 네그린을 이상적인 꼭두각시로 생각했다. 후안 네그린은 비정치적인 중상 계급의 교수였다. 그를 따르는 노조나 노동 계급도 없었고, 공산당에 소속되어 있지도 않았다. 따라서 외국 언론의 눈에는 '훌륭한' 인물로 보였다. 게다가 사생활이 문란했기 때문에 협박하기도 쉬웠다. 그는 시급한 무기 구입을 미뤄두고, 여자들의 꽁무니를 좇아 스포츠카를 타고 프랑스 국경을 넘곤 했다. 식욕도 대단해서, 어떤 날은 하룻밤에 세 번 식사를 한 적도 있다. 네그린이 자신은 총리가 될 만큼 인기 있는 인물이 아니라고 하자, 에르난데스는 "인기란 만들어지는 것이지요"라고 냉소적으로 대답했다. 선전이야 공산당이 달리 적수를 찾아볼 수 없을 만큼 탁월한 분야 아니겠는가.[84] 온순한 네그린이 아무것도 깨닫지 못하고 있는 동안, 공산주의자들 — 즉 스탈린의 비밀경찰 — 이 공화파 스페인을 장악했다. 20세기에 일어난 가장 큰 정치적 비극으로 꼽을 만하다.

스페인 군부가 1936년 7월 군사 쿠데타를 일으키지 않았더라도, 언젠가는 스페인 좌파들 사이에서 내란이 일어났을 게 분명하다. 실제로 1937년 봄 바르셀로나에서 좌파의 내란이 일어났다. 공산주의자들이 마르크스주의 통일노동자당 세력과 무정부주의자들을 공격했다. 공화파와 민족주의파가 맞서 싸우고 있는 스페인 내란처럼, 정치적 암살이 이 소규모 내란의 구실이 되었다. 그해 4월 25일 공산당 지도자 롤단 코르타다(Roldán Cortada)가 총에 맞아 죽었다. 범인은 무정부주의파의 '관리 순찰대' 아니면 코민테른의 공작원 에르뇌 게뢰(Ernö Gerö)였을 것이다. 양측은 저마다 민병대, 비밀경찰, 암살단을 두고 있었다. 마르크스주의 통일노동자당은 "혁명을 포기하느니 방어벽 위에서 죽으리라"는 구호를 내걸었다. 공산당은 "사라고사를 점령하기 전에 바르셀로나를 점령해야 한다"고 맞대응했다. 5월에 폭동과 대규모 전투가 벌어졌다. 이어 해군과 4,000명의 돌격 수비대가 개입했다.[85] 카바예로는 마르크스주의 통일노동자당의 민병대를 해산시키는 것을 거부했다. 이것이 그를 총리 자리에서 내쫓는 직접적인 구실이 되었다. 네그린이 명목상의 총리로 임명되는 순간, 공산당이 내무부와 경찰과 의회의 요직을 장악했고, 마침내 '결판'을 내기 위해 행동에 들어갔다.

소련에서 스탈린의 당내 숙청이 진행되는 동안 스페인에서도 숙청이 이루어졌다. 스페인의 숙청은 스탈린의 방식을 그대로 따랐다. 공산당이 장악한 마드리드 경찰은 팔랑헤당 당원 두 명을 사로잡아 협박하고 공작을 꾸몄다. 이 공작에 따라, 두 사람은 프랑코가 자랑하는 '제5열'의 마드리드 봉기를 준비하고 있던 것으로 꾸며졌다. 마르크스주의 통일노동자당의 지도자 안드레스 닌(Andrés Nin)이 프랑코에게 지원을 요청하는 가짜 편지도 만들어졌다. 대량의 문서가 날조되어 여행 가방에 넣어졌다. 경찰이 이 가방을 헤로나(Gerona)에서 '발견'했다. 가방에 들어있던 문서는 마르크스주의 통일노동자당이 공화파를 배신하고 파시스트와 공모하고 있다는 사실을 보여주었다.

그해 6월 14일 스페인 내무인민위원회 위원장 오를로프가 마르크스주의 통일노동자당의 지도자 전원을 체포하라고 명령했다. 이 명령은 스탈린이 직접 지시한 것으로 보인다. 이 일은 공산당 각료들의 저항을 물리치고 이루어졌다. (네그린은 물론이고 비공산당 각료들은 이 사실을 알지도 못했다.)[86] 마르크스주의 통일노동자당 제29사단의 사단장 역시 '협의'를 이유로 소환되어 즉시 체포되었다. 붙잡힌 사람들은 곧장 주도면밀하게 준비된 심문 기관과 고문실로 끌려갔다. 고문실은 대부분 지하에 있었으나, 바르셀로나의 성 우르술라 수녀원에도 있었다. 이곳은 '스페인의 다하우'로 알려져 있었다. 내각은 안드레스 닌을 석방시키기 위해 노력했지만 소용없었다. 그러나 안드레스 닌을 스페인 조작 재판의 본보기로 만들려는 스탈린의 시도는 무위로 돌아가고 말았다. 안드레스 닌이 거짓 자백을 하는 대신 고문을 받다가 죽는 길을 택했기 때문이다. (나중에 프랑코의 궁전이 되는 엘 파르도 공원에서 오를로프가 그를 살해했다.) 그는 조지 오웰의 『1984 *Nineteen Eighty-Four*』에 나오는 주인공 골드스타인(Goldstein)의 모델이 되었다. 1937년의 남은 기간에, 그리고 1938년이 되어서도, 수천 명의 마르크스주의 통일노동자당 당원과 그 밖의 모든 좌파가 공산당의 감옥에서 처형당하거나 고문 끝에 숨을 거두었다. 이중에는 트로츠키의 비서였던 에르빈 볼프(Erwin Wolff), 오스트리아의 사회주의자 크루트 란다우(Kurt Landau), 영국의 기자 밥 스마일리(Bob Smilie), 존스홉킨스대학의 강사였던 호세 로블레스(José Robles) 등 외국인도 많았다. 조지 오웰과 나중에 독일의 총리가 된 빌리 브란트(Willy Brandt)는 이 비참한 운명을 간신히 빠져나왔다.[87]

스페인 내란이 스탈린의 공포 정치가 절정에 달했을 때 일어났다는 것도 크나큰 불운이었다. 바르셀로나에서 발생한 살인 사건 중 많은 수는 스페인 내부의 정치 상황과는 별로 관련이 없었고, 그보다는 모스크바와 레닌그라드에서 일어난 사건들의 여파였다고 할 수 있다. 호세 로블레스가 처형당한 것도 이 때문이다. 로블레스는 얀 안토노비치 베르진(Jan Antonovich Berzin) 장군의 통역관이었다. 베르진 장군은 스페인에 파견된 소련 군사 사절단의 단장이었는데, 스탈린이 지시한 군부 숙청의 일환으로 소련으로 소환되어 살해당했다. 로블레스는 이러한 내부 사정을 너무 잘 안다는 이유로 살해당했다. 스탈린은 1937~38년에 세계 각지의 주요 공작원들을 살해했다. 소련에서도 그랬지만, 스페인에서도 스탈린이 좌파를 장악하고 테러 공작을 하는 데 협조한 거의 모든 사람이 차례로 죽임을 당했다. 내무인민위원회 외무부 부장은 1938년 2월 파리

▶ 스페인 내란((1936~1939)
수십 년 동안 스페인 역사와 정치가 양극화한 결과로 일어난 스페인 내란은 양측 구성세력부터 확연하게 달랐다. 프랑코파는 스페인의 로마 가톨릭 교회, 군부세력, 토지소유자, 기업가 등이었고, 공화파는 도시노동자, 농업노동자, 교육받은 중산층으로 이루어져 있었다.

사무실에서 꼼짝없이 붙잡혀 강제로 청산가리를 마셨다. 스페인의 무기 공급을 담당했던 에벤 코노발레크(Evhen Konovalek)는 1938년 5월 로테르담에서 살해되었고, 루돌프 클레멘트(Rudolf Clement)는 센 강에서 목 없는 시체로 발견되었다. 소비에트 서유럽 군사 정보부 부장 발터 크리비츠키(Walter Krivitsky)는 스탈린의 청부 살인업자에게 3년 동안 쫓기다, 1941년 2월 10일 워싱턴에서 살해당했다.[88] 스탈린은 베르진 장군 외에도 「프라우다」지의 스페인 통신원 미하일 콜초프(Michael Koltzov), 스페인 경제 사절단 단장 아르투르 스타셰프스키, 바르셀로나의 총영사 안토노프 오브셴코(Antonov Ovseenko)를 살해했다. 오브셴코는 법무장관으로 임명되었다는 말을 듣고 모스크바로 불려간 뒤 죽임을 당했다. 잔인한 스탈린식 유머를 보여주는 사례다.[89] 오를로프는 스탈린의 마수를 피한 유일한 인물이다. 그는 스탈린에 관해 알고 있는 모든 사실을 기록하고, 만약 자신이 죽임을 당하면 즉시 출판할 수 있도록 조치를 해놓고 나서 그 사실을 스탈린에게 알렸다. 덕분에 살아남았고, 기록을 모아 스탈린 사후에 책으로 출판했다.[90]

우리는 이런 질문을 해볼 수 있을 것이다. 바르셀로나에서 좌파에게 이처럼 잔혹 행위가 자행되고 있었는데, 어떻게 전 세계적으로 스탈린주의에 저항하는 물결이 일어나지 않을 수 있었단 말인가? 한 가지 이유는 스탈린이 운이 좋았기 때문이다. 바르셀로나에서 롤단 코르타다가 살해된 다음날인 1937년 4월 26일 내부 분열의 조짐이 일어났을 때, 콘도르 군단 소속의 비행기 43대가 게르니카(Guernica)라는 바스크 지방의 유서 깊은 도시를 폭격했다. 게르니카는 오래된 참나무가 유명했는데, 이 참나무 밑에서 최초의 바스크족 의회가 열렸다. 콘도르 군단의 폭격으로 대략 1,000명이 죽고, 건물의 70퍼센트가 파괴되었다. 양측이 도시를 폭격한 것은 처음 있는 일이 아니었고, 게르니카는 공격하는 쪽의 입장에서 보자면 타당한 목표였다. 하지만 이번에는 공습의 목적이 공포를 불러일으키는 것이었다.

게르니카 공습은 콘도르 군단 지휘관 볼프강 폰 리히트호펜(Wolfgang von Richthofen) 대령이 몰라 장군의 참모장 후안 비곤(Juan Vigón) 대령과 상의하여 결정했다. 몰라 장군이 사전에 이에 관해 알고 있었다는 증거는 없다. 프랑코 장군은 확실히 몰랐던 것 같다. 그리고 독일은 이 도시의 역사적 중요성에 대해 아무것도 모르고 있었다.[91] 세계 최고라고 할 만한 코민테른의 선동가들에게는 이 사건이 예상치 못한 행운이었다. 그들은 이 사건을 스페인 내란 중에서 가장 유명한 사건으로 만들었다. 피카소는 이미 파리 만국 박람회의 스페인관에 전시할 대형 그림을 주문받은 상태였다. 그는 즉시 이 소재에 매달렸다. 그의 작품은 만국 박람회가 끝난 뒤 뉴욕 메트로폴리탄 미술관으로 옮겨졌다. 게르니카 사건은

『타임 Time』지와 『뉴스위크 Newsweek』지를 포함하여 서방의 전 여론을 공화파 쪽으로 돌려놓는 데 큰 공헌을 했다.[92] 그 요란한 목소리는 1980년대 피카소의 작품이 프라도(Prado)에 있는 미술관에 걸릴 때도 여전했는데, 이 소리에 묻혀 바르셀로나 학살의 비명 소리는 전혀 들리지 않았다.

코민테른은 게르니카 공습 사건을 이용하여 마르크스주의 통일노동자당을 분쇄한 일을 숨겼다. 이것은 그들의 선전 수법이 얼마나 뛰어난가를 보여주는 일이다. 빌리 뮌젠베르크(Willi Muenzenberg)와 오토 카츠가 이 일을 주도했다. 이 직업적인 거짓말쟁이들은 나중에 스탈린의 지시로 살해되었다.[93]

스페인 내란이 일어나고 있는 동안, 뛰어난 선전 선동뿐만 아니라, 서유럽 지식인들의 순진함과 우매함, 그리고 거짓과 부패가 스탈린주의가 전파되는 것을 도왔다. 서구 지식인들은 특히 오든(Wystan H. Auden)이 말한 '필요한 살인'을 눈감아주었다. 스페인에서 도망친 오웰이 마르크스주의 통일노동자당 사건에 관한 이야기 '스페인의 실상을 말한다'를 『뉴 스테이츠먼』지에 발표하려 했을 때, 편집장 킹슬리 마틴(Kingsley Martin)은 이를 거절했다. 그러한 이야기가 세상에 알려지면 공화파에 대한 서구의 지원에 타격을 가져올 수 있다는 이유에서였다. 킹슬리 마틴은 나중에 서구 국가들이 무기를 공급해주었다면, 네그린이 마르크스주의 통일노동자당 사건 때 공산주의자들과의 관계를 끊었을 것이라고 주장했다. 오웰의 폭로 기사는 『뉴 잉글리시 위클리 New English Weekly』지에 게재되었지만, 거의 주목을 끌지 못했다.[94] 좌파 지식인들은 객관적인 진실을 원하지 않았다. 자신들의 환상이 산산조각 나는 것을 바라지 않았던 것이다. 그들은 스페인을 해방시킨다는 대의에 흥분해 있었다. 그들 가운데는 오웰처럼 굳건한 의지로 절대적인 도덕 기준을 지켜나갈 수 있는 사람도, 상대주의적인 도덕관이 대세가 되었을 때 발생하는 끔찍한 공포를 체험해본 사람도 거의 없었다. 많은 이들이 비굴할 정도로 '당'에 복종했다. 시인 세실 데이루이스(Cecil Day-Lewis)는 1936년에 입당했을 때, 좀 더 일찍 입당하지 않은 것에 대해 자세하게 변명했다. "나는 돈을 충분히 벌어, 내가 사심 없는 마음에서 입당하는 것임을 스스로 확신하고 싶었습니다. 혁명을 통해 개인적인 이득을 보려는 배고픈 인간이 아님을 입증하려 했던 것입니다. 나는 그동안 이런 부르주아적 주관성 안에 갇혀 있었습니다." 그는 도서회에서 도서 선별 위원회에 들어오라는 권유를 받았을 때도 당의 허락을 받아야 한다고 생각했을 정도다.[95]

게다가 공산당은 공화파 스페인의 땅에 사람들이 들어오는 것을 제한하고 있었다. 한 영국 작가는 스페인에 가기 위해 영국 공산당 서기장 해리 폴릿(Harry Pollitt)의 소개장을 받아야 했다. 해리 폴릿과 밀접한 관계를 맺고 있는 인물 중에는 좌파 도서 클럽을 통해 시장을 지배하고 있던 출판업자 빅터 골란츠(Victor Gollancz)도 있었다. 오든은 바르셀로나 공원에서 외설죄로 체포되었을 때, 해리 폴릿의 소개장 덕분에 투옥을 면할 수 있었다.[96]

'우리의' 스페인에 방문하는 것은 진보적인 지식인들에게 빼놓을 수 없는 일이었다. 독일, 소련, 이탈리아가 새로운 군사 장비를 시험하는 데 스페인을 활용한 것과 똑같이, 작가들은 다음에 발표할 소설이나 시의 소재를 얻기 위해 스페인에 갔다. 전자가 스페인을 하드웨어로 이용했다면, 후자는 소프트웨어로 이용했다고 할 수 있다. 중국 혁명을 다룬 『인간 조건 La Condition Humaine』(1932)으로 세계적인 명성을 얻은 소설가 앙드레 말로는 후속작을 기대하며 스페인에 갔고, 『희망 L' Espoir』(1938)을 세상에 내놓았다. 그는 느려터진 포테스(Potex) 폭격기 편대를 이끌고 스페인에 들어갔는데, 이 일은 신문에 대서특필되었다. 하지만 포텍스 폭격기는 민족주의파에게 아무런 해도 입히지 못했다. 게다가 이 폭격기를 조종하기 위해서는 스페인인이 필요했다. 공화파 전투기 부대의 지휘관 가르시아 라카예(García Lacalle)는 말로가 끌고 온 사람들이 "작가, 예술가, 사진사, 여자, 아이, 그리고 별의별 인간이 다 있었지만, 비행기 조종사는 없었다"고 기록했다.[97] 헤밍웨이도 『누구를 위하여 종은 울리나』를 취재하기 위해 스페인에 갔다. '파파' 라는 별명으로 불렸던 헤밍웨이는 전쟁의 냉소주의와 비정함에 대해 잘 알고 있다고 생각했지만, 사실은 쉽게 속아 넘어가는 인물이었다. 친구 존더스 패서스가 사라진 로블레스의 행방에 대해 걱정하고 있을 때였다. (로블레스는 이미 살해당한 뒤였다.) 헤밍웨이 또한 로블레스와 잘 알고 있는 사이였지만, 방첩 활동을 하고 있던 페페 킨타니야(Pepe Quintanilla)로부터 로블레스가 스파이라는 말을 듣고 그대로 믿어버렸고, 존더스 패서스가 "계속 로블레스를 믿는 것" 은 "전형적인 미국인의 자유주의적인 태도"에서 비롯된 순진함일 뿐이라고 생각했다. 정작 순진했던 것은 헤밍웨이였다.[98]

코민테른의 협잡꾼들은 지식인들의 마음을 계속 붙들어두기 위해 주최측에서 모든 비용을 부담하는 국제적인 대회를 기획했다. 1937년에는 브뤼셀에서 국제 평화 운동이 열렸다. 국제 평화 운동을 주관한 프랑스 공산당 지도자 마르셀 카생(Marcel Cachin)은 평화의 날, 평화의 박람회, 평화의 주화, 평화의 맹세를 만들었다. 킹슬리 마틴은 ― 비록 당시가 아니라 30년이 지난 뒤의 일이었지만 ― 이러한 일이 "정직, 열정, 신념의 말살"이며 자신을 "절망"에 빠뜨렸다고 기록했다.[99] 같은 해 열린 마드리드 작가 회의는 한술 더 떴다. 영국의 스티븐 스펜더(Stephen Spender)는 그곳에서 "군주나 대신 같은 대접을 받았다. …… 롤스로이스를 타고 연회에 참석하고, 축제를 벌이고 노래와 춤을 즐겼다"고 기록했다. 하지만 이 대회의 절정은 앙드레 지드에게 악의에 찬 공격을 퍼붓는 시간이었다. 그로부터 얼마 전 발표한 『소련에서 돌아와 Retour de l' URSS』에서 소련을 비판했기 때문이다. 이 때문에 앙드레 지드는 공개적으로 '파시스트 괴물'이라는 호된 비난을 받았다. 참석자들은 대포 소리를 듣고 나서야 현실로 돌아왔다.

다음날 아침 프랑스 대표단의 단장 앙드레 샹송(André Chamson)은 『성직자의 배반』의 저자 쥘리앵 방다와 함께 즉시 마드리드를 떠날 것이라고 발표했다. 어떤 이유로든 두 사람 가운데 한 명이 죽는다면, 프랑스는 프랑코에게 전쟁을 선포하지 않을 수 없을 테고, 그렇게 될 경우 세계대전으로 확대될 것이라는 이유를 내세웠다. 샹송은 그런 대재앙의 책임을 자신이 떠맡을 수는 없다고 말했다.[100]

이 말을 한 스펜더는 이미 전선의 경험이 있는 사람이었다. 기관총 진지(陣地)에서 벌어진 그의 경험담을 들어보자.

사수가 내게 무어인들의 진지에 몇 발을 갈겨보라고 했다. 속으로 제발 아무도 맞지 않기를 바라며 총을 발사했다. 갑자기 전선이란 것이 마주보는 양측의 사랑싸움 같다는 생각이 들었다. 반대편 참호에서 서로 고립되어 있는 이곳의 상황처럼……. 방문객 한 명이 이 죽음의 오르가즘을 방해하는 것은 너무나 경솔한 일이 아닌가 싶었다.[101]

그러는 동안 너무나 경솔한 처사들이 공화파 전선의 후방에서 계속되었다. 오웰이 지적했듯이, 좌파의 각 파벌들은 프랑코가 처치되고 나면 군사적인 우위를 차지해야 한다는 생각에 사로잡혔고, 이것을 위해 전술을 짜고 전쟁을 수행했다. 그들은 병력의 규모를 유지하기 위해 사상자를 내지 않으려 했다. 공산당은 마르크스주의 통일노동자당이나 다른 조직의 부대가 괴멸되기를 바라며 고의로 포격 지원이나 공중 지원을 해주지 않았다.[102] 마르크스주의 통일노동자당이 분쇄된 후 공화파의 사기는 계속 떨어졌다. 이런 상황에서 프랑코는 혹독했던 1937~38년의 겨울 내내 소모전을 펼쳤다. 4월에는 공화파 스페인이 두 지역으로 나뉘었다. 그 뒤 프랑코 장군의 승리란 사실상 시간문제에 불과했다. 프랑코 장군은 압도적인 우위를 유지하며, 위험한 모험에 나서려 하지 않았다. 가을에 접어들 무렵 스탈린은 이미 전쟁에 싫증이 나 있었다. 선전의 효용 면에서는 스페인 내란의 가치를 마지막 한 방울까지 다 짜낸 상태였다. 숙청도 마무리되어 있었다. 그는 이미 새로운 거래를 생각하고 있었다. 거래 상대는 서구의 민주주의 국가, 아니면 히틀러가 될 수도 있었다. 공화파 스페인의 금도 모두 손에 넣은 뒤였다. 그래서 스탈린은 원조를 중단했다. 프랑코는 마침내 크리스마스 직전에 마지막 카탈루냐 공격을 개시했다. 그는 전쟁을 종식시킬 수 있으리라 확신했다. 바르셀로나는 1939년 1월 28일에 함락되었고, 마드리드는 3월 28일에 점령되었다. 아무런 동요 없이 전쟁을 해왔던 프랑코는 전쟁이 끝났다는 말을 듣고도 책상에서 고개조차 들지 않았다.[103]

마드리드가 함락된 날 히틀러는 1934년에 체결한 독일과 폴란드의 불가침 조약을 파기한다고 선언했다. 독일은 한 주 전에 이미 체코슬로바키아 전역을 점령한 뒤였다. 유럽에서 조만간 전쟁이 일어날 것은 불을 보듯 뻔했다. 프랑코는 야만적으로 대응했다. 다가오는 대참사뿐만 아니라 20세기로부터 완전히 절연하여 스페인의 문을 닫아버렸다. 스페인에는 원래 노골적인 사회공학과 내부 개혁의 전통이 있었다. 15세기와 16세기에 스페인은 수많은 무어인과 유대인, 개신교도를 차례로 추방했다. 이런 대규모 박해를 통해 스페인은 종교 개혁과 종교 전쟁의 피해에서 벗어날 수 있었다. 하지만 프랑스혁명 때는 이러한 과감한 조치를 취하지 못했다. 프랑스혁명의 영향이 미치자, 스페인은 15년간 내전의 소용돌이에 휩싸이고 말았다.

고야(Francisco de Goya)의 그림은 당시의 참혹한 정황을 웅변적으로 보여주고 있다. 이제 탈기독교 시대의 전체주의 문화가 스페인에서 3년간 또 다른 순교자를 낳았다. 민족주의파는 전투 중 9만 명이 죽었고, 공화파 병사는 11만 명이 죽었다. 장애인이 된 사람은 100만 명가량이었다. 1만 명이 공습으로 죽고, 25,000명이 영양실조로 죽고, 13만 명이 후방에서 살해되었다. 50만 명이 국외로 피신했고, 그중 반은 영원히 돌아오지 않았다.[104] 유명한 쿠엥카 성당(Cuenca Cathedral)의 도서관에서부터 고야가 태어난 푸엔데토도스(Fuentodos)에 있던 초기 작품까지 국가적인 보물들도 엄청나게 파괴되었다.

프랑코는 스페인을 타락으로 이끄는 파멸의 과정에 마침표를 찍으려 했다. 집산주의라는 몸부림치는 사지를 잘라내기로 마음먹었다. 좌파를 대하는 그의 태도는 제2차 세계대전 때 연합국이 나치를 대하던 태도와 비슷했다. 우선 무조건 항복을 받아낸 뒤 공산주의 세력을 제거했다. 그 방법은 독일에서 진행된 체계적인 재판보다는 프랑스가 해방되고 나서 행한 약식 재판과 잇따른 처형과 비슷했다. 하지만 계급에 따라 전체주의적 학살을 자행했던 레닌의 방식과는 달랐다. 1939년 2월 9일 공표된 정치적 책임에 관한 법률은 개인의 범죄에 따른 처벌을 다루고 있었다. (18급 이상의 프리메이슨단원들만이 유일한 예외가 되었다.)

엄밀히 말해 정치적 범죄에 대해 사형이 선고된 적은 없었다.[105] 하지만 승리자들은 흥분하고 있었다. 내무장관 수녜르는 공화파의 감옥에서 총살당한 형제들의 복수를 원했다. 수녜르 말고도 복수를 원하는 사람들은 수천 명에 이르렀다. 공화파의 관리들에게 사형에 처할 만한 범죄를 뒤집어씌우는 것은 어렵지 않았다. 무솔리니의 사위 치아노(Galeazzo Ciano)는 그해 6월에 스페인에서 다음과 같은 소식을 알려왔다. "약식이라고 할 만한 속도로 매일같이 재판이 벌어지고 있다. …… 아직도 총살당하는 사람이 엄청나게 많다. 마드리드만 하더라도 하루에 200~250명, 바르셀로나는 150명, 세비야는 80명이 총살당한다."[106] 그렇게 해서 수만 명이 죽었지만, 그 수가 193,000명에 이른다는 얘기는 잘못된 것이다. 재판에서 사형 선고를 받은 많은 사람이 감형되었기 때문이다.

프랑코는 1939년 12월 31일 많은 장기수(대개 15년 형)가 형기를 그대로 채워야 한다는 점을 분명히 했다. "지나간 전쟁이 우리에게 남긴 증오와 분노를 청산하는 일이 필요하다. 이런 청산 작업은 관대하게 이루어져서는 안 된다. 사면은 재앙을 낳을 뿐이다. 그것은 용서의 몸짓이라기보다는 기만행위다. 기독교인들은 참회와 속죄를 통해 구원받아야 한다."[107] 1941년 감옥에는 여전히 233,375명이 복역 중이었다. 스페인 공화국을 이끌었던 수만 명이 감옥이나 이국의 땅에서 죽었다. 다른 이들은 1939년 8월 25일의 포고령으로 공적인 활동 또는 사적인 여러 활동을 금지당했다. 이 포고령은 통치의 효율성이나 경제적 이득보다 숙청의 목적이 우선시되었다.[108] 오랜 전통의 나라 스페인을 다스리고 있던 이 고집스런 남자는 1914년 구세계가 종말을 고한 이후 매순간 불만을 터뜨렸다. 그는 스페인을 현재의 세계로부터 분리시키려 했다. 그 시도는 결국 실패로 돌아갔지만, 그 후 유

럽에 휘몰아칠 끔찍한 전염병으로부터 스페인을 어느 정도 보호하는 데는

성공했다고 할 수 있다.

제 **10** 장

유럽의 종말

쇠퇴의 징후

침략의 시대는 결국 세계 전쟁을 불러올 것이 분명했다. 하지만 정확히 왜, 그리고 어떻게 이런 결말에 이를 수밖에 없었는지 생각해볼 필요가 있다. 1930년대에 일어난 일들이 20세기 후반의 정세를 결정했기 때문이다. 나치가 노르웨이를 침공하여 유럽에서 전쟁이 본격화되기 4일 전의 일이다. 1940년 4월 5일, 괴벨스는 특별히 선발된 독일 기자단을 모아놓고 극비 기자 회견을 열었다. 이중 한 기자가 기록을 남겼는데, 중요한 내용은 다음과 같다.

우리는 지금까지 성공적으로 독일의 목표를 숨겨왔습니다. 적국은 독일이 진정으로 원하는 바가 무엇인지 모릅니다. 이런 상황은 1932년까지 국내의 적들이 우리가 어디로 가고 있는지 모르고, 법을 수호하겠다는 우리의 맹세가 단지 속임수였다는 사실을 깨닫지 못한 것과 다를 바 없습니다. 우리는 합법적으로 권력을 획득하기 위해 노력했지만, 권력을 합법적으로 사용할 생각은 없습니다. ⋯⋯ 그들은 우리를 억압할 수도 있었습니다. 1925년 우리 중 몇몇을 체포할 수도 있었고, 그랬다면 우리는 그것으로 끝이었을 겁니다. 하지만 아니었습니다. 그들은 우리가 위험 지대를 통과하도록 내버려두었습니다. 대외적으로도 정확히 똑같은 일이 벌어졌습니다. …… 1933년 프랑스 총리는 이렇게 말했어야 합니다. "새로운 독일 제국의 총리는 『나의 투쟁』을 쓴 인물이다. 그는 그 책에서 이러저러한 얘기를 하고 있다. 이런 인물을 주변에 두어서는 안 된다. 그가 스스로 없어지든지, 아니면 우리가 쫓아내야 한다." 제가 프랑스 총리였다면, 이렇게 말했을 겁니다. 하지만 그들은 그러지 않았습니다. 그들은 우리가 위험 지대를 빠져나가게 내버려두었습니다. 우리는 위험한 암초들 사이를 빠져나올 수 있었습니다. 우리가 모든 일을 끝내고 그들보다 군사적 무장에 앞서 있을 때에서야 그들은 전쟁에 나선 것입니다![1]

이 놀랄 만한 얘기는 1930년대에 어떤 일이 벌어졌는지를 전반적으로 정확히 요약하고 있다. 이보다 앞서 1933년 2월 3일 최고 권력을 손에 넣은 히틀러는 전군의 참모장을 비밀리에 불러놓고 계획을 설명했다. 베르사유 체제를 뒤엎고 독일을 유럽의 최강국으로 만들겠다고 말했다. 그는 이렇게 강조했다. "가장 위험한 시기는 군비 확장의 시기다. 그때가 되면 우리는 프랑스에 쓸 만한 정치가가 있는지 없는지 알게 될 것이다. 만약 프랑스에 그런 인물이 있다면, 프랑스는 우리에게 시간을 주지 않고 당장 달려들 것이다."[2]

히틀러가 대단한 야심을 품고 있다는 사실은 누구나 알고 있었다. 독일의 대중은 그의 야망이 군사력에 의해 뒷받침되는 강력한 외교로 전쟁 없이 실현될 수 있으리라 믿었다. 장군들은 전쟁이 불가피하리라는 말을 들었지만, 전쟁이 국지적이고 단기간에 끝나리라 생각했다. 하지만 히틀러의 진짜 계획은 독일의 국민들은 말할 것도 없고 장군들이 생각하는 것보다 훨씬 광범위했다. 그의 의도대로라면, 계속되는 전쟁을 피할 수 없었다. 히틀러는 『나의 투쟁』을 쓸 때 이러한 의도를 드러냈다. "독일은 세계적인 강대국이 되어야 한다. 그렇지 않다면 독일은 없는 것이다." 그가 말한 '세계적인 강대국'은 빌헬름 시대의 독일보다 거대한 국가를 의미했다. 그것은 단순히 중부 유럽의 주도적 국가를 뜻하는 게 아니었다. 그에게 '세계적'이라는 말은 원래의 의미에서 한 치도 벗어나지 않았다. 그가 제1차 세계대전의 경험이나, 제1차 세계대전에 관한 루덴도르프의 분석에서 얻은 교훈은 독일이 그 근거지를 중부 유럽에서 다른 곳으로 옮겨야 한다는 것이었다. 중부 유럽은 언제라도 포위당할 위험이 있었기 때문이다.[3] 히틀러는 루덴도르프가 이 목표를 성취하기 위해 브레스트리토프스크에서 행동을 개시했다고 생각했다. 하지만 후방에서 '등을 찔렸을' 때 모든 것이 수포로 돌아가고 말았다. 따라서 히틀러의 진짜 계획은 브레스트리토프스크가 끝난 곳에서 시작되어야 했다. 시계를 1918년의 봄으로 되돌려놓아야 했다. 하지만 상황은 전과 같지 않을 것이다. 이제 독일은 강하고, 일치단결해 있고, 새로워져 있으며, 무엇보다 '정화된' 상태였기 때문이다.

히틀러의 목표는 '동방 정책'을 강조하고 있는 『나의 투쟁』에서뿐만 아니라 그의 초기의 연설과 두 번째 책이라 불리는 1928년의 『비밀의 책 Secret Book』에서도 확인해볼 수 있다.[4] 이 책에서 히틀러는 '정화' 과정 ― 유대인의 말살 ― 이 전체를 통괄하는 장기 전략에서 필수적인 부분임을 분명히 밝히고 있다. 계급 사회주의자가 아니라 인종 사회주의자였던 히틀러는 역사를 움직이는 원동력이 인종이라고 믿었다. 이 원동력의 작용은 인종 오염 때문에 방해를 받는다. 가장 중요한 오염원은 유대인이다. 그는 유대인을 '부정적인 슈퍼맨'이라고 부르며 높이 평가했다. 그는 『좌담 Table-Talk』에서 5,000명의 유대인이 스웨덴에 이주하면, 그 즉시 이들

▶ 당집회에서 히틀러는 기본주제별로 문제점을 정리하여 청중에게 호소함으로써 청중을 매혹시키고 절대적인 인기를 얻었다.

이 스웨덴 내의 요직을 모두 차지할 것이라고 말했다. 『나의 투쟁』에 썼듯이, 이것은 "유대인들이 지구상의 다른 어떤 민족보다 혈통의 순수성을 잘보존하고 있기" 때문이다. 반면 독일인들은 '오염' 되어 있다. 그것이 바로제1차 세계대전에서 독일이 패한 이유다. "피가 더럽혀지고 오염되었기때문에 모두가 고통을 받는 것이다."[5] 히틀러의 청년 시절에는 인종 오염이 상대적으로 흔한 강박 관념이었다. 1970년대와 1980년대 환경오염이많은 사람의 강박 관념이 되었던 것과 마찬가지다. 인종 오염의 독이 여기저기 퍼져 있다는 생각은 갖가지 사건들의 배후에서 음모 이론을 보고 있던 사람들에게 잘 먹혀들었다. 미래의 환경학자들처럼, 그들은 인종 오염이 신속하게 전파되고 있으며 대재앙이 눈앞에 닥쳐왔다고 믿었다. 당장대책을 마련한다고 해도 이 흐름을 완전히 차단하는 데는 오랜 시간이 걸리리라 생각했다. 히틀러는 독일에서 인종 오염을 근절하는 데 100년이 걸릴 것이라고 계산했다. 그러나 만약 독일이 이 일을 성공적으로 완수하는 최초의 인종 국가가 된다면, 필연적으로 '지상의 왕'이 되리라 믿었다.

히틀러의 인종 이론에서 뚜렷하게 나타나는 특징을 살펴보자. 우선 그의 이론은 '정화'를 통해 독일이 진정한 의미에서 최초의 초강대국이 될 수 있으며, 궁극적으로 세계를 지배하는 최초의 국가가 되리라는 믿음에 근거하고 있다. 두 번째로 그는 '유대인의 인종 오염'과 볼셰비키주의가 동일한 현상이라고 굳게 믿었다. 1928년에 두 번째 책을 쓰고 있을 때도 예전의 '유대적' 볼셰비키주의가 사라져버렸고, 스탈린의 소련이 본질적으로 이전의 차르 체제만큼 반유대주의적으로 변했다는 사실을 모르고 있었다. 이와는 반대로 그는 소련 자체가 유대적 문화 현상이라고 믿었다. 따라서 그의 정책 목표는 "지금 러시아에서 번식지를 마련하여 사방으로 번져나가고 있는 병균"과 싸우는 거였다.[6] 이 점에서 '정화'는 전통적인 독일 동방 정책의 후속 작업과 완벽히 들어맞았다. 그렇지만 이번에는 규모가 훨씬 더 컸다.

히틀러의 전체 계획은 다음과 같다. 첫 번째, 독일의 통치권을 획득하여 국내에서 '정화' 작업에 착수한다. 두 번째, 베르사유조약을 파기하고 독일을 중부 유럽의 지배 국가로 일으켜 세운다. 이 모든 것은 전쟁 없이도 성취할 수 있다. 세 번째, 이러한 힘을 바탕으로 (전쟁으로) 소련을 무너뜨리고 '병균'의 '번식지'를 없애버린다. 이어 식민지화 사업을 통해 군건한 경제적·전략적 기반을 조성하고, 유럽 대륙에서 제국을 실현한다. 프랑스나 이탈리아는 단순히 위성 국가로 거느린다. 네 번째, 독일은 아프리카에서 거대한 식민지를 획득하고, 대양에서 활동할 수 있는 해군을 육성한다. 그러면 독일은 영국, 일본, 미국과 더불어 초강대국이 될 것이다. 마지막으로, 그의 구상에 따르면, 그가 죽고난 뒤 독일과 미국이 세계의 패권을 두고 결정적인 전쟁에 돌입하게 될 것이다.[7]

나폴레옹 이후로는 그 누구도 이런 대담한 생각을 해본 적이 없다. 그의 웅대한 구상은 규모 면에서 알렉산더 대왕의 정복 사업에 필적했다. 하지만 전쟁을 시작하고 그 전쟁에 사로잡히기 전까지, 히틀러는 언제나 실제적으로 사고하고 행동했다. 그는 레닌처럼 발군의 기회주의자였다. 언제나 재빨리 기회를 포착하고, 이에 따라 궤도를 수정했다. 이 때문에 일부 역사가들은 그에게 기본 계획이 없었다고 단정 짓기도 한다. 하지만 그는 늘 상황에 맞게 전술을 바꾸면서, 무서운 집념으로 장기 전략을 추구했다. 그의 집념은 인간의 야망으로 점철된 역사에서도 필적할 만한 상대를 찾기가 쉽지 않다. 다른 독재자와 달리, 그는 독재 권력을 손에 넣은 뒤에도 고삐를 늦추려 하지 않았다. 그와는 정반대였다. 그는 언제나 테이블 위의 판돈을 올렸으며, 역사의 진행을 앞당기려 했다. 자신이 이끌고 있는 혁명이 활력을 잃을까 전전긍긍했고, 자기가 없으면 혁명이 실패로 돌아갈 것이라 생각했다. 그가 살아 있는 것으로는 충분치 않았다. 권력의 절정에 있는 동안에 적어도 계획의 4단계까지 완성해야 했다. 그가 단기적으로 그토록 위험했고 장기적으로 그토록 무능했던 것은 초조함 때문이다. (이 점에서 소비에트의 전략가들은 그와 정반대다.) 1938년 11월 그는 비밀 연설을 통해 독일 신문사의 부장들에게, 뮌헨협정 이후 찾아 온 평화에 대해 얘기하면서 뮌헨협정 때문에 독일 국민이 너무 느슨해졌다고 한탄했다. 독일이 평화와 안정을 국제사회의 영속적인 현실로 받아들이는 것은 패배주의 정신을 받아들이는 것과 같다. 폭력은 필요한 것이다. 따라서 대중은 폭력에 대비해야 한다.[8]

독일은 대공황의 타격에서 완전히 벗어난 유일한 국가였으며, 세계 2위의 경제력을 자랑하고 있었다. 이런 독일을 마음대로 날뛰는 괴물이 좌지우지하고 있는 상황에서 어떻게 구체제의 유럽이 존속할 수 있겠는가? 세계 최대의 합법 국가였던 미국은 사실상 유럽과 관계를 단절하고 있었다. 미국은 1930년 보호 무역 정책을 채택했고, 루스벨트가 대통령이 된 뒤에는 그 경향이 강화되었다. 1933년 4월 루스벨트는 세계경제회의를 무산시키고, 협상이 필요한 세계 무역 시스템과 뉴딜정책이 양립할 수 없는 것임을 분명히 밝혔다. 그는 '일국 자본주의'를 주장했다. 스탈린이 '일국 사회주의'를 주장한 것과 다를 바 없었다. 미국의 고립주의는 1935년 민주당이 장악한 의회가 중립 법안을 통과시키면서 공식화되었다. 같은 해 미국의 젊은 작가 허버트 에이거(Herbert Agar)는 유럽에서 일어나고 있는 여러 가지 사건에 혐오감을 느끼는 미국 지식인의 정서를 집약적으로 표현했다. 그는 미국인에게 그들의 뿌리인 유럽을 잊어버리고, 독자적인 문화에 충실해야 한다고 조언했다. 유럽에서 산 6년 동안 "나는 미국식 삶의 가장 좋은 점이 유럽을 충실히 모방해서 얻은 것이 아니라, 우리가 상황에 따라 자유롭게 바꾼 것, 아니면 창조한 것이라는 사실을 깨달았다. 우리만의 독자적인 것이 미국 사회의 가장 좋은 점이다."[9]

루스벨트는 어떤 때는 스스로 세계 시민이라 여겼지만, 그가 주장하는 국제주의는 그저 허망한 말에 지나지 않았다. 1933년 대통령에 취임하고 나서, 그는 미국이 일방적인 군비 축소에 들어가 있다는 것을 알았다. 그 점에 관한 한 루스벨트를 비난할 수는 없다. 하지만 그는 대통령 임기 초반에 이를 개선하려는 노력을 전혀 하지 않았다. 재선 초기에도 별반 다르지 않았다. 뛰어난 능력의 젊은 외교관 조지 케넌(George F. Kennan)이 지적했듯이, 루스벨트는 세계정세에 영향을 미치기보다는 국내 정치에 미칠 영향을 고려하여 성명을 발표하곤 했다.[10] 젊은 뉴딜정책 추진자들이 그를 둘러싸고 있었다. 그들은 유럽에 대해 호의적인 태도를 보였지만, 외교에 대해 무지했고 보잘것없는 풋내기에 불과했다. 그들은 오로지 국내 문제에만 사로잡혀 있었다. 루스벨트는 사람들에게 고결하고 '진보적인' 인물로 보이려고 애썼다. 하지만 그의 고결함은 주로 영국이 국제 질서를 지키기 위해 단호하게 나가야 한다는 요구로 나타났고, 진보적인 성향은 전체주의적 침략 국가였던 소련이 영국보다 세계 평화에 더 크게 기여를 할 것이라는 평가로 나타났다.

　루스벨트는 1945년 사망할 때까지 외교 정책에서 경솔한 행동을 계속했다. 1930년대 말에 영국이나 유럽의 정세 전반에 관한 정보를 『위크 The Week』지로부터 얻었다는 것도 그 점을 잘 보여준다. 『위크』지는 「데일리 워커 Daily Worker」지의 기자 클로드 콕번(Claud Cockburn)이 발행하는 극좌파 음모 이론에 관한 회보였다.[11] 루스벨트는 대사 임명에서도 잘못된 판단을 했다. 조지프 케네디(Joseph Kennedy)를 런던에 보냈는데, 케네디는 맹렬한 반영파 인물이다. 부패하고 남들에게 쉽게 속아 넘어가는 조지프 데이비스를 소련 대사로 임명한 것은 더 끔찍한 실수다. 모스크바의 미국 대사관은 유능한 인물들이 포진해 있었고, 정부 수집력이 뛰어났다. 고도의 전문성을 갖춘 국무부의 동유럽 담당국이 모스크바 주재 미국 대사관을 지원했다. 국무부의 동유럽 담당국은 소련 정부보다 소련의 외교 정책에 관한 기록을 더 많이 보관하고 있었다. 소련의 외무장관 리트비노프(Maksim M. Litvinov)도 이 사실을 인정했다.[12] 1936년 데이비스가 소련 대사가 되고 5개월 후, 어떤 대가를 치르더라도 스탈린의 호의를 얻어내라는 지시와 함께 동유럽 담당국이 폐지되었다. 장서들은 흩어지고 서류들은 파기되었다. 당시 그곳에 있던 조지 케넌은 "소련이 …… 정부 고위층의 누군가에게 영향력을 행사한 것 같다"고 말했다. 이 일은 국무장관 코델 헐(Cordell Hull)과 국무차관보이자 음침한 동성애자였던 섬너 웰스(Sumner Welles)의 알력 다툼 때문에 벌어졌다.[13] 두 사람 다 반영파였다. 코델 헐은 대영제국 내 특혜 관세 제도가 다른 어떤 독재 국가보다 세계 평화를 크게 위협한다고 믿었다. 하지만 그것은 사실 스무트 홀리 관세법 때문에 무역 제한 규정이 눈사태처럼 생겨나자, 이에 맞서기 위해 취한 불가피한 조치였을 뿐이다.

풍부한 외교 문서가 증명하고 있듯이, 루스벨트 행정부는 영국과 프랑스가 독일에 대항할 수 있도록, 구체적으로 군사적·외교적 지원을 하는 것에 대해 고려해본 적이 없다. 루스벨트는 1937년 10월의 '격리' 연설이나 1939년 4월의 말도 안 되는 연설에서 독일을 비난했다. 그 연설은 무익했을 뿐 아니라 해가 되었다. 1939년 4월의 연설에서 루스벨트는 31개 국가의 이름을 거론하며, 히틀러에게 이들 국가를 10년간 침략하지 않겠다는 약속을 하라고 요구했다. 히틀러는 어떤 상황이 되더라도 루스벨트가 실제로 군사 개입을 하지는 않으리라 확신했다. 그는 4월 28일 제국의회에서 노골적인 경멸감과 조소를 드러내며 루스벨트에게 답변했다. 이것은 히틀러가 제국의회에서 한 마지막 공식 연설이 되었다.[14]

만약 영국과 프랑스가 단호하게 행동하고 기꺼이 협력할 자세를 보여주었다면, 미국 없이도 1933~34년 무렵에 히틀러를 제압할 수 있었을 것이다. 프랑스는 잠시나마 그렇게 할 수 있는 물리적 수단을 실제로 지니고 있었다. 하지만 1929년 푸앵카레가 사임한 뒤 프랑스는 선제공격을 할 만한 능력을 대부분 상실했다. 루스벨트의 정책은 프랑스에 적대적이었다. 그는 프랑스에 일방적인 군축을 강요했을 뿐 아니라, 미국이 금 본위제를 폐지한 후에는 '금 블록'을 만들려는 프랑스의 병적인 노력을 분쇄하기 위해 경제적인 압력을 가했다. 그동안 히틀러는 입지를 공고히 하고, 바이마르 공화국의 말기부터 계속된 은밀한 군비 확장에 박차를 가했다. 영국도 어떻게 하면 프랑스군을 무력화시킬까 고민하고 있었다. 외무장관 존 사이먼 경은 1932년 5월 13일 하원에서 무장이 잘된 프랑스가 무장 해제된 독일과 대치하는 상황이야말로 전쟁 위험을 높이는 것이라고 말했다. 히틀러가 정권을 장악한 뒤에도, 영국의 정책은 여전히 프랑스에 군축을 강요하는 것뿐이었다. 히틀러의 수권법안이 제국의회에서 통과된 날 오후, 앤소니 이든은 의회에서 프랑스군을 694,000명에서 40만 명으로 감축시키는 것이 영국의 목표라고 선언했다. 그는 "유럽은 평화의 시기가 필요하며, 이를 위한 조치가 있어야" 한다고 말했다. 그는 반론을 제기하는 처칠을 비난했다. 「데일리 디스패치 Daily Dispatch」지에 따르면, "의회는 처칠에게 분노했다. 험악한 분위기였다." [15] 겁에 질린 독일 사회주의자들이 거리에서 괴링의 게슈타포 부대에게 쫓기는 동안, 영국의 사회주의자 동지들은 히틀러의 위협에 대해 경고하는 처칠에게 고함을 지르고 있었다. 처칠은, 히틀러가 『나의 투쟁』에서 영국이 중립을 지킬 경우 프랑스를 무너뜨리겠다고 명확히 언급하고 있지만, 그런 히틀러도 영국이 프랑스의 방위력을 약화시키는 수고까지 해줄 줄은 몰랐을 것이라고 말했다. 프랑스에서는 레옹 블룸이 이끄는 사회주의자들이 똑같이 한심한 짓을 벌이고 있었다. 그들은 징병 기간을 1년에서 2년으로 연장하는 것을 막으려고 필사적으로 노력했다. 프랑스 우파 쪽에서는 나치의 영향 아래 반유대주의가 살아나고 있었다. 그들은 '블룸보다는 히틀러'라는 새로운 구호를 들고 나왔다. 프랑스에 관한 한, 히틀러는 1933년 말에 '위험 지대'를 통과한 셈이다. 폴란드는 정말로 그렇게 생각했다. 폴란드는 다음달 프랑스와의 동맹 관계를 포기하고 — 효과가 있을지는 모르지만 — 독일과 상호 불가침 조약을 체결했다.

1930년대 영국은 프랑스만큼 혼란스럽지는 않았지만, 쇠퇴의 기미가 드러나기 시작했다. 영국이 세계무대에서 큰 영향력을 행사할 수 있었던 것은 제국의 힘 때문이다. 대영제국의 중심에는 인도가 있었다. 1931년이 되자 암리차르 사태와 몬터규의 개혁으로 시작된 일련의 과정이 가속화되었고, 영국의 지배력은 눈에 띌 정도로 약화되었다. 1925년 국무장관 버컨헤드 경은 인도를 힌두교도에게 넘겨준다면, 이슬람교도가 반발하여 분리를 요구할 것이라고 경고했다. (그는 이슬람교도를 북아일랜드인으로, 힌두교도를 아일랜드 민족주의자로 여겼다.) 그는 또 이렇게 예언했다. "세계 각지에서 회의를 연다고 해도, 화해할 수 없는 이들을 화해시킬 수는 없다. 두 지역 사이에는 근대 정치 공학의 온갖 기술로도 다리를 놓을 수 없는 큰 간극이 존재한다." 1931년 1월 26일 처칠은 하원에서 현재 "6만 명의 인도인이 정치적 선동이라는 죄목으로 수감되어 있습니다"라고 말했다.[16] 2개월 뒤 힌두교도들은 칸푸르(Cawnpore)에서 이슬람교도 1,000명을 참혹하게 죽였다. 이에 뒤따라 인도 아대륙 각지에서 폭동이 일어났다. 1930년대에는 이런 사태가 되풀이되었다. 미래가 불확실했기 때문에, 재능 있는 영국인들은 더 이상 인도 공무원에 지원하지 않았고, 인도인들이 공무원 시험에서 상위 그룹을 차지했다.[17] 영국의 투자는 위축되었다. 영국에 대한 인도의 경제적 가치는 지속적으로 하락했다.[18] 처칠은 인도를 사랑했다. 그는 인생에서 그 어느 때보다 더 열정적으로 이 문제에 달려들었다. 영국의 유약한 대처 때문에 인도에서 중국의 비극이 되풀이될까 두려웠기 때문이다. 그렇게 된다면, 분열과 갈등이 생겨나고 셀 수 없이 많은 사람이 죽임을 당할 것이다. 수천만 명의 불가촉천민(不可觸賤民)이 그 첫 번째 희생자가 될 것이다. 처칠이 1931년 3월 18일에 썼듯이, "이미 탐욕스런 마음이 생겨나 버려진 제국의 땅을 약탈하기 위해 꿈틀거리는 손가락을 뻗치고" 있었다. 인도뿐만 아니라 영국도 폐지기 될 게 분명했다. 그는 세계가 "인구 밀도가 높은 산업 국가에서 생존을 위한 투쟁이 심각해지는 시기"에 돌입했다고 생각했다. 영국도 예외가 아니었다. 영국은 곧 생존을 위해 싸워야 할 것이며, 그렇다면 결코 인도를 잃을 수 없었다.(1933년 5월)[19]

처칠은 1935년 인도통치법안이 통과되는 것을 막기 위해 일생일대의 맹렬한 정치 운동을 전개했다. 1935년의 인도통치법은 인도에 자치 연방제를 실시하기 위해 만들어진 법이다. 처칠은 이 법을 "피그미들이 세운 거대한 수치의 기념비"라고 했다. 이런 종류의 법은 사실 직업적인 브라만 계급의 정치가들에게나 이로울 뿐이며, 실제로는 제대로 기능하지도 못하는 것으로 드러났다. 그러나 막대한 노력에도 불구하고, 처칠은 대중의 지지를 얻어낼 수 없었다. 연설조차 소용이 없었다. 인도의 영국인 사회조차 그를 지지하지 않았다. 그들은 이미 인도를 포기한 상태였다. 의회의 뒷좌석에 앉아 있는 보수당 의원들은 냉담했고, 영국이 점진적으로 인도에서 물러나도록 내버려두었다. 1935년의 인도통치법안에 반대한 의원들은 89명에 불과했다. 결국 이 법안은 의회에서 264표의 압도적인 찬성표를 얻어 통과되었다. 대영제국은 여전히 지구 표면적의 4분의 1을 덮고 있었다. 하지만 1935년 즈음엔 영국에서 제국은 명맥만 남은 상태로, 장례식을 기다리고 있는 형국이었다. 처칠은 절망 속에서 인도에서 돌아왔다. 그는 생존경쟁에 대비하여 영국의 군비를 확장하는 데 총력을 기울였다.

하지만 이것 또한 희망적이지 않았다. 1930년대에는 블룸즈버리그룹의 영향력이 정치계 전반에 스며들었다. 스트레이치는 좌파 인텔리겐치아들 사이에서 애국심을 말살하는 데 큰 성공을 거두었다. 영국의 좌파 지식인들은 애국심 대신 스탈린에 대한 충성심을 품게 되었다. 1930년대 사도들은 정치적 회의주의의 중추적 역할에서 벗어나 소비에트 첩보 활동에 능동적으로 참여했다.[20] 앤서니 블런트, 가이 버제스, 레오 롱 같은 일부 사도들이 영국 정부 기관에 침투하여 중요한 정보를 모스크바에 넘기고 있는 동안, 대부분의 좌파는 공산당의 지시 아래 영국의 군비 확장을 막기 위해 주력했다. 1941년 6월 히틀러가 소련을 침공하기 전까지, 스탈린이 이러한 정책을 일관되게 추진했기 때문이다. 1920년대에는 노동 계급이 공산당을 이끌었다. 그때만 해도 공산당은 혁신적이었고, 외부 세력에 의존하지 않는 독립적인 단체였다. 하지만 1930년대 초 중산 계급의 지식인들이 입당하면서, 공산당은 빠른 속도로 소비에트 외교 정책에 예속되었다.[21] 조지 콜(George D. H. Cole)과 해럴드 래스키 같은 정치 사상가, 그리고 조지프 니담(Joseph Needham), 존 홀데인(John B. S. Haldane), 존 버널 같은 학자들은 조잡하고 완전히 잘못된 이론을 아무런 비판 없이 수용했다. 그것은 바로 '자본주의 영국'이나 '파시스트 독일' 모두 국제적인 이해관계에 따라 움직이며, 군비 확장의 의도는 오로지 제국주의를 파급하고 사회주의를 파괴하는 것이라는 이론이다. 노동당도 어느 정도 같은 노선을 취했다. 1933년 6월 이스트 풀햄(East Fulham) 보궐 선거에서, 노동당 후보는 노동당 당수 조지 랜스베리(George Lansbury)에게서 이런 메시지를 받았다. "나는 모든 징병 사무소를 폐쇄하고, 육군을 해산하고, 공군을 없애버릴 겁니다. 끔찍한 전쟁 무기를 모두 내던지고, 세계를 향해 해볼 테면 해보라고 외칠 겁니다."[22] 그의 뒤를 이어 노동당 당수가 된 클레멘트 애틀리(Clement Attlee)는 1933년 12월 21일 하원에서 이렇게 말했다. "우리는 군비 확장과 관련된 것이라면 무엇이든 단호하게 반대할 것이오." 노동당은 투표나 연설, 캠페인을 통해 일관되게 군비 확장에 반대했다. 마침내 전쟁이 일어날 때까지.

각계각층의 박애주의자들도 전쟁에 대비하는 정책에 똑같이 반대했다. 조지 버나드 쇼는 이들을 일컬어 "선행을 연극하는 군대"라고 했다. (하지만 그 역시 이 부류에 속했다.) 트로츠키는 악의에 차서 이렇게 말한 적이 있다. "달팽이처럼 굼뜬 박애주의자가 사방에 끈적거리는 흔적을 남기고 있다. 이 때문에 이성이 흐릿해지고 정서가 말라가고 있다." 데이비드 로런스도 죽기 전에 비슷한 애기를 했다. "그들은 사회 제도가 완전히 없어지기를 바라고 있다. 그들은 그것을 평화며 선의라고 부른다. 그렇게 되면, 그들 영혼 안에서 독립적인 작은 신들이 …… 의문의 여지가 없는 작은 도덕적 절대자가 될 수 있을 것이다. 역겹다. 벌레들이나 생각할 법한 일이다." [23] 사이비 평화주의자들이 군축 정책을 정당화하는 데 끌어들인 주장은 당시의 시대 상황에 비추어보면 설득력이 없었고, 오늘날 돌아보더라도 한심하기 짝이 없다. 히틀러가 유대인을 박해하고 있다는 사실은 대개 무시되었다. 영국에 반유대주의가 득세했기 때문이 아니다. 프랑스와 달리, 영국에서는 윌리엄 조이스(William Joyce), 헨리 해밀턴 비미시(Henry Hamilton Beamish), 아놀드 스펜서 리즈(Arnold Spencer Leese) 같은 반유대주의자 — 이들은 유대인의 대량 학살을 옹호하고 '최종적인 해결책'이라는 말을 쓰기도 했다 — 는 지극히 소수에 지나지 않았다. [24] 그보다 히틀러의 반유대주의는 '베르사유조약이 잘못되었다'는 일반적인 설명으로 합리화되었다. 로디언(Philip Henry Kerr, 11th Marquess of Lothian) 경은 우익 '온건파'로, 군비 확장을 반대했던 주도적인 인물이다. 그는 유대인 학살이 "제1차 세계대전 이후 외국으로부터 박해를 받아온 독일인들의 반사적인 대응"이라고 말했다. [25]

히틀러가 사악한 짓을 벌이고 있다는 실제 증거는 충분했다. 하지만 이런 증거들은 스탈린의 잔혹 행위와 마찬가지로 무시되었다. 히틀러의 공격적인 성명들은, 1934년 7월 10일자 「타임스」 기사에서 단순히 '국내 문제를 겨냥한 말잔치'에 불과한 것으로 치부되었다. 이것이 당시 일반적인 경향이었다. 모든 증거와는 반대로, '선행을 연극하는 군대'는 히틀러가 평화를 원할 뿐 아니라 평화에 공헌하고 있다고 믿었다. 요크 시의 뚱뚱한 대주교 템플은 히틀러가 "평화의 정착에 큰 기여를 했다"고 생각했다.[26) 클리퍼드 앨런(Clifford Allen)은 "나는 그가 진실로 평화를 원한다고 확신한다"고 썼다.[27) 케인스가 주장한 '카르타고식 평화'가 좌파와 우파의 뇌리 속에 깊이 박혀 있었다. 따라서 그들은 히틀러가 베르사유조약을 무력으로 파기하는 것 자체를, 평화를 위한 하나의 과정으로 생각했다. 베르사유조약을 가리켜 레너드 울프는 '끔찍할 정도로 불공평한 조약', 클리퍼드 앨런은 '터무니없는 조약'이라고 했다. 로디언 경은 라인란트 지방의 군사 재무장에 관해서, 독일인들이 "자기 집 뒤뜰로 걸어 들어간 행동에 지나지 않는다"라고 말했다. 쇼도 동의했다. "그것은 영국이 포츠머스를 탈환하는 것이나 다를 바 없다."[28)

하지만 이런 모든 편리한 합리화의 이면에는 두려움과 비겁함이 숨겨져 있다. 해럴드 니콜슨이 라인란트의 위기 때 지적했듯이, "의회는 독일에 대해 대단히 우호적이었다. 전쟁이 일어날까 봐 두려웠기 때문이다."[29) 1930년대 말 레이더가 출현하기 전까지는, 전문가들조차 줄리오 두에 (Giulio Douhet) 장군이 『제공권 The Command of the Air』(1921)에서 밝힌 견해를 그대로 받아들였다. 두에 장군은 전투기가 대규모 공중 폭격을 막기 어렵다고 생각했다. 처칠은 1934년 11월 28일 의회에서, 전쟁이 일어나면 첫 주에 4만 명의 런던 거주자가 사망하거나 부상당할 것이라고 경고했다. 볼드윈의 생각은 이랬다. "일반 시민은 지상의 어떤 힘으로도 폭격을 막을 수 없다는 사실을 깨달아야 한다. 누가 어떤 말을 할지 모르지만, 폭격기는 언제든 나타날 수 있다."[30) 사실 누구도 사람들을 안심시키는 말따위는 하지 않았다. 오히려 그 반대였다. 허버트 웰스 원작의 영화 「닥쳐올 세계 Things to Come」(1936)는 소름끼치는 파괴 장면을 보여주어 공포를 자아냈다. 같은 해 평화주의자가 되어 있던 버트런드 러셀은 『평화의 길은 어느 쪽인가? Which Way to Peace?』에서 폭격기 50대가 루이사이트를 사용한 독가스탄을 퍼부으면, 런던 시내 전역이 독가스로 가득 찰 것이라고 주장했다. 또 다른 전문가 풀러 장군은 런던이 "거대한 혼란의 도가니"가 되고, 정부는 "공포의 물결에 휩쓸리게 될 것"이라고 예상했다.

이성을 잃은 것 같은 이런 분위기에서 알 수 있듯, 사람들은 겉으로는 인도주의를 표방했지만, 한 꺼풀만 벗기면 그들의 내면에는 공포의 위기감이 도사리고 있었다. 이런 상황은 핵전쟁의 위험을 두려워했던 1950년대 말이나 1980년대 초와 너무도 흡사하다. 그런데도 유럽의 집단안전보장이라는 현실적인 문제는 제대로 논의된 적조차 없었다. 히틀러가 정권을 얻고 얼마 지나지 않아, 옥스퍼드 유니언(옥스퍼드대학교의 유명한 토론 클럽)에서는 '어떤 상황에서도 국왕과 국가를 위해 싸우기를 거부한다'는 선언이 275 대 153표로 채택되었다. 이 어처구니없는 토론 결과는 당시의 시대상을 잘 보여주고 있다. 처칠은 이를 두고 "참으로 한심하고 치졸하고 수치스런 고백이며 …… 불온하고 역겨운 시대의 징후다"라고 말했다. 자유당원이었던 옥스퍼드 유니언의 간부 마이클 푸트(Michael Foot)의 설명에 따르면, 그들의 선언은 참으로 비논리적이지만, 만주 사변 때 보여준 영국의 무기력한 태도에 대한 항의의 뜻을 담고 있었다.[31] 집단안전보장 계획을 추구하는 국제연맹협회는 현실적이며 정보망을 갖춘 로비 단체였다. 하지만 국제연맹협회는 이 문제를 대중 앞에 명확히 제시할 수 없었다. 국제연맹협회 자체가 국제 문제에 언제, 그리고 어떻게 합법적으로 무력을 행사해야 하는지 명확한 입장을 취할 수 없었기 때문이다.[32] 국제연맹협회의 회장이었던 로버트 세실 경은 영국이 중국을 어쩔 수 없이 포기해야 한다는 것을 알고 있었지만, 그 사실을 지지자들에게 솔직하게 털어놓지 못했다.[33] 성직자들은 평화에 관한 문제를 감소하는 신자 수와 쇠퇴하는 믿음 (1980년대에도 이런 양상이 나타나지만)의 해결책으로 삼았다. 그들은 이 문제를 영성을 간구하는 눈물의 바다에 빠뜨렸다. 허버트 그레이(Herbert Grey), 모드 로이든(Maude Royden), 딕 셰퍼드(Dick Sheppard) 등의 성직자는 만주로 가서 "아무 무기 없이 교전 중인 양 군대 사이로 걸어 들어가겠다"고 했다. 이 웃기는 얘기는 스트레이치의 헛소리를 떠올리게 하는데, 물론 이들은 진심이었다.[34] 감리교의 도널드 소퍼(Donald Soper) 목사는 "평화주의에는 침략자들을 격퇴시킬 만큼 충분한 영적 힘이 내재되어 있다"고 주장했다.[35] 캔터베리의 대주교 코스모 고든 랭(Cosmo Gordon Lang)은 그런 힘을 믿지는 않았지만, 군비 확장에 반대해야 할지 「타임스」에 무솔리니를 비난하는 글을 써야 할지 망설이고 있었다.

셰퍼드가 이끄는 평화주의 성직자들은 평화 맹세 연맹을 결성하여 히틀러의 야욕을 물리치기 위한 서명 운동을 전개해나갔다. 이 연맹을 후원한 사람들 중에는 올더스 헉슬리, 로즈 매콜리(Rose Macaulay), 스톰 제임슨(Storm Jameson), 베라 브리테인(Vera Brittain), 시그프리드 서순, 미들턴 머리(Middleton Murry), 그리고 다른 문학계 유명 인사도 있었다. 좌파의 공세에 오싹해진 세실은 1934~35년에 전국적인 '평화 투표'를 계획했다. 투표 결과 국제연맹의 입장을 지지하는 표가 1,000만 표 이상으로 87퍼센트에 이르렀다. 이러한 결과는 평화주의자들이나 처칠처럼 군비 확장을 지지하는 보수주의자들 양쪽 모두에 반대하고 있는 것으로 보였다. 하지만 독재 국가들이 먼저 군비 확장에 나서는 경우, 영국도 군비 확장을 해야 하는가 하는 질문이 없었기 때문에 이 투표는 더 큰 논란을 낳았을 뿐이다.[36] 사실 대중의 여론은 매우 변덕스러웠다. 1933년부터 1934년까지 이스트 풀햄을 비롯한 6개의 지역에서 보궐 선거가 실시되었다. 여기서는 부분적으로 평화 문제가 쟁점이 되었다. 1934년의 경우 국민의 50퍼센트가 정부에 반대하는 것으로 나타났다. 이에 따라 대중이 군비 확대에 반대하는 것으로 해석되었다. 하지만 1935년 총선에서는 모든 의석이 고스란히 보수당 의원들에게 돌아갔다. 국왕과 국가를 거부했던 거의 모든 옥스퍼드 대학생들이 때가 되자 무기를 든 것과 마찬가지였다. 하지만 어쨌든 1938년 말까지 영국이 독일에 무력을 행사하지 않을 것이라고 생각했던 것도 무리는 아니다. 히틀러는 그런 가정 아래 행동에 나섰다.

독일의 공세

히틀러는 정권을 잡고 난 뒤부터 1938년 말까지 외교 정책과 군사 정책을 밀어붙였다. 그럼에도 법과 윤리를 완전히 무시했다는 점을 제외하면, 그의 정책에는 흠잡을 데가 없었다. 그는 단 한 차례도 판단을 그르친 적이 없다. 이 단계에서 강박적인 종말론은 이점으로 작용했다. 서둘러야 한다는 생각 때문에, 일을 빠르게 진척시켰다. 반면 히틀러의 적들은 끊임없이 잘못된 판단을 하고 당혹스러워했다. 1933년과 1934년은 국내 입지를 공고히 하고 군비를 확장하는 데 주력했다. 실제 행동이 시작된 것은 1935년 1월 13일이었다. 그날 히틀러는 자르 지방의 주민 투표에서 승리했다. 3월 7일 자르 지방이 독일에 반환되고 나서, 11일 후 히틀러는 베르사유조약의 무장 해제 조항을 거부한다고 선언했다. 6월 18일 영국은 스트레자협정을 맺어놓은 상태였음에도 불구하고, 겁을 집어먹고 영독 해군 협정을 체결했다. 이제 독일의 군비 확장은 기정사실로 받아들여졌다. 이해할 수 없는 영국의 굴복으로, 독일은 영국 해상 함대의 35퍼센트 수준을 보유할 수 있는 권리를 얻고, 잠수함은 동등한 수준으로 증강할 수 있게 되었다. 이때부터 기존의 무기력한 태도에 대비되는 영국의 적극적인 유화정책이 시작되었다.[37] 영국의 이러한 양보에 프랑스는 분노했다. 에티오피아 사태에서 명확히 드러나듯이, 결국 영국과 프랑스의 동맹 관계는 파국을 맞았다. 에티오피아 사태는 히틀러에게는 천우신조의 기회였으며, 뜻밖의 행운이었다.

지정학의 핵심은 적국 중에서 어느 나라가 더 위험한지를 식별할 수 있는 능력에 있다. 안타깝게도 외무장관이 된 앤소니 이든에게는 이런 능력이 없었다. 그는 무솔리니와 히틀러의 차이를 알지 못했다. 무솔리니는 쉽게 타락할 수 있지만, 문화적 영향력에 개방적인 인물이다. 반면 히틀러는 이미 수백 명을 죽이고, 수만 명을 강제수용소에 처넣었으며, 유럽을 변화시키겠다는 의도를 공개적으로 밝혔던 인물이다. "내 계획은 처음부터 베르사유조약을 파기하는 거였다. …… 나는 이러한 의도를 수천 번이나 글로 썼다. 자신이 원하는 것을 나만큼이나 자주 발표하거나 기록한 사람은 아마 없을 것이다." 히틀러의 말은 사실이다.[38] 독일은 세계 2위의 경제 대국인 데다 다시 경기가 살아나고 있었다. 게다가 독일은 전통적으로 다른 국가에서 찾아볼 수 없는 잔혹한 군사 행동을 일삼아오지 않았던가. 이미 경제가 쇠퇴해 있는 이탈리아의 위협은 독일의 잠재적인 파괴력과는 비교할 만한 것이 아니었다. 이든은 이것을 몰랐다. 영국 여론도 똑같이 무지했으며, 어쨌든 목소리를 높인 자들 가운데서 이 사실을 제대로 인식하고 있는 사람은 없었다. 히틀러의 의도가 훨씬 더 위험했음에도 그때나 이후에나 영국에서는 이탈리아의 에티오피아 침공을 비난하는 외침이 히틀러에 반대하는 목소리보다 훨씬 더 컸다. 프랑스는 영국의 경솔함에 크게 흔들렸고, 영국에 동조할 수 없다는 입장을 분명히 밝혔다. 그리하여 에티오피아 사태는 스트레자협정을 파괴했을 뿐 아니라 영국과 프랑스가 반목하는 계기가 되었다. 이 때문에 히틀러에 맞서기 위해 영국과 프랑스가 공동으로 협약을 세울 가능성은 배제되고 말았다. 프랑스는 에티오피아 사태에서 영국을 지지하지 않았다. 그러자 영국은 라인란트 문제에서 프랑스를 지지하지 않았다. 히틀러가 1937년에 계획한 라인란트의 군사 재무장을 1936년으로 앞당길 수 있었던 것은 에티오피아 사태 덕분이다.

독일군이 라인란트로 진군한 1936년 3월 7일은 시기적으로 절묘했다. 그 무렵 영국과 프랑스의 갈등이 그 어느 때보다 높았기 때문이다. 그러나 상황이 그렇다고 해도, 독일의 행동은 위험했다. 이에 대해 히틀러는 나중에 이렇게 인정했다. "프랑스군이 라인란트로 밀고 들어왔다면, 우리는 다리 사이에 꼬리를 감추고 퇴각했을 것이다."[39] 프랑스는 1923년 때처럼 독자적으로 군사 행동을 취할 수 있는 능력이 있었다. 하지만 그럴 만한 결단력이 없었다. 그 뒤 히틀러는 서구 국가들의 공격을 막아낼 수 있는 위치에 서게 되었다. 1936~37년에 세계에서 일어난 사건들이 결과적으로 히틀러를 도와주었다. 우선 스페인 내란이 일어났고, 그 다음 중일전쟁이 일어났다. 두 전쟁은 법의 수호자를 자처하는 여러 국가에 큰 짐이 되었다. 그들은 빠르게 변화하는 세계의 수많은 난제를 도저히 풀 수 없어 당혹스러워했다. 그동안 히틀러는 꾸준히 군비를 확장했고, 동맹 관계를 강화해나갔다. 1936년 11월 1일 로마-베를린 추축이 형성되었다. 같은 달 독일은 일본과 반코민테른협정을 체결했다. 이로써 갑자기 해공 전력의 균형이 바뀌었다. 게다가 독일이 새로 지은 공장에서는 비행기가 생산되고 있었다. 1937년 독일의 폭격기는 800대였고, 영국은 48대였다. 그해 5월이 되자, 독일과 이탈리아의 공군이 하루에 600톤의 폭탄을 투하할 수 있는 것으로 추정되었다. 공습에 대한 강박적인 공포는 1937년 7월 이후 게르니카에 대한 소비에트의 선전 전술로 더욱 커졌다. 이 때문에 연합국의 외교 정책은 마비 상태에 이르렀다.[40]

1937년 11월 5일 히틀러는 군사·외교 정책의 수석 고문들에게 이제 적극적인 영토 확장의 시기가 왔으며, 그 첫 번째 대상은 오스트리아와 체코슬로바키아가 될 것이라고 설명했다. 육군장관 베르너 폰 블롬베르크와 육군 최고사령관 폰 프리치는 프랑스군이 여전히 강하다며 반대했다.[41] 이일로 그들은 히틀러의 눈 밖에 났다. 그때까지 히틀러는 가능한 한 군비 확장을 서두르라는 지시를 내리는 것 말고는 군부에 간섭하지 않았다. 이제그는 군부를 장악할 시간이 왔다고 생각했다. 계획을 실행 단계에 올려놓기 위해서는 방해 세력을 제거해야 했다. 1938년 1월 26일 블롬베르크가해임되었다. 경찰의 조사로, 블롬베르크의 아내가 매춘부이자 포르노 모델이었다는 사실이 밝혀졌다. 9일 뒤에는 프리치가 제거되었다. 동성애자라는 혐의를 받았는데, 힘러의 서류가 그 증거였다. 사실 그들은 어떤 의미에서는 행운아였다. 스탈린이었다면 그보다 못한 이유로, 아니 아무 이유도 없이 죽였을 것이다. (그는 1937~88년 사이에 장군 200명을 죽였다.)다른 독일 장군 16명도 퇴역했고, 44명은 전출되었다. 히틀러는 스스로 육군장관의 자리에 올랐고, 군대의 수반이 되었다. 나약한 폰 브라우히치(Heinrich von Brauchitsch)가 육군 최고사령관이 되었다. 충성스런 나치파 장군 빌헬름 카이텔(Wilhelm Keitel)은 최고 사령부를 새로 만들라는 지시를 받았다. 그리하여 구체제의 마지막 요새가 히틀러의 손아귀에 떨어졌다. 불만의 소리는 들리지 않았다. 히틀러는 동시에 경제부의 샤흐트와외무부의 노이라트(Konstantin von Neurath)도 쫓아냈다. 이렇게 해서 나치가 전권을 장악하고, 이제 모든 것은 전시체제에 들어서게 되었다.

프리치가 해임된 뒤 히틀러는 오스트리아 총리 크루트 폰 슈슈니크(Kurt von Schuschnigg)를 베르히테스가덴(Berchtesgaden)에 있는 산장으로 불렀다. 깡패들 소굴에 불려간 술집 주인이라도 그보다 더 야만적인 취급을 받지는 않았을 것이다. 미친 듯 장광설을 쏟아낸 뒤, 히틀러는 공포에 질린 슈슈니크에게서 나치 당원을 오스트리아 내무장관에 임명하는 것을 비롯하여 상당한 양보를 받아냈다. 잘츠부르크로 돌아갈 때 슈슈니크와 동행했던 폰 파펜은 이렇게 말했다. "그렇소. 그게 총통의 방식이오. 이제 당신도 직접 눈으로 보았으니 알 거요. 하지만 다음번에 총통과 만날 때는 훨씬 더 편해질 것이오. 총통은 때에 따라 무척 유쾌해지기도 하니까." [42] 하지만 슈슈니크가 '다음번'에 불려간 곳은 다하우 수용소였다. 이 만남이 있고 나서 30일 뒤, 히틀러의 군대는 오스트리아로 진군했다.

히틀러는 저항하는 오스트리아인을 무자비하게 다루었다. 대학교수들은 맨손으로 도로를 박박 문질러야 했다. (마오쩌둥은 1960년대 '재교육'이라는 형식으로 중국인들에게 똑같은 일을 시켰다.)[43] 나치는 손에 닿는 모든 것을 빼앗았다. 나치가 빈에 있는 프로이트의 아파트에 쳐들어오자, 프로이트의 아내는 집 안에 있는 돈을 테이블 위에 올려놓으며, "마음대로 가져가세요"라고 말했다. 루스벨트와 무솔리니가 개입하여 25만 오스트리아 실링의 몸값을 지불하고 고령의 프로이트가 오스트리아를 떠날 수 있게 허락을 받아냈다. 프로이트는 떠날 때 나치에게서 좋은 대우를 받았다는 진술서를 써야 했다. 그는 "게슈타포라면 누구에게든 소개시켜주고 싶소"라는 말을 덧붙였다. 하지만 그들에게는 이런 냉소적인 농담이 통하지 않았다. 연민도 없었다. 선택에 따라 오스트리아에 남은 프로이트의 누이 4명은 모두 가스실에서 죽었다.[44]

오스트리아를 통째로 삼키고 나서 5주 뒤인 4월 21일, 히틀러는 카이텔에게 체코슬로바키아 침공을 준비하라고 명령했다. 체코슬로바키아에 거주하고 있는 독일인 소수 민족 집단의 유력 인물들에게는 구실이 될 만한 사건을 만들어내라고 지시했다. 그로부터 한 달 전인 3월 21일, 영국의 참

▶ 1937년 11월 5일 히틀러는 군부와 정부의 수뇌들을 모아 은밀히 전쟁의지를 표명했다. 1938년 2월 4일에는 전쟁 개시를 주저하는 자를 파면하고, 자신이 국방장관을 겸임하여 군부를 완전히 장악했다.

모총장들은 '독일의 체코슬로바키아 침공이 내포하는 군사적 의미'라는 보고서를 내각에 제출했다. 영국은 이미 군비 확장에 들어가 있는 상태였지만, 두려움으로 가득 찬 그 보고서는 이미 때가 늦었고 영국군이 약하다는 얘기를 하고 있었다. 특히 방공(防空) 능력에 관해 우려를 나타냈다.[45] 오늘날의 관점에서 보자면, 두 가지 질문이 제기될 수 있다. 우선 만약 연합국이 히틀러의 체코슬로바키아 침공 시 전쟁을 불사하겠다는 의지를 천명했다면, 독일의 군부가 히틀러를 제거했을까? 이 물음은 역사적으로 큰 의미를 지닌다. 답이 '그렇다'일 경우 제2차 세계대전과 그에 따른 끔찍한 결과를 피할 수 있었을 것이기 때문이다.

　사실 일부 독일 장군들은 체코슬로바키아 침공이 독일에 재앙을 가져올 것이라고 생각했다. 1938년 7월 브라우히치가 소집한 모임에서는, 독일 국민이 전쟁에 반대하고 있으며 독일군이 강대국들과 싸워 이길 만큼 전력이 강하지 않다는 데 뜻이 모아졌다.[46] 참모총장 루트비히 베크(Ludwig Beck)는 영국에 가려는 정치가 폰 클라이스트 슈벤진(Edwald von Kleist-

Schwenzin)에게 이렇게 말했다. "히틀러가 체코슬로바키아를 침공할 경우 영국이 전쟁에 돌입할 것이라는 증거를 가져다주시오. 그러면 내가 히틀러 정권에 마침표를 찍겠소."[47] 히틀러는 8월 15일 네빌 체임벌린과 에두아르 달라디에(Édouard Daladier)가 각각 영국과 프랑스의 총리 자리에 있는 한, 연합국에서 전쟁을 선포하지는 않을 것이라고 장군들을 안심시켰다. 라우슈닝에 따르면, 히틀러는 유화 정책을 버리지 못하는 두 사람을 가리켜 '나의 후겐베르크'라고 칭했다고 한다. 하지만 히틀러는 베크를 설득시키지는 못했다. 그는 전쟁의 책임을 지는 것을 거부하고, 8월 27일 사임했다. 히틀러가 공격 명령을 내릴 경우 다른 장군들이 히틀러 정권을 전복시킬 계획이었다는 몇 가지 증거가 있다.[48] 하지만 그다지 믿을 만한 것이 못된다. 히틀러가 1934년 룀 숙청 사건으로 두 명의 장군을 죽였을 때 다른 장군들은 묵묵히 순종했다. 그들은 1월과 2월에 상관 블롬베르크와 프리치가 쫓겨났을 때도 침묵했다. 그로부터 몇 달이 지났다고 해서 없었던 용기가 갑자기 생겨났을 것 같지는 않다. 게다가 적들을 눈앞에 둔 히틀러가 직무 유기나 반역죄로 몰아붙일 수 있는 상황에서 그런 용기를 보여줄 수 있었을까?

장군들이 어떤 생각을 하고 있었든, 그들의 의사는 영국 내각에 전달되지 않았다. 8월 30일의 결정적인 내각 회의에서, 올리버 스탠리(Oliver Stanley)만이 독일은 전쟁을 일으킬 만큼 충분한 전력을 갖추고 있지 못하다는 독일 장군들의 생각을 얘기했다. 베크와 동료 장군들이 원한 것은 영국의 최후통첩, 즉 전쟁의 위협이었다. 하지만 영국 내각의 결정은 정반대였다. 네빌 체임벌린 총리는 이렇게 요약했다. "내각이 만장일치로 합의한 점은, 우리가 히틀러에게 위협이 되는 말을 해서는 안 된다는 것과 그가 체코슬로바키아로 진군할 경우, 전쟁을 선포해야 한다는 것이다. 이런 결정을 극비로 하는 것이 대단히 중요하다." 강경 노선을 효과적으로 실천하기 위해서는 무엇보다 공개적으로 알리는 것이 중요하다. 그렇다면 영국 내각의 이런 결정은 도무지 이해할 수 없는 처사다. 체임벌린과 다른 각료들이 히틀러 정권의 전복을 원하지 않았다고 생각할 수밖에 없다.

이 일은 히틀러 현상이 소련을 떼어놓고는 생각할 수 없다는 점을 부각시킨다. 공산주의에 대한 두려움 덕분에 집권할 수 있었듯이, 정권을 유지할 수 있었던 것도 공산주의 덕분이었다. 체임벌린은 이 단계에서 히틀러가 정말로 위험한 인물인지 아닌지 확신하지 못했다. 하지만 스탈린이 대단히 위험한 인물이라는 것은 분명했다. 영국은 소비에트 군대를 과소평가하는 경향이 있었지만, 공산주의 확산에 따른 정치적 잠재력은 두려워했다. 히틀러는 언제나 우회적으로 나치즘과 공산주의의 근친 관계를 강조했다. 그는 몇 번이고 "독일에서 나치당이 사라지면 공산당이 천만 표를 더 얻을 것이다"라고 말했다. 히틀러의 주장에 따르면, 그를 대신할 것은 자유 민주주의가 아니라 소비에트 집산주의였다. 체임벌린은 어느 정도 그의 주장에 수긍하고 있었다. 9월 26일 뮌헨협정을 체결하기 직전, 가믈랭(Maurice Gamelin) 장군은 체임벌린에게 연합국의 전력에 대해 더 낙관적인 전망을 제시했다. 그들은 히틀러 정권의 전복에 관해 논의했지만, 체임벌린은 그 이상을 알고 싶어했다. "그 뒤에 독일이 볼셰비키 체제가 되지 않는다고 누가 장담할 수 있겠습니까?" 물론 아무도 장담할 수 없었다. 달라디에도 비슷한 생각을 하고 있었다. "코사크인들이 유럽을 지배하게 될 것입니다."[49] 그리하여 두 사람은 (그들이 보기에) 덜 위험한 쪽을 택하여, 독일에 양보했다.

두 번째 질문은 이렇다. 독일이 1939년 폴란드를 침공했을 때보다 1938년 체코슬로바키아를 침공하려 했을 때, 연합국이 전쟁에 돌입하는 게 낫지 않았을까? 의견이 분분하기는 하지만 맞는 말이다. 연합국의 군비 확장 속도, 특히 영국의 공군력이 독일을 따라잡고 있었던 것은 사실이다. 이 점만을 고려하면, 전략적 균형 면에서 1938년보다는 1939년이 나았다. 하지만 1938년 9월 29~30일 브라운 하우스에서 열린 뮌헨회담이 영국과 프랑스의 단순한 외교적 굴복일 뿐만 아니라 군사적 재앙이기도 했다는 사실이 중요하다. 이 정치 쇼에서 스타로 등장한 무솔리니 — 그는 거기서 4개 국어를 할 수 있는 유일한 인물이었다 — 는 유일한 문제가 독일의 민족 통합이며, 히틀러가 체코슬로바키아를 병합하려는 '의도'는 전혀 없다고 생각했다.[50] 물론 오판이었다. 뮌헨회담에서는 히틀러의 주장대로 체코슬로바키아의 국경선이 다시 그려졌다. (체코슬로바키아에 속했던 주데텐란트가 독일 땅이 되었다.) 이러한 결정은 주민의 민족 구성뿐만 아니라 군사적인 사항을 고려한 것이다. 주민 투표도 실시하지 않았다. 약 80만 명의 체코인이 독일에 흡수되었고, 25만 명의 독일인은 제5열로 체코슬로바키아 영토 내에 남아 있게 되었다.[51] 프랑스의 원조를 받아 체코슬로바키아가 공들여 만들어놓은 방어 시설은 독일인의 손아귀에 들어갔다. 따라서 체코슬로바키아가 독일의 임박한 침공에 무력으로 대항할 수 있는 가능성은 사라져버렸다. 전략적 균형도 크게 달라졌다. 처칠은 이 협정의 군사적 의미를 누구보다 명확히 인식하고 있었다. 그는 1938년 10월 5일 뮌헨협정에 관한 토의가 열렸을 때, 히틀러가 오스트리아 합병으로 12개 사단을 손에 넣었다는 사실을 지적했다. 이제 체코슬로바키아의 군사 무장이 해제되면서 독일은 30개 사단을 다른 장소에 배치할 수 있게 되었다.[52]

사실 전력의 상승 작용은 그보다 컸다. 체코슬로바키아의 40개 사단은 유럽에서 가장 잘 무장된 부대였다. 히틀러가 최종적으로 체코슬로바키아에 쳐들어가자, 40개 사단의 군사 장비와 함께 거대한 군수 산업 시설이 고

스란히 독일에 굴러들어왔다. 결국 체코슬로바키아 덕분에 무장을 갖추게 된 독일군 약 80개 사단은 프랑스군 전체에 대적할 만한 전력을 확보하게 되었다.[53] 처칠이 지적했듯이 뮌헨협정이라는 굴복은 또한 프랑스가 일궈 놓은 동유럽의 동맹 체제에 종말을 가져왔다. 다뉴브 분지에는 도덕적 타락이 퍼져나갔다. 민주주의 국가들이 체코슬로바키아를 포기하는 것을 보고, 약소국가들은 의지할 곳을 찾아 허둥대거나 재칼처럼 축제에 끼어들었다. 폴란드는 1919년부터 눈독을 들여오던 테셴을 떼어가게 되었다. 헝가리도 체코슬로바키아의 일부 지역을 할양받았다. 동유럽과 중부 유럽 그리고 발칸 반도에서는 이제 각국 정부들이 나치의 호의와 우정을 얻기 위해 애쓰고 있었다. 영향력과 자존심이 높아진 파시스트당은 의기양양했다. 독일 무역은 곳곳에서 이윤을 냈고, 경제는 대호황을 누렸다. 1938년이 끝날 무렵 히틀러는 총 한 발 쏘지 않고 빌헬름 시대 독일의 영광을 완벽히 되찾은 것처럼 보였다. 그는 비스마르크 이후 가장 성공한 독일 정치가가 아니었을까? 적어도 그때까지는 그렇게 보였다.

하지만 1938년 말은 히틀러의 인생에서 분기점이었다고 할 수 있다. 특히 독일 국민과의 관계에서 그랬다. 그는 독일 국민의 '권력의지'를 과대평가했다. 독일 국민은 민족 통합이라는 정책을 압도적으로 지지했다. 그들은 오스트리아 합병에 갈채를 보냈다. 독일의 국민 투표에서는 99퍼센트, 오스트리아에서는 99.75퍼센트가 합병에 찬성했다.[54] 그들은 주데텐란트 병합도 지지했다. 하지만 독일인들이 엄청난 비독일계 주민을 흡수하는 데 찬성했다는 증거는 없다. 반면 대부분의 독일인이 전쟁을 원하지 않았다는 증거는 많다. 1938년 8월 27일 히틀러는 제3기계화 사단에게 체코슬로바키아 국경으로 갈 때 베를린을 통과하도록 지시했다. 히틀러는 열병식을 보기 위해 제국 총리 관저에서 나왔지만, 거기 모인 시민들은

200명도 안 되었다. 화가 난 히틀러는 건물 안으로 들어가 버렸다.[55] 그 뒤로 유럽이라는 체스판에서 히틀러의 말이 어떤 성공이나 승리를 거두든, 독일 국민이 자발적으로 갈채를 보낸 적은 없다. 독일군이 프라하로 진격해 들어갔을 때도 환호하는 소리는 전혀 들리지 않았다.

히틀러는 독일 국민의 마음속이 비어 있다는 것을 알았다. 하지만 그는 더 이상 그들의 마음을 채우려 하지 않았다. 그들에게 열정이 있든 없든, 앞으로 나아갈 참이었다. 이제 그가 국민들에게 요구하는 것은 절대적인 복종 말고는 아무것도 없었다. 1939년부터 그는 정치가, 연설가, 선동가이기를 그만두고, 군사 본부에서 일하며 비밀 협약이라는 수단을 이용하는 군국주의자가 되었다. 히틀러의 통치 방식은 대략 스탈린의 통치 방식을 닮아가기 시작했다. 국민의 승인을 받는다든가 국민을 인도하는 공적인 차원은 더 이상 존재하지 않았다. 국민의 지지를 얻으려고 애쓰지도 않았고, 오로지 힘과 테러에 의존했다. 1939년 9월 1일 그는 제국의회에서 폴란드 침공을 정당화하는 연설을 했다. 연설은 짧았고 평이했다. 연설을 하러 제국의회로 가는 길에도 거리는 썰렁했다. 군대가 개선했을 때도 군중을 찾아보기 힘들었다. 미국 대사관의 조지 케넌이 지적했듯이, 베를린 사람들은 환호하지도 않았고 나치식 경례를 하지도 않았다. "나치의 직업 선동가들이 미친 듯이 애를 써도 사람들은 거리에 나오지 않았다. 기뻐하지도 군대를 환영하지도 않았다." 독일군이 파리를 점령했을 때도 같은 일이 벌어졌다.[56]

독일 여론이 가속화되는 히틀러의 종말론에서 떨어져 나올 무렵, 영국 여론은 유화 정책에 반대하는 쪽으로 기울었다. 「맨체스터 가디언」 「뉴스 크로니클 News Chronicle」 「데일리 텔레그래프 Daily Telegraph」 「데일리 헤럴드 Daily Herald」에 실린 기사를 보면, 그런 움직임은 뮌헨협정 당시

부터 존재했다. 반면 「타임스」와 좌익계 잡지『뉴 스테이츠먼』은 뮌헨협정을 지지했다. 「타임스」의 편집장 제프리 도슨(Geoffrey Dawson)은 언론계에서 체임벌린이 가장 신뢰하는 인물이었고,『뉴 스테이츠먼』의 회장은 케인스였다. 하지만 그들의 지지도 곧 수그러들었다.[57] 그해 11월 괴벨스가 독일에 퍼뜨린 반유대주의의 야만적인 물결은 유화 정책 지지자들의 목소리를 삼켜버렸다. 1938~39년 겨울 영국은 전쟁을 불가피한 것으로 받아들이는 분위기가 팽배했다. 1939년 3월 15일 독일이 프라하를 점령했고, 이어 6일 뒤 리투아니아로부터 메멜 지방을 빼앗았다. 연이은 이런 사건들로, 대부분의 영국인은 전쟁이 임박했다고 확신했다. 체념적인 절망이 공포의 자리를 대신 채웠다. 뮌헨협정은 잘못된 판단과 계산적인 비겁함 때문에 태어났다. 그러나 이제 사람들의 마음속에는 승산이 있든 없든 다음번에는 꼭 히틀러에 대항해 싸워야겠다는 무모하고 무분별한 결심이 싹트기 시작했다.

역사의 진행을 앞당기려는 히틀러의 강박적인 망상이 언젠가는 이와 똑같이 히스테리적인 반응을 낳을 수밖에 없었을 것이다. 그 결과 히틀러의 모든 계획은 엉망이 되었고, 그는 돌이킬 수 없는 실수를 저질렀으며, 세계는 전쟁의 소용돌이에 휘말리게 되었다. 프라하를 점령한 지 2주도 채 안 된 3월 28일, 히틀러는 1934년에 맺은 폴란드와의 불가침 조약을 파기한다고 통보했다. 독일은 폴란드를 분할 점령할 준비에 들어갔다. 폴란드는 지리적으로 불행한 위치에 있는 국가다. 폴란드에는 많은 독일인이 살고 있었고, 히틀러가 생각하기에 그 땅은 당연히 독일의 것이 되어야 했다. 더욱 중요한 것은 폴란드가 러시아로 들어가는 길을 가로막고 있다는 점이다. 따라서 '병균'들의 배양지를 처리하겠다는 히틀러의 계획에 큰 걸림돌이 되었다. 따라서 히틀러는 폴란드를 굴복시키거나 없애버려야 했다. 그는 영국이나 프랑스가 이런 계획을 방해할 이유가 없다고 생각했다. 체코슬로바키아 침공 때 그들이 싸우려 하지 않았다면, 폴란드 때문에 독일과 싸울 이유는 더더구나 없을 것이 분명했다. 체코슬로바키아가 영국이나 프랑스에 전략적으로 약간의 의미가 있는 반면, 폴란드는 아무런 의미도 없었기 때문이다. 어쨌든 두 자본주의 국가는 히틀러의 동방 진출 계획을 환영할 것이다. 궁극적으로 그가 볼셰비키의 심장부를 노리고 있다면, 그들이 환영하지 않을 이유가 어디 있겠는가?

하지만 불과 사흘 뒤 영국은 폴란드에 이런 보장을 해주었다. 만약 "독일이 행동에 돌입해, 폴란드의 독립이 명백히 위협받고 폴란드가 국가적 힘을 동원해 저항해야 할 경우, 대영제국 정부는 즉시 폴란드에 가능한 모든 지원을 할 것이다."[58] 체임벌린은 프랑스 정부와 협의 없이 이런 결정을 내렸다. 어쨌든 프랑스도 영국의 입장을 지지하지 않을 수 없었다. 하지만 이러한 보장은 역사상 가장 무책임한 약속이었다. 체임벌린에게 설명을 들은 「타임스」는 모호한 표현으로 이루어진 이 약속이 단지 폴란드의 '독립'을 보장하는 것이지, 폴란드 영토의 '보전'을 의미하는 것은 아니라고 서둘러 보도했다. 이런 주장에 따르면, 베르사유조약이 설정한 국경선을 독일 측에 유리하게 변경할 수 있는 여지가 남아있었다.[59] 히틀러는 정확히 그렇게 해석했다. 영국이 이러한 보장을 통해, 체코슬로바키아 때처럼, 그의 요구를 충족시켜주기 위해 폴란드에 압력을 행사하리라 생각했다. 러시아 침공을 위한 육로 확보도 생각해볼 수 있었다. 어쨌든 그는 영국과 전쟁을 벌일 의도가 전혀 없었다. 1939년 1월 히틀러는 공해(公海)상에서 작전을 수행할 대규모 함대를 건설하기로 마음먹었다. 이 함대는 전함 10척, 순양함 3척, 항공모함 4척, 잠수함 249척으로 구성될 예정이었다. 히틀러는 에리히 라에더(Erich Raeder) 제독에게 함대가 완비되는 1940년대 중반까지 영국과의 전쟁은 피해야 한다고 말했다.[60] 그는, 대영제국의 특혜 관세 제도가 별 효과가 없다는 걸 깨달은 영국이 경제적 이유에 떠밀려 현재 독일의 무역이 장악하고 있는 유럽에 회유적인 태도를 보일 수밖에 없다고 생각했다. 그해 7월 괴링의 4개년 계획의 참모 헬무트 볼타트(Helmuth Wohlthat)가 런던의 회담에서 받은 인상도 이런 생각을 확인시켜주었다. 영국이 유럽 대륙에 편입되고자 하는 이러한 움직임은 사실 1970년대가 되어서야 현실화된다.[61]

하지만 영국의 보장은 히틀러에게 문젯거리였다. 보장을 요구할 수 있는 당사자가 그다지 분별력이 있다고 할 수 없는 폴란드 정부였기 때문이다. 이 사실만 보더라도 체임벌린의 약속이 얼마나 어리석은 짓이었는지 알 수 있다. 영국은 폴란드에 효과적인 지원을 제공할 수단이 없었지만, 폴란드가 정복당하면 전쟁을 선포하지 않을 수 없을 것이다. 그런데 만약 영국이 소련과 연합한다면, 이 보장은 더 큰 의미를 갖게 된다. 게다가 영국과 소련의 연합은 유럽 좌파들의 오랜 목표였다. 유럽의 좌파는 이것을 그들이 안고 있는 모든 딜레마에 대한 해결책으로 생각했다. 군비 확장에 반대하는 한편 히틀러에 대항한다는 소망도 이루어질 것이다. 1939년 중엽에는 영국과 프랑스의 참모총장들도 소련과의 동맹을 원하고 있었다. 현재 직면하고 있는 군사적 열세를 조금이라도 만회하고 싶었기 때문이다. 하지만 스탈린이 1938년 군부 숙청을 단행한 뒤 소비에트 군대는 폴란드군보다도 전력이 떨어졌다. 만약 선택을 해야 한다면 차라리 폴란드군을 택해야 할 상황이었다. 그러나 폴란드가 소련군의 이동로를 내주지 않는다면, 소련은 협력하려 하지 않을 것이다. 폴란드는 독일군이 소련을 침략하는 데 폴란드 영토를 통과하게 할 수 없는 것처럼, 소련군이 독일을 공격한다고 해서 폴란드 영토를 통과히게 하시는 않을 것이다. 따라서 영국 프랑스 소련의 군사 협정이 이루어질 가능성은 그리 크지 않았다. 하지만 그런데도 8월 1일 영국과 프랑스 사절단이 소련을 향해 떠났다. 그들은 마땅한 항공편이 없었기 때문에 배를 이용했다. 당시 영국 공군력의 현황을 보여주는 흥미로운 일화라고 할 수 있다.[62]

이 사건은 히틀러가 한시적이긴 하지만 중대한 '동맹 관계의 반전'을 꾀하는 계기가 되었다. 히틀러는 오래전부터 계획이 어떤 단계에 다다르면 전쟁이 불가피하다고 생각하고 있었다. 하지만 어떤 대가를 치르더라도, 독일이 1914~18년에 경험한 무제한적이고 전면적인 소모전은 피하기를 바랐다. 전쟁은 비스마르크가 1860년대와 1870년대에 치른, 단기적이고 정치적으로 결정적인 국지전에 제한되어야 했다. 전격전(電擊戰)은 히틀러의 팽창주의 철학 전체에서 본질적인 부분을 차지했다. 군대의 장비와 훈련도 여기에 맞추어져 있었다. 그의 판단으로 독일 경제나 독일 국민에게 치열한 단기 전투와 군사 작전 이상을 기대할 수는 없었다. 전쟁 기간이 길면 압도적인 힘과 강도를 유지할 수 없을 것이 뻔했다.[63] 마지막 전격전은 러시아를 상대로 한 전격전이 되어야 했다. 그 뒤 독일은 방대한 유라시아 제국을 건설하여 장기적이고 전 세계적인 전쟁을 수행할 만한 힘을 축적할 것이다. 하지만 그때까지는 적국을 개별적으로 상대해야 하고, 무엇보다 2개 이상의 주요 전선에서 전쟁을 끄는 일은 피해야 했다.

사탄과의 계약

그 결과 '악마를 쫓아버리기 위한 사탄과의 계약'이 탄생했다.[64] 1939년 4월 28일 마지막 공식 연설에서, 히틀러는 불가침 보장을 요구하는 루스벨트의 허무맹랑한 연설을 비난하고, 실질적으로 이전의 모든 조약, 협정, 양해가 무효임을 세상에 알렸다. 이제 독일 국민의 이익이라고 생각되는 것만을 행동 지침으로 삼겠다고 선언했다. 이 연설을 들은 스탈린은 애가 탔다. 그는 국내외에서 일어나는 다른 어떤 사태보다 독일의 침략을 두려워했다. 볼셰비키 국가가 탄생할 수 있었던 것은 1918~20년에 독일을 적으로 삼지 않았기 때문이다. 1925년 1월 25일 중앙 위원회 총회에서, 그는 자본주의 국가 간의 전쟁에 대한 소비에트의 정책을 이렇게 규정했다. "그런 전쟁이 일어난다면 …… 우리도 참전해야 할 것입니다. 하지만 우리는 가장 나중에 참전해야 합니다. 그래서 우리가 전쟁의 승패를 좌우할 수 있는 결정적인 요인이 되어야 합니다." 그는 공개적으로는 '국제적 파시즘'에 맞선 인민전선 정책을 추구하면서, 1935년 5월부터 비밀리에 나치의 의향을 타진하고 있었다. 그는 나치에게 반(反)소비에트 성전을 포기하고, 전체주의 형제 국가로 서로 존중하고 약탈품을 나눠 갖는 게 어떠냐고 설득했다. 1939년 3월 독일이 폴란드 땅을 빼앗을 생각이라는 게 확실해지자, 스탈린은 하루빨리 이런 새로운 관계를 형성하고 싶었다. 민주주의 국가들이 폴란드를 구하기 위해 전쟁에 나설 것이라는 전망은, 히틀러와 협정을 맺고 당분간 전쟁에서 빠져나가야 하는 또 다른 이유가 되었다. 5월 3일 스탈린은 유대인 리트비노프를 쫓아내고 외무장관 자리에 몰로토프를 앉혔다. 히틀러와의 협상을 대비한 포석이었다. 8일 뒤 극동에서 일본군과의 대규모 전투가 일어나자, 스탈린은 협정을 체결할 결심을 굳혔다. 그도 히틀러 못지않게 두 개의 전선에서 전쟁이 벌어지는 일은 피하고 싶었던 것이다.[65]

깡패들의 첫 번째 협약은 1939년 5월 22일에 조인되었다. 히틀러와 무솔리니 사이에 이루어진 '강철 동맹'이다. 독일의 프라하 점령에 놀랐던 무솔리니도 이미 안정을 찾았고, 오히려 이 사건을 구실삼아 1939년 4월 7일 알바니아를 침공했다. 이제 그는 히틀러에 동조하여 국제 질서가 마침내 막을 내리고 힘의 지배가 시작되었다는 것을 인정했다. 그 무렵에도 히틀러는 여전히 원래의 계획을 고수했다. 폴란드 땅을 빼앗은 뒤, 영국이 중립을 지키고 있는 상태에서 곧바로 러시아와 전격전을 벌이겠다는 계획 말이다. 7월 말까지만 해도 그러한 일이 가능하다고 믿고 희망에 차 있었다. 하지만 그 뒤 영국과 프랑스의 군사 사절단이 모스크바에 도착했다는 소식이 들려왔다. 히틀러는 긴급 수단을 취해야 했다. 영국과 프랑스, 소련의 연합 가능성만으로도, 폴란드 침공 계획표가 어긋날 수 있었기 때문이다. 그는 먼저 손을 쓰기로 마음먹었다. 8월 20일 히틀러는 '모스크바의 스탈린 씨에게' 전보를 보내 3일 뒤 리벤트로프를 만나줄 수 있는지 물었다. 스탈린은 기다리고 있었다는 듯 24시간도 안 되어 답신을 보내왔다. 다음날 8월 22일 히틀러는 오베르잘츠부르크(Obersalzberg)의 최고 사령부를 상대로 연설했다. 그 자리에 있었던 사람들의 기록에 따르면, 그는 폴란드 작전을 계속 진행할 것이라고 말했다. 독일은 서구 국가를 두려워할 필요가 전혀 없었다. "우리의 적들은 벌레일 뿐이다. 그들을 뮌헨에서 본 적이 있다." 그는 이렇게 결론지었다. "나는 전쟁을 개시하기 위한 선전용 구실을 만들어낼 것이다. 그럴듯하든 말든 상관없다. 승리한 뒤에는 진실을 말했는지 여부 따위는

▶ 독소불가침조약(1939)
제2차 세계대전이 시작되기 며칠 전 독일과 소련 사이에서 체결된 상호 불가침 조약으로 동유럽에서 독일과 소련의 세력권 분할이 확정되었다. 조약에 서명하고 있는 몰로토프 뒤로 리벤트로프와 스탈린의 모습이 보인다.

문제가 되지 않는다. 전쟁을 시작하고 수행할 때 중요한 것은 공정함이 아니라 승리다. 동정심 따위는 집어치워야 한다. 냉혹하게 행동하라. 8천만의 국민은 당연히 존립을 보장받아야 한다. 정의는 강자 편에 있다. 무엇보다 강해져야 한다." [66]

스탈린과의 협상은 다음날 밤 타결되었다. 사실 소비에트와 독일 정부는 레닌의 혁명이 있은 후 오랫동안 접촉해왔다. 8월 23일의 독소불가침조약은 그 결정판이라고 할 수 있었다. 그동안 양국 정부의 필요에 따라 군사 전문가, 비밀경찰, 외교가, 아니면 범죄 세계 주변의 중개자들이 접촉해왔다. 양국은 어떤 때는 다른 어느 나라보다 가까웠고, 그 관계는 결코 깨어지지 않았다. 그들은 각자 표면적으로 주장하는 이데올로기를 완전히 무시해왔다. 야만적인 상호 이익 외에는 아무것도 고려하지 않았고, 다른 것들은 모두 경멸했다. 그들은 무장하고, 적들을 체포하고, 살해하고, 주변 국가를

억압하기 위해 상대방을 필요로 했다. 20여 년간 지하에서 이루어졌던 악마적인 거래가 마침내 세상의 빛 아래 드러났다. 8월 23일 밤 크렘린에서는 소름끼치는 연회가 베풀어졌다. 리벤트로프는 이렇게 얘기하고 있다. "마치 당의 옛 동지를 만난 것 같은 기분이었다." 히틀러는 크렘린이 더없이 편안했다. 그는 이렇게 덧붙였다. "나치당의 옛 친구들 같았다." 스탈린은 히틀러를 위해 건배했고, "독일 국민이 총통을 얼마나 사랑하는지 알고 있다"고 말했다. 이제는 소용없는 반코민테른협정에 관한 농담도 했다. 양쪽은 협정이 단순히 시티오브런던이나 '영국 상인들'을 안심시키기 위한 시늉이었다는 데 동의했다.[67] 서로 같은 목적, 같은 수단, 같은 방식, 무엇보다 같은 도덕관을 공유하고 있었다는 사실을 깨닫게 되었다. 술에 취한 살인자들은 비틀거리며 방 안을 돌아다녔고, 어색한 웃음으로 상대방을 껴안곤 했다. 그들의 만남은, 그전까지 서로 싸웠으며 앞으로도 다시 싸우게 될 폭력단들의 모임과 비슷했다. 어쨌든 그들은 본질적으로 깡패 집단과 똑같은 불법 조직이 아니던가.

그들이 조인한 조약은 불가침 조약이다. 그러나 사실 이 조약은 단순히 폴란드 침공 조약일 뿐이다. 조약의 비밀 의정서는 1945년 세상에 모습을 드러냈다. 하지만 뉘른베르크 재판 때 소련 측 판사가 기록에서 삭제했다. 이에 따르면, 독일과 소련은 동유럽을 각각의 영향권 아래 분할하며, 폴란드를 독립 국가로 존속시키는 것이 양 당사자에게 이로운지 여부, 그리고 폴란드의 국경선을 어떻게 정할지는 추후에 해결하기로 했다.[68] 따라서 폴란드 역사상 4번째의 분할이 결정되었고, 9월 17일 소련군이 쳐들어왔을 때 이 결정은 현실이 되었다. 또 다른 깡패 협약, 즉 1939년 9월 28일의 독소 국경 및 우호 조약에 따라 폴란드의 분할이 실시되고 국경이 확정되었다. 이 조약에서 합의된 영토는 폴란드에 국한되지 않았다. 스탈린에게는 핀란드, 발칸 반도 대부분의 국가, 루마니아의 일부를 마음대로 처분할 수 있는 권리가 주어졌다. 그리하여 1939년 가을에 라트비아, 에스토니아, 리투아니아에 이른바 '안보 조약'을 강요할 수 있었다. 안보 조약에 따르면, 3국은 소련군의 주둔을 허용해야 했다. 그는 라트비아의 외무장관에게 이렇게 말했다. "독일과의 조약에 따른다면, 우리는 당신네 나라를 점령할 수 있소."[69] 핀란드가 저항하자, 스탈린은 1939년 11월 30일 독일의 묵인 아래 핀란드를 침략했다.

스탈린은 독일과의 조약에 매우 만족했다. 그는 이 조약으로 러시아가 공산당 집권 이래 가장 강력한 국가가 되었다고 말했다. 독일과의 협약을 이행하기 위해, 리벤트로프에게 한 약속을 지키기 위해, 할 수 있는 모든 것을 다 했다. "소련은 명예를 걸고 동맹국을 배신하지 않겠다고 서약합니다."[70] 세계 각지의 공산당은 반(反)나치 정책을 수정했다. 그들은 어떤 대가를 치르더라도 독일과 싸우지 말아야 한다고 주장했고, 전쟁이 일어나면 방해 공작을 펼쳤다. 프랑스에 대한 나치의 공세가 한창일 때, 프랑스 공산당의 지도자 모리스 토레즈(Maurice Thorez)는 모스크바 방송을 통해 저항하지 말라고 프랑스군에 호소했다. 스탈린은 소련의 천연자원을 히틀러가 마음대로 쓰도록 놔두었다. 소련의 천연자원은 히틀러에게 매우 중요했다. 1939년 9월 독일은 고무의 80퍼센트, 주석의 65퍼센트, 구리의 70퍼센트, 납의 50퍼센트, 아연의 25퍼센트를 수입했다. 스웨덴은 침략을 면한 대가로 (그리고 스위스가 지불하는 3분의 1의 값으로 독일의 석탄을 구입하는 대가로) 히틀러에게 철광석과 육상 운송 및 비행 시설을 제공했다.[71] 히틀러가 전쟁을 수행하는 데 부족한 물자는 스탈린이 채워주었다. 곡물류 100만 톤, 항공 연료 10만 톤을 포함한 석유 90만 톤, 그리고 철광석, 망간, 면사 등이었다. 소련은 그 대가로 항공기용 엔진, 군함 설계도, 어

뢰, 지뢰를 얻었다.[72]

독소조약으로 개인적인 친분도 생겨났다. 스탈린은 히틀러를 자신처럼 혼자 힘으로 성공의 사다리를 오른 천재라고 표현했다. 리벤트로프에 따르면, 히틀러도 스탈린을 매우 높이 평가했다. 특히 '과격파'를 제압한 능력을 높이 샀다. (이런 견해는 서유럽에도 널리 퍼져 있었다.) 히틀러는 스탈린이 볼셰비키주의에서 유대인 국제주의를 제거하여 '슬라브-러시아 민족주의'를 탄생시켰다고 말했다. 무솔리니는 이제 볼셰비키주의가 사라졌다는 견해를 밝혔다. 스탈린이 볼셰비키주의를 '일종의 슬라브족 파시즘'으로 바꾸어놓았다는 것이다.[73]

하지만 독일과 소련의 조약이 히틀러가 스스로 만들어 낸 문제를 해결해주지는 못했다. 오히려 이 때문에 그의 계획에서 우선순위가 뒤바뀌게 되었다. 그는 단치히의 국제연맹 고등 판무관 카를 부르크하르트(Carl Burkhardt)에게 이렇게 말했다. "내가 한 일은 모두 러시아를 겨냥한 것이오. 서구 국가가 이것을 이해하지 못할 정도로 멍청하고 눈이 멀었다면, 러시아인과 협력하여 서유럽을 박살낸 다음, 소련과의 전쟁에 총력을 기울일 것이오."[74] 히틀러는 소련과 조약을 맺은 후에도 여전히 서구와 싸우는 일은 피하고 싶어했다. 그리고 독소조약에 깜짝 놀란 영국이 겁을 집어먹고 자신을 내버려둘 것이라 믿었다. 하지만 독소조약은 영국의 정책에 아무런 영향도 미치지 못했다. 오히려 정책 관계자들은 곧 전쟁이 터질 것이라고 확신했다. 영국의 우익 가운데 일부는 이 사건을 환영하는 분위기였다. 그들에게는 독소조약이 신을 버린 전체주의 국가들이 그동안 남들 모르게 파렴치한 관계를 맺고 있었다는 가시적인 증거로 보였기 때문이다. 에벌린 워는 삼부작 소설 『명예의 칼 Sword of Honour』에서 "거대하고 추하기 그지없는 관계가 만천하에 드러났다"라고 썼다. 9월 1일 히틀러가 폴란드를 침공하자, 폴란드는 영국에 약속을 지켜줄 것을 호소했다. 영국이 약속을 지키고 프랑스가 마지못해서라도 행동을 같이할 것이라는 사실에는 의심의 여지가 없었다.

이 때문에 히틀러는 계획을 완전히 수정해야 했다. 러시아를 처리하기 전에, 그토록 피하고 싶었던 전면전에 나서야 했기 때문이다. 히틀러는 이때부터 국내에서나 국외에서나 더 이상 자신을 합리적인 인물로 부각시키려고 애쓰지 않았다. 목적을 달성하기 위해서는 가차없이 힘과 테러를 이용할 것임을 분명히 했다. 폴란드를 침공한 날, 히틀러는 독일의 병원에서 치료가 불가능한 중환자를 모조리 살해하라고 명령했다.[75] 폴란드와 타협점을 찾으려는 시도는 전혀 하지 않았다. 그는 폴란드를 단순히 점령하여 수탈할 영토로만 생각했다. 폴란드에 대한 승리는 끝이 아니라 시작일 뿐이었다. 하지만 독일 국민의 정서는 이와는 정반대였다. 폴란드가 무릎을 꿇은 뒤, 리터 폰 레프(Ritter von Leeb) 장군은 1939년 10월 3일 일기에 이렇게 썼다. "국민의 감정은 가라앉아 있다. 아무도 열광하지 않는다. 국기를 게양하는 집도 없다. 모든 사람이 평화를 원하고 있다. 국민은 전쟁이 필요 없다고 생각한다." 하지만 히틀러는 독일의 뒤에 놓인 다리를 끊어버리고 국민들이 되돌아갈 수 없게 만들 요량이었다. 그는 1939년 11월 23일 장군들에게 이렇게 말했다. "타협을 기대하는 것은 어리석은 짓이다. 승리 아니면 패배가 있을 뿐이다. 비록 지금 세계가 우리를 증오한다고 하더라도, 나는 그동안 독일 국민을 최고의 자리에 이끌고 왔다. 위험을 무릅쓰고 이 전쟁에 뛰어들었다. 승리 아니면 사멸을 선택해야 한다. 지금 당면한 문제는 단순한 것이 아니다. 독일 국민이 죽느냐 사느냐의 문제다." 10월 17일에 히틀러는 카이텔 장군에게 점령된 폴란드 영토를 미래에 있을 러시아 침공의 전초 기지로 삼으라고 말했다.[76] 이 무렵 스탈린은 이제 안전하다

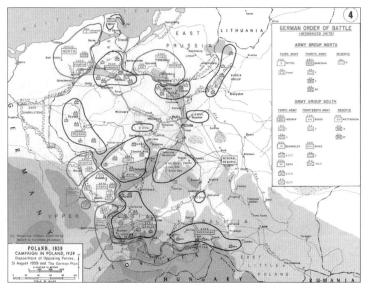

▶ **폴란드 침공(1939)**
1939년 9월 독일의 폴란드 침공은 독일이 재무장을 시작하면서 채택한 작전 개념인 고속 기갑전투가 첫
선을 보인 무대다. 폴란드는 약 5,760 킬로미터에 이르는 엄청나게 긴 국경을 가졌기 때문에 이런 시범을
보이기에 최적격인 나라였다. 당시 독일의 전쟁 계획을 보여주는 지도.

는 착각에 빠져 있었다. 그러나 히틀러는 우선 서구의 위협을 제거해야 했
다. 프랑스는 전격전으로, 영국은 절망의 수렁으로 끌고 들어가야 했다.

　당시 히틀러는 국방군 최고사령관의 자리에 있었다. 폴란드 침공 작전은
예전의 일반 참모진이 준비한 마지막 작전이 되었다. 이제부터 히틀러는
안보와 민간 내각 부문에서처럼, 군에도 두 개의 지휘 계통을 마련했다. 국
방군 최고 사령부가 히틀러의 지휘를 받으며 육군 최고 사령부와 똑같은
일을 했다. 프랑스는 쉬운 상대였다. 그들은 전쟁을 원하지 않았다. 뮌헨협
정 이후 프랑스는 동유럽 정책이 더 이상 유지되지 못하리라는 것을 알았
다. 폴란드 건은 그저 시늉만 냈을 뿐이다. 프랑스는 영국의 보장을 미친 짓
이라고 생각했고, 다른 대안이 없었기 때문에 영국의 행동을 지지했다.[77]
그들은 독일과 총력전에 돌입한다면, 1870년의 프랑스-프로이센 전쟁 꼴

이 나라라는 것을 잘 알고 있었다. 독일이 폴란드를 침략했을 때, 프랑스는 행동에 나서기를 주저했다. 결국 56시간이 지난 뒤에야 1921년 이래 줄곧 우방이었던 폴란드를 위해 독일에 전쟁을 선포했다.[78] 1939년 5월 프랑스의 가믈랭 장군은 폴란드의 육군장관 카스프르지키(Tadeusz Kasprzycki)와 군사 조약안에 서명했다. 이에 따라 독일이 폴란드를 침공하는 경우 프랑스 공군은 독일에 대한 즉각적인 공격에 나서야 했다. 프랑스 육군도 이로부터 16일 내에 독일을 공격해야 했다. 두 가지 약속은 모두 지켜지지 않았다. 기껏해야 9월 8일 프랑스 육군이 한시적인 조사대를 파견한 게 전부였다. 그나마도 곧 중단되었다. 9월 22일 폴란드 전선에서 절망적인 소식이 날아들자 프랑스는 공격 계획을 전면 포기했다. 이 무렵 서부 전선의 현역 독일군 병력은 겨우 11개 사단에 불과했다. 하지만 10월 1일에 동부 전선에 배치되었던 부대가 서부 전선으로 이동하기 시작했다. 그 뒤 영국과 프랑스의 참모 회의 기록이 보여주듯, 주요 전선에서 독일과 싸워야 한다고 강력히 주장한 것은 영국이다. 프랑스는 독일과 정면으로 맞붙는 것을 원하지 않았다. 그들은 스칸디나비아반도나 카프카스 산맥, 테살로니키, 핀란드 혹은 그 외의 다른 지역에서 견제 작전을 전개할 계획이었다.[79]

이상한 패배

프랑스는 이처럼 독일과의 국경 지역에서는 전투를 피하고 다른 곳에서 무의미한 군사 행동에 나섰다. 그리고 그것은 결국 히틀러를 이롭게 했다. 히틀러는 원래 11월 12일 프랑스 침공을 지시했다. 여러 방안 가운데는 아르덴 지방을 기갑 부대로 돌파한다는 대담한 작전도 세워져 있었다. 그런데 프랑스의 방침이 계속 오락가락했기 때문에, 히틀러는 작전 명령을 바꿀 수밖에 없었다. 겨울부터 초봄에 걸쳐 그의 명령은 29차례나 바뀌었다. 하지만 그동안 히틀러는 군사 고문단이 절대 불가능하다고 단언했던 기막힌 노르웨이 침공 작전을 생각해냈다. 그는 영국과 프랑스의 군사 행동을 구실 삼아, 단번에 노르웨이를 침공해 대성공을 거두었다. 연합국은 사기가 떨어졌고, 독일 장군들은 고개를 들 수가 없었다. 장군들이 아무런 반대도 하지 못하는 상황에서, 히틀러는 아르덴 돌파 작전을 구체화시켜 즉시 실행에 옮겼다. 프랑스는 여전히 노르웨이 패배의 충격에서 벗어나지 못한 상태였고, 연합국의 병참은 대혼란에 빠졌다.

1940년 5~6월 프랑스의 군사력이 급속도로 붕괴되자, 히틀러는 지난 가을의 오판이 돌이킬 수 없는 것은 아니라고 확신했다. 그는 비스마르크

방식의 신속 공격을 반복하여, 궁극적인 목표에 도달할 수 있으리라 생각했다. 이 작전에서는 히틀러의 전매특허라고 할 수 있는 두 가지 특징을 볼 수 있다. 군사 공격 시 드러나는 대단한 자신감과 세부 사항에 관한 독창적인 생각이 그것이다. 알베르트 슈피어에 따르면, 급강하 폭격기 스투카 (Stuka)에 사이렌을 장착하는 것은 히틀러의 아이디어였다. 스투카가 내는 사이렌 소리는 연합군 병사들에게 전격전의 심리적 충격을 깊이 각인시켰다. 이 무렵 히틀러의 군사적 독창성을 보여주는 사례는 이외에도 많았다. 탱크의 포신(砲身)을 길게 늘인 것도 그중 하나다.[80] 그는 그전에도 신속함을 무기로 민주주의 국가들을 혼란에 빠뜨린 뒤, 외교의 기회를 만들어내 적극적으로 활용했다. 이와 비슷하게 이번에도 그는 프랑스군 지휘관들이 최초의 충격에서 벗어날 틈을 주지 않았다. "독일군이 이 전쟁에서 보여준 지배적인 개념은 속도다." 제1군단의 대위로 참전했던 프랑스 역사가 마르크 블로크(Marc Bloch)는 이렇게 썼다. 그의 저서 『이상한 패배 L'étrange défaite』는 이 비참한 몇 주간의 사건에 관한 기록이다. 그는 이 책에서 붕괴가 프랑스군뿐만 아니라 프랑스 체제에 내려진 판결이라는 것을 강조했다. 그는 나치즘의 대중주의 성격과 지적 우수성을 함께 칭찬했다.

구제국의 군대와 비교하여 나치 정권의 군대는 훨씬 더 민주적인 모습이었다. 장교와 사병 간의 괴리는 그전만큼 커 보이지 않았다. …… 독일의 승리는 본질적으로 지적 능력의 승리다. 이 점이 특히 중대한 의미를 지닌다. …… 적대하는 두 국가의 군대가 각각 전혀 다른 역사적 시기에 속해 있는 것 같다. 이 전쟁은 오랜 식민지 확장 시대를 통해 익숙해진 개념, 즉 칼과 총의 대결로 해석될 수 있다. 하지만 이번에 미개인의 역할을 맡은 쪽은 우리다.[81]

블로크는 어떤 원인이 깊이 자리하고 있는지 모르지만, 어쨌든 패배의 직접적인 원인은 최고 사령부의 철저한 무능이라고 지적했다. 오늘날 우리는 서부 전선 연합군 총사령관이었던 가믈랭 장군이 매독으로 고생하고 있었다는 사실을 알게 되었다. 그가 우유부단하고 집중력이 부족했으며 건망증이 있었고, 작전 수행 시에는 과대망상 증세를 보였다는 것은 이것으로 설명이 될 것이다. 하지만 이런 무능과 무기력은 고위 장교 전체에 퍼져 있었다.[82] 블로크는 군단 사령관 블랑샤르(George Blanchard) 장군을 이렇게 묘사했다. "비극적인 분위기 속에서 꼼짝도 하지 않았다. 그는 아무 말도 하지 않았고, 아무것도 하지 않았다. 단지 우리 앞에 펼쳐져 있는 지도만 뚫어지게 들여다보고 있었다. 마치 자신은 아무 결단도 내릴 수 없지만 그 지도 어딘가에 실마리가 있다는 것처럼."[83]

프랑스 공격은 군사적 도박이었지만, 완벽하게 성공했다. 공격은 1940년 5월 10일에 시작되어 6주 뒤에 끝났다. 6월 22일 휴전 협정이 체결되었다. 히틀러는 프랑스에 원하던 모든 것을 얻었다. 전사자의 수를 비교해보면, 독일이 얼마나 큰 승리를 거두었는지 알 수 있다. 독일군은 27,000명이 사망했지만, 연합군은 135,000명이 사망했다. 6월 10일 이탈리아는 독일 측에 가담하여 참전했다. 6월 24일 이탈리아와 프랑스의 휴전 협정이 체결되었다. 이 휴전 협정에 따라 프랑스 식민지들은 전쟁에서 손을 떼야 했다. 3일 뒤 스탈린이 루마니아를 침공하여 베사라비아와 부코비나를 점령했다. 그는 이미 3월 12일 체결된 강화 조약을 통해 핀란드에게서 카렐리야 지협(地峽)을 탈취한 상태였다. 소련은 독일을 도와 전쟁에 참가한 것은 아니었지만, 군사적인 의미에서는 어느 모로 보나 독일의 동맹국이었다. 프랑스는 급속히 나치 진영으로 기울어갔다. 제3공화국은 사회주의자들에게 무장 해제를 당하고, 파시스트뿐만 아니라 공산당에게도 배신당하고,

이제는 우파와 중도파에게 버림받은 상태였다. 의지할 곳 없던 프랑스 제3공화국은 붕괴되었다. 슬퍼하는 사람도 없었다. 리옹(Riom)에서 패배의 책임을 가리는 재판이 진행되었고, 분위기는 지지 혹은 무관심으로 일관되었다. 달라디에, 레노(Paul Reynaud), 블룸, 가믈랭, 망델, 기 라 샹브르(Guy la Chambre) 등이 피고석에 앉았다. 사실상 이 재판은 프랑스의 의회 정치

▶ 필리프 페탱(1856~1951)
제1차 세계대전 때 국민 영웅이 되었지만, 제2차 세계대전 중 비시 프랑스의 국가원수직을 맡아 명예가 실추되었다.

에 대한 재판이었다고 할 수 있다.[84)]

휴전 협정은 앙리 필리프 페탱(Henri-Philippe Pétain) 장군이 서명했다. 그는 비시에 새로운 수도를 마련한 잔여 정부에게서 '전권'을 위임받았다. 그가 이런 독재 권력을 얻기까지는 오랜 시간이 걸렸다. 제1차 세계대전의 영웅이었지만, 1920~36년에 프랑스 군사 정책을 좌우하고 있었으므로, 마땅히 어떤 식으로든 '참패'의 책임을 져야 했다. 하지만 그는 가장 인기 있는 프랑스 장군이었다. 병사들이 그의 명령을 따를 경우 목숨을 잃을 확률이 가장 작다고 생각했기 때문이다. 그는 멍청했다. 그의 책은 똑똑한 부하 장교들이 대신 써준 것이다. 하지만 그에게는 프랑스 농부의 위엄이 있었다. (그의 아버지는 농부였다.) 1935년 『프티 주르날 Le Petit Journal』이 프랑스의 독재자로 가장 적합한 인물이 누구인지 설문 조사를 벌였을 때, 페탱은 1위를 차지했다. 2위는 피에르 라발(Pierre Laval)이었다. 라발

은 사회주의 이력을 지닌 무솔리니 유형의 인물이다. 페탱은 그를 총리로 임명했다.[85]

페탱은 나폴레옹 이후 가장 인기 있는 프랑스의 지배자가 되었다. 그는 반(反)낭만주의의 화신이었다. 역사적·세계적 의무를 내팽개치고 싶다는 바람, 당시 프랑스에 퍼져 있는 조용하고 안전한 생활에 대한 열망을 대표했다. 그는 또한 편집증적인 호색가였다. "중요한 건 섹스와 음식뿐이다"라고 말한 적도 있다. 하지만 교회는 그를 숭배했다. 프랑스 수석 대주교 제를리에(Pierre Marie Gerlier) 추기경은 "프랑스는 페탱이고 페탱은 프랑스다"라고 선언했다.[86] 어떤 의미에서 그 말은 사실이다. 그는 왕처럼 대접을 받았다. 농부들은 그가 탄 기차가 지나갈 때마다 철로 양옆으로 몰려들었다. 아기를 안은 여자들은 아기를 만져달라며 손을 뻗쳤다. 공식 기록에 따르면, 1940년 11월 툴루즈에서 한 여자가 페탱이 타고 있는 차에 몸을 던졌다. 그렇게라도 차를 세워 페탱의 손을 잡아보고 싶었던 것이다. 동승하고 있던 툴루즈 지사가 페탱에게 사과하기 위해 돌아보았을 때, 여든다섯 살이었던 그는 곤히 자고 있었다. 이 기록은 그가 "왕의 위엄이나 기품을 흐트러뜨리지 않았다"고 적고 있다.[87] 1934년에 페탱은 책 대필을 거부하는 부하 장교와 말다툼을 벌인 적이 있다. 그는 바로 샤를 드골이다. 나중에 육군차관이 된 샤를 드골은 이번에는 휴전 협정을 거부했다. 영국은 8월 5일 샤를 드골이 이끄는 자유 프랑스 세력과 협약을 맺었다. 하지만 그를 따르는 사람은 겨우 35,000명에 지나지 않았다. 초기의 비시 정부는 정치인을 배제한 채 군인과 관리로만 구성되어 있었다. 이 무렵 프랑스인들은 1933년 히틀러 치하의 독일인처럼 병적인 행복감에 빠져 있었다.

히틀러가 비시 프랑스를 동맹국으로 만드는 일은 어렵지 않았다. 1940년 7월 3일 대영제국 해군은 뚜렷한 확신 없이 오랑(Oran)과 다른 여러 북아프리카 항구에서 프랑스 함선을 격침시켰다. 이틀 뒤 페탱은 영국과의 관계를 끊었다. 그후 비시 정부는 나치 진영으로 휩쓸려 들어갔다. 나치는 비시 정부하의 프랑스를 젖 짜는 암소처럼 취급했다. 프랑스 산업 생산의 약 40퍼센트, 150만 명의 노동자, 공공 부문에서 얻는 수입의 절반이 독일의 전시 경제에 편입되었다.[88]

스페인에서 히틀러는 스탈린보다 운이 없었다. 프랑코는 참전하지 않기로 마음먹고 있었다. 그는 히틀러가 스탈린과 연합하여 벌이는 전쟁을 지고의 악으로 규정했다. 그에게 스탈린은 20세기의 모든 악을 대표하는 인물이었다. 그는 1939년 9월 엄정한 중립을 선언했다. 그리고 무솔리니에게도 전쟁에서 빠져나오라고 충고했다. 하지만 1940년 6월 13일에는 '비교전국'으로 입장을 바꿔야 한다고 생각했다. 프랑코가 묘사한 바에 의하면, 그것은 "추축국에 대한 국가적 지지를 보여주는 한 형태"였다.[89] 그러나 그는 참전의 대가로 지나칠 정도로 많은 것을 요구했다. 그가 요구한 것은 오랑, 모로코의 전 영토, 서아프리카의 광대한 영토, 지브롤터 공격과 카나리아 제도의 방어에 필요한 엄청난 양의 군수 물자와 장비였다. 1940년 10월 23일 엔다예(Hendaye)에서 히틀러를 만났을 때, 프랑코는 원래보다 더 많은 것을 요구했을 뿐 아니라 경멸에 가까운 차가운 태도로 그를 대했다. 자신은 직업 군인인 반면, 히틀러는 아마추어라고 생각했다. 히틀러는 신사 축에도 끼지 못하고, 더군다나 일개 하사관 출신 아닌가! 그는 히틀러가 늘 장황하게 늘어놓는 군사에 관한 개괄적인 설명에 경멸감을 감추지 않았다. 히틀러의 통역 파울 슈미트(Paul Schmidt)에 따르면, 그들은 새벽 2시까지 "서로 떠들어댔지만" 무엇 하나도 합의를 이끌어내지 못했다. 나중에 히틀러는 그런 짓을 다시 하느니 차라리 이빨 두세 개를 뽑아버리겠다고 무솔리니에게 말했다.[90]

프랑코가 히틀러 편에서 참전하지 않으려는 부수적인 이유 중 하나는 영국이 강화(講和)를 원하지 않는다는 사실 때문이었다. 히틀러의 가장 큰 오판은 영국에서 자신에 대한 적의가 얼마나 크게 일고 있는지 제대로 알지 못했다는 것이다. 히틀러가 프랑스에서 감행한 전격전의 최대 목표는 프랑스군을 괴멸시키는 것이 아니라(그는 원한다면 언제든 그렇게 할 수 있었다), 영국을 충격에 몰아넣어 협상 테이블로 끌어내는 것이었다. 프랑스의 아라스(Arras) 지방을 빼앗은 5월 21일, 그는 "세계를 분할 지배할 의향이 있는지 영국에 묻고 싶다"고 말했다.[91] 그달 말 히틀러는 됭케르크(Dunkirk) 외곽에서 기갑 부대의 정지를 명령했다. 그 덕분에 영국 해외 파견군의 상당수가 해안에서 무사히 철수할 수 있었다. 히틀러의 명령은 군사적인 이유 때문에 취해진 것일 테지만, 영국과 협상의 물꼬를 트고 싶은 바람도 작용했을 것이다. 6월 2일 영국 해외 파견군의 마지막 부대가 승선을 준비하고 있을 때, 히틀러는 샤를빌(Charleville)에 있는 A군단의 참모에게 영국과 당장 '강화 협정'을 맺었으면 좋겠다고 말했다. 그렇게 되면 "마침내 자유롭게" 진정한 대업, 볼셰비키들과의 대결에 착수할 수 있다고 보았다.[92] 프랑스 작전이 종료되자, 그는 6월 30일 영국에 "한 번 더 우리의 군사력을 보여줄" 필요가 있다고 말했다. "그들이 포기하고 우리를 내버려두어야지만, 후방을 걱정할 필요 없이 동쪽으로 눈길을 돌릴 수 있다."[93] 그는 그해 늦가을까지 여전히 영국과 타협할 수 있다는 환상에 매달렸다. 어떤 관찰자는 11월 4일 "총통은 매우 침울해하고 있다"고 적었다. "그 순간만큼은 총통도 앞으로 전쟁을 어떻게 끌고나갈지 알지 못한다는 인상을 받았다."[94] 총통은 런던으로부터 오지 않을 연락을 기다리고 있었다.

처칠의 전쟁 결의

영국은 1940년에 더욱 더 호전적으로 변했다. 프랑스가 페탱과 정적주의를 택한 반면, 영국은 처칠과 영웅주의를 택했다. 영국이 이처럼 전쟁의 깃발을 높이 든 것은 경제적으로나 군사적으로 납득할 만한 이유가 있었다.[95] 프랑스와 달리 영국은 1930년대 중반 인민전선 정부를 선택하지 않았다. 볼드윈과 체임벌린 정부의 디플레이션 정책은 고통스럽기는 해도, 영국이 실질적인 경제 회복을 이루는 데 밑거름이 되었다. 1930년대 초반 영국의 실업률은 프랑스보다 훨씬 높았지만, 대부분 자발적 실업이었다. 실업 수당의 수준이 상대적으로 높았고, 평균 임금의 50퍼센트를 상회했다. 경제는 좌익이 선전하는 것보다 훨씬 더 건전했다. 1930년대 거의 대부분의 기간에 건설업은 계속 확대되어, 300만 채의 주택이 신축되었다. 이로써 총 주택 재고는 29퍼센트나 늘어났다. 1936년부터 1년 동안 40만 채를 신축하는 기록도 생겨났다.[96] 이러한 일은 1926년 총파업의 실패에 따른 노조 영향력의 쇠퇴와 뒤이은 반노조적인 입법 조치로 가능했다.

그 무렵 경기 침체가 끝났고, 영국은 1920년대에는 불가능했던 속도로 기술 혁신을 이루어나갔다. 실제로 영국은 양차 대전 사이에 기술 저변의 확대 단계에 들어섰다.[97] 새로운 전기 전자 산업의 고용자 수는 1930년 192,000명에서 1936년 248,000명으로 증가했다. 영국은 최초로 국가 전력 전송망을 설치한 나라가 되었다. 화학 산업과 석유 화학 산업은 급속하게 팽창했다. 관련 수출은 1930~38년에 18퍼센트 상승했다. 항공 산업의 고용자 수는 1930년의 21,000명에서 1935년 35,000명으로 증가했다. 이때는 군비 확장이 진행되기 전이다. 자동차의 수도 1930년 237,000대에서 1937년 508,000대로 두 배 이상 늘어났다.[98] 이러한 발전은 모두 전시 생산 능력과 직결되었다.

영국이 군비 확장을 진행하면서 여러 차례 좌절을 맛보았던 것은 사실이다. 영국은 공작기계(工作機械)를 미국, 헝가리, 심지어 독일에서 수입해야 했다.[99] 하지만 항공 엔진과 레이더에서 독일보다 기술적으로 앞서 있었다.[100] 레이더는 나중에 공군력과 해군력 양쪽에서 결정적인 역할을 했다. 1939년에는 군비 확장이 가속화되었다. 1940년대 중반까지 독일보다 더 많은 항공기를 생산하고, 더 많은 승무원을 교육시켰다. 따라서 1940년 영국의 분위기가 사뭇 달라진 것은 이처럼 눈에 보이는 견실한 이유들 때문이었다고 할 수 있다.

처칠은 그해 5월 7일 영국 총리 겸 국방장관이 되었다. (제1차 세계대전 당시 로이드 조지는 처칠처럼 중요한 두 자리를 겸직할 수 없었다.) 당시 분위기에서 처칠의 등장은 자연스러웠다. 그의 의지, 실천력, 웅변은 일종의 보너스였다. 웅변 능력에서 최대의 적수였던 히틀러가 스스로 재능을 포기한 시점에서, 처칠은 능력을 유감없이 발휘해 실로 놀라운 효과를 거두었다. 1940년이 되자 영국에서는 처칠의 인기가 치솟았다. 그의 인기는 당시 독일에서 누리고 있던 히틀러의 인기를 능가했고, 프랑스에서 누리

고 있던 페탱의 인기와 견줄 정도였다. [101]

처칠은 낭만주의자였고 전쟁을 주장했지만 비현실적이지는 않았다. 영연방의 지원을 받는다고 해도 영국이 독일에 승리할 수 없다는 것을 알고 있었다. 그는 조만간 미국이 개입하리라 예상했고, 거기에 희망을 걸었다. 공개석상에서 무슨 말을 하든지 히틀러와 한시적인 협정을 체결할 가능성을 완전히 배제하지는 않았다. 1940년 5월 26일 체임벌린은 처칠이 전시 내각에 다음과 같이 말했다고 일기에 적고 있다. "우리가 제시하는 조건에 히틀러가 동의하리라 생각하기는 힘듭니다. 물론 몰타와 지브롤터, 아프리카 식민지 일부를 떼어준다면 이런 곤경에서 빠져나갈 수 있겠지요. 히틀러는 덥석 집어삼킬 겁니다." 각료 회의 의사록에 따르면, 이런 말도 했다. "히틀러 씨가 독일 식민지의 회복과 중부 유럽에 대한 주도권을 조건으로, 강화에 임할 태세가 되어 있다면" 고려해볼 테지만, "그가 그런 제안을 하지는 않을 것 같습니다." [102] 하지만 이외에 그가 강화 교섭의 의지를 보여준 적은 없다. 히틀러의 강화 제안은 받아들여지지 않았다. 당시 정부에 몸담고 있던 칩스 채넌(Chips Channon) 의원의 일기를 보면, 영국 외무부가 히틀러의 강화 제안 연설을 번역조차 하지 않았다는 것을 알 수 있다. [103]

역설적이게도 프랑스가 독일의 수중에 떨어진 뒤 강화 교섭의 가능성은 사라졌고, 처칠의 정치적 입지는 꾸준히 강화되었다. 그는 7월 4일 보수당 의원들에게서 처음 찬사를 받았다. 처칠이 오랑의 프랑스 함대에 공격을 가했다고 발표했을 때였다. 그의 얘기에 따르면, 그전까지 그를 "가장 따뜻하게 환영한 것은 노동당 의원들이었다." 체임벌린이 암으로 사망하자, 처칠이 보수당 당수로 선출되었다. 하지만 그는 인도의 통치권을 내주고, 국방을 소홀히 하고, 히틀러에 유화 정책을 폈던 인물들을 제거할 수 없었고, 또 그렇게 하려고 하지도 않았다. 그는 「데일리 미러 Daily Mirror」의 이사 세실 킹(Cecil King)에게 다음과 같이 말했다.

　몇 년 사이에 우리를 잘못된 길로 인도해온 인물들을 정부에서 쫓아내는 것도 좋은 일입니다. 하지만 어느 선에서 멈추어야 합니까? 그들은 어디든 있습니다. 정치계뿐만 아니라 군대의 고위 간부, 아니면 고위 관료들 사이에도 있지요. 이 모든 사람을 소탕한다는 것은 우리가 처한 비참한 상황에서는 불가능한 일입니다. 어쨌든 지난 몇 년간 옳은 길에 서 있던 사람들을 믿고 따르려 해도, 그런 사람들은 얼마나 적었습니까! 아니에요. 그렇다고 복수의 정치를 할 수는 없습니다.[104]

　처칠의 결정은 제2차 세계대전 이후 보수당의 구성과 성향에 중대한 악영향을 끼쳤다. 하지만 당시로서는 현명한 결정이었다. 양차 세계대전 사이에 영국은 외교·국방·연방 정책에서 무모하고 섣부른 오판을 반복했다. 처칠 또한 1920년대에 이런 실책을 저지른 장본인 가운데 한 명이다. 1930년 이후 그의 정치적 행보는 사실상 흠잡을 데가 없었지만, 과거의 행적을 추궁할 경우 결백한 사람은 단 한 명도 없을 게 분명했다. (새롭게 그의 지지 세력이 된 노동당 의원들도 마찬가지였다.) 그 결과로 지금 그가 이끌고 있는 취약한 연립 정부가 붕괴되는 것 말고 무엇을 바랄 수 있단 말인가. 그의 판단은 옳았고, 관용은 정당했다. 앞으로 닥칠 많은 재난에도 불구하고, 처칠의 권위는 심각하게 도전받은 적이 한 번도 없었다. 권위와 인기를 등에 업은 그는 전시 정부 가운데 가장 강력하고 확실한 인물이었다. 영국이 1945년 포츠담 선언 때까지 전 세계적으로 영향력을 행사하는 초강대국의 위상을 잃지 않은 것은 다른 어떤 원인보다 처칠의 존재 때문이었다.

▶ 윈스턴 처칠(1874~1965)
영국 총리를 역임했으며, 제2차 세계대전 중에 위대한 국가지도자로 활약했다. 영국 국민은 전쟁
지도자로서 처칠에게는 환호를 보냈지만, 처칠의 보수적인 국내 정책보다는 노동당의 개혁정책을
선택했다.

하지만 그것은 환상이었다. 구시대의 유럽은 1940년 여름에 끝이 났다. 문명화된 유럽 강대국들이 합의된 국제 관습과 절대적 도덕규범의 틀 안에서 조화롭게 세계를 이끌어간다는 개념은 역사의 무대에서 사라지고만 것이다. 영국은 살아남았지만 수세에 몰리게 되었다. 상대적인 무능력의 섬에서 한 발자국도 빠져나올 수 없었다. 1940년 7~9월 영국의 전투기 편대와 레이더망은 영국 남동부의 공군 비행장을 파괴하려는 괴링의 독일 공군에게서 결정적인 승리를 얻어냈다. 독일이 영국을 침략하기 위해서는 사전 조치가 절대적으로 필요했다. 그런데 이 시도가 실패로 돌아가자, 히틀러는 서부 유럽에서 결정적인 작전을 벌이겠다는 생각을 포기했다.

반면 처칠 쪽에서는 무솔리니에게 효과적인 공격 작전을 수행할 수 있었다. 무솔리니의 이탈리아는 히틀러의 동맹국치고는 너무 약했다. 이탈리아는 영국의 공격에 쩔쩔맸다. 11월 11일 이탈리아 함대는 타란토에서 공중 폭격으로 치명적인 타격을 입었다. 그 뒤로 영국은 지중해 전역에서 제해권(制海權)을 잃지 않았다. 1941년 초 영국은 리비아의 이탈리아군에 공격 작전을 전개했다. 영국은 이탈리아의 불안정한 북동 아프리카 식민지 전체를 빼앗으려 했다. 하지만 영국이 나치와 벌인 주요 교전은 해상 교통로를 지키기 위한 해공(海空)전이었으며 방어적인 것이었다.

독일 본토를 공격하는 방법은 공중 폭격밖에 없었다. 하지만 주간 폭격은 호위 전투기를 마련하기 어렵다는 난점이 있었고, 야간 폭격은 조종사들이 어둠 속에서 목표의 10마일 반경 내에 폭탄을 떨어뜨릴 수 있다는 보장이 없었다. 따라서 처칠이 선택할 수 있는 공격 작전은 무차별 폭격밖에 없었다. 7월 8일 그는 항공기 생산 장관이자 신문사 소유주인 비버브룩(Max Aitken, 1st Baron Beaverbrook) 경에게 침울한 어조의 편지를 썼다.

우리가 어떻게 전쟁에서 이길 수 있을까 생각해보면, 확실한 길은 단 하나밖에 없습니다. 우리에게는 독일의 군사력을 무찌를 수 있는 대륙군이 없습니다. 봉쇄는 깨졌고, 히틀러는 아시아, 더욱이 아프리카에서까지 전쟁 자원을 끌어다 쓸 수 있습니다. 우리가 여기서 그를 격퇴하면, 혹은 그가 더 이상 우리를 공격하고 싶어하지 않는다면, 그는 동방으로 물러날 것입니다. 우리는 그를 제지할 수단이 없습니다. 하지만 그를 끌어내 쓰러뜨릴 수 있는 방법이 한 가지 있습니다. 우리나라에서 나치의 나라까지 중폭격기를 띄워 모든 것을 철저히 파괴해버리는 것입니다.[105]

이 편지는 역사적으로 큰 의미를 갖고 있다. (이 책 1장에 실린 글에서 처칠은 전쟁이 인간을 얼마만큼 타락시키는지 얘기한 바 있다.) 이 편지에서 전체주의 사회의 도덕적 상대주의가 합법적 강대국의 의사 결정 과정에도 스며들었다는 점이 드러나기 때문이다. 영국과 독일 중 어느 쪽이 먼저 민간인을 체계적인 폭격의 목표로 삼았는지는 논쟁의 여지가 있다.[106] 히틀러는 (레닌이나 스탈린처럼) 자신이 목표한 바를 얻기 위해 처음부터 테러를 이용했고, 또 이를 옹호했기 때문이다.

하지만 분명한 것은 1940년 말이 되기 훨씬 전부터 '전략적 목표'를 공격한다는 구실 아래, 영국 폭격기가 독일 시민을 죽이고 공포에 몰아넣는 데 광범위하게 이용되었다는 사실이다. 10월 30일의 영국 각료 회의 의사록에는 "목표 지역 인근의 주민들은 마땅히 전쟁의 압박을 느껴야 한다"고 쓰여있다. 이러한 정책은 처칠이 제안하고, 내각이 승인하고, 의회가 지지하고, 또 판단컨대 대다수의 영국인이 열광적으로 찬성한 것이다. 따라서 민주주의 국가의 법적 승인 절차를 모두 만족시켰다고 할 수 있다. 이 일은 우리 시대 도덕적 타락의 결정적인 단계를 보여준다.

또한 테러를 의도한 폭격은 영국이 얼마나 자포자기 상태에 있었는지를 보여준다. 1939년 7월 5일 재무부는 내각에 미국의 과감한 지원이 없는 한 "장기전의 전망은 극도로 어둡다"고 경고했다. 영국은 독일의 전제적 경제 정책을 따라잡을 수 없었다. 전시 생산 체제로 전환되면서 수출이 감소했고(1938년을 100으로 하면, 1943년에 수출은 29였고 수입은 77이었다), 금 보유고와 달러 보유액은 바닥나버렸다.

루스벨트 행정부는 말로야 연합국에 동정을 표했지만, 실제로는 아무 도움도 주지 않았다. 1940년 6월 초 비참한 상황에 빠진 프랑스가 도움을 청했지만, 미국 국무장관 코델 헐은 프랑스가 "어이없고 거의 히스테리에 가까운 애원을 계속하고 있다"며 거들떠보지도 않았다. 한동안 영국도 같은 취급을 받았다. 헐과 마찬가지로 루스벨트의 선거 운동에 기여한 조지프 케네디 대사는 지원에 관해서는 한 마디도 하지 않았다.

"나는 처음부터 영국에 아무런 도움도 줄 수 없다고 말했습니다. 우리는 줄 만한 것이 없습니다. 내가 아는 한 그렇습니다. 물자 형태라고 해도 줄 만한 여력이 없습니다."[107]

1940년 말이 되자, 영국은 태환통화(兌換通貨)를 모두 써버린 상태였다. 영국의 달러 보유액은 1,200만 달러였는데, 사상 최저 수준이었다. 영국은 달러 사용을 일시적으로 중지할 수밖에 없었다.[108]

1941년 3월 11일 미국 의회는 무기대여법(Lend-Lease Act)을 제정했다. 이에 따라, 미국 대통령은 어떤 국가의 방위가 미국의 방위에 중요하다고 간주되는 경우, 그 국가에 물자를 "판매하거나 권리를 이전하거나 교환하거나 대여하거나 이외의 다른 방식으로 처분"할 수 있는 권한을 부여받았다. 원칙적으로 이제 루스벨트는 영국에 아무런 대가 없이 무제한으로 전쟁 물자를 제공할 수 있게 되었다. 하지만 실제로 영국은 대부분의 무기에 돈을 지불했다. 게다가 협정의 대가로 남아 있던 수출 시장을 미국에 내주었고, (뒤따른 1942년 2월 23일의 포괄 협정에 따라) 전쟁이 끝난 후 대영제국 내 특혜 관세를 철폐하기로 했다.

사실 대영제국 내 특혜 관세 제도 폐지는 코델 헐이 오래전부터 전체주의 국가들을 견제하는 것보다 훨씬 더 중요하게 생각하던 외교정책의 목표였다.[109] 그랬기 때문에 루스벨트가 소련과 체결한 전쟁 물자 제공 협정은 이보다 훨씬 더 관대할 수 있었던 것이다. 처칠에게 무기대여법은 중요했다. 그는 히틀러가 이에 자극받아 미국을 공격할지 모른다고 생각했다. 처칠은 1941년 초에 구시대 유럽의 합법적인 체제는 사라졌으며, 어느 정도 법적 질서의 회복을 기대한다고 하더라도, 히틀러의 오판에서 비롯되리라는 사실을 알고 있었다. 처칠의 예상은 어긋나지 않았다.

제1장 상대주의 시대

1 A. Einstein, *Annalen der Physik*, 17 (Leipzig 1905), 891ff.

2 Banesh Hoffman, *Einstein* (London 1975 ed.), 78; John White, *The Birth and Rebirth of Pictorial Space* (London 1967 ed.), 236~273.

3 Hoffman, 앞의 책, 81~82.

4 A. Vibert Douglas, *The Life of Arthur Stanley Eddington* (London 1956), 39~40.

5 *Daily Telegraph*, 25 June 1980; D. W. Sciama, *The Physical Foundations of General Relativity* (New York 1969.)

6 Karl Popper, *Conjectures and Refutation* (London 1963), 34ff.; and Popper, *Unended Quest: an Intellectual Autobiography* (London 1976 ed.), 38.

7 A. N. Whitehead, *Science and the Modern World* (London 1925.)

8 A. Einstein, *Out of My Later Years* (London 1950), 41.

9 *The Born-Einstein Letters 1916~1955* (London 1971.)

10 같은 책, 149.

11 Ernest Jones, *The Life and Work of Sigmund Freud*, ed. Lionel Trilling and Steven Marcus (New York 1961), 493ff.

12 같은 책, 493.

13 R. A. Farrell, *The Standing of Psycho-analysis* (Oxford 1981); Anthony Clare, *The Times Literary Supplement*, 26 June 1981, 735.

14 P. B. Medawar, *The Hope of Progress* (London 1972.)

15 Jones, 앞의 책, 493.

16 Letter of 18 December 1912. William McGuire (ed.), *The Freud-Jung Letters*, (tr. London 1971), 534~535.

17 Freud' essay, 'Psychoanalysis Exploring the Hidden Recesses of the Mind', in the Encyclopaedia Brittania survey, *These Eventful Years: the Twentieth Century in the Making*, 2 vols (New York 1924), II 511ff.

18 Sigmund Freud, *The Future of an Illusion* (London 1927), 28.

19 Richard Buckle, *Diaghilev* (New York 1979), 87.

20 Walter Laqueur, *Weimar: a Cultural History, 1918~1933* (London 1974.)

21 일치하는 증거는 없다. *The conjunction forms the setting for Tom Stoppard' s play Travesties* (1977.)

22 George Painter, *Marcel Proust,* 2 vols (New York 1978), II 293ff.

23 Theodore Zeldin, *France 1848~1945*, 2 vols (Oxford, 1977), vol. II Intellect, Taste, Anxiety, 370ff.

24 Lionel Trilling, *The Last Decade: Essays and Reviews 1965~1977* (New York 1979), 28.

25 Painter, 앞의 책, II 339.

26 Camille Vettard, 'Proust et Einstein', *Nouvelle Revue Francaise*, August 1922.

27 Trilling, 앞의 책, 28~29.

28 Karl Marx, *A Contribution to the Critique of Political Economy*, 20.

29 Sigmund Freud, *Beyond the Pleasure Principle* (1920) 70~81.

30 Fritz Stern, *The Failure of Illiberalism* (London 1972), 'Bethmann Hollweg and the War' 77~118.

31 Frederick R. Karl, *Joseph Conrad: the Three Lives* (New York 1979), 737~738.

32 J. B. Bury, *The Idea of Progress* (London 1920), 352; I. F. Clarke, *The Pattern of Expectation, 1744~2001* (London 1979.)

33 Martin Gilbert in R. S. Churchill and Martin Gilbert, *Winston S. Churchill*, 5 vols (to date) with companion volumes (London, 1966) iv 913~914.

34 Randolph Bourne, *Untimely Papers* (New York 1919), 140.

35 Foster Rhea Dulles, *The United States Since 1865* (Ann Arbor 1959), 263.

36 Karl Deutsch, 'The Crisis of the State', *Government and Opposition* (London School of Economics), Summer 1981.

37 W. W. Rostow, *The World Economy: History and Prospect* (University of Texas 1978), 59.

38 Margaret Miller, *The Economic Development of Russia, 1905~1914* (London 1926), 299.

39 Olga Crisp, *Studies in the Russian Economy Before 1914* (London 1976.)

40 G. Garvy, 'Banking under the Tsars and the Soviets', *Journal of Economic History*, XXXII (1972), 869~893.

41 Stephen White, *Political Culture and Soviet Politics* (London 1979), 50.

42 Stern, 앞의 책, 91.

43 E .H. Carr, *The Bolshevik Revolution, 1917~1923*, 2 vols (London 1952) II 81.

44 Riezler' s diary, 4 August 1917; Stern, 앞의 책, 118.

45 Hajo Holborn, *A History of Modern Germany 1840~1945* (London 1969), 466, 454.

46 Arthur M. Schlesinger, *The Crisis of the Old Order 1919~1933* (Boston 1957), 20ff.

47 Dulles, 앞의 책, 260~261.

48 John Dewey, 'The Social Possibilities of War', *Characters and Events*, 2 vols (New York 1929) II 552~557.

49 Dulles, 앞의 책, 262.

50 Henry Kissinger, *A World Restored: Castlereagh, Metternich and the Restoration of Peace* (London 1957.)

51 Harold Nicolson, *Peacemaking 1919* (London 1945 ed.), 25.

52 Robert Wohl, *The Generation of 1914* (London 1980), 44.

53 같은 책, 25ff.

54 Professor Carl Pribham and Professor Karl Brockhausen, 'Austria' in *These Eventful Years*.

55 Carr, 앞의 책, I 254.

56 F. Lorimer, *The Population of the Soviet Union* (Geneva 1946), 55~61.

57 Nicolson, 앞의 책, 200~201.

58 *Papers Respecting Negotiations for an Anglo-French Pact*, Cmnd 2169 (London 1924), 5~8.

59 비밀 협약에 대해서는 다음을 참고하라. Nicolson, 앞의 책, 108ff.; Howard Elcock, *Portrait*

of a Decision: the Council of Four and the Treaty of Versailles, (London 1972), chapter 1.

60 P. S. Wandycz, *France and Her Eastern Allies* (Minneapolis 1962) 11~14.

61 H. and C. Seton-Watson, *The Making of a New Europe: R. W. Seton-Watson and the last years of Austria-Hungary* (London 1981.)

62 Peter A. Poole, *America in World Politics: Foreign Policy and Policymakers since 1898* (New York 1975), 39.

63 같은 책, 46.

64 L. E. Gelfand, *The Inquiry: American Preparations for Peace, 1917~1919* (Yale 1963.)

65 Nicolson, 앞의 책, 21~22.

66 같은 책, 31~33.

67 Holborn, 앞의 책, 502.

68 휴전 협상에 관해서는 다음을 참고하라. Harold Temperley, *A History of the Peace Conference of Paris*, 4 vols (London 1920~1924), I 448ff.

69 논평에 관해서는 다음을 참고하라. C. Seymour (ed.), *The Intimate Papers of Colonel House*, 4 vols (London 1928), IV 159ff.

70 Keith Middlemas (ed.), *Thomas Jones: Whitehall Diary, I 1916~1925* (Oxford 19,69), 70.

71 Nicolson, 앞의 책, 83~84.

72 이 에피소드에 관해서는 다음을 참고하라. Robert Lansing's own account, *The Peace Negotiations: a Personal Narrative* (Boston 1921.)

73 Nicolson, 앞의 책, 79~82.

74 Elcock, 앞의 책, 241.

75 같은 책, 242.

76 Nicolson, 앞의 책, 270.

77 Elcock, 앞의 책, 270~289.

78 *Foreign Relations of the United States: Paris Peace Conference 1919*, 13 vols (Washington DC 1942~1947), XI 600.

79 Francois Kersaudy, *Churchill and de Gaulle* (London 1981.)

80 Elcock, 앞의 책, 320~321.

81 André Tardieu, *The Truth About the Treaty* (London 1921), 287.

82 Elcock, 앞의 책, 310.

83 *Paris Peace Conference*, XI 547~549.

84 Lansing, 앞의 책, 3.

85 *Paris Peace Conference*, XI 570~574.

86 Walter Lippmann, letter to R. B. Fosdick, 15 August 1919, in *Letters on the League of Nations* (Princeton 1966.)

87 Howard Elcock, 'J. M. Keynes at the Paris Peace Conference' in Milo Keynes (ed.), *Essays on John Maynard Keynes* (Cambridge 1975), 162ff.

88 Collected Writings of J. M. Keynes, XVI Activities 1914~1919 (London 1971), 313~334.

89 같은 책, 375. (이 문서는 334~383을 참고하라.)

90 같은 책, 418~419.

91 H. Roy Harrod, *Life of John Maynard Keynes* (London 1951), 246.

92 Drafts in Lloyd George Papers, Beaverbrook Library (F/7/2/27 and F/3/34)은 Elcock, 'Keynes at the Paris Peace Conference' 에 인용되어 있다.

93 Arthur Walworth, *America's Moment 1918: American Diplomacy at the end of World War One* (New York 1977.)

94 Keynes, *Collected Writings*, XVI, 438.

95 Harrod, 앞의 책, 250.

96 Elcock, *Keynes*, 174; Harrod, 앞의 책, 253.

97 Paul Levy, 'The Bloomsbury Group' in Milo Keynes, 앞의 책, 68.

98 같은 책, 67, 69.

99 세실에 관해서는 다음을 참고하라. Kenneth Rose, *The Later Cecils* (London 1975), 127~184.

100 Hankey minute, 1916, Foreign Policy Committee 27/626/, FP(36)2; Crowe memo, 12 October 1916: Admiralty minute 23 December 1918 CAB 27/626/, FP(36)2. Corelli Barnett, *The Collapse of British Power* (London 1972), 245.

101 G. Clemenceau, *Grandeur and Misery of a Victory* (London 1930); A. Tardieu, 앞의 책

102 Henry Cabot Lodge, *The Senate and the League of Nations* (New York 1925.)

103 R. S. Baker and W. E. Dodds (eds), *The Public Papers of Woodrow Wilson*, 6 vols, (New

York 1925~1927), VI 215.

104 윌슨의 임기 중 마지막 18개월에 관해서는 다음을 참고하라. Gene Smith, *When the Cheering Stopped: the last years of Woodrow Wilson* (New York 1964.)

105 같은 책, 153.

106 같은 책, 107, 111~113, 126~128.

107 Dulles, 앞의 책, 273.

108 G. Smith, 앞의 책, 149; Robert Murray, *The Harding Era: Warren G. Harding and his Administration* (University of Minnesota 1969), 91.

109 19조의 중요성에 관해서는 다음을 참고하라. Nicolson, 앞의 책, 73~75.

110 Table of Wholesale Prices; *US Federal Reserve Bulletin* (1924.)

111 R. L. Schuettinger and E. F. Butler, *Forty Centuries of Wage and Price Controls* (Washington DC 1979.)

112 국제 부채에 관해서는 다음을 참고하라. *These Eventful Years*, vol I 410.

113 A. J. P. Taylor, *English History 1914~1945* (London 1970 ed.), 74, 169.

114 다음을 참고하라. Dulles' s essay, 'Reparations' in *These Eventful Years*, vol I.

115 Karl Popper, *Conjectures and Refutations* (London 1972 ed.), 367~369.

116 Stern, 앞의 책, 119.

117 Martin Kaplan and Robert Webster, 'The Epidemiology of Influenza', *Scientific American*, December 1977.

118 Lee Williams, *Anatomy of Four Race Riots 1919~1921* (University of Mississippi 1972.)

119 S. W. Horrall, 'The Royal NW Mounted Police and Labour Unrest in Western Canada 1919' *Canadian Historical Review*, June 1980.

120 Jones, Whitehall Diary, I 132~136.

121 이것과 다음 구절에 관해서는 다음을 참고하라. Roy Mellor, *Eastern Europe: a Geography of the Comecon Countries* (London 1975), 65ff.

122 Norman Stone, *The Times Literary Supplement*, 2 October 1981, 1131.

123 Mellor, 앞의 책, 73.

124 H. and S. Seton-Watson (eds), *R. W. Seton-Watson and the Yugoslavs: Correspondence 1906~1941*, 2 vols (London 1979), II 97.

125 Mellor, 앞의 책, 75~77.

126 1918년 1월 4일. Stephen Roskill, *Hankey: Man of Secrets*, 3 vols (London 1970~1974), I 479.

127 *Statistics of the Military Effort of the British Empire during the Great War* (London 1922), 756.

128 S. F. Waley, *Edwin Montagu* (London 1964.)

129 Barnett, 앞의 책, 144ff.

130 Nicholas Mansergh, *The Commonwealth Experience* (London 1969), 256.

131 *Report on Indian Constitutional Reforms*, Cmnd 9109 (1918), 3; Barnett, 앞의 책, 147.

132 같은 책, 120; Barnett, 앞의 책, 148.

133 다음을 참고하라. 'History and Imagination', Hugh Trevor-Roper's valedictory lecture, Oxford University, 20 May 1980, published in Hugh Lloyd-Jones et al. (eds), *History and Imagination* (London 1981.)

134 S. W. Roskill, *Naval Policy Between the Wars*, 2 vols (London 1968), I 70.

135 John Gallagher, 'Nationalism and the Crisis of Empire 1919~1922' in Christopher Baker et al. (eds), *Power, Profit and Politics: essays on imperialism, nationalism and change in twentieth-century India* (Cambridge 1981.)

136 C. E. Callwell, *FM Sir Henry Wilson*, 2 vols (London 1927) II 240~241.

137 Jones, *Whitehall Diary*, I 101.

138 Philip Woodruff, *The Men Who Ruled India*, 2 vols (London 1954), I 370.

139 Guardian (London), 21 September 1981.

140 Percival Griffiths, *To Guard My People: the History of the Indian Police* (London 1971), 243ff; Dyer's entry in the Dictionary of National Biography; Alfred Draper, *Amritsar: the Massacre that Ended the Raj* (London 1981), Brigadier Sir John Smyth, the review in Booknews, September 1981.

141 Gilbert: 앞의 책, IV, chapter 23, 401~411.

142 Jawaharlal Nehru, *Autobiography* (Indian edition 1962), 43~44; Nehru, *India and the World* (London 1936), 147.

143 Woodruff, 앞의 책, II 243.

144 Griffith, 앞의 책, 247ff.

145 J. P. Stern, *Nietzsche* (London 1978), 93. *The Joyous Science*(New York 1974)의 다섯 번째 부분에서 이 구절이 *The Gay Science*로 번역되어 있다.

제2장 전제주의 유토피아

1 혁명화 정략에 관한 논의에 대해서는 다음을 참고하라. G. Katkof, *The February Revolution* (London 1967.)

2 레닌의 러시아 귀환에 관해서는 많은 증언이 있다. Edmund Wilson, *To the Finland Station* (London 1966 ed.),468ff.

3 Carr, 앞의 책, I 77 (와 각주 2), 78; Wilson, 앞의 책, 477~478.

4 David Shub, *Lenin: A Biography* (London 1966), 13~16.

5 같은 책, 39.

6 J. M. Bochenski, 'Marxism-Leninism and Religion' in B. R. Bociurkiw et al. (eds), *Religion and Atheism in the USSR and Eastern Europe* (London 1975.)

7 V. I. Lenin, 'Socialism and Religion', *Collected Works*, XII 142; 관련 자료는 다음을 참고하라. *V. I. Lenin on Ateisme i tserkvi* (V. I. Lenin on Atheism and the Church) (Moscow 1969.)

8 Krupskaya, *Memories of Lenin* (tr. London 1930), 35.

9 Maxim Gorky, *Days with Lenin* (tr. London 1932), 52.

10 Lenin, *Collected Works*, IV 390~391.

11 G. V. Plekhanov, *Collected Works*, XIII 7, 90~91.

12 *Iskra* No. 70, 25 July 1904.

13 Isaac Deutscher, *The Prophet Armed: Trotsky 1879~1921* (London 1954), 91~96.

14 Shub, 앞의 책, 137.

15 같은 책, 153~154.

16 같은 책, 180.

17 같은 책, 88.

18 Lenin, 'Materialism and Empiro-Criticism' *Collected Works*, XIV 326.

19 Nikolai Valentinov, *My Talks with Lenin* (New York 1948), 325.

20 Lenin, *Collected Works*, XX 102, XXVI71.

21 Trotsky, *O Lenine* (Moscow 1924), 148.

22 Jean Variot, *Propos de Georges Sorel* (Paris 1935), 55.

23 F. Engels, *The Class War in Germany*, 135.

24 Lenin, *Collected Works*, V 370ff.

25 Lenin, *Collected Works*, IV 447, 466~469.

26 Vera Zasulich in *Iskra*, 25 July 1904.

27 Rosa Luxemburg, *Neue Zeit*, XXII(Vienna 1903~1904.)

28 Rosa Luxemburg, *The Russian Revolution and Leninism and Marxism* (tr. Ann Arbor 1961), 82~95.

29 A. James Gregor, *Italian Fascism and Development Dictatorship* (Princeton 1979.) Olivetti 의 기사는 Pagine libere에서 1909년 7월 1일 출판되었다.

30 Benito Mussolini, *Opera Omnia*, 36 vols (Florence 1951~1963), II 32, 126.

31 같은 책, I 92, 103, 185~189.

32 같은 책, V 69.

33 Ernst Nolte, *Three Faces of Fascism* (tr. London 1965), 155; Nolte's essay 'Marx und Nietzsche im Sozial-ismus des jungen Mussolini', *Historische Zeitschrift*, CXCI 2.

34 Ernst Nolte, 앞의 책, 154.

35 Mussolini, *Opera Omnia*, V 346.

36 A. James Gregor, *Young Mussolini and the Intellectual Origins of Fascism* (Berkeley 1979); Denis Mack Smith, *Mussolini* (London 1982), 10~12, 17, 23.

37 Lenin, *Collected Works*, XVIII 44~46.

38 같은 책, XIX 357.

39 Stalin, *Collected Works*, VI 333~334.

40 The 'April Theses' were published in *Pravda*, 7 April 1917.

41 Carr, 앞의 책, I 40~41.

42 같은 책, 82.

43 John L. H. Keep, *The Russian Revolution: a study in mass-mobilization* (London 1976), 9.

44 D. J. Male, *Russian Peasant Organization before Collectivization* (Cambridge 1971); T.

　Shanin, *The Awkward Class: Political Sociology of the Peasantry in a Developing Society:*

　Russia 1910~1925 (Oxford 1972); Moshe Lewin, *Russian Peasants and Soviet Power* (tr.

　London 1968.)

45 Keep, 앞의 책, 172~185.

46 같은 책, 207ff., 216.

47 M. Ferro, *La Révolution* (Paris 1967), 174, 183.

48 Carr, 앞의 책, I 80.

49 같은 책, 83~86.

50 같은 책, 89.

51 BBC TV 인터뷰에서 케렌스키에게 왜 레닌을 쏘지 않았느냐고 묻자, 레닌을 그리 중요하게

　생각하지 않았다고 답했다.

52 Lenin, *Collected Works*, XXI 142~148.

53 Carr, 앞의 책, I 94~99.

54 Stalin, *Collected Works*, VI 347.

55 John Reed, *Ten Days that Shook the World* (Penguin ed. 1966), 38~40, 61, 117.

56 Mervyn Matthews (ed.), *Soviet Government: A selection of official Documents on Internal*

　Policies (London 1974.)

57 Boris Pasternak, *Doctor Zhivago* (London 1961), 194.

58 Victor Woroszynski, *The Life of Mayakovsky* (London 1972), 194.

59 Nicholas Sukhanov, *The Russian Revolution* (Oxford 1955), 518.

60 G. Vellay (ed.), *Discourses et Rapports de Robespierre* (Paris 1908), 332.

61 *Karl Marx-Friedrich Engels: Historisch-Kritische Gesamtausgabe*, Iᵉʳ Teil, VII 423; Carr, 앞의

　책, I 155.

62 *Benchtüber den Grüdungsparteitag der Kommunistischen Partei Deutschlands*

　(Spartakusbund) (Berlin 1919), 52.

63 솔제니친이 1975년 6월 30일 워싱턴에서 한 연설에 관해서는 다음을 참고하라. Alexander

　Solzhenitsyn Speaks to the West (London 1978.)

64 Carr, 앞의 책, I 153, 각주 2.

65 Lenin, *Collected Works*, IV 108.

66 V. Adoratsky, *Vospominaniya O Lenine* (1939), 66~67; V. Bonch-Bruevich, *Na Boevykh Postakh Fevral' skoi i Oktyabr' skoi Revolyutsii* (1930), 195; Carr, 앞의 책, I 156~157 각주 4.

67 Trotsky, *Collected Works*, II 202.

68 다음을 참고하라. Lenin, *Collected Works*, XXII 78.

69 Carr. 앞의 책, I 158, 각주 3; *The History of the Civil War in the USSR*, II (tr. London 1947), 599~601; J. Bunyan and H. H. Fisher, *The Bolshevik Revolution 1917~1918* (Stanford 1934), 297~298.

70 Carr, 앞의 책, I 157.

71 George Leggett, *The Cheka: Lenin' s Political Police* (Oxford 1981.)

72 Solzhenitsyn, 앞의 책.

73 Carr, 앞의 책, I 158~159.

74 같은 책, 159.

75 Leggett, 앞의 책.

76 Lenin, *Collected Works*, XXII 166~167, 243, 449, 493.

77 *Pravda*, 23 February 1918; Bunyan and Fisher, 앞의 책, 576.

78 Leggett, 앞의 책.

79 같은 책

80 Douglas Brown, *Doomsday 1917: the Destruction of Russia' s Ruling Class* (London 1975), 173~174.

81 A. Solzhenitsyn, *The Gulag Archipelago* (London 1974), 3 vols, I 28.

82 Harrison Salisbury, *Black Night, White Snow: Russia' s Revolutions, 1905~1917* (London 1978), 565

83 Lenin, *Collected Works*, XXII 109~110.

84 같은 책, XXII 131~134.

85 *Izvestiya*, 22 December 1917.

86 Carr, 앞의 책, I 117~118.

87 같은 책, 119 각주 2, 120.

88 Holborn, 앞의 책, 490.

89 Gilbert, 앞의 책, IV 220.

90 J. M. Thompson, *Russia, Bolshevism and the Versailles Peace* (Princeton 1966.)

91 Gilbert, 앞의 책, IV 225.

92 같은 책, 227, 278, 235, 275, 362~364.

93 같은 책, 257~259.

94 같은 책, 244, 228, 305~306, 261.

95 같은 책, 342, 각주 2.

96 같은 책, 316.

97 E.g., General Sir H. C. Holman's telegram to Churchill of 8 January 1920, printed Gilbert, 앞의 책, IV 366~367.

98 Carr, 앞의 책, I 263ff., 291~305, 각주 B 410ff.

99 Stalin, *Collected Works*, IV 31~32.

100 Leon Trotsky, *Stalin* (New York 1946), 279.

101 Carr, 앞의 책, I 364.

102 같은 책, 380~409.

103 같은 책, 141.

104 같은 책, 143.

105 Bertrand Russell, *The Practice and Theory of Bolshevism* (London 1920), 26.

106 크론슈타트 사건에 관해서는 다음을 참고하라. Leonard Schapiro, *The Origin of the Communist Autocracy* (London 2nd ed., 1977), 301~314.

107 Lenin, *Collected Works*, XXVI 352.

108 같은 책, XXVI 208.

109 Carr, 앞의 책, 221~222.

110 같은 책, 205~208.

111 S. Liberman, *Building Lenin's Russia* (Chicago 1945), 13.

112 Lydia Bach, *Le Droit et les Institutions de la Russie Soviétique* (Paris 1923), 48.

113 다음을 참고하라. George L. Yaney, *The Systematization of Russian Government 1711~1905* (Urbana, Illinois, 1973.)

114 T. H. Rigby, *Lenin's Government: Sovnarkom, 1917~1922* (Cambridge 1979), 230-235.

115 Shapiro, 앞의 책, 343.

116 Carr, 앞의 책, I 190 각주 3.

117 Lenin, *Collected Works*, XXVI 227.

118 Schapiro, 앞의 책, 320.

119 Rigby, 앞의 책, 236~237.

120 Schapiro, 앞의 책, 322; Carr, 앞의 책, I 204~205.

121 Carr, 앞의 책, I 213.

122 Lenin, *The State and the Revolution* (1917.)

123 Lenin, *Collected Works*, XXVII 239~240.

124 같은 책, XXVII 296.

125 Rigby, 앞의 책, 191~192.

126 Ronald Hingley, *Joseph Stalin: Man and Legend* (London 1974), 141.

127 Schapiro, 앞의 책, 320.

128 Hingley, 앞의 책, 144~145.

129 Lincoln Steffens, *Autobiography* (New York 1931), 791~792; William Bullitt, *The Bullitt Mission to Russia* (New York 1919.)

130 Carr, 앞의 책, II 24.

131 Keep, 앞의 책, 261.

132 A. Moriset, *Chez Lénine et Trotski á Moscow* (Paris 1922), 240~242.

133 K. Marx, *Capital*, II chapter XVI; *Communist Manifesto; Critique of the Gotha Programme*.

134 Lenin, *Collected Works*, XXII 378.

135 같은 책, XXII 516~517. 레닌은 나중에 이것을 자신과 공개적으로 비교했던 유일한 인물인 차르의 표트르 대제에게 헌정했다.

136 Carr, 앞의 책, II 68.

137 Lenin, 앞의 책, 493.

138 Carr, 앞의 책, II 102~108.

139 Lenin, *Collected Works*, XX 417.

140 Carr, 앞의 책, II 109~110.

141 같은 책, 202 각주 2.

142 같은 책, 209~210.

143 Legal enactments are: *Sobranie Uzakonenii, 1919*, No. 12 article 124; No. 20 article 235; No. 12 article 130 etc.

144 Carr, 앞의 책, II 212~213; *Izvestia*, 2 April 1920; *Sobranie Uzakonenii 1920*, No. 35 article 169.

145 Carr, 앞의 책, II 215~216.

146 *Sobranie Uzakonenii*, 1918, Article 11(e.)

147 Lenin, *Collected Works*, XXII 356~357.

148 같은 책, XXVI 204.

149 NEP에 관해서는 Carr, 앞의 책, II 273-82.

150 Lenin, *Collected Works*, XXVII 35.

151 Lenin, *Collected Works*, XXV 389, 491; *Pravda*, 22 February 1921.

152 Holborn, 앞의 책, 512~513, 526~532; Sebastian Haffner, *Failure of a Revolution: Germany 1918~1919* (London 1973.)

153 굄뵈스에 관해서는 다음을 참고하라. Carlile A. MacCartney, *October 15: A History of Modern Hungary 1929~1945*, 2 vols (Edinburgh 1956.)

154 David O. Roberts, *The Syndicalist Tradition and Italian Fascism* (Manchester 1979.)

155 Mussolini, *Opera Omnia*, XIII 170.

156 Nolte, 앞의 책, 10.

157 Mussolini, *Opera Omnia*, III 206; v 67.

158 Luigi Barzini, *From Caesar to the Mafia: sketches of Italian life* (London 1971), 139.

159 Giordano Bruno Guerri, *Galeazzo Ciano: una vita 1903~1944* (Milan 1980.)

160 G. d' Annunzio, 'Il Trionfo della Norte', *Prose di Romani* (Milan 1954), I 958.

161 Mussolini, *Opera Omnia*, VI 82; VI 248.

162 같은 책, XIV 60.

163 다음을 참고하라. Walter L. Adamson, *Hegemony and Revolution: Antonio Gramsci's Political and Cultural Theory* (University of California 1980.)

164 Angelo Tasca, *Nascita e avvento del fascismo* (Florence 1950), 78.

165 사회주의자의 폭력에 관해서는 다음을 참고하라. Giorgio Alberto Chiurco, *Storia della rivoluzione fascista*, 5 vols (Florence 1929), II 78, 168.

166 Mussolini, *Opera Omnia*, XV 267.

167 Giorgio Rochat, *Italo Balbo: aviatore e ministro dell' aeronautica, 1926~1933* (Bologna 1979.)

168 Mussolini, *Opera Omnia*, XVI 31, XI 344, XVI 44, 276, 288, 241.

169 Tasca, 앞의 책, 276; Nolte, 앞의 책, 210~211.

170 Mussolini, *Opera Omnia*, XVIII 581.

171 이 사건에 관한 설명은 Ivone Kirkpatrick, *Mussolini: Study of a Demagogue* (London 1964), 144.

172 Mussolini, *Opera Omnia*, XIX 196.

173 Gaetano Salvemini, *La Terreur Fasciste* (Paris 1930.)

174 Mussolini, *Opera Omnia*, X X 379.

175 같은 책, XXII 109.

176 같은 책, XXIX 2.

177 Roberts, 앞의 책, 301.

178 1933년 12월 제13회 국제 공산주의 집행위원회 본 회의; Nolte, 앞의 책.

179 Arthur Koestler, 'Where of one cannot speak', *Kaleidoscope* (London 1981), 323ff.

180 말라리아 문제에 관해서는 다음을 참고하라. Norman Douglas, *Old Calabria* (London 1915), chapter 34.

181 Sergio Romano, *Giuseppe Volpi: Industria e finanza tra Giolitti e Mussolini* (Milan 1979.)

제3장 히틀러를 기다리며

1 Adolf Hitler, *Mein Kampf*, 202~204; Joachim Fest, *Hitler* (tr. London 1977), 117.

2 Holborn, 앞의 책, 487.

3 같은 책, 561.

4 같은 책, 602.

5 F. Fischer, *Germany's Aims in the First World War* (London 1967.)

6 피셔의 반론에 관해서는 다음을 참고하라. Fritz Stern, *The Failure of Illiberalism* (London 1972); International Affairs (1968.)

7 J. Tampke, 'Bismarck's Social Legislation: a Genuine Breakthrough' in W. J. Mommsen (ed.), *The Emergence of the Welfare State in Britain and Germany, 1850~1950* (London 1981), 71ff.

8 Fritz Fischer, *The War of Illusions: German Policies from 1911 to 1914* (tr. London 1975.)

9 Riezler's diary, 18 April 1915. Stern, 앞의 책

10 같은 책, 4 October 1915.

11 같은 책, 1 October 1918.

12 Holborn, 앞의 책, 562~563.

13 Stern, 앞의 책, 118.

14 Gerhard Ritter, *Staatskunst und Kriegshandwerk* (2nd ed., Munich 1965), 2 vols, II 129.

15 Holborn, 앞의 책, 514.

16 같은 책, 519~521.

17 George L. Mosse, *The Crisis of German Ideology* (London 1966); Fritz Stern, *The Politics of Cultural Despair* (Berkeley 1961.)

18 Laqueur, 앞의 책, 27~30.

19 Martin Esslin, *Brecht: the Man and his Work* (London 1959); John Willett, The *Theatre of Bertolt Brecht* (London 1959.)

20 H. F. Garten, *Modern German Drama* (London 1958.)

21 Laqueur, 앞의 책, 36.

22 Frederich V. Grunfeld, *Prophets Without Honour: a Background to Freud, Kafka, Einstein and their World* (New York 1979.)

23 Laqueur, 앞의 책, 155.

24 Roger Manvell and Heinrich Fraenkel, *The German Cinema* (London 1971); Lotte Eisner, *The Haunted Screen* (London 1969.)

25 Walter Gropius, *The New Architecture and the Bauhaus* (London 1965); Barbara Miller Lane, *Architecture and Politics in Germany, 1918~1945* (New York 1970.)

26 Arts Council, *Neue Sachlichkeit and German Realism of the Twenties* (London 1979.)

27 Kurt Tucholsky, *Deutchland, Deutchland uber alles* (Berlin 1931.) Harold Poor, *Kurt Tucholsky and the Ordeal of Germany 1914~1935* (New York 1969.)

28 Laqueur, 앞의 책, 81.

29 Ruth Fischer, *Stalin and German Communism* (London 1948.)

30 Fritz Stern, *Gold and Iron* (London 1977.)

31 Grunfeld, 앞의 책, 26~27: Laqueur, 앞의 책, 73.

32 F. Nietzsche, *Zur Genealogie der Moral* (1887.)

33 *Die Tat*, April 1925.

34 Gerhard Loose, 'The Peasant in Wilhelm Heinrich Riehl' s Sociological and Novelistic Writings' , *Germanic Review*, XV (1940.)

35 Mosse, 앞의 책, 23.

36 같은 책, 171ff. , 112,82.

37 Laqueur, 앞의 책, 87.

38 라가르데와 랑벤에 관해서는 다음을 참고하라. Fritz Stern, *The Politics of Cultural Despair.*

39 Mosse, 앞의 책, 96~97.

40 같은 책, 143.

41 Laqueur, 앞의 책, 75.

42 같은 책, 76.

43 Fest, 앞의 책, 138.

44 H-P Ullmann, 'German Industry and Bismarck' s Social Security System' , in Mommsen, 앞의 책, 133 ff.

45 Max Weber, 'Politics as Vocation' , printed as *Gesammelte Politische Schriften* (Munich 1921.)

46 K. Hornung, *Der Jungdeutsche Orden* (Dusseldorf 1958.)

47 Georg Franz-Willing, *Die Hitlerbewegung*, 2 vols (Hamburg 1926), Ⅰ 82.

48 Holborn, 앞의 책, 585.

49 같은 책, 586.

50 Figures from E. J. Gumpel, *Vier Jahre politischer Mord* (Berlin 1922); Grunfeld, 앞의 책,

211, 각주.

51 Fritz K. Ringer, *The Decline of the German Mandarins: the German Academic Community, 1890~1933* (Harvard 1969), 446; Laqueur, 앞의 책, 189.

52 Holborn, 앞의 책, 658.

53 Joseph Bendersky, 'The Expendable Kronjurist: Carl Schmitt and National Socialism 1933~1936', *Journal of Contemporary History*, 14 (1979), 309-28.

54 판 덴 브루크에 관해서는 다음을 참고하라. Fritz Stern, *The Politics of Cultural Despair*.

55 Michael Steinberg, *Sabres and Brown-shirts: the German Students' Path to National Socialism 1918~1935* (Chicago 1977), 7.

56 Laqueur, 앞의 책, 186.

57 Istavan Meszaros, *Marx's Theory of Alienation* (London 1970), 29~30.

58 Robert S. Wistrich, *Revolutionary Jews from Marx to Trotsky* (London 1976.)

59 Robert S. Wistrich, 'Marxism and Jewish Nationalism: the Theoretical Roots of Contradiction' in *The Left Against Zion* (London 1981), 3.

60 Laqueur, 앞의 책, 103. 후베르트 란징거가 기사의 모습으로 그린 히틀러의 초상화는 조세프 울프가 다시 복제하였다. Joseph Wulf, *Die Gildenden Küste im Dritten Reich* (Gutersloh 1963.)

61 Fest, 앞의 책, 76.

62 같은 책, 32.

63 August Kubizek, *Young Hitler: the story of our friendship* (tr. London 1954), 140f.

64 Wilfried Daim, *Der Mann, der Hitler, die Ideengab* (Munich 1958.)

65 Hans Jürgen Syberberg, 'Hitler, Artiste d' Etat et l' Avant-Garde Méphistophélique du XXe siéle' in *Les Réalismes 1919~1939* (Paris 1980), 378~403.

66 Adolf Hitler, *Monologe im Führerhauptquartier 1941~1944* (Hamburg 1980), 54, 90, 331.

67 Hitler, *Mein Kampf*, 474ff.

68 Fest, 앞의 책, 482.

69 William Carr, *Hitler: a Study in Personality and Politics* (London 1978), 2~3.

70 Fest, 앞의 책, 489.

71 H. P. Knickerbocker, *The German Crisis* (New York 1932), 227.

72 Weigand von Miltenberg, *Adolf Hitler Wilhelm III* (Berlin 1931), II.

73 Max H. Kele, *The Nazis and the Workers* (Chapel Hill 1972) 는 히틀러가 강력한 노동 계급의 지지를 받았다고 주장한다.; J. Noakes, *The Nazi Party in Lower Saxony 1921~1933* (Oxford 1971), and R. He-berle, *From Democracy to Nazism* (Baton Rouge 1970) 는 여기에 대해 반박한다.

74 W. Carr, 앞의 책, 6.

75 Holborn, 앞의 책, 596~598.

76 Fest, 앞의 책, 271~288.

77 Ernst Hanstaengl, *Zwischen weissem und brannen Haus* (Munich 1970), 114.

78 Werner Maser, *Hitler's Mein Kampf: an Analysis* (London 1970); *Hitler: Legend, Myth and Reality* (New York 1973.)

79 Hitler, *Mein Kampf*, 654.

80 로렌스의 편지는 1924년 10월 『뉴 스테이츠먼』에 처음 발표되었다.; 「포닉스 Phoenix」 (London 1936), 107~110에 다시 발표되었다.

81 Hans Frank, *Im Angesicht des Galgens* (2nd ed., Neuhaus 1955), 47.

82 Otto Dietrich, *Zwölf Jahre mit Hitler* (Munich 1955), 180.

제4장 제국의 쇠퇴

1 Pierre Miquel, *Poincaré* (Paris 1961.)

2 Harold Nicolson, *Curzon: the Last Phase 1919~1925* (London 1934), 273~274.

3 Charles Petrie, *Life of Sir Austen Chamberlain*, 2 vols (London 1939), II 263.

4 Lord Murráy of Elibank, *Reflections on Some Aspects of British Foreign Policy Between the World Wars* (Edinburgh 1946), 10.

5 D' Abernon, *An Ambassador of Peace*, 3 vols (London 1929~1930), I 14.

6 Barnett, 앞의 책, 323; Lord Vansittart, *The Mist Procession* (London 1958), 341.

7 L. B. Namier, *Facing East* (London 1947), 84.

8 Zeldin, 앞의 책, II 949~950.

9 J. M. Read, *Atrocity Propaganda 1914~1919* (Yale 1941); Alfred Sauvy, *Histoire Economique de la France entre les deux guerres*, 4 vols (Paris 1967~1975.)

10 André Bisson: *L' Inflation francaise 1914~1952* (Paris 1953.)

11 Zeldin, 앞의 책, 961, 971.

12 같은 책, 78~81.

13 같은 책, 623~625, 637~632.

14 Sauvy, 앞의 책.

15 Richard Kuisel, *Ernest Mercier, French Technocrat* (University of California 1967); J. N. Jeanneney, *Francois de Wendel en République: l' Argent et le pouvoir 1914~1940* (Paris 1976.)

16 Zeldin, 앞의 책, 324~329.

17 Francois Chatelet, *La Philosophie des professeurs* (Paris 1970.)

18 G. Pascal, *Alain educateur* (Paris 1969); B. de Huszar (ed.), *The Intellectuals* (Glencoe, Illinois, 1960.)

19 Zeldin, 앞의 책, 1032.

20 Jean Pélissier, *Grandeur et servitudes de l' enseignment libre* (Paris 1951.)

21 Joseph de Maistre, *Les Soirées de Saint-Petersbourg*, 7e entretien; Du Pape (1819), Book 3, chapter 2; *Les Soirées*, 2e entretien. Nolte, 앞의 책, 34~35.

22 Erich Maria Rémarque, *Arch de Triomphe* (New York 1946.)

23 Zeldin, 앞의 책, 15~16.

24 Jacques Barzun, *Race: a Study in Modern Superstition* (London 1938), 227~241.

25 모라스는 자신의 사후에 출판된 책에서 이러한 내용을 주장하고 있다. *Le Bienhereux Pie X, sauveur de la France* (Paris 1953), 52, 71.

26 Eugen Weber, *Action Francaise* (Stanford University, 1962), 189.

27 Anatole France, *L' Orme du Mail* (Paris n.d.), 219; Nolte, 앞의 책, 267.

28 *Le nouveau Kiel et Tanger; Enquête sur la monarchie; Le Mauvais traité*

29 Jacques Bainville, *Journal*, 2 vols (Paris 1948), II 172, 174.

30 Nolte, 앞의 책, 79.

31 Keith Middlemass and John Barnes, *Baldwin: a Biography* (London 1969), 356.

32 Barnett, 앞의 책, 332.

33 1928년 12월 13일 제국 방위 위원회 회의; Barnett, 앞의 책, 324.

34 'A Forecast of the World's Affairs', *These Eventful Years* (New York 1924), II 14.

35 Christopher Andrew and A. S. Kanya-Forstner, *France Overseas: the Great War and the Climax of French Imperial Expansion* (London 1981), 208~209, 226~227.

36 J. L Miller, 'The Syrian Revolt of 1925', *International Journal of Middle East Studies*, VIII (1977.)

37 Andrew and Forstner, 앞의 책, 248, 238.

38 W. P. Kirkman, *Unscrambling an Empire: a Critique of British Colonial Policy 1955~1966* (London 1966), 197.

39 A. P. Thornton, *Imperialism in the Twentieth Century* (London 1978), 136.

40 Andrew and Forstner, 앞의 책, 245.

41 Robin Bidwell, *Morocco under Colonial Rule: French Administration of Tribal Areas 1912~1956* (London 1973); Alan Scham, *Lyautey in Morocco: Protectorate Administration 1912~1925* (University of California 1970.)

42 J. L. Hymans, *Léopold Sedar Senghor: an Intellectual Biography* (Edinburgh 1971.)

43 Andrew and Forstner, 앞의 책, 244~245.

44 H. Grimal, *Decolonization* (London 1978.)

45 A. Savvant, *Grandeur et Servitudes Coloniales* (Paris 1931), 19.

46 Alistair Home, *A Savage War of Peace: Algeria 1954~1962* (London 1977), 37.

47 Ronald Robinson and John Gallagher, 'The Imperialism of Free Trade', *Economic History Review*, 2nd series, 6 (1953), 1~15.

48 Donald Winch, *Classical Political Economy and Colonies* (Harvard 1965.)

49 Raymond Betts, *The False Dawn: European Imperialism in the Nineteenth Century* (Minneapolis 1976.)

50 J. S. Mill, *Principles of Political Economy* (London 1848.)

51 Bernard Porter, *Critics of Empire: British Radical Attitudes to Colonialism in Africa, 1895~1914* (London 1968), 168~179.

52 J. A. Hobson, *Imperialism* (London 1954 ed.), 94.

53 Richard Koebner, 'The Concept of Economic Imperialism', *Economic History Review*, 2 (1949), 1~29.

54 J. Schumpeter, *Imperialism and Social Classes* (New York 1951); Fieldhouse, *Colonialism 1870~1945: An Introduction* (London 1981), 20.

55 A. S. Kanya-Forstner, *The Conquest of the Western Sudan* (Cambridge 1968.)

56 Andrew and Forstner, 앞의 책, 11.

57 같은 책, 13.

58 Fieldhouse, 앞의 책

59 D. K. Fieldhouse, *Unilever Overseas* (London 1978), chapter 9.

60 H. S. Ferns, *Britain and Argentina in the Nineteenth Century* (Oxford 1960.)

61 David S. Landes, 'Some Thoughts on the Nature of Economic Imperialism', *Journal of Economic History*, 21 (1961), 496~512.

62 A. F. Cairncross, *Home and Foreign Investment 1870~1913* (Cambridge 1953), 88; S. G. Checkland, 'The Mind of the City 1870~1914', *Oxford Economic Papers* (Oxford 1957.)

63 Lord Lugard, *The Dual Mandate* (London 1926 ed.), 509.

64 C. Segre, *Fourth Shore: The Italian Colonization of Libya* (Chicago 1974.)

65 Fieldhouse, *Colonialism*, 93~95. 인도에 관해서는 다음을 참고하라. D. H. Buchanan, *The Development of Capitalist Enterprise in India, 1900~1939* (London 1966 ed.); A. K. Bagchi, *Private Investment in India 1900~1939* (Cambridge 1972.)

66 I. Little et al., *Industry and Trade in Some Developing Countries* (London 1970.)

67 이 논쟁에 관해서는 다음을 참고하라. C. Furtado, *Development and Underdevelopment* (University of California 1964); Andre G. Frank, *Development Accumulation and Underdevelopment* (London 1978); H. Myint, *Economic Theory and the Underdeveloped Countries* (Oxford 1971.)

68 J. J. Poquin, *Les Relations économique extérieures des pays d' Afrique noire de l' Union francaise 1925~1955* (Paris 1957), 102~104; Field-house, *Colonialism*, 87.

69 V. Purcell, *The Chinese in South-East Asia* (London 1962 ed.); H. Tinker, A *New System of Slavery* (London 1974.)

70 J. S. Furnivall, *Netherlands India: a study of plural economy* (New York 1944), chapter 5.

71 Lord Hailey, *An African Survey* (Oxford 1975 ed.), 1362~1375.

72 E. J. Berg in the *Quarterly Journal of Economics*, 75 (1961.)

73 Betts, 앞의 책, 193 각주 7.

74 B. R. Tomlinson, *The Political Economy of the Raj, 1914~1947* (London 1979.)

75 Malcom Muggeridge, *Chronicles of Wasted Time* (London 1972), I 101.

76 Evelyn Waugh, *Remote People* (London 1931.)

77 L. S. Amery, *My Political Life*, II 1914~1929 (London 1953), 336.

78 H. Montgomery Hyde, *Lord Reading* (London 1967), 317~327.

79 Jones, *Whitehall Diary*, I 274.

80 George Orwell, 'Shooting an Elephant' , *New Writing 2* (1936.)

81 영국의 사상자에 관한 자료는 다음을 참고하라. John Terraine, *The Smoke and the Fire: Myths and Anti-Myths of War 1861~1945* (London 1980), 35~47.

82 Paul Fussell, *The Great War and Modern Memory* (Oxford 1975.)

83 다음을 참고하라. Brian Gardener (ed.), *Up the Line to Death: War Poets 1914~1918* (London 1976 ed.)

84 H. J. Massingham, *The English Countryman* (London 1942), 101.

85 C. F. G. Masterman, *England After the War* (London 1923), 31~32.

86 H. Williamson, *The Story of a Norfolk Farm* (London 1941), 76~77.

87 J. M. Keynes, *General Theory of Employment, Interest and Money* (London 1954 ed.); 333, 348~349; Gilbert, 앞의 책, v 99~100.

88 Evelyn Waugh, *Brideshead Revisited* (London 1945), Book 2, chapter 3.

89 Rostow, *World Economy*, Table III-42, 220.

90 Alan Wilkinson, *The Church of England and the First World War* (London 1979.)

91 Sidney Dark (ed.), *Conrad Noel: an Autobiography* (London 1945), 110~120.

92 F. A. Iremonger, *William Temple* (Oxford 1948), 332~335.

93 같은 책, 340.

94 같은 책, 438~439.

95 Barnett, 앞의 책, 241.

96 Peter Alien, *The Cambridge Apostles: the early years* (Cambridge 1978), 135.

97 Michael Holroyd, *Lytton Strachey* (London, Penguin ed. 1971), 37~38, 57ff.

98 G. E. Moore, *Principia Ethica* (Cambridge 1903), 'The Ideal'

99 Strachey to Keynes, 8 April 1906, Holroyd, 앞의 책, 211~212.

100 From E. M. Forster, 'That I Believe' (1939), printed in *Two Cheers for Democracy* (London 1951.)

101 Leon Edel, *Bloomsbury: a House of Lions* (London 1979.)

102 P. Allen, 앞의 책, 71.

103 Jo Vallacott, *Bertrand Russell and the Pacifists in the First World War* (Brighton 1980.)

104 Holroyd, 앞의 책, 629.

105 플레처에게 보내는 편지는 다음을 참고하라. Charles Carrington, *Rudyard Kipling* (London 1970 ed.), 553.

106 Holroyd, 앞의 책, 200.

107 Noël Annan, 'Georgian Squares and Charmed Circles' *The Times Literary Supplement*, 23 November 1979, 19~20.

108 E. M. Forster, *Goldsworthy Lowes Dickinson* (London 1934.)

109 Frank Swinnerton, *The Georgian Literary Scene* (London 1935), 291.

110 Holroyd, 앞의 책, 738, 571.

111 Kingsley Martin, *Father Figures* (London 1966), 120.

112 같은 책, 121.

113 Holroyd, 앞의 책, 200.

114 Paul Levy, *G .E. Moore and the Cambridge Apostles* (London 1979), 176.

115 Alan Wood, *Bertrand Russell: the Passionate Sceptic* (London 1957), 87~88.

116 Holroyd, 앞의 책, 164~165.

117 John Pearson, *Facades: Edith, Osbert and Sacheverell Sitwell* (London 1978), 124, 126.

118 Ronald Clark, *The Life of Bertrand Russell* (London 1975), 380.

119 같은 책, 395.

120 Lionel Trilling, *E. M. Forster: a Study* (London 1944), 27.

121 Clarke, 앞의 책, 386~387.

122 Barnett, 앞의 책, 174

123 John Darwin, 'Imperialism in Decline? Tendencies in British Imperial Policy between the Wars', *Cambridge Historical Journal*, XXIII (1980), 657~679.

124 Barnett, 앞의 책, 252.

125 R. W. Curry, *Woodrow Wilson and Far Eastern Policy 1913~1921* (New York 1957.)

126 H. C. Alien, *The Anglo-American Relationship since 1783* (London 1959.)

127 Microfilm, AR/195/76 US Navy Operational Archives, Historical Section, Washington Navy Yard, Washington DC.

128 Barnett, 앞의 책, 252~265.

129 Vincent Massey, *What's Past is Prologue* (London 1963), 242.

130 H. C. Alien, 앞의 책, 737.

131 Gilbert, Churchill, V 69~70.

132 Barnett, 앞의 책, 217~218.

133 Gilbert, Churchill, V, (Companion Volume) Part I, 303~307

제5장 일본의 신정, 중국의 혼란

1 L. Mosley, *Hirohito: Emperor of Japan* (London 1966), 2, 21, 23 각주.

2 David James, *The Rise and Pall of the Japanese Empire* (London 1951), 175.

3 다음을 참고하라. Kurt Singer, *Mirror, Sword and Jewel: a study of Japanese characteristics* (London 1973), 98~100.

4 Fosco Maraini, *Japan: Patterns of Continuity* (Palo Alto 1971), 191.

5 Chie Nakane, *Japanese Society* (London 1970), 149.

6 George Macklin Wilson, 'Time and History in Japan', in Special Issue, 'Across Cultures: Meiji Japan and the Western World', *American Historical Review*, June 1980, 557~572.

7 Singer, 앞의 책, 147; Tetsuro Watsuji, *A Climate: a Philosophical Study* (Tokyo 1961.)

8 W. G. Beasley, *The Modern History of Japan* (London 1963 ed.), 212~217.

9 Robert E. Ward and Dankwart A. Rustow (eds), *Political Modernization in Japan and Turkey* (Princeton 1964.)

10 Singer, 앞의 책, 57~58, 71ff.

11 I. Nitobe, Bushido (London 1907); Sir George Sansom, *Japan: a short cultural history* (New York 1943), 495.

12 B. Hall Chamberlain, *Things Japanese* (London 1927), 564.

13 In William Stead (ed.), *Japan by the Japanese* (London 1904), 266, 279.

14 Ito Hirobumi, 'Some Reminiscences' in S. Okuma (ed.), *Fifty Years of New Japan*, 2 vols (London 1910), I 127.

15 Chie Nakane, *Kinship and Economic Organization in Rural Japan* (London 1967); Japanese Society (London 1970.)

16 Ozaki Yukio, *The Voice of Japanese Democracy* (Yokohama 1918), 90f.

17 Beasley, 앞의 책, 226~227.

18 A. M. Young, *Japan under Taisho Tenno* (London 1928), 280.

19 Beasley, 앞의 책, 237~239.

20 James, 앞의 책, 162.

21 Hugh Byas, *Government by Assassination* (London 1943), 173~192.

22 같은 책, 173~192.

23 Harold S. Quigley and John E. *Turner: The New Japan: Government and Politics* (Minneapolis 1956), 35.

24 James, 앞의 책, Appendix VIII, 376.

25 같은 책, 163~164.

26 Richard Storry, *The Double Patriots* (London 1957), 52.

27 A. M. Young, *Imperial Japan 1926~1928* (London 1938), 179~180.

28 Byas, 앞의 책, 17~31, 41~42.

29 Young, *Japan under Taisho Tenno*.

30 Joyce Lebra, *Japan's Greater East-Asia Co-Prosperity Sphere in World War Two* (London 1975.)

31 M. D. Kennedy, *The Estrangement of Great Britain and Japan 1917~1935* (Manchester 1969.)

32 James, 앞의 책, 16; Beasley, 앞의 책, 218.

33 W. T. deBary (ed.), *Sources of the Japanese Tradition* (New York 1958), 796~797.

34 James, 앞의 책, 166.

35 같은 책, 134.

36 같은 책, 138.

37 Singer, 앞의 책, 39~40.

38 Charles Drage, *Two-Gun Cohen* (London 1954), 131.

39 Stuart Schram, *Mao Tse-tung* (London 1966), 25, 36.

40 Joseph Levenson, *Confucian China and its Modern Fate* (London 1958.)

41 Drage, 앞의 책, 130~131.

42 Hallett Abend, *Tortured China* (London 1931), 14~15.

43 Schram, 앞의 책, 74.

44 Drage, 앞의 책, 154~155.

45 Schram, 앞의 책, 79.

46 같은 책, 83 각주.

47 같은 책, 93.

48 Abend, 앞의 책, 39.

49 Conrad Brandt, *Stalin's Failure in China 1924~1927* (Harvard 1958), 178.

50 Drage, 앞의 책, 167ff; John Tolland, *The Rising Sun: the decline and fall of the Japanese Empire, 1936~1945* (London 1971), 38, 각주.

51 Abend, 앞의 책, 49~50, 61, 251.

52 Hsiao Hsu-tung, *Mao Tse-tung and I were Beggars* (Syracuse 1959.)

53 Benjamin Schwartz, *In Search of Wealth and Power: Yen Fu and the West* (Harvard 1964.)

54 Chow Tse-tung, *The May Fourth Movement: Intellectual Revolution in Modern China* (Harvard 1960.)

55 *Far Eastern Review*, December 1923.

56 파이 유 교수의 회상은 다음을 참고하라. Schram, 앞의 책, 73.

57 Sun Yat-sen, lecture 3 February 1924. quoted by John Gittings, *The World and China 1922~1975* (London 1974), 43; Stalin, *Collected Works*, IX 225.

58 Gittings, 앞의 책, 39~40.

59 1936년 2월에 쓴 마오쩌둥의 시 '눈' 과 비교해보라. Schram, 앞의 책, 107~108.

60 Stuart Schram, *The Political Thought of Mao Tse-tung* (London 1964), 94~95.

61 Chalmers A. Johnson, *Peasant Nationalism and Communist Power: the Emergence of Revolutionary China 1937~1945* (Stanford 1962.)

62 Schram, *Mao Tse-tung*, 127.

63 같은 책, 153.

64 Abend, 앞의 책, 147~148.

65 같은 책, 80, 67.

66 같은 책, 75, 82.

67 James, 앞의 책, 139.

68 John Tolland, 앞의 책, 7 각주.

69 Dulles, 앞의 책, 281.

제6장 마지막 이상향

1 (여러 부수 집단을 포함하여) 106개 라는 수치는 다음 책에 사용되었다. Stephan Thernstrom and Ann Orlov, *Harvard Encyclopedia of Ethnic Groups* (New York 1980.)

2 Madison Grant, *The Passing of the Great Race* (New York 1916), 3~36.

3 'The Klan' s Fight for Americans' , *North American Review*, March 1926.

4 William C. Widenor, *Henry Cabot Lodge and the Search for an American Foreign Policy* (University of California 1980); Robert Murray, *The Harding Era* (University of Minnesota 1969), 64.

5 John Morton Blum, *The Progressive Presidents: Roosevelt, Wilson, Roosevelt, Johnson* (New York 1980), 97.

6 Dulles, 앞의 책, 295.

7 A. Mitchell Palmer, 'The Case Against the Reds' , *Forum*, February 1920.

8 Arthur Ekirch, *Ideologies and Utopias and the Impact of the New Deal on American Thought* (Chicago 1969), 13~14.

9 *Baltimore Evening Sun*, 27 September 1920.

10 Horace Kellen, *Culture and Democracy in the United States* (New York 1924.)

11 V. W. Brooks, 'Towards a National Culture' and 'The Culture of Industrialism', *Seven Arts*, April 1917.

12 V. W. Brooks, 'Trans-National America', *Atlantic Monthly*, 1916.

13 Van Wyck Brooks, *An Autobiography* (New York 1965), 253~256.

14 James Hoopes, *Van Wyck Brooks in Search of American Culture* (Amherst 1977), 130.

15 William Jennings Bryan (and Mary Baird Bryan), *Memoirs* (Philadelphia 1925), 448.

16 같은 책, 479~484.

17 *New Republic*, 10 May 1922.

18 Robert Sklar (ed.), *The Plastic Age 1917~1930* (New York 1970), 14.

19 Albert E. Sawyer, 'The Enforcement of National Prohibition', *Annals*, September 1932.

20 Alan Block, *East Side, West Side: Organized Crime in New York 1930~1950* (Cardiff 1980.)

21 *The Illinois Crime Survey* (Chicago 1929), 909~919.

22 Lloyd Wendt and Herman Cogan, *Big Bill of Chicago* (Indianapolis 1953), 271ff.

23 Charles Fecher, *Mencken: a Study of his Thought* (New York 1978), 159.

24 *Sidney Bulletin*, 20 July 1922; 불개입에 관해서는 다음을 참고하라. Charles Merz, *The Dry Decade* (New York 1931), 88, 107, 123~124, 144, 154.

25 T. K. Derry, *A History of Modern Norway 1814~1972* (Oxford 1973), 301~304.

26 *The Prohibition Amendment: Hearings before the Committee of the Judiciary, 75th Congress, Second Session* (Washington DC 1930), Part Ⅰ, 12~31.

27 Mark H. Haller, 'The Changing Structure of American Gambling in the Twentieth Century', *Journal of Social Issues*, XXXV, (1979), 87~114.

28 예를 들어, 다음 책을 참고하라. Annelise Graebner Anderson, *The Business of Organized Crime: a Cosa Nostra Family* (Stanford 1979.)

29 Seymour Martin Lipset, 'Marx, Engels and America's Political Parties', *Wilson Review*, Winter 1979.

30 David Shannon, *The Socialist Party of America: a History* (New York 1955.)

31 Theodore Draper, *The Roots of American Communism* (New York 1957.)

32 John Hicks, *The Republican Ascendancy 1921~1933* (New York 1960.)

33 Robert Murray, *The Harding Era* (University of Minnesota 1969), 67.

34 Dulles, 앞의 책, 302.

35 Murray, 앞의 책, 70.

36 같은 책, 420.

37 Andrew Turnbull (ed.), *Letters of F. Scott Fitzgerald* (New York 1963), 326.

38 Murray, 앞의 책, 112.

39 Murray N. Rothbard, *America's Great Depression* (Los Angeles 1972), 167.

40 Murray, 앞의 책, 178~179.

41 *New York Times*, 14 October 1922; Fritz Marx, 'The Bureau of the Budget: its Evolution and Present Role', *American Political Science Review*, August 1945.

42 Murray, 앞의 책, 168~169.

43 같은 책, 117~119.

44 같은 책, 108.

45 *Investigation of Veterans Bureau: Hearings before Select Committee, US Senate* (Washington DC 1923.)

46 Burl Noggle, 'The Origins of the Teapot Dome Investigation', *Mississippi Valley Historical Review*, September 1957; M. R. Werner and John Starr, *Teapot Dome* (New York 1959), 194~277; Murray, 앞의 책, 473.

47 Murray, 앞의 책, 486~487.

48 Alice Roosevelt Longworth, *Crowded Hours* (New York 1933), 324~325.

49 Arthur M. Schlesinger, 'Our Presidents: a Rating by Seventy-five Historians', *New York Times Magazine*, 29 July 1962; 하딩에 관한 역사기술 분석에 대해서는 Murray, 앞의 책, 487~528.

50 William Alien White, *A Puritan in Babylon* (New York 1938), 247.

51 Donald McCoy, *Calvin Coolidge: the Quiet President* (New York 1967), 33, 158ff., 139~141.

52 Ishbel Ross, *Grace Coolidge and her Era* (New York 1962), 65.

53 Mark de Wolf Howe (ed.), *The Holmes-Laski Letters 1916~1935*, 2 vols (Harvard 1953), I

673.

54 Sklar, 앞의 책, 297.

55 McCoy, 앞의 책, 256~263.

56 Gamaliel Bradford, *The Quick and the Dead* (Boston 1931), 241.

57 McCoy, 앞의 책, 99, 58, 208ff., 255.

58 Calvin Coolidge, *Autobiography* (New York 1929.)

59 Howard Quint and Robert Ferrell (eds), *The Talkative President: Off-the-Record Press Conferences of Calvin Coolidge* (Amhurst 1964), 서문.

60 McCoy, 앞의 책, 384, 395.

61 같은 책, 53~55.

62 Calvin Coolidge: 'Government and Business' in *Foundations of the Republic: Speeches and Addresses* (New York 1926), 317~332.

63 F. Scott Fitzgerald, *The Crack-up*, ed. by Edmund Wilson (New York 1945.)

64 Letter to Maxwell Geismar, 10 June 1942, in Elena Wilson (ed.), *Edmund Wilson: Letters on Literature and Politics 1912~1972* (New York 1977), 385.

65 James Truslow Adams, *The Epic of America* (Boston 1931), 400.

66 Michael Rostovtzeff, *A Social and Economic History of the Roman Empire* (Yale 1926), 487.

67 Stuart Chase, *Prosperity: Fact or Myth?* (New York 1930.)

68 George Soule, *Prosperity Decade from War to Depression 1917~1929* (New York 1947.)

69 Cited in Sklar, 앞의 책

70 Rostow, *World Economy* 209 and Table III-38; Harold Underwood Faulkner, *American Economic History* (New York 7th ed. 1954), 622.

71 Faulkner, 앞의 책, 624.

72 같은 책, 607~608.

73 Sinclair Lewis, 'Main Street' s Been Paved!' *Nation*, 10 September 1924.

74 Herbert Blumer, *Movies and Conduct* (New York 1933), 243~247, 220~223.

75 Sophia Breckenridge, 'The Activities of Women Outside the Home' , in *Recent Social Trends in the US* (New York 1930), 709~750.

76 Samuel Schmalhausen and V. F. Calverton (eds), *Woman' s Coming of Age: a Symposium*

(New York 1931), 536~549.

77 R. S. and H. R. Lynd, *Middletown: a Study in Modern American Culture* (New York 1929), 251~263.

78 Lewis L. Lorwin, *The American Federation of Labour: History, Policies and Prospects* (New York 1933), 279.

79 R. W. Dunn, *The Americanization of Labour* (New York 1927), 153, 193~194.

80 Kenneth M. Goode and Harford Powel, *What About Advertising?* (New York 1927.)

81 Warren Suzman (ed.), *Culture and Commitment 1929~1945* (New York 1973.)

82 See Leon Edel, *The Life of Henry James* (London 1977 ed.), I Chapter 84: 'Storm in the Provinces'.

83 Nathaniel Hawthorne, *Preface to A Marble Faun* (Boston 1860.)

84 Lionel Trilling, 'Manners, Morals and the Novel', printed in *The Liberal Imagination* (1950.)

85 E.g., 'Best Sort of Mother', written for J. M. Barrie's burlesque *Rosy Rapture;* 다음을 참고하라. *Gerald Boardman, Jerome Kern: his Life and Music* (Oxford 1980.)

86 에드워드 자브론스키가 감독한 다음 작품을 참고하라. *Lady, Be Good!* in the Smithsonian Archival Reproduction Series, the Smithsonian Collection R008 (Washington DC 1977.)

87 McCoy, 앞의 책, 392.

88 Charles and Mary Beard, *The Rise of American Civilization*, 2 vols (New York 1927), II 800.

89 Walter Lippmann, *Men of Destiny* (New York 1927), 23ff.

90 Lincoln Steffens, *Individualism Old and New* (New York 1930), 35ff.

제7장 대공황

1 Norman Mursell, *Come Dawn, Come Dusk* (London 1981.)

2 Gilbert, 앞의 책, v, (Companion Volume) Part 2, 86~87.

3 J. K. Galbraith, *The Great Crash 1929* (Boston 3rd ed. 1972), 83.

4 같은 책, 104~116.

5 William Williams, 'The Legend of Isolationism in the 1920s', *Science and Society* (Winter 1954.)

6 William Williams, *The Tragedy of American Diplomacy* (New York 1962); Carl Parrini, *The Heir to Empire: US Economic Diplomacy 1916~1923* (Pittsburg 1969.)

7 Jude Wanninski's letter in the *Wall Street Journal*, 16 June 1980.

8 Rothbard, 앞의 책, 86.

9 Federal Reserve Bank, *Annual Report 1923* (Washington DC 1924), 10.

10 Seymour E. Harriss, *Twenty Years of Federal Reserve Policy* (Harvard 1933), 91.

11 Rothbard, 앞의 책, 128~130.

12 Harris Gaylord Warren, *Herbert Hoover and the Great Depression* (Oxford 1959) 27.

13 *Congressional investigation of Stock Exchange Practises: Hearings 1933, 2091ff; Report 1934*, 220~221. Galbraith, 앞의 책, 186~187.

14 Rothbard, 앞의 책, 158ff.

15 스트롱에 관해서는 Lester V. Chandler, *Benjamin Strong, Central Banker* (Washington DC 1958.)

16 Rothbard, 앞의 책, 133.

17 Melchior Palyi, 'The Meaning of the Gold Standard', *Journal of Business*, July 1941.

18 Rothbard, 앞의 책, 139.

19 Lionel Robbins, *The Great Depression* (New York 1934), 53. 로빈슨 경은 17세기의 대공황이 케인스주의를 폐허로 만들기 직전에 쓴, *Autobiography of an Economist* (London 1971), 154~155에서 이 책의 내용이 사실이 아니라고 말했다.

20 Chandler, 앞의 책, 379~380.

21 Rostow, *World Economy*, Table II-7, 68.

22 Rothbard, 앞의 책, 157~158; R. G. Hawtrey, *The Art of Central Banking* (London 1932), 300.

23 Galbraith, 앞의 책, 180.

24 Dulles, 앞의 책, 290.

25 Schmalhausen and Calverton, 앞의 책, 536~549.

26 Selma Goldsmith et al.: 'Size Distribution of Income Since the Mid-Thirties', *Review of*

Economics and Statistics, February 1954; Galbraith, 앞의 책, 181.

27 Walter Bagehot, Lombard Street (London 1922 ed.), 151.

28 전문가들의 발언에 관해서는 다음을 참고하라. Edward Angly, Oh Yeah? (New York 1931.)

29 Galbraith, 앞의 책, 57ff.

30 Securities and Exchange Commission in the Matter of Richard Whitney, Edwin D. Morgan etc (Washington DC. 1938.)

31 Bagehot, 앞의 책, 150.

32 Galbraith, 앞의 책, 140.

33 같은 책, 147.

34 원론적인 저서들은 다음을 참고하라. E. K. Lindley, The Roosevelt Revolution, First phase (New York 1933); Raymond Moley, After Seven Years (New York 1939); Dixon Wecter, The Age of the Great Depression (New York 1948); Richard Hofstadter, The American Political Tradition (New York 1948); Robert Sherwood, Roosevelt and Hopkins (New York 1950), Rexford Tugwell, The Democratic Roosevelt (New York 1957); J. K. Galbraith and Arthur M. Schlesinger의 많은 저술 중에서 특히 후반에 쓴 다음 책을 참고하라. The Crisis of the Old Order 1919~1933 (Boston 1957.)

35 John P. Diggins, The Bard of Savagery: Thorstein Veblen and Modern Social Theory (London 1979.)

36 후버의 인생 초반에 관해서는 다음을 참고하라. David Burner, Herbert Hoover: a Public Life (New York 1979.)

37 William Manchester, The Glory and the Dream, a Narrative History of America 1932~1972 (New York 1974), 24.

38 Murray Rothbard: 'Food Diplomacy' in Lawrence Gelfand (ed.), Herbert Hoover: the Great War and its Aftermath, 1914~1923 (University of Iowa 1980.)

39 J. M. Keynes, Economic Consequences of the Peace (London 1919), 257, 각주.

40 휴 기본과 후버에게 보냈던 편지는 파일 안에 보관되었으며, 현재는 후버의 보고서 안에 보관되어 있다.

41 Herbert Hoover, Memoirs, 3 vols (Stanford 1951-2), II 42~44.

42 같은 책, II 41~42.

43 Martin Fasault and George Mazuzan (eds), *The Hoover Presidency: a Reappraisal* (New York 1974), 8; Murray Benedict, *Farm Policies of the United States* (New York 1953.)

44 Murray, *The Harding Era*, 195.

45 Ellis Hawley, 'Herbert Hoover and American Corporatism 1929~1933' in Fasault and Mazuzan, 앞의 책.

46 Eugene Lyons, *Herbert Hoover, a Biography* (New York 1964), 294.

47 Joan Hoff Wilson, *American Business and Foreign Policy 1920~1933* (Lexington 1971), 220; Donald R. McCoy's 'To the White House' in Fasault and Mazuzan, 앞의 책, 55; 윌슨의 반유대주의에 관해서는 다음을 참고하라. David Cronon (ed.), *The Cabinet Diaries of Josephus Daniels 1913~1921* (Lincoln, Nebraska 1963), 131, 267, 497; 프랭클린 루스벨트에 관해서는 다음을 참고하라. Walter Trohan, *Political Animals* (New York 1975), 99.

48 Galbraith, 앞의 책, 143.

49 후버가 페니에게 보낸 편지는 다음 책에 인용되어 있다. Donald McCoy in Fasault and Mazuzan, 앞의 책, 52~53.

50 후버가 전시식품관리청의 페이톤 마쉬 장군에게 보내는 글은 다음 책에 인용되어 있다. Arthur Schlesinger, *The Crisis of the Old Order*, 80.

51 Rothbard, *The Great Depression*, 187.

52 Hoover, 앞의 책, II 108.

53 같은 책, III 295.

54 *American Federation*, January, March 1930.

55 Harrod, 앞의 책, 437~448.

56 Galbraith, 앞의 책, 142.

57 Rothbard, 앞의 책, 233~234.

58 Hoover, Republican Convention acceptance speech, 11 August 1932; speech at Des Moines, 4 October 1932.

59 Rothbard, 앞의 책, 268.

60 같은 책, 291.

61 Rostow, *World Economy*, Table III-42, 220.

62 *Fortune*, September 1932.

63 Manchester, 앞의 책, 40~41.

64 C. J. Enzler, *Some Social Aspects of the Depression* (Washington DC 1939), chapter 5.

65 Ekirch, 앞의 책, 28~29.

66 Don Congdon (ed.), *The Thirties: a Time to Remember* (New York 1962), 24.

67 James Thurber, *Fortune*, January 1932; Rothbard, 앞의 책, 290.

68 Thomas Wolfe, *You Can't Go Home Again* (New York 1934), 414.

69 Edmund Wilson: 'The Literary Consequences of the Crash', *The Shores of Light* (New York 1952), 498.

70 Harper's, December 1931.

71 Charles Abba, *Business Week*, 24 June 1931.

72 Fausold and Mazuzan, 앞의 책, 10.

73 Fausold and Mazuzan, 앞의 책, 80에 Albert Romasco, 'The End of the Old Order or the Beginning of the New' 가 인용되어 있다.

74 같은 책, 91, 92.

75 H. G. Wells, *An Experiment in Autobiography* (London 1934.)

76 Roger Daniels, *The Bonus March: an Episode in the Great Depression* (Westport 1971), esp. chapter 10, 'The Bonus March as Myth'

77 Theodore Joslin, *Hoover Off the Record* (New York 1934); Donald J. Lision, *The President and Protest: Hoover, Conspiracy and the Bonus Riot* (University of Missouri 1974), 254ff.

78 James MacGregor Burns, *Roosevelt: the Lion and the Fox* (New York 1956), 20.

79 Ekirch, 앞의 책

80 Ekirch, 앞의 책, 87~90.

81 Letter to Christian Gaus, 24 April 1934, in Elena Wilson (ed.), 앞의 책, 245.

82 1932년 10월 31일에 메드슨 광장에서의 후버의 연설.

83 민주당회의에서 한 루스벨트의 수락 연설.

84 Frank Freidel, 'The Interregnum Struggle Between Hoover and Roosevelt', in Fausold and Mazuzan, 앞의 책, 137.

85 같은 책, 137~138. 후버의 보고서 안에는 'My personal relations with Mr Roosevelt' 라는 제목의 서류가 들어있다.

86 Burns, 앞의 책, 162.

87 Trohan, 앞의 책, 83~84.

88 이 연설의 내용에 관해서는 다음을 참고하라. Samuel I. Rosenman, *Working with Roosevelt* (New York 1952), 81~99. 그것은 헨리 소로의 아이디어였다.

89 Moley, 앞의 책, 151.

90 Burns, 앞의 책, 148~149.

91 Press conferences of 24 March and 19 and 26 April 1933.

92 Burns, 앞의 책, 167, 172; Elliot Roosevelt (ed.), *FDR: His Personal Letters*, 4 vols (New York 1947~1950), I 339~340, letter to Josephus Daniels 27 March 1933; Trohan, 앞의 책, 64.

93 J. M. Keynes in *New York Times*, 31 December 1933.

94 Joan Robinson, 'That Has Become of the Keynesian Revolution?' in Milo Keynes (ed.) 앞의 책, 135; Raymond Moley, *The First New Deal* (New York 1966), 4.

95 Faulkner, 앞의 책, 658~662.

96 Arthur M. Schlesinger, *The Coming of the New Deal* (Boston 1958), 123; Manchester, 앞의 책, 89.

97 Leverett S. Lyon et al., *The National Recovery Administration* (Washington DC 1935.)

98 Eric Goldman, *Rendezvous with Destiny* (New York 1952.)

99 Broadus Mitchel, et al., *Depression Decade* (New York 1947.)

100 Walter Lippmann, 'The Permanent New Deal', *Yale Review*, 24 (1935), 649~667.

101 William Myers and Walter Newton, *The Hoover Administration: a Documented Narrative* (New York 1936.)

102 Francis Sill Wickware in Fortune, January 1940; *Economic Indicators: Historical and Descriptive Supplement, Joint Committee on the Economic Report* (Washington DC 1953); Galbraith, 앞의 책, 173; Rostow, *World Economy*, Table III-42.

103 Keynes in *New Republic*, 29 July 1940.

104 Trohan, 앞의 책, 59ff., 67~68, 115.

105 Joseph P. Lash, *Eleanor and Franklyn* (New York 1971), 220ff.; Dons Feber, *The Life of Lorena Hickok, ER's Friend* (New York 1980), passim; Richard W. Steele, 'Franklin D.

Roosevelt and his Foreign Policy Critics', *Political Science Quarterly*, Spring 1979.

106 'The Hullabaloo over the Brains Trust', *Literary Review*, CXV 1933.

107 Bernard Sternsher, *Rexford Tugwell and the New Deal* (Rutgers 1964), 114~115; Otis
    Graham: 'Historians and the New Deals', *Social Studies*, April 1963.

108 Manchester, 앞의 책, 84.

109 Lippmann, *Saturday Review of Literature*, 11 December 1926.

110 Fecher, 앞의 책

111 George Wolfskill and John Hudson, *All But the People: Franklyn D. Roosevelt and his
    Critics* (New York 1969), 5~16.

112 Elizabeth Nowell (ed.), *The Letters of Thomas Wolfe* (New York 1956), 551ff.

113 Ekirch, 앞의 책, 27~28.

114 Stuart Chase, *The New Deal* (New York 1932), 252.

115 Frank Warren, *Liberals and Communism* (Bloomington 1966), chapter 4.

제8장 악마의 횡포

1 Dmitri Shostakovich, *Memoirs*.

2 Boris I. Nicolaevsky, *Power and the Soviet Elite: 'The Letter of an Old Bolshevik' and Other
    Essays* (New York 1965), 3~65.

3 K. E. Voroshilov, *Stalin and the Armed Forces of the USSR* (Moscow 1951), 19.

4 Albert Seaton, *Stalin as Warlord* (London 1976), 29ff.

5 Stephen F. Cohen, *Bukharin and the Bolshevik Revolution* (London 1974.)

6 E. H. Carr, *From Napoleon to Stalin and Other Essays* (London 1980), 156.

7 아이작 도이처가 쓴 트로츠키의 삶에 관한 다음 세 권의 책을 참고하라. *The Prophet Armed*
    (Oxford 1954), *The Prophet Unarmed* (1959), *The Prophet Outcast* (1963.) 스탈린과 트로츠
    키의 차이에 관해서는 도이처의 가장 잘 알려진 다음 책을 참고하라. Stalin: a Political
    Biography (1949, 1966, 1967.) 도이처의 작품에 관한 평론에 대해서는 다음 책을 참고하라.
    Leopold Labedz, 'Isaac Deutscher' s "Stalin" : an Unpublished Critique', *Encounter*,

January 1979, 65~82.

8 W. H. Chamberlin, *The Russian Revolution 1917~1921*, 2 vols (New York 1935), ii 19.

9 Hingley, 앞의 책, 162~163; Paul Avrich, *Kronstadt 1921* (Princeton 1970), 176~178, 211.

10 Leon Trotsky, *Their Morals and Ours* (New York 1942), 35.

11 Kolakowski, 앞의 책, III 186, 199.

12 Leonard Schapiro, *The Communist Party of the Soviet Union* (2nd ed. London 1970), 353.

13 Boris Bajanov, (Paris 1930), 74~77, 91, 145, 156ff.

14 다음 책에서 트로츠키는 누군가 고의로 장례식 시간을 잘못 알려주었다고 주장했다.

Trotsky, *My Life* (London 1930), 433

15 Ian Grey, *Stalin: Man of History* (London 1979), 199~200.

16 Stalin, *Collected Works*, VI 328.

17 프룬제의 죽음에 관한 상황은 보리스 필냐크의 소설에 묘사되어 있다. Boris Pilnyak, *Tale of the Unextinguished Moon; and in Trotsky's Stalin: an Appraisal of the Man and his Influence*, 2 vols (tr. London 1969), II 250~251.

18 Hingley, 앞의 책, 168.

19 Deutscher, Stalin, 311.

20 E. H. Carr and R. W. Davies, *Foundations of a Planned Economy* (London 1974 ed.), I 84~85.

21 Carr, *Foundations*, II 65~66; Hingley, 앞의 책, 191; Deutscher, Stalin, 314; B. Souvarine, Stalin (London, n.d.), 485.

22 Stalin, *Collected Works*, X 191.

23 Eugene Lyons, *Assignment in Utopia* (London 1937), 117, 123, 127.

24 Abdurakhman Avtorkhanov, *Stalin and the Soviet Communist Party* (London 1959), 28~29.

25 Hingley, 앞의 책, 197.

26 Lyons, 앞의 책, 372.

27 Stalin, *Collected Works*, XII 14.

28 Cohen, 앞의 책, 372.

29 Hingley, 앞의 책, 201; Souvarine, 앞의 책, 577.

30 Hingley, 앞의 책, 200.

31 Schapiro, *Communist Party*, 368.

32 Kolakowski, 앞의 책, III 25ff.

33 Stalin, *Collected Works*, VIII 142; Carr, *Foundations*, I 28~29.

34 Carr, *Foundations*, I 120~121.

35 M. Fainsod, *Smolensk under Soviet Rule* (London 1958), 46; Stalin, *Collected Works*, XI, 44~45, 48.

36 Tatiana Chernavin, *Escape from the Soviets* (tr. London 1933), 37.

37 Robert C. Williams, 'The Quiet Trade: Russian Art and American Money', *Wilson Quarterly*, Winter 1979.

38 Stalin, *Collected Works*, XI 90.

39 Carr, *Foundations*, I 201.

40 M. Hindus, *Red Bread* (London 1931), 335; Carr, 앞의 책, 223.

41 T. H. Rigby (ed.), *The Stalin Dictatorship: Khrushchev's 'Secret Session' Speech and Other Documents* (Sydney 1968.)

42 Carr, *Foundations*, I 283.

43 Deutscher, *Stalin*, 320; Stalin, *Collected Works*, XII 170.

44 Deutscher, *Stalin*, 325 각주 1.

45 Lewin, 앞의 책, 514,

46 Kolakowski, 앞의 책, III 38.

47 Winston Churchill, *The Second World War*, 12 vols (London 1964), VIII 78.

48 S. Swianiewicz, *Forced Labour and Economic Development: an Inquiry into the Experience of Soviet Industrialization* (London 1965), 123; Lewin, 앞의 책, 508.

49 Kolakowski, 앞의 책, III 39.

50 Robert Conquest, *The Great Terror: Stalin's Purge of the Thirties* (London 1969), 22.

51 Deutscher, Stalin, 325; Roy Medvedev, *Let History Judge: the Origins and Consequences of Stalinism* (tr. New York 1971), 90~91; 관련 수치는 다음을 참고하라. *Istoriia SSSR* (1964), No. 5, p. 6.

52 다음 요약 기사를 참고하라. 'Revising Stalin's Legacy', *Wall Street Journal*, 23 July 1980; M. Msksudov, 'Pertes subies par la population de l'URSS 1918~1958', *Cahier du monde*

russe et sovietique, March 1977.

53 Kolakowski, 앞의 책, III 43.

54 Cohen, 앞의 책, 364.

55 Alexander Orlov, *The Secret History of Stalin's Crimes* (London 1954), 317~318; Alexander Barmine, *One Who Survived* (New York 1945), 256, 264; Svetlana Alliluyeva, *Twenty Letters to a Friend* (tr., London 1967), 351.

56 Svetlana Allíluyeva, *Only One Year* (New York 1969), 143.

57 Wolfgang Leonhard, *Kreml ohne Stalin* (Cologne 1959), 95; Nicolaevsky, 앞의 책, 93~94.

58 Stalin, *Collected Works*, XIII 161~215.

59 Borys Lewytzkyj, *Die rote Inquisition: die Geschichte der sowjetischen Sicherheitsdienste* (Frankfurt 1967), 76.

60 Hingley, 앞의 책, 214.

61 Albert Speer, *The Slave State* (London 1981), 303.

62 Muggeridge, 앞의 책, I 234~235.

63 Victor Serge, *Memoirs of a Revolutionary* (tr., New York 1963), 250.

64 Paul Hollander, *Political Pilgrims: Travels of Western Intellectuals to the Soviet Union, China and Cuba 1928~1978* (Oxford 1981), chapter 4.

65 Amabel Williams-Ellis, *The White Sea Canal* (London 1935), introduction; *Sidney and Beatrice Webb, Soviet Communism: a New Civilization?* (London 1935); Harold Laski, *Law and Justice in Soviet Russia* (London 1935); Anna Louise Strong, *This Soviet World* (New York 1936); G. B. Shaw, *The Rationalization of Russia* (London 1931); Solzhenitsyn's account of the Canal is in *The Gulag Archipelago* (New York 1975), II 80~102.

66 Julian Huxley, *A Scientist Among the Soviets* (London 1932), 67; Lyons 앞의 책, 430; Shaw, 앞의 책, 28.

67 Hesketh Pearson, *GBS: a Full-Length Portrait* (New York 1942) 329~331.

68 Wells, *Autobiography*, 799~807; 다른 자료를 원하면 다음 책을 참고하라. Hollander, 앞의 책, 167~173.

69 Williams, 앞의 책

70 Muggeridge, 앞의 책, 254.

71 Edward N. Peterson, *The Limits of Hitler's Power* (Princeton 1969), 154.

72 Mosse, 앞의 책, 294ff.

73 Bendersky, 앞의 책

74 Mosse, 앞의 책, 280.

75 Holborn, 앞의 책, 658.

76 Fritz Stern, 'Adenauer in Weimar: the Man and the System' in *The Failure of Illiberalism*, 178~187; Paul Weymar, *Konrad Adenauer* (Munich 1955), 129~143; 1923년에 아네나워가 라인란트 동맹 위원회 회장이었던 티라르에게 보낸 편지 인용문은 슈트레제만 보고서에 담겨 있다. Henry Turner, *Stresemann and the Politics of the Weimar Republic* (Princeton 1963.)

77 1931년 3월에 그가 내각에 보고한 비밀 보고서는 다음 책에 인용되어 있다. Barnett, 앞의 책, 340.

78 Michael Balfour, *West Germany* (London 1968), 85~86.

79 Rostow, *World Economy*, Table III-42; Holborn, 앞의 책, 639~640.

80 Holborn, 앞의 책, 732.

81 Laqueur, 앞의 책, 257.

82 Holborn, 앞의 책, 687.

83 Karl Dietrich Bracher, *The German Dictatorship: the Origins, Structure and Effects of National Socialism* (tr., London 1970), 6.

84 Chrisopher Isherwood, *The Berlin Stories* (New York 1945 ed.), 86.

85 Fest, 앞의 책, 517.

86 Francis Carsten, *Reichswehr und Politik 1918~1933* (Cologne 1964), 377.

87 Fest, 앞의 책, 545.

88 같은 책, 507.

89 같은 책, 546.

90 Thomas Mann, *Betrachtungen eines Unpolitischen* (Berlin 1918.)

91 E. K. Bramstedt, *Dictatorship and Political Police* (Oxford 1945), 98.

92 Arnold Brecht, *Prelude to Silence· the End of the German Republic* (New York 1944.)

93 Fest, 앞의 책, 618.

94 Roger Manvell and Heinrich Fraenkel, *Goering* (New York 1962) 296.

95 Manvel and Fraenkel, *Heinrich Himmler* (London 1965), 10~15, 31~32.

96 같은 책, 34.

97 *Neueste Nachrichten* (Munich), 21 March 1933.

98 Manvell and Fraenkel, *Himmler*, 35~36.

99 같은 책, 41.

100 같은 책, 38~39.

101 Grunfeld, 앞의 책, 126~129.

102 Peterson, 앞의 책, 14; Hans Buchheim, *ss und Polizei im NS Staat* (Duisberg 1964.)

103 Hans Frank, *Im Angesicht des Galgens* (Munich 1953.)

104 *Hitler's Secret Conversations* (New York 1953), 420.

105 Peterson, 앞의 책, 70~71.

106 *Hitler's Secret Conversations*, 306; Peterson, 앞의 책, 72.

107 Peterson, 앞의 책, 133~142.

108 Frank, 앞의 책, 167; Lutz Graf Schwerin von Krosigk, *Es geschah in Deutschland* (Tübingen 1951.)

109 Paul Seabury, *The Wilhelmstrasse: a Study of German Diplomacy under the Nazi Regime* (Berkeley 1954.)

110 Herbert Jacob, *German Administration Since Bismarck* (New Haven 1963), 113; Peterson, 앞의 책, 37.

111 Helmut Heiber, *Adolf Hitler* (Berlin 1960), 92ff.; Alan Bullock, *Hitler: a Study in Tyranny* (London 1964), 386; Joseph Nyomarkay, *Charisma and Factionalism in the Nazi Party* (Minneapolis 1967.)

112. Fest, 앞의 책, 807.

113 Otto Dietrich, *Zwölf Jahre mit Hitler* (Munich 1955), 153.

114 Thomas Hobbes, *Leviathan*, Part 1, chapter 11.

115 Peterson, 앞의 책, 75~76.

116 David Schoenbaum, *Hitler's Social Revolution* (New York 1966), 159~186, 200~201, 285.

117 Heinrich Uhlig, *Die Warenhäuser im Dritten Reich* (Cologne 1956.)

118 Friedrich Facius, *Wirtschaft und Staat* (Schriften des Bundesarchiv) (Koblenz 1959) 147.

119 Raul Hilberg, *The Destruction of the European Jews* (Chicago 1961), 98.

120 이것은 다음 책에 나온 브람스테트의 견해이다. E. K. Bramsted, *Goebbels and National Socialist Propaganda* (Lansing 1965); 다음 책은 괴벨스가 반유대주의자가 아이었다고 주장한다. Helmut Heiber, *Josef Goebbels* (Berlin 1962.)

121 Bullock, 앞의 책, 121.

122 Arthur Schweitzer, *Big Business in the Third Reich* (London 1964), 643, 주석 25.

123 Hermann Rauschning, *Hitler's Revolution of Destruction* (London 1939.)

124 Holborn, 앞의 책, 753.

125 Joseph Borking, *The Crime and Punishment of I. G. Farben* (London 1979), 56~60.

126 토트의 능력에 관해서는 다음 책을 참고하라. Alan Milward, *The German Economy at War* (London 1965.)

127 Speer, 앞의 책, 4ff.

128 David Schoenbaum, *Die braune Revolution* (Cologne 1968), 150.

129 Fest, 앞의 책, 559.

130 David Carlton, *Anthony Eden* (London 1981), 46.

131 Hans Gisevius, *Adolf Hitler* (Munich 1963), 173.

132 Holborn, 앞의 책, 745~747; Manvell and Fraenkel, *Himmler*, 42~46.

133 Fest, 앞의 책, 705.

134 Nicholaevsky, 앞의 책, 28~30.

135 룀 숙청 사건이 스탈린에게 끼친 영향에 관해서는 다음 책을 참고하라. George Kennan, *Russia and the West Under Lenin and Stalin* (New York 1960), 285.

136 Conquest, 앞의 책, 44.

137 Medvedev, 앞의 책, 157ff.; Hingley, 앞의 책, 236ff.; Conquest, 앞의 책, 47ff.

138 Orlov, 앞의 책, 17~18, 129.

139 Orlov, 앞의 책, 350.

140 Rigby, *The Stalin Dictatorship*, 39~40.

141 W. G. Krivitsky, *I Was Stalin's Agent* (London 1940), 166.

142 같은 책, 228.

143 Paul Blackstock, *The Secret Road to World War Two: Soviet versus Western Intelligence 1921~1939* (Chicago 1969); Hingley, 앞의 책, 292ff.

144 John Erickson, *The Soviet High Command, a Military and Political History*, 1918~1941 (London 1962), 374; Conquest, 앞의 책, 224; Hingley, 앞의 책, 258~259.

145 Schapiro, *Communist Party*, 440.

146 Medvedev, 앞의 책, 294~296.

147 같은 책, 219~223.

148 Fitzroy Maclean, *Eastern Approaches* (London 1966 ed.) 119~120.

149 이때 사용한 고문의 세부 사항에 관해서는 다음 책을 참고하라. Medvedev, 앞의 책, 259~270, 286.

150 Simon Wolin and Robert M. Slusser, *The Soviet Secret Police* (New York 1957), 194; Antoni Ekart, *Vanished Without Trace* (London 1954), 244.

151 Medvedev, 앞의 책, 239; Conquest, 앞의 책, 525~535; 다음 자료도 비슷한 내용을 보여준다. Iosif Dyadkin, *Wall Street Journal*, 23 July 1980.

152 Laqueur, 앞의 책, 266~267.

153 우익 지식인에 관해서는 다음 책을 참고하라. Richard Griffiths, *Fellow-Travellers of the Right: British Enthusiasts for Nazi Germany 1933~1938* (London 1980), and Alastair Hamilton, *The Appeal of Fascism: a Study of Intellectuals and Fascism 1919~1945* (London 1971); Malcolm Muggeridge, *The Thirties* (London 1940), 281~282.

154 스탈린의 반유대주의에 관해서는 다음 책을 참고하라. Medvedev, 앞의 책, 493ff.; 이 책 524쪽에는 스탈린이 금서로 지정한 책 목록이 담겨 있다.; 고리키에 관해서는 다음 책을 참고하라. Hingley, 앞의 책, 241~242.

155 *The Letters of Lincoln Steffens*, ed. E. Winter and G. Hicks, 2 vols (New York 1938), II 1001.

156 Shaw, *The Rationalization of Russia* (Bloomington, Ind., 1964 ed.), 112.

157 Jean Lacourure, *André Malraux* (New York 1975), 230.

158 Sidney Hook in *Encounter*, March 1978.

159 Cohen, 앞의 책, 376.

160 Muggeridge, *Chronicles of Wasted Time*, 254~255.

161 Walter Duranty, *The Kremlin and the People* (New York 1941), 65.

162 Hollander, 앞의 책, 164.

163 Trilling, in *The Last Decade*, 'Art, Will and Necessity'.

164 같은 책, 'A Novel of the Thirties'.

제9장 침략의 절정

1 Manchester, 앞의 책, 7.

2 James Margach, *The Abuse of Power* (London 1978.)

3 Barnett, 앞의 책, 291; Mary Agnes Hamilton, *Arthur Henderson* (London 1938.)

4 Beasley, 앞의 책, 245.

5 *Documents on British Foreign Policy*, 2, IX No. 43; Ian Nish, *Japanese Foreign Policy*, *1869~1942* (London 1977), 260ff.

6 Barnett, 앞의 책, 300.

7 Middlemass and Barnes, 앞의 책, 729.

8 James Neidpath, *The Singapore Naval Base and the Defence of Britain's Eastern Empire 1919~1941* (Oxford 1981.)

9 James, 앞의 책, 167.

10 Harold S. Quigley and John E. Turner, *The New Japan: Government and Politics* (Minneapolis 1956), 38~39.

11 Hugh Byas, 앞의 책, 265~266.

12 같은 책, 97.

13 Mosley, 앞의 책, 154~155.

14 Tolland, 앞의 책, 13.

15 Byas, 앞의 책, 119ff.; Tolland, 앞의 책, 13~33; Beasley, 앞의 책, 250; James, 앞의 책, 170ff.

16 Tolland, 앞의 책, 21.

17 같은 책, 33 각주; 조르게에 관해서는 다음 책을 참고하라. William Deakin and G. R. Storry, *The Case of Richard Sorge* (London 1964.)

18 Anthony Garavente, 'The Long March', *China Quarterly*, 22 (1965), 84~124.

19 Edgar Snow, *Red Star over China* (London 1938); Chen Chang-Feng, *On the Long March with Chairman Mao* (Peking 1959); *The Long March: Eyewitness Accounts* (Peking 1963.)

20 Edgar Snow, *Random Notes on Red China* (Harvard 1957), 1~11; J. M. Betram, *Crisis in China: the Only Story of the Sian Mutiny* (London 1937.)

21 Agnes Smedley, *Battle Hymn of China* (London 1944), 96~143.

22 Tolland, 앞의 책, 44~47; James B. Crowley in *the Journal of Asian Studies*, May 1963, and C. P. Fitzgerald, *The Birth of Communist China* (Baltimore 1964.)

23 Nish, 앞의 책, 232; Katsu Young, 'The Nomohan Incident: Imperial Japan and the Soviet Union', *Monumenta Nipponica*, 22 (1967), 82~102.

24 Tolland, 앞의 책, 44 각주.

25 같은 책, 47.

26 Mosley, 앞의 책, 177~181; Tolland, 앞의 책, 50.

27 Nish, 앞의 책, 260.

28 Hugh Byas in *New York Times*, 31 July 1938.

29 Hans Frank, *Im Angesichtdes Galgens* (Munich 1953), 92; Joseph Goebbels, *Der Faschismus und seine praktischen Ergebnisse* (1935.)

30 Nolte, 앞의 책, 230.

31 Mussolini, *Opera Omnia*, XXVI 233.

32 Barnett, 앞의 책, 344~348.

33 같은 책, 379~380; Carlton, 앞의 책, 68.

34 Carlton, 앞의 책, 84~86.

35 Barnett, 앞의 책, 381.

36 *Ciano's Diplomatic Papers* (London 1948), 56.

37 이탈리아 파시스트 인종주의에 관해서는 다음 책을 참고하라. Antonio Spinosa, 'Le persecuzioni razziali in Italia', *Il Ponte* VIII (1952), 964~978, 1078~1096, 1604~1622, IX (1953), 950ff.

38 Salvador de Madariaga, *Spain: a Modern History* (London 1961), 455.

39 Paul Preston, *The Coming of the Spanish Civil War* (London 1978), 15.

40 Largo Caballero, *Mis Recuerdos* (Mexico City 1954), 37.

41 Mariano Perez Galan, *La Ensenaza en la II Republica espanola* (Madrid 1975), 332~333.

42 Luis Araquistain, *El Sol* (Madrid), 18, 21, 24 July 1931.

43 Preston, 앞의 책, 107.

44 Stanley Payne, *The Spanish Revolution* (New York 1970), 108.

45 1933년 목격자에 관해서는 다음 책을 인용하였다. Ramón Sender, *Viaje a la aldea del crimen* (Madrid 1934), 33~42.

46 J. Arrarás Irribaren (ed.), *Historia de la Cruzada Espanola*, 8 vols (Madrid 1940-4), II 263; J. A. Ansaldo, *Para Quiá De Alfonso XIII a Juan III* (Buenos Aires 1951), 51.

47 George Dimitrov, *The Working Classes Against Fascism* (London 1935), 47.

48 Hugh Thomas, *The Spanish Civil War* (London 1961 ed.), 95; George Hills, *Franco: the Man and his Nation* (London 1967), 210.

49 J. W. D. Trythall, *Franco: a Biography* (London 1970), 80.

50 R. A. H. Robinson, *The Origins of Franco's Spain* (Newton Abbot 1970), 12.

51 Thomas, 앞의 책, 5.

52 Preston, 앞의 책, 162~163, 172.

53 Trythall, 앞의 책, 81; Preston, 앞의 책, 176.

54 Burnett Bolloten, *The Grand Camouflage* (London 2nd ed. 1968), 115~116; Juan-Simeon Vidarte, *Todos fuimos culpables* (Mexico 1973), 56~57.

55 Robinson, 앞의 책, 259~260; Preston, 앞의 책, 185.

56 Vidarte, 앞의 책, 100, 115~127; Idalecio Prieto, *Convulciones de Espana*, 3 vols (Mexico 1967~1969), III 143~144.

57 Constancia de la Mora, *In Place of Splendour* (London 1940), 214~215; Claud Bowers, *My Mission to Spain* (London 1954), 200~208; Henry Buckley, *Life and Death of the Spanish Republic* (London 1940), 129; Stanley Payne, *Falange: a History of Spanish Fascism* (Stanford 1961), 98~105; Ian Gibson, *La Represion nacionalista de Granada en 1936* (Paris 1971) 40~43.

58 Thomas, 앞의 책, 5; 로블레스의 추정치는 대체로 정확했다.

59 Vidarte, 앞의 책, 213~217.

60 J. Gutiérrez-Ravé, *Gil Robles: caudillo frustrado* (Madrid 1967), 198~199.

61 Thomas, 앞의 책, 52~54.

62 같은 책, 269, 각주 1.

63 Antonio Montero, *La Persecucion religiosa en Espagna 1936~1939* (Madrid 1961), 762.

64 Thomas, 앞의 책, 270~272.

65 Arthur Koestler, *The Invisible Writing* (London 1954), 347; Ignacio Escobar, *Asi empezo* (Madrid 1974.)

66 Thomas, 앞의 책, 270 각주 2.

67 Juan de Iturralde, *El Catolicismo y la cruzada de Franco*, 2 vols (Bayonne 1955), II 88~89.

68 Ignacio de Azpiazu, *Siete meses y siete dias en la Espana de Franco* (Caracas 1964), 115.

69 Georges Bernanos, *Les Grands Cimitières sous la lune* (Paris 1938), 72~73; Koestler, *Invisible Writing*, 333~335.

70 Thomas, 앞의 책, 265 각주; Ian Gibson, *The Death of Lorca* (London 1973), 167~169.

71 Trythall, 앞의 책, 94.

72 S. G. Payne, *Politics and the Military in Modern Spain* (Stanford 1967), 371~372.

73 외국의 간섭에 관해서는 다음 책 부록 7번을 참고하라. Thomas, 앞의 책, 1977 edition, 974~985; Jesus Salas, *Intervencion extrajeras en la guerra de Espana* (Madrid 1974.)

74 D. C. Watt, 'Soviet Aid to the Republic', *Slavonic and East European Review*, June 1960; Thomas, 앞의 책, 981~982.

75 Thomas, 앞의 책, 982 각주 2; Neal Wood, *Communism and British Intellectuals* (London 1959), 56.

76 Trythall, 앞의 책, 65; Luis de Galinsoga, *Centinela del Occidente: Semblanza biográfica de Francisco Franco* (Barcelona 1956), 134~139.

77 Rudolf Timmermans, *General Franco* (Olten 1937), 135; Francisco Franco, *Diario de una Bandera* (Madrid 1922), 46, 179; Trythall, 앞의 책, 58.

78 Alekandro Vicuna, *Franco* (Santiago de Chile 1956) 222~223; Ignacio Gonazalez, *La Guerra national espagnola ante la moral y el derecho* (Salamanca 1937); Jay Alien, *Chicago Tribune*, 29 July 1936; Cruzada Espanola, II 84.

79 Thomas, 앞의 책, Appendix 5, 971.

80 같은 책, 974~977; Salas, 앞의 책, 510.

81 Carlos Baker, *Ernest Hemingway* (Penguin 1972), 472,

82 Thomas, 앞의 책, 533.

83 Jesús Hernández Tomas, *La Grande Trahison* (Paris 1953), 66; Thomas, 앞의 책, 650~651.

84 Thomas, 앞의 책, 664 각주 1; Manuel Azana, *Obras Completas*, 4 vols (Mexico City 1966~1968), IV 867; Caballero, 앞의 책, 204; Incalecio Prieto, *Convulciones de Espagna*, 3 vols (Mexico City 1967~1969) III 220.

85 George Orwell, *Homage to Catalonia* (London 1938), 169ff.; Thomas, 앞의 책, 651 ff.

86 Hernández, 앞의 책, 124~126.

87 Thomas, 앞의 책, 705~706; Bernard Crick, *George Orwell: a Life* (London 1980), 224~226.

88 크리비츠키는 자신의 책을 간신히 출판했다. Walter Krivitsky, *I Was Stalin's Agent*, (London 1940); Hingley, 앞의 책, 268ff.

89 Thomas, 앞의 책, 702~703과 각주.

90 Orlov, 앞의 책

91 Thomas, 앞의 책, 624~627, Appendix 8, 986~991; Vincente Talon, *Arde Guernica* (Madrid 1970); Herbert Southworth, *La Destruction de Guernica* (Paris 1975); Adolf Galland, *The First and the Last* (London 1957.)

92 Alien Guttmann, *The Wound in the Heart: America and the Spanish Civil War* (New York 1962.)

93 Koestler, *Invisible Writing*.

94 *New English Weekly*, 29 July, 2 September 1937; 이 유명한 일화에 관해서는 다음 책을 참고하라. Kingley Martin, *Editor*, 1931~1945 (London 1968), 218; George Orwell, *Collected Essays*, etc., 4 vols (Penguin 1970), I 333ff.; Crick, 앞의 책, 227ff.

95 Sean Day-Lewis, *C. Day-Lewis: an Eng-lish Literary Life* (London 1980), 94, 102.

96 Cyril Connolly, 'Some Memories' in Stephen Spender (ed.), *W. H. Auden: a tribute* (London 1975), 70.

97 Hugh Thomas, 'The Lyrical Illusion of Spain 1936' in Mestine de Courcel (ed.), *Malraux: Life and Work* (London 1976), 42~43.

98 Carlos Baker, 앞의 책, 465.

99 Martin, 앞의 책, 219~220.

100 Stephen Spender, *World within World* (London 1951), 242~243.

101 같은 책, 223.

102 Orwell, 'Notes on the Spanish Militias', *Collected Essays*, I 350~364.

103 Jose Diaz de Villegas, *La Guerra de liberacion* (Barcelona 1957), 384.

104 Thomas, 앞의 책, 926~927.

105 Text of Law in *Boletín Oficial del Estado*, 13 February 1939; Trythall, 앞의 책, 141.

106 Ciano's Diplomatic Papers, 293~294.

107 Max Gallo, *Spain under Franco: a History* (tr. London 1973), 88. 193,000라는 수치는 다음
    책에 근거를 두고 있다. Charles Foltz, *The Masquerade in Spain* (Boston 1948), 97;
    Thomas, 앞의 책, 924~925.

108 Trythall, 앞의 책, 142ff.

제10장 유럽의 종말

1 H. A. Jacobsen, *Der Zweite Weltkrieg: Grundzüge der Politik und Strategie in Dokumenten*
   (Frankfurt 1965), 180~181; Andreas Hillgruber, *Germany and the Two World Wars* (tr.,
   Harvard 1981), 56~57.

2 Hillgruber, 앞의 책, 57.

3 Rudolph Binion, *Hitler among the Germans* (New York 1976), 61~63, 78~82.

4 *Hitlers Zweites Buch: Ein Dokument aus dem Jahre 1928* (Stuttgart 1961); 이 책은 *Hitler's*
   Secret Book (New York 1962)이라는 제목으로 번역되었다.

5 Fest, 앞의 책, 793.

6 *Hitlers Zweites Buch*, 130.

7 Hillgruber, 앞의 책, 50.

8 Fest, 앞의 책, 796~797.

9 Herbert Agar, 'Culture v. Colonialism in America', *Southern Review*, 1 (July 1935), 1~19.

10 George Kennan, *Memoirs*, 1925~1950 (Boston 1967), 53.

11 C. A. MacDonald, *The United States, Britain and Appeasement 1936~1939* (London 1981.)

12 Kennan, Memoirs 1925~1950, 84.

13 같은 책, 86; Daniel Yergin, *Shattered Peace: the Origins of the Cold War and the National Security State* (Boston 1977), 34~35.

14 Fest, 앞의 책, 869.

15 Gilbert, *Churchill*, V 459~462.

16 Montgomery Hyde, *Carson* (London 1953), 387.

17 Roland Hunt and John Harrison, *The District Officer in India 1930~1947* (London 1980.)

18 B. R. Tomlinson, 'Foreign private investment in India 1920~1950' *Modern Asian Studies*, XII 4 (1978.)

19 Gilbert, 앞의 책, 399ff.; 480~481.

20 Andrew Boyle, *The Climate of Treason* (London 1979), 다음 책에 노엘 아난의 논평이 첨삭되어 있다. *The Times Literary Supplement*, 7 December 1979, 83~84.

21 Stuart Macinryre, *A Proletarian Science: Marxism in Britain 1917~1933* (Cambridge 1980.)

22 Middlemas and Barnes, 앞의 책, 745.

23 John Gross, *The Rise and Fall of the Man of Letters* (London 1969), 283.

24 Gisela Lebzelter, *Political Anti-Semitism in England 1918~1939* (New York 1978.)

25 J. R. M. Butler, *Lord Lothian* (London 1960), 206.

26 Viscount Templewood, *Nine Troubled Years* (London 1954), 133.

27 *Daily Telegraph*, 28 January 1935.

28 Martin Gilbert, *The Roots of Appeasement* (London 1966), 354~355; Barnett, 앞의 책, 389ff.

29 Nicolson, *Diaries*, 23 March 1936.

30 Gilbert, *Churchill*, V 456.

31 V. K. Krishna Menon (ed.), *Young Oxford and War* (London 1934.)

32 Barnett, 앞의 책, 423~424.

33 Christopher Thorne, 'Viscount Cecil, the Government and the Far Eastern Crisis of 1931', *Cambridge Historical Journal*, XIV (1971), 805~826.

34 Donald S. Birn, *The League of Nations Union 1918~1945* (Oxford 1981.)

35 Letter to the *Manchester Guardian*, 26 February 1932.

36 Michael Pugh, 'Pacifism and Politics in Britain 1931~1935' *Cambridge Historical Journal*, XXIII (1980), 641~656.

37 영국의 양보에 대한 설명(정당화가 아닌)에 관해서는 다음 책을 참고하라. Paul Haggle, *Britannia at Bay* (Oxford 1981.)

38 Anthony Eden, speech, 30 January 1941.

39 Paul Schmidt, *Hitler's Interpreter* (tr. London 1951), 320.

40 Barnett, 앞의 책, 409~410.

41 이 회의에 대해서는 다음 책을 참고하라. Friedrich Hossbach, *Zwischen Wehrmacht und Hitler 1934~1938* (Hanover 1949); Fest, 앞의 책, 800.

42 Fest, 앞의 책, 809~810.

43 다음을 참고하라. Stefan Zweig, *The World of Yesterday* (New York 1943.)

44 Jones, *Life and Work of Freud*, 636ff.

45 Barnett, 앞의 책, 474~475.

46 Robert J. O'Neill, *The German Army and the Nazi Party 1933~1939* (London 1966), 152~159.

47 Peter Hoffman, *Widerstand, Staatsstreich, Attentat: DerKampf der Opposition gegen Hitler* (Munich 1969), 83; Fest, 앞의 책, 829ff., and 1174~1175 출처 주석 20~23.

48 O'Neill, 앞의 책, 163~165.

49 Fest, 앞의 책, 832~833.

50 'Letter to Runciman', 15 September 1938; Opera Omnia, XIX 143.

51 Holborn, 앞의 책, 780ff.

52 Gilbert, Churchill, V 999ff.

53 André Beauffre, *1940: the Fall of France* (tr. London 1967), 84; Barnett, 앞의 책, 526~527.

54 Holborn, 앞의 책, 777.

55 William Shirer, *The Rise and Fall of the Third Reich* (London 1960), 399.

56 Fest, 앞의 책, 892; Kennan, *Memoirs 1925~1950*, 108.

57 Franklin Reid Gannon, *The British Press and Germany 1936~1939* (Oxford 1971); Martin, *Editor*, 254~257.

58 Barnett, 앞의 책, 560.

59 *The Times*, leading article, 1 April 1939; Gilbert, *Churchill*, V 1052~1053.

60 Hillgruber, 앞의 책, 61~62.

61 같은 책, 66.

62 Barnett, 앞의 책, 569.

63 Fest, 앞의 책, 917; Hillgruber, 앞의 책, 63.

64 Fest, 앞의 책, 869.

65 Hubertus Lupke, 'Japans Russlandpolitik von 1939 bis 1941' *Schriften des Instituts für Asienkunde in Hamburg*, X (Frankfurt 1962), 7~24.

66 Fest, 앞의 책, 884~885; 출처에 관해서는 다음을 참고하라. 1177~1178, 주석 27.

67 Hans Gunther Seraphim (ed.), *Das politische Tagebuch Alfred Rosenbergs* (Gottingen 1956), 82; Gustav Hilder and Alfred G. Meyer, *The Incompatible Allies: a Memoir-History of the German-Soviet Relationship, 1918~1941* (New York 1953), 315.

68 Fest, 앞의 책, 879~880.

69 Albert Tarulis, *Soviet Policy towards the Baltic States 1919~1940* (Notre Dame 1959), 154~155.

70 Michael Freund, *Weltgeschichte der Gegenwart in Dokumenten* (Freiburg 1954-6), III 166ff.

71 F. La Ruche, *La Neutralité de la Suéde* (Paris 1953.)

72 자세한 내용에 대해서는 다음을 참고하라. Henri Michel, *The Second World War* (tr. London 1975.)

73 A. Rossi, *Deux Ans d' alliance germano-sovietique* (Paris 1949), 88~90; *Hitler' s Table-Talk* (tr. London 1953), 8.

74 Carl Burckhardt, *Meine Danzinger Mission 1937~1979* (Munich 1960), 348; Hillgruber, 앞의 책, 69.

75 Fest, 앞의 책, 908; 출처에 관해서는 다음을 참고하라. 1179, 주석 7.

76 같은 책, 906, 921~922.

77 J. B. Duraselle, *La Décadence 1932 ·1939* (Paris 1979),

78 Dominique Leca, *La Rupture de 1940* (Paris 1979.)

79 Francois Bedarida (ed.), *La Strategie sécréte de la Drole de Guerre* (Paris 1979); *Francois et Britanniques dans la Drole de Guerre: Actes du Colloque Franco-Britannique de decembre 1975* (Paris 1978.)

80 Fest, 앞의 책, 940, 1181 주석 10; Helmut Heiber (ed.), *Hitlers Lagebesprechungen* (Stuttgart 1962), 30.

81 Marc Bloch, *Strange Defeat* (tr. Oxford 1949), 36~37.

82 Dr Pierre Renchnick in *Médeciné et Hygéne* (Geneva, September 1981.)

83 Bloch, 앞의 책, 28.

84 Henri Michel, *Le Procés de Riom* (Paris 1979.)

85 Richard Griffith, *Marshal Pétain* (London 1970); Judith Hughes, *To the Maginot Line: the Politics of French Military Preparation in the 1920s* (Harvard 1971.)

86 Raymond Tournoux, *Pétain et la France* (Paris 1980.)

87 Robert Aron, *The Vichy Regime 1940~1944* (tr. London 1958), 122.

88 Alan Milward, *The New Order and the French Economy* (Oxford 1970), 272~288.

89 Trythall, 앞의 책, 161~163; *Documenti Diplomatici Italiani*, 9th series (Rome 1954), IV No. 260.

90 Schmidt, 앞의 책, 191~194; *Ciano's Diplomatic Papers*, 412.

91 Franz Halder, Kriegstagebuch: *Tägliche Aufzeichnungen des Chefs des Generalstabes des Heeres 1939~1942* (Stuttgart 1962) I 308.

92 Karl Klee, *Das Unternehmen 'Seelöwe'* (Gottingen 1958), 189~190.

93 Halder, 앞의 책, I 375,

94 Hillgruber, 앞의 책, 354n.

95 Daniel Benjamin and Levis Kochin, 'Voluntary Unemployment in Interwar Britain', *The Banker*, February 1979.

96 A. J. Younger, *Britain's Economic Growth 1920~1966* (London 1967), 112.

97 R. S. Sayers in *Economic Journal*, June 1950.

98 Younger, 앞의 책, 107ff.; H. W. Richardson, *Economic Recovery in Britain 1932~1939* (London 1967.)

99 Barnett, 앞의 책, 482~483.

100 다음을 참고하라. M. M. Postan, D. Hay and J. D. Scott, *The Design and Development of Weapons* (London 1964.)

101 1940년 여름 처칠의 인기에 관해서는 다음 책을 참고하라. Brian Gardner, *Churchill in his Time: a Study in a Reputation 1939~1945* (London 1968), 65~96.

102 Carlton, 앞의 책, 163.

103 Robert Rhodes James (ed.), *Chips: the Diaries of Sir Henry Channon* (Penguin 1967), 19 July 1940, 320.

104 세실의 비망록은 다음 책에 인쇄되어 있다. Hugh Cudlipp, *Publish and Be Damned* (London 1953), 144.

105 Winston Churchill, *The Second World War: Their Finest Hour* (London 1949), 567.

106 Taylor, 앞의 책, 629ff와 주석 C 648~649.

107 Gardner, 앞의 책, 69.

108 H. Duncan Hall, *North American Supply* (London 1955), 247ff.

109 Taylor, 앞의 책, 623~624, 647.